KB042442

개정판

행정개혁론

차세대 정부의 도전과 변화

김정렬 | 한인섭

박영사

개정판 서문

행정개혁론 초판이 출간된 이후 꽤 오랜 시간이 흘렀다. 이에 공저자들은 개정판 출간지연으로 누적된 다양한 요구에 부응하기 위해 혁신적 파괴를 지향하는 전면적 개정을 추구하였다. 이러한 작업의 초점은 크게 규범적 측면에서 시민들이 원하는 이상적 정부상을 발견하는 일과 현실적 측면에서 공공부문 종사자들의 문제해결능력 강화를 위해 행정사례의 비중을 강화하는 일에 부여하였다.

우리 시대의 정부는 경제성장과 사회복지라는 두 마리 토끼를 잡기 위해 계속 도전하고 변화해야 한다. 하지만 거대하고 복잡한 관료제는 일반적으로 안정적·반복적 업무수행을 위해 세밀하고 공식적인 절차에 의해 관리된다. 따라서 공공부문의 관료제 조직은 민간의 역동적 조직에 비해 상대적으로 느리고, 경직적이고, 답답하고, 소모적이고, 변화하기 어려운 존재로 간주되어 왔다.

반면에 시민들이 원하는 차세대 정부의 면모는 UN(United Nations)이 좋은 거버넌스(Good Governance)의 요건으로 제시한 것처럼 참여적이고, 합의 지향적이고, 책임감 있고, 투명하고, 반응적이고, 효과적이면서 효율적이고, 공평하면서 포괄적이며, 법의 지배를 따라야 한다. 부패는 최소화되고, 소수의 의견을 존중하며, 사회적으로 가장 취약한 사람들의 목소리를 정책결정에 반영해야 한다. 나아가 사회와 경제의 복잡한 요구에도 적극적으로 부응해야 한다.

한편 공공부문 종사자나 취업준비생들의 행정역량 강화라는 현실적 요구에 부응하기 위해서는 국내외 행정사례를 활용한 토론과 실무교육이 필수적이다. 이에 본서는 국제비교를 중시한 초판의 연장선상에서 각국의 역사와 특성에 부합하는 행정개혁의 전략과 수단을 발견하는 일에 주력하였다. 특히 이러한 노력의 일환으로 행정개혁의 역사를 크게 동양과 서양으로 구별한 상태에서 포괄적인 흐름을 조망하는 한편 각국의 고유한 행정개혁 사례를 발견하는 일에 주력하였다.

먼저 중국이 주도한 유교식 행정전통과 유럽대륙의 관료제 행정전통을 혼합한 동아시아 발전국가(신중상주의＝국가주의 정책결정패턴)의 도전과 변화에 대한 논의는 기존의 일본과 한국에 부가해 싱가포르 사례를 추가하였다.

다음으로 서구의 행정개혁에 대한 논의는 우선 영·미의 경쟁국가(신자유주의＝다원주의 정책결정패턴)와 유럽대륙의 복지국가(공동체주의＝조합주의 정책결정패턴) 전통을 구분하였다. 영국과 뉴질랜드로 대표되는 영연방 국가들은 20세기 중반 베버리지 보고서가 주창한 '요람에서 무덤까지'를 통해 알 수 있듯이 유럽 전반의 복지국가의 기풍을 선도하였지만 1970년대 이후 국가경쟁력이 급격히 추락하면서 정부의 과중한 부담을 덜어내는 대처스타일 급진적 행정개혁에 몰입하였다. 반면에 유럽과 달리 복지부담에서 상대적으로 자유로웠던 미국은 1990년대 중반 클린턴 정부가 기업식 정부를 표방하면서 절차나 문화의 개선에 초점이 부여된 점진적 행정개혁을 추진하였다. 나아가 1990년대 이후 국가경쟁력이 하락한 중북부유럽 국가들은 독일 슈뢰더 정부의 행정현대화 프로그램을 통해 알 수 있듯이 영미와 미국을 절충한 신중도 개혁전략을 채택하였다.

한편 각장의 말미에는 국내외 행정개혁의 동향과 방향에 관한 신문 칼럼이나 관련 서적들을 원용하는 방식으로 읽기와 토론의 기회를 제공하였다. 현실의 국정운영이나 행정개혁의 쟁점들을 검토하는 과정에서 창의력과 사고력을 배양하는 유용한 학습기회를 마련할 수 있기 때문이다.

물론 앞서 제시한 다양한 노력과 성과에도 불구하고 본서는 아직도 미흡한 부분이 많다는 점을 부인하기 어렵다. 하지만 추후 보다 충실한 수정보완의 기회를 약속드리면서 개정판 출간작업을 마무리하고자 한다.

2016년 8월
김정렬·한인섭

초판 서문*

행정개혁에 관한 교과서와 연구서의 성격을 동시에 가지고 있는 본서의 출간준비는 공저자들이 2005년 학술진흥재단으로부터 인문사회분야 기초연구과제 연구비를 2년간 지원받게 되면서부터이다. 물론 공저자들은 학술진흥재단 연구비 신청 이전부터 행정개혁에 대한 관심을 공유하면서 관련 논문들을 공저 형식으로 발표하는 기회를 자주 가져왔다.

이러한 노력의 결과 2005년에 "신공공관리적 행정개혁의 성과평가와 국제비교"라는 연구과제가 학술진흥재단 기초연구과제로 선정되었으며, 이 연구의 착수를 전후한 지난 5년여의 기간 동안 공저자들은 행정개혁과 직간접적으로 관련된 10여 편의 단독 및 공동논문을 발표하는 성과를 이룩하였다.[1] 이에 공저자들은 해당 연구의 종료시점에서 그동안 이룩한 연구성과를 출간하는 것도 의미 있을 것이라는 데 생각을 같이하고, 교과서 형태의 단행본을 출간하자는 새로운 목표를 설정하게 되었다.

IMF 구제금융 이후 지난 10년 동안 국내의 공공분야 실무자와 학자들은 약화된 국가경쟁력의 제고 차원에서 다양한 형태의 행정개혁을 추진해 왔다. 그 결과 한국은 다소간의 부작용에도 불구하고 신공공관리와 거버넌스를 선도하는 국가로 인식되어 왔을 뿐만 아니라 이 과정에서 공공부문의 경쟁력 향상이라는 결과를 이룩하였다.

하지만 그동안 우리 정부와 국민들이 이룩한 가시적인 행정개혁 성과에도 불구하고 미래의 진로는 여전히 불투명한 상태이다. 행정개혁에 대한 국민들의

* 본서는 학술진흥재단 기초과제(KRF-2005-079-BS0141)의 지원을 받아 출간되었음.
1) 본서의 작성과정에서 공저자들이 재활용한 기존 발표논문(보고서)의 출처를 장별로 소개하면 제5장[정부혁신지방분권위원회 보고서], 제6장[행정논총, 45(3)], 제9장[한국행정연구, 15(2)], 제10장[한국행정연구, 13(3)], 제11장[한국행정연구, 16(4)], 제12장[한국행정연구, 16(2)], 제13장[한국비교정부학보, 18(2)], 제14장[한국비교정부학보, 20(1)] 등이다.

체감도가 저조하게 나타나고 있을 뿐만 아니라 발전국가의 유산이 잠재된 상태에서 이루어진 영미식 행정개혁 수단들의 실질적인 제도화도 지연되고 있다. 반면에 우리의 경쟁국가들은 행정개혁의 세계화 추세에 적극적으로 동참하고 있다.

이에 본서는 정부의 미래상을 실체적으로 선도한다는 비전과 목표하에 비교적 중립적이고 객관적인 견지에서 행정개혁 관련 논의의 체계화를 추구하였다. 그동안 국내외 행정학계는 각국 정부의 행정개혁을 선도하고 후원하는 방식으로 소기의 성과를 산출한 것으로 분석된다. 하지만 중립성과 객관성을 담보한 상태에서 관련 논의에 대한 진지한 성찰은 다소 부족했다는 평가를 받고 있다.

이 점에서 순수한 학술연구로 출발한 본서의 구성과 내용은 나름의 의미와 경쟁력을 확보할 수 있다. 물론 고도로 정치적이고 논쟁적인 행정개혁의 특성으로 인해 중립성과 객관성을 확보한다는 목표가 큰 의미를 지니기는 어렵다. 하지만 본서가 구상단계에서부터 중시한 학문적 순수성은 다양한 응용연구와 토론에 유용한 기준점의 역할을 수행하기를 기대해 본다.

연구논문을 토대로 시작한 본서는 교과서의 성격을 강화하기 위해 책의 서두인 제1편(4개 장)과 책의 말미인 제4편(2개 장)에서 일반론과 종합성을 강화하는 일에 주력하였다. 또한 연구논문을 재활용해 각기 5개의 장으로 구성한 제2편과 제3편은 각 장 간의 중복을 제거하고 통일성을 확보하는 데 주력하였다.

더불어 본서는 공사부문 실무 관리자들을 위한 교양서적으로서의 의미도 지니고 있다. 물론 구체적인 사례나 실무중심의 서적은 아니지만 본서의 구성과 논리를 학습하는 과정에서 현실 행정에 대한 새로운 영감을 얻을 수 있기 때문이다.

2008년 2월
공저자 일동

차 례

PART 1 행정개혁 일반론

CHAPTER 01 행정개혁의 개념과 본질

CHAPTER 04   행정개혁에 대한 저항과 극복방안: 변화이론

PART 2 행정개혁의 국제비교

CHAPTER 05   신공공관리의 확산과 국가군별 패턴비교: 영연방, 미국, 북유럽

읽기와 토론 5 미국과 유럽의 최근 행정개혁 동향 138

CHAPTER
08 싱가포르의 재도약과 명품행정의 탄생

PART 3   행정개혁의 사례별 쟁점분석

CHAPTER 11 | 레드테이프에 관한 공·사 관리자의 인식과 영향요인

CHAPTER
12 행정서비스 민간위탁의 한계와 과제: 중앙정부 사례를
중심으로

CHAPTER 15 ┆ 전환기 행정개혁의 쟁점과 대안

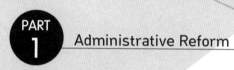

행정개혁 일반론

CHAPTER

01 행정개혁의 개념과 본질

I. 행정개혁의 의미와 특성

1. 행정개혁의 정의와 유사 개념

(1) 행정개혁의 정의

변화와 개혁을 위한 속도경쟁이 조직의 성패를 좌우하는 시대를 맞이하여 세계 각국의 기업은 물론 정부도 무한경쟁의 구도로 편입되고 있다. 일반적으로 공공부문을 구성하는 조직들은 공공성을 표방하고 절차와 공정성을 중시하는 업무처리상의 특성 때문에 민간부문을 구성하는 조직들과 달리 변화와 개혁에 둔감한 편이었다. 하지만 1990년대 이후 정부의 경쟁력이 일국의 국가경쟁력과 동일시되고, 기업식 정부에 대한 국민적 요구가 확산되면서 행정개혁에 대한 기대가 높아지고 있다.

일반적으로 행정개혁이란 용어는 일국의 행정체제를 어떤 하나의 상태에서 그보다 나은 다른 하나의 상태로 변화시키는 인위적인 노력을 의미한다. 즉, 행정개혁은 다양한 측면에서 제기되는 대내외 변화압력에의 대응차원에서 이루어지는 행정체제의 바람직한 변동을 뜻하는 것이다. 따라서 행정개혁은 행정체제의 내부로부터 끊임없이 혁신하여, 낡은 구성요소들을 창조적으로 파괴함으로써 새로운 행정체제를 만들어 내는 일련의 과정으로 묘사될 수 있다. 이때 행정체제라는 개념 속에는 전통적 의미의 관리기능은 물론 정책기능이 포함된다.[1] 즉, 본서에서는 행정과 정부 또는 행정개혁과 정부개혁을 동일시하는 광의의 개념으로 행정개혁을 규정하고자 한다.

참고로 행정개혁의 개념에 대한 앞서의 정의를 지지하는 기존의 주요한 연구결과를 소개하면 다음과 같다. 우선 이승종(2003)은 행정개혁을 "정부의 목표를 보다 효과적으로 달성하기 위한 인위적 활동"으로 정의하고 있다. 또한 Osborne & Plastrik(1998)은 행정개혁을 "공공조직의 효과성, 능률성, 적응성, 개혁성을 극적으로 증대시키기 위해 공공체제나 정부조직을 근본적으로 변형하는 것"으로 규정하였다. 한편 전통적인 행정학 교과서나 연구서에 투영된 행정개혁의 정의 사례들도 앞서 소개한 의미와 크게 다르지 않다.[2]

결국 세계화와 국가경쟁력이라는 키워드가 중시되고 있는 무한경쟁의 시대를 맞이하여 국가 전반의 경쟁력을 총체적으로 관리하고 선도해야 하는 행정이 솔선해서 개혁해야 할 필요성은 갈수록 커지고 있다. 또한 행정개혁은 선후진국을 막론하고 그 당위성에 대한 일반대중의 선호가 깊이 내재되어 있다는 사실에 주목할 필요가 있다. 이는 주요한 정권교체기마다 그 실질적 필요성에 대한 진지한 성찰 여부와 관계없이 행정개혁이 단골 메뉴로 등장한 사실을 통해 잘 나타나고 있다.

(2) 행정개혁의 유사 개념

행정개혁의 유사 개념으로는 정부개혁, 정부혁신, 행정현대화, 행정발전 등

---

1) 이종수(2005)는 광의의 행정개혁을 정부개혁(정부혁신)과 동일시한 상태에서 행정개혁의 범주에 관리와 정책이 모두 포함된다는 점을 강조하였다. 또한 이도형(2007)도 행정개혁의 범주에 관리적 요소(구조, 과정, 행태 등)들은 물론 새로운 정책아이디어의 재창안(정책변화 또는 정책혁신)을 포함시키고 있다. 따라서 관리의 변화와 정책의 변화를 상호 유기적으로 결합하는 것이 행정개혁의 실질적 성과창출에 유리하다.
2) 행정개혁에 관한 기존의 대표적인 정의 사례는 다음과 같다(이도형, 2006). 첫째, Caiden(1982)은 행정개혁을 행정변혁의 인위적 유도라고 정의하면서, 행정개혁의 목표로서 정부조직 업무의 간소화, 정부기관의 합리화, 행정개혁의 단순화, 각종 규제와 형식적 업무의 폐지, 관료제에의 과잉의존 축소, 주민대표성 증대 등을 들고 있다. 둘째, Siedntopf(1982)는 행정개혁을 행정환경의 수요와 요구에 부응하기 위해 정부 또는 공공부문의 정책사업을 변화시키는 것으로 본다. 특히 그는 경제·사회적 발전사업을 지도하고 규제하며 통제하는 개념으로 행정개혁을 정의함으로써, 사회에 대한 행정개혁의 광범위한 파급효과를 강조한다. 셋째, Mosher(1965)는 개혁이 좀더 나은 방향으로의 변화(change for the better)라는 규범적 의미를 지닌 것으로 보면서, 특히 조직개편(reorganization)을 행정개혁의 주요한 수단으로 보고 있다. 넷째, Abueva(1970)는 관료제의 목적, 구조, 과정을 변화시키기 위해 권력과 리더십을 사용하여 공무원 개개인의 행태까지 변화시키고자 하는 시도라고 행정개혁을 정의하고 있다.

을 지적할 수 있다. 이들 용어들은 행정 또는 정부의 의미를 통상 공공부문으로 간주하는 준정부조직(공공기관)까지 포괄하는 넓은 의미의 공행정(public adminis-tration)과 동일시하는 경향이 있다. 또한 개혁(reform), 혁신(innovation), 현대화(modernization), 발전(development) 등은 논의의 초점이나 변화의 강도 측면에서 다소의 의미 차이를 반영하는 것으로 인식되고 있지만 용어사용자의 주관적 선호나 강조점 이상의 의미를 부여하기는 어렵다.

첫째, 개혁이란 용어는 행정이나 정부라는 특정 객체에 대해 의도적이고 계획적인 변화를 유도함에 있어 가장 일반적으로 사용되는 보편적이고 중립적인 용어이다. 이때 개혁의 대상은 공공관리를 반영하는 행정 내부(구조, 과정, 행태 등)는 물론 거버넌스 관점의 행정 외부(정부간 관계, 정부-기업관계, 정부-시민사회 관계 등)의 변수를 포괄하지만 기존의 행정개혁이 주로 행정 내부의 구조를 개편하는 일에 초점을 부여해 왔다는 점에서 구조편향적 인식이 다소 각인되어 있음을 부인하기 어렵다.

둘째, 혁신이란 용어는 행정이나 정부보다는 기업이나 기술과 결합하는 것이 친숙한 용어로 자리해 왔지만 최근 들어 공공부문과 민간부문 간의 경계선이 약화되면서 그 활용빈도가 급격히 증가하였다.[3] 특히 노무현 정부의 경우 정부개혁보다 정부혁신이라는 용어를 더 선호하였다. 이때 정부혁신이란 과거의 행정개혁이 노정한 구조편향성을 탈피해 "새로운 행정관행을 정부조직 내에 성공적으로 정착시키는 것이라고 말할 수 있으며, 국가경쟁력과 고객만족도를 높이기 위해 과거에 행하지 않았던 새로운 행정관행(조직문화, 제도, 업무프로세스, 조직구조, 관리기법 등)을 정부 부문에 도입·실행·정착시켜 나가는 총체적 활동"으로 정의되고 있다(행정자치부, 2006: 4).[4] 하지만 일본에서는 1960~70년대 반공해운동을

---

3) 혁신(革新)이란 "제도나 방법, 조직이나 풍습 따위를 고치거나 버리고 새롭게 함"(동아 새국어 사전)이라는 사전적 의미를 가지고 있다(혁신에는 '변화'가 전제되어 있음). 이때 혁신은 외부의 누군가에 의해 강제되거나 강압적인 방법으로 진행되는 것은 아니므로 혁신은 변화를 강조하지만 더불어 자율성도 강조한다. 그러나 정부는 국민의 대리인(Agency)이라는 특성을 가지고 있다는 점에 주목할 필요가 있다. 일례로 정부의 자율적인 혁신이 국민들의 기대에 미치지 못할 경우, 국민들은 정부를 상대로 혁신의 강화를 요구하기 때문이다.

4) 노무현 정부의 행정개혁은 구조보다는 과정에 초점을 부여하였다. 예컨대 정부업무시스템의 구축, 팀제와 총액인건비제의 도입, 균형성과평가(BSC: Blanced Score Card)의 도입, 기록물 관리 체제의 구축 등을 통한 업무절차의 개선으로 정부의 효율성을 극대화하고자 한다는 것이다. 이러한 특징은 노무현 정부가 이전 김영삼 정부나 김대중 정부와 달리 '작은 정부'도 '큰 정부'도 아닌 '더 좋은 정부'를 지향하고 있다는 것과도 연결된다(길종백·하민철, 2007).

주도한 좌파 성향의 혁신자치체와 구별하기 위해 개혁이라는 용어를 선호하고 있다(허훈, 2007).

셋째, 현대화란 용어는 상대적으로 점진적인 행정개혁을 추진하고 있는 유럽 국가들의 관련 문헌에서 자주 목격되고 있다. 일례로 독일의 '현대국가－현대행정(Modern State－Modern Administration)'이나 덴마크의 '공공부문 현대화 프로그램(Modernization Program for the Public Sector)' 등이 여기에 해당한다. 현대화는 미국에서 지속적으로 사용되는 개혁이나 노무현 정부가 선호하는 혁신과 유사한 의미를 지니는 것으로 파악되지만 유럽식 행정개혁의 특성을 반영해 다소 점진적인 의미가 내재되어 있다는 점에 주목할 필요가 있다. 이와 관련하여 Pollitt & Bouckaert(2004)은 개혁의 강도에 따라 행정개혁의 패턴을 현상유지(Maintain), 현대화(Modernize), 시장화(Marketize), 최소화(Minimize) 등으로 구분한 사실에 주목할 필요가 있다.[5]

넷째, 발전이란 일반적으로 특정한 변화 노력을 통해 이룩하는 바람직한 미래상태를 지칭하는 개념이다. 하지만 앞서 언급한 개념들에 비해 의도성이 미약하고 범위가 포괄적이라는 차별성을 지니고 있다. 또한 발전은 행정을 비롯해 기업, 대학, 기술 등 다양한 분야에 접맥되어 활용되고 있다. 행정발전을 행정개혁과 개념적으로 동일시하는 방식은 Riggs(1966)에 의해 이루어졌다. 그는 광의의 발전행정을 국가발전사업의 책정·추진 및 관리라는 협의의 발전행정(administration of development) 개념과 국가발전사업을 실질적으로 주도하는 행정 자체의 발전이라는 행정발전(development of administration) 개념으로 규정하였다.

나아가 행정개혁과 구별되는 인접 개념으로는 진보(evolution)와 혁명(revolution)을 들 수 있다. 이때 진보란 의도적 변화의 산물이 아니라는 점에서 개혁에 비해 점진적이지만 혁명은 사회구조 전반의 빠른 변화를 유도한다는 점에서 급진적이

---

5) 첫째, 현상유지 전략은 행정체제를 통제하는 전통적인 방법인 정부지출 제한, 공무원 임용동결, 정부의 낭비와 부패에 대한 캠페인 시행 등을 활용하는 방법이다. 둘째, 현대화 전략은 예산, 관리, 회계, 서비스 전달 등 보다 신속하고 유연한 행정서비스를 제공하는 방법이다. 이러한 현대화 전략은 주로 행정국가의 전통이 강한 대륙형 국가에서 목격되고 있으며, 시장메커니즘을 제한적으로 활용하는 특징을 보인다. 셋째, 시장화 전략은 시장의 문화(culture), 가치(value), 실례(practice)들을 행정체제에 전면적으로 수용하자는 것으로 신공공관리가 표방한 기업식 정부를 추구한다. 넷째, 최소화 전략은 민영화나 민간위탁을 통해 행정의 기능과 업무를 최대한 많이 시장영역에 넘기는 것을 말한다. 따라서 사회보장, 교도소, 안보 등과 같이 고전적인 행정의 업무까지 공익단체나 민간기업이 운영하는 국가의 공동화를 초래한다.

| 표 1-1 | | 변화의 유형과 특징 | | | |

기준 \ 유형	혁명 (revolution)	개혁 (reform)	혁신 (innovation)	현대화 (modernization)	진화 (evolution)
의미와 특성	포괄적인 변화, 공산화, 쿠데타	기존 조직이나 체계의 재편, 최소화	창조적 파괴, 지속적인 변화	점진적 변화, 경로의존	부분적인 변화, 느린 변화
추구하는 목표	계획과 통제	경쟁국가	정부재창조	조성적 국가	자율과 분산
주요한 추진계기	기존 체제 전반의 부패와 무능력	경제위기와 정권교체	세대교체와 지배이념의 변화	기존 체제의 강화와 재정립	특별한 의도와 목적의 부재
대표적 구현사례	레닌과 스탈린의 공산혁명, 박정희의 군사정부 수립	대처와 레이건의 행정개혁	클린턴과 노무현의 정부혁신	블레어와 슈뢰더의 행정현대화	전후 일본의 55년체제, 중세의 신권국가
분석의 초점(변수)	패러다임, 방법론적 총체주의	구조와 체제	과정과 행태	제도와 문화	구성요소, 방법론적 개인주의
주요한 추진수단	지배세력 교체	민영화, 탈규제, 정부감축	기업식 정부, 지식행정, 성과관리	기능재분배, 전자정부, 거버넌스	담합구조 유지
집행 방식	강압적	하향식	상향식과 하향식의 조화	상향식	자율적
성과와 함의	포괄적 효과	단기적 효과	중기적 효과	장기적 효과	부분적 효과

다. 이러한 이유로 개혁은 종종 혁명보다 어려운 일로 간주되기도 한다.

2. 행정개혁의 다양한 접근방법: 행정변수를 중심으로

일반적으로 행정개혁에 관한 접근방법은 행정의 주요 변수인 구조(기능), 과정(기술), 행태(인간)를 중심으로 제시되어 왔다. 더불어 각기 구별되는 세 가지 접근방법을 절충하는 종합적 접근방법이 활발하게 논의되고 있다. 나아가 최근에는 종합적 접근방법의 일환으로 제도나 문화에 주목하는 연구들도 자주 목격되고 있다.

(1) 구조적 접근방법(기능적 접근방법)

구조적 접근방법은 조직의 구조적 설계를 개선함으로써 행정개혁의 목적을 달성하려는 접근방법으로 정부조직의 성장기에 주로 활용되어 왔다. 즉, 조직이 성장하면서 규모와 기능이 증대하게 되면 분권화의 확대, 기능의 세분화, 통솔범위의 조정, 의사결정 권한의 수정, 의사전달체계의 수정 등을 통해 조직의 성과를 개선하려는 시도이다(이종수·윤영진 외, 2005). 이러한 접근방법은 초기 행정학 이론인 관리주의와 원리주의 및 관료제론 등에 기초하고 있으며 분권화, 전문화 등과 같은 조직관리의 기본 원칙을 충실히 준수할 것을 요구하고 있다.

하지만 구조적 접근방법은 기본적으로 구조설계의 변화가 기능 개선과 운영의 효율성을 제고할 것이라는 낙관적인 가정에 기초하고 있으나, 조직인의 행태나 내부조직단위 간의 권력관계 등과 같은 조직 내부의 복잡한 불확실성 요인들을 충분히 고려하지 못하고 있다는 비판이 제기될 수 있다. 나아가 인간적·사회적 요인을 등한시하기 때문에 자칫 개혁이 형식적으로 이루어질 우려도 있다.

(2) 과정적 접근방법(기술적 접근방법)

과정적 접근방법은 행정업무의 수행과정에서 효율성과 대응성을 제고하기 위해 정보시스템을 도입하거나 관리분석, OR, 체제분석 등과 같은 계량기법들을 활용하는 것을 말한다. 더불어 탈규제와 같은 절차간소화 수단들도 행정업무의 과정개선에 기여한다는 점에서 과정적 접근의 범주에 포함시켜 논의할 수 있다.

업무과정의 변화(reengineering)를 유도하는 수단들은 앞서 제시한 조직구조의 변화(restructuring) 수단들과 밀접한 관련성을 지니고 있으며, 이를 구조·기술적 접근방법(합리적·관료제적 접근방법)으로 지칭하기도 한다(이도형, 2005). 하지만 표준화나 규격화에 치중할 경우 구조와 과정 간의 시너지 효과가 인간적 요소들과의 갈등을 유발할 개연성이 크다. 또한 BPR, 6시그마, 결재경로분석 등과 같은 과정개선 기법들은 높은 수준의 전문성을 요구한다는 점에서 광범위한 활용에 제약이 따를 뿐만 아니라 산출된 결과물에 대한 외적 타당성을 확보하기 어렵다는 점이 주요한 한계로 지적될 수 있다.

(3) 행태적 접근방법(인간관계론적 접근방법)

행태적 접근방법은 개혁의 중점을 인간의 행태변화에 두는 방법이다. 이는 공무원 스스로의 인식에 의한 자발적인 행동변화가 수반되지 않는 구조나 과정의 합리화만으로는 행정개혁이 실효를 거두기 어렵다는 사실을 전제로 한 방법이다. 즉, 고전적 행정이론에 반론을 제기한 인간관계론자나 행태론자들이 행정개혁에 대해 취하는 일반적 논리라고 할 수 있다.

그러나 관료행태의 변화는 많은 연구와 지식이 요구되는 복잡한 문제이기 때문에 상당한 제약이 따른다. 일례로 대표적인 행태개선 기법으로 활용되고 있는 감수성훈련, 태도조사 등은 자연스런 의사소통과 참여 의식이 불충분하고 권위주의적인 우리나라의 행정문화에서는 그 실효성이 의문시되고 있다. 또한 행태변화는 오랜 시일이 요구될 뿐만 아니라 법적 제약요인이 다수 존재한다는 점에도 유의할 필요가 있다.

(4) 종합적 접근방법

종합적 접근방법은 개방체제 관념에 입각하여 개혁대상이 되는 구조, 과정, 행태 등과 같은 구성요소들을 보다 포괄적으로 관찰하고, 여러 가지 분화된 접근방법들을 통합하여 해결방안을 탐색하려는 것이다. 따라서 전체적 상호관련성을 중시하는 체계이론이나 상황이론을 주요한 기반이론으로 지적할 수 있다. 또한 행정개혁에 대한 '전체론적' 접근(holistic approach)이라는 점에 의미를 부여할 수 있다.6)

그러나 종합적 접근방법은 기존의 접근방법들을 단순히 혼용하는 수준을 넘어서지 못하고 있다는 점에서 그 정체성과 실용성이 의문시되고 있다. 이 점에서 우리는 기존 접근방법들을 조직이라는 측면에서 단순히 합계하는 방식을 초월해

---

6) 종합적 접근의 당위성과 관련하여 이도형(2005)은 미봉식 개혁(palliative reform)과 치유식 개혁(remedial reform)을 대비하고 있다. 즉, 태평성대에는 문제가 되고 있는 부족한 부문만 손보는 미봉식 개혁도 가능하다. 그러나 나라 전체가 총체적 난관에 봉착한 위기상황에서는 삼성 이건희 회장의 말처럼 "처자식만 빼곤 다 바꾸는" 근본적인 치유적 개혁이 요구된다. 일상적인 정책 피드백만으로 문제해결이 잘 안 되면 행정개혁을 대대적으로 단행해야 하는 것이다.

표 1-2	행정개혁의 3가지 접근방법 간의 비교		
구 분	구조적 접근방법	과정적 접근방법	행태적 접근방법
의미	• 조직구조의 변화 (restructuring)	• 운영과정의 변화 (reengineering)	• 관료인식의 변화 (rethinking)
개혁의 대상	• 부서와 계층 • 조직의 기능	• 업무처리절차 • 업무처리방식	• 구성원의 태도 • 조직문화
대표적 사례	• 조직축소(downsizing) • 적정규모(rightsizing) • 계층축소(delayering)	• 과정혁신 • 과정설계 • 정보기술 도입	• 지속적 학습 • 심리치료 • 지식행정
장점	• 효율성 제고 • 가시적 성과창출	• 대응성 제고 • 광범위한 파급효과	• 개혁저항의 최소화 • 자율성과 창의성 강화
단점	• 단기적 충격요법 • 중장기 효과 미약	• 활용상의 높은 난이도 • 결과의 신뢰성 미약	• 성과 창출에 장기간 소요 • 폭넓은 활용가능성 제약

자료: 서진완(1999)을 토대로 재구성.

제도의 관점에서 행정개혁의 설계원리나 경로의존을 설명하는 신제도주의 계열의 다양한 주장들에 유의할 필요가 있다. 특히 신제도주의적 접근방법들이 내포하고 있는 문화, 약속, 패턴 등과 같은 핵심 개념들은 종합적 접근의 새로운 진로모색과 직결된 문제로 평가해 볼 수 있다.[7]

---

7) 역사적 제도주의, 합리적 선택 제도주의, 사회학적 제도주의 등으로 구분되는 신제도주의 계열의 다양한 분파들은 연구목적에 따라 다양한 형태로 응용되고 있지만 기본적으로 제도와 조직을 구분한다는 점에서 공통점을 지니고 있다. 일반적으로 조직(organization)은 공공서비스와 규제(정부), 법률(의회), 상품(회사), 예배(종교) 등과 같은 특정 목적을 달성하기 위한 사람들의 협동적 집단행위를 의미하는 반면에 제도(institutions)는 개인이나 조직의 행동을 제약하거나 인간의 상호작용을 형성하는 공식 및 비공식적 규범, 관행, 규칙, 약속, 모방, 문화 등을 의미한다. 따라서 우리는 조직에 주목하는 구제도주의와 제도를 중시하는 신제도주의로 구분을 시도할 수 있다.

3. 행정개혁의 주요한 특징과 연구전략

(1) 행정개혁의 주요한 특징

행정개혁이라는 개념 속에 내재된 기본적인 특성은 다음과 같다. 첫째, 행정개혁은 행정을 인위적, 의식적, 계획적으로 변화시키려는 것이므로 불가피하게 관련자들의 저항을 수반한다는 점이다(이종수·윤영진 외, 2005). 그리고 이러한 변화의 범주에는 정부 내부를 대표하는 변수인 구조와 과정 및 행태는 물론 정부외부와의 관계를 대표하는 시장과 시민사회 및 국제기구 등과의 상호작용 패턴까지도 포함된다.

둘째, 현대의 행정환경은 끊임없이 변화하기 때문에 행정체제도 변화하는 환경 속에서 생성, 발전, 소멸하는 생태적인 속성을 지니게 된다. 따라서 환경의 종속변수인 행정개혁은 일시적·즉흥적이 아닌 계속적인 진화와 학습과정을 요체로 한다. 따라서 행정개혁은 한번에 끝나는 일회성 이벤트가 아니라 지속적으로 혁신을 추동하도록 하는 것이 중요하다. 또한 행정개혁에 관한 체계적이고 프로그램화된 학습을 유도하기 위해서는 기존의 다양한 성공과 실패 사례에 대한 축적과 공유가 요구된다.[8]

셋째, 행정개혁은 성공 여부에 대한 불확실성과 위험 속에서 새로운 방법을 고안하여 적용하고 실천하는 동태적·의식적 과정이다. 이와 관련하여 Pollitt & Bouckaert(2000: 18~21)는 행정개혁이 성공하기 어려운 이유로 부분의 성공이 전체의 성공이 되는 경우가 희박하다는 점, 당초에 의도하지 않았던 역효과의 발생 가능성, 그리고 경제사회분야 구조개혁과의 연계성 결여 등을 지적하였다. 이 밖에 제도와 개인의 보편적인 특성인 현상유지편향(status quo bias), 개혁목표의 지나친 상징성, 조직개편과 같은 구조적 개혁수단의 지나친 강조, 적절치 못한 서구모형의 단순한 모방, 창의성과 학습능력의 결여, 적절한 보상체계의 부재 등도 주요한 실패원인으로 지목되고 있다(이도형·김정렬, 2007).

넷째, 행정개혁은 조직관리의 기술적인 속성과 함께 권력투쟁, 타협, 설득이

---

8) 행정개혁 사례의 발굴과 체계적 이론화를 위해서는 사례별로 성패의 여부와 내용을 찾아내는 귀납적 접근이 요구된다. 나아가 근거이론(grounded theory)에 기초해 행정개혁에 관한 핵심 성패요소나 메커니즘을 체계적으로 규명함으로써 각 조건과 상황에 적합한 행정개혁을 추진하는 토대를 마련할 수 있다.

병행되는 정치적·사회심리적 과정이다. 즉, 행정개혁은 행정 내부의 합리성 확보만으로 완결되는 것이 아니라 행정 외부의 다양한 정치세력들과 밀접한 관련성을 지니고 있다. 이런 점에서 행정개혁은 정치이념의 합리화, 정치적 참여, 정치제도, 전략, 설득과 양보 등과 같은 정치적 요소를 수반하는 정치과정이라 할 수 있다(이종수·윤영진 외, 2005). 특히 최근 행정의 문제해결과정은 정부의 일방적인 결정과 집행보다는 시민 및 이해당사자의 참여와 협력에 바탕을 두는 거버넌스(협치) 접근이 중시되고 있다. 이 점에서 행정개혁도 정부 내부의 지지와 정부 외부의 지지를 받지 못할 경우 일회성으로 그치거나 효과를 발휘하지 못할 개연성이 크다.

(2) 행정개혁에 대한 연구전략

행정개혁은 고도로 논쟁적이고 가치함축적인 개념이기 때문에 행정개혁을 합리적이고 체계적으로 분석하기 위해서는 다차원적 비교가 요구된다. 즉, 행정개혁의 성패를 규명하거나 미래지향적 대안을 모색하는 연구설계는 직접적이든 간접적이든, 혹은 양적이든 질적이든 간에 비교연구의 형식을 채택해야 하는 것이다.

일반적으로 행정개혁에 관한 비교분석은 크게 세 가지 차원으로 구분된다. 즉, 미시적 수준의 국가내 비교와 거시적 수준의 국가간 비교 및 중범위 수준의 정권별 비교 등이 여기에 해당한다. 이때 국가내 비교는 통상 부처별 비교와 지방정부간 비교로 구분되고, 국가간 비교는 대체로 개별국간 비교와 국가군별 비교로 분류된다. 그리고 정권별 비교는 개별정권, 공화국 등에 따라 세분화가 가능하다.

비교연구의 방법은 크게 횡단적 비교와 종단적 비교로 구분된다. 여기서 횡단적 비교란 특정 시점에서 국가, 부처, 자치단체 등과 같은 복수의 연구대상을 비교하는 방식이다. 반면에 종단적 비교란 시간의 흐름을 가정한 상태에서 단일 또는 복수의 연구대상을 비교하는 방식이다. 하지만 행정개혁에 관한 많은 연구설계들이 두 가지 비교방법을 병행하고 있다.

또한 비교연구의 준거틀은 크게 최대 상이체계 비교설계와 최대 유사체계 비교설계로 구분된다. 여기서 최대 상이체계 비교설계란 상반되는 복수의 연구대상을 비교하는 것으로 역사제도적 특성이나 국정운영 기조가 상이한 국가(군)나 정부(정권)를 비교하는 경우가 여기에 해당한다. 반면에 최대 유사체계 비교설계란 동일 국가군이나 공화국과 같이 성격이 유사한 그룹 내에 포함되는 국가나 정부를 비교하는 방식이다(은재호, 2005). 하지만 이러한 비교의 준거틀도 필요에 따라서 혼합적으로 설계할 수 있다.

한편 행정개혁에 관한 비교연구의 전략은 주로 행정개혁의 단계와 변수에 의해 좌우되는 경향이 있다. 먼저 행정개혁의 단계를 구성하는 투입(계기), 전환(채택과 집행), 산출(결과), 환류(함의) 등을 모두 포괄하는 경우와 특정한 일부 단계에 초점을 부여하는 경우로 구분하는 전략을 시도할 수 있다. 다음으로 행정개혁의 변수를 대표하는 구조, 과정, 행태, 임무, 문화 등을 포괄하는 경우와 특정 변수로 제한하는 경우로 구분할 수도 있다(김판석, 1994). 이와 함께 Baradat가 행정개혁의 성공을 좌우하는 핵심 요소로 방향(direction), 깊이(depth), 속도(speed), 방법(method) 등에 주목할 것을 제안한 점에도 유의할 필요가 있다(이도형·김정렬, 2007).

01

Ⅱ. 행정개혁의 추진과정: 계획(plan)-실행(do)-평가(see)

행정개혁의 추진과정은 행정개혁의 주체인 국가엘리트들이 사회경제적 영향이나 정치체제의 요구를 토대로 행정개혁안의 폭과 범위를 결정함으로써 본격화된다. 그리고 결정된 행정개혁안은 행정체제 내부에서 집행, 평가, 환류 단계를 거치게 된다. 이러한 행정개혁의 추진절차를 순차적인 흐름도로 정리하면 다음과 같다.

1. 행정개혁의 추진계기와 목표: plan

(1) 행정개혁의 추진계기

최근 들어 신공공관리와 거버넌스로 대표되는 행정개혁의 기풍이 전세계로 확산된 주요 원인으로는 세계화, 분권화, 정보화, 노령화 등과 같은 급격한 환경변화에 주목할 필요가 있다.9) 부연하면 첫째, 세계화의 심화에 따라 지구촌 국가

9) 행정개혁을 촉진하는 요인으로 중요한 것들은 행정체제 내외의 환경적 변화와 관련된 것들로서

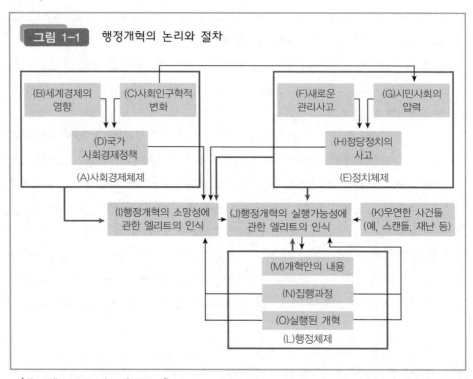

그림 1-1   행정개혁의 논리와 절차

자료: Pollitt & Bouckaert(2000: 26).

모두에서 경제위기와 재정적자가 일상화되자 행정국가(선진국의 복지국가와 개도국의 발전국가)의 재편성을 통한 국가경쟁력 강화에 주목하게 되었다는 점이다.

둘째, 조직 내외의 분권화 추세가 확산되면서 중앙정부의 상층부로 권력이 집중되는 일극체제의 완화 현상이 표출되고 있다. 이러한 분권화는 비단 중앙정부와 지방정부(정부간 관계)에만 국한되는 것이 아니며 지방정부와 지역주민(로컬 거버넌스), 정부와 기업, 정부와 시민사회 등 다양한 분야로 확산되고 있다.

셋째, 20세기 중반 이후 가속화된 정보혁명으로 인해 전통적인 관료제 조직을 재편해야 할 필요성이 제기되고 있다. 정보통신기술을 활용한 관료제의 재편 노력은 조직구조(restructuring)와 업무과정(reengineering)은 물론 공무원들의 행태와

"① 새로운 이념의 등장, ② 새로운 기술의 등장: 과학기술의 발달, ③ 비능률의 제거: 불필요한 행정기능의 중복, 과다 팽창된 조직 정비, ④ 정치적 변혁의 발생, ⑤ 국제적 환경의 변화: 환경 보호, 통상부처 강화, ⑥ 기타: 인구구조의 변화, 압력집단의 활동" 등으로 일반화를 시도할 수 있다(이종수·윤영진 외, 2005: 670).

문화까지 포괄하는 방향으로 전개되고 있다.

넷째, 인간의 수명연장으로 인해 인구구조의 노령화 추세가 심화되면서 사회복지나 연금 분야를 중심으로 기존 체제를 정비해야 할 필요성이 제기되고 있다. 특히 서유럽 복지국가의 경우 과도한 정부의 재정부담을 완화시키기 위해 시장기제(market mechanism)를 활용한 행정개혁 기법의 도입과 활용이 확산되고 있다.

또한 앞서 제시한 사회경제적 환경요인 이외에 정치체제 내부의 변화 압력으로는 새로운 관리사고와 시민사회의 압력을 들 수 있다. 부연하면 첫째, 1980년대를 풍미한 대처리즘과 레이거노믹스의 후광하에서 신우파(new right) 정책기조에 입각한 신공공관리적 행정개혁의 기풍이 전세계로 폭넓게 확산되었다는 점을 지적할 수 있다.[10] 또한 1990년대 중반 이후에는 영국 블레어와 독일 슈레더 정부의 사례를 통해 알 수 있듯이 제3의 길 노선을 반영하는 거버넌스가 행정개혁의 주요한 사고로 등장한 점에 주목할 필요가 있다.[11]

둘째, 정부의 주인이자 고객인 시민들의 목소리가 커지기 시작하면서 행정개혁의 폭과 깊이가 심화되고 있다는 점이다. 일례로 행정의 대응성 제고 차원에서 고객만족 행정이 확산되고 있을 뿐 아니라, 공공부문과 민간부문간의 건설적협력을 요체로 하는 거버넌스 패러다임하에서 공공서비스의 공동생산이 자주 목격되고 있다.

(2) 행정개혁의 목표

정부가 추구하는 다양한 행정가치의 실현과 직결된 행정개혁의 목표는 정부존립의 정당성 확보와 직결된 문제이다.[12] 현대 행정국가는 독과점의 폐해나 대

---

10) 전통적 행정상은 관료제(bureaucracy), 단일의 최선책(one-best way), 관료적 공급(bureaucratic delivery), 정치행정이원론(politics/administration dichotomy), 공익(public interest), 직업공무원제 (professional bureaucracy), 관리행정(managerial administration) 등을 요체로 한다(Hughes, 2003). 한편 관료제 행정으로 대표되는 전통적 행정상의 대안 모색과 직결된 신공공관리의 주요한 특징으로는 생산성, 시장화, 서비스 지향성, 분권화, 서비스 공급자(전달기능)와 서비스 구매자(정책기능)의 구분, 결과에 대한 책임 등을 들 수 있다(Kettl, 2000; Barzelay, 2001).

11) 행정개혁은 그 자체가 목적으로 추구되는 경우도 있지만 종종 정치적 목적을 위한 수단으로 추진되는 경우도 많다. 일례로 정권교체기마다 반복되는 정치인들의 관료때리기는 행정개혁이 갖는 상징성 및 정당성의 편익이 크다는 점을 시사한다. 더불어 정치인에 부가하여 고위 관료들이 주도하는 행정개혁도 자신들의 인기관리와 같은 정치적 목적과 밀접한 관련성을 지니는 경우가 많다(Pollitt & Bouckaert, 2000; 이종수, 2007).

12) 행정이 추구하는 가치는 크게 공익, 정의, 형평성, 자유, 평등 등과 같은 본질적 행정가치와 합

공황의 치유를 위해 시장(사회)에 대한 개입을 증대시켜 왔지만, 재정적자나 정책실패와 같은 정부실패를 치유하기 위해 다양한 행정개혁 목표를 설정하게 된다. 이러한 이유로 행정개혁의 목표는 시장실패와 정부실패 간의 경계선을 어떻게 설정하느냐에 따라 신축적으로 변화하는 경우가 일반적이다.

따라서 정부실패에 비해 시장실패가 심각한 경우에는 민주성 계열의 가치들이 행정개혁의 목표로 설정되는 반면에 시장실패에 비해 정부실패가 심각한 경우에는 효율성 계열의 가치들이 행정개혁의 목표로 부상하게 된다. 더불어 행정개혁의 목표는 행정개혁을 추진하는 정권의 이념성향에 따라 특정 방향으로 강화되는 경향이 있다.

일례로 노무현 정부는 행정개혁의 목표로 효율, 봉사, 투명, 분권, 참여 등을 설정하였다(정부혁신지방분권위원회, 2003). 이때 상대적으로 중립적인 투명을 중간지대로 설정할 경우, 효율과 봉사는 상대적으로 신우파적 개혁기조에 근접하고,

표 1-3 행정개혁의 목표별 구현사례

개혁목표	목표의 달성도를 측정하는 세부지표
효율적인 정부	전자결재율, 전자문서유통률, 행정정보공동이용 건수, 전자정부포털 통한 민원신청건수, 개방형 직위 외부 임용률 등
봉사하는 정부	중앙부처 민원서비스 만족도, 공기업 고객 만족도, 수출입 화물 처리시간, 여행자 통관 소요시간, 세금 전자신고 건수, 인터넷 전자민원증명 발급건수, 특허심사 처리기간 등
투명한 정부	공공기관 청렴도, 부패공직자 연평균 기소인원, 연평균 공직자 징계인원, 연도별 정보공개 공개실적, 조달업체 만족도 등
분권화된 정부	연도별 지방이양 완료 건수, 지방교부세 교부율, 부처별 예산요구 증가율, 팀제 도입 후 직위별 결재율 등
참여하는 정부	국민제안 실적, 지역인재 추천제, 과학기술인력 특별채용, 지방정부간 협력사례건수, 공공서비스의 공동생산 비중 등

자료: 행정자치부(2005)를 토대로 재구성.

리성, 능률성, 효과성, 민주성, 책임성, 합법성, 투명성 등과 같은 수단적 행정가치로 구분된다(이종수·윤영진 외, 2005).

분권과 참여는 신좌파적 개혁기조에 친숙한 것으로 규정할 수 있다.[13)]

2. 행정개혁의 수단과 집행전략: do

(1) 행정개혁의 수단

행정개혁의 목표달성을 위해 활용되는 다양한 개혁수단들은 구조개혁·과정개혁·행태개혁을 포괄하는 내부지향적 행정개혁(Moving in), 지방분권·책임운영기관·자율책임조직을 포괄하는 자율지향적 행정개혁(Moving down), 민영화·규제개혁·민관협력을 포괄하는 외부지향적 행정개혁(Moving out) 등으로 유형화할 수 있다.

이 중에서 상대적으로 미시적인 내부지향적 행정개혁의 구체적인 수단으로는 조직(전문화, 조정, 집권과 분권, 규모 등), 인사(신분보장, 승진, 관리규정 등), 재무(예산, 회계, 감사 등), 전자정부(전자문서, 전산감사, 정보공유 등), 성과관리(MBO,

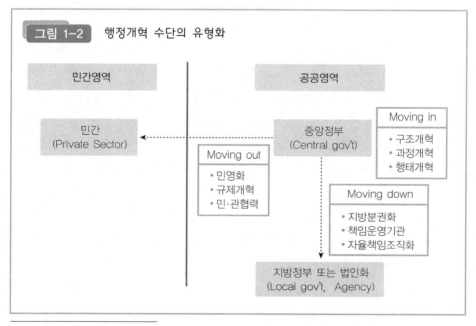

그림 1-2 행정개혁 수단의 유형화

---

13) 신공공관리에 내재된 이념적 편향성은 보다 광범위한 확산을 제약하는 주요 요인으로 작용해 왔다. 즉, 기업의 경쟁력이 국가경쟁력과 동일시되고 있는 세계화 시대를 맞이하여 각국 정부가 토착기업은 물론 다국적기업들의 편의와 직결된 행정개혁 수단을 주로 활용하고 있다는 것이다. 그러나 이러한 문제제기는 1990년대 이후 탈이념화 추세의 가속화와 더불어 급속히 약화되고 있다.

BSC, 전략기획 등) 등을 들 수 있다. 또한 전통적인 내부 행정변수별 구현사례로는 구조(책임총리제, 책임장관제, 책임운영기관, 팀제 등), 과정(정책품질관리와 홍보관리제도, 통계자료의 정비와 통계지표 개발, 기록관리, 전자정부 등), 행태(정부혁신 로드맵 작성, 혁신지원조직 구축, 학습과 토론 장려, 혁신관리평가 실시 등) 등을 들 수 있다(국정홍보비서관실, 2007).

한편 윤성식(2005)은 행정개혁의 주요한 목표들에 초점을 부여한 상태에서 행정개혁의 구체적 수단(기법)을 다음과 같이 분류하고 있다. 첫째, 자율 및 분권과 관련된 기법으로 총액인건비 제도, 예산총액배분 자율편성제도, 특별지방행정기관의 지방이양, 자치경찰제 도입, 지방재정의 확충 등이 있다. 둘째, 평가 및 감사와 관련된 기법으로 정부업무에 대한 종합적인 평가인프라 및 부처별 성과관리시스템 구축, 디지털예산회계시스템, 지방정부의 책임성 강화 등이 있다. 셋째, 투명성과 관련된 기법으로 행정정보에 대한 국민의 접근성 보장, 자발적 전자정보공개시스템 구축, 공직윤리의 강화, 디지털예산회계시스템 등이 있다. 넷째, 개방성 및 참여와 관련된 기법으로 다양한 인재에게 공직 개방, 공무원 충원 방법의 다양화, 전자투표를 통한 전자민주주의 구현, 정책과정에서의 시민참여 확대 등이 있다. 다섯째, 혁신문화의 구축과 관련된 기법으로 다양한 조직변화 프로그램, 정부혁신관리 매뉴얼 발간, 각종 혁신토론 및 학습활동 등이 있다. 여섯째, 전문성 및 효율성과 관련된 기법으로 순환보직의 중단과 보직경로제, 공직 충원방법의 다양화, 정책품질의 향상과 업무개선을 위한 체계적 절차 구축, 정보화와 전자정부 프로젝트 등이 있다. 일곱째, 교육과 학습조직의 구축과 관련된 기법으로 공무원에 대한 평생학습체계 구축, 지식경영 및 학습조직 구축 등이 있다.

나아가 행정개혁의 수단은 행정의 양대 유형에 따라 규제수단과 서비스 공급수단으로 구분할 수 있다. 20세기 이후 현대 국가는 자유방임에 기초한 소극적인 입법국가에서 규제와 공공서비스의 확대를 요체로 하는 적극적인 행정국가로 변모하였다. 이는 새로운 환경에 적응하기 위한 행정개혁의 초점이 주로 공공서비스와 규제 기능의 강화를 통해 이루어졌음을 시사한다.

일반적으로 서비스 행정의 강화는 복지기능을 중심으로 한 공공서비스의 양적 확대와 주인이자 고객인 국민들에 대한 대응성 제고를 표방하는 질적 측면을 중심으로 이루어졌다. 또한 규제 행정의 강화는 서비스 행정과 마찬가지로 산업화에 따른 부작용을 치유하기 위한 양적 측면의 규제강도 조절과 병행하여 질적 측면에서 국민들의 편의 제고를 위한 규제품질 제고 노력이 이루어졌다.

(2) 행정개혁의 집행전략(추진체계)

행정개혁의 집행전략(추진체계)이란 행정개혁을 어떻게 추진하느냐에 관한 것이다. 좁은 의미에서는 행정개혁을 담당하는 기구 혹은 조직을 의미하나 넓은 의미에서는 효과적인 개혁집행을 위한 제반 전략 또는 기술을 포함한다고 할 수 있을 것이다. 아무리 좋은 행정개혁이라고 하더라도 효율적인 추진체계가 없으면 용두사미가 되거나 그 집행을 위하여 매우 많은 비용을 소모해야 한다. 따라서 행정개혁의 추진체계는 '바람직한 행정개혁의 집행을 실행하는 체계(system)'라고 할 수 있다(임도빈, 2000).

행정개혁의 집행전략(추진체계)과 관련된 주요 쟁점은 다음과 같다. 첫째, 행정개혁의 성공적인 추진을 위한 별도의 조직신설 여부에 관한 것으로, 이는 선도조직형과 기존조직형으로 구분할 수 있다. 먼저 행정개혁을 주도한 선도조직의 사례로는 우리나라 역대 정부의 각종 행정개혁위원회를 비롯해 미국 Clinton 정부의 National Performance Review, 영국 Thatcher 정부의 효율성팀(Efficiency Unit) 등을 지적할 수 있다. 다음으로 기존조직에 의한 행정개혁 추진사례로는 우리나라의 기획예산처와 행정자치부, 미국의 관리예산처(OMB), 프랑스의 공무원 및 행정개혁부(Minister de la Fonction Publique et des Reformes Administratives), 뉴질랜드의 재무부 등을 들 수 있다.

둘째, 행정개혁의 추진방식에 관한 것으로, 이는 하향식 방식(top-down)에 기초한 급진적 개혁과 상향식 방식(bottom-up)에 기초한 점진적 개혁으로 구분할 수 있다. 먼저 급진적 개혁의 대표적 사례로는 Thatcher가 주도한 영국의 관리혁명을 비롯해 미국의 Reagon, Roger Douglas 재무장관이 주도한 뉴질랜드의 행정개혁을 들 수 있다. 다음으로 점진적 개혁의 사례로는 Tony Blair가 주도한 정부현대화, 독일 Schroeder의 현대행정, 노무현 정부의 정부혁신 등을 지적할 수 있다. 급진적 개혁과 점진적 개혁은 각기 효율성과 민주성이라는 상반된 가치를 추구한다는 점에서 구별되지만 양자 간에는 높은 수준의 보완관계가 존재한다는 점에 주목할 필요가 있다. 일례로 민주성이 확보된 개혁체제는 효율성이 확보된

표 1-4	행정개혁 추진전략	
	한 부분씩 개혁	모든 부문을 개혁
단계별로 진행	A	B
일시에 진행	C	D

자료: 윤성식(2002).

개혁체제에 비해 시간과 비용의 측면에서 불리하지만 급진적 개혁에 따른 오류나 저항을 회피할 수 있다.

나아가 급진적 개혁과 점진적 개혁에는 두 가지 차원이 존재한다는 점에 유의할 필요가 있다. 첫째, 한 부문의 개혁이냐 모든 부분의 개혁이냐를 의미하는 차원으로서 개혁의 범위에 관한 것이다. 둘째, 모든 부문의 개혁을 추진하면서도 점진적으로 추진할 수도 있고 일시에 추진할 수도 있기 때문에 개혁의 진행차원에 관한 것이다. 아래 표에서 A와 C를 구별하고, B와 D를 구별하는 것은 단계별로 진행하느냐 일시에 진행하느냐이다. 이 중 B가 두 가지 방법을 결합하는 방법으로서 가장 현명한 방법이다. 즉, B유형의 개혁은 하나의 큰 개혁이지만 구체적 프로그램의 정착은 단계적으로 실험과 수정을 통해서 이루어지는 개혁이다. 그리고 하나의 큰 개혁이지만 동시가 아니라 순차적으로 모습을 드러내는 개혁이다(윤성식, 2002).

이러한 문제인식과 관련하여 노무현 정부의 정부혁신지방분권위원회(2005)가 기존 행정개혁 추진방식의 문제점으로 지목한 사항들에 주목할 필요가 있다. 부연하면 첫째, 공무원을 개혁의 대상으로 설정하였을 뿐 개혁의 진정한 주체로서 설정하고 활용하지 못하였다. 둘째, 집권적·하향적 개혁을 시도하여 집권 초기에는 일부 성과를 거두었지만 지속성을 확보하지 못하였다. 셋째, 일회적·성과과시형 개혁을 추진하여 구조적이고 문화적인 요소에 대한 개혁은 이루어지지 못하였다. 넷째, 일방적·주입식 개혁으로 인하여 개혁의 자율성과 능동성이 확보되지 못하는 타율적인 개혁에 머물렀다. 다섯째, 공급자 위주의 개혁에 머물러서 국민이 원하는 방향으로의 개혁이 이루어지지 못하였다. 나아가 이를 반영하는 개선대안으로는 공무원을 개혁의 주체로 인식, 분권적·상향적 개혁, 상시적·내실추구형 개혁, 자기 학습적 개혁, 수요자 위주의 개혁 등을 제시하였다.

3. 행정개혁의 성과와 환류: see

(1) 성과의 개념과 유형

일반적으로 성과(performance)는 조직 및 그 구성원이 서비스의 생산 및 제공을 위하여 수행한 업무, 정책 및 활동의 계획 또는 목표에 대한 실적 또는 효과 정도를 의미하는 것으로 인식되고 있다(박중훈, 1998; 이세구, 2003; Ammons, 1995; OECD, 1994; Wholey, 1999). 따라서 성과는 능률성, 효과성, 경제성, 서비스 품질, 서비스 형평성, 정부재정의 안정성, 정부정책의 순응 등이 포함되는 다차원적인 개념이라고 할 수 있다.

성과의 유형은 「투입(input) - 과정(process) - 산출(output) - 결과(outcome)」의 생산모형을 통해서 이해할 수 있는데, 이에 관한 구체적인 내용은 다음과 같다. 먼저, 투입(input)은 자금, 인력, 장비 등과 같이 여러 가지 사업에 투입된 자원(resources)을 의미한다. 이것은 공공서비스의 공급비용을 결정하고, 투입의 변화가 서비스 질에 미치는 영향을 분석하는 데 유용하다. 과정(process)은 조직의 활동(activities)을 지칭하는 것으로, 이러한 성과는 정부가 얼마나 바쁘게 움직이는지를 나타내며, 정부에 대한 요구수준(level of demand)을 반영한다. 일반적으로 서비스공급에 필요한 활동은 업무량이나 시간의 양으로 표시되며, 업무과정의 개선 노력은 반응시간을 높이거나 단위당 비용을 낮추는 데 초점이 있다. 산출(output)은 프로그램을 통해서 공급된 서비스의 양이나 서비스의 수준(level of service)을 말하는 것으로, 흔히 정부조직의 성과를 의미하는 것으로 활용되는 경향이 있다. 포장된 도로의 길이, 제공된 보조금의 규모, 수술횟수, 졸업생의 수 등은 조직의 산출물을 나타내는 전형적인 예라고 할 수 있다. 산출물은 정부조직이 바람직한 사회적 변화를 위해서 기여하고 있는지의 여부를 판단할 수 있는 토대를 제공해 준다는 점에서 유용성이 있다. 그러나 이러한 산출물 자체가 정부의 목표는 아니기 때문에 산출물이 보다 넓은 의미의 사회적 목표를 얼마나 달성했는지를 보여주는 것은 아니다. 결과(outcome)는 정부가 변화시키고자 하는 사회적 상태를 의미하는 것으로, 건강해진 인구, 사람들의 계몽 정도, 더욱 안전한 도시환경 등이

01

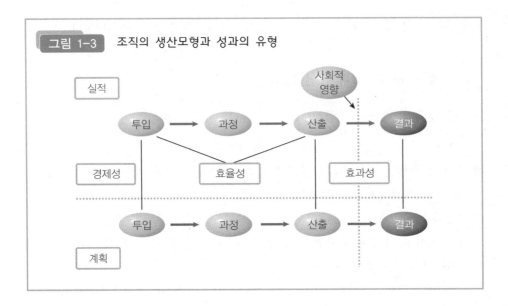

그림 1-3   조직의 생산모형과 성과의 유형

여기에 해당된다. 성과로서의 결과는 정부활동의 바람직한 결과를 강조하며, 정책이 지속되어야 할 이유가 여전히 존재하는지를 파악하는 데 초점이 있다. 그러나 어떠한 결과에는 정책이나 정부조직의 노력 이외에 사회경제적인 조건들이 많은 영향을 미치기 때문에 이러한 사회적 결과가 정책이나 정부조직의 노력의 결과라는 것을 입증하기가 매우 어렵다.

한편, 조직의 성과는 이러한 요소들 간의 관계를 통해서 살펴볼 수 있다. 먼저, 경제성(economy)은 자원의 절감 정도를 의미한다. 이것은 당초에 계획했던 예산, 인력, 장비 등의 자원을 실제로 얼마나 절감해서 업무를 수행했는가를 측정하는 개념이다. 이와 달리 효과성(effectiveness)은 정부가 원래 의도한 목표의 달성 정도를 의미한다. 가령, 건강한 사회를 만드는 것이 정부의 목적일 경우 건강하다고 느끼는 시민들의 비율은 효과성을 나타내는 지표가 될 수 있다. 마찬가지로 범죄로부터 안전하다고 느끼는 시민들의 비율이나 숙련된 노동력 등도 안전한 사회나 고용의 질 향상이라는 정책목적의 달성 정도를 나타내는 효과성에 해당된다고 할 수 있다. 이러한 효과성 개념에는 비용의 개념이 고려되어 있지 못하다. 이러한 관점에서 주목되는 것이 효율성(efficiency)인데, 이것은 투입 대비 산출의 비율을 의미한다. 이것은 투입이 산출로 전환되는 과정을 추정하는 것으로, 투입물 단위당 산출된 서비스 공급비용을 나타낸다. 효율성은 산출물 단위당 투입량, 즉 병상당 비용, 도로 1km당 비용, 대학 졸업생 1명당 비용 등으로 표현하는 것이 일반적이다.

(2) 행정개혁의 성과: 주요국 행정개혁의 산출과 결과 비교

행정개혁의 성과는 산출(output)과 결과(outcome)로 구분할 수 있다. 이때 산출이란 행정개혁의 직접적 결과물을 의미함에 반하여 결과란 간접적인 파급효과를 포괄하는 개념이다. 따라서 여기에서는 행정개혁이 추구하는 다양한 목표(효율, 봉사, 투명, 분권, 참여)를 전제한 상태에서 경쟁국가(영국과 미국), 개입국가(일본과 독일), 절충국가(네덜란드와 아일랜드), 한국 등을 대상으로 행정개혁의 산출과 결과를 비교하는 기회를 마련하고자 한다.

먼저 행정개혁의 산출은 5대 목표별로 각기 2개의 지표씩 총 10개로 구성하였다. 이때 산출 규명을 위한 측정지표들은 국내외 각종 논문과 더불어 OECD, UN(국제연합), TI(국제투명성기구) 등과 같이 공신력 있는 국제기구들의 자료들을

표 1-5 선진국 행정개혁의 산출 비교

지표	국가군	경쟁국가		개입국가		절충국가		한국
		영국	미국	일본	독일	아일랜드	네덜란드	
효율	총고용 대비 공공부문 고용비율	상	중	중	중	상	중	상
	공기업 영역의 범위와 거래실적	상	하	중	상	하	상	중
봉사	인구 천 명당 인터넷 이용자수	중	상	중	중	하	상	상
	생산시장규제와 기업활동장벽	상	상	중	중	상	중	하
투명	투명성 지수	상	중	중	상	중	상	하
	정부개입강도와 창업소요일수	중	상	하	중	중	중	중
분권	중앙-지방 공무원 비중	하	상	하	상	하	중	중
	지출과 수입 측면의 재정분권비율	중	상	중	상	중	중	중
참여	기업의 GDP 대비 임금비율	하	중	하	중	상	상	하
	파업일수와 비율	중	중	중	중	상	상	하

01

| 표 1-6 | 선진국 행정개혁의 결과 비교 |

지 표	국가군	경쟁국가		개입국가		절충국가		한국
		영국	미국	일본	독일	아일랜드	네덜란드	
효율	GDP 증가율	중	중	중	하	상	하	상
	기업부가가치 증가율	중	하	중	중	상	하	상
봉사	정부효과성	상	상	하	중	중	상	하
	규제의 질	중	중	하	중	상	상	하
투명	부패통제	상	중	중	상	중	상	하
	법치주의	상	상	상	상	상	상	하
분권	언론자유와 책임성	중	중	하	상	중	상	하
	정치적 안정성	중	하	중	중	상	상	하
참여	인간개발지수	상	상	상	중	상	상	하
	지니계수	하	하	상	상	하	중	중

주로 원용하였다. 또한 비교대상 국가의 규모나 발전단계상의 차이로 인한 결과의 왜곡현상을 방지하기 위해 단순 합계나 평균보다는 비율이나 증가율에 초점이 부여된 계량지표로 제한하였다.

다음으로 행정개혁의 결과는 산출과 마찬가지로 5대 목표별로 각기 2개씩 총 10개로 구성하였다. 결과 규명을 위한 양적 지표들은 세계은행(World Bank)이 1996년 이후 매년 발표하는 6개의 거버넌스 지표(봉사와 투명 및 분권 부문)를 재활용하는 한편 OECD와 UN의 관련 통계지표 4개(효율과 참여 부문)를 활용하였다.[14] 특히 효율과 참여는 각기 경제와 사회부문을 대표하는 통계지표들을 각기 2개씩 채택하였다.

한편 비교분석결과를 반영하는 주요국 행정개혁에 대한 벤치마킹 전략은 분야별로 특화된 영역을 중심으로 이루어져야 할 뿐만 아니라 단순히 성공한 행정개혁을 초월해 실패한 행정개혁으로부터의 얻는 교훈에도 유의해야 한다. 또한 고도로 논쟁적인 행정개혁의 성격상 그 결과에 대한 왜곡이 다양한 경로를 통해

---

14) 세계은행이 발표하는 6개의 거버넌스 지수는 세계경제포럼, 프리덤 하우스, 이코노미스트, 인텔리전스 유닛 등 30여개 기관에서 발표하는 40여개의 데이터를 재활용하는 방식으로 이루어진다. 또한 각 지표들은 포괄성과 대표성 측면에서 중장기적 결과와 밀접한 관련성을 지니고 있다.

이루어지고 있음에 유의해야 한다. 때로는 매우 성공적인 개혁성과조차도 왜곡되어 전달되거나 잘 알려지지 못하는 경우가 있는데, 이는 행정을 둘러싼 정치적 환경으로 인한 것이거나, 이익집단이나 언론 등의 의도적인 전략에 기인하는 바가 크다(OECD, 2002).

첫째, 행정개혁에 내재된 효율지상주의 사고를 극복하여야 한다. 효율성에 초점을 부여해 온 일부 기관들의 비교결과에 연연하는 대응방식으로는 단기적 산출은 물론 중장기적 결과를 기대하기 어렵다.

둘째, 범국가적 차원에서 행정개혁의 성과관리를 강화하여야 한다. 따라서 정권마다 바뀌는 특별위원회 방식의 행정개혁 추진체계를 탈피해 행정개혁의 안정적인 제도화를 모색해야 한다. 나아가 이러한 노력은 산출과 결과 간의 부합도와 양자 간의 상승효과를 제고하는 데 유리하게 작용할 것이다.

셋째, 행정개혁 성과의 극대화를 위해서는 과거의 경험뿐만 아니라 현재 각광받고 있는 새로운 기법들을 잘 혼합하여 최적의 추진전략을 구축해야 한다. 그리고 이를 위해서는 단순히 특정한 국가의 공공부문을 초월해 민간부문으로까지 벤치마킹의 대상을 확대할 필요가 있다.

(3) 행정개혁의 환류

행정개혁의 보편적 특성인 지속성과 계속성에 부응하기 위해서는 행정개혁의 추진성과에 대한 주기적인 평가를 통해 그 결과를 개혁의 주체들에게 환류시켜야 한다. 이때 환류의 의미와 기능은 당초 설정한 목표상태에 행정개혁이 얼마나 효과적으로 부응하고 있는가를 분명하게 점검함으로써 행정개혁에 대한 국민들의 만족도를 제고한다는 점에서 찾아볼 수 있다.

일반적으로 행정개혁의 방향전환과 직결된 환류 정보의 수집은 과정에 대한 평가와 결과에 대한 평가를 통해 이루어진다. 먼저 과정평가는 행정개혁의 추진과정 전반에 관한 단계별 검토과정을 통해 기존 추진방식의 전술 변화를 도모하게 된다. 다음으로 총괄평가는 특정한 행정개혁 대안이 종결된 이후 그 성과를 종합적으로 검토하는 방식으로서 국민적 공감대의 확보나 유사 개혁대안에 대한 학습자료로 활용하게 된다.

통상 정권의 출범초기에 설정하게 되는 행정개혁의 목표달성 여부는 연임 또는 정권교체의 주요 계기로 작용한다는 점에서 중요한 의미를 지니고 있다. 일례로 정권 말기에 행정개혁을 주도한 선도조직이 개혁의 성과를 백서 형태로 발간하는 것은 국민적 지지확보와 직결된 문제이다. 하지만 고도로 논쟁적인 행정개혁의 성격상 그 결과에 대한 합리적인 평가는 어려운 경우가 일반적이다.

따라서 행정개혁에 대한 환류정보의 발간은 정권홍보의 차원을 탈피해 다음 정권에 유리한 학습정보를 제공할 수 있어야 한다. 이러한 방식을 채택하게 되면 행정개혁의 일관성과 계속성 확보에 유리할 뿐만 아니라 중장기적 효과로 이어질 개연성이 크다. 일례로 규제개혁이나 공직윤리와 같은 개혁대안의 경우 단기적 성과보다는 일정 기간의 시차를 거친 이후에 본격적으로 편익이 산출하는 경우가 일반적이기 때문이다.

Ⅲ. 행정개혁의 대상: 공공성의 개념과 공공부문의 범위

최근 들어 행정개혁의 대상인 공공부문의 축소와 확대를 둘러싼 다양한 논쟁들이 확산되고 있다. 일례로 자유시장론(정부실패론)자들은 기업 활동의 활성화를 유도하기 위한 민영화와 규제개혁 차원에서 공공부문의 범위를 축소해야 한다고 주장하는 반면에 정부개입론(시장실패론)자들은 사회계층의 양극화나 비정규직 문제의 해결을 위해 공공부문의 적극적인 시장개입이 필요하다고 주장한다.

이에 본서에서는 공공부문의 축소와 확대를 둘러싼 가치함축적 논의에 앞서 객관적인 비교분석의 전제가 되는 공공부문의 개념과 범위를 명확하게 정립하는 논의 기회를 마련하고자 한다. 공공부문에 관한 의미와 기준의 불명확성이 관련 논쟁을 가속화시키는 주요 원인으로 작용해왔기 때문이다.

1. 공공성의 개념

공공부문의 개념을 이해하기 위해서는 먼저 '공공성(publicness)'이라는 용어가 지니고 있는 의미와 내용을 살펴볼 필요가 있다. 먼저 '공공'이란 일반적으로 특정한 공적 기관을 의미한다. 즉 행정부, 의회, 법원 등과 관련된 사항과 이들이

행하는 모든 활동이 여기에 포함된다. 따라서 공공이라는 개념과 대비되는 민간이라는 개념은 기업과 관련된 활동이라는 의미를 지닌다. 나아가 양자 간의 경계선에는 공공과 민간이 혼재된 제3부문(준정부조직과 비영리단체)이 존재한다.

다음으로 공공이란 종종 불특정 다수의 사람들에게 공통적으로 관계되는 사항을 의미하는 경우도 있다. 특히 재화나 서비스의 사용 측면에서 본다면, '공공'의 의미는 사적 사용에 필수적 속성인 배제성(excludability)이 작용하지 않는 영역을 말한다. 이를테면 공공서비스나 공공재 등이 전형적인 예라고 할 수 있다. 그러나 배제성이 적용되지 않는 재화의 종류와 범위를 명확하게 설정하기 어렵기 때문에 공공성을 일률적으로 판단하기는 어렵다.

한편, 현대 행정학에서 공공성의 개념을 규정하려는 시도는 크게 두 가지로 구별된다. 하나는 정통행정이론의 관점이고, 다른 하나는 공공선택이론적 관점이다. 먼저 정통행정이론은 대개 공공(public)이라는 개념을 민간(private)이라는 개념과 상반된 것으로 이해한다. 하지만 이러한 방식의 개념화는 그 본질이나 역할 및 이데올로기와 상관없이 공공을 정부나 정치와 동일시하는 오류를 범하기 쉽다. 다음으로 공공선택이론은 공공을 민간과 마찬가지로 효용극대화를 추구하는 이기적 개인들의 합리적 선택으로 규정한다. 하지만 이러한 방식의 개념화는 어떤 공통된 유대감을 가지고 의식적으로 상호작용하고 협조하는 존재를 암시하는 공공의 개념과 부합하기 어렵다는 한계를 지닌다.

따라서 공공성의 재인식을 위한 노력은 기존의 지배적 관점들에 대한 비판적 평가가 전제되어야 한다. 부연하면 첫째, 공공과 정부를 동일시하는 오류를 회피해야 한다. 이는 아직도 많은 나라에서 정치적, 관료적 및 경제적 지배엘리트들이 독점적 권력을 가지고 있기 때문이다. 따라서 공공성의 강화를 위해서는 정부를 그러한 엘리트에 의한 통제로부터 해방시키고, 정부의 운영을 민주화하며, 고객지향적인 행정을 추구해야 한다(Mathews, 1984).

둘째, 공공은 시장과도 동일시 될 수 없다. 왜냐하면 개인주의적이고 효용을 중시하는 시장경쟁적인 분위기에서는 공공을 집합적 실체로서 규정하기 어렵기 때문이다. 따라서 규제강도의 적정화를 통해 시장의 공적 책임성을 제고시켜야 한다.

셋째, 인종, 계급, 민족성, 성(gender) 등의 측면에서 다양성과 이질성이 존재하지 않는 사회는 존재하지 않기 때문에 공공과 전체 사회를 동일시하는 것도 어렵다. 따라서 공공성의 강화를 위해 모든 사회는 불평등한 권력과 지배에 기초하고 있는 현재의 집단간 또는 계급간 관계를 개선해야 한다.

또한 공공에 대한 국가중심적, 시장중심적 및 사회중심적 해석들은 주로 공공의 구조적인 측면들을 강조하기 때문에 공공에 대한 올바른 이해를 위해서는 상호작용과 비판적 인식의 차원에 주목할 필요가 있다. 이 점에서 Arendt와 Habermas가 주창한 공공영역이라는 관념은 매우 유용하다. Arendt에 따르면 행동, 언어, 형평성, 자유와 권력 등과 같은 공공적 실체의 구성요소는 본질적으로 상호주관적이고 의사소통적인 것이기 때문에, 그것을 깨닫기 위해서는 개인들이 자기 자신을 표현하고 상호간에 교감할 수 있는 공공의 장(public space)이 필요하다고 한다. 마찬가지로 Habermas도 상호작용적이고 산만한 개인들이 공통의 관심사를 논의하고, 여론을 형성하며, 사회에 대한 국가의 책임성을 유지하는 데 중요한 역할을 수행할 수 있도록 해 주는 것은 자율성을 가진 공공영역이라고 본다(Haque, 1996; 임의영, 2003).

결국 공공성에 대한 재인식은 구조적 측면은 물론 상호작용적·비판적 측면을 고려할 수 있어야 한다. 또한 공공영역의 활성화를 위해서는 참여와 토론으로 대표되는 소통능력의 강화를 통해 특정 집단의 여론조작을 사전에 예방해야 한다. 나아가 공공성의 제도화는 사회구성원들이 동의하는 문제, 사회구성원들의 자발적인 협동, 권력의 차이가 극소화된 계약, 모두에게나 어느 상황에서나 공평하게 적용되는 투명한 계약, 규제와 간섭을 최소화시키는 방식으로의 위임, 개혁과 변동이 가능한 제도 등과 같은 조건을 구비해야 한다.

2. 공공성 위기의 실상과 대책

최근 들어 전세계적으로 시장의 경쟁논리를 중시하는 신공공관리가 확산되면서 공공성 또는 공공적 특징에 관한 담론이 쇠퇴하고 있다. 보다 구체적으로 정부의 목표, 구조, 기능, 규범 및 공공서비스 이용자에 있어서의 기업적 변화는 공공서비스가 내포한 공공성을 쇠퇴시키는 경향이 있는데, 이는 공사간 차이의 탈색, 사회경제적 역할의 위축, 서비스 수혜자의 협소화, 책임성 조건의 악화, 공공신뢰 수준의 약화 등과 같은 추세를 통해서 알 수 있다. 이러한 공공성 위기의 원인을 논점별로 부연하면 다음과 같다(Haque, 2001).

첫째, 공사 부문간 구분의 약화는 경쟁, 효율성, 생산성, 수익성 등을 중시하는 기업적인 가치가 공공부문을 잠식하기 때문에 발생하고 있다. 일례로 새로 도입된 성과지향적 관리방식은 공공관리자들로 하여금 미리 설정된 생산성 목표에 초점을 기울이도록 촉구하지만, 그러한 관리목표를 넘어서 변화하는 시민들의 필요와 기대에 대한 대응성을 약화시키고 있다. 요컨대, 기업적 관리방식은 결과지향적(result-oriented)이지만, 공공서비스에서 기대되는 사람지향적(people-oriented) 행동과는 일치하지 않을 수도 있는 것이다.

둘째, 공공서비스의 공공성이 유지되려면, 공공서비스가 특정한 계층이나 집단이 아니라 다양한 사회집단의 필요와 요구에 부응해야 한다. 이런 점에서 공공서비스의 목표는 공동의 복지(common public well-being) 혹은 모든 시민들의 복지를 추구한다는 원칙에 토대를 두어야 한다. 하지만 1980년대 이후, 공공서비스의 기본적인 목적이 시민들의 권리실현에서 효율성과 경쟁에 토대를 둔 경제적 목적을 달성하는 것으로 변화되었다. 이것은 공공서비스의 시민지향적 임무(citizen-oriented mission)가 효율성 지향적 임무로 초점이 변화되었음을 의미한다.

셋째, 공공서비스의 수혜자를 정의하는 전통적인 기준은 시민 개념과 시민권의 원칙(principle of citizen's rights)이었다. 그러나 신공공관리에 의한 기업적 문화가 확산됨에 따라 서비스 공급자가 고객(customers)으로 재정의되고 있다. 이러한 고객지향적 모형은 민간부문의 공급자와 수요자 간의 금전적 교환관계로 가정한 것으로, 사회적 혹은 공익보다 개인의 협소한 이기심을 추구하도록 조장할 우려가 있다. 일례로 전세계적으로 확산되고 있는 고객헌장 등은 지불능력이 있는 서비스 이용자를 위한 것이며, 저소득 계층의 필요에는 무관심한 편이다.

넷째, 공공서비스에 대한 새로운 도전은 민간부문과의 파트너십 혹은 연합에 의해서 제기된다. 민관파트너십은 공공부문과 민간부문 간의 거래에 대한 투명성(transparency), 민간기업의 이익을 위한 공공재원의 활용 가능성, 책임성 확보를 위해 민간부문에 대한 공공통제의 약화 문제 등을 제기한다. 또한 보통의 시민들은 누가 공공서비스에 대한 책임을 지는지에 대해서 명쾌하게 인식하지 못하기 때문에 책임을 회피할 가능성은 증가되는데, 이런 점에서 민관파트너십은 책임성의 연쇄(chain of accountability)에 문제점을 제기한다. 이 밖에 책임성의 약

01

화에는 정부의 역할이 직접적인 생산자에서 간접적인 규제자로 정부역할이 전환되는 현상이나 권한부여의 확대에 따른 관리적 재량권의 확충도 크게 작용하고 있다.

다섯째, 공공서비스의 공공신뢰란 시민의 신뢰에 부가해 공무원 자신들이 가진 신뢰도 포함된다. 먼저 공공서비스에 대한 시민의 신뢰는 대개 부정적이다. 미국의 경우, 1987년과 1992년 사이에 신뢰한다고 응답한 사람들이 연방정부의 경우 26%, 주정부 22%, 지방정부 13%씩 감소한 것으로 나타났다(Haque, 2001). 연방정부가 올바른 일을 한다고 생각하는 사람들은 1964년의 75%에서 1994년에는 20%로 줄어들었으며, 1990년대 말에는 6%로 감소하였다(Stonecipher, 1998). 더불어 벨기에의 경우 행정체제에 대해서 조금이라도 신뢰한다고 응답한 사람이 27.7%에 불과하며, 이탈리아의 경우에는 70~90%의 사람들이 정부부처 가운데 적어도 일부는 폐지되어야 한다고 응답했다. 다음으로 공무원 자신들의 신뢰수준도 위험수위에 도달하고 있다. 미국의 경우 평균 20% 내외의 이직률을 나타내고 있고, 공공부문의 두뇌고갈 현상을 우려하는 공무원들이 73%에 달하고 있다. 더불어 프랑스의 경우, 고위공무원의 28.5%, 초급관리자의 59.1%가 적어도 당분간이라도 공직을 그만둘 계획이라고 밝히고 있다.

결국 갈수록 악화되고 있는 공공성의 위기를 극복하기 위해서는 공사구분에 대한 이론적 재검토, 취약계층에 대한 정책적 배려와 기회 제공, 막연한 시장우월론에 대한 재검토, 자율성과 책임성의 조화를 추구하는 조직재설계, 불필요한 공공비판의 자제, 상황적 맥락의 중시, 이념적 및 국제적 요인의 고려 등이 지니는 중요성에 주목할 필요가 있다.[15)]

3. 공공부문의 범위

공공이라는 용어에 대해 명확한 정의를 내리기 어렵듯이, 공공부문의 개념과 범위도 역사의 흐름에 따라 다양한 의미와 형태로 존재해 왔다. 먼저 공공부문이 역사의 전면에 등장한 최초의 사례로는 고대 그리스·로마의 공화정을 들수 있다. 도시국가 공동체 형태를 지닌 고대 공화정에서는 사유재산과 같이 시민

---

15) 이상의 자세한 내용에 대해서는 김정렬·한인섭(2003)을 참고하기 바람.

각자에게 맡겨진 문제와 구별되는 지도자 선출, 전쟁 등과 같은 중요한 정책결정
을 시민 모두가 참여하는 공공부문에서 담당하였다.

다음으로 봉건주의와 절대주의 국가에서는 공동체에 의한 다수의 결정이 왕
의 독점적인 결정으로 전환되었다. 따라서 공사의 구분이 불분명해지고 정부관료
제의 형태와 기능도 왕의 목적달성을 위한 충실한 수단에 불과한 가산관료제로
제한되었다(소영진, 2003). 이에 공공성의 부활을 추구한 근대 자유주의 사상가들
은 시민권의 제도화를 위해 공과 사의 분리를 역설하였다. 일례로 Adam Smith가
사적 영역의 핵심인 시장(market)에서 개인의 자유로운 활동을 보장하기 위해 주
창한 자유방임주의 국가론이 여기에 해당한다.

한편, 공공과 민간부문 간의 엄격한 구분을 요체로 하는 근대 자유주의 경제
학에 따르면, 공공부문이란 공적 조직들이 정부재정을 활용해 생산 또는 분배하
는 영역을 의미한다. 바꾸어 말해서 국가에 의해 규제되는 생산이냐, 시장에 의
해 규제되는 생산이냐 또는 공적 소유이냐, 사적 소유이냐에 따라 양자 간의 구
분을 시도하였다(정무권·한상일, 2003). 하지만 20세기 이후 대공황의 치유를 목적
으로 시장에 대한 정부개입이 증대하면서 공적 영역과 사적 영역의 경계선은 모
호해지게 되었다.

그렇다면 공과 사의 구분이 모호해진 현대 혼합경제체제하에서 양자 간의
경계를 구별하는 이유는 무엇인가? 그것은 그 경계선을 어디에 정하느냐에 따라,
그리고 그 내용을 무엇으로 규정하느냐에 따라 국가의 역할과 사회에서 개인 또
는 집단적 행위의 위치가 정해지기 때문이다. 즉, 어느 영역에 속하느냐에 따라
자유로운 개인 및 집단적 행위의 정당성을 주장할 수 있고, 거꾸로 개인 및 집단
행위를 규제할 수 있는 국가정책의 정당성을 제공할 수 있기 때문이다(정무권·한
상일, 2003).

최근 학계에서 공공부문의 범위를 규정함에 있어 주로 원용하는 제도적 기
준으로는 "① 정부가 사용하는 자원, ② 정부가 사용하는 지출, ③ 정부가 소유한
것(ownership), ④ 정부가 동원하는 규제나 보조금과 같은 수단을 활용한 통제, ⑤
정부가 생산하는 재화" 등을 지적할 수 있다(Gemmell, 1993; Lane, 1995; 정무권·한
상일, 2003). 그러나 국가별로 공공부문에 관한 제도적 다양성이 존재한다는 점에
서 다양한 기준들의 통합적인 활용이 요구된다.

01

표 1-7   공공부문의 개념과 범위

넓은 의미의 공공부문			좁은 의미의 민간부문
좁은 의미의 공공부문		넓은 의미의 민간부문	
전통적 정부조직	준정부조직	공공의 기능을 하는 비영리 민간조직	시장
중앙정부, 지방정부	공기업, 산하단체	공익단체, 민간비영리 복지기관, 시민단체, 종교단체, 위탁형 공공기관	이윤을 추구하는 기업

자료: 정무권·한상일(2003).

이 점에서 우리는 특정한 기관이나 학자들의 공공부문 관련 비교분석 결과를 맹신하는 오류를 탈피해야 한다. 연구자가 국가별로 편차가 심한 준정부조직의 범위를 어떻게 규정하느냐의 여부에 따라 통계상의 착시현상이 발생할 수 있기 때문이다. 일례로 OECD(1997)는 공공부문의 범위를 일반정부와 중앙은행을 포함한 모든 공기업으로 구성된다고 정의하는 반면에 옥동석(2000)은 재정규모에 초점을 부여한 상태에서 공공부문은 법률 등에 기초한 강제부담금을 주요 재원으로 시장기구를 통하지 않고 재화와 용역을 생산·공급하거나 소득을 이전하는 역할을 담당하는 부문이라고 폭넓게 정의하고 있다. 나아가 이러한 차이는 특정한 기관이나 학자의 이념 성향은 물론 학문 분과의 관심사에 따라 증폭되는 경향이 있다.[16)]

---

16) 재정규모에 대한 OECD 기준과 IMF 기준은 다음과 같다. 먼저 OECD는 UN 국민계정 기준에 따라 중앙정부+지방정부+사회보장성 지출+공공비영리단체 지출을 합산하여 산정하고 있다. 다음으로 IMF는 통합재정 기준에 따라 각국의 세출예산구조(분야별 지출구조)에 대해 발표하고 총지출규모(Total Outlays)에 대해서는 일부 몇몇 국가들만 생산하고 있을 뿐이다. 다만 IMF는 2001년 이래 회원국들에 대해 공공부문의 규모를 산정함에 있어 중앙정부, 지방정부, 비영리 산하기관 그리고 공기업까지 포함할 것을 권고한 바 있다. 참고로 한국은 1인당 국민소득 1만5천 달러를 기준으로 한 GDP대비재정규모가 27.3%('04)인 데 비해 미국은 37%('83년), 영국은 42.2%('90년), 일본은 32.2%('86년)였다는 점에서 큰 정부로 분류하기 어렵다. 따라서 단순히 정부규모의 축소보다는 산하단체의 영향력 과다와 정부기능의 불균형 및 국민들이 체감하는 규제강도의 개혁에 주력해야 한다.

읽기와 토론 1

다시 국민행복을 생각한다

(경향신문 2014. 4. 26자. 김정렬 대구대 교수)

최근 국민들의 마음을 아프게 하는 대형 안전사고가 빈발하면서 국민행복의 필요성을 다시 절감하게 된다. 우리는 세계를 놀라게 한 대형사고를 통해 이번에도 경제성과나 한류를 통해 어렵사리 쌓아 올린 국가 이미지를 일거에 훼손했다. 세월호 침몰은 후진국형 참사라는 국내외 언론의 보도를 접하면서 그동안 한국이 이룩한 외형 성장의 화려한 모습이 얼마나 허망한 것인가를 깊이 성찰하게 된다.

박근혜 정부의 출범을 전후해 국내에서도 성장제일주의 사고를 탈피하려는 움직임이 포착됐다. 하지만 국민행복을 표방한 대안적 발전패러다임이 기초노령연금이라는 암초에 걸려 오도 가도 못하는 사이에 안전한 사회, 쾌적한 환경, 적정한 분배, 지역 간 균형 등에 대한 정부의 관심과 열의는 사그라졌다.

국민들이 느끼는 삶의 질과 직결된 국민행복은 그동안 북유럽을 비롯한 일부 선진국가들의 전유물로 간주되어 왔다. 하지만 국내외적으로 부탄과 네팔은 물론 라다크와 샹그릴라를 포괄하는 히말라야 스타일 국민행복특구의 비정상적으로 높은 행복도에 대한 관심이 고조되고 있다.

행복지수의 국가별 또는 지역별 순위는 측정지표의 구성과 산출방법에 따라 큰 차이가 존재한다. 상대적으로 객관화가 용이한 공공서비스 수준을 중심으로 지표를 구성할 경우 북유럽이나 대양주 지역이 강세이지만 주관적인 만족도에 초점을 부여할 경우 히말라야 지역이 압도적 우위를 점하게 된다.

공공서비스 수준을 중시하는 경제협력개발기구(OECD)의 '행복지수'는 주거, 소득, 일자리, 공동체 생활, 교육, 환경, 정치참여, 건강, 삶의 만족도, 치안, 일과 삶의 조화 등 총 11개 영역으로 구성되어 있다. 반면에 심리적 만족에 주목하는 부탄의 '국민행복(GNH)'은 건강, 시간활용, 생활수준, 공동체, 심리적 행복, 문화, 교육, 환경, 올바른 정치 등 총 9개 항목을 통해 산정된다.

히말라야 고지대에 자리한 부탄은 2013년 기준으로 인구 73만명, 1인당 국민소득 2863달러로 작고 저발전된 나라의 전형이다. 하지만 유럽 신경제재단(NEF)의 국가별 행복지수 조사에서 부탄은 국민의 97%가 "나는 행복하다"고 답변해 전 세계 1위를 차지했다. 반면에 우리나라는 같은 조사에서 143개국 중 68위라는 기대이하의 저조한 행복도를 기록했다.

부탄의 국왕은 취임 이래 "국민소득(GDP)이 아니라 국민행복(GNH)에 기초해 나라를 통치하겠다"고 공언해 왔다. 부탄은 이웃 국가인 중국과 인도가 경제성장에 몰입하는 와중에도 심리적 웰빙, 생태계 보호 등 국민들의 행복을 증진하는 일에 주력해 왔다.

한편 OECD가 2012년 36개 회원국을 대상으로 조사한 행복지수 결과에 따르면 한국은 63.2점(110점 만점)으로 하위권인 24위를 차지했다. 한국은 교육(6위), 정치참여(11위), 치안(12위) 등에서 선전한 반면에 주거(22위), 일자리(25위), 환경(29위), 건강(33위), 일과 삶의 조화(33위), 공동체 생활(35위) 등에서 부진했다. 참고로 호주(87.5점)가 1위를 차지했고 노르웨이, 미국, 스웨덴 등이 뒤를 이었다. 더불어 일본은 21위, 멕시코와 터키가 각각 35위와 36위로 최하위였다.

우리가 국민이 행복한 나라를 만들기 위해서는 먼저 시장의 과도한 욕심을 정부가 적절히 규제할 수 있어야 한다. 따라서 안전중시형 기업활동이나 지속가능한 발전을 위한 정부의 관심을 재차 촉구해 본다. 또한 티베트 불교가 히말라야 국민행복특구의 성공요인으로 작용한 것처럼 우리도 관용과 자비를 통해 국민들의 응어리진 마음을 풀어주어야 한다. 이 점에서 과도한 경쟁을 조장하는 줄세우기 평가나 부자 열풍의 함정을 탈피해 여가나 공동체의 가치를 재인식하도록 유도해야 한다.

CHAPTER
02 행정개혁의 역사와 기반이론

응용학문으로서 행정학의 역할은 현실 행정의 문제점에 대한 처방 또는 개선과 밀접한 관련성을 지니고 있다. 따라서 행정이론의 발전은 행정개혁의 추진과 직결된 문제이다. 기존 행정체제에 내재된 부작용에 대한 인위적이고 의도적인 변화 노력의 과정으로서 행정개혁은 기존 행정이론을 초월하는 새로운 기반이론을 요청하기 때문이다.

이러한 이유로 근대 행정체제의 출현을 전후해 본격화된 행정개혁의 역사를 단계별로 조망하는 일은 현대 행정학의 발전과정을 이해하는 유용한 시도이다. 물론 행정개혁의 역사는 인류 역사에 행정체제가 출현한 이래 동서양 모두에서 활발하게 진행되어 왔다. 하지만 행정개혁에 관한 논의가 본격화된 것은 서유럽에서 출현한 근대 국민국가(nation state)와 밀접한 관련성을 지니고 있다. 국민국가의 초기 제도화 과정에서 당시 절대 군주들은 국부를 창출하거나 사회질서를 유지하기 위한 핵심적 수단으로서 관료제의 역할에 주목하였기 때문이다.[1]

물론 그리스-로마와 같은 고대국가나 중세의 신정국가 체제하에서도 안정적인 국정운영을 위한 수단으로서 관료나 관료제의 역할이 존재하였지만 오늘날

---

[1] 역사적 접근을 채택하는 대부분의 논자들은 행정체제의 전개과정을 Raadschelders & Rutgers가 제시한 사적인 공복(private servants)으로서의 공무원, 국가의 공복(state servants)으로서의 공무원, 공공의 공복(public servants)으로서의 공무원, 보호된 서비스로서(protected service)의 행정서비스, 전문적 서비스로서(professional service)의 행정서비스 등과 같은 5단계의 국면으로 설명한다. 이때 행정체제의 전개를 설명하는 변수로는 국민국가 형성의 중요성, 공적 생활영역과 사적 생활영역의 분리, 법적 지위의 측면에서 행정의 독립된 주체성(separative civil service identity)의 창설, 정부업무의 확장, 행정의 전문직업주의 증대 등을 들 수 있다(Bekke & van der Meer, 2000).

의 행정체제와 유사한 독립된 행정조직이나 전임직 직업관료(전문직업주의)가 일
반화된 것은 아니었다. 이 점은 중세 영국의 공무원들이 대부분 성직자로 충원되
었다는 사실을 통해서도 잘 나타나고 있다.[2]

따라서 여기에서는 르네상스와 종교개혁 및 중상주의를 토대로 출현한 서유
럽의 절대국가, 산업혁명과 정당정치를 기반으로 하는 영미의 입법국가 및 20세
기를 전후해 적극적인 정부상을 표방한 현대 행정국가를 중심으로 각기 행정개
혁의 주요한 추진계기와 제기된 문제점에 대한 처방책으로 제시된 행정개혁의
기반이론들을 비교역사적 견지에서 검토하는 기회를 마련하고자 한다.

I. 서유럽 절대국가의 행정개혁

1. 행정개혁의 추진계기: 정실주의와 지대추구

중세의 왕조국가 이래 서유럽에서 계속된 아마추어 행정의 무능과 부패는
국가별로 정도의 차이는 있지만 절대국가의 출현 이후에도 지속되었다. 일례로
영국에서는 대헌장(1215)과 종교개혁을 계기로 관료제의 자율성과 전문성을 확보
하려는 시도가 이루어졌지만 부패의 척결과 같은 근본적인 문제에서는 별다른
진전을 이룩하지 못한 것으로 평가된다.

이 점에서 입헌군주제의 출현을 계기로 나타난 영국 스튜어트 왕조의 부패
상은 당시의 행정개혁과 관련하여 시사하는 바가 크다. 17세기 초 스튜어트 왕조
하의 영국은 전형적인 독점국가(proprietary state)였다. 물론 국왕들은 준독립적인
토호세력의 견제와 정실주의 임용에 따른 통제력 약화로 인해 모든 결정권을 완

---

2) 중세 영국에서 성직자들이 공직을 겸직한 이유는 다음과 같다. 먼저 중세 영국은 문맹률이 높
   았기 때문에 유능한 공직자를 충원하기 어려웠다는 점이다. 다음으로 왕의 녹봉을 받는 성직자
   들은 최소한의 추가비용으로 종교직에 부가해 행정직을 수행할 수 있었기 때문이다. 그리고 고
   대 왕조국가에서 행정직을 수행한 환관들과 마찬가지로 성직자들은 자식을 낳을 수 없어서 사
   심없는 행정활동을 수행할 것으로 기대되었기 때문이다(Colin, 1999). 하지만 성직자의 행정활동
   에 대한 왕의 낙관적 기대는 종교를 우선시하는 성직자들의 낮은 행정몰입도와 종교적 타락으
   로 인해 위기를 맞이하게 된다. 참고로 성직자들이 독신생활과 관련된 앞서의 가정은 당시의
   현실과는 달랐는데, 이는 교황을 비롯한 다른 성직자들의 불법적인 자손을 지칭하기 위해서 조
   카(nephew)라는 완곡어가 활용된 사실을 통해 잘 나타나고 있다.

전히 독점하지는 못했다. 한편 후원-수혜체계(patron-client system)에 기초한 당시 관료들의 충원경로는 크게 왕실의 총애와 부를 앞세운 개인적인 줄서기로 대별된다. 따라서 정실주의에 기초해 관직에 진출한 당시의 관료들은 대부분 공직자로서의 의무에는 큰 관심이 없었다(Scott, 1972).

17세기 유럽에서 관직의 매매는 보편적인 현상이었다. 관직은 일종의 상품으로 간주되었고 투기나 투자의 대상이 되기도 하였다. 당시 프랑스에서는 관직매매를 알선하는 왕실의 공식기구(le bureau des parties casuelles)가 존재하였으며, 관직매매로 인한 수익은 왕실 전체 수입의 25~40%에 달하였다. 하지만 영국의 스튜어트 왕조는 프랑스와는 달리 관직매매 수입에 대한 의존도가 상대적으로 낮았다. 비교적 강력한 반절대주의 세력의 존재로 인해 군주의 요직임명권이 제한적이었고 절대적인 정부조직의 규모도 프랑스에 비해 적었기 때문이다.

다른 한편으로 관직의 판매는 신흥세력으로 성장하기 시작한 부르주아지에게 사회적 이동의 중요한 통로를 제공하였다. 유럽에서 관직의 판매는 군주와 부르주아지 사이의 암묵적인 연합을 이끌어냈다. 하지만 새로운 계급의 등장은 기존 세력과의 마찰을 초래하기 마련이다. 17세기를 통해 관직의 판매와 관련된 일련의 관행은 야심찬 신흥세력인 부르주아지 구성원들에게 신분상승의 여지를 제공함으로써 군주제의 공고화에 기여하였다. 이는 프랑스가 부르주아지들의 신분상승 경로를 차단함으로써 혁명이라는 비극적 결과를 초래했던 역사적 사실과 대비되는 사례이다.

나아가 주로 무역이나 상업에 의존하던 중상주의 시대의 국부 창출 메커니즘은 실질적으로 군주가 독점한 인허가권의 획득 여부에 달려 있었다는 점에서 군주의 보호와 총애가 사업의 명암을 좌우하였다. 또한 17세기 영국은 법적 체계의 미비로 상인들이 안정적 사업환경을 구축하기가 어려웠다. 이처럼 불확실한 사업환경하에서 상인들은 발생가능한 강탈이나 몰수를 피하기 위해 공직자들을 자신들의 후원세력으로 확보해야 했다. 하지만 공직자들에게 지불하는 뇌물은 단순히 사업을 보호하는 것만을 위해 쓰이지는 않았다. 중상주의 체제로의 전환이 가속화된 17세기에 수익성이 높은 대부분의 사업은 군주의 손에 있었기 때문이다. 따라서 자본가 계급은 족벌과 뇌물을 동원해 군주나 고위공직자에게 줄을 대는 지대추구자로서의 모습을 갖추게 되었다(Scott, 1972).

02

2. 행정개혁의 기반이론: 전통행정론

유럽의 절대국가에서 태동한 전통행정론(public administration)은 정치학을 모태로 한다는 점에서 경영학을 모태로 하는 20세기 미국의 현대 행정학과 구별된다. 절대군주체제하에서 정치권력의 중심축을 형성해 온 관료제의 역할과 가능성에 주목하는 전통행정론은 주로 독일과 프랑스의 행정현실을 토대로 이론화되었다.3) 이들 국가에서 관료제가 절대국가 초기 권력의 시녀에서 19세기 말 탈정치화된 독립세력으로 진화되는 과정은 기나긴 역사의 여정이었다.

한편 입법국가의 전통이 강했던 영국에서는 상대적으로 관료제의 발전이 지연되었다. Oxford사전에 따르면, 관료제라는 말은 1848년에 Thomas Carlyle이 "관료제라고 불리는 대륙적 성가심(continental nuisance)"이라고 하여 처음으로 사용한 것으로 밝히고 있다.4) 19세기 초반에 영국은 최소한의 작은 정부(minimal government)를 지향하였으며, 몰개인적 기능을 가진 사람들로 충원되고, 공식적인 조직구조를 가진 중앙집권적 사고에 대해서 적대적인 경향이 있었다(Colin, 1999). 하지만 급격한 산업화가 초래한 복잡한 문제들을 체계적으로 관리하기 위한 수단으로서 관료제의 역할에 주목하게 된다.

합법성과 합리성이라는 양대 가치를 신봉해 온 관료제의 이상적 모습은 Weber가 개념화된 관료제 이념형을 통해 잘 나타나고 있다. 먼저 합법성과 관련된 관료제의 특징은 특정한 환경에 상관없이 일관되게 규칙을 적용할 수 있다는 점이다. 하지만 지나치게 합법성에 몰입할 경우 효율성 확보가 어렵다는 문제점이 공공관리론의 단서를 제공하게 된다.5) 다음으로 합리성과 관련된 관료제의

---

3) 18세기 초 체계화된 독일의 관방학(官房學; Kammeralwissenschaft)은 국가경영의 학문으로서 관방 관리들에게 국가 통치에 필요한 행정기술과 지식을 제공하기 위한 목적에서 형성된 학문체계로서 일종의 국가학의 성격을 띠고 있다. 따라서 절대군주제를 유지하는데 필요한 정치적·경제적·사회적 활동에 관한 모든 문제를 다루었다. 또한 프랑스에서는 18세기 이래 발달한 경찰학(Science de la police)에 토대를 두고 법학적인 접근법을 중심으로 행정학이 발달하였다. 이 당시 경찰이란 오늘날의 치안업무를 담당하는 경찰이라기 보다는 합리적인 정부조직과 국가 작용을 의미한다(이종수·윤영진 외, 2005).

4) 관료제라는 말이 당초 영국사람들의 정서에 얼마나 부합하지 않는 것이었는지를 시사하는데, 오늘날에는 관료제에 의해서 너무도 길들여져 있음에 주목할 필요가 있다.

5) 일반적으로 관료제(bureaucracy)는 관청으로서의 정부를 의미하며, 관료제의 구성요소인 공무원들은 계층제에 따라서 명확하게 규정된 직위(office)를 점유하도록 요구한다. 관료제에 있어서의 권위는 개인에게 인정되는 것이 아니라, 임명된 개인이 차지하고 있는 직위에 부여되는 것이다.

특징은 목표 달성에 필요한 최적의 대안을 선택하는 데 역점을 둔다.[6] 하지만 절차적 합리성에 초점이 부여된 초창기 관료주의적 합리성은 내용적 합리성을 중시하는 방향으로 전환되고 있다(정부혁신지방분권위원회, 2007).

II. 영미 입법국가의 행정개혁

1. 행정개혁의 추진계기: 엽관주의와 시장실패

영국에서는 명예혁명(1689)을 계기로 국왕이 전권을 행사하는 독점적 지대국가가 종말을 고하게 되지만 이후 국정운영의 새로운 원칙으로 등장한 자유주의 기풍과 야경국가관은 근대적 관료제의 형성과 발전을 제약하는 또 다른 요인으로 작용하게 된다. 특히 영국의 행정에서 목격되는 높은 수준의 정치화는 민주주의의 제도화라는 공적에도 불구하고 엽관주의 인사행정의 폐해를 심화시키는 주요 계기로 작용하였다. 이 점은 실적주의 강화를 통해 관료제의 정상화와 공고화를 의도한 19세기 중반의 행정개혁, 즉 Gladstone 보고서(1853)와 Northcote-Trevelyan 보고서(1854)를 통해 잘 나타나고 있다.[7]

하지만 19세기 중반의 행정개혁은 실적주의 강화라는 공적에도 불구하고 행정의 전문성과 효율성 확보라는 명제에는 부응하지 못한 것으로 평가된다.[8] 또

그리고 관료제의 특징은 통제와 의사결정이 계선구조에 의해서 이루어진다는 점이다. 따라서 합법성에 기인하는 관료제적 구조의 단점으로는 입증을 위한 문서의 대규모화와 레드테이프(red-tape) 및 시간 소모, 의사결정에 필요한 각 계층별 능력의 부족으로 의안을 보류 또는 묵살함으로써 의사결정과정을 지체시킬 가능성, 규칙과 규정에 집착하는데 따르는 비신축성(경직성), 일상적인 업무에 익숙하여 혁신을 기피하는 경향(보수성) 등을 지적할 수 있다.

6) 합리성 개념의 구성요소로는 "① 선택의 상황에서 목표달성이 가능하다고 인식되는 선택가능한 대안의 집합에 대한 지식, ② 특정 대안의 선택결과에 대한 인과론적 지식, ③ 대안이 선택결과에 대한 주관적인 평가가 가능한 선택자의 일관된 선호체계(consistent preference ordering)" 등을 지적할 수 있다. 이 가운데 ①과 ②의 요소는 선택자에게 객관적으로 주어지는 것이 아니라, 주관적인 신념의 결과인데, 이에 대해서는 그동안 많이 간과되어 왔다(최종원, 1995).

7) 당시 보고서들이 주창한 행정개혁안의 주요 내용은 행정업무의 기계적인(열등한) 노동과 지적인(우월한) 노동으로의 분리, 경쟁시험에 의한 채용과 독립위원회에 의한 시험관리, 실적에 의한 임용과 부서간 전보의 촉진, 특수지식보다 일반지식의 선호, 계층제의 등급에 따른 임용, 실적에 의한 승진 등이다.

8) 이 점은 19세기 중반까지 야경국가관에 기초해 최소한으로 유지되던 정부가 빅토리아 시대를 지나면서 공무원의 수가 40,000명에서 80,000명으로 두 배로 증가한데서 분명하게 나타난다. 물

한 경쟁시험은 실적에 의한 임용과 승진을 위한 것이지만, 경쟁시험이 일류대학의 교육적 기준과 중산층 공립학교의 커리큘럼에 고착되어 고위공무원이 갖추어야 할 자격조건으로 인식되면서 Trevelyan이 주장한 계급구조(grade structure) 속에서 하위공무원으로 출발한 공무원이 승진하는 데에는 보이지 않는 장벽이 존재하게 되었다. 나아가 아마추어리즘을 중시하는 영국 행정은 전문적 능력을 가진 사람보다 일반적 지식을 가진 사람들을 중시하였기 때문에 대륙국가와 같이 행정에 관한 전문교육을 받은 직업관료의 발전을 저해하였다.

물론 이러한 문제제기는 20세기 중반 영국의 행정개혁을 대표하는 Fulton 보고서(1968)를 통해 해결의 가능성을 맞이하게 된다. 이 보고서의 행정개혁안은 현대적이고 효율적인 행정뿐만 아니라, 평등주의적 채용과 승진기준을 제안하였기 때문이다.[9] Fulton 보고서는 정부 내부의 격렬한 반대와 경제위기의 심화와 같은 외부환경요인으로 인해 결과적으로 좌초하게 된다. 하지만 역설적으로 Fulton의 개혁실패는 이후 대처 정부의 개혁안을 추동하는 원동력으로 작용한 것으로 평가해 볼 수 있다(Colin, 1999).

한편 1787년 제정된 미국 헌법을 통해 알 수 있듯이 정치적으로 강력한 미국의 민주주의 전통은 역설적으로 행정적으로는 정부에 대한 불신과 증오를 가속화시키는 주요 계기로 작용해 왔다.[10] 관료에 대한 부정적 이미지나 연방정부

론 행정조직의 성장은 행정의 역할증대에 따른 불가피한 현상이지만, 영국의 행정현실을 토대로 개념화된 파킨슨의 법칙을 통해 알 수 있듯이 적어도 20세기 중반 이후 영국 공공부문의 성장은 효율성과 정당성을 담보한 성장으로 평가하기 어렵다.

9) Fulton 위원회의 권고안은 다음과 같다. 첫째, 재무성(Treasury)이 가지고 있는 행정에 대한 통제권을 관장할 행정청(Civil Service Department)을 신설하고, 사무차관(permanent secretary)을 두어 내무행정(Home Civil Service)을 총괄하도록 할 것. 둘째, 서기와 집행 및 행정계층으로 분리된 공무원 계층을 단일구조로 통합하고, 능력에 따라서 최하층에서부터 최고층까지 승진할 수 있도록 할 것. 셋째, 전문가 양성을 위해 행정대학(Civil Service College)을 설립할 것. 넷째, 인력을 활용할 부서가 채용과 훈련 등에 대한 발언권을 가질 것. 다섯째, Oxford나 Cambridge 등 일류대학 위주의 채용을 배제하고, 직무수행 능력을 강조할 것. 여섯째, 연령제한의 완화, 수평이동 및 전직의 활성화를 위해 관련 규정을 완화할 것. 일곱째, 장관으로 하여금 정책형성 및 결정에 필요한 전문가를 임용할 수 있도록 할 것. 여덟째, 각 부처는 회계관리, 기획부서, 관리지원부서 등과 같은 근대적 관리행태를 도입하여 효율성을 향상시킬 것. 아홉째, 부처의 기능 가운데 정부부처가 아닌 조직이나 기관 등을 창설함으로써 효율성을 제고할 수 있는 기능이 존재하는지를 점검할 것 등이다.

10) 미국헌법은 3권분립을 통해 상호간의 견제와 균형을 추구하였다. 이에 입법부와 사법부는 행정부에 대한 통제기능을 통해 존립의 정당성을 확보하고 있다. 먼저 임기 6년의 상원(100명)과 임기 2년의 하원(435명)으로 구성된 의회는 법률제정, 법원설치, 예산승인, 조약비준, 공직자에 대한 임명동의와 탄핵, 대통령의 거부권 행사 등의 기능을 수행한다. 다음으로 연방법원과 주법원

에 대한 공포는 최근에 나타난 것이 아니다. 이미 19세기 초에 Andrew Jackson은 연방정부가 자기의 정치적 의제나 보통사람들의 관심사에는 무관심한 이들로 꽉 채워져 있다고 비판한 바 있다. 이에 Jackson은 엽관제(spoil system)를 앞세워 연방정부의 재창조를 시도하였다.[11] 하지만 엽관제는 오래 지나지 않아 부패의 한 형태라는 여론의 비판에 직면하였다. 엽관제는 민주적 성격에도 불구하고 정부서비스의 효율성과 능력을 강화시키는 것이 아니라, 의혹(scandal)과 사익추구(private profiteering) 및 부패를 양산하였다는 비판에 직면하게 되었다(Schultz & Maranto, 1998).

공직을 선거의 전리품으로 간주하는 엽관주의의 폐해는 실적주의 인사행정을 천명한 1883년 펜들튼법(Pendleton Act)의 제정으로 전환기를 맞이하게 되지만, 이후에도 미국 행정개혁과 관련하여 다양한 논쟁거리를 제공하였다. 다시 말해서 19세기 말 연방수준의 실적주의 개혁에도 불구하고 지방수준의 문제까지 해소된 것은 아니었는데, 이 점은 20세기 초까지 미국 도시정부에서 성행했던 머신정치(machine politics)의 폐해를 통해 잘 나타나고 있다.[12]

다음으로 실적주의 전환에도 불구하고 아직도 미국에는 공무원들을 정치적으로 임명하는 관행이 남아 있다는 점이다. 즉, 직업공무원제가 정착된 여타 선진국들과는 달리 고위직에 3,000명을 상회하는 직위를 정치적으로 임명하고 있는

02

의 이중구조를 특징으로 하는 사법부는 연방대법원을 정점으로 행정행위에 대한 사법적 평가기능을 담당하고 있다.

11) 19세기 전반 관직교체론 등을 앞세워 집권에 성공한 Jackson 대통령의 출현은 미국 민주주의의 발전과 직결된 문제이다. 당시 미국은 서부 개발, 이민 유입에 의한 인구 증대, 제조업 발달에 의한 산업 발전, 1812년 영미 전쟁으로 표출된 국가주의 고양 등을 토대로 민주주의의 발전을 구가하였기 때문이다. 그러나 이러한 발전의 배후에는 인디언의 정복, 노예제 확대 등 부정적 유산이 잠재되어 있음을 간과할 수 없다.

12) 머신정치로 지칭되는 미국의 고객주의는 이민사회로 구성된 미국적 특성을 반영한다. 부연하면, 이민을 통해 미국에 들어온 정착민들은 자신들의 생활기반을 강화하기 위해 표를 담보로 해당 지역의 유력 인물을 후원자로 물색하게 된다. 한편 이들의 표를 토대로 정치 무대에 진출한 지방정부의 행정가들은 다음 선거를 위해 이권에 몰두하는 과정에서 행정의 난맥상을 초래하였다. 하지만 20세기에 들어오면서 본격화된 도시정부의 혁신운동과 같은 지방차원의 자구노력에 부가하여 1933년 시작된 뉴딜정책을 통해 가시화된 중앙정부의 복지정책 강화 시도는 미국의 고객주의, 즉 보스정치의 기풍을 결정적으로 약화시키는 주요 동인으로 작용하게 된다. 시정관리관(city manager) 제도의 도입이 시사하는 바와 같이 행정의 전문화로 인해 정치력에 의존해 온 전통적 시장상이 붕괴하였을 뿐만 아니라 복지정책의 강화로 인해 과거와 같이 물질적 반대급부를 앞세운 저소득층에 대한 선거 전략이 실효성을 지니기 어려워졌기 때문이다. 하지만 뉴딜로 대표되는 미국식 복지국가는 복지서비스 확대와 엽관주의 극복이라는 공적에도 불구하고 정부의 급속한 성장이라는 또 다른 문제를 유발하게 된다.

것이다. 이러한 경향은 1978년 Carter의 공무원개혁법(Civil Service Reform Act)이 관료제의 대응성을 제고하기 위해 고위공무원단(SES: Senior Executive Service)을 신설하면서 정치적 임명폭은 더욱 확대되었다.

18세기 말의 건국 이후 약 한 세기 동안 미국인들은 시민연합으로서의 국가이념을 지향했다. 이 시기에 행정은 작은 정부, 삼권분립, 지방분권화 그리고 엽관제적 공직체계를 중심으로 하는 이른바 '입법국가' 혹은 '정치국가'에 부합하는 것이었다. 그러나 19세기 말에 이르러 미국인들은 목적연합으로서의 국가이념을 지향하면서 '행정국가'의 등장을 경험하게 된다. 하지만 20세기 중반 이후 국가의 적극적인 사회개입과 양적 팽창, 연방정부의 상대적 강화 추세, 직업 관료제의 성장, 대통령의 정책결정권한 강화 등에도 불구하고 미국은 유럽의 대륙국가나 동아시아 발전국가들에 비해 상대적으로 작고 파편화된 행정체계를 유지해 왔다 (정용덕, 2003).

이 점은 미국이 19세기 말 급속한 산업화의 부작용으로 출현한 독과점과 환경오염 등은 물론 1930년대의 대공황과 같은 경제적 측면의 시장실패와 1960년대에 촉발된 인종갈등이나 빈부격차와 같은 사회적 측면의 시장실패에 효과적으로 대응하지 못한 사실을 통해서도 잘 나타나고 있다. 따라서 대공황과 같은 총체적 시장실패에 대한 대응 차원에서 제기된 1930년대의 정치행정일원론이나 1960년대의 사회적 혼란을 치유하기 위해 정부의 적극적인 개입을 촉구한 신행정학의 역할에 주목할 필요가 있다.

2. 행정개혁의 기반이론: 공공관리론과 신행정론

19세기 말 미국에서 태동한 현대 행정학은 엽관주의의 폐해를 극복하기 위해 행정이 정치와 단절하는 대신에 경영과 동일시하는 정치행정이원론(공사행정일원론)을 표방하였다. 따라서 공공관리론(public management)은 당시의 대표적인 경영학 이론인 테일러리즘과 페이욜리즘을 모태로 한다.[13] 하지만 공공관리론은

---

13) 페이욜리즘(Fayolism)은 과학적 관리법으로 널리 알려진 테일러리즘(Taylorism)보다 오늘날의 조직관리에 더 많은 영향을 끼친 것으로 평가되고 있다. Fayol은 조직이 수행하는 활동을 기술활동, 영업활동, 재무활동, 보안활동, 회계활동, 관리활동의 6가지로 구분하고, 그 중에서도 관리활동이 가장 중요하다고 주장한다. 또한 그는 효율적 관리를 위한 기본원칙으로 "첫째, 조직의

경영이론에 대한 창조적 벤치마킹을 통해 전통적 행정이론의 재정립은 물론 정치과잉의 문제점을 치유하였다는 점에서 그 의미를 축소하기 어렵다.

'　이 점은 공공관리론의 핵심 가치인 효율성(efficiency)과 전문직업주의(professio-nalism)를 통해서 설명될 수 있다. 이때 효율성은 Wilson의 주장대로 행정을 기업처럼(business-like) 운영해야 한다는 것을 의미하고, 전문직업주의는 분업과 통합의 메커니즘을 통해 구성원의 행정역량을 제고하는 데 초점을 부여하고 있다(정부혁신지방분권위원회, 2007). 나아가 정치행정이원론에 집착한 초창기 공공관리론의 한계를 보완하기 위해 제시된 정치행정일원론(공사행정이원론)에 대한 포용은 공공관리론의 지평 확대와 직결된 문제이다.

한편 1960년대에 인종갈등, 빈부격차, 반전데모, 불법도청 등과 같은 사회적 측면의 시장실패를 치유하기 위해 정부의 적극적인 역할을 요구한 신행정론(new public administration)의 주장은 일견 20세기 초반을 전후해 현대 행정학의 주류를 형성해 온 공공관리론과 차별화된 모습으로 인식할 수 있다.14) 하지만 Waldo, Frederickson 등과 같은 신행정론자들이 주장한 정부의 적극적인 역할은 사회적 측면의 시장실패를 치유하기 위한 수준, 즉 시장보호(의제시장)적 정부개입이라는 점에서 여타 국가의 행정국가에서 발견되는 시장파괴(시장초월)적 정부개입과는 구별된다. 이 점에서 1930년대 중반 대공황이라는 경제적 측면의 시장실패를 치유하기 위해 정부의 적극적인 역할을 요청한 정치행정일원론(공사행정이원론)은 경제적 측면의 시장실패를 표방하였다는 점에서 신행정론과 밀접한 관련성을 지니는 것으로 평가할 수 있다.

하지만 신행정론이 표방한 핵심 가치인 사회적 형평성(social equity)과 책임성

최고층에서 최하층에 이르기까지 계선에 의한 권위관계가 명확해야 하며, 이에 따라 의사소통의 계선도 명확히 확립해야 한다. 둘째, 책임성은 구체적인 직무(job)를 담당하는 개인과 연계시켜야 한다. 셋째, 직무의 담당자는 해당 직무와 관련하여 명확하게 정의된 업무(duty)와 권한 및 책임성을 가져야 한다. 넷째, 계층제의 각 수준은 해당 계층에서 이루어지는 의사결정과 관련된 자체의 능력을 가지고 있어야 한다. 다섯째, 부하는 두 명의 상관으로부터 명령을 받지 않아야 하며, 한 명의 상관이 5~6명 이상의 부하를 감독하지 않도록 해야 한다" 등을 제시하였다(Colin, 1999). 나아가 그의 관리원칙은 미국학자인 Gulick에 의해 행정원리론으로 재정립되었다.

14) 신행정론의 기원은 1968년 9월 Waldo 교수의 주도하에 50명의 소장학자와 실무가들이 모여 개최한 Minnowbrook 회의를 통해 본격화되었다. 이 회의에서 행정학의 새로운 방향으로 적실성(relevance), 참여(participation), 변화(change), 가치(values), 사회적 형평성(social equity) 등이 제시되었다. 이러한 신행정론의 저적 전통은 현상학은 물론 1980년대를 전후하여 등장한 비판행정학이나 행동이론(action theory)으로 이어지고 있다(이종수·윤영진 외, 2005).

은 미국의 백인 주류사회가 노정한 보수편향성을 완화시키는 주요 계기로 작용하였다는 점에 주목할 필요가 있다. 부연하면 첫째, 행정에서의 사회적 형평성이란 자본주의 사회에서 필연적으로 발생할 수밖에 없는 사회적 약자를 배려하는 정책에 특히 행정의 우선순위를 두어야 한다는 것이다. 둘째, 행정가는 정치가들이 결정한 정책을 무비판적으로 집행하는 것이 아니라 가치지향적 입장에서 행정을 수행해야 한다는 것이다. 국민들에게 얼마나 효율적으로 행정서비스를 제공했느냐가 아니라, 그들이 진정으로 원하는 올바른 서비스를 제공했느냐가 더 중요하다고 강조한다. 따라서 공무원에게는 경제적 합리성에 입각한 행위뿐만 아니라 사회정의를 구현하기 위한 행위가 요구된다(정부혁신지방분권위원회, 2007).

Ⅲ. 현대 행정국가의 행정개혁

1. 행정개혁의 추진계기: 정부실패와 관료주의

20세기를 전후해 세계 각국은 정도의 차이는 있지만 경제사회발전의 선도자로서 정부의 적극적인 역할을 중시하는 행정국가를 표방하게 된다. 크게 발전국가와 복지국가로 대별되는 행정국가의 기풍을 대표하는 고전적 사례로는 19세기 말 영미국가에 대한 따라잡기 전략(catch-up strategy)의 일환으로 정부 주도의 급속한 산업화를 성공리에 추진한 독일과 일본의 사례를 들 수 있다. 나아가 2차대전 이후에는 구미 선진국을 중심으로 한 케인지언 복지국가와 동아시아 신흥공업국가들(NICs)을 중심으로 한 신중상주의적 발전국가가 현대 행정국가의 대표적인 모습으로 등장하게 된다.

행정국가는 경제사회 전반에 대한 정부의 개입을 추구하는 과정에서 공공부문의 팽창을 초래하였다는 공통점을 지니고 있다. 물론 앞서 설명한 바와 같이 아직도 입법국가의 전통이 강한 미국의 경우에는 유럽이나 동아시아에 비해 정부개입의 강도나 관료제의 규모가 상대적으로 작다는 점에서 제한적이고 소극적인 행정국가로 분류하는 것이 바람직하다.

전후 복지국가와 발전국가의 구현과정에서 유럽이나 동아시아의 관료들은 실적주의의 업그레이드 버전인 직업공무원제의 후원하에서 관료제의 양적·질적 팽창을 산출하였다. 하지만 각국의 정부관료제가 노정한 필요 이상의 과대성장은 정부실패와 관료주의라는 부메랑이 되어 행정개혁에 대한 국민적 공감대를 확산시키는 주요 계기로 작용하고 있다. 특히 관료제 성장의 이면에 기생하는 관료들이 늘어나면서 관료제 전반의 효율성 저하는 물론 관료주의에 대한 부정적 이미지가 증폭되었다.

영국에서는 전후 사회민주주의를 지탱해 온 경제적 호황이 1960년대 말 이후 서서히 퇴조하면서 신우파(New Right)는 국가가 너무 많은 일을 하고 있다는 점을 부각시켰다. 특히 1979년 5월 집권한 Thatcher의 보수당 정부는 당시 영국의 공직사회가 국가적 위기를 해결할 수 있는 능력을 전혀 갖추고 있지 못하다는 판단하에, 그 해결책을 시장부문의 활력을 회복시키는 데서 찾고자 하였다. 신자유주의에 기초한 Thatcher의 관리혁명(managerial revolution)은 국가경계의 원상복구(rolling-back of state)를 추구하였으며, 그 결과 행정규모의 감축, 공공지출의 감축, 관료구조의 효율화 등과 같은 목표를 달성하는 일에 초점을 부여하였다.

미국의 경우 서유럽 각국에 비해 제한적인 형태의 복지국가를 추구하였지만 작은 정부의 파고에서는 예외가 아니었다. 일례로 1960년대 중반 새로운 예산기법으로 제시된 PPBS는 자원난의 시대가 도래하였음을 시사한다. 또한 하강국면의 서구 경제를 급습한 1973년의 오일쇼크는 경기침체와 재정적자를 가속화시키는 촉매제로 작용하게 된다.[15] 이로써 확장과 성취로 대표되는 큰 정부의 시대가 종말을 고하고 긴축과 재편으로 대표되는 작은 정부의 시대가 개막되었다. 1980년 Reagon의 집권을 계기로 가속화된 미국의 행정개혁은 규제개혁에 초점이 부여되었다. Reagon 정부의 개혁은 탈규제 이후 활성화된 항공산업의 사례를 통해 알 수 있듯이 미국경제의 부활에 기여한 것으로 평가되지만, 정부 전반에 내재된 관료주의 기풍을 제거하는 일에는 제한적인 효과를 산출하였다. 이 점에서 1990년대 중반 Clinton 정부의 행정개혁은 지식정보사회의 출현에 부응하는 새로운 정부상을 제시했을 뿐만 아니라 레드테이프의 감축(cutting red tape), 고객만족 행정(putting customers first), 성과관리를 위한 권한부여(empowering employees to get

---

15) 케인지안 거시경제정책과는 달리 자유방임철학에 기초한 신고전파 논거에 따르면 경제에 대한 선택적 정부개입은 경기하강에 대한 처방책으로 효과적이지 못하기 때문에 포괄적 접근이 경제성장에 중요하다고 가정한다. 즉, 자본주의 발전에 필수적인 기업가(혁신가)의 창의력과 리더십을 유도하기 위해서는 감세정책이 효과적이라는 것이다.

result), 작지만 효율적인 정부(cutting back to basic) 등을 통해 알 수 있듯이 공공관리 측면에서 기대 이상의 성과를 산출한 것으로 평가된다.[16]

한편 상대적으로 관료주의 기풍이 강한 독일의 공무원들은 근무기간을 보장받고, 높은 봉급과 여러 부가적인 혜택을 받지만, 헌법에 맹목적으로 충성해야 한다. 즉, 공무원들은 파업을 할 권리가 없으며, 헌법적 질서에 반하는 정치적 견해를 피력할 경우 해고될 수 있다. 그러나 공무원들은 노동조합에 가입할 권리가 있으며, 통일 이후에도 성장세를 경험하고 있는 공무원 노조는 대략 2백만 명의 회원을 보유하고 있다. 이러한 독일의 공무원제도는 종종 변화하는 환경에 너무 느리게 반응한다는 비판을 받아왔다. 이에 따라 1970년대 초 사회민주당이 주도한 행정개혁위원회(civil service reform commission)는 공공부문 내에서 직급 간의 계층 구분을 줄임으로써 노동의 유연화를 증가시키고자 하였다. 그러나 이러한 제안은 기존의 행정문화와 갈등을 유발하면서 무기한 연기되었다. 나아가 1990년대 이후 신공공관리의 영향으로 통신과 철도 등이 민영화되었지만 조직의 구성원들은 민영화 이전과 마찬가지로 안정적인 직위와 수입을 보장받고 있다.

또한 대표적인 발전국가인 일본의 경우 1990년대 중반을 전후해 심화된 자민당 집권기반의 붕괴와 심각한 경기침체에 직면하여 관료국가의 폐해, 즉 관료주의 유전자를 제거하는 일에 주목하게 되었다. 관료망국론으로 대표되는 일본 관료제의 병리현상은 다음과 같다. 첫째, 목적의 전이 현상이다. 레드테이프(red-tape)라는 말이 생겨난 데서도 알 수 있듯이, 행정규칙 그 자체에 집착해 민간에 대한 서비스 기관임을 잊고 각종 신청·보고·신고 등을 과다하게 요구하는 현상이 발생한다. 규제개혁에 대한 국민의 당연한 요구는 무시된다. 둘째, '법대로, 규칙대로' 모든 것을 기계적으로 처리하려는 경향이다. 사안이 같으면 누구나 똑같이 대한다는 비인격적 사무처리는 불친절, 거만, 무관심 등으로 이어진다. 셋째, 각 부처·부서간 이기주의이다. 사무가 중복되는 것을 피하고 재정 부담도 줄이기 위한 것이라고는 하나, 부국간 이기주의, 이른바 나와바리(張り) 다툼으로 연

---

16) Osborne & Gaebler(1992)가 제시한 "① 촉진적 정부: 노젓기보다는 방향잡기, ② 지역사회가 주도하는 정부: 서비스 제공보다는 권한부여, ③ 경쟁적 정부: 서비스 제공에 경쟁도입, ④ 사명지향적 정부: 규칙중심조직의 개혁, ⑤ 성과지향적 정부: 투입이 아닌 성과와 연계한 예산배분, ⑥ 고객지향적 정부: 관료제가 아닌 고객요구의 충족, ⑦ 기업가적 정부: 지출보다는 수익창출, ⑧ 미래에 대비하는 정부: 치료보다는 예방, ⑨ 분권적 정부: 위계조직에서 참여와 팀워크로, ⑩ 시장지향적 정부: 시장기구를 통한 변화촉진" 등은 Clinton 정부의 행정개혁안과 직결된 문제이다.

결되는 경우가 적지 않다. 넷째, 명확한 계층구조를 통해 명령을 집행하다 보니 권위주의가 팽배하고 신분을 보장해 주는 임용제도로 인해 특권의식을 갖게 되는 점이다. 공직 내부의 범죄행위조차 조직을 위해 감싸는 의식이 당연시된다. 따라서 공무원의 내부고발은 국익을 위한 것이지만 이를 좀처럼 기대하기 어렵다(월간조선, 2003년 9월호).

2. 행정개혁의 기반이론: 신공공관리와 거버넌스

공공부문의 효율성 제고에 초점이 부여된 신공공관리(new public management)는 복지국가의 위기로 대표되는 정부실패와 관료주의에 대한 처방책으로 제시되었다. 시장의 경쟁논리를 신봉하는 신공공관리는 신제도경제학과 기업식 관리주의에 기초한 일련의 혁신논리로 정의된다. 여기에는 신제도경제학이 중시하는 경쟁가능성, 사용자선택, 투명성, 유인구조 등은 물론 기업식 관리주의가 지향하는 결과중심의 행정개혁을 위한 재량적 권력의 필요성과 조직의 성과제고를 위한 전문직업주의적 관리가 포함된다(하혜수·정정화, 2001: 160~161).

신공공관리의 주요한 특징으로는 고객의 중시와 고객의 영향력 증대, 공공서비스 구매자와 공급자의 분리, 시장의 경쟁원리 적용, 민영화와 계약제 도입, 성과와 책임성의 강조, 유연성의 증대, 정보관리의 중요성 등을 지적할 수 있다. 신공공관리론은 경제학의 자유시장 논리와 경영학의 최신 관리기법들을 결부시키고 있다는 점에서 영미국가는 물론 세계 각국의 행정개혁에 급속히 확산되고 있다.[17] 하지만 신공공관리론자들의 주장은 시장의 경쟁원리에 대한 지나친 몰입으로 인해 신자유주의의 부작용을 확대 재생산할 우려가 클 뿐만 아니라 공사부문 간에 존재하는 본질적 차이나 적용대상 국가의 문화·제도적 특성 차이를 고려하지 못하는 한계를 지니고 있다.

[17] 신공공관리론의 흐름은 크게 두 가지로 대별하여 볼 수 있는데 하나는 민간부문보다 상대적으로 비대한 정부부문을 가지고 있는 영국, 뉴질랜드, 캐나다 등과 같은 웨스트민스터형 개혁이론으로서 정부규모의 축소와 시장원리의 도입에 주안점을 두고 국가 구조개혁과 공공서비스 품질 개선에 최우선순위를 두고 있다. 다른 하나는 상대적으로 정부부문이 민간부문에 비해 크지 않은 미국형 개혁이론으로서 행정의 효율화를 통해 국민의 요구에 대응성이 높은 기업가형 정부를 추구한다. 이런 점에서 미국형 행정개혁 이론은 정부구조와 업무처리 과정을 근본적으로 바꾸기보다는 관료들의 행태변화를 통하여 행정에 대한 국민의 만족도를 높이려고 하며 정부재창조론(reinventing government)의 근간이기도 하다(정부혁신지방분권위원회, 2007).

시장의 경쟁원리를 신봉하는 미국이나 영연방 국가들에 비해 상대적으로 계급타협의 전통에 친숙한 북서유럽 국가들의 정부개혁 노력에 착안해 이론화된 정책네트워크는 최근 들어 뉴거버넌스(new governance)로 지칭되고 있다(Rhodes, 1996). 이는 다시 말해 조합주의와 하위정부이론을 모태로 1990년대 이후 본격화된 정책네트워크 이론이 기존에 행정개혁론을 주도해 온 신공공관리를 초월해 거버넌스의 유력한 대안으로 부상하였음을 시사한다.[18] 이때 뉴거버넌스의 등장을 촉진한 신공공관리의 주요한 문제점으로는 효율성에 대한 지나친 강조와 정부 역할의 약화로 인한 책임성의 문제를 지적할 수 있다.

상대적으로 효율성보다는 민주성에 초점이 부여된 거버넌스의 구현사례로는 첫째, 중앙정부－지방정부간 관계에서 분권화를 통해 과도하게 비대해진 중앙정부의 업무 부담을 덜어주고 현장밀착형 행정서비스를 실시함으로써 질 높은 행정서비스를 가능하게 할 수 있다. 둘째, 정부－기업간 관계에서 산업별 네트워크의 구축을 통해 시장을 활성화함으로써 국가경쟁력을 향상시킬 수 있다. 끝으로, 정부－시민사회간 관계에서 각종 비영리단체와 시민단체를 유기적으로 묶어줌으로써 효율적 복지정책의 토대를 마련할 수 있다.

Ⅳ. 종합비교

절대국가, 입법국가, 행정국가 등을 거치면서 계속된 행정개혁의 전개 과정에서 주요한 문제해결의 단서를 제공한 기반이론들은 크게 5가지로 구분된다. 앞서 언급한 각각의 행정개혁 기반이론들이 제시한 이론적 규범성이나 추구하는 가치들은 현대 행정학의 체계를 구성하는 핵심적 요소로 자리하고 있다. 즉, 각

18) 뉴거버넌스의 이론적 모태인 정책네트워크는 정부역할이나 연계관계의 강도에 따라 다양한 유형으로 구분된다. 먼저 정부참여의 수준에 따라 크게 협력형과 위임형 정책네트워크로 구분된다. 이때 협력형은 문제해결을 위해 정부와 이해관계자들이 공동으로 협력(제3섹터나 파트너십)하는 방식이며, 위임형은 정부가 해결해야 할 문제를 사적 이익정부(정부의 정책결정기능을 사업자 단체에 위임)나 자발조직(자원봉사조직이나 시민단체)에게 대리케 하거나 관할권을 이전하는 방식이다. 다음으로 연계관계의 지속성 여부에 따라 크게 임시적인 이슈네트워크(issue network)와 지속적인 정책공동체(policy community)로 구분된다. 하지만 정책네트워크의 활성화를 위해서는 정책참여자의 제도적 다원성과 타협문화의 성숙이 요구된다는 점에서 유럽을 제외한 여타 국가들에서 폭넓은 벤치마킹을 기대하기는 어렵다.

| 표 2-1 | 행정개혁의 진화단계별 쟁점 비교 |

국가의 성격과 시기	행정개혁의 추진계기	행정개혁의 기반이론	중시하는 행정가치
절대국가(16세기~현재)	정실주의와 지대추구	전통행정론(관료제)	합법성과 합리성
입법국가(18세기~현재)	엽관주의와 시장실패	공공관리론과 신행정론	능률성과 형평성
행정국가(20세기~현재)	정부실패와 관료주의	신공공관리와 거버넌스	효율성과 민주성

각의 이론들은 누적적으로 진화하는 과정에서 행정학 이론의 발전은 물론 현실의 행정개혁에 크게 기여하였다.

국민국가의 형성 이래 제시된 행정개혁 기반이론들은 각기 상이한 가치에 초점을 부여하고 있다. 즉, 행정개혁의 초기 단계인 절대국가 시절에는 비교적 중립적이고 기초적인 합법성과 합리성이 중시되었다. 하지만 입법국가와 행정국가를 거치면서 상이한 가치 간의 경합과 대립 현상이 심화되었다. 공공관리론과 신행정론, 신공공관리와 거버넌스 등을 거치면서 효율성(능률성)과 민주성(형평성)이라는 행정의 양대 가치를 조화시키기 위한 노력들이 강화되었기 때문이다.

이러한 가치갈등의 이면에는 외부적인 정책의 추진방향을 둘러싼 시장실패와 정부실패, 내부적인 인사관리방식과 직결된 엽관주의와 실적주의 간의 대립구도가 자리하고 있다. 하지만 이러한 가치 경쟁은 최근 시도된 각국의 행정개혁 동향과 패턴을 통해 알 수 있듯이 양 극단의 조화를 통한 현실 행정의 실질적인 개선을 선도하는 주요 계기로 작용하고 있다는 점에서 긍정적인 의미를 부여할 수 있다.

특히 최근의 행정개혁 이론을 대표하는 신공공관리와 거버넌스의 경우 각기 공공관리론과 신행정론의 연장선상에서 관료제로 대표되는 전통적 행정상이 표출한 문제점에 대한 보완을 의도하고 있다는 점에서 기본적인 합의를 형성하고 있다. 부연하면 첫째, 공공-민간부문을 엄격하게 구분할 필요성에 대해서 회의적이라는 점이다. 양자 간의 차이를 강조하는 과정에서 정부를 보호하는 장벽이 생기게 되고, 결과적으로 효과적 정부의 구현작업이 지연되기 때문이다. 둘째, 경쟁과 조정원리를 신봉한다는 점이다. 비록 정도의 차이는 있지만 양자 모두 효과적 정부의 구현수단으로서 경쟁과 조정이 지니는 미덕을 인정하고 있다.

결국 지금까지 제시된 분석결과를 종합할 때 앞으로 전개될 세계 각국의 행정개혁은 상이한 가치체계에 입각한 대립구도를 초월해 현실의 다양한 요구를 다양한 관점에서 해결하는 실용주의적 접근이 주류를 형성하게 될 것이다. 이 점에서 우리나라의 행정개혁도 예외가 아니다. 개발연대의 고도성장기(1961~93)를 통해 전통행정론에 기초한 가치중립적·도구적 관료제가 선호되었다. 또한 노무현 정부(2003~2008)는 김영삼과 김대중 정부(1993~2003)가 추구한 시장친화적 신공공관리가 노정한 부작용의 보완 차원에서 상대적으로 참여와 분권을 중시하는 분배지향적 행정개혁대안을 중시하였다. 반면에 이명박과 박근혜 정부는 효율성을 중시하는 신공공관리로 회귀하였다. 따라서 2018년에 새로 출범할 신정부는 지금까지와는 또 다른 각도에서 행정개혁의 새로운 균형점을 모색할 것으로 전망된다.

읽기와 토론 2

시민들이 원하는 공직자의 조건

개혁을 키워드로 삼아 일본의 미래를 좌우할 영웅을 염원한 시오노 나나미는 로마 지도자들에 대한 벤치마킹을 표방하였다. 또한 개혁은 종래 체제의 전면 파괴가 아니라 재구축이어야 한다며 "현재는 아무리 나쁜 사례라고 하더라도 그것이 시작된 원래의 계기는 훌륭한 것이었다."라는 카이사르의 말에 주목할 것을 제안하였다. 나아가 공화정 로마의 지도자들은 국가의 존망이 위태로운 상황에서도 청소년, 노예, 하층민 등은 징병하지 않는 대신에 지도층이 죽음을 감수하며 최전방에 나선 점에 주목하였다(시오노 나나미 저, 오화정 편역, 2015).

서울특별시는 1999년 싱가포르 부패조사청이나 홍콩 염정공서(廉政公署)에 필적하는 부패통제체제를 구축하기 위해 '햇빛은 최고의 살균제'라는 구호 아래 행정의 투명성을 높이는 세계 최초 '민원처리온라인 공개시스템', 부서별 청렴지수 발표, 청렴계약제 등을 시행했다. 그 결과 부패 행위가 획기적으로 줄었고 서울시 개혁사례는 유엔과 국제투명성기구에 우수사례로 소개됐다. 당시 서울시 감사과장 김찬곤은 '(부패) = {(독점) + (재량권) − (책임성) − (투명성)} ÷ (윤리의식)'이라는 공식을 만들어 전파하기도 했다 (김찬곤, "부패 추방은 이 시대 최대의 과제", 서울신문 2015. 5. 12자).

우리 시대를 대표하는 행정의 달인들은 범인 검거 · 인명구조 · 화재진압 등 위험 분야에서, 환경분쟁사건 처리 · 비행 청소년 면담 등 사회정의 분야에서, 우편배달 · 날씨 예보와 같은 국민의 일상생활과 밀접하게 관련된 분야에서 공익을 실현하기 위해 부심하고 있다. 일례로 소백산과 안면도라는 오지에서 20여년을 보낸 공무원 이광우 주무관의 공직 생활은 1989년 7월, 해발 1,340m인 소백산기상관측소에서 시작되었다. 그는 오지에서 생활하는 게 힘들지만 자신이 있기에 국민들이 좀 더 편안하게 예보를 받아볼 수 있는 것이 아닐까라는 생각에 힘을 얻기도 한다고 말한다(행정안전부, 2009).

강요식(2014)은 공기업 상임감사로 재직할 당시의 경험을 토대로 공직자의 자세와 역할에 대한 책 '공직자 노트 3.0'을 출간하였다. 과거에 공직자는 대국민 서비스 차원에서 '갑'으로서 군림하는 존재였다(공직자 1.0). 근래에 오면서 공직자의 윤리가 강조되고 개선되었다(공직자 2.0). 공직자 3.0은 창조경제시대에 걸맞게 정부 3.0의 핵심가치인 개방, 참여, 개방, 소통, 협력의 바탕 위에 청렴한 생활과 국가혁신에 앞장서는 바람직한 공직자상을 말한다. 혁신의 시작은 공직자의 주인의식에 달렸다. 그리고 그것은 사명감과 열정으로 표현되며 소속 기관의 가치와 이익창출로 연결된다.

성공한 공무원이 되기 위해서는 무엇을 어떻게 해야 할까? 남들보다 뛰어난 공무원이 되기 위해 반드시 갖추어야 할 삶의 태도와 성공 노하우는 무엇일까? 이러한 질문에 대한 퇴직 공무원 이규보(2016)의 답변은 아래와 같다. 우선 보수적인 한국의 행정문화에서 젊은 세대 특유의 발랄하고 서글서글한 모습은 경우에 따라 독이 될 수 있다. 또한 나만의 필살기를 스토리텔링하여 전파해야 한다. 그리고 업무의 흐름이 당신을 향하도록 능력을 보유하고 있다면 당신은 유망한 커리어 관리를 하고 있는 것이다.

02

CHAPTER 03 행정개혁의 모형과 기법

   행정개혁은 전통적인 정부관료제나 그에 따른 행정관행의 한계점에 대한 반성에서 출발하지만, 이에 대한 개혁의 양태는 각국의 역사적 배경과 제도적 특징에 따라서 매우 다양하다. 가령, 제3세계 국가나 동유럽의 사회주의 국가들의 행정개혁은 급진적인 양상을 띠는 데 비해서 서방 선진국의 경우에는 상대적으로 점진적이라고 할 수 있다. 또한 선진국의 행정개혁에 있어서도 국가별로 개혁의 폭과 깊이 및 속도 등에서 많은 차이가 있다(김정렬 외, 2007).

   개혁이라는 것은 새로운 변화를 도입하는 것이기 때문에 변화의 정당화를 위한 일련의 개념과 사고(idea) 및 관점 등이 존재하기 마련인데, 개혁의 유형이 다양할수록 그 이면에 내재된 개혁의 논리와 사고도 다양할 수밖에 없다. 그런데 이러한 사고와 논리들이 항상 일치하는 것은 아니기 때문에 때때로 상충적인 결과가 나타날 수 있다. 더구나 개혁에 관한 개념과 사고들은 명시적으로 제시될 경우도 있지만,[1] 암묵적인 경우가 더 많기 때문에 이러한 가능성은 더욱 증가하게 된다. 이러한 사실은 행정개혁의 이면에 작용하는 개념과 논리 등을 탐색할 필요성을 제기하는 것이다.

   이에 여기에서는 행정개혁의 모형과 기법(수단)이라는 주제하에 행정개혁의 이면에 작용하는 개념과 논리 등을 탐색하는 기회를 마련하고자 한다. 먼저 행정

---

1) 영국의 Thatcher 총리는 자신의 행정개혁을 정당화시키기 위해서 신자유주의를 대표하는 William Niskanen의 논리를 적극적으로 활용하였는데, 이것은 개혁에 내재된 사고를 명시적으로 표명한 전형적인 사례라고 할 수 있다.

개혁의 모형이라는 말은 행정개혁에 관한 일련의 개념과 사고 및 관점 등을 지칭하기 위해서 채택된 용어이다. 여기서는 행정개혁의 모형을 시장모형(market model), 참여모형(participatory model), 조직모형(organizational model), 관리모형(managerial model)으로 구분하고, 각각의 모형이 내포하고 있는 기본적인 논지를 정부실패의 원인, 개혁에 대한 처방, 해당 접근방법이 가진 한계와 비판 등을 중심으로 살펴보고자 한다.[2]

또한 행정개혁의 다양한 모형에 대한 이해를 촉진하기 위해 주요한 행정개혁의 기법들에 대해서도 소개하는 기회를 마련하고자 한다. 이때 행정개혁의 기법이란 접근방법이나 수단들을 구체화시키는 수단적 의미를 가정한다. 이러한 이유로 행정개혁의 기법은 수단이나 접근방법과 엄밀하게 구분하기 어려운 경우가 많다. 이는 행정개혁의 모형이 접근방법이나 변수와 유사한 의미를 지니는 것과 비슷한 경우에 해당한다.

본서에서 소개하고자 하는 행정개혁의 기법은 행정개혁의 전 과정에 걸쳐 폭넓게 적용가능한 대표적 사례들을 중심으로 선정하고자 한다. 따라서 공공관리의 4대 분야, 즉 책임행정, 행정관리, 사업운영, 시민만족에 초점을 부여한 상태에서 각각의 분야를 대표하는 기법인 전략기획, 조직진단, 성과평가, 고객만족도조사 등에 중심을 싣고자 한다. 나아가 상대적으로 의미파악이 용이하고 파급효과가 제한적인 팀제, 총액예산제, 규제개혁, 의무경쟁입찰제, 6-sigma, BPR, 개방형임용제, 고위공무원단, 다면평가, BSC, 복식부기, 원가계산, 민자유치(PFI), 아

---

2) 정정길 외(2007)는 본서에 비해 좀더 거시적이고 포괄적인 관점에서 작은 정부를 구현하기 위한 행정개혁의 모형(시각)을 경제적 시각(스미스. 하이예크. 오이켄 등), 관리론적 시각(베버, 윌슨, 테일러 등), 권력적 시각(로크, 제퍼슨, 메디슨, 달 등), 지방분권적 시각(토크빌, 밀, 티보 등) 등으로 분류하였다. 나아가 각각의 시각에 기초해 향후 행정개혁의 추진방향으로 예산절약과 규제개혁(경제적 시각), 조직인력 감축과 성과관리 강화(관리적 시각), 시민통제와 정책공동체의 활용(권력적 시각), 자치단체간 통합과 행정계층 축소(지방분권적 시각) 등을 제시하였다. 한편 Peters (1996)는 행정개혁의 모형을 시장정부모형, 참여정부모형, 신축적 정부모형, 탈규제적 정부모형의 네 가지로 구분하였다. 여기서 시장정부모형은 관리활동에 대한 민간부문의 방식이 전통적인 정부부문의 방식보다 뛰어나다는 가정 아래, 전통적 관료제를 시장기반 메커니즘으로 대체하려는 방식이다. 참여정부모형은 정부서비스 생산과 밀접한 관련이 있는 공무원과 고객들이 정부프로그램에 대한 높은 식견과 정보를 가지고 있다는 가정 아래, 이들에 대한 권한 위임과 의사결정에의 참여 확대를 강조한다. 신축적 정부모형은 환경변화에 대응하는 정부의 역량 강화를 위하여, 협력관계, 임시조직, 계약직과 임시직 공무원 등을 활용하여 보다 신속하고, 대응적이며 효과적인 정부를 만들고자 한다. 탈규제적 정부모형은 정부활동에 대한 제약요인과 장애요인을 제거하고 공무원들이 기업가들처럼 자유롭게 활동하도록 하는 방식이다(박희봉·김상묵, 1998 재인용).

웃소싱, 민간위탁, 블루오션, 전자정부, 지식행정, 특별자치도, 혁신도시, 특별지
방자치단체, 주식회사형 제 3 섹터(SPC), 지역특화발전특구, 신활력사업, 부패통제,
공직윤리 등 여타 기법(수단)들에 대해서는 뒤이어 제시될 후속 장들의 논의를 통
해 소개하는 기회를 마련하고자 한다.

I. 행정개혁의 모형

1. 시장모형(market model)

(1) 정부실패의 원인

시장모형은 지난 20년 동안 가장 많은 관심을 받아온 것인데, 여기서의 가정
은 민간조직처럼 운영함으로써 정부와 공공조직을 더욱 효율적이고 효과적으로
만들 수 있다는 것이다. 그러나 구체적인 내용은 이론적 배경에 따라 차이가 있다.

먼저, 재산권이론(property right)과 공공선택이론에서는 이익을 향유할 수 있
는 권리(right to profits)를 강조한다. 즉, 민간기업과 달리 정부에는 이익을 향유할
수 있는 권리가 불확실하거나 분산되어 있기 때문에 그러한 권리가 명백하게 규
정되어 있는 민간기업보다 비효율적으로 운영될 수밖에 없다는 것이다.

이와 달리 경제이론(economy theory)에서는 정부실패의 주된 원인이 독점
(monopolies)에 있는 것으로 인식한다. 이들은 이익에 대한 배타적 권리가 성과향
상을 위한 필요조건이기는 하지만 충분조건은 아니라고 본다. 가령, 공기업을 민
간기업으로 전환함으로써 이익을 향유할 수 있는 배타적 권리를 보장할 수 있지
만, 이러한 민영화가 독점공기업을 독점 민간기업으로 전환하는 데 불과하다면
비용최소화를 위한 동기가 결여되어 독점으로 인한 비효율성은 개선되지 않는다.
따라서 이러한 독점의 폐해를 개선하기 위해서는 현재적 혹은 잠재적 경쟁을 조
장하는 것이 중요한 과제라고 본다.

시장모형을 지지하는 또 다른 논의는 주인-대리인이론(principal-agency model)
이다. 여기서는 관료를 중립적인 존재가 아니라 자기이해(self-interest)를 가진 이
기적인 존재로 가정하고, 정부가 비효율적으로 운영되는 원인을 정보의 비대칭성

(informational asymmetry)에 있는 것으로 본다. 이들에 따르면, 관료들은 공공서비스의 적정규모와 생산비용을 과장함으로써 자기들의 개인적인 효용극대화를 추구한다는 것이다. 이들이 의회로부터 필요 이상의 조직과 예산을 획득할 수 있는 것은 관련 정보를 독점하고 있거나, 적어도 의회에 비해서 정보의 우위를 가지고 있기 때문이라고 본다.

(2) 개혁을 위한 처방

정부실패의 원인이 분명한 만큼 행정개혁을 위한 시장모형의 처방도 명확하다. 이익을 향유할 수 있는 권리를 부여하는 가장 전형적인 개혁형태는 민영화인데, 이것은 정부가 소유하거나 통제하던 활동들을 민간에 이전함으로써 소유권을 명확하게 설정하는 것을 말한다. 경제이론에 의한 시장지향적 개혁은 경쟁조장적 방식으로 이루어지는데, 이의 구체적인 내용은 다양하다. 먼저, 정책결정과 정책집행을 분리하는 형태는 각각의 활동에 대한 비용을 보다 용이하게 알 수 있어서 재원조달에 관한 결정을 하기가 쉽고, 효율성을 평가하기가 용이한 장점이 있다. 또한 내부시장(internal market)의 개념을 도입하기도 하는데, 영국의 NHS(National Health Service)가 구매자와 공급자로 분리하여 경쟁의식을 주입한 것이 여기에 해당된다. 또한 공무원들을 경쟁적 상태로 전환하는 형식의 개혁도 존재하는데, 개방직 제도는 이제까지 공무원으로만 임용되던 공직에 경쟁을 도입한 것이다. 시민들에게 더 많은 선택권을 가지는 형태로 경쟁을 조장하기도 하는데, 이의 전형적인 것이 구매권(voucher) 제도이다. 구매권 개념은 정부가 교육과 같은 공공서비스를 독점적으로 공급할 것이 아니라, 소비자에게 구매권을 제공하고 소비자로 하여금 다양한 대안들 사이에서 선택할 수 있도록 하는 것이다. 정보의 비대칭성에서 비롯되는 비효율성을 제거하기 위한 노력은 대리인이 비용과 시장전망 등에 관한 정보를 주인에게 진실되게 전달하는 데 필요한 유인장치를 마련하는 데 초점을 둔다. 이러한 유인제도 가운데 전형적인 것은 계급이나 연공서열에 따라 지급되던 급여를 성과급으로 전환하는 것이다. 이런 점에서 계약(contracts)은 대리인의 회피노력을 통제하기 위한 수단이자 공공조직의 책임성을 확보하는 주된 수단으로 간주된다.

(3) 시장모형의 적용 한계

시장과 경쟁에 기초한 개혁은 매우 성공적이지만, 시장지향적 개혁모형이 확산되는 데 대해서는 많은 비판이 존재한다. 이러한 비판의 주요 내용을 간략하게 정리하면 다음과 같다.

첫째, 가장 중요한 비판은 규범적인 것으로, 정부는 시장과 다르기 때문에 경쟁을 도입해서 시민들에게 차별적인 결과가 나타나도록 하는 것은 공공부문의 핵심적 가치인 형평성을 침해한다는 것이다.

둘째, 공공부문에 대한 시장모형의 적용가능성은 매우 제한적이며, 특히 사회복지 분야 등에 시장지향적 개혁모형을 적용하는 데에는 근본적인 한계가 있다는 것이다. 예컨대, 소득격차는 매우 근본적인 사회문제이지만, 이러한 문제에 대한 시장화 논리의 적용가능성이 매우 제한적이라는 사실은 부정하기 어렵다. 오히려 시장화의 논리는 경제적 기준을 최우선으로 고려하도록 유도하며, 시장에서의 불공평성을 확대 강화시키는 요인으로 작용한다(Morgan & England, 1988).

셋째, 민영화를 포함한 시장모형은 민간부문의 우월성을 전제한 것이다. 그러나 효율성을 기준으로 공공부문과 민간부문을 비교하는 것이 합리적이지 않을 뿐 아니라, 나아가 공공조직과 민간기업은 활동영역이 다르기 때문에 직접적인 비교가 불가능하다는 것이다(Starr, 1987). 설사 민영화를 통해서 단기적인 재정개선이 이루어진다 하더라도 장기적으로 효과적인지에 대해서도 의문이 제기된다. 왜냐하면 민영화는 사회를 효과적으로 관리할 수 있는 정부능력의 훼손을 의미할 수도 있기 때문이다.

넷째, 경쟁의 본질에 관한 비판이다. 경제이론은 사익추구를 위한 자유경쟁을 통해서 최선의 상태(공익)에 도달할 수 있다고 가정하고, 경쟁을 촉진시키는 데 주력한다. 그러나 민간위탁, 경쟁입찰, 내부시장, 공급자와 구매자의 분리 등에 내포된 경쟁의 본질은 정부에 의해 관리되거나 규제된 경쟁에 불과하다(DeLeon & Denhardt, 2000). 경제이론이 주장하는 순수한 형태의 경쟁은 자기교정적(self-correcting) 속성을 가진 것으로 가정되기 때문에 최적상태에 도달하기 위한 어떠한 방향제시나 지침도 필요로 하지 않지만, 관리 또는 규제된 경쟁은 거래규칙의 설정에 관한 권한과 책임을 정부가 가지고 있다는 점에서 근본적인 차이가 있다.

마지막으로 관료와 민간기업 관리자들의 동기(motivation)에 관한 문제이다. 공공선택론에서는 관료들이 자기이해를 가진 존재로 가정하는 데 비해서 Posner (1984)는 정치인과 관료들이 공익을 추구하며, 공직을 원만히 수행함으로써 만족을 얻을 수 있다고 주장한다. 이런 점에서 볼 때, 공공부문에서 성과급과 같은 시장유인이 항상 기대한 대로 작동될 것인지에 대한 의문이 제기될 수 있다. 규범적으로 볼 때, 시민들이 재정적 보상에 의해서 동기가 부여되는 공무원들에 의해서 가장 잘 봉사를 받는다는 것은 설득력이 없다. 나아가 정부의 프로그램이 비효율적이고, 공무원의 시간과 에너지를 많이 소비한다는 것이 사실상 시민들에게 더 봉사하는 것일지도 모른다.

2. 참여모형(participatory model)

(1) 정부실패의 원인

시장모형이 경제적 관점에 기초한 것이라면, 참여모형은 정치적 관점에 근거한 접근방법이라고 할 수 있다. 여기서는 정부실패의 원인을 시민의 불만에서 찾는다. 관료제의 우위는 전문기술성에 있는 것으로 간주되며, 관료들은 자기가 가진 다양한 지식과 전문적 기준을 활용하여 공익(public interest)에 봉사하는 것으로 인식되어 왔다. 그러나 전문지식과 기술에 기초하여 이루어진 정책결정이 시민의 집단적 요구와 일치할 것이라는 가정은 설득력을 상실하게 되었다. 왜냐하면 정부가 설정한 공익이 시민들의 관점에서 바람직한 결과를 생산하지 못하는 경우가 나타났기 때문이다. 따라서 '공익'이라는 수사(rhetoric) 대신에 '시민이 가치있다고 평가하는 결과'가 중요시되었다. 이에 따라 투입이나 과정보다 결과가 부각되었는데, 이것은 공익이라는 관념이 정부 내의 전문가 집단에 의해서만 결정될 수 없다는 것을 의미한다.

참여모형에 있어서 인간의 본질에 관한 가정은 조직에 대한 인간관계론적 접근방법까지 거슬러 올라간다. 시장모형이 경제적 유인을 강조하는 데 비해서 참여모형에서는 사람들이 자기가 하는 일에 관심을 가지고 있으며, 기회가 주어진다면 가능한 한 최선을 다해서 업무를 수행한다고 가정한다. 사람들이 높은 급여를 바라는 것은 사실이지만, 돈이 유일한 유인은 아니라고 본다. 그보다는 관여(involvement)와 직무에 관심을 갖는 것이 잠재적으로 훨씬 중요하다고 본다. 공공조직의 경우에는 가치와 헌신을 창출하는 것이 훨씬 중요하며, 공공관료들은 자기들이 집행하는 정책과 공공서비스에 대한 헌신을 통해서 강력하게 동기부여가 된다. 그럼에도 불구하고 조직 내에서 참여와 관여가 이루어지지 않는 것은 관료제의 억압과 통제중심적 조직문화 때문이라고 본다.

(2) 개혁을 위한 처방

행정개혁을 위해서 억압과 통제중심적 조직문화를 지양하고, 표현과 관여의 문화를 창출할 것을 주장한다(Reed, 1992). 몰개인적 규범에 대한 책임, 절차의 고수 등과 같은 관료조직의 특성은 불확실성의 시대에 관리가능하고 지속가능한 미래를 보장할 수 있는 기술과 감각(sensibility)을 개발하는 데 역행하는 것으로 간주된다. 따라서 관료제가 가진 규범적 통치(normative regime)와 계도적 관행(disciplinary practices)을 종결시키고, 참여를 조장함으로써 정부조직을 개혁할 수 있는 것으로 본다.

행정개혁을 위한 참여의 형태는 다양하다. 첫째, 정부조직 자체 내부에서 참여하는 방식이다. 참여적 개혁의 기본가정은 정부조직의 구성원들에게 자기 조직의 결정에 관여할 수 있는 기회를 제공함으로써 정부조직이 더 좋아질 수 있다는 것이다. 참여모형에서는 정부조직의 구성원들에게 스스로 결정할 수 있는 기회를 더 많이 부여해야 한다고 주장한다. 둘째, 정책설계와 집행에 대해 고객이나 시민이 참여하는 방식이다. 참여모형에서는 시민들이 공공부문을 통제하는 데 어느 정도 관심을 가지고 있으며, 이를 위해서는 시간과 노력을 기꺼이 투자하려고 하는 것으로 가정한다. 전통적인 관료구조에서 시민들은 정책의 대상집단으로 간주되었을 뿐이고, 정책설계와 집행에 권한과 영향력을 가진 실질적인 존재로 간주되지는 않았다. 시민참여를 위한 노력은 공청회나 토론을 통해서 안건에 대한 투표를 하는 데 그치지 않고 시민들이 직접 공공프로그램에 참여하여 관리 운영하는 것까지도 포함된다.

이를 위한 구체적인 방안으로 부하직원과 고객에 대한 권한부여(empowerment)가 강조된다. 부하직원에 대해 권한을 부여하는 방식 가운데 가장 전형적인 것은 권한위임에 의한 것이다. 행정자치부가 팀제로 전환한 이후, 전결권의 일정 비율 이상을 팀장에게 위임하도록 한 것이 이의 대표적인 예라고 할 수 있다. 고객에 대한 권한부여와 고객의 선택은 시장모형과 참여모형에서 모두 강조하는 점이다. 그러나 시장모형에서는 구매권 제도와 같은 경제적 메커니즘을 강조하는 데 비해서 참여모형에서는 시민의 학교운영위원회나 이사회 등의 참여와 같은 정치적 메커니즘을 통하여 시민의 선택권을 확대시키려고 한다는 점에서 차이가 있다.

(3) 참여모형의 적용 한계

시장모형이 문제점을 가지고 있는 것처럼 참여모형에도 문제가 있다. 첫째는 참여의 진정성 문제이다. 이것은 시민들이 정책형성이나 정책집행에 실질적인 권한이 없음에도 불구하고 자기들이 정책형성에 참여했다고 믿는 경우이다. 이의 근본적인 원인은 시민참여가 형식적으로 이루어지는 데 있다. 둘째, 참여모형에서는 조직의 구성원과 시민들에게 모두 권한을 부여할 것을 강조하는데, 이들이 상이한 이해관계를 가질 경우에는 집단 간의 갈등을 야기할 수도 있다. 게다가 정책의 이해관계집단과 일반 시민들도 이해관계가 상이할 수 있다. 가령, 저소득 계층이 사회복지 프로그램의 확대를 요구하는 반면에 일반시민들은 복지정책에 소요되는 세금의 인상을 억제하고자 할 때 양자 간에는 갈등이 야기될 수 있다.

3. 조직모형(organizational model)

(1) 정부실패의 원인

조직적 혹은 구조적 모형에서는 공공부문의 문제점이 과도한 계층제(excessive hierarchy)에 있는 것으로 진단한다. 계층제는 정부조직이 안정적으로 운영되는 역할을 하지만, 사회경제적 환경이 급변하는 상황에서 지나치게 안정적인 계층제는 환경변화에 신축적으로 대응할 수 없는 통치유형을 제도화시킨다는 것이다. 나아가 정부조직에 할당된 업무들이 매우 엄격하게 정의되어 있기 때문에 환경으로부터 새로운 문제가 제기될 경우에 이를 둘러싼 조정의 문제를 더욱 어렵게 만든다는 것이다.

(2) 개혁을 위한 처방

행정개혁에 대한 조직모형의 처방은 조직감축(downsizing), 수평화(flattening), 최적규모(right sizing), 계층간소화(delayering) 등이다. 이러한 노력들은 모두 정부부처의 규모를 감소시키는 데 초점이 있다. 가령, 미국의 NPR(National Performance Review)은 연방기관의 계층 수를 감소시키고자 노력하였으며, 이러한 과정에서 하위계층에 대한 통제장치를 제거하려고 하였다. 정보통신 기술을 활용하여 통제범위를 확장하는 것은 계층제를 축소하기 위한 방안이 될 수 있으며, 소규모 조직의 경우에는 이를 통하여 조직을 통폐합할 수도 있다. 계층의 감소로 의사소통 속도가 빨라지면, 고객에 대한 반응속도와 서비스의 질이 개선될 수 있다. 아울러 조직재설계(reengineering)나 업무재설계(business process reengineering), 팀제 등도 이러한 구조적 변화를 위한 것으로 볼 수 있다.

보다 근본적인 대안은 몰개인적(impersonal), 절차적, 계층적 및 기술적 특성을 가진 정부관료제를 신축적이고 분권적인 기업적 형태의 조직으로 전환시키는 것이다. 즉, 이제까지 당연시되던 조직적 및 개인적 행동들이 환경변화로 인해서 부적합한 것으로 변화될 수 있으므로 급변하는 환경에 대응하기 위해서는 자기의 행동을 신속하고 지속적으로 변화시키고, 학습을 통하여 보다 기업적으로 변화하는 조직형태로 전환시켜야 한다는 것이다. 이의 전형적인 예는 철도청과 같은 정부부처 형태의 공기업을 철도공사로 전환한 것이라고 할 수 있다. 이처럼 정부관료제를 개혁함에 있어서 재화와 서비스를 생산·공급하는 제도적 형태로서 상업적 기업(commercial enterprise)을 선호하고, 이러한 상업적 기업에 핵심적인 역할을 부여해야 할 것을 주장한다.

(3) 조직모형의 적용 한계

조직모형이 가진 문제점은 다음과 같다. 첫째, 외견상으로는 조직형태를 개선한 것으로 보이지만, 사실상 계층적, 통제적 및 징벌적 관리관행을 그대로 유지하여 집권화의 감소, 기능간 연계팀(cross-functional team)의 구축, 권한과 책임의 하향화 등과 같은 실질적인 내용은 과거와 다를 바 없이 형식적인 변화에 그치는 경우가 많다는 점이다. 이러한 현상이 발생하는 원인 가운데 하나는 공공조직 내에서 효과적으로 업무를 수행할 능력을 가진 관리자들이 부족하기 때문이다. 이런 경우에는 조직구성원들이 실질적으로 요구되는 내용과 실제의 변화내용의 차이를 금방 알 수 있기 때문에 부정적이고 불신에 의한 조직문화가 나타나고, 개혁을 포기하는 결과가 나타나게 된다.

둘째, 이들은 환경변화에 대응하기 위해서 신축적인 조직으로 전환해야 하며, 이를 위해 상업적 조직을 선호한다. 그러나 조직과 환경 간의 관계는 은행, 학교, 기업과 같은 조직형태에 따라서 차이가 있으며, 각각의 조직이 처한 구체적인 맥락은 조직마다 다르다. 따라서 조직적 맥락이나 상황과 상관없이 모든 조직을 신축적이고 상업적인 조직으로 전환해야 한다는 주장은 타당하지 않을 수 있다.

셋째, 신축적인 정부조직을 창출하고자 할 경우에는 전통적인 정부구조에 심각한 도전이 야기될 수 있다. 정부조직들이 환경에서 제기되는 문제들을 포착하여 자기 조직의 정책으로 인식해 온 것은 정치적 및 예산상의 유인 때문이었다. 정부조직의 신축성이 증가할수록 조직 간의 경계가 모호해져서 정책문제의 관할권에 대한 인식이 약화될 수 있다. 마찬가지로 이익집단들도 문제를 협소하게 정의하는 경향이 있기 때문에 보다 대응적이고 협조적인 정부가 요구하는 신축성을 선호하지 않을 수 있다. 안정성이 높은 전통적 정부조직에서도 정부활동에 대한 점검과 책임성 확보가 용이하지 않았던 점을 고려하면, 신축성과 대응성이 높은 정부조직의 경우에는 이러한 점검과 책임성 확보 문제가 더욱 어려워질 수 있다. 이런 점들은 책임성을 요구하는 정치인과 시민들이 대응적인 정부에 대해서 회의적일 수 있음을 시사한다.

4. 관리모형(managerial model)

(1) 정부실패의 원인

관리모형에서는 정부실패의 원인이 공공부문의 종사자들이 업무를 효율적이고 효과적으로 수행할 수 없도록 방해하는 규칙(rules)과 규제(regulations)에 의해서 제약을 받기 때문이라고 본다. 이러한 규정들은 과거에 이루어진 행정개혁의 산물이지만, 지금에 이르러서는 역기능적으로 변화된 것들이다. 예컨대, 관료제는 20세기 초반의 당파적 정실주의(partisan patronage)의 문제에 대응해서 민주적 책임성(democratic accountability)을 확보하기 위한 노력의 산물이었다. 그러나 오늘날 개혁론자들의 관점에서는 정부관료제가 좋은 관리(good management)에 대한 장애물로 인식되고 있다.

공공조직의 관리자들은 자기가 원하는 부하를 고용하거나 해고할 수 없고, 성과에 따라서 보상하는 것도 용이하지 않다. 왜냐하면 공무원의 채용과 해고 및 급여 등에 관해서는 법령에 명시되어 있기 때문인데, 이러한 규정들은 다른 행위자가 정치적 제도에 의해서 부과된 것이다.[3] 마찬가지로 관료들이 자기의 친인척들에게 유리하게 계약을 맺을 수 없도록 하기 위한 개혁의 일환으로 절차의 공정성 등을 강조하는 구매규정들이 도입되었는데, 이러한 규정들은 보다 저렴한 가격으로 물품을 구매할 수 없도록 만들거나, 신축적으로 대응하는데 장애요인으로 작용하고 있다.

(2) 개혁을 위한 처방

관리모형에서는 규칙이나 규제에 의한 제약(constraints)을 정부실패의 원인으로 인식하기 때문에 개혁을 위한 처방도 지출계획, 재정관리, 노사관계, 구매, 조직과 방법, 감사와 평가 등 정부조직 내부의 규칙이나 관행 등을 개선하는 방식으로 행정개혁을 추구하고자 한다(Barzelay, 2001). 여기서는 과도한 규정이나 규칙을 핵심적 문제로 간주하기 때문에 개혁을 위한 노력도 규정과 규칙으로 인한 제약을 완화하고, 관리자의 자율성과 신축성을 제고하는 데 초점을 둔다.

예컨대, 미국은 공공부문 종사자의 채용과 유지관리의 지침이 되었던 규정들을 완화하였으며, 조직들은 자기들의 선택을 정당화시킬 수만 있다면 강제적 경쟁입찰에 의하지 않고서도 높은 가격의 물건과 재화를 자유롭게 구매하고 있다.[4] 또한 뉴질랜드의 경우에는 관리자들이 주어진 예산의 제약 속에서 지출권, 직원의 고용권, 임기보장과 성과에 따른 유인, 업무에 필요한 장비와 물품의 구

---

3) 이런 점에서 이러한 규정이나 규칙들은 신제도주의 이론에서 말하는 경로의존성을 가진 것으로 볼 수 있다.

4) 미국은 1994년에 Federal Acquisition Streamlining Act를 가결하였는데, 이 법은 구매에 관한 규제를 완화하여 관리자들에게 구매에 관한 신축성을 제공하기 위한 것이었다. 그 결과 구매관리가 용이해져서 수백만 달러를 절약할 수 있었던 것으로 평가된다(Kettl, 2000).

매권 등을 부여하고, 그로 인한 결과에 대해서 책임을 가지도록 하였다. 영국은 재정관리제안(Financial Management Initiative; FMI)을 추진하였는데, 이 정책은 책임 중심점(responsibility centers)에 따른 정부기능의 명확한 분리, 복식부기를 통한 각 센터별 산출물과 관련된 비용의 식별, 결과에 대한 관리자의 책임 등에 초점을 두고 있다. 많은 정부부처들이 Next Steps을 통해서 책임운영기관으로 분리되었으며, 이러한 기관들은 특정한 산출물을 생산하기 위하여 상위 관련부서와의 계약하에 자원의 사용에 관하여 많은 신축성을 부여받았다.

요컨대, 관리모형은 목표를 명확하게 설정하고, 산출의 투명성(transparency)을 제고하며, 이러한 목표달성을 위해서 관리자들에게 더 많은 신축성을 부여한 다음 결과에 대해서 엄격하게 책임을 지도록 하는 것이다. 여기서의 핵심적인 사항은 관리자에게 자율성과 신축성을 부여한다는 것인데, 여기에는 관리자를 단순한 정책의 집행인이 아니라 정책결정자로 인식하는 정치행정 일원론적 사고가 작용하고 있다.[5] 이와 같은 논지에는 관리자들이 정치인 이상으로 정책영역에 관하여 많은 지식을 가지고 있으며, 따라서 자율권이 있는 경우에 정책가로서 기능하도록 허용되어야 한다는 가정이 내재되어 있다.

(3) 관리모형의 적용 한계

공공부문의 관리자는 선거에 출마하지 않기 때문에 선거준비 등에 소모되는 시간을 절감할 수 있으며, 인기 위주의 결정보다는 기술적으로 올바른 결정을 추구할 수 있는 장점을 기대할 수 있다. 그러나 관리모형에 대한 비판도 존재하는데, 이를 간략하게 정리하면 다음과 같다.

첫째, 관리적 자율성과 관리능력의 조화에 관한 것이다. 관리모형의 개혁처방들은 관리자에게 자율권과 신축성을 부여함으로써 행정을 개선할 수 있다는 것인데, 여기에는 관리자들이 자기에게 주어진 자율권과 신축성을 효과적으로 활용할 수 있는 능력을 가지고 있다는 가정이 전제되어 있다. 따라서 관리능력이 뒷받침되지 않을 경우에는 자율권과 신축성이 증가할수록 비효율성과 방만성은 더욱 커지게 된다. 공공기관 등에 관한 정치적 임명이나 낙하산 인사 등은 이러

---

5) 관리자가 기업적이고 시장의 논리에 따라서 행동하고, 관리적 기법들이 대개 민간부문에서 발달되어 온 것이라는 점에서 관리모형은 앞에서 설명한 시장모형과 많은 부분에서 중첩될 수 있다.

한 비판의 논거가 된다.

둘째, 관리모형에서는 자율성에 따른 책임성을 강조하지만, 정부활동의 통합적인 성격 때문에 성과에 대한 관리자의 책임성을 확보하기 어렵다는 것이다. 관리모형은 정책(policy)과 관리(management)를 정치인과 관리자에게 분담시키는 탈정치화(depoliticization)의 논리에 기초하고 있다. 그러나 실제에 있어서는 개인과 개인, 부서와 부서 간의 업무를 명확하게 분리할 수 없기 때문에 책임소재가 모호하며, 이 때문에 책임회피의 가능성이 제기될 수 있다. 특히, 정치적 임용의 경우에는 궁극적인 책임이 임명권자에게 귀속될 수 있기 때문에 관리자의 책임성을 적극적으로 확보하려고 하지 않거나, 오히려 옹호하는 문제가 발생할 가능성이 크다.

셋째, 정치적 중립성의 문제이다. 관리주의적 개혁에 있어서 핵심적인 행위자는 관리자이기 때문에 공공관리자들이 책임성에 관한 주체가 된다. 이처럼 자율권을 부여받은 관리자들에게 관리적 책임성이 더 많이 요구되었기 때문에 관리자들은 운영적 사안에 대해 고유한 권한을 가진 정치적 인물이 되어 정치적 중립성이 훼손될 가능성이 더욱 커지게 된다.

5. 소 결 론

이제까지는 행정개혁에 관한 논리와 관점들에 대해서 살펴보았는데, 이러한 논의들은 어느 정도의 타당성과 함의를 가지고 있다. 여기서의 문제는 행정개혁을 추진함에 있어서 개혁조치의 이면에 작용하는 논리와 함의를 명확하게 인식하지 못하거나 별다른 주의를 기울이지 않는 경우가 있다는 것이다. 극단적으로 다른 국가나 지역에서 운영되고 있는 제도나 기법들 중에서 어떤 것을 선택하여 적당히 조합해서 적용하면 된다고 생각하는 경우도 존재할 수 있다. 그러나 이러한 프로그램 가운데에는 상호 양립할 수 없는 논리들이 작용할 수 있기 때문에 어떠한 개혁조치들은 다른 개혁조치들이 효과적으로 집행되기 어렵게 만들 수 있다. 가령, 시장모형은 개인주의(individualism)의 중요성을 강조하는 데 비해서 참여모형은 집합적 견해(collective view)를 상대적으로 더 강조하기 때문에 양자는 모순될 수 있다. 마찬가지로 시장모형은 관리와 활동을 강조하는 관리모형과 상

표 3-1	행정개혁 모형의 특징 비교			
구 분	시장모형	참여모형	조직모형	관리모형
기본관점	경제적	정치적	조직적	관리적
정부실패의 원인	공적소유, 독점	기술관료제	계층제	규정의 제약
개혁의 방향	민영화, 경쟁	관여, 참여	신축적 조직	자율성, 신축성
주요 처방	성과급, 내부시장, 구매권, 계약 등	시민참여, 팀제, 권한부여	조직감축, 수평화, 계층간소화, 기업화	관리적 자율권, 사후적 책임성
장 점	비용절감, 효율성 제고	참여 확대, 선택권 확대	신축성 제고, 대응성 제고	창의성과 활동성
단 점	형평성 침해, 적용가능성 제약	참여의 형식화, 집단간 갈등, 조정 필요성 증대	외형적 조직변화, 조직의 맥락성 간과, 책임성 확보 곤란	자율성과 관리능력의 조화, 책임성 확보 곤란, 정치적 중립성

03

호 연계되기도 하지만, 다른 측면에서는 어느 정도 모순될 수도 있다. 이러한 점들은 개혁의 논리와 프로그램을 무분별하게 차용하는 것이 더 이상 유효하지 않다는 것을 보여준다. 이러한 관점에서 행정개혁의 이면에 작용하는 개념과 논리 및 사고체계 등을 명확하게 이해하는 것은 개혁의 성공을 위해서 매우 중요하다고 하겠다.

Ⅱ. 행정개혁의 주요 기법

1. 전략기획

(1) 의미와 특성

전략기획(strategic planning)은 급변하는 환경에 직면해 미래의 변화를 예측하고 이에 전략적으로 대처하는 활동으로, 조직의 능률성과 효과성을 제고시킴은

물론 내부적으로 기획능력의 향상에 기여한다. 군대의 병참술에 기원을 두고 있는
전략기획의 체계화는 1920년대에 하버드 경영대학원이 하버드정책모형(Harvard
Policy Model)이라는 전략기획방법론을 개발하면서부터이며, 이후 민간부문을 중
심으로 확산되었다.6)

공공부문의 전략기획은 미국 연방정부가 1993년 제정한 '정부성과 및 결과
법(GPRA)'을 통해 모든 행정기관에 전략기획 수행을 의무화시키면서 본격화되었
다. 또한 영국에서도 전략기획의 르네상스라고 할 정도로 공공부문 전반에서 전
략기획이 광범위하게 활용되고 있다.7) 나아가 우리나라에서도 최근 들어 공기업
을 중심으로 중장기 계획을 수립해 전략적으로 활용하는 사례가 늘어나고 있다.

이때 중장기 계획이란 장기적인 목표를 설정하고, 그러한 목표달성을 위한
경로를 선택하며, 이에 따라 관련 자원을 배분하는 일련의 체계를 의미한다. 따
라서 해당 조직이 직면한 현실적 문제점들에 대한 인식을 전제로, 조직의 내·외부
환경 및 여건분석과 운영 실태에 관한 분석을 토대로 중장기적인 발전대안을 제
시하게 된다.

(2) 전략기획의 수행과정

일반적으로 전략기획의 수행절차는 환경분석, 내부준비, 실행, 평가의 4단계
로 구분을 시도할 수 있다.

---

6) 기업에서는 전략기획을 전략경영(strategic management)으로 지칭하고 있으며, 전략경영의 채택
이 목적의식의 재조명, 의사소통과 리더십의 제고, 주요 분야에의 체계적 자원집중, 변화를 관
리하고 대응하는 능력의 진작, 의사결정 및 관리의 효과성 증진, 그리고 조직가치의 인식 고양
등을 가져다 줄 것으로 간주하고 있다.
7) 전략기획의 주요한 목표는 다음과 같다. 첫째, 조직의 효과성 측면에서 '옳은 일을 하는 것
(Doing the right things)'으로서, 전략기획은 발전을 위해 조직이 미래에 해야 할 것을 결정해야
한다. 둘째, 조직의 능률성 측면에서 '일을 바르게 하는 것(Doing things right)'으로서, 자원관리
는 어떻게 그것을 할 것인지 그리고 누가 할 것인지를 결정해야 한다. 셋째, 조직의 책임성 측
면에서 '행한 것에 대하여 책임을 지는 것(Being held responsible for what is done)'으로서, 통제
와 평가는 진행되는 활동과 운영을 모니터하고 고무시켜야 한다(나태준·김성준·김용운, 2004;
김성준·김용운, 2003). 또한 전략적 행동(strategic action)의 고려요소는 누가(몰입을 촉진하는
전략적 리더), 왜(목적과 목표의 정교화), 어디서(관리될 배경의 결정), 언제(기간에 대한 선택),
무엇을(전략기획의 내용을 선택), 어떻게(과정에 대한 의사결정) 등으로 구성된다(Nutt & backoff,
1992: 410~411; 최신용 외, 2005 재인용).

1) 환경분석

급변하는 대내외 환경변화에 효과적으로 대응하기 위한 분석방법으로는 SWOT 분석과 이해관계자 분석이 주로 활용되고 있다.

먼저 SWOT 분석은 조직 내부의 강점(strong)과 약점(weak), 외부 환경상의 기회(opportunity)와 위협(threat)을 양 축으로 하는 4가지 전략수립(SO전략: 강점을 기반으로 기회를 활용, WO전략: 약점을 보완하여 기회를 활용, ST전략: 강점을 기반으로 위협에 대처, WT전략: 약점을 보완하여 위협을 회피)을 요체로 한다. 이때 SWOT Matrix를 반영하는 전략수립은 조직이 추구하는 미션(mission)과 비전(vision)과의 연계성하에서 이를 구체화시키는 방식으로 이루어져야 한다. 나아가 조직의 중장기 전략을 반영하는 구체적 목표들은 성과평가의 지표로 활용되어야 한다.

다음으로 협치(governance)의 논리를 반영하는 이해관계자 분석은 특정한 조직의 운영과정에 직·간접적으로 작용하는 유관 조직들의 요구를 절충하는 방식으로 이루어지게 된다. 일례로 성남도시공사의 이해관계자 분석은 결과에 따르면

03

표 3-2 성남도시공사의 이해관계자 관리 사례

구 분		주요 내용	
외부 이해 관계자	성남시 의회	성남시확대간부회의 참석 예산 및 사업관련 수시 업무협의	업무보고 및 행정사무감사 등 해외연수 및 벤치마킹 동반 참여
	언론	관내 정기 기자간담회 모임 개최	수시 현안 등 이해확산 티타임
	지역 주민	개발사업 설명회 관련부서 면담 SNS를 통한 경영 관련 이해협조	저소득층 및 거주기간 고려 채용 시민제안 수렴
	유관 기관 등	성남FC(시민구단) 주주 관내 3개 출연기관 경영평가 자문	아름다운가게 전 직원 물품기부 마을기업 지원 프로그램 운영
내부 이해 관계자	노동 조합	노동조합별 워크숍 개최 등반대회 및 체육행사 참여	단체협약 등 노동조합 창립행사
	간부 직원	확대간부회의/경영전략회의 부서별 사업계획 수립 보고회	간부워크숍 본부별 정례 간담회
	일반 직원	취임식 및 초도순시 경영성과 고도화 워크숍	현장 직원 서비스교육 청렴결의대회

자료: 성남도시공사, 2015년 경영실적보고서.

외부와 내부를 망라한 다양한 이해관계자들과의 협력관계를 유지하기 위해 다양
한 활동을 수행하고 있다.

2) 내부준비

전략기획의 실행을 위한 내부준비는 크게 내부자원의 검토와 실행계획서의
작성으로 구분된다.

먼저 내부자원의 검토란 조직이 환경변화를 효과적으로 흡수하기 위해 동원
가능한 자금, 재료, 기계, 인력 등과 같은 내부자원들의 상태를 점검한다는 의미
이다. 따라서 전략기획의 수행자는 각각의 내부자원들에 대해 구체적인 현황 목
록을 제시할 수 있어야 한다.

표 3-3   내부자원의 구성요소와 검토항목

- Money(자금): 예산, 현금의 흐름, 보너스 지불, 과징금 항목, 비상자금 등
- Materials(재료): 건물, 도구 등
- Machines(기계): 컴퓨터, 휴대폰, 자동차 등
- Manpower(인력): 기술, 경험, 동기, 제재 및 보상 등

자료: Doherty & Horne(2002).

다음으로 실행계획서의 작성이란 특정한 프로젝트의 목표달성을 위해 필요
한 공정계획표를 제시함을 의미한다. 즉, 프로젝트의 시작 시점에서 종료 시점까
지 누가 책임을 지며, 언제 행하며, 얼마나 동원하여야 하는가 등을 분명하게 밝
히는 것이다. 이러한 공정계획표를 작성함에 활용되는 주요한 수단으로는 갠트차
트(Gantt chat)나 PERT를 들 수 있다.

3) 실 행

전략기획은 실행은 조직원들을 설득하거나 위임하는 과정을 포함한다. 설득
과 위임 과정에서는 대화적 접근방법이 중시되고 있으며, 이를 반영하는 구체적
인 기법으로는 지도, 멘토링, 학습 등을 지적할 수 있다.

또한 과정평가의 차원에서 이루어지는 통제활동은 전략기획의 성공적 실행
을 위한 핵심적 요소이다. 전략기획의 실행과정에서 집행관리자는 공정계획표에

| 표 3-4 | 프로젝트 통제를 위한 행렬 |

	있음직한 문제점들	어떻게 알게 될 것인가?	무엇을 할 것인가?
양			
비용			
시간			
품질			

자료: Doherty & Horne(2002).

제시된 일정을 준수해야 한다. 따라서 통제의 초점은 당초 조직의 미션과 비전을 참고해 SMART(Specific, Measurable, Agreed, Realistic, Timetabled: 구체적, 측정가능한, 동의된, 현실적인, 시간표에 짜여진) 방식으로 합의한 목표의 구현상태에 초점을 부여해야 한다. 참고로 이러한 통제의 체크리스트를 제시하면 다음과 같다.

4) 평 가

성공적인 전략계획을 위해서는 실행 이후의 단계에서 총괄평가를 수행하여야 한다. 이때 이전 단계를 포괄하는 총괄평가의 주요한 착안점으로는 무엇이 잘 되었는가? 무엇이 잘 되지 못하였는가? 이번 경험으로부터 무엇을 배울 수 있는가? 다음번에는 각자 서로 다르게 어떤 일을 할 것인가? 등을 지적할 수 있다.

한편 전략기획은 평가를 통해 산출된 정보들은 다음 단계의 전략기획을 위해 유용한 정보로 선순환이 이루어져야 한다. 더불어 계획의 수립단계에서 제시한 다양한 가정들의 적합성과 영향력 정도를 치밀하게 분석하여야 한다.

(3) 중장기 계획의 구현사례

국가 수준에서 이루어지는 기획과정 또는 전략기획의 결과물로서 중장기 계획은 경제사회 전반을 포괄하는 일반 계획과 특정 분야를 대상으로 이루어지는 특정 계획으로 구분된다. 그리고 목표연도의 경우 5년이 일반적이지만 3년이나 10년을 설정하는 경우도 자주 목격되고 있다.

참고로 특정 계획의 대표적 사례인 우리나라 수도정비기본계획의 경우 10년을 목표연도로 설정한 상태에서 5년 경과 이후 보완 계획을 수립하도록 규정하고 있다. 또한 한국은 1960년대 초반 산업화를 시작하면에 경제에 초점이 부여된 '경제개발 5개년 계획'을 주기적으로 수립해 왔다. 하지만 1980년대 중반 이후 경제에 부가해 사회를 추가하는 방식으로 포괄성을 확보하였다. 하지만 박근혜 정부의 '경제혁신 3개년 계획'을 통해 알 수 있듯이 5년 단임제 대통령 하에서 계획 수립과 집행의 실효성을 확보하기 위해 임기 초반 계획을 수립하고 3년간 집행하는 중장기 계획을 선호하기도 한다.

한편 경제에 비해 사회의 기풍이 강한 중국의 경우 수립주기와 추진방식이 보다 체계적으로 이루어지고 있다. 실제로 '국민경제 및 사회발전 제13차 5개년 계획(13·5계획)'은 중국이 고속성장 시대를 끝내고 중속성장 시대를 준비하는 항해도다. 먼저 13·5계획은 12·5계획의 중간평가에서 출발한다. 12·5계획 중간평가는 국가발전계획위원회가 담당한다. 두 번째 과정은 아이디어 수집을 위한 초기 조사연구다. 이는 신규 계획이 집행되기 2년 전에 1년간 국가발전계획위원회 주도로 이루어진다. 세번째 과정은 13·5계획 기본 아이디어에 대한 브레인스토밍이다. 넷째 과정은 5중전회에서 통과되는 '중국 공산당 중앙의 13·5계획에 대한 건의' 초고 작성 단계다. 다섯째 과정은 당 중앙위원회의 건의 심의 통과다. 여섯째 과정은 13·5계획 '요강' 작성이다. 일곱째 과정은 일반인을 대상으로 건의와 대안을 청취하는 단계다. 여덟째 과정은 전체적인 논리를 체크하는 단계다. 아홉째 단계는 광범한 내외부 리뷰 과정이다. 마지막 과정은 심의 비준과 요강 발표다(중앙일보 2016. 1. 4자).

이처럼 중국 스타일의 계획 수립은 조사, 협상, 참여를 요체로 한다. 우선 중장기 계획의 실효성을 확보하기 위해서는 충분한 조사가 필수적이며, 이는 전담 조직이 수행하는 경우가 일반적이다. 또한 중장기 계획은 브레인 스토밍, 위원회, 공청회 등을 활용해 내부적 완결성을 제고해야 한다. 더불어 잠정 계획안에 대한 내외부 리뷰를 통해 다양한 이해관계자들의 목소리를 반영해야 한다.

국가가 직면한 전략적 불확실성에 역동적으로 대응한 사례로는 싱가포르를 들 수 있다. 1980년대 싱가포르 국방부는 다국적기업인 쉘(Shell)사의 도움을 받아 미래 시나리오 기법을 활용한 전략수립을 시도하였다. 1995년에는 총리실 산하에 시나리오 사무국을 운영하였고 다시 전략정책처로 개명하였다. 전략정책처는 국가 차원의 시나리오 외에 별도로 기후변화, 뉴미디어 등 특정 이슈에 대한 시나리오를 만들고 있다. 나아가 정부는 2004년 '위험평가와 추세분석(RAHS: Risk Assessment and Horizon Scanning)'이라는 컴퓨터 기반의 미래예측 기법을 고안하였다.

2. 조직진단

(1) 의미와 특성

조직진단은 조직의 현재상태를 분석·평가하고 조직의 문제점을 찾아내어 조직의 효율성을 증진시키기 위한 방법을 강구하려는 기법이다. 통상 조직은 내·외부적인 변화의 압력에 직면하게 되면 조직변화의 방향과 목표를 설정하고, 최적의 변화를 선택하기 위하여 조직진단을 실시하게 된다. 조직은 다양한 구성요소

표 3-5 McKinsey 7S모형의 진단변수와 초점

7S	조직진단의 초점
전략 (strategy)	• 전략이 조직의 환경에 적절한가? • 전략에 대해 조직원들 간에 합의가 이루어졌는가?
구조 (structure)	• 환경에 대응할 수 있는 기능적 구조를 이루고 있는가? • 조직의 규모는 적정한가?
운영체제 (system)	• 의사결정이 신속히 이루어지고 있는가? • 책임의 소재가 명확한가?
인재 (staff)	• 너무 순종적인 조직원들로 구성되어 있는 것은 아닌가? • 부서장에 적절한 인재가 배치되어 있는가?
기술 (skill)	• 새로운 기술도입이 잘 되고 있는가? • 새로운 기술의 경험자가 많이 있는가?
기업풍토 (style)	• 상하관계가 너무 경직적이지는 않은가? • 불평등이 만연해 있지는 않은가?
조직이념 (shared value)	• 위험부담이 있는 일은 무조건 피하지 않는가? • 작은 것에 너무 승부를 걸지는 않는가?

03

를 가진 개방체제로서, 외부환경과 역동적인 관계를 형성하고 있다. 또한 조직의
내부적 특성을 대표하는 변수로 구조·과업·기술·인력을 들 수 있다. 따라서 조
직진단의 대상은 크게 외부환경과 내부변수로 구분된다. 나아가 매킨지 모형은
기존의 4대 변수를 확장하여 7가지 변수들 간의 상호관계를 중심으로 한 조직진
단 모형을 제시하였다.

한편 정부를 대상으로 한 조직진단의 필요성은 다음과 같다. 첫째, 보다 높
은 생산성과 시민만족, 그러면서도 인간적인 정부조직이 되기 위해서는 지속적인
조직혁신이 필요하다. 둘째, 정부조직의 혁신을 과학적이고 합리적으로 추구하기
위해서는 조직진단이 요구된다. 셋째, 기존의 조직진단은 그 시행의 부적절성으
로 인해 소기의 성과를 이루지 못하고 있다는 지적이 제기되고 있다.

(2) 조직진단의 수행방법과 절차

일반적으로 조직진단에서는 행정환경 분석, 비전 및 미션분석, 행정체제 재
구축방안 등과 같은 각각의 세부적 연구목적을 달성하기 위하여 문헌조사, 설문
조사, 면접조사, 벤치마킹, 전문가 workshop 등 다양한 연구방법을 사용한다.

전통적으로 조직진단은 기구개편에 초점을 부여한 상태에서 표준화된 면접
이나 설문조사에 의존하는 방식으로 이루어져 왔다. 하지만 최근 들어 업무처리
절차의 개선이 지니는 중요성이 부각되면서 결재경로분석 등과 같은 경성자료의
활용이 증가하는 추세에 있다.

한편 조직진단의 논리적 절차는 다음과 같다. 첫째, 대상조직이 가지고 있는
핵심적인 문제점이 무엇인가를 정의한다. 둘째, 예비진단을 통하여 새로운 진단
방법이나 접근법이 필요한지를 검토한다. 셋째, 자료수집 및 진단을 통해 문제가
되는 현상의 원인을 규명하고, 그 해결책을 모색한다. 넷째, 완성된 보고서를 토
대로 실행대안을 결정한다. 다섯째, 집행할 처방책이 가져올 반응이나 결과를 고
려하여 구체적인 변화유도방안을 모색한다. 여섯째, 조직효과성이 향상되도록 조
직개편안의 집행과 운용의 안정화를 추구한다.

(3) 유용성과 한계

바람직한 조직진단의 요건으로는 객관성의 원칙, 종합성의 원칙, 문제점 명

확화의 원칙, 미래지향성의 원칙, 특수성의 원칙, 비교분석의 원칙, 효과성의 원칙 등이 제시되고 있다. 하지만 현실의 조직진단은 시간, 비용, 전문성, 정치적 고려 등으로 인해 앞서 제시한 요건들을 충족하기는 어렵다.

특히 자치단체나 공공기관의 경우 조직운영 전반에 대한 상급기관의 통제가 조직의 혁신적인 변화를 억제하는 요인으로 작용하기도 한다. 일례로 행정자치부는 자치단체장의 방만한 조직확대를 예방하기 위해 2007년 총액인건비(기준인건비) 도입이전까지만 해도 '지방자치단체의 정원 등에 관한 규정'을 통해 개별 자치단체의 특수성을 무시하고 획일적 비율을 강제하는 직종별(일반직 80% 이상, 기능직과 고용직 18% 이내, 별정직과 정무직 2% 이내), 직급별(일반직의 경우 4급 이상 1% 이내, 5급 6% 이내, 6급 27% 이내, 7급 31% 이내, 8급 24% 이내, 9급 11% 이상) 인력배치 기준을 적용해 왔다.

또한 지방공기업의 경우 설립주체인 자치단체의 정책방향은 물론 지방공기업 전담부처인 행정자치부의 정책준수 기준에 부응해야 한다. 일례로 성남도시공사의 경우 2010년 7월 이재명 시장의 취임 이후 공공성을 중시하는 새로운 정책기조에 부응하기 위해 조직정원의 확대와 인건비 부담에도 불구하고 비정규직을 대거 정규직으로 전환하였다. 또한 행정자치부는 2016년 경영평가의 정책준수 기준으로 인건비인상률 준수, 복리후생제도 정상화, 정부3.0 추진, 추가사업 타당성 검토, 경영개선명령 이행, 감사원 감사결과 지적사항 이행여부, 성과급제도 운영의 적정성, 업무추진비 집행의 적정성, 통합경영공시 운용의 적정성, 재정균형집행, 정부권장정책 이행실적, 개인정보보호 수준체계 및 대응 대책 수립실행, 고용안정 및 일자리창출, 유급휴가의 적정한 운영실적, 임금피크제 추진 등을 제시하였다.

3. 성과평가

(1) 의미와 특성

성과평가(performance evaluation)라는 것은 어떤 사업이나 활동을 수행할 때, 계획된 장단기 목표가 얼마나 경제적, 능률적 및 효과적으로 달성되었는가의 여부를 분석, 측정, 평정하는 것을 말하며, 성과평가를 위해 민주성, 합목적성, 형평성, 적합성 등을 추가적인 성과기준으로 반영할 수 있다(이윤식 외, 2006). 성과평가를 위해서는 성과측정이 요구되지만, 개념적으로 성과평가와 성과측정은 다음과 같이 구분할 수 있다.

성과측정(performance measurement)은 조직활동의 결과로 나타난 성과를 과학적이고 체계적인 방법을 통해서 계량화시키는 과정을 말한다. 이러한 측정결과는 조직이 달성한 결과를 객관화시키는 데 초점이 있지만, 측정결과 자체만으로는 해당 조직활동의 효과성이나 효율성을 파악하는 데에는 한계가 있다. 이에 비해서 성과평가는 객관적으로 측정된 결과가 조직의 미션이나 비전, 목표, 혹은 당초에 조직활동이 이루어지게 된 취지 등에 비추어 소망스러운 것인지에 대한 가치판단을 부여하는 과정으로 정의될 수 있다. 또한 성과평가 과정에서는 성과측정 결과가 어떤 요인에서 비롯되었는지를 파악함으로써 성과정보의 신뢰성을 제고할 수 있고, 성과측정 과정의 오류나 문제점을 발견함으로써 성과측정의 효과성을 개선하는 과정이 포함된다.

(2) 성과평가의 수행과정

성과평가는 성과계획의 수립, 성과목표의 설정, 성과지표의 선정, 성과평가 및 결과의 활용 등과 같은 여러 가지 과정이 필요한데, 여기서는 성과지표의 설정과정을 중심으로 설명하고자 한다. 성과지표는 성과개선에 도움이 되어야 하는데, 어떻게 성과지표를 통해서 성과를 개선할 것인가 하는 것이 문제이다. 실제로 성과지표를 정의하는 데에는 사용되는 일반적인 방법은 다음과 같다.

1) 성과주제(performance topic)의 탐색

성과주제(performance topic)란 조직이 당면하고 있는 성과문제에 관한 것으로, 이는 다음과 같은 원천(sources)을 통해서 파악할 수 있다. 일반적으로 전략이나 계획, 임무(mission)와 목적(goal) 등은 성과주제를 도출하기 위한 원천이 된다. 조직의 경영전략은 제품개발 부서, 생산부서, 판매부서 등의 입장에서 상이하게 해석될 수 있는데, 전략에 기초한 성과지표는 조직목표를 자기 부서의 입장에서 해석한 것을 의미한다. 여기서의 요점은 조직목표에 초점을 맞추고, 그러한 전략적 요소를 자기 부서의 성과주제로 전환하는 것이다. 이러한 원칙을 모든 부서에 적용하게 되면, 성과목표에 따라서 각 부서의 성과지표가 수직적으로 정렬되고, 모든 구성원들을 동일한 방향으로 유도하게 된다.

성과주제를 탐색할 수 있는 두 번째 원천은 조직의 이해관계자(Stakeholders)이다. 이해관계자란 주주, 채권자, 외부고객, 내부고객, 규제기관, 지역사회, 주주회사 등과 같이 자기의 성과에 중요한 이해관계를 가지고 있으며, 좋던 나쁘던 간에 어떤 결과를 만들어 낼 수 있는 능력을 가진 사람을 말한다. 이 가운데 가장 중요한 이해관계자는 자기의 성과에 대해서 정당한 이해관계를 가지고, 영향력을 행사할 수 있는 사람이다. 이해관계자를 무시할 경우에는 조직이나 개인에게 시한폭탄과 같이 잠재적인 위협요인이 될 수 있다. 올바른 성과지표를 만들기 위해서는 이해관계자 집단을 식별하고, 그들의 관심사항을 알아내며, 그들에게 중요한 가치가 무엇인지를 파악할 필요가 있다. 이러한 가치에는 단순한 금전 이외에 시간, 품질, 위험 등이 포함되며, 이를 위해 가치창출(value creation)이라는 관점에서 이해관계자를 파악할 필요가 있다.

성과주제를 파악할 수 있는 세 번째 원천은 잠재적 위협요인(Snoozing Alligators)이다. 조직의 입장에서 볼 때, 모든 것을 측정할 수는 없기 때문에 중요한 것에 초점을 기울이는 것은 매우 타당하다. 전략과 이해관계자는 그러한 초점으로서 매우 긴요하지만, 전략과 이해관계자에 충분한 관심을 기울일 경우에도 조직의 생존이 위협을 받을 수 있다. 현재의 전략에는 포함되어 있지 않지만, 미래의 생존을 위해서 간과할 수 없는 이러한 요소들이 잠재적 위협요인에 해당된다.

2) 핵심성공요인(CSF)의 도출

성과주제가 선정되고 나면, 각각의 성과주제에 대해서 어디서 어떻게 성공해야 하는지를 파악함으로써 핵심적인 성공요인(CSF: Critical Success Factors)을 식별해야 한다. 여기서 중요한 점은 성과주제에 적용되는 핵심성공요인을 모두 결정해야 한다는 것이다. 왜냐하면 핵심성공요인이 누락될 경우에는 성과주제를 적절히 해결하지 못할 수 있기 때문이다.

3) 성과지표의 개발 및 선정

핵심적인 성공요인을 식별하고 나면, 이에 맞는 성과지표(PI: Performance Indicators)를 개발하게 되는데, 이러한 과정은 성과지표를 통해서 핵심성공요인의 성공 여부를 파악할 수 있는지에 초점이 있다.

아래의 예는 성과주제로서 재정성과, 시장성과, 고객서비스, 제품개발의 네 가지를 선정하고, 이 가운데 고객서비스의 핵심성공요인과 그에 맞는 성과지표가 어떻게 개발되었는지를 보여주는 사례이다.

표 3-6   성과지표 개발의 3단계 사례

1단계 ─ 성과주제 Performance Topics	2단계 ─ 핵심성공요인 Critical Success Factors	3단계 ─ 성과지표 Performance Indicators
재정성과		
시장성과		
고객서비스	• 접근의 신속성 • 정보의 정확성 • 친근한 어투	• 전화대기 • 전화벨 수 • 대기시간
제품개발		

(3) 유용성과 한계

성과평가의 유용성은 크게 정치적 측면과 관리적 측면의 두 가지로 구분해서 살펴볼 수 있다. 정치적 목적 가운데 가장 일반적인 것은 정부업무에 대한 평가인데, 이를 통해서 정치적 책임성을 확보하는 데 도움이 될 수 있다. 공공조직의 관리자는 공공조직의 운영에 소요된 예산 및 자원의 활용과 관련하여 정부 및 시민들에 대한 의무와 책임을 져야 한다. 이러한 관점에서 성과평가는 성과목표의 설정 등을 통해서 성과수준에 관한 양 당사자들 간의 기대치를 명확하게 하고, 합의를 통하여 성과분석의 기준 등에 관한 공통된 척도(common metric)를 마련함으로써 책임성을 강화하는 데 기여할 수 있다. 또한 성과평가는 정치적 지지와 정당성을 확보하는 데 도움이 될 수 있다. 공공조직은 조직의 존립과 활동을 위해서 정치적 지지와 공공자원을 확보할 필요가 있는데, 성과평가는 공공조직의 존립과 운영에 관한 정당성을 입증하고 정치적 지지의 획득을 위한 설득수단이 될 수 있다. 일반적으로 성과평가는 공공조직의 성과를 개선하기 위한 목적으로 사용되지만, 성과평가를 시행한다고 해서 반드시 성과개선이 이루어지는 것은 아니다. 그럼에도 불구하고 성과평가가 지속되는 경향이 있는데, 이것은 성과평가가 하위조직이나 조직구성원에 대한 통제의 목적으로 이루어질 수 있음을 시사한다(Overman & Loraine, 1994).

성과평가의 보다 직접적인 유용성은 관리적 측면에 있다. 성과평가는 기획과 집행과정의 문제점을 점검하고 개선하기 위한 순환적 관리과정의 일부로서, 조직간 및 조직 내의 학습과정을 촉진시킬 수 있다. 이러한 학습과정은 비교(comparison)와 정보의 질적 향상(information improvement)이라는 두 가지 경로를 통해서 이루어질 수 있다. 성과평가를 통해서 나타난 성과정보는 예산을 편성하고 배정하는 데 도움을 줄 수 있는데, 성과예산(performance budgeting)과 결과지향예산(results-oriented budgeting) 등은 성과정보를 활용하여 예산을 편성하는 좋은 사례이다(Jordon & Hackbart, 1999; Melkers & Willoughby, 2001). 무엇보다도 성과평가는 조직구성원에게 목표를 분명하게 인지시키고 공유하게 함으로써 자기의 업무를 명확하게 인식하게 한다. 또한 성과자료를 활용하여 성과를 향상시키도록 자극하고, 임무에 대한 성취감을 제공함으로써 궁극적으로 조직 전체의 성과를 개선시키는 데 도움이 될 수 있다.

앞에서 살펴본 것처럼 성과평가에는 많은 유용성이 있지만, 성과평가에 따르는 부작용도 존재한다. 이 가운데 가장 대표적인 문제점은 전략적 행태(strategic behavior)에 관한 것이다. 가령, 사회적 편익은 크지 않으면서 생산이 용이한 산출물에만 집중하거나, 산출이 아니라 투입물을 최적화하는 행태가 나타날 수 있다.[8] 이런 경우에는 위험이 수반되는 혁신을 저해하고 기존의 관행을 지속시키도록 조장하거나, 산출물을 개선하려는 의욕을 감소시키는 결과가 될 수 있다. 이런 경우, 공공조직이 산출물을 증가시킨 것으로 평가되지만, 사회적 관점에서는 무의미하거나 부정적인 효과를 가져올 수도 있다. 또 다른 문제는 성과지표의 신뢰성 문제인데, 이것은 동일한 상황에서 동일한 결과를 나타내야 한다는 것이다. 그러나 성과지표가 적용되는 상황이 모두 동일한 것은 아니기 때문에 성과지표의 신뢰성을 확보하는 것이 용이한 것은 아니다. 가령, 표본크기가 너무 작거나 측정대상이 고유한 특성을 가지고 있을 경우에는 신뢰성이 저하될 수 있다.

---

8) 일례로 대학들이 좋은 학생들을 육성하는 것보다 성적이 우수한 학생을 선발하는 데 더 많은 관심을 기울이는 것은 투입물을 최적화하려는 노력으로 볼 수 있다.

더욱 큰 문제는 신뢰할 수 없는 측정결과에 기초해서 어떤 행동을 취할 경우인데, 이런 경우에는 상황이 개선되는 것이 아니라 오히려 악화될 수 있다. 이러한 관점에서 볼 때, 성과평가의 한계점을 완화하고 유용성을 제고하기 위해서는 재화가 내포하고 있는 가치, 산출물 생산과정과 생산방식의 특징, 노력과 결과 간의 인과관계의 존재 여부, 제품이나 서비스 질의 측정가능성, 환경적 특성 등을 종합적으로 고려해야 한다.

4. 고객만족도 조사

(1) 의미와 특성

일반적으로 고객만족도란 "서비스나 상품을 구입하여 사용·향유하는 과정에서 느끼는 호의적이거나 비호의적인 감정이나 태도"로 정의할 수 있다. 따라서 고객만족도 조사를 위해서는 상품이나 서비스를 사용·향유하는 '고객'이 있어야 하고 호의, 비호의의 대상에는 상품·서비스만이 아니라 상품·서비스를 제공하는 기관에 대한 감정이나 태도가 포함되어야 한다.

1980년대 이후 민간부문을 중심으로 활성화된 고객만족도 조사가 공공부문에 도입된 계기는 1993년 미국 클린턴 정부의 출범과 밀접한 관련성을 지니고 있다. 클린턴 정부가 시민을 고객으로 인식하고 정부의 고객에 대한 서비스 수준의 목표를 민간 최고의 수준과 같은 것으로 설정하였기 때문이다.

한편 우리나라에서도 1990년대 중반 이후 공기업을 중심으로 고객만족에 대한 논의가 활성화되었을 뿐 아니라 정부가 시행하는 여러 평가에서도 시민만족도, 고객만족도, 주민만족도 등 명칭은 달리하나 시민을 평가의 주체로 수용하려는 움직임이 활성화되었다(최병대 외, 1999; 박중훈, 2001).

(2) 고객만족도 조사의 수행절차와 의미

고객만족도 조사의 수행절차는 일반적인 연구절차와 마찬가지로 조사의 목적과 대상을 정하는 일로부터 시작한다. 나아가 이를 토대로 설문지의 작성과 표본추출방법의 결정, 설문지의 배포와 수거, 통계분석과 보고서 작성 등과 같은 일련의 단계를 거치게 된다.

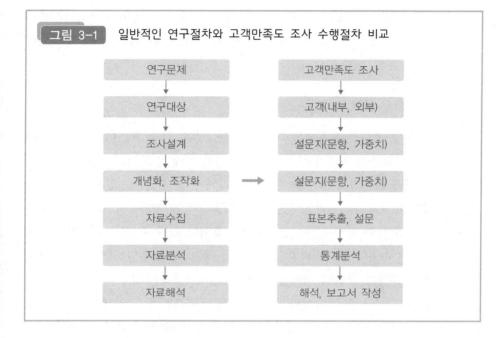

그림 3-1 일반적인 연구절차와 고객만족도 조사 수행절차 비교

연구문제	고객만족도 조사
연구대상	고객(내부, 외부)
조사설계	설문지(문항, 가중치)
개념화, 조작화	설문지(문항, 가중치)
자료수집	표본추출, 설문
자료분석	통계분석
자료해석	해석, 보고서 작성

03

한편 고객만족도 조사가 지니는 소극적인 의미를 찾아보면 다음과 같다. 첫째, 새로운 행정환경의 변화에 얼마나 잘 대응하고 있는지 실제로 확인할 수 있다는 점이다. 둘째, 통일한 평가지표를 적용한 결과는 기관 간 비교를 가능하게 해 준다. 셋째, 기관 간 평가를 통해서 대상기관들에 대한 포상(incentive)과 제재(penalty)를 가할 수 있다는 점에서 통제의 수단으로도 활용할 수 있다.

더불어 고객만족도 조사의 적극적인 의미를 살펴보면 다음과 같다. 첫째, 고객만족도 조사를 통해서 고객만족을 위한 성공적 전략들을 확인해 볼 수 있다. 즉, 어느 기관의 어떠한 서비스가 고객의 만족도를 충족시켜 줄 수 있는지 기관 간 비교를 통해서 확인할 수 있다는 점이다. 둘째, 확인된 고객만족도의 결과는 해당 기관의 서비스 질을 제고하는 데 유용하게 활용될 수 있다. 즉, 자신들의 부족한 부분을 확인할 수 있기 때문에 부족한 부분에 대한 보완을 할 수 있다는 것이다. 셋째, 이러한 과정을 통해서 궁극적으로 고객 중심의 서비스 제공이 가능하다. 평가는 경쟁을 전제로 하기 때문에 기관 간 경쟁이나 부족한 부분에 대한 지적은 결과적으로 고객 중심의 서비스를 제공할 수 있는 기반이 되는 것이다.

결국 고객만족도에 대한 평가는 일차적으로는 서비스 제공 기관에 대한 서비스 질의 제고를 유인할 수 있으며 궁극적으로는 고객인 시민(주민)의 만족도를 향상시키는 중요한 요소가 된다.

(3) 유용성과 한계

고객만족도 조사의 유용성은 다음과 같다. 첫째, 시민(주민)이 공공서비스에 대한 주기적인 평가를 통하여 서비스의 질에 대한 책임성 고취는 물론 향후 서비스의 질 관리에 소비자의 욕구를 반영하는 계기가 된다. 둘째, 공공기관은 조사를 통해 주민의 복리증진이라는 본연의 목적을 위한 지역의 수요 파악과 그 수요의 변화를 반영할 수 있게 된다. 셋째, 독점시장이라고 할 수 있는 공공기관의 서비스 제공은 지속적인 의식개혁과 경영혁신을 통해 보다 주민지향적(소비자 지향적)인 서비스 개발과 효율적 생산을 기할 수 있게 된다. 넷째, 만족도 조사를 통해 공공기관은 자신들의 정당성과 가치에 대해 재평가받을 수 있게 된다. 다섯째, 고객만족에서 만족이란 다원적 개념으로 공공기관이 과연 고객만족을 위해 어떻게 접근해야 하는지에 대한 방향성을 제공하게 된다.9)

한편 공공서비스 평가의 도구로 활용되고 있는 고객만족도 조사의 한계는 다음과 같다. 첫째, 공공서비스 성과지표로서의 주관적 측정이 갖는 타당성 문제이다. 즉, 고객만족도 평가가 전달된 서비스의 객관적 산출(output)과 통계적으로 유의미한 상관관계가 성립되지 않을 수 있다는 지적이다(Brown & Coulter, 1983). 이와 같은 부조화의 이유는 평가의 주체인 고객이 서비스 제공주체의 업무내용과 서비스에 대해 지식이 부족하다는 점과 고객만족도 조사가 가지고 있는 방법론상의 한계를 들 수 있다. 둘째, '만족감'이라는 것이 다의적으로 해석이 가능하다는 것이다. 만족에는 심리적인 만족도 있을 수 있고, 육체적인 만족도 있을 수 있다. 그리고 각각의 만족도가 같이 나타날 수도 있다. 그러므로 개개인의 만족도를 비교하는 것은 다양한 개념의 만족도를 측정한 것이므로 단순비교가 가능한지 의심하지 않을 수 없다. 셋째, 만족도 측정은 주관이 개입될 소지가 많다는

---

9) 다차원적인 고객만족의 차원은 감성적 차원과 인지적 차원을 포함한다. 먼저 인지적 차원은 고객만족을 "고객이 지불하는 비용과 대비한 보상의 적정성에 대한 고객의 인식 상태"라고 정의한다. 반면에 감성적 차원은 "인식 반응과 구분되어 감정이 표출된 감성적 반응"이라고 정의된다. 나아가 만족의 또다른 차원은 긍정과 부정적 차원이다(강인호 외, 2003).

것이다. '만족'이라는 개념이 추상적이고 다의적으로 해석이 가능하기 때문에 개인들이 생각하는 만족이 서로 다를 수 있다. 그러므로 만족도에 대한 측정은 다분히 주관이 개입되어 있고 그러한 결과를 그냥 받아들이는 것은 지나친 단순화라고 할 수 있다.

결국 이러한 고객만족도 측정의 어려움을 극복하고 타당성 있는 결과를 도출하기 위해서는 설문을 통한 만족도 측정이 필수적이다. 즉, 추상적인 것은 구체화시키고, 다의적인 것은 명확화하며, 주관적인 것은 객관화시켜서 설문을 하는 것이 만족도 측정의 어려움을 극복하는 방법이라고 할 것이다. 요컨대, 설문조사는 서비스나 기관이용의 고객을 대상으로 객관화되고 구체화시킨 표준화된 설문을 통하여 해당 서비스나 기관의 만족도를 평가하는 것이며 표준화된 질문을 모든 고객에게 하는 것이므로 주관이나 추상성을 극복하는 방법이 된다. 객관화되고 표준화된 설문지와 타당성 높은 조사방법론을 통한 만족도의 측정은 심층적인 개별면접보다 오히려 적실성 높은 결과를 도출할 수 있다.

03

5. 소 결 론

지금까지 행정개혁에 활용되는 대표적인 기법들을 간략하게 소개하였다. 하지만 신공공관리의 세계화 추세하에서 각국의 정부는 기업의 경영혁신 기법들을 벤치마킹하는 방식으로 다양한 행정개혁 기법(수단)들을 활용하고 있다.

이러한 추세와 관련하여 Peters(1997)는 OECD 회원국 18개국을 대상으로 한 실증적 연구에서, 행정개혁 기법의 활용 패턴을 조사하였다. 이에 따르면 가장 광범하게 채택된 개혁방안은 분권화, 인사상의 규제완화, 품질관리, 프로그램 평가의 순이다. 이들 방식들은 기존의 서비스 제공방식을 크게 변화시키지 않으면서 적용할 수 있기 때문에 그다지 반대를 수반하지 않고서도 도입할 수 있는 방안들이라고 할 수 있다.

정부실패의 주요한 증상

공공재, 외부효과, 독과점, 빈부격차 등과 같은 시장실패의 확산이 정부개입의 정당성을 제공하는 반면에 시장실패를 치유하기 위한 정부개입 과정에서 발생하는 정부실패는 정부개입의 제약성으로 작용한다. 이러한 정부실패의 원인은 세금의 부담자와 수혜자의 분리, 공식적 목표인 공익보다 관료의 사익을 우선시하는 내부성(internalities), 정보의 비대칭성, 정부가 의도하지 않은 부작용인 파생적 외부효과(derived externality), 권력과 특혜로 인한 분배적 불공평 등으로 유형화가 가능하다.

작은정부의 구현을 추구한 영미식 신공공관리론자들은 시장의 경쟁이나 시민의 자유를 원용해 정부실패의 증상을 발견하는 일에 주력해 왔다. 특히 개별 국가들의 특수성을 반영하는 정부실패의 증상은 앞서 제시한 일반적 패턴을 초월해 보다 다양한 형태로 표출되기도 한다.

우선 세금의 부담자와 수혜자의 분리를 반영하는 정부실패의 증상은 예산가치(value for money)의 저하와 직결된 문제이다. 정부의 예산을 눈먼 돈으로 간주해 쟁탈전을 벌이는 관료나 정치인들의 예산확보 노력은 예산낭비로 이어지는 경우가 많다. 일례로 지역구민들의 표를 얻기 위해 자기 선거구로 정부보조금을 유치하는 의원들의 노력을 자신들의 굶주린 배를 채우기 위해 '절인 돼지고기 보관통(pork barrel)'을 많이 차지하려고 쟁탈전을 벌이는 흑인 노예들에 비유하기도 했다.

또한 조직의 내부성을 반영하는 관료의 이기적 행태는 파킨슨의 법칙, 바그너 법칙, 니스카넨의 법칙 등을 통해 설명되어 왔다. 일례로 영국 학자 파킨슨에 따르면 공무원의 수는 항상 일정한 비율로 증가한다고 한다. 왜냐하면 해야 할 일의 유무와 관계없이 상급자로 진급하기 위해서는 부하의 수를 늘릴 필요가 있기 때문이다.

그리고 정보의 비대칭성이란 주인과 대리인 사이에 정보격차로 인해 역선택과 도덕적 해이라는 대리인 비용이 발생하는 것을 의미한다. 예산운용 과정에서 나타나는 정보의 비대칭 문제는 예산편성과 집행과정에서 중앙예산기관과 각 부처 간에 사이에서 나타날 수 있으며, 예산심의 과정에서 행정부와 입법부 간에도 나타날 수 있다.

한편 근시안적 정책결정의 산물인 파생적 외부효과를 통제하기 위해서는 환경영향평가나 규제영향평가와 같은 비용편익분석의 의무화가 요구된다. 특히 부정적 파급효과의 발생가능성에 주목하는 신중한 정책결정은 정책품질의 제고와 직결된 문제이다. 최근 정책환경의 불확실성과 복잡성이 증가하면서 각국이 미래예측 역력의 강화에 주력하는 이유도 이와 무관하지 않다.

더불어 권력과 특혜로 인한 분배적 불공평은 예산의 정치적 결정에 기인하는 경우가 많다. 일례로 한국의 역대 정권은 수요와 괴리된 신공항을 다수 신설해 왔다. 이미 완공된 청주공항, 울진공항, 양양공항, 무안공항 등은 물론 남부권 신공항 후보지인 가덕과 밀양을 두고 전개된 치열한 유치전도 정치적 결정의 폐해와 직결된 문제이다.

앞서 제시한 일반적 유형에 부가해 피터의 원리나 도적단의 비유도 정부실패의 증상과 밀접한 관련성을 지니고 있다. 먼저 미국의 교육학자 로런스 피터는 모든 사람은 무능력의 한계에 도달할 때까지 승진하려는 경향이 있어 결국 사회 전체가 무능한 사람들로 채워지게 된다는 원리를 발견했다. 훌륭한 부하라고 반드시 훌륭한 지도자가 되는 것은 아니라는 뜻이다(이창길, "피터의 원리에 갇혀 버린 대한민국, 서울신문 2016. 4. 8자).

다음으로 맨커 올슨은 불경스럽게도 정권을 도적단에 비유했는데, 장기집권하는 비민주적 정권은 '정주도적단', 짧게 집권하고 떠나는 정권은 '유랑도적단'이다. 어차피 성숙한 민주주의가 아닐 바에는 정주도적단이 차라리 나은 면도 있다. 내년에도 수탈해야 하기 때문에 지속가능한 성장에 관심을 가지는 것이다. 따라서 애초의 취지와 달리 갈수록 무능해지는 단임제 정부는 맨커 올슨이 말하는 '유랑도적단'에 가까워지는 것으로 보인다(장덕진, "유능한 관료와 무능한 국가", 경향신문 2015. 6. 5자).

결국 우리가 추구할 정부의 미래상은 정부실패의 최소화와 직결된 문제이다. 물론 앞서 제시한 정부실패의 증상들은 시장실패의 증상들과 비교하여 일반화 수준이 낮은 편이다. 이는 다시말해 시장실패의 심각성을 반영하는 정부개입은 상당한 의미를 지니고 있지만 정부실패의 최소화가 전제되지 않은 상태에서 정부를 통제 또는 거역하려는 시장이나 시민사회의 도전은 계속 제기될 것이다.

03

CHAPTER
04 행정개혁에 대한 저항과 극복방안:
변화이론

세계 각국의 정부관료제는 현재 변화와 혁신을 요구하는 국민들의 강한 압력에 직면해 있다. 참고로 우리 정부는 1997년 IMF 구제금융으로 촉발된 경제위기의 해결 과정에서 다양한 형태의 행정개혁을 추진해 왔다. 일부에서는 그동안 계속된 개혁지상주의가 관료제의 정상적인 업무수행을 저해하는 개혁의 피로 (reform fatigue) 현상을 초래한 것으로 분석하기도 한다.

하지만 세계화와 정보화의 심화로 대표되는 외부 환경은 물론 민주주의 정치체제하에서 주기적인 정권교체를 준비해야 하는 내부 환경을 고려할 때 우리나라 정부관료제가 새로운 변화압력을 회피하기는 어려울 것으로 분석된다. 결국 급변하는 대내외 제약환경하에서 정부는 생존을 담보하기 위하여 지속적인 자기혁신과 변화를 추구하지 않으면 안 된다.

그러나 행정개혁이 수반하는 인위적인 변화에 대해 해당 조직이나 구성원들의 저항은 불가피한 부작용이다. 따라서 저항의 본질을 이해하고 이에 대한 대책을 강구하는 일도 행정개혁 연구의 중요한 주제이기 때문에 체계적이고 종합적인 분석이 이루어져야 한다.

이에 본서는 행정개혁으로 지칭되는 조직변화의 핵심적인 주체로 정부조직을 상정한 상태에서 조직변화의 특성과 저항의 본질 및 저항의 극복방안을 종합적으로 검토하고자 한다. 하지만 필요에 따라서는 미시적 수준의 개인과 거시적 수준의 사회도 변화의 부수적인 주체로 상정하고자 한다.[1]

1) 일반적으로 변화의 주체로는 개인, 조직, 사회 등과 같은 다양한 분석단위가 사용되고 있다. 하지만 여기의 논의에서는 미시적인 개인과 거시적인 사회보다는 중범위 분석단위인 조직으로서

I. 변화의 본질과 접근방법

1. 변화의 의미와 특성

(1) 변화의 개념과 유형

일반적으로 변화(change)란, 차이(difference)나 변동(variation) 또는 어떤 상태를 다른 상태로 대체하는 것을 말한다. '변한다'는 것은 '달라지거나 다르게 만드는 것'을 말하며, 변화라는 개념의 공통성은 차이(difference)에 있다. 그러한 차이는 작거나 클 수 있고, 서서히 일어나거나 급격하게 발생할 수도 있다(Doherty & Horne, 2002). 일례로 행정개혁의 유사개념들은 변화의 강도에 따라 혁명, 개혁, 혁신, 현대화, 진화 등으로 구분을 시도할 수 있다.[2]

이러한 변화의 유형은 의도성의 여부에 따라 크게 '비계획적 변화'와 '계획적 변화'로 유형화가 가능하다.[3] 하지만 계획적인 변화를 조직변화로 보는 것이 일반적인 시각이다. 따라서 계획적인 변화를 가정한 상태에서 이루어지는 변화의

표 4-1 변화의 유형

속도 \ 차이	작음	큼
낮음	긴급한(emergent)	과도적(transitional)
높음	점증적(incremental)	변혁적(transformational)

출처: Doherty & Horne(2002).

의 정부관료제에 초점을 부여하고자 한다.

2) 변화의 압력에 대처하는 관리자 혹은 조직의 대처방식은 크게 두 가지 유형으로 나누어 볼 수 있는데, 하나는 변화압력에 천천히 대응해 나가는 점진적 변화(evolutionary change)방식과 변화압력에 단번에 대응하는 급진적 변화(revolutionary change)방식이 있다. 나아가 양 극단의 중간지대에는 개혁, 혁신, 현대화 등이 위치하게 된다.

3) 비계획적 변화(unplanned change)란 예기치 않았던 외부환경의 변화로 인해 조직이 생존 혹은 지속적인 성장을 위해서 어쩔 수 없이 수동적으로 적응해 나가는 것으로서 변화의 원인이 조직 내부에 있는 것이 아니라 조직외부에 있다. 이와 반대로 계획적 변화(planned change)란 어떤 목적을 달성하기 위해 의도적으로 일으키는 변화를 가리킨다. 이는 조직이 앞으로 있을 환경변화에 능동적으로 대처하기 위해서 사전에 철저한 계획에 의거해서 조직을 변화시키는 것으로 변화의 주체는 조직이 된다.

유형은 변화의 속도와 차이에 따라 다음과 같은 4가지 유형으로 구분이 가능하다.

역사적인 견지에서 변화의 동인은 기술결정론과 사회결정론으로 구분할 수 있다. 수렵사회, 농업사회, 산업사회, 지식정보사회 등과 같은 인류의 발전경로는 기술진보가 사회 전반에 미치는 영향력을 잘 설명하고 있다. 즉, 기술적 변화가 경제적 변화를 유발하고, 경제적 변화가 정치적 및 사회적 변화를 촉발시켜 왔던 것이다. 반도체 기술의 발전으로 촉발된 지식정보혁명이 인류의 생활양식 전반을 급속히 변화시킨 것은 이의 전형적인 사례이다. 하지만 우리는 기술진보의 중요성에도 불구하고 사회적 요구, 규제, 경쟁, 시장변화, 비용상승, 새로운 관리자 등과 같은 사회적 요인들도 변화의 주요한 동인으로 자리해 왔음을 간과할 수 없다. 일례로 19세기 말 미국에서 산업혁명이 가속화된 것은 노예해방에 따른 노동력 부족 등과 같은 사회적 필요를 반영하고 있다.

더불어 우리는 기술진보와 같은 극적인 변화에만 관심을 기울이고 일상적인 변화에는 주목하지 않는 경향이 있다. 하지만 변화라는 것은 일상적인 삶의 일부분으로 나타나는 경우도 많다는 점에 유의할 필요가 있다. 즉, 변화는 항상 나타나며, 해결해야 할 문제와 뭔가 다른 것을 할 수 있는 기회를 제공해 준다.

인간은 육체적, 정신적 그리고 정서적으로 변화를 느낄 수 있다. 이러한 변화는 통상 매우 미묘하고 더딘 편이지만 때로는 급격하게 나타나서 우리의 업무를 방해하거나 인간관계를 어색하게 만들기도 한다. 이러한 이유로 우리는 변화의 유형을 식별할 수 있는 경우도 있고, 그렇지 않은 경우도 있다(Doherty & Horne, 2002). 또한 변화를 설명할 수 있는 경우가 있는가 하면, 전혀 설명할 수 없는 경우도 있다. 변화라는 것은 익숙하지 않은 무엇이며, 때로는 전혀 미지의 어떤 것을 내포하고 있다. 사람들은 익숙한 것을 선호한다. 인간의 본성인 현상유지 편향성이 시사하듯이 새로운 변화보다는 과거에 익숙했던 감정이나 습관들을 유지하면서 살기를 바란다. 일례로 김치, 햄버거, 커피, 차 등과 같은 선호식품은 객관적인 정보나 중독성 여부를 초월해 개인적 또는 문화적인 식습관으로 유지되는 경우가 일반적이다.

한편 사람들은 변화의 징후를 알고 싶어 하고, 자기 자신이 직접 변화의 이유에 대해서 듣기를 바라는 것이 일반적이다. 그러나 이러한 논리가 모든 사람들에게 적용되는 것은 아니다. 변화의 기획과정(process of planning change)에 관여하고 싶어 했던 사람들이라고 해서 변화에 저항하지 않을 것이라고 가정하는 것은 위험하다. 변화에 더욱 잘 저항할 수 있는 지위를 확보하기 위해서 자발적으로 참여할 수도 있는 것이다. 관리자들은 이러한 과정에서 노출될 수 있는 갈등을 기꺼이 받아들여야 하고, 그러한 갈등을 극복하려면 변화에 대한 반대를 표면화 시킬 필요가 있다(Doherty & Horne, 2002).

(2) 조직변화의 결정요인

20세기 초 현대 행정학을 주도한 원리론의 결정주의를 극복하기 위해 제시된 상황론은 정부조직의 변화를 유도하는 주요한 외부 상황변수로 규모(size), 기술(technology), 환경(environment), 전략(strategy), 조직원(member), 통솔력(leadership) 등에 주목한다.

또한 조직의 내부적 특성변수인 복잡성(complexity), 집권화(centralization), 공식화(formalization), 효율성(efficiency), 사기(morale), 보상(rewards) 등은 조직과 외부

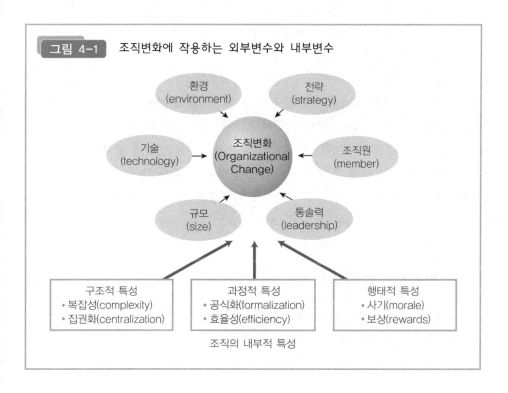

그림 4-1 조직변화에 작용하는 외부변수와 내부변수

변수와의 상호작용을 통해서 조직변화에 영향을 미치는 요소들이다(김종관·변상우, 2003).

앞서 제시된 조직변화의 결정요인들이 현실의 행정에서 어떻게 작용하고 있는지를 상황론을 반영하는 그동안의 연구결과를 중심으로 간략하게 설명하면 다음과 같다. 합리모형의 가정에 기초해 분업, 계선과 참모, 명령통일, 계층제, 통솔범위, 관리자의 기능 등과 같은 처방적 접근을 채택하는 원리론과 달리 상황론은 조직의 효과성을 담보할 최선의 방식은 있을 수 없으며, 조직의 특성(구조, 과정, 행태)은 조직이 처한 환경에 적합한 방식으로 설계되어야 한다는 입장을 취하고 있다.

한편 외부 변수들의 영향력을 반영하는 주요한 조직변화는 다음과 같다. 먼저 기본적으로 조직은 규모(크고 작음 등), 기술(일상적 기술과 비일상적 기술 등), 환경(확실성과 불확실성 등), 전략(구체성과 포괄성 등), 조직원(수렴과 발산), 통솔력(권위와 민주) 등과 같은 유형 차이에 따라 조직설계상의 차이를 유발한다. 일례로 조직규모의 증대는 관료화를 심화시키고, 컴퓨터 기술의 발달은 조직의 정보처리 구조를 크게 변화시킨다. 또한 환경이 급변하면 조직에 많은 정보량이 요구되고 이로 인해 구조변화를 일으키게 된다.

내부특성 변수들도 환경과의 관계에서 다음과 같은 조직변화를 유도할 수 있다. 먼저 복잡성은 계획적 변화의 정도와 직접적인 관련을 맺고 있어 복잡하면 복잡할수록 계획적 변화의 정도는 심하다. 다음으로 집권화 정도는 계획적 변화와는 역의 관계를 갖고 있어 집권화가 심하면 심할수록 계획적 변화의 정도는 낮게 된다. 또한 공식화와 조직변화 사이에는 역의 관계가 있어 공식화가 높으면 계획적 변화 정도는 낮아진다. 나아가 사기가 높을수록 조직변화의 정도는 커지는 것이 일반적이다(김종관·변상우, 2003).

2. 변화에 관한 다양한 접근방법

조직은 물론 개인이나 사회의 변화를 설명하는 이론들은 매우 다양하다. 이 점에서 변화이론은 행정학이나 경영학의 주요 이론들이 그러하듯이 고도로 학제적이다. 따라서 여기에서는 사회과학이나 자연과학의 대표 학문들에서 논의되고

있는 변화 관련 이론을 간략하게 소개하고자 한다.[4]

(1) 에너지이론(Energy Theories of Change)

Newton의 열역학에 관한 제2법칙에 따르면, 무작위적인 상태에서 엔트로피는 증가하는 경향이 있다. 이때 엔트로피라는 것은 어떤 사물이 무작위한 정도, 즉 혼란스러운 정도를 나타내는 척도이다. 무작위적인 변화가 다양성과 복잡성을 증가시키는 방향으로 나아간다는 것이다. 이는 다시 말해 관리자가 아무 일도 하지 않는다고 하더라도 조직은 어떤 식으로든 변화될 것이라는 점을 시사한다. 조직내 구성원들의 행동은 매일매일 조금씩 무작위적인 방향으로 변화하여 궁극적으로 시스템이나 절차에 순응하지 않게 될 것이다. 따라서 바람직한 관리자는 어떤 일이 발생하고, 언제 개입해야 하는지, 그리고 언제 무작위적 변화가 유해한 영향을 미치는지 등을 파악하기 위해서 주의를 기울여야 한다.

(2) 수학이론(Mathematical Theories of Change)

인간과 자연에 관한 수리모형은 어떤 변수들이 결합해서 전반적인 상태가 상당히 변화되기 전까지는 오랜 기간 동안 안정적인 상태가 지속되는 것으로 가정한다. 이처럼 상당한 변화가 일어나는 시점에서 전체적인 가치는 0이 될 수도 있고(붕괴, 분해), 매우 급격한 속도로 증가할 수도 있다(임계상태). 임계치(critical mass)를 확보하거나 임계온도에 도달하면 원자폭발이 일어나는 것이 바로 이러한 상태이다. 수학적 파국이론에서는 이러한 함수들을 이용해서 지진이나, 화산, 태풍, 경제침체 등과 같은 재난의 불가피성을 예측한다. 바이오리듬을 이용해서 하루의 행동을 예측하는 것도 이러한 예에 속한다. 나아가 컴퓨터를 활용한 수학적 모의실험 모형들은 교도소의 폭동, 도심부의 교통정체, 풍토병 위험 등에 대한 경고를 발령하는 데 활용되고 있다.

(3) 경제이론(Economic Theories of Change)

경제이론에서는 사람들이 자기의 경제적 이익을 위해서 변화를 만들어낸다고 주장한다. 모든 사람들은 자기만의 가격을 가진 것으로 간주되며, 변화하지

---

4) 변화에 관한 이론은 Doherty & Horne(2002)의 제2장에 전적으로 의존하는 방식으로 작성하였다.

않을 때의 비용도 산정할 수 있다. 재화와 서비스는 가격요인에 따라서 불가피하게 변화하며, 그에 따라 투자의 변화, 도농 간의 인구이동 등이 야기된다. 또한 경제학자들은 시장에 제약이 없을 경우에는 시장에 진입하는 새로운 공급자에게 아무런 이익이 발생하지 않을 정도로 비용과 가격이 매우 낮아질 때까지 새로운 공급자가 나타나서 경쟁이 이루어지게 된다고 주장한다.

(4) 생물학이론(Biological Theories of Change)

Dawkins(1997)가 제시한 이기적 유전자 논리에 따르면 사람들은 자기의 유전자가 생존하고 유지하며, 다른 사람들의 유전자를 지배할 수 있는 기회를 극대화할 수 있도록 자기 자신과 자기의 행동 및 환경을 조직화한다고 한다. 이것이 시사하는 바는, 조직이 환경변화에 따라 변화하지 않거나 적응하지 않으면 조직도 사라지게 된다는 것이고, 이러한 과정은 다윈이 개념화한 자연도태를 통해 설명될 수 있다. 즉, 급변하는 환경에서는 환경에 가장 잘 적응한 유기체만이 생존할 수 있다는 것이다. 최고의 외부지향적 초점과 장기적 비전을 가진 조직들이 닥쳐오는 변화의 징조를 먼저 알아낼 수 있다. 이러한 조직들은 준비할 수 있는 시간과 적응기회를 더 많이 가지게 되어 생존가능성이 높아지게 된다.

(5) 시스템이론(Systems Theories of Change)

시스템이론에 의하면 인간의 활동체계는 상위체계와 하위체계로 구성된 보편적 전체(universal hierarchy)의 일부로 간주된다(Checkland, 1981). 이러한 체계의 특징 가운데 하나는 자기의 영속성을 확보하도록 변화함으로써 스스로를 규제하는 것이다. 체계는 환경변화에 민감하며, 투입, 경계, 내부과정 및 산출을 자동적으로 조절할 수 있는 환류체계를 가지고 있다. 일례로 정당은 일상적인 여론조사를 실시해서 자기 당의 정책을 조절해 나가며, 공공조직들은 제공된 서비스에 대한 반응을 예측하기 위해 초점집단(focus group)을 이용하고 있다. 더불어 대학들은 학생들에게 설문조사를 통해 만족도 조사에 참여하도록 권장하고 있다. 이러한 환류장치들은 계획된 변화에 대한 반응을 예측하거나 더 큰 변화에 대한 제안을 제기하기 위해서 활용될 수 있다.

(6) 심리이론(Psychological Theories of Change)

심리학자들은 사람들이 기존 상태에서 더 바람직하다고 생각하는 새로운 상태로 변화하려는 이유를 설명하기 위해서 인지적 불일치(cognitive dissonance)라는 개념을 활용한다. 강 건너편에 있는 풀이 더 푸르게 느껴지면, 사람들은 강을 건너고자 한다. 바로 이런 이유로 이민서비스와 국방의 필요성이 제기된다. 인지적 불일치는 학습욕구, 광고의 성공, 경제적 목적의 이주와 동기에 대한 압박 등을 설명하기 위해서 활용되기도 한다. 변혁적 변화에 있어서 공유된 비전(shared vision)이라는 것은 새로운 상태를 바라는 많은 사람들을 모아서 동일한 '전략적 방향'으로 끌어들이기 위한 시도이다.

(7) 정신분석이론(Psychoanalytic Theories of Change)

Jung(1953)의 집합적 무의식(collective unconsciousness)이라는 개념은 그룹이나 조직에 있어서 어떤 변화들은 불가피한 반면에 여타의 변화들은 저항할 수 있는 이유를 설명하기 위해서 제기된 것이다. Freud & Bowlby(1981)와 같은 학자들은 변화에 대한 성인의 반응은 출생, 유아기, 형제자매, 경쟁, 애정, 별거와 실패 등과 같은 어린 시절의 경험에 의해서 결정되는 것으로 간주하였다. 이들은 많은 성인들에게 있어서 변화의 전망은 그들의 별거에 대한 우려와 실패의 공포를 다시 자극할 수 있다고 결론지었다. 이들은 충격, 부정, 애통, 정화(catharsis), 통찰과 적응의 유형을 예측하였다. Kurt Lewin에게 있어서 이러한 논의는 조직변화에 대한 저항이 불가피하다는 것을 의미하는 것이었다. Lewin(1951)은 변화에 대한 저항은 뒤이어 후술할 마당이론(field theory)을 통해 관리될 수 있다고 주장하였다.

(8) 정치이론(Political Theories of Change)

정치이론에서는 권력을 확보하고 증대시키려는 권력자의 욕망이라는 관점에서 변화를 설명하고자 한다. 권력을 가진 사람들은 자발적으로 권력을 포기하려고 하지 않고, 자기의 권력을 보다 증대시키기 위해서 변화를 만들어내며, 권력은 부패하는 경향이 있어서 절대적 권력은 절대적으로 부패하는 경향이 있는 것으로 간주된다. 변화에 당면해서 무력감을 느끼게 되면, 슬픔(질병, 장기결근, 명목적 시책, 탈퇴, 수동성이나 낮은 사기 등)이나 분노(저항, 비협조, 준법투쟁, 파업, 첩보활동, 탈주, 배신 등)의 감정이 촉발될 수 있다. 그리고 권력자의 권력을 유지하기 위해서 명목적인 협의나 참여가 활용될 수 있다. 부하직원에 대한 권한위임 (empowerment)도 분리통치(divide and rule) 전략의 일부일 수 있다. 업무가 절차화되어 있어서 정서적 몰입이 미흡한 관료조직의 경우에는 권력다툼이 유일한 게임일 수도 있다. 공공조직의 경우에 권력다툼은 중간관리자와 상위관리자 사이에서 일어나는 경우가 종종 있다.

(9) 사회이론(Sociological Theories of Change)

사람들이 모여서 집단, 지역공동체, 도시 혹은 국가를 구성할 때, 일정 수준의 혼란과 불안이 나타나기 때문에 이러한 불안을 관리하기 위한 노력의 일환으로 구조와 규칙 및 법률을 만들게 된다. 일례로 대처 총리가 작은 정부를 구현하기 위해 도입한 민영화는 효율성 제고라는 긍정적 효과에도 불구하고 요금인상, 안전의식의 해이 등과 같은 부작용을 산출하였다. 이에 신노동당을 기치로 집권에 성공한 블레어 정부는 민영화의 부작용을 치유하기 위해 재규제의 논리를 반영하는 규제기관의 신설과 보완입법을 추진하였다(김정렬, 2001). 한편 사회변화의 주요한 유형으로는 Toynbee로 대표되는 순환이론, Comte로 대표되는 진화이론, Marx로 대표되는 갈등이론, Parsons로 대표되는 균형이론(구조기능이론), McClelland로 대표되는 사회심리이론 등을 지적할 수 있다.[5]

(10) 문화이론(Cultural Theories of Change)

조직이라는 것은 사회구성원들이 가진 신념에 따라서 변화가 이루어지거나 저항이 나타나는 축소된 사회(mini societies)로 간주될 수 있다. 하지만 이러한 신념은 명시되지 않을 수도 있다. 한 사회가 가진 신념은 신화나 관습 및 의식을 통해서 상징적으로 전달될 수도 있다. 문화이론에 따르면, 사람들은 관리자의 상징적 행동에 따라서 자기들의 행동을 변화시키게 된다. 관리자의 직위가 높을수록 상징성은 더욱 강화된다. 고위관리자가 전통적인 방식을 깨트리면, 구성원들은 그것을 조직문화가 변화되기를 바란다는 신호로 받아들이게 된다.

---

5) 이상의 자세한 내용에 관해서는 김광웅 외(1987)를 참조하기 바람.

(11) 발전이론(Developmental Theories of Change)

발전론자들에게 있어서 호기심과 자극의 탐색은 본성적인 것이다. 이것은 탐구, 학습, 경계의 확장, 새로운 기록의 작성 등과 같이 변화를 모색하려는 욕구가 어디서 비롯되는지를 설명해 준다. 무엇인가를 발견하고자 하는 본래적 욕구 때문에 과학적 발견은 불가피하게 된다. 역사적으로 과학기술의 진보가 변화의 가장 주도적인 요인이었다. 외부적 변화든 내부적 변화든, 실제의 변화든 상상에 의한 변화든, 개선을 위한 변화든 개악을 위한 변화이든지 간에 발전론자들에게 있어서 변화는 불가피한 것으로 자극과 신기함을 찾는 본능에 의한 불가피한 결과물이다.

(12) 소결론

지금까지 살펴본 바와 같이 변화에 관한 이론들은 변화라는 것이 불가피한 것임을 시사하고 있으나, 변화에 대한 저항이 불가피하다는 것을 시사하지는 않고 있다. 대부분의 조직에서 변화를 환영하는 사람들을 발견할 수 있는데, 이들은 변화의 대리인6)으로 채택될 수 있다. 결국 우리는 변화라는 것이 불가피하든 그렇지 않든 간에 변화의 집행을 잘 준비해야 한다는 것을 교훈으로 도출할 수 있다.

II. 변화에 대한 저항의 원인과 대책

1. 변화에 대한 저항의 패턴과 사례

변화에 대해 조직이 어떻게 대응하는가를 결정하는 데 가장 핵심적인 변수는 외부적 변화에 대한 적응능력과 대응능력이며, 변화에 대한 조직의 대응은 아래 제시된 표의 4가지 패턴으로 유형화가 가능하다. 이러한 패턴에서 조직이 협동적이거나 순리적인 경우에는 변화에 대한 대응을 관리하는 것이 상대적으로 용이하다.

---

6) 관리자가 변화에 대한 저항을 극복하는 데 도움을 줄 수 있는 변화의 지지자를 의미한다.

표 4-2	변화에 대한 대응방식	

외부적 변동성 ＼ 적응성	낮 음	높 음
낮 음	저항적(resistant)	협동적(co-operative)
높 음	운명적(fatalistic)	순리적(proactive)

자료: Doherty & Horne(2002).

또한 변화에 대한 조직의 대응양식은 개인이나 사회 수준에도 적용이 가능하다. 일례로 개혁에 대한 저항을 유발하는 개인의 심리적 요인들은 크게 정서적 범주, 환경적 범주, 지각적 범주, 인지적 범주 등으로 유형화가 가능하다. 이 중에서 특히 정서적 범주에는 공포, 모호성의 불용, 심판관 성향, 신속한 성과의 기대, 소속집단의 상실 및 안전의 상실에 대한 공포 등이 포함된다(이종수, 2005; 80).

그리고 변화에 대한 개인적 저항은 Hussey가 고안한 심리적 계약(psychological contract)의 개념을 통해 설명할 수 있다. 이때 심리적 계약이란 공식적인 고용계약에 기재된 것 이외의 문서화되지 않은 가정들, 즉 구성원들이 개인적으로 기대하는 요구사항이다. 따라서 조직에 도입된 변화로 인해서 이러한 심리적 계약이 깨어질 경우에는 불공정성, 원망, 배신감 등을 느끼게 된다는 것이다.[7] 이때 저항의 강도는 상대적으로 경쟁력이 약한 고령자, 저학력자, 단기 근속기간자 등과 같은 그룹에서 높은 편이다.

한편 Lewin(1951)에 의해 개발된 '마당이론(field theory)'은 조직변화의 과정을 개인의 태도변화 과정과 같은 방식으로 설명하고 있다. 조직의 변화는 변화에 대한 '촉진요인'과 '억제요인'의 크기와 수 및 방향에 의해 결정된다고 보았다. 이때 변화단계는 변화의 추진력과 저항력 사이에 균형이 깨어져서 변화의 동인이 되는 해빙(unfreezing), 추진력이 증가하고 상대적으로 저항력이 감소하여 새로운 정보와 새로운 견해를 바탕으로 한 새로운 태도와 행동이 발전되는 과정인 변화

---

7) 조직구성원들이 변화로 인해 심리적 계약이 파괴된 것으로 인식하는지 여부를 알아보기 위해서는 임금 삭감(less pay?), 기술 저하(less skill?), 위상 저하(less status?), 존경심 하락(less respect?), 휴일 감소(less holiday?), 연금 삭감(less pension?), 훈련 감소(less training?), 안정감 저하(less security?), 직무만족 저하(less satisfactory work?), 주도권 범위 감소(less scope for initiative?), 사회화 기회의 감소(less opportunity to socialize?) 등을 검토할 필요가 있다.

(change), 추진력과 저항력 사이에 새로운 균형이 이루어져 바람직한 변화의 상태가 정착되는 과정인 재동결(refreezing)과 같은 세 가지 국면으로 구성된다.

영미국가를 포함해 대부분의 국가에서 공공조직은 안정적 환경과 잘 구조화된 업무방식을 선호하는 사람들로 충원되어 있다. 이는 관리자들이 공공조직에 변화를 유도하고자 할 때, 상당한 저항이 촉발될 수 있음을 시사한다. 더불어 공공조직들은 유기적 조직이 아니라 기계적 조직(mechanistic organization)으로 운영되기 때문에 변화에 저항하는 경향이 있다.

이를 반영하는 저항의 주요 원인으로는 이기심(self-interest), 불확실성, 이해와 신뢰의 부족, 상이한 지각(different perception), 변화에 대한 아량의 부족 등을 들 수 있다(Vanfleet, 1991; 김종관·변상우, 2003 재인용).[8] 이 밖에 보다 현실적인 저항의 논거로는 권위, 책임성이나 보고체계가 다층적인 데 따른 곤란성, 의사결정을 상급자에게 의존하려는 경향, 다양한 이해관계자의 이해에 따라서 관계가 이루어진 경우, 보상구조와 가치가 상호 갈등적인 경우, 변화관리에 필요한 재정적 지원의 확보가 곤란한 경우 등을 지적할 수 있다.

그리고 변화에 대한 조직의 저항은 단지 일부의 문제가 아니다. 변화의 유도

04

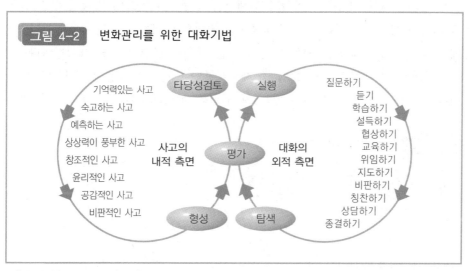

그림 4-2 변화관리를 위한 대화기법

기억력있는 사고
숙고하는 사고
예측하는 사고
상상력이 풍부한 사고   타당성검토   실행
창조적인 사고   사고의   대화의
윤리적인 사고   내적 측면   평가   외적 측면
공감적인 사고
비판적인 사고   형성   탐색

질문하기
듣기
학습하기
설득하기
협상하기
교육하기
위임하기
지도하기
비판하기
칭찬하기
상담하기
종결하기

자료: Doherty & Horne(2002).

─────────────

8) 통상 개인적 저항은 신뢰부족, 변화의 의도에 대한 오해, 변화에 대한 낮은 관용, 편협한 이기주의 등이 결합되어 나타나는 경우가 많다(Kotter & Schlesinger, 1979).

과정에서 발생하는 의사소통의 왜곡이나 오해로 인해 전향적인 태도를 가진 구성원들까지 저항에 동참하는 경우가 자주 발생하고 있기 때문이다. 따라서 변화의 관리자들은 충분한 대화와 협의를 통해 지지세력을 확보하는 전략의 활용이 요구된다. 이러한 노력은 궁극적으로 변화의 성공가능성을 증대시킬 것이기 때문이다.

일반적으로 조직의 저항은 명시적인 방식보다는 묵시적인 방식으로 이루어지는 경우가 많다.9) 이와 관련하여 Morgan은 조직변화에 대한 저항의 양태를 의식적 저항과 무의식적 저항으로 구분한 바 있다. 즉, 의식적 저항은 변화가 조직구성원이 현재 누리고 있는 경제적·사회적 이익에 위협이 될 것으로 예측될 때 일어나는 저항으로서 상황예측이라는 계산적 사고를 포함하고 있는 현상이다. 반면에 무의식적 저항은 조직구성원 개개인에게 형성되어 있는 독특한 내재적 성격이나 타성에 의해서 관능적으로 표현되는 현상을 말한다(육현표, 1998).

2. 변화에 대한 저항의 극복방안

변화에 대한 저항을 극복하기 위해서는 우선 관리자들이 저항의 수준(level)과 저항의 형태를 예측하여 이에 상응하는 저항의 극복방안을 제시해야 한다. 이에 Buchanan & Boddy(1993)는 저항의 수준 예측에 관한 모형을 개발하였다.

위의 표에 제시된 예측 모형 중 제1사분면은 변화의 내용이 상대적으로 용이한 경우를 나타낸다(예: E-mail의 도입이나 사무실의 재배치). 제2사분면은 변화

표 4-3 변화에 대한 저항의 예측

규모 중심성	적음	큼
주변적	낮음 (1)	중간 (2)
중심적	중간 (3)	높음 (4)

자료: Buchanan & Boddy(1993); Doherty & Horne(2002) 재인용.

---

9) 묵시적 저항의 표출양태로는 무관심(apathy), 지각(lateness), 태업(sabotage), 병가(sick leave), 결근(absenteeism), 지연(procrastination), 준법투쟁(working-to-rule), 작업지연(working slowly), 언론이나 미디어에 대한 누설, 험담 등을 지적할 수 있다.

의 내용은 핵심활동의 주변적인 것이지만, 변화의 규모가 크기 때문에 변화에 따른 문제점도 많은 경우이다(예: 새로운 고객관리시스템의 도입). 또한 제3사분면은 규모는 작지만 변화의 내용이 조직의 핵심활동에 영향을 미치는 경우이다(예: 다중적인 업무단위에서 학제간 업무수행방식을 도입하는 경우). 끝으로 제4사분면은 변화의 규모가 크고 핵심활동에 영향을 미침으로써 가장 큰 도전이 예상되는 경우이다(예: 기존사업을 새로운 사업으로 대체하는 경우).

한편 저항에 대한 접근방법의 효과성을 결정하는 핵심은 관리자와 조직구성원들과의 관계의 질(quality)인데, 이러한 대화적 접근방법에는 제시된 표를 통해 알 수 있듯이 다양한 유형들이 존재한다. 이때 대화의 범주에는 정보수집과 검토, 다른 사람들이 어떻게 사고하고 느끼는지 공감하기, 가능한 해결책들에 대해 숙고하는 일 등이 포함된다. 그리고 변화의 실행가능성이 높아질수록 대화는 보다

표 4-4 변화관리를 위한 8가지 접근방법

접근방법	상 황	장 점	단 점
강압적	• 변화가 시급하고 • 변화주도자가 강력할 때	• 신속	• 적대세력 대두시 위험
조작적	• 다른 조치들이 실패할 때	• 신속 및 무경험	• 적대심 표출
설득적	• 변화주도자가 강력하고 • 쉽게 설득될 수 있을 때	• 신속 및 무경험	• 사후에 압력을 느꼈다고 번복할 가능성
협상적	• 강력한 집단이 저항할 때	• 상대적으로 용이	• 고비용의 우려
위임적	• 변화에 대한 지지가 있고 • 변화에 따른 편익을 인지하고 있을 때	• 업무와 책임의 공유 • 권한부여 및 개발 가능	• 시간 소요 • 면밀한 점검 필요 • 교육훈련에 따라 좌우
조장적	• 개인들이 문제를 가지고 있을 때	• 적응문제에 대한 최선책	• 시간소요 → 지체 우려 • 고비용과 실패가능성
참여적	• 정보가 부족하거나 • 반대가 강력할 때	• 몰입도 및 관련정보 획득	• 시간소요 • 합의된 변화로 불충분할 가능성
학습적	• 새로운 정보나 능력이 요구될 때	• 동기, 관여, 신사고, 몰입도	• 시간소요 • 다수의 관여(비용소요)

자료: Doherty & Horne(2002).

설득적이고 위임적이거나 상담지향적이게 된다.[10]

나아가 대화적 접근을 구체화시키는 저항의 극복방안으로는 커뮤니케이션을 통한 변화에 대한 이해, 관련자 참여의 활성화, 교육과 훈련, 절차의 공정성, 비전 제시, 보상을 활용한 공리적 전략, 위협을 활용한 강제적 전략 등을 지적할 수 있다. 그리고 이 밖에도 다양한 저항의 극복방안이 있을 수 있는데, 중요한 것은 변화대상 조직의 상황에 적합한 관리전략을 활용하여야 한다는 것이다.

Ⅲ. 조직문화의 특성과 변화전략[11]

1. 조직문화의 의미와 특성

조직문화(Organizational Culture)의 개념은 신제도주의 인식논리를 원용해 조직을 구성하는 행위자 간의 반복적 상호작용에 의해 형성되는 인식의 틀로 규정할 수 있다. 즉, 문화는 '우리 주변에서 우리가 일하는 방식'이다. 이러한 문화의 주요한 특징으로는 "시간이 지날수록 지속된다. 쉽게 변화하지 않는다. 공유된 기준의 틀이다. 조직의 독창성에 기여한다. 상징적인 측면을 가진다. 사회적으로 학습되고 전달된다" 등을 지적할 수 있다.

한편 특정한 조직이 형성해 온 문화는 윤리적 규범, 기본 가정, 행동의 표준, 믿음과 가치 및 태도, 상징 및 상징적 행동, 의례와 풍습 및 의식, 유머와 은유 및 신화, 조직의 역사와 영웅 등과 같은 기준에 따라 특징지을 수 있다. 이 중에서도 특히 일화, 유머, 의례와 의식 등은 조직문화의 가장 깊은 수준을 반영하는 것으로 간주되고 있다.

이 점에서 역사의 산물인 기존의 조직문화는 행정개혁이라는 새로운 시도를 좌초시키는 핵심적인 저항요인이다. 일례로 Zifcack은 오스트리아와 영국의 행정개혁에 대한 비교연구에서 행정개혁의 실패가 조직(조직원)이 그들에게 존재 의

---

10) 대화적 접근방법에서 주로 활용하는 질문의 유형은 동기 관리하기, 인식 및 탐색하기, 배경을 준비하기, 주변 지지자들 섭외하기, 외부인 관리하기, 내부인 관리하기, 기관장 관리하기, 결과 관리하기, 시작하는 단계, 마무리하는 단계 등으로 구분이 가능하다. 그리고 이러한 10가지 질문의 유형들은 정치적일 뿐만 아니라 개인적이며 동감이 가는 사고를 촉발시키는 역할을 수행한다.

11) 조직문화이론은 Doherty & Horne(2002)의 제3장을 중심으로 작성하였다.

미를 주는 이데올로기, 신화, 은유, 상징 등에 집착하기 때문에 발생한다는 점을 강조하였다.

또한 Johnson(1992)은 조직문화를 설명하는 데 그물망의 은유(metaphor)를 사용하였다. 그가 제시한 문화의 그물망은 신화, 상징, 영웅, 의례와 의식, 통제시스템과 권력구조 등의 결합체이다. 높은 수준의 항상성을 특징으로 하는 거미의 그물망을 파괴하기가 어렵듯이 조직문화의 그물망도 변화시키기 어렵다. 의미있는 변화의 성과를 창출하기 위해서는 그물망의 모든 구성요소가 변화해야만 하기 때문이다. 하지만 문화의 그물망 중에서 상대적으로 변화가 용이한 구성요소는 음영으로 처리한 요소인 권력, 통제, 조직구조 등이다.

이는 다시 말해 일화와 신화, 의례와 의식, 상징과 영웅, 가치와 믿음 등과 같은 깨드리기 어려운 구성요소에 대한 대책을 간과한 상태에서 이루어지는 행정개혁 시도는 실패할 가능성이 크다는 점을 시사한다. 따라서 우리는 깨드리기 어려운 구성요소들에 대한 개념 이해를 토대로 적합한 변화전략을 채택하여야 한다.

첫째, 일화와 신화(Stories and Myths)란 조직의 발전을 주도한 과거의 성공담과 같은 의미로 이해할 수 있다. 일례로 보건서비스와 관련된 일화는 보통 초자연적인 회복이나 기적적인 치료를 강조한다. 반면에 예방약이나 보건향상에 대한 일화는 거의 존재하지 않는다. 그리고 신화는 믿음에 근거한다는 점에서 일화와는 구별된다. 일례로 1980년대와 1990년대에 영국 공공서비스에서 중요한 신화 중 하나는 민간부문의 관리가 최고였다는 생각이다. 여기서 중요한 것은 그것이 사실인지 아닌지가 아니다. 중요한 것은 그 아이디어가 진실로 널리 믿어졌다는 것이다. 신화의 위신과 자격을 획득하면서 이 아이디어는 정권교체가 이루어진 1990년대 중반 이후에도 공공서비스 관리에 대한 사고를 지배하고 있다.

둘째, 의례와 의식(Rites and Rituals)은 조직의 창립처럼 중요한 사건을 기념하는 예식과 같이 보통 집합적인 행사와 관련되어 있다. 이러한 의식은 문화의 가치를 강화시키는 중요한 기능을 한다. 이러한 의례와 의식은 조직에서 다양한 형태로 표출될 수 있다. 일례로 공공조직들은 내년도 예산의 삭감을 예방하기 위해 금년도에 남은 예산을 모두 써버리려고 치열하게 경쟁하는 의식이 있다. 이 밖에 새단장(renewals), 조사(questioning), 통과(passages), 평가(evaluations), 강등(degradations)

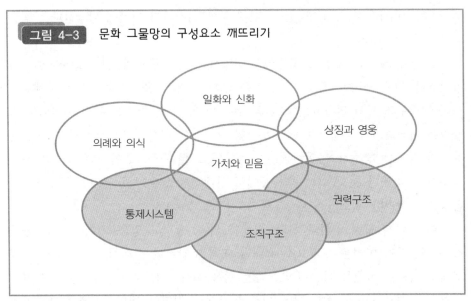

그림 4-3 문화 그물망의 구성요소 깨뜨리기

일화와 신화

의례와 의식

상징과 영웅

가치와 믿음

권력구조

통제시스템

조직구조

자료: Jonnson(1992); Doherty & Horne(2002) 재인용.

등도 조직의 의식을 대표하는 사례들이다.

　셋째, 상징과 영웅(Symbols and Heroes)은 벤치마킹의 대상이 되는 우월성과 밀접한 관련이 있다. 우선 상징은 표면적인 가치뿐만 아니라 어떤 것을 의미하는 언어, 대상, 상황, 행위이다. 그리고 영웅은 타인의 모범이 되는 지도자를 지칭한다. 상징과 영웅은 조직의 자긍심이나 문화적 가치를 제고함에 있어 유리하지만 이를 파괴하기는 매우 어렵다. 왜냐하면 기존의 영웅들은 자신이 향유해 온 권력을 줄이고 자신의 나약함을 폭로할지도 모르는 변화에 저항할 것이기 때문이다.

　넷째, 가치와 믿음(Values and Beliefs)은 신뢰의 주요한 원천이라는 점에서 공통점을 지니고 있다. 하지만 가치가 의식적으로 선택되어 깊이 지속되는 것임에 반하여 믿음은 사람들이 인식하지 못하는 경우가 많다. 따라서 믿음을 명료화시키고 공식적으로 채택함으로써 가치가 될 수 있다. 따라서 기존에 규정한 헌장이나 가치성명서를 재확인하고, 현재의 경험적 상황에 그러한 가치를 재차 관련지어 생각하는 것이 바람직하다. 한편 조직의 믿음은 직원과 고객들이 속한 더 넓은 사회의 믿음을 반영하는 경향이 있다. 믿음은 시간이 지날수록 변화하지만,

천천히 변화한다. 이러한 믿음을 조직의 가치로 표면화하고 채택하는 것은 문화
변화를 실행하는 중요한 부분을 형성한다.

2. 조직문화의 변화전략

조직문화의 변화는 민간조직을 공공조직으로 전환(1910~1960년대의 복지국가)
하거나 반대로 공공조직을 민간조직으로 전환(1970~현재까지의 경쟁국가)할 경우
에 주로 활용된다. 따라서 여기에서는 특정한 전환 목적을 배제한 상태에서 단계
별 전략을 간략하게 소개하고자 한다.

(1) 문화정보를 표면화하기(Surfacing Cultural Information)

문화정보를 표면화한다는 것은 조직문화의 기초가 되는 믿음과 가정들을 나
타낼 수 있는 정보를 수집하는 것을 의미한다. 이는 설문조사, 워크숍, 집중 인터
뷰 등을 통해 이뤄질 수 있다.

그리고 문화를 표면화하는 유용한 질문과 대화의 소재로는 "조직의 외형이
던져주는 메시지는 무엇인가? 주기적으로 열리는 이벤트는 조직에 대해 어떠한
것을 말해주고 있는가? 정기적으로 소멸되는 일화는 조직에 대해 어떠한 것을 말
해주고 있는가? 조직을 상징하는 동물로는 무엇이 적합한가? 어떤 사건 또는 유
머가 되풀이되고 있는가? 조직문화를 설명하는 데 어떤 단어를 사용할 것인가?
공식적 의식이나 비공식적 의식이 있는가? 전통이나 풍습이 있는가? 영웅이나 악
역이 있는가?" 등을 들 수 있다.

(2) 문화정보를 해석하기(Interpreting Cultural Information)

이전 단계에서 표면화된 정보를 효과적으로 해석하기 위해서는 해석과 판단
의 기준이 되는 모형들을 활용하는 것이 유용하다. 따라서 여기에서는 기존에 발
표된 대표적인 조직문화 유형을 간략하게 소개하고자 한다.

먼저 Handy(1992)는 그리스 신화에 나타나는 인물의 특성을 원용해 조직문
화를 제우스의 권력문화, 아폴로의 역할문화, 아테네의 업무문화, 디오니소스의
인물문화 등으로 구분하였다. 첫째, 신들의 리더인 제우스는 중앙집권적 통제를

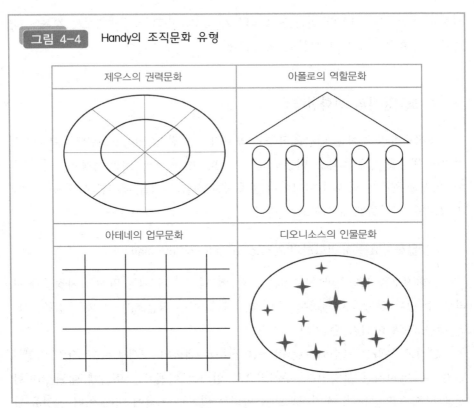

그림 4-4   Handy의 조직문화 유형

| 제우스의 권력문화 | 아폴로의 역할문화 |
| 아테네의 업무문화 | 디오니소스의 인물문화 |

자료: Handy(1992); Doherty & Horne(2002) 재인용.

특징으로 한다. 둘째, 이성의 신 아폴로는 합리적인 규율과 절차를 통한 조직화를 강조한다. 셋째, 지혜의 여신 아테네는 종적 관련성에 부가해 프로젝트 팀과 같은 횡적 관련성을 동시에 추구한다. 넷째, 이기적인 신 디오니소스는 변호사나 의사와 같이 개성과 전문성이 강한 사람들이 형성하는 법무법인이나 종합병원의 특성을 지닌다.

다음으로 Parker와 Lorenzini는 조직문화의 유형을 통합문화, 다양성의 문화, 분열문화 등과 같은 3가지로 제시하고 있다. 첫째, 통합문화에서는 모든 문화적 은유(의례와 의식, 일화와 신화, 상징과 의식, 구조와 통제)는 일관성이 있다. 둘째, 다양성의 문화에서 특정한 문화는 지배적인 가치를 인정받지 못한다. 즉, 일을 처리하는 데 주변에서 새로운 방식을 제안하는 것이 일반적인 형태이다. 셋째, 분열문화는 통합문화와 반대로 다양한 문화가 충돌하는 방식으로 존재한다.

(3) 문화변화를 신호로 알리기(Signalling Cultural Change)

문화변화를 신호로 알린다는 것은 문화변화의 방향을 조직구성원들에게 주지시키기 위해 필요한 활동들을 파악하는 한편 조직이 의도하는 문화의 기초를 이루는 가치를 전달하는 것들을 작동시켜야 함을 의미한다. 일례로 La Monica는 영국 국립보건서비스(NHS: National Health Service)의 조직문화를 역할문화에서 업무문화로 이동시키려는 시도가 실패한 이유로 목적이 명확하지 않았다는 점을 지적하였다.

한편 공공부문 종사자들의 행동양식을 관리하는 인사행정은 모집과 같은 착수식, 규율상의 절차와 같은 강등식, 성과평가와 같은 통과의례, 훈련기능을 통한 학습가치의 향상 등을 요체로 한다는 점에서 문화변화의 유용한 전략이다. 또한 조직의 리더인 고위관리자는 조직의 비전을 수립하는 데 중요한 역할을 할 수 있다. 고위관리자가 시간을 보내는 방식과 그들의 분명한 우선순위는 그들의 직원들에 의해 상징적으로 해석되기 때문이다. 일례로 끊임없이 품질의 중요성을 강조함으로써 중요한 가치가 무엇이며 변화의 방향은 어떠해야 하는가에 대한 신호를 보낼 수 있다.

04

읽기와 토론 4

국내외 변화관리 성공사례

한물갔다고 평가받던 서커스를 음악·연기·미술이 어우러진 종합예술로 승화시킨 변화관리 사례로는 캐나다 서커스단인 '태양의 서커스'를 들 수 있다. 히피이자 거리예술가였던 공동창업자 질 생크루아(Ste-Croix)는 동료 10여명과 함께 1984년 태양의 서커스를 창단했다. '태양의 서커스'는 지금까지 세계 48개국에서 1억600만 관객을 동원했고 매년 10억달러가 넘는 매출을 올리고 있다.

생크루아는 성공비결과 관련하여 "우리는 서커스에 연극, 뮤지컬 등 이질적 장르를 융합했을 뿐만 아니라 환경 문제·세계화·인구 증가 등 다양한 테마를 접목함으로써 관객의 감성을 자극하였습니다. 또한 우리의 쇼에는 완결된 공식(recipe)이 없기 때문에 조명·의상·음향 등 공연 요소를 매번 개선하고, 아무리 성공적인 공연이라도 일정 주기(週期)가 지나면 폐기하고 새로운 공연으로 대체한다"고 했다(조선일보 2015. 5. 22자).

혁신의 주도자로서 리더의 탐구정신도 조직의 발전과 직결된 문제이다. 최근 황제주로 부상한 아모레퍼시픽 서경배 회장은 '책벌레' 스타일로 자발성과 호기심을 경영에 접맥하려고 부단히 노력한다. 생물학자 최재천 교수의 전언에 따르면 그는 지인의 소개로 처음 만난 자리에서 찰스 다윈을 묻더니 재레드 다이아몬드의 '총·균·쇠'와 '문명의 붕괴', 리처드 도킨스의 '이기적 유전자' 등을 열심히 메모했다고 한다.

물론 아모레퍼시픽의 놀라운 약진이 '책벌레 회장님' 때문은 아닐 것이다. 하지만 리더의 자발적 노력이 미약한 상태에서 직원들을 질책하는 방식으로는 문제의 해결을 기대하기 어렵다. 자신은 주말 도심의 택시잡기나 가성비(cost-effectiveness)가 탁월한 호텔을 직접 예약한 경험이 없으면서 우리 직원들은 왜 우버나 에어비앤비처럼 혁신적인 구상을 내놓지 못하느냐고 해서는 실질적 성과를 기대하기 어렵다(조선일보 2015. 5. 22자).

정부의 혁신은 경영마인드는 물론 공공마인드에 의해 촉진되기도 한다. 검소하고 친근한 카리스마로 새로운 대통령상을 보여준 무히카는 2015년 3월 높은 지지율(65%)로 임기를 마쳤다. 그는 우루과이 사회의 불평등을 줄이고 검소한 삶과 나누는 삶을 실천하며 더 나은 세상을 만드는데 기여했다는 평가를 받고 있다.

무히카는 중남미에서 국민 1인당 GDP가 가장 높은 나라로 꼽히는 우루과이의 대통령을 역임하였지만 그의 재산은 낡은 중고차 1대가 전부다. 대통령에 재임시에는 관저를 노숙자들을 위한 쉼터로 내놓고 원래 살던 허름한 시골집에 계속 머물렀다. 그는 철학자 세네카의 말을 인용해 "적게 가진 사람이 아니라 더 많이 갖기를 갈망하는 사람이야말로 가난한 사람"이라고 피력한다(미겔 앙헬 캄포도니코 저, 송병선·김용호 역, 2015).

변혁적이고 헌신적인 리더들은 우리가 오랫동안 당연시해왔던 통념에 대해 도발적인 질문을 던진다. 고객보다 중요한 것은 직원이라고 단언하는 미국의 IT업체 SAS의 짐 굿나잇 회장이 대표적인 사례이다. SAS는 창업 초기부터 시작한 사내 보육시설을 비롯해 각종 운동시설, 병원, 약국, 미용실 등 있는 것보다 없는 것을 찾기가 어려울 정도로 엄청난 복지 혜택을 자랑한다. 거기에 정리해고, 정년, 비정규직이 없는 3無 회사로도 유명하다.

그렇다면 어떻게 이러한 기적이 가능했을까? 그 이유는 직원에 대한 신뢰를 중시한 리더의 경영철학이다. 물론 리더 한 사람의 노력으로 구성원 모두가 행복해질 수는 없지만 리더가 할 수 있는 역할이 크다는 것만은 분명하다. 리더가 혼자만의 생각을 가지고 앞만 보고 달려가면, 리더 '개인'의 욕심이 되기 쉽다는 것도 잊지 말아야 한다(SBS 스페셜 제작팀 저, 2013).

위대한 국가와 위대한 기업을 만드는 리더의 자질과 관련하여 배철현 서울대 교수는 묵상(默想)과 컴패션(compassion)에 주목한다. 우선 고독한 묵상을 습관화해 자신을 객관적으로 바라볼 줄 아는 리더가 성공의 열쇄라는 것이다.

또한 다른 사람의 '고통(passion)'을 자신도 '함께(com)' 느껴 그 고통을 덜어주려고 애쓰는 행동이 필수적이다.[12] 따라서 지도층의 컴패션이 나라의 수준을 결정한다. 인정과 자비가 없는 리더십에서 위대한 나라는 나올 수 없기 때문이다(배명복, "위대한 나라의 조건", 중앙일보 2015. 3. 3자).

---

12) 인간의 내면에는 이기적 본능과 이타적 본능이 공존하고 있다. 자기방어와 공격밖에 모르는 파충류 선조로부터 인간이 물려받은 '이기적 유전자'는 지위와 명예, 권력과 섹스를 탐하는 이기적 본능의 근원이다. 하지만 인간을 포함한 온혈 포유류는 대뇌신피질이라는 제3의 뇌를 발전시켜왔고, 그 때문에 원초적 격정으로부터 한 걸음 떨어져 추론할 수 있는 능력을 갖추게 됐다는 것이다.

행정개혁의 국제비교

CHAPTER 05 신공공관리의 확산과 국가군별 패턴비교: 영연방, 미국, 북유럽

I. 서 론

1990년대 이후 공공부문에 대한 개혁은 영미국가를 초월해 전세계적 현상으로 간주되고 있다. 물론 이 점에서 우리나라도 예외가 아니다. 1980년대 중반 이후 가속화된 발전국가의 위기를 해소하기 위해 역대 정부가 신공공관리(NPM: new public management)의 세계화 추세에 적극 부응하는 방향으로 행정개혁을 추진해 왔기 때문이다.

물론 영미국가가 선도해 온 선진각국의 행정개혁은 복지국가의 위기극복에 초점이 부여되어 있다는 점에서 역사제도적 특성을 달리하는 개별 국가나 국가 군별로 다소간의 차이가 존재하지만 생산성, 시장화, 서비스 지향성, 분권화, 서비스 공급자(서비스 전달기능)와 서비스 구매자(공공서비스에 관한 정책기능)의 구분, 결과에 대한 책임 등의 측면에서 유사성을 지니고 있다(Kettl, 2000; Hughes, 2003; Barzelay, 2001).

따라서 여기에서는 최근 들어 수렴과 발산을 반복하고 있는 신공공관리적 행정개혁의 일반화를 촉진하기 위해 주요 국가군을 대상으로 비교분석을 수행하고자 한다. 먼저 비교대상의 범위는 신공공관리의 세계화 과정에서 벤치마킹 대상으로 등장한 국가군인 영연방(Westminster), 미국, 북유럽(Nordic) 등으로 설정하고자 한다. 이들 국가군은 각기 상이한 행정환경과 정치체제하에서 신공공관리를 채택하였다는 점에서 최근 행정개혁의 진로수정을 모색하고 있는 우리 정부에 유용한 학습정보를 제공할 수 있을 것으로 기대된다.

다음으로 국가군별 패턴차이 규명을 목적으로 하는 비교분석의 초점은 국가 군별 차별성과 유사성을 극대화시키기 위해 행정환경, 행정개혁의 특징, 행정개 혁의 내용, 추진체계, 행정가치, 전략, 프로그램 등과 같이 다소 세분화된 기준을 채택하기로 결정하였다. 이러한 비교기준들은 행정개혁의 투입과 과정에 초점을 부여하고 있다는 점에서 산출과 결과를 객관적으로 비교하기에는 한계가 있다.[1] 하지만 행정개혁의 전반적인 내용과 구체적인 프로그램을 설명하는 과정에서 산 출과 결과에 관한 논의를 병행하는 방식으로 보완하고자 한다.

더불어 신공공관리의 패턴차이를 규명하기 위한 국가군별 비교분석 결과가 우리나라 행정개혁에 부여하는 함의와 교훈을 발견하는 일에도 주목하고자 한다. 특히 신공공관리가 표방한 작은 정부 명제와 관련하여 한국적 적합성을 검토하 는 일은 관련 제도와 전략의 성공적인 토착화와 직결된 문제라는 점에서 의미를 지니고 있다.

II. 이론적 검토와 분석틀

1. 행정개혁의 본질

세계화, 정보화, 지방화 등으로 대표되는 새로운 행정환경의 요구에 부응하 기 위한 각국 정부의 대응노력은 행정개혁의 상시화를 초래하고 있다. 또한 최근 들어 행정개혁의 현실적 필요성을 반영하는 이론적 논의도 양적·질적 측면 모두 에서 강화되는 추세에 있다. 일례로 정부의 바람직한 미래상을 탐구하는 거버넌 스(Governance) 논의가 국내외 학자들의 주요한 연구주제로 자리잡고 있는 현상 은 이를 반영하는 대표적 사례이다(Pierre & Peters, 2000).

행정개혁의 본질에 관한 접근방법은 크게 합리모형적 시각과 점증모형적 시 각으로 구분된다. 먼저 합리모형적 시각이란 행정개혁을 가시적인 경로와 결과가 전제된 일종의 알고리즘, 즉 전략기획의 산물로 인식하는 견해로 신공공관리나

---

1) 선진국 정부혁신의 산출과 결과에 대해서는 제8장에서 구체적인 논의를 진행할 계획이다.

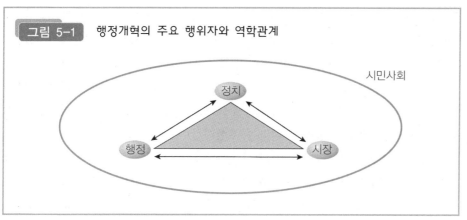

그림 5-1 행정개혁의 주요 행위자와 역학관계

자료: Pollitt & Bouckaert(2004).

네오베버리안(Neo-Weberian) 국가론자들이 주도하고 있다. 다음으로 점증모형적 시각이란 상황이론이나 린드블롬(Lindblom)의 논리를 원용해 행정개혁을 특정한 위기상황이나 압력하에서 이루어지는 '진흙탕 헤쳐나가기(muddling through)'식의 점진적 학습과정으로 인식한다. 따라서 전자는 행정개혁의 과정을 과학이나 기술의 발전과정으로 간주함에 반하여 후자는 개혁을 통해 무엇을 배웠는지에 대해 초점을 부여한다(Pollitt & Bouckaert, 2004).

하지만 행정개혁에 내재된 다수의 현실적 제약요인들을 고려할 때 앞서 제시한 두 가지 접근방법을 절충하는 혼합모형(mixed-scanning model)의 필요성을 제기해 볼 수 있다. 즉, 행정개혁을 전략이나 과학으로 바라보는 낙관적 입장과 학습이나 수사(rethoric)로 치부하는 비관적 입장 사이에서 연구자 자신이 주체적인 균형을 추구하는 것이 바람직하다.

한편 행정개혁이라는 무대를 주도하는 핵심적 행위자는 크게 정치(political system), 행정(public administration and law), 시장(market economy)으로 구분되며, 이들 각각의 영역은 시민사회(civil society or citizen)라는 상위 체제에 의해 규정되는 것으로 가정해 볼 수 있다. 즉, 시민사회는 위에서 언급한 세 개의 체제에 시민들이 참여하고, 각 체제의 정당성에 대한 의견을 구성하는 역할을 수행한다.

물론 앞서 제시된 인식의 틀은 행정개혁을 둘러싸고 전개되는 복잡한 현상을 지나치게 단순화시켰다는 약점을 지니고 있다. 일례로 장관은 비록 정치적으로 임명되는 정무직 공무원이지만 부처의 수장으로서 중립적인 행정체제의 논리에 동화된다. 반면에 고위직 직업공무원들이 고도로 정치적인 역할을 수행하는 경우도 존재한다. 하지만 이러한 인식의 틀은 각기 다른 동기부여(motivations), 인센티브(incentives), 처벌(penalties) 체계를 갖고 있는 세 가지 영역 간의 역학관계 변화를 인식하는 데 유용하다(Dunleavy & Hood, 1994). 일례로 시장은 경쟁의 원리를 중시하지만 행정은 형평의 원리를 우선시한다.

나아가 정치와 행정과의 관계에서 상대적으로 대응성을 중시하는 정치는 시장이나 시민사회의 요구에 부응하기 위해 행정에 대한 통제강도를 높이는 경우가 많다. 대처나 레이건의 사례를 통해 알 수 있듯이 선거철에 고조되는 정치인들의 반관료제 정서는 예산감축, 고객만족 등과 같은 행정개혁의 주요 계기로 작용해 왔다. 그리고 정치의 행정에 대한 거리두기와 비난하기 전략의 강도는 행정개혁의 폭과 범위를 규정하게 된다.

결국 정치지도자나 고위공무원들이 주도하는 행정개혁의 패턴은 제1장에서 설명한 바와 같이 그 강도에 따라 현상유지(Maintain), 현대화(Modernize), 시장화(Marketize), 최소화(Minimize) 등과 같은 네 가지 'Ms'전략으로 유형화가 가능하다(Pollitt & Bouckaert, 2004).[2]

2. 분석틀

본 연구는 앞서 제시한 행정개혁의 본질에 관한 논의를 토대로 1980년대 이후 행정개혁을 선도해 온 주요 국가군의 개혁패턴 차이를 규명하는 일에 초점을 부여하고 있다. 따라서 비교 대상 3개 국가군에 대한 분석은 행정개혁안의 채택은 물론 집행과 성과에 관한 과정 전반을 대상으로 한다. 하지만 다국간 비교분석의 한계를 고려해 행정개혁의 전반과 중반부에 해당하는 채택과 집행에 주력하고자 한다.

또한 다수의 국가들이 포함된 영연방(영국, 뉴질랜드, 호주 등)과 북유럽(스웨덴, 핀란드, 노르웨이)의 경우 국가군을 선도하는 영국과 스웨덴에 초점을 부여하

---

2) 최소화 전략이 경쟁이라는 시장의 논리를 중시하는 반면에 현대화 전략은 형평이라는 행정의 논리를 우선시한다. 한편 시장화 전략은 경쟁과 형평간의 조화를 추구한다는 특징을 지니고 있다.

고자 하며, 뉴질랜드와 핀란드의 사례를 중심으로 보완하고자 한다. 그리고 미국
의 경우 1990년대 중반 행정개혁을 선도한 연방정부에 초점을 부여한 상태에서
현장의 목소리가 필요할 경우 주나 지방정부 사례를 부분적으로 활용하고자
한다.

　　일반적으로 행정개혁안의 채택은 세계경제의 영향이나 사회인구학적 변화와
같은 행정환경의 변화를 정부가 사회경제정책에 수용하는 방식으로 이루어진다.
또한 정부 내부의 행정개혁안 형성절차와 병행하여 새로운 관리사고와 시민사회
의 압력에 민감한 정치체제의 요구를 국정의 최고관리자가 결부시키는 방식으로
개혁안의 내용이 구체화된다. 나아가 이러한 과정에서 발생하는 스캔들, 재난 등
과 같은 우연한 사건들이 행정개혁안 형성의 촉매제로 작용하기도 한다. 나아가
채택된 개혁안은 행정체제의 주도하에 집행과 성과라는 과정을 거치게 된다.

　　이러한 행정개혁의 과정을 입체적으로 분석하기 위해 본서는 행정환경을 비
롯해 행정개혁안의 전반적 특징과 내용, 추진체계 내부의 역학관계, 행정개혁이
추구하는 주요한 가치, 구체적인 실행전략과 프로그램 등을 분석기준으로 설정하
고자 한다. 그리고 7가지 기준들을 중심으로 이루어지는 개별 국가군별 비교분석
을 토대로 현상유지, 현대화, 시장화, 최소화 등과 같은 개혁패턴 유형을 규정하
고자 한다. 나아가 국가군별 패턴비교가 우리나라에 주는 함의와 교훈을 도출하
는 일에도 주목하고자 한다.

05

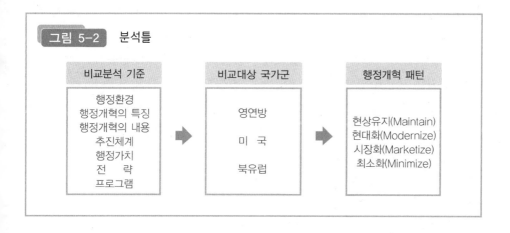

그림 5-2　분석틀

비교분석 기준	비교대상 국가군	행정개혁 패턴
행정환경 행정개혁의 특징 행정개혁의 내용 추진체계 행정가치 전　략 프로그램	영연방 미　국 북유럽	현상유지(Maintain) 현대화(Modernize) 시장화(Marketize) 최소화(Minimize)

Ⅲ. 영연방식 모형(Westminster Model): 급진적 신공공관리 구현사례

1. 행정환경

영국을 비롯해 영연방을 형성하고 있는 뉴질랜드, 호주, 캐나다 등이 포함되는 영연방식 모델의 행정환경은 기본적으로 자유주의적 시장경제체제에 기초를 두고 있다. 이들 국가는 20세기 중반부를 거치면서 산업혁명과 자유무역을 통해 구축한 부를 토대로 복지국가의 대열에 동참하게 된다.

하지만 1970년대 이후 복지국가의 물적 토대로 기능해 온 경제호황이 종말을 고하면서 시련에 직면하게 된다. 이점은 영연방식 모형을 대표하는 영국과 뉴질랜드가 우리나라와 마찬가지로 각기 1970년대 후반과 1980년대 중반에 IMF의 구제금융을 경험하였다는 사실을 통해 잘 나타나고 있다. 한편 급속히 악화된 양국의 경제사정은 급진적 행정개혁의 주요 계기로 작용하게 된다.

2. 행정개혁의 특징

가장 급진적인 신공공관리 모형으로 평가되고 있는 영연방식 행정개혁의 주요한 특징으로는 하향적 접근방법(top-down approach)에 의한 민영화 노력, 명령과 통제에 의한 관료제를 시장에 의한 유인으로 대체, 투입이 아닌 결과와 산출물에 초점(focus on outcomes or results), 범위의 포괄성과 적극적 집행 등을 지적할 수 있다(Kettl, 2000).

뉴질랜드 행정개혁의 경우 정책결정과 정책집행의 분리, 전통적인 정부관료제와 권위를 시장에 의한 경쟁과 유인으로 대체, 목표와 산출의 투명성(transparency) 제고, 목표달성에 필요한 신축성 부여 등을 요체로 한다. 하지만 이러한 뉴질랜드의 정부혁신이 명시적으로 반정부적이거나 정부의 운영을 재설계하려는 것은 아니었다. 오히려 정부기능의 범위를 줄이고, 그러한 기능을 가장 효과적으로 달성할 수 있는 방법을 모색하며, 결과를 통해서 궁극적인 책임을 확보하는 데 초점을 두었다.

영국의 행정개혁은 뉴질랜드와 달리 좌파인 노동당이 아니라 우파인 보수당에 의해 시작되었다. 1982년 대처는 재정관리제안(FMI: Financial Management Initiative)을 추진하였는데, 이 정책은 책임중심점(responsibility centers)에 따른 정부기능의 명확한 분리, 복식부기를 통한 각 센터별 산출물과 관련된 비용의 식별, 결과에 대한 관리자의 책임 등에 초점을 두고 있다. 또한 영국의 시민헌장은 정부사업에 대한 서비스 표준을 설정하고 있으며, 많은 정부부처들이 Next Steps 추진과정에서 독립된 책임운영기관으로 분리되었다.

결국 영국의 행정개혁은 신공공관리의 전면적인 도입과 밀접한 관련성을 지니고 있으며, 이러한 경향은 영국의 공공개혁이 관리주의(managerialism) 성향을 띠도록 하는 데 기여하였다. 신공공관리론은 정부가 독점의 폐단, 높은 거래비용, 정보의 문제 등으로 인해 비효율적으로 운영된다는 경제이론에 토대를 두고 있다. 개혁론자들은 이러한 폐단을 시장경쟁이나 시장원리에 의한 유인으로 대체함으로써 정부규모 감축, 비용 절감, 성과향상 등을 거둘 수 있다고 생각하였다.

3. 행정개혁의 내용

05

먼저 1984년 이래 15년간 계속된 뉴질랜드의 행정개혁은 매우 다양한 개혁과제들로 구성되어 있다. 첫째, 1단계(1984~87) 행정개혁의 주된 내용은 정책결정의 분권화, 상업화, 기업화, 조직개편 조치였다. 둘째, 2단계(1988~90) 행정개혁은 1987년 노동당 정부의 재집권 이후에 이루어진 개혁조치로 성과관리체제의 공고화에 초점을 두고 있다. 셋째, 3단계(1991~현재) 행정개혁은 1단계와 2단계 개혁 이후 노동당 내부의 갈등으로 초래된 개혁의 정체현상이 국민당 정부의 집권으로 새로운 전기를 맞는 시기이다(총무처 직무분석기획단, 1997).

다음으로 1979년 대처의 집권 이후 본격화된 영국의 행정개혁은 뉴질랜드와 마찬가지로 3단계로 구분이 가능하다. 첫째, 1단계(1979~89)는 대처가 주도한 관리혁명으로 '국가경계의 원상복구(roll-back)', '행정규모의 감축', '공공지출의 감축', '관료구조의 효율화' 등과 같은 목표를 달성하는 일에 초점이 부여되었다. 둘째, 2단계(1990~96)는 메이져가 주도한 공공서비스 혁신으로 Next Steps 프로그램의 실질적인 제도화를 위해 행정서비스의 질 제고를 위한 관리혁신과 고객만족에 주력하였다. 셋째, 3단계(1997~현재) 블레어가 추진한 신좌파의 정부혁신으로 관리적 측면의 책임성(투명성) 강화와 정책적 측면의 파트너십의 구현(다층 거버넌스)에 초점을 부여하였다.

4. 추진체계

뉴질랜드와 마찬가지로 대처 시절 영국의 행정개혁은 총리 직속의 내각사무처가 주도하였다. 하지만 정부혁신 초기단계에서 Roger Douglas나 마가렛 대처의 리더십에 의존하던 중앙집권적 추진체계는 이후 새로운 프로그램의 도입과 비례하여 점차 다원화되는 추세를 나타내었다.

특히 영국의 경우 대처에 이어 집권한 메이져가 정부 전반에 산재된 개혁업무의 체계화를 위해 과학업무에 부가해 Next Steps 프로그램, 시민헌장, 사전선택(prior option), 시장성 검증(market-testing) 등과 같은 행정개혁 업무를 총괄하기 위해 공공서비스 및 과학청(OPS: the Office of Public Service and Science)이라는 새로운 부처를 창설한 사실을 통해 잘 나타나고 있다. 그리고 Next Steps 업무와 책임은 OPS 내의 Next Steps and Management Development Group에 맡겨졌다.

5. 행정가치

1980년대 중반 뉴질랜드의 급진적 행정개혁을 지탱한 행정가치는 효율편향적인 시장의 경쟁원리를 지적할 수 있다. 이 점은 더글라스 재무장관을 비롯해 당시 혁신주체들이 하이에크주의자(Hayekians)로 묘사되고 있다는 사실을 통해 잘 나타나고 있다. 또한 정치경제 전반을 포괄하는 영국과의 긴밀한 유대관계를 고려할 때 당시 영국을 풍미한 대처리즘의 영향력을 부인하기 어렵다는 점이 보완적 논거로 제시될 수 있다.

신정부의 재무장관인 더글라스는 행정개혁을 위해 신제도주의 경제이론에 근거하여 경쟁과 유인체제의 도입 등과 같은 시장지향적 접근방법을 채택하였다 (Kettl, 2000). 부연하면, 먼저 거래비용을 들 수 있다. 즉, 정책에 관한 높은 정보비용 때문에 특정한 이익집단의 영향력이 강화되어 정책결정자들은 이들이 제공하는 정보 때문에 이들의 이해관계에 포획될 수밖에 없다는 것이다. 따라서 이러한 연관성을 단절할 수 있는 방법이 요구되었다. 다음으로 대리문제를 들 수 있다. 즉, 대리의 부작용을 해소하기 위하여 계약을 통해 정책결정자들이 가진 권한을 하위계층에게 위임하였다. 그러나 업무에 대한 명확한 정의, 결과에 대한 감시, 계약의 준수 등은 매우 어려운 작업이었기 때문에 새로 추가된 감시업무에 비용이 소요되었다.[3]

나아가 개혁론자들은 민간기업에서도 아이디어를 차용하였다. 기업가들은 하위직들이 정책목표를 최대한 달성하는 데 필요한 신축성을 가져야만 정책을 효과적으로 관리할 수 있다고 강조하였다. 이에 따라 더글라스를 비롯한 개혁론자들은 관리자들이 주어진 예산의 제약 속에서 지출권, 고용권, 구매권 등을 부여하고, 그에 따른 결과에 대해서 책임을 지도록 요구하였다. 요컨대, 뉴질랜드는 공무원들에게 더 많은 신축성을 부여하고, 결과에 대해서 엄격하게 책임을 지도록 하는 성과관리를 채택한 것이다.

한편 영국의 경우 1997년 블레어의 신노동당이 집권하면서 대처리즘을 극복하기 위해 공동체주의(communitarianism)와 사회정의(social justice)를 대안적 행정가치로 제시하였다. 결국 제3의 길로 통칭되는 신노동당 이념에서 공동체주의와 사회정의의 결합은 대처리즘을 초월하는 새로운 정치의 기초를 제공해 준다(Driver & Martell, 1998). 이러한 행정가치는 신우파의 정부혁신이 노정한 문제점, 즉 책임성에 대한 혼란, 범국가적으로 통합적인 행정의 상실, 민영화의 위협, 공공서비스 윤리의 상실 등의 치유와 직결된 문제이다(Colin, 1999).

그러나 블레어의 행정개혁이 당초의 기대에 충분히 부응한 것으로 평가하기는 어렵다. 왜냐하면 신우파의 행정개혁을 되돌리기에 너무나 많이 변했을 뿐만 아니라 신노동당(New Labour)이 그동안의 행정개혁에 동감하고 있기 때문이다. 즉, 책임성 확보 등을 둘러싼 논란에도 불구하고 책임운영기관들이 대체로 성공적으로 운영되고 있다. 또한 블레어 정부가 강제경쟁입찰제의 문제점을 치유하기 위해 도입한 최고의 가치(Best Value)로 당초의 기대를 충분히 구현한 것으로 평가하기는 어렵다.

---

3) Peters는 영국이 국가의료서비스(NHS)를 개혁하기 위해 시장주의 원칙을 적용하였지만 결과적으로 의료비용이 줄지 않았고, 단지 의사에게 갈 돈이 회계사에게 갔을 뿐이라는 지적을 통해 감시비용의 과중함을 언급한 바 있다(남궁근 외, 2006: 132).

6. 전 략

영연방식의 행정개혁 추진전략은 기본적으로 정부 고위층의 혁신 엘리트가 주도하는 하향식 접근방법을 특징으로 한다. 따라서 정부혁신 추진전략의 이면에는 전략기획(strategic planning)의 사고가 깊이 내재되어 있으며, 이 점은 각국이 채택한 단계별 추진전략을 통해 잘 나타나고 있다.

Pallot(1999)에 따르면 뉴질랜드 행정개혁의 추진전략은 네 단계로 구분해 볼 수 있다. 첫째, 1978~85년에 이루어진 관리주의 단계(managerial phase)로 정부부문에 복식회계 등과 같은 민간기법을 도입하는 일에 주력하였다. 둘째, 1986~91년에 추진된 시장화 단계(marketization phase)로 계약, 시장경쟁 등과 같은 시장적 접근방법을 적용하는 일에 초점을 부여하였다. 셋째, 1992~96년에 추진된 조정과 협력의 강화단계로 시장화로 인해 야기된 분절을 감소시키기 위해 정책에 대한 포괄적인 관점을 도입하였다. 넷째, 1997년 이후에 추진된 적응적 능력 단계(adaptive capacity phase)로 새로운 전략을 관리할 수 있는 능력개발(특히, 인적자원)에 초점을 두고 있다.

7. 프로그램

대처의 행정개혁은 세 가지 프로그램을 통해 이루어졌다. 첫째, 경제성, 효율성 및 효과성의 관점(3Es: Economy, Efficiency, Effectiveness)에서 비용에 대한 가치(value for money)를 탐색하는데, 이것은 효율성 감사의 일종인 일련의 부처점검(departmental scrutiny) 프로그램을 통해서 이루어졌다. 둘째, 1982년에 부처점검 프로그램이 재정관리제안(FMI)으로 대체되었는데, 이것은 중앙정부 전체적으로 자원의 배분, 관리 및 통제를 개선하려는 것이다. 셋째, Rayner의 후임자인 Robin Ibbs는 대처 총리의 집권 3기에 맞추어 Next Steps 프로그램을 도입하였는데, 이것은 정책결정 기능과 서비스 전달자로서의 집행역할을 분리하기 위한 것이다(Colin, 1999).

또한 메이져 정부의 주요한 프로그램으로는 시민헌장, 품질경쟁(Competing for Quality)이라는 백서를 통해 제시한 시장성 검증제도, 행정의 자율성을 중시하는 신행정(new civil service) 레짐의 정립, 연차성과점검, 고위공무원단(SCS) 등을 들 수 있다.

한편 블레어의 프로그램으로는 강제경쟁입찰제를 보완하기 위해 도입한 최고의 가치(Best Value), 정보접근에 관한 실천강령 제정, 공직윤리 강화를 위한 행정장관규약, 정부부처간 협력강화(the core executive), 시민헌장을 보완한 서비스 제일주의(Service First), 민영화의 부작용을 치유하기 위한 재규제(reregulation) 강화, 분권화 촉진을 위한 자치권의 폭과 범위 확대, 노사정 협력강화를 위한 자본과의 관계개선, 양극화에 따른 계층간 분리현상의 치유 등을 지적할 수 있다 (Driver & Martell, 1998).

더불어 뉴질랜드 행정개혁의 주요 프로그램으로는 1986년 공기업법에 기초한 정부규모의 감축을 비롯해 1988년 공무원법, 1989년 공공재정법, 1994년 재정책임법 등을 활용한 민간경영기법 도입, 1989년 이후 분권화 기조하에서 이루어진 지방행정기관의 개편과 통합 등을 지적할 수 있다(남궁근 외, 2006: 150).

05

IV. 미국식 모형(American-style Model): 점진적 신공공관리 구현사례

1. 행정환경

미국의 행정환경은 영국식의 행정전통을 계승하였다는 점에서 기본적으로 상당 수준의 반관료제 정서가 내재되어 있다. 이 점은 현대 행정학이 본격화된 20세기 이후에도 지속적으로 민간부분에 대한 벤치마킹을 추구해 왔다는 사실을 통해 잘 나타나고 있다. 물론 미국에서도 뉴딜기를 전후해 신행정학의 후원하에서 제한된 형태의 복지국가 구현노력이 표출되었지만 석유위기와 더불어 최소정부의 논리로 회귀하게 된다.

석유위기로 인한 경기침체는 확장과 성취로 대표되는 미국식 발전행정의 시대가 종말을 고하고 긴축과 재편으로 대표되는 작은 정부가 부활하였음을 시사한다. 따라서 1970년대 이후 정부는 다시 비대하고, 오만하며, 통제할 수 없는 조직으로 묘사되기 시작하였다. 이에 따라 연방정부를 개혁하여 보다 효율적이고, 덜 정치적이며, 대중의 의사에 보다 부응하는 방향으로 개혁해야 한다는 주장들이 제기되었다.

2. 행정개혁의 특징

미국사회 전반에 폭넓게 자리하고 있는 반관료제 정서를 앞세운 1980년대 이후의 행정개혁은 이전과 마찬가지로 합리적 접근보다는 정치적 접근의 산물로 평가된다. 부연하면, 먼저 레이건의 행정개혁은 규제철폐 등에서 일정한 성과를 산출하였지만 관리업무 전반으로 혁신의 범위를 확대하지 못하는 한계를 노정하였다. 다음으로 레이건에 뒤이어 집권한 부시 정부는 레이건 정부시절에 비해 행정개혁에 소극적이었다. 또한 당시의 행정개혁은 공직사회 전반의 사기저하를 유발함으로써 행정서비스의 질에 대한 우려를 유발시켰다.

이 점에서 1990년대 중반 클린턴의 행정개혁은 영미식과 구별되는 초강대국 미국의 역사제도적 특성에 부합하는 대안적 모델을 제시하였다는 점에서 시사적이다. 클린턴의 재임 당시 미국은 복지국가의 위기나 심각한 경기침체와의 관련성이 희박한 상태에서 국정운영의 선진화라는 명제에 부합하기 위해 상대적으로 급진적인 구조나 과정보다는 행태나 문화 변수에 초점을 부여하는 방식으로 점진적인 혁신전략을 채택하였던 것이다(김판석, 1994).

3. 행정개혁의 내용

미국의 전통적인 행정개혁은 정책, 예산, 인사 등에 대한 대통령의 관리능력을 향상시키기 위한 것이었으나, 대부분이 기대만큼의 성공을 거두지 못한 것으로 평가된다. 정부수립 이래 계속된 개혁에도 불구하고 미국의 행정은 아직까지 비능률, 낭비, 관료주의, 형식주의, 과다한 규제, 할거주의 등 전통적인 관료제의 병리현상을 청산하지 못하고 있다는 비판에 거의 그대로 노출되어 있기 때문이다.

이에 따라 클린턴과 고어가 주도한 1990년대 중반 이후의 행정개혁은 고객중심, 감축관리, 규제완화, 레드테이프 제거 등을 통한 탈관료화를 주된 개혁방향으로 삼고 있다. 신공공관리에 기초한 당시 행정개혁의 주요 내용은 크게 3단계로 구분이 가능하다. 1993년 집권 초기에 해당하는 제1단계는 "Work better, Cost

Less"를 표방하면서 25만 명에 달하는 연방인력 감축안(국방 분야와 하위직 중심) 작성, 구매개혁을 통한 비용절감, 고객만족 강화, 정부부처 간의 정책협조 등의 측면에서 소기의 성과를 달성한 것으로 평가된다.

하지만 1994년의 중간선거 이후시기에 해당하는 제2단계에서는 의회의 다수를 점한 공화당의 공세에 대응하는 방어차원의 혁신을 추진하였다. 당시 공화당은 정부감축에 적극적인 자세를 견지하였지만 정부의 견제 때문에 실질적인 성과는 미미하였다. 물론 의회는 정부예산을 실질적으로 삭감하였으며, 몇몇 정부부처가 예산부족으로 폐쇄되는 등 일정한 성과를 이룩하기도 하였다(Kettl, 2000).

한편 재집권에 성공한 1998년 이후 제3단계에서 고어는 정부재창조를 새로 만들어간다는 의미에서 국가성과점검(NPR: National Performance Review)에 「America@Its Best」라는 인터넷 시대에 부응하는 새로운 슬로건을 제시하였다. 그는 또한 고객서비스와 '안전하고 건강한 미국(safe and healthy America)', '안전한 지역공동체(safe community)', '강력한 경제(strong economy)'와 같은 포괄적인 정책목표를 지속적으로 추진해 나갈 것임을 천명하였다. 그리고 행정개혁 노력을 32개의 중요영향기관(high-impact agencies)에 집중하였다.

하지만 다소 적극적이고 미래지향적인 제3단계의 행정개혁은 자유방임적인 미국의 행정전통과 관련하여 딜레마를 초래하였다. 즉, 정부의 외부인들에게는 정부가 직접적인 생산자의 역할을 하지 않는다고 약속하는 동시에 내부적으로는 정부의 성과를 향상시키는 데 초점을 기울여야 했기 때문이다. 즉, 미국의 연방정부는 실질적으로 다수의 대리인들이 수행하고 있는 공공서비스 산출 향상을 약속하는 과정에서 연방공무원들이 자기가 해결할 수 없는 문제에 매달리도록 하는 결과를 초래하였다.

이 점에서 우리는 연방정부가 주도하는 방식으로 미국의 행정개혁이 성공하기 어렵다는 사실에 주목할 필요가 있다. 일례로 정치(특히, 의회와 집행부 간의 논쟁)와 일선관리(결과향상을 위한 관리자들의 실험적 노력)상의 격차가 제1단계와 제2단계 행정개혁의 문제점이었다면 제3단계는 포괄적인 약속에 따른 정치적 논쟁의 가열이 쟁점으로 지적될 수 있다. 따라서 우리는 행정개혁이 관리 그 자체에 관한 것일 뿐만 아니라 정치와 거버넌스에 관한 것이라는 교훈에 유의해야 한다.

05

4. 추진체계

전통적으로 미국의 행정개혁은 예산에 초점이 부여된 대통령실 산하 관리예
산실(OMB)이 주도하는 패턴이었다. 하지만 클린턴 정부하에서 NPR을 중심으로
이루어진 미국의 행정개혁 추진체계는 단순히 예산과 직결된 정부축소를 초월해
창의적이고(smarter), 비용이 적게 들며(cheaper) 효과적인 정부를 만드는 일에 초
점을 부여하였다. 미국의 행정개혁은 정부의 모든 분야를 포괄하였고, 그로 인한
정치적 갈등 때문에 정치적 성향이 많이 가미되었다. 그 결과 미국의 행정개혁은
정부조직의 기본적인 구조나 과정 등을 개선하기보다는 관료들의 행태를 바꾸는
데 초점을 두었다.

이를 위해 당시 혁신의 주도세력들은 1993년 3월 혁신전도사로 수백 명의
연방공무원을 채용하여 이들을 팀으로 조직한 다음, 연방정부의 각 기관으로 파
견하였다. 그리고 1993년 9월에 고어는 이들의 제안서를 하나의 보고서로 작성하
였다. 이 보고서에서 고어는 384개의 혁신대안을 권고하였으며, 이를 통해서 5년
이내에 1,080억 달러의 예산을 감축하고, 연방정부의 인력을 12% 감축할 것이라
고 약속하였다(Kettl, 2000).

이러한 방식으로 고어가 주도한 미국의 정부재창조 운동에 대해서는 상이한
반응이 공존하고 있다. 행정개혁을 주도한 행정부는 정부재창조를 더 적은 비용
으로 효과적인 정부를 만드는 것으로 환영하였으나, 비판론자들은 정부재창조 운
동이 무의미할 뿐 아니라, 민주주의에 위협이 될 것으로 평가하였다(Goodsell,
1993; Moe, 1994).

5. 행정가치

영연방 국가들과 더불어 경쟁국가의 범주에 포함되는 미국의 행정가치는 집
권정당의 성격에 따라 다소의 양면성을 지니고 있다. 1980년대 이후 보수적인 공
화당이 작은 정부라는 전통적 명제를 충실히 준수한 반면에 상대적으로 혁신적인
신진보주의(new progressivism)를 표방한 클린턴의 젊은 민주당원들(new Democrats)
은 인위적인 정부감축이나 자본편향적인 규제철폐보다는 행태나 문화에 초점이

부여된 중립적 관점을 견지하였다.

이러한 행정가치상의 차이점은 미국을 대표하는 공화와 민주 양대 정당의 싱크탱크에서 발표된 보고서들을 통해 잘 나타나고 있다. 일례로 1973년 보수주의 확산을 천명하면서 출범한 헤리티지 재단이 공화당 출신 대통령 당선자들에게 시장친화적인 집권 청사진을 보내고 있는 반면에 이에 대한 반작용으로 중도·진보성향의 부르킹스 연구소는 민주당 정부의 충실한 후원자를 자임하면서 제한적 정부개입의 필요성을 역설해 왔다.

6. 전 략

미국식의 행정개혁 추진전략은 하향식 일변도의 영국식과는 달리 하향식과 상향식이 혼재된 모습을 보이고 있다. 이는 미국의 내치가 중앙집권국가인 영국이나 뉴질랜드와 달리 대부분의 공공서비스를 연방정부가 아니라 주나 지방정부가 행사하는 연방제를 채택하고 있다는 사실과 밀접한 관련성을 지니고 있다.

국가성립 이래 지속된 미국의 전통적인 정부 간 관계는 연방정부와 주정부 간의 독자성과 배타성을 주요 특징으로 한다. 물론 남북전쟁과 뉴딜기를 거치면서 연방정부의 강화 추세가 표출되기도 했지만 행정개혁이 본격화된 1970년대 이후 '연방정부의 보조금은 줄이는 대신에 주나 지방정부의 권한을 늘리는' 신연방주의를 채택하였다. 이는 다시 말해 공공서비스 혁신과 관련하여 연방정부는 충실한 조언자의 역할로 제한될 수밖에 없음을 의미한다.

이에 클린턴은 직접적 권력행사가 아니라 간접적 정책권유의 성격이 강한 정부혁신 업무를 부통령인 고어에게 전폭적으로 위임하였으며, 이후 고어는 자문위원회의 성격이 강한 NPR을 중심으로 행정개혁을 총괄하였다. 따라서 미국 행정개혁 추진체제상 상층부에 위치하는 NPR이 명령지시적 방식의 급진적 혁신을 추진하기를 기대하기는 무리였다.[4]

---

4) 클린턴 행정부가 추구한 행정개혁의 특징은 다음과 같다(Gore, 1993; 박희봉·김상묵, 1998 재인용). 첫째, 논란이 있을 수 있는 정치적 문제는 가급적 최소화하고 행정개혁을 중점적으로 다루고 있다. 둘째, 정부의 임무를 진단한 후 거시적인 차원에서 행정개혁을 추진하기보다는, 개혁이 가능한 미시적인 부분부터 우선적으로 수행한다, 셋째, 점진적인 개혁을 유도하고, 단위 부서의 자율권을 부여하며, 각종 TQM 수상제도를 도입하는 등 인센티브제의 확대를 통해 관료의 자발적인 참여를 유도한다. 넷째, 개혁에 동참하는 부서는 권한을 부여함으로써 행정조직 전

7. 프로그램

클린턴 정부의 주요한 행정개혁 프로그램은 영연방식에 비해 상대적으로 뒤늦게 시작되었지만 상대적으로 포괄적이라는 특징을 가지고 있다. 이러한 행정개혁 프로그램의 결과와 영향을 간략하게 소개하면 다음과 같다(Kettl, 2000).

우선 기업식 정부를 반영하는 주요한 결과는 다음과 같다. 첫째, 정부성과 및 결과법(GPRA: Government Performance and Results Act)의 제정이다. GPRA는 1993년에 통과되었는데, 이전 정부의 주된 개혁수단이었던 계획예산제도(PPBS), 목표관리제(MBO), 영기준예산(ZBB) 및 총체적 품질관리(TQM) 등을 결집한 입법조치라는 점에서 의미를 지닌다.

둘째, 정보기술의 적극적인 활용이다. 고어 부통령은 인터넷과 정보기술을 활용한 행정개혁에 많은 관심을 가지고 있었으며, 행정개혁을 주도한 NPR 관계자들은 정보기술을 미래 정부의 중심적인 신경망으로 파악하고 있었다. 이는 다소 이상적이고 혁신적이라는 비판에도 불구하고 관료제의 병리를 치유하는 일에 크게 기여한 것으로 평가된다.

셋째, 과감한 권한이양을 통한 분권화의 구현이다. 주나 지방정부로의 권한이양은 정부 간 파트너십을 조장하는 계기로 작용하고 있을 뿐만 아니라 민간이나 비영리 부문 간의 협력강화를 통한 거버넌스의 확산에 기여한 것으로 평가된다(Kettl, 2000).

한편 행정개혁의 영향은 크게 효과성(Work Better?)과 효율성(Cost Less?)의 측면으로 구분이 가능하다(Kettl, 2000). 부연하면, 먼저 효과성의 측면에서 NPR 관계자들은 570개의 정부기관이나 사업에서 4,000개의 고객서비스 기준이 설정되었으며, 325개의 정부재창조 실험실(reinvention laboratories)에서 공공서비스 공급에 관한 혁신적인 접근방법들을 개발했다고 주장하였다. 그러나 대부분의 기관들에서 NPR의 영향은 크지 않은 것으로 보인다. NPR이 실행된 지 3년차인 1996년에

반에 개혁의 필요성을 확산한다. 다섯째, 정부내 자체적으로 개혁을 유도하는 과정에서 발생할 수 있는 관료들의 권한 강화에 따라 있을 수 있는 부작용을 해소할 새로운 방법을 마련한다. 여섯째, 권한과 자원의 재배분을 최소화하여 행정개혁시 예상되는 저항을 최소화한다. 일곱째, 행정개혁의 주도 및 조정자 역할을 대통령실(Executive Office of the President) 산하 관리예산실(OMB)에 맡김으로써 대통령의 리더십을 확보한다.

실시된 설문조사에서 연방공무원 가운데 20%만이 NPR이 정부부문에 긍정적인 변화를 가져왔다고 응답하였기 때문이다.

다음으로 효율성의 측면에서 클린턴 정부는 자기들의 제안이 모두 채택될 경우, 1999년에만 1,777억 달러의 연방예산을 절감할 수 있었지만, 일부 제안만이 채택되었기 때문에 실질적인 예산절감액은 모두 1,120억 달러에 그쳤다고 주장하였다. 그러나 이러한 수치는 검증불가능한 추정치에 불과하다. 또한 연방공무원이 30만 명 정도(1997년 기준 전체의 15.5%) 감축되어 연방공무원 총수가 케네디 정부 이후 가장 적은 2백만 명 이하로 줄어드는 가시적 성과를 산출하였지만 대부분 군인이나 하위직에 불과하고, 계층축소(delayering)나 통솔범위(span of control) 확대와 직결된 중간관리자나 상위관리자를 인력감축 대상으로 고려한 증거는 발견하기 어렵다. 특히 하위직이 감소한 데 비해서 중간관리자의 수가 변화되지 않거나 오히려 상승하는 현상은 장기적으로 직급상승이 이루어지는 하나의 원인이라는 비판에 주목할 필요가 있다. 나아가 민간위탁의 활성화로 인해 최고관리자와 일선담당자 간의 거리를 단축하는 것이 더 어려워진 점도 NPR이 간과한 주요 쟁점으로 지적될 수 있다.

V. 북유럽식 모형(Nordic-style Model): 세계화에 따른 위기극복 사례

1. 행정환경

유럽 북단의 스칸디나비아 반도에 위치한 스웨덴, 노르웨이, 덴마크와 더불어 인접한 핀란드를 포함하는 북유럽 4국은 척박한 기후와 지형에도 불구하고 20세기 이후 세계를 대표하는 복지선진국으로 자리해 왔다. 이러한 결과의 이면에는 상대적으로 적은 인구와 단일민족국가라는 동질성이 크게 작용한 것으로 평가되고 있다. 더불어 구소련의 붕괴 이전에는 동서 양진영의 경제협력 창구역할을 수행한 점이 경제성장의 호의적 여건으로 작용하였다.

한편 북유럽 각국의 행정체제에서 발견되는 주요한 특징으로는 크고 강한 정부의 기조하에서 지방분권과 이익집단의 정책참여를 제도적으로 보장한다는 점이다. 그리고 이러한 행정전통이 신공공관리와 속도조절과 밀접한 관련성을 지니는 것으로 분석되고 있다.

나아가 20세기 이후 안정적 경제성장을 토대로 복지국가의 대열에 동참한 북유럽 국가들은 석유위기 등 국제환경의 변화를 비교적 안정적으로 흡수해 왔다. 하지만 구소련이 붕괴하고 세계화가 심화된 1990년대 초를 전후해 심각한 경제위기에 직면하게 된다. 이에 스웨덴과 핀란드를 비롯한 북유럽 국가들은 영미식의 신공공관리를 복지국가의 위기를 극복하는 새로운 대안으로 채택하게 된다.

2. 행정개혁의 특징

북유럽 국가들은 대체로 내각책임제에 기초한 입헌군주제를 유지하면서도 지방정부의 자치권을 확고하게 보장하는 특징을 지니고 있다.[5] 또한 정치체제는 복지국가 모형을 구축한 사회민주당 계열에 의해 주도되어 왔다. 물론 경제위기가 표출되기 시작한 1980년대 이후 우파 연립정권이 종종 목격되고 있지만 일시적인 조정기 이상의 의미를 부여하기는 어렵다.

복지국가의 위기해소 차원에서 북유럽 각국이 신공공관리를 본격적으로 도입하기 시작한 시기는 1990년대 이후이다. 북유럽은 영어로 의사소통이 가능할 정도로 영미국가와 교류가 활발한 편이지만 아직 신공공관리가 추구하는 시장화 개념을 전면적으로 수용하기를 주저하고 있는 실정이다. 다만 상대적으로 온건한 TQM, 성과평가 등과 같은 신공공관리 기법들은 1990년대 이후 북유럽 국가에서 급속히 확산되어 왔다.

한편 북유럽의 복지서비스에 내재된 비효율성을 제거하기 위한 주요 대안은 다음과 같다(Pollitt & Bouckaert, 2004). 첫째, 분권주의자들의 주장으로 하급기관에 대한 중앙정부의 규제와 통제를 대폭 완화해야 한다는 것이다. 중앙정부는 각급 기관에 운영관리와 자원할당에 대한 결정을 스스로 결정할 수 있는 재량권을 부여해야 한다는 것이다. 둘째, 경제주의자들의 주장으로 이들은 정부의 예산적자와 복지예산에 대해 집중적인 관심을 보이며, 정부의 정책과정에 있어서 '분배연합(distributional coalition)'의 형성을 약화시키기 위해 노력한다. 셋째, 전통주의자의 논거로 1960년대부터 1970년까지 '황금시대(golden age)'의 정부의 형태와 본질을

---

5) 공화제 원칙에 근거해 이원집정제를 채택하고 있는 핀란드가 예외적 사례이다.

그대로 유지하고자 하는 부류이다. 그러나 이들은 주장은 1980년대 경제주의자와 1990년대 분권주의자들이 등장하면서 점차 그 입지가 축소되고 있다.

3. 행정개혁의 내용

1990년대 이후 복지국가에 대한 위기의식을 반영하는 혁신대안의 주요한 골자를 주요 국가를 중심으로 살펴보면 다음과 같다. 먼저 스웨덴 행정개혁의 기원은 1976년으로 거슬러 올라간다. 전후 40년간 장기집권하면서 복지국가 건설을 주도한 사민당이 정권획득에 실패하면서 그 원인에 대한 규명작업의 일환으로 행정개혁이 시작되었다(Pierre, 2006). 선거패인에 대한 분석을 통해 장기집권에 따른 관료제적 타성(bureaucratic inertia)에 주목한 사민당은 이후 1982년에 정권을 다시 획득하면서 이러한 이미지를 탈피하기 위하여 고객(시민)의 수요에 적극적으로 대응하는 국가시스템을 구축하고자 노력하였다.

민주행정의 제도화를 향한 노력은 1982년에 재집권한 사민당이 1985년 의회에 제출한 공공부문 갱생(renewal) 프로그램에 잘 나타나고 있다. 그러나 이 프로그램은 단지 기존의 전통적인 스웨덴 행정과의 단절을 의미하는 것은 아니라 보완하는 일에 초점이 부여되어 있다. 또한 스웨덴 정부는 분배적 불공평을 우려해 적어도 1980년대 중반까지만 해도 민영화에 대해서는 그리 호의적이지 않았다.

하지만 스웨덴은 경제위기가 심화되자 효율성과 절약을 표방하는 행정개혁의 제2기에 접어들게 된다. 1990년에 실시된 행정프로그램(Administration Programme)은 공공영역의 규모를 10%까지 축소하는 것을 목표로 하였다. 이 계획은 정부기관의 폐지와 통합, 권한이양의 증대, 생산성 향상을 위한 조치 등 여러 수단을 수반하였다(Pollitt & Bouckaert, 2004).

이처럼 효율성에 초점이 부여된 정책방향은 1991년 보수당 Bild 정부가 들어서면서 더욱 박차를 가하게 되었다. 이 시기에 민영화의 실행 여부를 둘러싸고 비교적 활발한 논의가 이루어졌지만 실제로 당초의 의도와는 다른 절충안을 선택해야만 했다. 그러나 사민당이 다시 정권을 획득한 1994년 이후 핀란드와 유사한 제한적 방식으로 민영화의 불가피성을 수용하게 된다. 그 결과 1990년과 1996년 사이에 13개 정부기관이 공기업으로 전환되었다.

05

또한 1988년부터 1993년까지 성과지향 예산제도, 지방정부의 자율예산, 발생주의 회계를 포함한 강력한 재정관리 혁신이 시행되었다. 더불어 이러한 성과지향적 관리방식은 1988년부터 모든 국가기관에서 공식적으로 채택되었다. 1993년 이후 스웨덴의 모든 정부기관들은 성과자료, 손익계산서, 대차대조표, 재정분석 등이 수록된 연간보고서를 발간해야 했다.

한편 행정개혁의 일환으로 추진된 분권화 조치는 결국 절약(savings)을 위한 수단과도 밀접한 관련성을 지니고 있다. 1993년 중앙정부가 지방정부에게 보조금을 지급하는 새로운 제도는 지방정부의 자치권을 더욱 강화시켰다. 그러나 이는 다른 각도에서 국가가 정한 틀 내에서 지방정부의 예산자율권을 인정한 것에 불과하였다(Pollitt & Bouckaert, 2004).

그리고 1980년대 중반 이후 서비스 향상을 위한 다양한 혁신대안들이 채택되었다. 이들은 대부분 TQM이나 ISO9000 원리에 기반한 것들이다. 이는 스웨덴 정부내 대부분의 기관에서 시행되었으나, 이를 운용하는 데 있어서 영국의 시민헌장(Citizen's Charter)과 같이 통일된 계획이나 틀이 있었던 것은 아니었다.

4. 추진체계

북유럽의 분권화된 행정체제는 영연방식의 집권적이고 신속한 관리개혁을 어렵게 하는 원인으로 작용하고 있다. 일례로 핀란드의 행정개혁은 장기간 지속된 매우 지루하고 조심스런 과정이었다. 그러나 구소련의 붕괴직후 경제위기가 발생하자 일부 고위관료들을 중심으로 중앙정부의 구조를 대대적으로 재조정하여 목적과 기능에 따라 정부조직을 재편성하고자 하는 야심찬 시도가 제기되기도 했다. 하지만 이를 둘러싸고 논쟁이 촉발되자 새로 채택한 행정개혁 프로그램은 크게 후퇴하였다(Pollitt & Bouckaert, 2004).

또한 외견상 강력한 국가중심의 단일국가라고 묘사되는 스웨덴의 정치시스템은 실제로 전면적이고 급속한 개혁을 받아들이기에 적당하지 않다. 각 정부기관과 지방정부가 가지고 있는 자치권이 급격하고 전면적인 개혁으로부터 스스로를 보호하는 방파제의 역할을 수행하고 있기 때문이다. 따라서 내무부 주도로 시행된 스웨덴의 행정개혁은 정부기관과 지방정부의 자치권 보장과 병행하여 개혁의 추진력을 담보하는 통제강화 시도가 이루어지고 있다(Pierre, 2006).

5. 행정가치

북유럽을 대표하는 전통적 가치는 사회민주주의이다. 이러한 사회민주주의의 기본가치는 자유, 정의 및 연대성이다. 자유(freedom)는 만인이 모욕적 종속으로부터 벗어나 전적으로 자유로운 존재라는 뜻에서 인격전개의 기회를 뜻한다. 그리고 정의(justice)는 모든 인간을 똑같게 만드는 것이 아니라 모든 인간의 평등한 자유를 가능하게 하는 것이다. 또한 연대성(solidarity)은 상호책임과 인간적 협력을 통해 절제 없는 자본주의사회에서 노정되기 쉬운 힘의 논리에 대한 방파제이다(이도형 외, 2005).

사회민주주의 체제의 이러한 기본가치들은 인간소외의 지양을 중시하는 급진적 휴머니즘에서 기인한다는 점에서 복지국가의 논리와 직결된 문제이다. 물론 이러한 사회민주주의 기본원칙들은 경제위기와 더불어 심각한 위기에 직면해 있다. 생산성과 효율성을 중시하는 시장화의 도전이 국가사회 전반으로 급속히 확산되고 있기 때문이다. 하지만 이러한 도전에도 불구하고 사회민주주의에 대한 기본적인 신념은 적어도 북유럽에서 아직 건재한 것으로 보인다. 시장화 명제는 아직 도구적 합리성 수준을 탈피하지 못하고 있기 때문이다.

05

6. 전 략

북유럽 각국의 행정개혁 추진전략은 점진적인 단계별 확산전략으로 요약된다. 여기에는 아직 자국의 역사제도적 특성에 부합되는지의 여부가 검증되지 못한 타국의 혁신제도를 전면적으로 도입하기보다 제한된 영역에 실험적으로 도입한 후 그 결과를 보아가며 단계별로 확산시키는 것이 합리적이라는 전략적 고려가 자리하고 있다.

이러한 행정개혁 추진전략은 북유럽의 전통적인 정책결정패턴과 밀접한 관련성을 지니고 있다. 일례로 스웨덴은 몇몇 예외적인 경우를 제외하고는 정책결정에 앞서 주요 이해관계자들끼리 심도있는 조합주의적 토론을 하는 것이 원칙이다. 또한 핀란드는 주요한 혁신을 전면적으로 집행하기에 앞서 제한된 대상에 실험프로젝트(pilot project)를 부과하는 것을 원칙으로 한다. 1984년의 '자유시(Free Municipals)' 실험이 이와 관련된 사례라고 할 수 있는데, 9개의 시와 3개의 카운티 의회가 중앙정부의 규제와 통제로부터 상당한 수준의 자유재량권을 부여받는 실험프로젝트 대상으로 선정되었다.

7. 프로그램

북유럽 각국에서 시행된 행정개혁 패키지는 국가별로 다소간의 차이가 존재한다. 하지만 기본적으로 영연방식에 비해 약한 편이지만 미국식에 비해서는 보다 급진적인 프로그램을 특징으로 한다. 이 점은 공공부문의 혁신수단 범주에 민영화를 비롯해 규제철폐, 민관협력, 성과평가, TQM, ISO9000, 복식부기, 분권화, 자유시 등이 포함되어 있기 때문이다.

먼저 1997년 Holkeri 정부의 등장을 전후해 본격화된 핀란드의 행정개혁 프로그램을 쟁점별로 소개하면 다음과 같다(Pollitt & Bouckaert, 2004).

첫째, 성과중심의 예산제도는 1987년 이후 부분적으로 시범실시되다가, 1994년에 들어서면서 정부 전체로 확산되었다. 그러나 실험프로젝트를 통해 그 효과가 입증되었음에도 불구하고 정부부처들은 성과관리에 그다지 적극적이지 않았다.

둘째, 행정개혁을 지원하기 위한 훈련과 자문을 제공하기 위해 1987년에 행정발전청(Administrative Development Agency)을 설립하였다(이후 기관 명칭이 Finish Institute of Public Management로 변경). 그러나 이 기관은 설립 이후 예산에 의존하는 일반적 정부기관들과는 달리 점차 상업적이고 재정적으로 자립하는 방향으로 운영되고 있다.

셋째, 많은 행정기관들이 상업적인 기능을 하는 국영기업(State Enterprise)이나 국가소유기업(State Owned Company)으로 전환되었다. 1988년에 국영기업 설립에 관한 법률이 제정되면서 우편, 통신, 철도 등이 국가소유의 합작기업(joint stock)으로 전환되었으며, 1989년부터 1997년 사이에 12개의 국영기업이 설립되었다.

넷째, 1993년 지방정부에 대한 규제와 통제를 완화하는 자율예산제도

(framework)가 도입되었다. 이는 분권화를 위한 정책의 하나로 지방정부의 정책결정과정에 중앙정부의 규제와 개입을 줄이는 것을 목표로 한다. 그러나 전체 예산규모에 대한 통제가 여전하다는 문제와 더불어 지방정부의 장에게 예산사용의 권한을 위임함으로써 예산편성에 대한 부담감을 더욱 가중시키는 결과를 초래하기도 하였다.

다섯째, 중앙정부기관의 재구조화인데, 이 역시 분권화와 관련된 조치 중의 하나이다. 앞서 설명하였듯이, 상업적 기능을 가진 조직들은 국영기업으로 전환되었고, 그 외의 기관들은 그 규모가 축소되거나, 규제중심에서 연구 또는 평가를 담당하는 기관으로 그 기능이 전환되었다. 그리고 정부 내부의 거버넌스에 있어서도 과거의 관리중심적이고 다소 독재적인 방식에서 점차 조직구성원 각자가 평등하게 책임을 지는 합의제적인 분위기로 변화하였다.

여섯째, 정부내 정보수집의 효율화와 정부기관 내의 정보이동 및 교류의 장벽을 줄였다. 또한 정부활동공개법을 통해 시민들로 하여금 정부 공식문서에 접근할 수 있도록 하였다(남궁근 외, 2006: 159).

일곱째, 지방에 여러 개로 분화되어 설치된 특별지방행정기관을 통합해 지방정부의 통제를 받도록 하였다.

여덟째, 보다 분권화된 인사관리를 위해 성과보상을 포함한 인사관리개혁은 Aho정권(1991~95)에서 시작되었으나, 이후 인사와 관련된 개혁의 집행은 매우 늦은 속도로 진행되었다.

아홉째, 1998년 4월 시작한 시민헌장제도는 모든 행정서비스가 시민(고객)을 중심으로 제공된다는 내용을 바탕으로 하고 있다.

지금까지 살펴본 바와 같이, 핀란드 행정개혁의 초점은 분권화, 간결화(simplification), 정부지출에 대한 보다 강력한 통제로 요약된다. 그리고 가장 급진적인 민영화와 관련하여 핀란드 정부는 제한적 민영화를 추진하였을 뿐 전면적인 도입에는 역부족이었다.

다음으로 1990년대 초의 경제위기를 반영하는 스웨덴의 신공공관리 프로그램은 최근 들어 민영화와 분권화의 속도조절에 초점이 부여되어 있다. 우선 민영화 추세는 우편, 철도, 통신과 관련한 국가기관을 민영화하거나 중앙정부 및 지방정부의 공공서비스를 민간위탁 또는 민영화하는 방식으로 이루어졌다. 또한 공공부문에 준시장 개념과 지방정부 단위에서 서비스 생산의 구매자-공급자 모형을 도입하였다. 하지만 이러한 노력은 영연방식에 비해 그 폭과 범위가 제한적이고 일본이나 한국과 유사한 수준으로 평가된다. 이러한 이유로 스웨덴의 신공공관리는 다른 북유럽 국가와 마찬가지로 Johan P. Olsen이 지칭한 '내키지 않은 개혁자(reluctant reformer)' 범주에 포함시킬 수 있다.

또한 1990년대 이전에 도입한 목표관리나 책임운영기관 등과 같은 혁신프로그램은 혁신주체의 조정능력이 취약한 스웨덴의 현실에 부적합하다는 평가를 받고 있다. 따라서 최근에는 영미식에 대한 단순모방을 초월해 보다 광범위하고 독자적인 방향으로 행정개혁의 패러다임 변화를 추구하고 있다. 이는 다시 말해 스웨덴은 적법절차, 고객의 권리, 베버식의 조직구조 등 합법성을 중시하는 법치국가적 성격으로 인해 국제적으로 행정개혁의 경로의존이 중시되는 신공공관리의 발산사례로 자리잡고 있음을 시사한다. 그리고 스웨덴의 행정개혁은 점증모형과 유사한 방식으로 추진된 것으로 보인다(Pierre, 2006).

특히 우리는 스웨덴의 행정개혁을 통해 목격한 분권화의 오류에 주목할 필요가 있다. 중앙정부에서 지방정부 또는 독립기관으로 권한을 이양하는 일은 쉽지만, 일단 이양된 권한을 다시 찾아오는 것은 어렵기 때문이다. 초기 스웨덴 정부는 복지국가 프로그램을 시행함에 있어 국가의 통일성을 유지하기 위해 중앙정부의 통제가 매우 강력했다. 이후 복지시스템에 대한 시민들의 다원화 요구, 분권화의 논리 등으로 인해 고도의 분권화가 이루어졌지만 지금은 이러한 분권화 추세가 반전되고 있다.

VI. 국가군별 비교분석과 행정개혁 패턴의 유형화

1. 국가군별 비교분석

지금까지 본서는 신공공관리를 선도한 선진국가들의 행정개혁 패턴차이를 규명하기 위해 주요 국가군을 대상으로 쟁점별 특성을 비교하였다. 분석결과 선진 3개 국가군은 행정환경을 비롯해 본서에서 설정한 7가지 비교기준별로 일정수준의 특성차이를 산출하였다. 특히 각각의 국가군은 주요한 행정개혁 수단별로

표 5-1 행정개혁의 쟁점별 특성비교

혁신쟁점	영연방식 모형	미국식 모형	북유럽식 모형
행정환경	• 복지국가의 위기 • IMF 구제금융	• 석유위기 • 반관료제 정서	• 세계화의 심화 • 복지국가의 위기
개혁의 특징	• 급진적·포괄적	• 점진적·포괄적	• 급진적·제한적
개혁의 내용	• 구조개혁 중심	• 행태와 문화중심	• 과정과 제도중심
추진체계	• 중앙집권적	• 집권과 분권의 조화	• 집권과 분권의 조화
행정가치	• 효율성과 경제성	• 대응성과 봉사성	• 형평성과 합법성
추진전략	• 하향식 위주	• 상하향식의 조화	• 상향식 위주
프로그램	• 포괄적·급진적	• 포괄적·점진적	• 제한적·급진적

채택범위와 추진강도 모두에서 상당한 차이를 노정하였다.

하지만 우리는 선진국가의 행정개혁을 통해 확인한 비교기준별 특성과 개혁 수단별 강도 차이에도 불구하고 신공공관리적 행정개혁이 심화단계로 진행할수록 높은 수준의 수렴추세를 나타내고 있다는 점에 주목할 필요가 있다. 대내외 환경의 급격한 변화로 초래된 위기상황을 타개하기 위해 일부 국가에서 구조나 과정에 초점이 부여된 급진적 행정개혁이 제기되기도 했지만 안정화 단계로 이행하면서 점차 행태나 문화를 중시하는 점진적 방향으로 수렴하고 있다.

이 점에서 우리나라의 행정개혁도 예외가 아니다. 1997년 말 IMF 구제금융 직후에는 공공부문 구조조정이라는 명분하에 구조와 과정 중심의 혁신수단들을 전면적으로 수용하였다. 하지만 급박했던 경제사정이 안정되고 급진적 행정개혁의 부작용이 표출되면서 행태와 문화를 중시하는 점진적 혁신으로 전환하고 있다.

사실 미국이나 북유럽 국가들이 우리나라에 비해 급진적이고 포괄적인 행정 개혁을 진행하고 있다는 객관적인 증거를 발견하기도 어렵다. 사회 전반의 혁신을 선도해야 하는 입장에서 공공부문의 자기혁신은 불가피한 선택이지만 기본적으로 정부를 기업식으로 운영한다는 발상과 목표가 거대한 환상에 불과하기 때

05

| 표 5-2 | 주요한 행정개혁 수단별 채택 여부와 추진강도 비교 |

혁신수단	영연방		미국	북유럽	
	영국	뉴질랜드		스웨덴	핀란드
민영화	상	상	-	하	-
시장메커니즘	상	상	하	중	중
정부조직규모 제한	상	상	-	-	-
공기업의 재구조화	상	상	-	하	하
분권화와 이양	중	중	중	중	중
결과지향적 관리	상	상	중	상	상
전략적 관리	상	상	-	하	하
책임운영기관 활용	상	상	하	상	하
집행과정의 심도	중	상	중	중	중

주: 상중하는 추진강도, -는 해당 개혁수단의 미활용을 의미함.
자료: Kettl(2000)과 Naschold(1995)을 참고해 재구성.

문이다. 따라서 영미국가의 행정개혁 전략을 단순히 모방하는 방식으로는 중장기적 효과를 담보하기 어렵다.

2. 행정개혁 패턴의 유형화

본 연구에서 비교대상으로 상정한 3개 국가군은 지난 20여간 신공공관리적 행정개혁의 도입과 확산에 선도적인 역할을 수행하였다. 하지만 국가군 상호간은 물론 특정 국가의 정권별로 다양한 패턴 차이를 노정한 것으로 분석되었다. 우선 거시적 측면에서 영연방은 최소화, 미국은 시장화, 북유럽은 현대화에 유사한 패턴을 산출한 것으로 분석된다.

그러나 합리모형의 토대하에서 가장 급진적인 행정개혁 패턴인 최소화 전략을 추구해 온 영국의 보수당과 뉴질랜드 노동당 정부가 1990년대 후반을 전후해 퇴장한 이후에는 시장화 전략으로 선회한 것으로 분석된다.[6] 하지만 미국의 경

---

6) 영국의 대처 정부는 행정에 대한 비난전략을 통해 집권에 성공한 이후, 정권 초기(1979~82)에

우 비록 연방정부에 국한된 제한된 영역을 대상으로 최소화에 근접했던 레이건 정부 이후 클린턴 정부가 주도한 시장화 전략이 지속적으로 유지되고 있다. 그리고 북유럽의 경우는 1990년대 중반 이후 복지국가의 위기를 극복하기 위해 현대화 전략을 채택하였지만 관료제와 개입을 중시하는 강한 국가의 전통으로 인해 시행착오를 반복하는 점증주의 방식으로 귀결되었다.

더불어 정치와 행정 간의 역학관계 측면에서 영미국가들에 비해 반관료제 정서가 미약했던 북유럽 국가들의 경우 행정에 대한 정치의 거리두기와 비난하기 전략을 발견하기 어려웠다. 물론 여기에는 상호협력을 중시하는 북유럽의 오랜 조합주의 전통이 크게 작용한 것으로 분석된다. 나아가 현대화에 부가해 부분

표 5-3 선진국 행정개혁의 성과와 교훈

- 새로운 변화 요구의 폭과 범위를 고려한 행정개혁 준비하기
- 행정개혁의 미션과 비전 및 이를 지탱하는 개혁 인프라 구축하기
- 자세한 청사진(blue print)이 아니라 포괄적인 실천계획(action plan) 만들기
- 유사 사례에 대한 벤치마킹을 통해 행정개혁의 성공과 실패요인 파악하기
- 국민의 요구에 부응하는 방향으로 개혁의 우선순위 결정하기
- 집행능력의 수준을 고려한 개혁의 범위 설정하기
- 개혁주도 세력들을 과도한 업무로부터 보호하기
- 개혁 동조세력의 규합과 이해관계자 간의 관계 관리하기
- 국민들을 대상으로 한 적극적인 홍보와 참여 유도하기
- 긴장감을 유지하는 방식으로 신속하고 결단력있는 집행전략 채택하기
- 개혁과정에서 제기된 문제에 대해 활발한 의사소통 추진하기
- 정치적, 조직적, 인적 측면에서 개혁의 본질과 저항 이해하기
- 저항에 직면할 경우에도 행정개혁의 탄력을 계속 유지하기
- 행정개혁의 전체와 부분 간에 조화를 지속적으로 추구하기
- 개혁과정 전반에 관한 모니터링과 보고하기
- 긍정적, 부정적 파급효과에 대한 지속적인 내재화 추구하기

자료: OECD(2002)를 토대로 재구성.

는 전통적 통제를 강화하는 현상유지 전략과 효율성을 강조하는 현대화 전략을 혼용하였다. 하지만 1980년대 중반 이후 보수당 정권은 시장화와 축소화 전략에 보다 근접하였다. 또한 이 시기는 1984~93년까지의 뉴질랜드와 호주에서 신공공관리가 번성하였던 기간과도 일치한다. 이후 영국에서는 블레어 총리가 다시 현대화 전략을 선택하였다. 나아가 네덜란드, 프랑스, 독일, 벨기에 등과 같은 대다수 유럽 국가들은 북유럽과 유사한 현대화 전략과 현상유지 전략을 병행하였다(Pollitt & Bouckaert, 2004).

적인 시장화 전략을 병행한 북유럽의 행정개혁은 관리적 요소와 참여적 요소 간의 결합을 추구하였다. 핀란드가 1980년대와 1990년대 초반에 결과지향적 관리와 규제의 완화를 중시하다가 이후 참여를 강조하는 방향으로 전환한 사실이 이의 대표적인 사례이다.

한편 선진각국의 행정개혁을 통해 발견할 수 있는 주요한 교훈은 다음과 같다. 첫째, 행정개혁의 목표가 너무 추상적이거나 실현불가능인 경우 또는 개혁에 소요된 시간이 너무 짧거나 긴 경우 실패가능성이 커지게 된다는 점이다. 둘째, 북유럽의 사례를 통해 알 수 있듯이 행정개혁을 집행하는 데 필요한 능력에 대한 확신이 없는 경우에는 한꺼번에 큰 시도(one big step)를 하는 것보다 점진적 접근의 미덕이 요구된다. 셋째, 행정개혁을 둘러싼 논쟁으로 사임한 대처의 사례가 시사하듯이 저항에 관한 충분한 전략이 세워지지 않았거나 이해관계자들의 지지를 확보하지 못할 경우에는 실패하게 된다. 넷째, 개혁리더에 지나치게 의존하거나 개혁의 일관성이 부족한 경우 실패하게 된다. 다섯째, 개혁의 목표가 추상적이거나 과중한 업무 및 개혁에 대한 인센티브가 충분하지 않은 경우 실패하게 된다. 이 밖에 미국의 사례를 통해 알 수 있듯이 개혁목표의 공유, 개혁성과에 대한 명확한 분석, 개혁을 제한하는 조건과 환경에 대한 충분한 고려 등이 지니는 중요성에도 주목할 필요가 있다.

Ⅶ. 결   론

21세기의 개막을 전후해 국내에서는 지난 40년간 우리 정부의 성격을 규정해 온 발전국가 패러다임을 넘어서는 새로운 대안모색 작업을 진행해 왔다. 이 과정에서 가장 빈번하게 등장한 개념이 민주정부와 더불어 작은 정부이다.

복지국가와 발전국가는 형평과 효율이라는 상반된 목표에도 불구하고 정부의 적극적인 개입을 요체로 한다는 점에서 높은 수준의 유사성을 지니고 있다. 이러한 이유로 선진국의 작은 정부 개념은 자연스럽게 우리 정부의 미래상과 직결된 문제로 간주되어 왔다. 하지만 우리나라는 복지 분야를 중심으로 공공서비스의 폭과 범위를 확장해 온 선진 각국과 달리 국가 성립 이래 과도할 정도로 작은 정부를 계속 유지해 왔다는 사실에 주목할 필요가 있다.

일반적으로 정부의 성격은 양적 기준(규모: 작은 정부와 큰 정부)과 질적 기준(능력: 약한 정부와 강한 정부)에 의해 규정된다. 정부성격에 관한 두 가지 기준을 원용할 때 발전국가를 표방해 온 우리나라의 역대 정부들은 최소한의 예산으로 최대한의 성과를 추구한 효율지상주의 정권, 즉 작고 강한 정부의 전형으로 평가된다. 하지만 발전국가는 공익을 가장해 정권 또는 당파의 논리를 앞세워 정당한 계급적 이해관계를 왜곡했을 뿐만 아니라 사회 전반의 참여요구와 부패통제에 대한 국민적 여망을 의도적으로 회피하였다는 점에서 치명적 약점을 지니고 있다.

이에 우리나라는 김영삼 정부를 전후해 발전국가의 위기를 해소하기 위한 행정개혁을 지속적으로 추진해 왔다. 작은 정부 또는 기업식 정부로 통칭되는 새로운 행정개혁의 방향은 세계화와 국가경쟁력으로 대표되는 새로운 시대명제에 부응하는 한편 그동안 왜곡된 국정운영의 정상화를 유도한다는 점에서 긍정적으로 평가된다. 하지만 발전국가의 유산이 잠재된 상태에서 우리나라의 행정개혁은 북유럽과 유사한 현대화와 시장화의 중간 수준에 머무르고 있는 것으로 보인다. 그렇다면 지금까지 이룩한 행정개혁 성과를 토대로 양과 질을 동시에 담보하는 새로운 도약의 조건은 무엇인가?

첫째, 행정개혁에 내재된 다양한 목표와 진화 경로를 수용해야 한다. 영미국가를 중심으로 태동한 신공공관리는 효율과 봉사라는 양대 목표의 구현에 주력해 왔다. 하지만 최근 들어 신공공관리의 부작용에 대한 인식이 확산되면서 참여나 분권이 지니는 중요성에 대한 인식이 확산되고 있다.

둘째, 작은 정부에 대한 맹목적 집착을 탈피해 일정부분 큰 정부의 불가피성을 인정해야 한다. 과거 발전국가 패러다임하의 역대 정부들이 추구한 짜내기 방식의 요소집중 전략은 단기간의 고속성장에 유리하지만 중장기적인 성장동력을 창출하기는 어렵기 때문이다.

셋째, 강한 정부의 오류를 시정하기 위해서는 상호협력을 중시하는 거버넌스(governance) 패러다임의 본질에 적극 부응해야 한다. 따라서 앞으로 정부는 기존의 과도기적인 행태를 탈피해 시장이나 사회와의 새로운 균형을 유도하고 중재하는 입장에서 외견상 약하지만 실질적으로 강한 정부를 추구해야 한다.

05

읽기와 토론 5

미국과 유럽의 최근 행정개혁 동향

　미국 사회에서 '큰 정부'는 금기어나 다름없다. 건국의 아버지들이 3권분립과 연방제 및 양당제를 활용해 권력분산을 추구한 일도 이와 무관하지 않다. 공화당 로널드 레이건은 1981년 '정부는 문제의 해법이 아니라 문제 그 자체이다'라고 했다. 민주당 빌 클린턴은 1996년 '큰 정부의 시대가 끝났다'고 선언했다. 이러한 노력의 결과로 월가의 금융산업과 실리콘밸리 정보기술산업이 붐을 이뤘지만 일자리의 실종으로 촉발된 중산층의 몰락을 막기는 역부족이었다(손제민, "샌더스와 역사의 큰 흐름", 경향신문 2016. 4. 13자).

　2007년 6월 출범한 영국 브라운 정부는 세계화와 국가경쟁력이라는 화두에 부응하기 위해 무역산업부 명칭을 '비즈니스, 기업 및 규제개혁부'로 개편하는 한편 재계 대표들을 중심으로 산업경쟁력 강화를 위한 특별위원회를 구성하였다. 또한 규제행정에서 서비스행정으로의 패러다임 변화에 부응하기 위해 교육, 주택, 의료 등과 같은 핵심 공공서비스의 분야별 개혁방안을 제시하였다. 나아가 영국의 공직사회에 활력을 불어넣기 위해 그동안 도입한 개방형 임용제, 책임운영기관, 강제경쟁입찰제 등이 다양한 강점에도 불구하고 책임성의 혼란을 유발한다는 점에 주목하였다.

　2016년 5월 올랑드 대통령이 이끄는 프랑스 사회당 정부가 높은 실업률을 끌어내리기 위해 마련한 노동법 개정안을 하원 표결 없이 통과시키는 등 경제정책의 우회전 속도를 더욱 높이고 있다. 하지만 주 35시간 근로제 도입에 앞장선 마르틴 오브리 전 노동부 장관이 노동법 개정에 반대해 사회당 모든 당직에서 물러나는 등 당 내부의 반발이 거세다(문화일보 2016. 5. 11자).

　칸트는 세계의 영구적 평화를 위한 구상에서 '목적의 나라(Kingdom of Ends)'라는 이상을 제시한다. 세계의 진정한 평화를 이루기 위해서는 이 세계가 '수단의 나라'가 아닌 '목적의 나라'가 되어야 한다는 것이다. 이 목적의 나라에서는 그 어느 인간도 결코 '수단'으로 취급하지 않는다(강남순, "칸트와 어버이연합", 경향신문 2016. 5. 3자).

　선거와 정치가 모든 문제들을 해결할 수 있다고 생각하지는 않는다. 그러나 분명한 것은 서구와 유사한 효율적이고 포용적인 정치제도를 일궈내지 못한다면 우리 사회의 미래가 암담하다는 점이다. 나라를 풍요롭게 하는 부국(富國)과 국민을 자유롭게 하는 민주주의 모두 중요한 가치다. '부국 없는 민주주의' '민주주의 없는 부국'으로는 선진국이 될 수 없다(김호기. "20대 총선의 다섯 가지 코드", 한국일보 2016. 4. 7자).

서비스산업과 지식산업은 규제개혁을 앞세운 미국의 경쟁력이 압도적이다. 월가와 실리콘밸리에 포진한 모건 스탠리, 구글, 아마존, 애플 등 미국의 혁신기업들이 세계를 호령하고 있기 때문이다. 이에 유럽은 신성장동력에서 앞서가는 미국을 따라잡기 위해 규제개혁보다 산업정책을 중시하고 있다.

먼저 제조업 강국 독일 산업계의 고민은 디지털 분야의 저조한 경쟁력이다. 이에 독일 정부는 2013년 '산업화 4.0'을 표방하였다. 이를 반영하는 사례로는 정부조직, 대기업, 중소기업, 연구기관 등이 플랫폼을 운영하고 있다(강정수. "창조경제와 디지털 포석", 한겨레신문 2014. 11. 27자).

다음으로 영국은 산업혁명의 영광을 간직한 제조업 도시들을 창조산업의 메카로 재편하는 일에 주력하고 있다. 대도시 런던은 구역별로 테마를 선정해 테크시티, 금융시티, 문화시티 등을 표방하고 있을 뿐만 아니라 리버풀, 쉐필드 등도 적극적으로 도시재생에 나서고 있다.

나아가 서유럽의 강소국들은 농업의 경쟁력 강화를 위해 융복합 산업으로의 전환을 추구하고 있다. 와이너리 사례를 통해 알 수 있듯이 6차산업으로 지칭되는 농업기반의 융복합산업은 스위스, 오스트리아, 덴마크 등이 주목하고 있다.

그렇다면 앞서 제시한 유럽 각국의 경험이 우리에게 주는 교훈은 무엇인가? 우선 신성장동력을 위해서는 규제개혁이 만능이라는 편향적 사고를 시정해야 한다. 또한 대기업에 일방적으로 의존하는 거버넌스 체제는 다양하고 불확실한 경쟁환경에서 위험하다는 점이다. 나아가 신성장동력이 단순히 첨단기술이나 서비스 산업의 전유물이라는 인식을 전환해야 한다.

05

CHAPTER
06 신공공관리의 세계화와 경로의존적
진화: 독일 슈뢰더 정부

I. 서 론

행정개혁은 보다 바람직한 공공관리와 거버넌스를 구현하라는 정부 내외의 다양한 요구에 부응하기 위한 의도적 노력의 산물이다. 따라서 비록 상황이나 의도에 따른 추진강도의 차이는 존재하지만 지금까지 계속되어 왔고 앞으로도 계속될 상시적 개념이다. 또한 행정개혁의 추진자들이 가치중립적인 합리성을 표방해 왔음에도 불구하고 고도로 정치적인 관점에서 행정개혁이 추진되어 온 점도 부인하기 어렵다.

본서는 이러한 행정개혁의 본질적 특성에 유의하면서 신공공관리의 세계화 추세가 상대적으로 관료제 행정에 친숙했던 독일 정부의 변화와 혁신에 미친 영향을 분석하고자 한다. 여기서 신공공관리의 세계화란 대처와 레이건의 집권을 계기로 본격화된 관리혁명의 기풍이 1990년대 중반 이후 영미국가는 물론 지구촌 국가 전반으로 폭넓게 확산된 현상을 의미한다.[1]

국제경제사회 전반의 세계화 추세와 그 궤를 같이하는 신공공관리의 급속한 확산은 시장의 경쟁논리에 친숙하지 않은 일부 선진국가와 대다수 개발도상국가들을 중심으로 경로의존적 진화를 산출하고 있다. 신공공관리의 완화 또는 속도 조절을 의미하는 경로의존적 진화의 대표적 사례로는 상대적으로 행정국가의 기

---

1) 신공공관리의 세계화 추세와 전망에 대해서는 Kettl(2000)을 참고하기 바람.

풍이 강했던 유럽대륙의 복지국가와 동아시아의 발전국가 및 세계화의 부작용에 취약한 대다수 개발도상국가를 지적할 수 있다.

1998년 신중도(Neue Mitte)를 표방하면서 집권에 성공한 독일 슈뢰더 정부는 행정현대화(Modernize Administration)로 지칭되는 개혁 프로그램을 통해 영국 블레어 정부에 필적하는 개혁 성과를 산출한 것으로 평가되고 있다. 이처럼 행정현대화 사례가 함축하는 높은 수준의 대표성에도 불구하고 본 연구는 특정 국가의 특정 정권을 대상으로 한 제한적 사례분석의 한계를 보완하기 위해 간접적 비교연구설계를 부가하고자 한다. 이때 간접적 종단 및 횡단비교의 초점은 각기 독일의 역대 정부와 한국의 노무현 정부에 부여하고자 한다.

II. 이론적 검토와 분석틀

1. 독일 행정의 제도적 특성과 역대 정부의 행정개혁 패턴

06

(1) 독일 행정체제의 제도적 특성

신제도주의 접근의 인식논리를 반영하는 행정체제라는 용어는 전통적인 조직 개념과 구별되는 제도 개념에 기초하고 있다. 이러한 방법론에 기반한 독일 행정체제의 제도적 특성은 고도로 개입지향적인 관료제 행정의 형성을 통해 설명할 수 있다. 현대 독일의 행정은 1871년 통일군주의 출현, 1918년 바이마르 공화국 출범, 1933년 나치독재의 등장, 1945년 동서독 분단, 1990년 통일시대의 개막 등과 같은 급격한 변화를 경험하였다. 이 과정에서 행정의 성격은 경제사회 발전을 선도하는 개입지향적 행정국가(복지국가)로 제도화되었다. 특히 전후 강화된 복지국가는 국가의 개입을 진보적으로 확장시키는 결과를 초래하였다.

행정국가의 제도화로 수렴되는 현대 독일의 제도적 특성은 국민국가 (Nationalstaat), 연방국가(Bundesstaat), 법치국가(Rechtsstaat), 사회복지국가(Sozialstaat), 민주적 정당국가(demokratischer Parteienstaat), 유럽국가(europäisierter Staat) 등을 통해 설명할 수 있다(Goetz, 2000; Derlien, 1995). 여기서 현대 독일 역사의 산물인 여섯 가지 제도적 특성들이 현재의 행정체제와 관련하여 지니는 함의를 간략하게 설명하면 다음과 같다.

첫째, 국민국가는 19세기 후반 프러시아가 주도한 통일의 산물이다. 통일을 전후해 고양된 국민의식을 통해 발전역량을 결집하였기 때문이다. 특히 국가주도의 경제사회발전을 통해 선진국 따라잡기(catch-up)에 성공하였다는 점에서 행정은 근대화의 주역으로 이해될 수 있다.

둘째, 연방국가는 1871년 통일 이전 소국으로 분산되어 있었던 독일의 분권주의 전통을 반영하고 있다. 따라서 나치의 지배기와 동독의 통치방식 등 예외적인 경우를 제외하면, 독일의 역사에 있어서 분권화가 정치 및 행정적 조직화의 핵심적인 원리가 되어 왔다.

셋째, 법치국가는 1871년 독일 통일 이전부터 정치적 사고의 핵심으로 자리해 왔다. 행정을 법적 절차와 기준에 입각해 수행함으로써 국가권력의 자의적인 지배로부터 보호할 필요성이 있었기 때문이다.

넷째, 사회복지국가는 법치국가와 마찬가지로 민주주의가 도래하기 이전부터 나타났다. 이러한 이유로 독일 제국시대에 복지국가에 관한 법률이 급증한 것은 국민들의 억압된 정치욕구를 대체하기 위한 수단이었다는 분석도 가능하다. 물론 빌헬름 체제하에서 출현한 초기 복지국가와 전후의 사회복지국가 간에는 많은 차이가 있다.

다섯째, 민주적 정당국가의 개념은 역사적으로 고도의 양면성을 지니고 있다. 전후 민주주의 요소를 강화한 기본법(Basic Law)과 그와 관련된 연방대법원의 규정들은 '민주주의의 기관차'라는 별칭을 통해 알 수 있듯이 정당을 긍정적으로 인식하게 하는 주요 계기로 작용하였다(한부영·신현기, 2000). 반면에 독일제국과 바이마르공화국 시절에 있어서 정당정치와 국민적 이익은 대개 적대적인 것으로 간주되었다.

여섯째, 유럽국가는 정당국가와 더불어 전후 시기에 강화된 개념으로 독일의 전통적인 국가성격에 대한 급진적 변화로 이해될 수 있다. 왜냐하면 유럽국가의 논리는 외견상 민족국가의 개념과 대척점을 형성하고 있기 때문이다.

결국 앞서 제시한 역사제도적 특성들은 기본적으로 베버가 정립한 관료제 이념형을 현실의 행정체제로 전환시키는 결과를 초래하였다.

(2) 독일 역대 정부의 행정개혁 패턴

기존 행정체제의 경쟁력 강화를 의도하는 행정개혁의 패턴은 크게 확장기와 축소기 및 조정기로 구분할 수 있다. 확장기의 행정개혁은 행정국가의 확대과정에서 관료제 행정의 공고화에 초점을 부여하였으며, 축소기의 행정개혁은 1970년대 오일쇼크로 촉발된 재정난의 시대를 맞이하여 신공공관리를 활용한 기업형 정부의 구현에 주력하였다. 이와 달리 조정기의 행정개혁은 급진적인 신공공관리의 부작용을 치유하기 위해 거버넌스를 활용한 파트너십의 구현에 주목하는 경우가 많다(Pierre & Peters, 2000).

앞서 제시한 행정개혁의 패턴은 개별 국가의 환경이나 역사요인에 따라 다소간의 차이가 있지만, 영미국가와 대륙국가는 물론 현대적 행정체제를 구축하고 있는 대다수 국가들에도 적용할 수 있다.[2] 여기서는 독일의 행정개혁 패턴이 각기 1970년대 중반 이전의 관료제 행정, 1970년대 중반에서 1990년대 중반까지의 시기에 해당하는 신공공관리, 1998년 이후 거버넌스에 초점을 부여한 것으로 간주하고자 한다.

1) 정부 확장기의 행정개혁: 관료제 행정의 공고화

전후 독일의 행정개혁은 제2차 세계대전으로 붕괴된 연방차원의 행정을 재건하는 일에 주력하였다. 1945~1960년에 해당하는 국가재건기의 주요한 행정개혁은 연합군의 지도와 후원하에 권위주의적 공무원 제도를 폐지하고 연방행정기관을 분산 배치하고자 하였으나, 공무원 노조와 국민들의 반대로 무산되었다. 이에 따라 전후 국가재건기 이후 본격화된 정부 성장기의 행정개혁은 실질적으로 1960년대 이후에 시작되었다. 특히 독일경제의 고속성장과 더불어 사회민주주의 정책이념이 득세하자 1969년 집권에 성공한 사민당은 빌리 브란트 총리의 주도하에 행정을 비롯한 정치, 경제, 사회, 문화 전반의 급속한 변화를 추구하였다.

관료제 행정의 체계화를 위해 당시 이루어진 행정개혁의 주요한 내용은 재정개혁, 행정구역의 개편, 정부조직의 개혁, 공무원 인사개혁 등으로 구분해서 살

---

2) 한국의 경우 정부수립 이래 1993년까지 관료제 행정, 김영삼 정부와 김대중 정부의 집권시기에 해당하는 신공공관리, 2003년 이후 노무현 정부의 집권시기에 해당하는 거버넌스로 행정개혁의 패턴 구분이 가능하다. 또한 영국의 경우 1970년대 말 이전의 관료제 행정, 1980년대 보수당 주도의 신공공관리, 1997년 이후 블레어가 주도한 거버넌스로 구분할 수 있다.

펴볼 수 있다. 첫째, 재정개혁은 1969년 재정개혁법(Finanzreformgesetz)을 제정하면서 재정상태가 양호한 주와 불량한 주 사이의 재정을 균등하게 해주는 주 재정조정제도를 도입하여 소기의 성과를 산출하였다. 둘째, 행정구역개편은 주로 지방자치단체의 통폐합을 중심으로 전개되었다. 개혁결과 시(市)의 수는 24,000여 개에서 8,500개로 축소되었고, 광역자치단체인 크라이스는 425개(1968년)에서 237개로 감소하였으며, 독립시의 경우 135개에서 91개로 축소되었다. 셋째, 정부조직개혁은 연방부처와 그 산하 행정기관의 기획 및 조정 기능을 강화하는 데 초점을 두었다. 1968년에 연방내무부 산하의 '정부 행정개혁 프로젝트팀'에서 구체적인 개혁내용을 개발하였는데, 총리실의 인사와 조직 강화, IT 기반 정보체계의 구축, 인사체제의 유연성 확보, 상시조직의 축소 및 임시조직의 설치, 중간조직의 기능 강화 및 상위 행정기관의 업무축소 등을 추진하였다. 이러한 개혁안은 1969년 브란트 총리의 집권과 더불어 일부 수용되기도 하였으나 슈미트에 의한 정권교체 이후 대부분 실행되지는 못하였다. 넷째, 공무원 인사개혁은 1971년 공공인사법 개혁을 위한 연구위원회가 설립되면서 공무원, 공공부문 사무원, 공공부문 노무자의 신분구별을 폐지하고, 대신에 모든 공공인력의 신분을 통합하는 새로운 인사제도를 구축하는 것이었다. 그러나 이것은 사민당의 연정 파트너인 자민당과 공무원 노조의 반대로 특별한 성과를 거두지 못하였다(총무처 직무분석기획단, 1997).

전체적으로 이 시기는 전후 행정개혁이 가장 광범위하게 추진된 시기라고 볼 수 있는데 행정구역 통폐합은 상당한 성과를 거두었고, 재정개혁 및 조직개혁은 어느 정도의 성과를 거두었지만, 인사개혁은 실패한 것으로 평가된다.

2) 정부 감축기의 행정개혁: 신공공관리의 도입과 시장화의 구현

1970년대를 풍미한 사회민주주의 정책기조는 독일 내 공공부문의 급속한 팽창을 초래하여 1965~1975년간 독일 공공분야의 고용비중은 6.85%에서 12.98%로 증가하였다. 이러한 정부성장세는 재정적 비효율성의 심화는 물론 비대화로 인한 행정의 대응성 저하라는 문제점을 초래하였다. 특히 1970년대 말 오일쇼크라는 대내외 위기상황은 당시 야당이었던 기민당은 물론 집권 사민당 내부에서조차 과도한 규제로 대표되는 관료주의 행정의 폐해에 대한 비판을 확산시켰다.

1983년에 보수당인 기민당으로의 정권교체 이후에는 연방정부 차원에서 '법률과 행정간소화를 위한 독립위원회'가 구성되어 독일 행정의 약 80% 이상을 규제하고 있는 법률명령과 행정규정의 간소화 작업이 추진되었다. 하지만 동 위원회는 뚜렷한 성과를 나타내지 못하였고, 민영화 부분에 있어서도 성과가 미흡한 것으로 평가되고 있다.

또한 주 정부는 1970년대 말에 중앙정부보다 먼저 활발하게 개혁논의를 전개하였는데 주로 법적규정과 행정의 단순화에 초점을 두었다. 지방자치단체의 경우에는 1973년의 오일쇼크로 인해 심한 타격을 받으면서 예산삭감의 압력을 더욱 크게 받았기 때문이다. 일례로 행정간소화를 위한 지방행정협의체(KGSt)에서 핵심업무 분석을 통해 비용을 절감할 수 있는 전략개발에 필요한 합리적이고 분석적인 토대를 제공하였다(김성수, 1998).[3]

한편 1990년대 이후 독일의 행정개혁은 통일의 후유증을 해소하기 위해 신공공관리의 확산에 주력하였다. 이를 반영하는 대표적인 사례가 정부감축자문위원회(1995)의 활동이다. 감축이라는 말이 의미하듯이 연방정부는 행정기능과 조직, 인력의 축소에 관심이 있었기 때문에 아울러 1980년대부터 강조되어온 민영화, 규제개혁, 법률 및 행정간소화, 행정서비스의 향상 등을 추진하였다(김성수, 1998).

주 정부의 경우에는 연방정부와 지방자치단체의 중간에 위치한 특성을 가지고 있기 때문에 개혁의 범위도 연방정부에 비해 광범위하였다. 행정개혁의 이념은 연방정부의 행정개혁과 같은 신공공관리론으로 작은 정부의 구현, 정부행정의 효율성 강조, 주민에 대한 행정서비스 강화 등을 추진하였다. 일례로 슐레스비히-홀슈타인 주는 1998년 'Think Tank Unit'을 설립하여 조사위원회를 임명하고, 민간 경영전문가의 도움으로 주 행정기관에 대한 조직 및 기능진단을 실시하여 그 결과를 토대로 민영화 및 이관대상 기능을 설정하였다.

지방자치단체에 대한 행정개혁의 강도는 재정적자로 인해 중앙정부와 지방정부보다 높았고 범위도 가장 넓었다. 행정조직에 대한 개혁의 성과는 책임경영

---

3) 지방행정협의체(Kommunale Gemeinschafstelle fur Verwaltungsvereinfachung: KGSt)는 인구 10,000명 이상의 지방자치단체가 자발적으로 참여한 조직체로 새로운 관리모델의 유포를 통해 지방정부의 현대화에 크게 기여하였다. 이 모델의 주요한 특징으로는 정치와 행정의 명확한 구분, 계약관리제, 통합된 행정부처의 구조, 결과통제의 강조 등이다.

을 바탕으로 하는 조직의 설치, 즉 사업부서화와 시민행정국의 설치 등에서 나타
났고, 지방재정의 개혁은 통합예산제도의 도입, 결과 중심의 예산제도 구축, '비
용'의 개념 도입 등의 상당한 성과가 있었다. 일례로 신공공관리의 도입으로 약
70개의 시와 많은 군(county)들이 성과를 거두고 있지만 아직은 많은 지방자치단
체들이 분권적인 자원관리를 함에 있어 핵심적인 부분보다는 주변적인 부분에
초점을 두었다.

2. 분석틀

본서의 목적은 독일 사회당 슈뢰더 정부의 행정개혁 사례를 중심으로 신공
공관리의 경로의존적 진화가 함축하는 의미를 다각도로 분석하는 데 있다. 따라
서 사례연구가 수반하는 일반화의 한계를 극복하기 위해 독일의 역대 정부와 한
국의 노무현 정부를 종횡단 간접비교의 대상으로 설정하고 있다.

특정 국가의 행정개혁을 입체적으로 분석하기 위해서는 종단비교 및 횡단비
교가 필수적이다. 먼저 신공공관리의 경로의존적 진화가 지니는 의미를 실체적으
로 파악하기 위해서는 슈뢰더 정부의 집권 이전 시기에 독일 행정의 전통적 모델
로 자리해 온 관료제 행정은 물론 콜 정부가 주도한 신공공관리적 행정개혁에 대
한 실체 규명이 선행되어야 한다. 다음으로 독일 슈뢰더 정부가 표출한 경로의존
적 진화가 일반화 과정을 거치기 위해서는 적어도 인접 국가의 유사사례와 동일
성을 확보할 수 있어야 한다.

우선 독일 슈뢰더 정부의 행정개혁 프로그램인 행정현대화에 관한 집중적
분석은 크게 목표와 계기, 형성과 집행, 성과와 평가 등으로 구분하고자 한다.

한편 독일 슈뢰더 정부와 한국 노무현 정부 간의 비교는 개별 사례분석과의
연계효과를 극대화시키기 위해 목표와 계기, 형성과 집행, 성과와 평가 등과 같
은 동일한 비교기준을 적용하고자 한다. 더불어 구체적인 비교분석에 앞서 보다
거시적 견지에서 한국의 관료제 행정과 신공공관리가 독일의 행정개혁과 어떠한
유사성과 차이점을 지니고 있는지에 대해서도 주목하고자 한다.

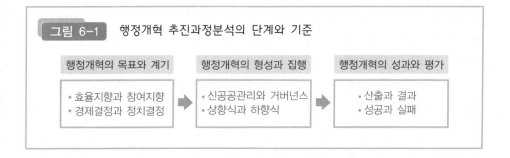

그림 6-1　행정개혁 추진과정분석의 단계와 기준

행정개혁의 목표와 계기	행정개혁의 형성과 집행	행정개혁의 성과와 평가
• 효율지향과 참여지향 • 경제결정과 정치결정	• 신공공관리와 거버넌스 • 상향식과 하향식	• 산출과 결과 • 성공과 실패

Ⅲ. 독일 슈뢰더 정부의 행정현대화 추진과정 분석

1. 행정현대화의 목표와 추진계기: 거버넌스의 대두와 조성적 국가의 구현

거버넌스와 조성적 국가로 대표되는 슈뢰더 정부의 행정개혁은 기민당의 헬무트 콜 정부가 주도한 신공공관리적 행정개혁에 대한 보완과 직결된 문제이다. 이 점에서 슈뢰더와 콜 정부는 1990년대 이후 급격히 약화된 독일의 국가경쟁력을 강화한다는 공통의 목표를 설정하고 있다. 하지만 독일의 기민당과 사회당은 각기 보수와 혁신을 대표하는 양대 정당이라는 점에서 행정개혁의 이면에는 높은 수준의 정치적 고려가 자리하고 있다.

1990년대 이후 독일이 안정된 국가(stable state)에서 정체된 국가의 대명사로 추락한 이면에는 자본과 노동시장의 경직성, 선거경쟁과 당파적 정책결정, 다층적 통치방식과 정책결정구조, 과도한 복지와 비효율적인 교육제도, 동서독 통일에 따른 재정압력 등이 작용한 것으로 평가되고 있다(Kitschelt & Streeck, 2003). 이 밖에 세계화에 따른 국제경쟁의 격화, 유연성을 요하는 지식기반경제의 등장, 유럽통합과 금융자유화 등은 물론, 나아가 그동안 발전의 선도자 역할을 담당해 온 정부관료제의 경직성에도 주목할 필요가 있다.

독일의 정체현상을 해결하기 위해 콜 정부가 주도한 신공공관리적 행정개혁에도 불구하고 구조적 제약요인으로 인해 독일의 경제적 상황은 나아지지 않았고, 1998년에 들어서면서 실업률과 빈부격차가 더욱 심화되어 갔다. 또한 1990년에 이루어진 독일 통일의 후유증으로 인해 집권정당에 대한 독일 국민들의 신뢰는 점차 하락하고 새로운 정권에 대한 요구가 급격히 증가하면서 결국 오랜 세월 제1여당의 자리를 지켜왔던 기민당 정권은 사민당에게 자리를 넘겨주게 된다. 이러한 대대적인 정권교체의 상황에서 독일 사민당의 슈뢰더 총리는 1998년 독일식 '제3의 길'에 해당하는 신중도(Neue Mitte)를 표방하면서 새로운 정권을 출범시켰다.

독일 사민당이 제2차 세계대전 이후 50여 년의 독일 정당사에서 주로 야당의 위치에 머물렀던 이유는 사회적 정의와 분배를 강조하는 사민당의 정당이념이 탈전통화와 탈이념화로 대표되는 새로운 환경의 요구에 부합하지 못하였기 때문이다. 또한 기민당이 기독교 신자뿐만 아니라 보수성향의 노동자, 시민, 농민층까지 포괄하는 양극화 전략으로 우위를 점하게 되자 사민당은 사회의 중간을 겨냥하는 이른바 현실순응전략을 취하게 되는데, 이것이 바로 신중도 노선이 탄생하게 된 배경이라고 할 수 있다.

신중도 노선은 세계화 시대의 신자유주의와 독일 정치행정체계의 오랜 전통인 사회주의와의 혼합을 의미하는 '사회민주주의'적 성격을 띠기 때문에 진보(좌파) 성향의 전통주의자와 보수(우파) 성향의 중산층 혁신주의자들을 모두 만족시킬 수 있는 정책노선이라고 할 수 있다. 즉, 신중도 노선은 국가개입이 불가피한 사민당의 전통적 진보가치인 '사회정의 및 복지'와 우파개념인 '자유경쟁 및 효율성'을 얼마나 조화롭게 현실정책으로 구현시킬 것인가에 대한 해답을 추구한 결과물이라고 할 수 있다. 이처럼 독일 슈뢰더 정부의 신중도 노선은 보수와 진보라는 양 극단의 이데올로기적 요소가 적절히 조합된 탈이데올로기적 중도개념으로서 아젠다 2010[4]과 같은 슈뢰더 정부의 정치, 경제, 행정 등 정책 전반의 기초가 되었다.

신공공관리와 거버넌스는 다양한 측면의 차이점에도 불구하고 관료제 행정의 대안을 모색한다는 점에서 높은 수준의 유사성을 지니고 있다. 전통적으로 독일 행정은 정치적 변화에도 불구하고 경제사회 전반의 안정을 담보하는 수호자의 역할을 요구받아 왔다. 이 점은 독일 헌법은 물론 연방대법원의 판결을 통해 확인되고 있다(Goetz, 2000). 하지만 이러한 전통적 행정상은 급격히 퇴색하고 있

4) 아젠다 2010은 독일의 장기적인 경제부진을 타개하기 위해 슈뢰더 정부가 마련한 경제개혁 정책으로서 주요 내용으로는 노동시장의 유연성 제고, 복지제도의 축소, 경제활성화, 재정·교육훈련 혁신 등으로 구성되어 있으며, 핵심은 복지제도의 축소 및 노동시장의 유연화로 요약된다.

다. 따라서 주권국가, 공공재 및 공공관료제의 관념 자체가 진부해진 시대에 행정에 대한 보호막을 효과적으로 설치하는 일은 어려워지게 되었다. 예컨대, 국가주권 대신에 조성적 국가 또는 네트워크 국가로 대체됨에 따라서 계층제적 방식으로 국가-사회 관계의 개념화를 시도하는 일은 적실성을 상실하고 있다. 다시 말해 주권국가는 국가목표를 달성하기 위해서 명령과 통제보다는 협상과 거래 및 설득에 의존하는 협력국가(co-operative state)를 지향하고 있다. 그리고 이러한 현상은 서비스 행정은 물론 규제 행정 분야로까지 급속히 확산되고 있다.

한편 슈뢰더 정부는 기존의 정권과는 달리 탈이데올로기 정책기조를 중심으로 새로운 개혁정책들을 시도하였는데, 공공부문에서는 이른바 '행정현대화'라는 개혁프로그램을 시도하였다. 행정현대화의 추진과정에 있어서 신중도 노선이 가지는 의미는 정치나 경제정책에서 전통적인 이념구도, 즉 보수와 진보 간의 이데올로기적 조화를 추구한 것이 아니라, 경제적 효율성을 강조하는 신공공관리적 요소에 참여와 조정을 강조하는 거버넌스적 요소를 추가한 것으로 해석할 수 있다.

06

2. 행정현대화의 형성과 집행

독일 사회당의 슈뢰더 총리는 집권 직후인 1999년 12월 신중도 노선에 입각한 행정현대화 프로그램인 '현대국가-현대행정(Modern State-Modern Administration)'을 발표하였다. 그 주요 내용은 적극적이고 포괄적인 국가개입의 축소 및 탈관료제화, 행정의 효율성 및 효과성 강조, 긴축재정 및 예산삭감의 실시, 탈규제 및 공공부문 외부의 활동확대, 전자정부, 참여와 조정기능의 확대 등으로 신공공관리적 요소뿐만 아니라 자유방임적 신자유주의에 통제를 가하는 신중도적 정책기조가 반영되어 있다.

이처럼 독일 슈뢰더 정부의 행정현대화 전략은 이전 헬무트 콜 정부의 신공공관리적 행정개혁에 그치지 않고, 정책결정과정에 다양한 계층과 집단의 참여를 보장하고 형평성을 강조하는 거버넌스 요소를 가미한 것으로 규정할 수 있다. 이는 독일 슈뢰더 정부가 행정현대화의 추진에 있어서 신공공관리를 반영하는 능률적 국가(lean state)가 아니라 조성적 국가를 제시한 점을 통해서도 잘 나타나고 있다.

(1) 행정현대화 프로그램의 형성: 추진체계와 정책수단

독일 슈뢰더 정부가 표방한 조성적 국가의 논리에 따르면 국가의 역할은 핵
심적인 공공업무를 수행하는 데 한정되어야 한다는 것이다. 왜냐하면 정부에 비
해 민간기업이나 시민단체들이 사회복지와 같은 공공서비스의 집행기능을 보다
잘 수행할 수 있기 때문이다. 따라서 국가는 이러한 사회의 자기규제 메커니즘을
증진시킴으로써 시민사회를 강화시킬 수 있을 뿐만 아니라 행정의 효율성도 증
가시킬 수 있다고 가정한다. 또한 관료제 행정의 핵심 요소인 규제와 개입 이외
에 새로운 행정의 지향점인 참여와 조정 간의 조화를 추구하였다.

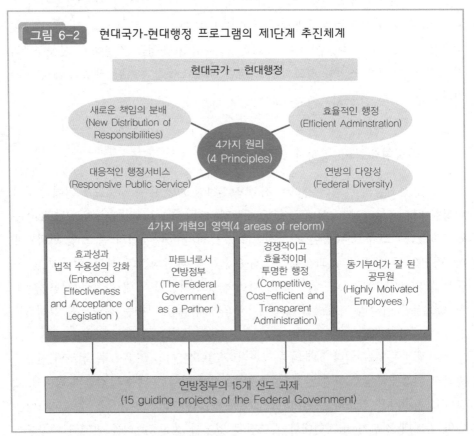

그림 6-2   현대국가-현대행정 프로그램의 제1단계 추진체계

자료: Federal Ministry of the Interior(1999).

조성적 국가의 구현을 표방한 행정현대화 프로그램의 추진체계는 4가지 원리와 4가지 영역 및 15개의 선도 과제(guiding projects)를 기본골격으로 한다. 여기서 4가지 원리는 새로운 책임의 분배(new distribution of responsibility), 효율적인 행정(efficient administration), 대응적인 행정서비스(responsive public service), 공공기관의 다양성(diversity of public bodies) 등이고, 행정개혁의 4가지 영역은 효과성과 법적 수용성의 강화, 파트너로서 연방정부, 경쟁적이고 비용효율적인 투명한 행정, 동기부여가 높은 공무원 등이다. 나아가 23개의 선도 과제들을 활용해 정부는 물론 시장이나 시민사회에 대한 행정개혁 대안의 집행력을 확보하였다(Federal Ministry of the Interior, 1999).

한편 구체적 정책수단인 4개 영역 15개 선도 과제의 주요 내용은 다음과 같다(Federal Ministry of the Interior, 1999). 첫째, 효과성과 법적 수용성의 강화를 위해 ① 법규의 영향력을 평가하기 위한 매뉴얼(연방내무부, 2000년 6월 종료)과, ② 법규의 문제점 발견과 장애요소의 제거(연방내무부와 교육개발부, 2001년 종료)를 의도하였다.

둘째, 파트너로서 연방정부를 위해 정부간 관계의 활성화를 추구한 ③ 주정부의 역량강화(연방정부, 2000년 5월 종료), ④ 주정부와 지방정부의 개입을 증진시키기 위한 조치(연방내무부, 2000년 봄 종료), ⑤ 연방건설업무의 재구조화(연방재무부, 2002년 종료) 등은 물론 정부−시민사회 관계의 활성화를 의도한 ⑥ 공−사 파트너십에 관한 법적 규정(연방내무부, 2001년 종료), ⑦ 독일 21−정보시대를 향한 새로운 출발(연방정부, 2002년 종료), ⑧ 정보보호를 위한 감사의 강화(연방내무부, 2001년 종료) 등을 추진하였다.

셋째, 경쟁적이고 비용효율적이며 투명한 행정을 위해 ⑨ 연방행정과 군대조직에 현대적 관리기술의 도입(연방내무부, 외무부, 재무부, 경제기술부, 국방부, 2002년 종료), ⑩ 발생주의 회계를 위한 기준개발과 검증(연방재무부, 영구프로젝트), ⑪ 벤치마킹/우수사례연구(연방정부, 2001년 종료), ⑫ 정보자유법(연방내무부, 2001년 종료), ⑬ IT 전략(연방교통주택부, 내무부, 2002년 종료) 등을 추진하였다.

넷째, 동기부여가 높은 공무원을 위해 ⑭ 공무원법의 수정(연방내무부, 2001년 중반 종료)과 ⑮ 연방정부의 인력개발(연방정부, 2001년 종료)을 추구하였다.

슈뢰더 정부는 1999년 이후 본격화된 '현대국가−현대행정 프로그램'의 제1

단계 목표가 달성되자 2004년 6월 16일에는 행정현대화의 지속적인 확산과 강화를 위한 제2단계 계획을 수립하였다. 동 계획은 크게 현대적 행정관리(Modern Administrative Management), 관료제의 축소(Reducing Bureaucracy), 전자정부(e-Government) 등과 같은 세 개의 역점 과제로 이루어져 있으며, 궁극적인 목표로 공공서비스의 대응성을 중시하는 고객중심의 행정과 효율성과 효과성을 지향하는 행정을 설정하였다.[5]

그리고 슈뢰더 정부는 이러한 목표달성을 위한 구체적 실행전략의 일환으로 BundOnline 2005를 추구하였다. 정보기술에 기반한 BundOnline 2005는 행정서비스에 대한 새로운 접근방식을 가능하게 하고, 미디어 간의 비연속성(discontinuity)을 제거하며, 행정절차의 처리시간을 단축시키고, 투명성을 제고시키고 있다. 또한 관료제의 감축 조치와 관련하여, 혁신을 자극하고 외부자본이 투자하기 좋은 환경을 만들기 위하여 개인과 기업에게 불필요한 정부규제를 완화시키기 위한 노력을 전개하였다.

참고로 2006년 기민당 메르켈 정부의 등장 이전까지 슈뢰더 정부가 지속적으로 추진한 제 2 단계 행정현대화 프로그램의 주요 정책수단을 소개하면 다음과 같다. 첫째, 자원사용의 최적화를 통한 효율성 증대를 위해 공공서비스 공급능력의 향상(고용정보센터, 연방메일링서비스, 정부기관의 감축 등)과 지식정보관리(연방인트라넷, 연방전자정보도서관, 전자조달 등)를 강화시켰다.

둘째, 인력개발을 위해 지식행정의 강화, 전자학습(e-Learning)의 기회 확대, 성과지향적 단체교섭, 인력교류 강화, 제안제도 활성화 등을 추진하였다.

셋째, 효과성 제고와 직결된 평가기능의 확대를 위해 중장기 비전설정과 직결된 전략기획 확대, 비용편익분석, 다양한 수준의 파트너십을 확대하는 거버넌스 역량의 강화, 규제영향평가의 도입 등을 추진하였다.

넷째, 고객지향적인 사고를 고양하기 위해 콜센터로 대표되는 공공정보서비스 확대, 자발적 결사체의 활동 지원, 전자민주주의 기반의 확대, 소수자 보호와 직결된 평등지향적 정책사고 등을 추진하였다.

---

5) 여기에 관한 자세한 내용은 주로 독일 연방내무부가 작성한 Federal Ministry of the Interior (2005)를 참조하기 바람.

(2) 행정현대화의 집행전략

슈뢰더 정부는 행정현대화 추진을 위한 집행조직으로 '현대국가 – 현대행정 위원회'와 '실무작업단'을 운영하였다. 먼저 위원회(Committee of Permanent Secretaries)는 연방내무부 산하기관으로서, 연방행정의 현대화를 위한 프로그램의 집행 및 업무조정을 담당하였다. 다음으로 실무작업단(Task Forces)은 연방내무부와 총리실의 지원을 받아 운영되는 임시조직이다. 이 조직의 주요 업무는 선도 과제 관련 부처 간의 조정 및 지원 업무, 과제의 전체적인 내용을 정부와 시민들에게 홍보하는 업무, 현대화 과정의 추진과정에 대하여 내각에 보고하는 의무, 주 정부에 개설된 현대화 관련 실무팀들과의 업무협력 등이었다(Federal Ministry of the Interior, 1999).

위원회와 실무작업단으로 대표되는 행정현대화 추진조직의 존재는 적어도 외견상으로는 하향식 집행전략이 채택되었을 가능성을 시사한다. 하지만 독일의 행정현대화는 시장화(marketization)나 축소·감축(minimization)과 같은 급진적 구조 개혁보다는 상대적으로 점진적인 과정이나 행태 개혁에 주력하였다는 점에서 상향식 집행전략과 친화력을 지니고 있다(Wollmann, 1997). 이 점은 연방주의를 채택하고 있는 독일의 국가구조상 실질적인 행정개혁의 주도권이 주나 지방정부에 부여되어 있다는 사실을 통해서도 잘 나타나고 있다.

특히 독일의 행정현대화는 관리자(management)와 노동조합(trade union) 간의 합의를 토대로 추진되었다는 점에서 급진적 집행전략과는 거리가 있다. 또한 급진적 행정개혁의 필수조건인 강력한 리더십이나 이념지향성이 연방 수준에서 부각되기 어려웠다는 점에도 주목할 필요가 있다. 이는 독일 정치체제의 특성으로 연방총리가 갖는 정치적인 권력이 미국의 대통령 혹은 영국의 총리에 비하여 크지 않다는 사실을 통해 설명될 수 있다. 그리고 독일의 경우 총리가 행정개혁의 목표 및 기본 방향을 정하지만 최종적으로는 내각의 심의과정을 거쳐야 하고, 실제 행정개혁이 집행되기 위해서는 연방부처에서 각 부처 장관의 책임하에 집행되어야 한다. 그런데 독일식 내각제에서는 장관의 권한이 상당히 강하기 때문에 연방정부 혹은 개혁추진 기구에서 특정 분야에 대한 개혁안이 결정되었다고 하더라도 해당 부처가 이를 거부할 경우에는 집행되기가 어렵다. 따라서 장관의 권한과 부처의 자율성이 크기 때문에 부처 관료에게 불리한 개혁내용이 실현되기 어려운 특성이 있는 것이다.[6]

특히 슈뢰더 정부의 행정현대화는 이전 콜 정부에서 추진했던 신공공관리적 행정개혁의 집행전략과 비교해 보더라도 상향식에 가까운 편이다. 일례로 주나 지방의 하위정부들이 주도한 혁신 노력과 실험을 연방에 전파하는 경우가 자주 목격되었는데, 이는 행정현대화의 주체가 연방정부, 주정부, 지방자치단체에 분산되어 행정개혁이 급진적이지 않고 경로의존적으로 진화되고 있음을 보여준다.[7] 나아가 독일 슈뢰더 정부의 행정현대화 전략은 단기적인 결과가 아니라, 여러 행정계층 및 다양한 이해관계자들의 참여를 통한 합의된 목표를 바탕으로 장기적이고 지속적으로 추진되었다. 이를 통해 자칫 일회성 행사로 끝나버릴 수도 있는 행정개혁의 과정을 연속화하려는 노력을 기울였다는 점에도 유의할 필요가 있다.

앞서 제시한 논의결과를 종합할 때, 독일 행정현대화의 집행전략은 '상향식 혁명(bottom-up revolution)'으로 일반화할 수 있다. 그러나 동서독 통일 이후에도 구동독과 구서독 지역의 지방정부들이 행정개혁을 추진하는 방법에는 차이가 있었다. 낙후한 구동독 지역에서는 관료제 행정의 공고화에 초점이 부여되었던 반면에 구서독 지역에서는 신공공관리의 구현에 대한 관심이 상대적으로 높았던 것이다(Wollmann, 1997).

3. 행정현대화의 성과와 평가

독일 슈뢰더 정부의 행정현대화는 역대 정부의 행정개혁에 비해 대체로 성공적이었다는 것이 대내외의 일반적인 평가이다. 이러한 행정현대화의 성과는 낮은 비용-높은 효과, 책임분배와 작은 국가, 보다 많은 서비스 제공과 탈관료제 등으로 구분할 수 있다(Federal Ministry of the Interior, 2002).

---

6) 관료주의, 형식주의, 절차주의 등은 효율성 측면에서 독일 행정의 약점으로 지적된다. 하지만 행정관료의 높은 전문성과 청렴성, 행정에 대한 국민의 신뢰 등은 다른 국가에 비하여 높은 것으로 평가된다.

7) 개혁프로그램을 단계별로 확산시키는 점진적 집행전략은 다양한 장점에도 불구하고 이중구조 (dual structure)의 유발과 개혁의 섬(islands of reform)을 위험에 노출시킬 개연성이 크다는 점을 지적할 수 있다(Pollitt & Bouckaert, 2004).

첫째, 낮은 비용으로 높은 효과를 거두는 이른바 경제적 효율성의 차원의 성과로는 우선 현대적 공공관리의 도입을 들 수 있다. 현대적 공공관리의 구체적인 사례로는 선도 모델(guiding model), 통제(controlling), 합의된 목표(agreed goals), 발생주의 예산, 창의성과 혁신관리, 성주류화 정책 등이 있다. 여기서 선도 모델이란 각 정부기관이 추구하는 특정한 가치를 실현하는데 지침이 되는 것으로 각 기관이 스스로 자체평가를 통해 구축하였으며, 구체적인 전략적 목표는 이러한 모델을 바탕으로 그 틀이 마련된다. 또한 발생한 비용과 이룩한 성과와의 관계를 정확히 파악하기 위해 발생주의 예산을 도입하였다. 1998년에는 이를 사용하는 기관이 33개에 불과하였으나, 2002년 현재 306개의 연방기관 등 다양한 정부기관에서 활용하고 있다. 나아가 슈뢰더 정부의 행정현대화는 개방된 토론문화나 제안시스템 등을 통하여 공공부문 종사자들의 창의성과 능력을 발휘할 수 있는 틀을 마련하였는데, 이와 관련하여 'Idee 21: 21세기 창의성과 혁신관리'라는 가이드라인을 도입하였다.

둘째, 책임분배와 작은 정부의 지향과 관련한 성과로서, 효율적인 국가와 행정현대화를 위해 정부간 혹은 정부와 민간부문과의 전략적 파트너십을 강조하였다. 이를 위해서 하위계층의 정부기관뿐만 아니라, 사회 내의 다양한 이해관계자와 집단에게 보다 많은 자유와 재량권을 보장하고 불필요한 규제 및 관료제적 요소를 축소하였다. 1999년 개최한 행정부 수뇌회의(Conference of Minister-Presidents)에서 대폭적인 규제완화를 요체로 하는 제안서가 제출된 것은 이의 단적인 예라고 할 수 있다. 또한 2000년 5월 3일에는 독일 연방정부가 주정부에게 더 많은 권한을 이양하기 위한 두 번째 시도로서 26개의 연방 법안을 철폐하였으며, 이에 따라 주 정부는 연방업무로부터 구조적인 자율권을 향유하게 되었다. 또한 행정현대화 프로그램의 가이딩 프로젝트인 연방행정의 통합규칙(New Joint Rules of Procedure of the Federal Ministries)은 주정부와 지방정부의 자발적 책임을 명시하여 주정부와 지방정부로 하여금 그들의 이해관계가 얽혀 있는 법규를 정하는 입법과정에서 이들의 적극적인 참여와 조정이 가능하도록 하였다. 그리고 기업의 행정비용을 경감하기 위해 관료제의 불필요한 개입을 억제시켰다. 이와 관련된 제도적 장치로는 규제영향평가의 도입을 들 수 있다.

셋째, 보다 많은 공공서비스의 제공과 탈관료제와 관련한 성과로서, 서비스 제공자로서의 정부 역할을 강조하였다. 독일 슈뢰더 정부의 행정현대화 프로그램의 가장 큰 특징 중의 하나는 전자정부의 지향이다. 이는 정보화 시대에 맞춰 온라인을 통해 시민들에게 보다 신속하고 양질의 서비스를 제공함과 동시에 행정정보공개와 시민들의 정책참여를 유도하여 보다 투명하고 민주적인 행정을 실현하고자 한 것이다. 또한 행정기관 간의 정보교환 및 공유가 이루어지고 업무협조가 활발히 진행되면서 정부 내부 기관간의 갈등이 많이 감소하고 조정능력이 향상되었다. 이 밖에 전자정부의 실현을 위해 각종 행정업무 및 전자거래가 이루어지고, 이를 위한 전자서명과 암호화가 상용화되었으며, 이를 가능하게 하는 실질적인 기술지원과 법적인 틀이 마련되었다.8)

한편 행정현대화 프로그램이 독일 역대 정부의 행정개혁에 비해 양호한 성과를 산출한 주요 이유는 다음과 같다(Federal Ministry of the Interior, 2002).

첫째, 큰 정부와 작은 정부라는 소모적 논쟁을 초월하는 조성적 국가의 개념화를 통해 행정의 경제적 효율성을 강조하면서도 다양한 수준의 정부와 시민사회의 참여를 강조하는 작지만 강한 정부를 추구하였다는 점이다.

둘째, 행정현대화의 가장 큰 특징 중의 하나는 과거 콜 총리가 주도한 신공공관리적 행정개혁과 달리 모든 행정계층을 포함하는 포괄적 개혁이었다는 점이다. 특히 연방정부가 주도권을 행사하기보다 주나 지방의 행정개혁 실험을 조장하였다. 또한 각 행정단위 간에 정보와 경험을 공유하고 불필요한 비용을 감소하기 위한 긴밀한 협력이 이루어졌다.

셋째, 행정현대화 프로그램이 실천지향적인 전략에 근거했다는 것이다. 위에서 살펴보았듯이 행정현대화 프로그램의 목표를 달성하기 위해 크게 4가지 분야로 나누어 이의 실천을 위한 15개의 선도 모델과 38개의 개별 프로젝트를 선정하였는데, 이 가운데 20여 개 프로젝트는 이미 종결되었고 나머지는 현재 진행중이다. 그리고 지속적인 모니터링과 각 부처 내 행정현대화 프로그램을 전담하는 담당자를 두고 이들 간의 네트워크를 만들어 상호간의 협력을 제도화하고 있다.

넷째, 독일 슈뢰더 정부의 행정현대화 전략은 이전 정권들과 차별화되는 전략으로 소수자 보호 차원에서 성차별과 관련한 각종 편견과 차별들을 발견하고 이를 법규로 명시하는 성주류화 정책을 강조하였다.

---

8) 이상의 자세한 내용에 관해서는 Federal Ministry of the Interior(2002).

다섯째, 행정현대화는 행정 그 자체가 아니라 시민에게 서비스를 제공하는 것을 목적으로 한다. 이를 위해 정부조직을 시민들의 요구와 이해가 반영되도록 구상하였으며 제2단계에서는 전자정부를 지향하고 인터넷을 통한 시민들의 활발한 참여를 보장하였다.

Ⅳ. 독일과 한국의 행정개혁 비교: 슈뢰더 정부와 노무현 정부

1. 독일과 한국의 행정전통과 행정개혁

(1) 독일과 한국의 행정전통

독일과 한국은 역사문화적 기반, 경제사회발전 단계, 통치체제의 설계원리 등 여러 가지 차이점에도 불구하고 전후 비교적 안정적으로 관료제 행정을 유지하고 있다는 공통점을 지니고 있다. 특히 독일과 한국의 행정전통은 경제사회 전반을 주도하는 강한 관료제와 안정적인 직업공무원제를 요체로 한다.

하지만 독일과 한국의 행정전통은 다양한 차이점도 지니고 있다. 먼저 독일의 관료제는 역동적인 정치적 변화와 불안정 속에서도 포괄적인 법률 및 규정으로 높은 수준의 독립성과 자율성을 유지하고 있을 뿐만 아니라 전문적이고 기능적인 차원에 머무르지 않고 개인의 자유보장이나 사회적 불평등을 시정하는 가치지향적인 특징을 갖고 있다. 반면에 한국의 관료제는 최고 행정수반인 대통령에게 권한이 집중되어 있고, 관료집단은 수동적이고 권위적이며 보수적인 행태를 보이는 특징을 가지고 있다.

다음으로 행정체제의 제도적 분화 측면에서 독일은 연방주의와 지방분권을 통한 수평적·수직적 분화가 이루어진 반면에 한국의 정부간 관계는 높은 수준의 불균형을 특징으로 한다. 또한 독일의 정책결정은 사회조합주의를 토대로 민주적이고 협력적인 방식으로 이루어지고 있지만, 한국의 경우에는 사회 전반의 민주화 추세에도 불구하고 중앙정부의 정책주도가 좀처럼 시정되지 못하고 있다. 나아가 독일은 행정계층 간에 균등화된 재정제도를 운영하고 있으나, 한국의 경우 행정계층간 재정격차가 심한 상태이다.

06

표 6-1	독일과 한국 행정전통상의 공통점과 차이점	
공통점		• 강한 관료제(개입행정) • 직업공무원제 • 경직적이고 폐쇄적인 인사행정 • 변화와 개혁에 대한 저항적인 관료행태
차이점	독일	• 관료제의 독립성과 자율성 • 적극적이고 가치지향적인 관료제 • 실질적인 제도적 분화(연방주의와 지방분권) • 분권적인 정책결정과정(사회조합주의) • 행정계층간 재정균등화제도
	한국	• 권력의존적 관료제(대통령에게 행정권한 집중) • 권위적이고 수동적인 행정관료 • 형식적인 제도적 분화(강한 중앙정부, 약한 지방정부) • 중앙집권적인 정책결정(국가주의) • 행정계층간 재정불균형

이러한 여러 가지 차이점에도 불구하고 양국은 행정체제의 성격을 규정하는 가장 핵심적 요소인 인사행정의 측면에서 계급제 전통을 유지하고 있다는 점에서 공통성이 있다. 즉, 양국의 인사관리는 모두 경직성과 폐쇄성을 특징으로 하는데, 이는 독일과 한국의 관료들의 자기보호 성향이 강함을 의미한다. 그리고 이러한 특성은 행정개혁의 추진과정에서 조직적인 반발과 저항으로 나타나고 있다.

(2) 독일과 한국의 행정개혁: 관료제 행정의 공고화와 신공공관리의 도입

독일과 한국은 2차대전이 연합군의 승리로 종결되면서 미국의 영향력하에서 과거 군국주의 행정의 폐해를 극복하기 위한 제도개선을 시작하게 된다. 하지만 이러한 노력에도 불구하고 관료제 행정으로 대표되는 양국의 행정전통이 크게 약화되지는 않았다. 따라서 연합군의 신탁통치 이후 양국이 실질적인 자율권을 행사한 1950년대 이후의 행정개혁은 관료제 행정의 공고화에 초점이 부여되었다.

특히 1960년대 이후 양국은 행정국가화 추세, 즉 복지국가와 발전국가의 구현을 위해 정부관료제의 선도역 역할을 허용하였다는 점에서 과거의 행정전통과 단절을 추구하기는 어려웠다. 특히 1960~70년대를 통해 양국이 이룩한 경제사회 발전의 성과는 각기 라인강의 기적과 한강의 기적으로 평가될 정도였다. 이 점에 서 비록 강도의 차이는 있지만 1990년대 이전에 양국에서 진행된 행정개혁은 관 료제 행정의 공고화를 위한 노력으로 규정할 수 있다.

하지만 1990년대 이후 양국은 세계화의 심화라는 새로운 환경에 직면하여 국가경쟁력의 약화를 경험하게 된다. 우선 독일은 1980년대 이후 복지국가의 부 작용을 치유하기 위해 시작된 행정개혁의 성과가 부진하였을 뿐만 아니라 1990 년에 이루어진 동서독 통일의 후유증이 가중되었다. 한국도 역시 1980년대 이후 발전국가의 부작용을 완화하기 위한 행정개혁의 성과가 미진하였고, 1993년에 군 사정부를 종결시킨 김영삼 정부의 출범을 전후해서는 세계화의 위협이 가중되어 결국 1997년에 IMF 구제금융으로 귀결되었다.

이러한 문제상황에 직면하여 양국은 기존의 행정전통과 구별되는 신공공관 리의 도입을 추구하게 된다. 각기 콜과 김대중 정부가 주도한 양국의 신공공관리 는 적어도 외견상 관료제 행정으로 대표되는 기존 행정체제의 전면적인 변화를 요구하였다. 일례로 영미국가를 벤치마킹한 민영화, 규제완화, 성과관리, 고객만 족, 인적자원개발, 전자정부 등과 같은 각종 혁신기법들은 관료제의 계획을 시장 의 경쟁으로 대치할 것을 요구하였기 때문이다.

하지만 양국의 신공공관리는 현상유지를 선호한 관료들의 조직적인 반발에 직면하여 의도한 성과를 산출하는 일에는 실패한 것으로 평가되고 있다. 이는 1998년과 2003년에 출범한 슈뢰더와 노무현 정부가 신공공관리의 속도조절에 초 점이 부여된 새로운 행정개혁 전략을 제시한 사실을 통해서도 잘 나타나고 있다.

2. 독일 슈뢰더와 한국 노무현 정부의 비교: 거버넌스의 지향

독일 슈뢰더 정부는 신중도 노선을 표방하면서 과거 헬무트 콜 정부가 추진 했던 경제적 효율성과 시장경쟁의 원리를 강조하는 신공공관리의 방식과는 달리 거버넌스 요소를 강조하는 새로운 형태의 행정개혁, 즉 행정현대화를 시도하였 다. 이는 1990년대 이후 전세계로 급속히 확산된 신공공관리적 행정개혁의 경로 의존적 진화를 대표하는 사례이다.

그러나 최근 부각된 신공공관리의 경로의존적 진화는 비단 독일뿐만 아니라 영미국가를 벤치마킹하는 방식으로 신공공관리를 도입한 많은 나라에서 목격할 수 있는 보편적인 현상이라고 할 수 있다(OECD, 2002). 특히 한국 노무현 정부의 행정개혁은 독일 슈뢰더 정부의 행정현대화와 높은 수준의 친화력을 지니고 있는 것으로 분석된다.

노무현 정부는 참여정부를 표방하면서 IMF 경제위기를 전후해 심화된 시장 편향적이고 보수적인 기존의 이념지형을 탈피하기 위해 새로운 국정운영의 기조로 중도혁신을 표방하였다. 이러한 정책기조는 새로운 국정운영 원리로 제시된 원칙과 신뢰, 공정과 투명, 대화와 타협, 분권과 자율 등을 통해 잘 나타나고 있다. 이 점에서 노무현 정부의 국정운영 방식은 제3의 길 노선을 표방하면서 집권에 성공한 독일의 슈뢰더 정부의 신중도 노선과 유사하다고 할 수 있다.

이는 김영삼 정부와 김대중 정부의 집권기를 통해 확대일로에 있었던 한국의 신공공관리가 노무현 정부의 출범 이후 새로운 방향으로 진화하고 있음을 시사한다. 물론 노무현 정부는 기본적으로 김대중 정부가 추구한 신공공관리적 행정개혁의 기조를 계승하면서도 새로운 개혁목표와 수단으로 정부 간 관계측면의 분권화, 정부-기업관계를 반영하는 계급타협, 정부-시민사회 관계를 반영하는 자율화 등과 같은 거버넌스의 가능성에 주목하였다는 점에서 슈뢰더 정부가 표방한 독일식 거버넌스 모델(New Steering Model)과 유사하다고 할 수 있다.

또한 노무현 정부는 효율적인 정부의 구현과 관련된 정부감축의 측면에서 이전 정부들과는 달리 양극화 해소 차원의 복지기능을 강화하는 데 초점을 두었기 때문에 눈에 띄는 성과를 발견하기는 어렵고 오히려 부분적으로 정부의 역할이나 규모가 팽창한 경우도 있었다. 더불어 종합적인 문제해결능력을 배양하기 위해 청와대와 행정부처 사이에 각종 위원회를 설치·운영하여 정부의 조정능력을 강조하였다는 점도 특징으로 지적할 수 있다.

한편 내각의 자율적인 조정능력을 제고하기 위해 책임총리제, 부총리급 확대, 각 부처 고위직의 확대 등과 같은 조치를 시행함으로써 감축과 축소 위주의 신공공관리에 역행하는 측면이 있다고 할 수 있다. 이처럼 신공공관리와 거버넌스 간의 절충을 추구한 노무현 정부의 정부혁신은 기본적으로 인위적이고 양적인 측면의 정부감축보다는 질적 측면의 기능재배분을 통한 일하는 방식의 개선

표 6-2	슈뢰더 정부와 노무현 정부 간의 행정개혁패턴 비교	
구 분	독일 슈뢰더 정부	한국 노무현 정부
개혁의 주요 목표	효율, 참여, 조정의 조화	효율, 참여, 분권의 조화
개혁의 추진계기	경제적 위기, 이념조정 (경제적 요인에 초점)	이념조정, 세대교체 (정치적 요인에 초점)
채택수단의 범위	기능재분배	행태와 문화개혁의 확산
집행과정의 특징	깊이 중간, 속도 느림 (상향식 집행전략)	깊이 중간, 속도 느림 (상향식 집행전략)
개혁의 주요 성과	장기적 효과	상징적·장기적 효과
개혁의 주요 함의	신중도 노선의 제도화	실질적 제도화에 주력

을 통해 공직사회 전반의 경쟁력 강화에 초점이 맞추어졌다. 이를 반영하는 대표적인 사례로는 BSC로 대표되는 성과평가의 강화, 팀제로 대표되는 결재단계의 축소, 전자정부로 대표되는 혁신마인드의 배양, 기록관리의 강화 등을 지적할 수 있다.

V. 결 론

일반적으로 행정개혁의 패턴은 그 강도에 따라 현상유지(Maintain), 현대화(Modernize), 시장화(Marketize), 최소화(Minimize) 등과 같은 네 가지 'Ms'전략으로 유형화가 가능하다(Pollitt & Bouckaert, 2004).

이와 같은 행정개혁의 유형을 원용할 때, 독일의 행정개혁은 현상유지에서 시장화를 거쳐 현대화로 나아가는 것으로 평가될 수 있다. 이는 1990년대 초 독일 기민당 콜 정부가 추진한 시장화가 독일의 관료제 행정으로 대표되는 독일의 전통적인 행정체제에 부합하기 어려웠다는 점을 시사한다. 따라서 경로의존적 진화 논리에 기초해 시장화에서 현대화로 회귀한 슈뢰더 정부의 선택은 충분한 합리성을 확보하고 있다. 또한 독일이 경험한 신공공관리의 경로의존적 진화는 한국을 비롯한 많은 국가들의 사례를 통해 일반화 과정을 거치고 있다는 점에도 유의할 필요가 있다.

신제도주의를 반영하는 경로의존적 진화는 행정개혁을 추진함에 있어 기존 제도의 영향력이 얼마나 중요한 변수인지를 잘 알려주는 사례이다. 독일의 경우 슈뢰더 정부뿐만 아니라 과거 역대 정부의 행정개혁도 영미국가에 비해 점진적인 방식으로 추진되었다. 그 이유는 법치주의, 사회민주주의, 직업공무원제 등 오랜 기간에 걸쳐 형성되어 온 독일 행정체제의 제도적 특성에 기인하는 바가 크다. 특히 독일 관료들은 기존 제도를 활용해 철도, 통신 등 일부 민영화된 영역에서조차 이전에 누리던 특권을 확고하게 유지하고 있을 정도이다.

하지만 슈뢰더 정부의 성공적인 행정현대화가 신공공관리의 완전한 실패를 의미하는 것은 아니다. 세계화와 정보화의 심화 추세하에서 약화된 국가경쟁력의 위기가 완전히 해소되지 못한 상황에서 강력한 이념과 리더십이 결부될 경우 중장기적으로 기존 제도의 변화가능성을 예상할 수 있기 때문이다. 특히 독일은 기민당 주도의 메르켈 정부가 행정현대화 노선을 좀더 시장친화적인 방향으로 수정할 개연성이 충분하다.[9]

읽기와 토론 6

독일에서 무엇을 배워야 하는가

(경향신문 2014. 8. 28자. 김정렬 대구대 교수)

1964년 이루어진 아버지 박정희 전 대통령의 독일 방문은 우리나라 정상외교사의 명장면으로 소소한 감동을 제공한 바 있다. 어려운 시절 힘들게 독일까지 가야만 했던 여

---

9) 독일 메르켈 정부의 행정개혁은 대체로 전임 슈뢰더 총리의 행정개혁 노선을 계승하고 있는 것으로 보인다. 이 점은 메르켈 정부 행정개혁의 초점이 슈뢰더 정부가 표방한 현대행정관리, 관료제 축소, 전자정부 등과 일치하고 있다는 사실을 통해 잘 나타나고 있다. 특히 현대행정관리는 인사 측면의 리더십, 조직 측면의 협동 서비스, 통제 측면의 성과관리에 주력하고 있다 (http://www. staat−modern.de).

정과 목표에 부가해 간호사와 광부의 노고를 위로하거나 굶주리는 고국의 국민들을 위해 독일 총리에게 공적개발원조를 역설하던 장면도 인상적이었다.

냉전의 기운이 거세던 당시 서독은 일본과 마찬가지로 미국의 전폭적인 지원하에 전후 복구를 마치고 본격적인 성장세를 구가하던 시기였다. 이점에서 일본을 대신해 분단의 멍에까지 뒤집어써야 했던 한국으로서는 또 다른 분단국가 서독의 성공에 대한 애착이 누구보다 강했을 것이다.

박 전 대통령이 독일 방문을 통해 학습한 고도성장의 느낌과 노하우는 분명히 이후 한국의 경제적 성공을 촉진하는 한 알의 밀알로 작용했을 것이다. 그렇다면 이제 다시 50년 만에 독일을 국빈방문한 딸 박근혜 대통령은 무엇을 보고 배워야 하는가?

라인강의 기적을 벤치마킹한 한강의 기적을 넘어서야 하는 박 대통령 앞에는 다양한 길들이 놓여 있다. 이 중에서도 특히 세계화가 초래한 경제위기의 해법과 '통일대박'의 결의를 다지는 일에 주력할 것으로 보인다. 하지만 여기에 부가해 심각한 민생고 해결을 위한 공공서비스의 강화방안도 진지하게 고민해 주기를 주문해 본다.

현대 독일의 발전 경로는 19세기 말 정부가 주도한 신중상주의(국가주의)에서 시작해 20세기 중반 시민사회를 중시한 사회민주주의(합의주의)라는 안정기를 거쳐 20세기 말 시장을 표방한 신자유주의(시장주의)에 다가서기 시작하였다. 나아가 최근에는 2008년 발생한 미국발 경제위기에 직면하여 복지국가 또는 사회협약 전통이라는 안전핀에 대한 재활용 빈도를 조절하고 있다.

따라서 정부-시장-시민사회가 혼합되고 순환하는 독일식 발전모델의 특성을 직시할 때 어느 한 측면에 대한 과도한 몰입은 위험하다. 일례로 전 세계적인 서비스 빅뱅에도 불구하고 독일은 강소기업이 주도하는 제조업의 경쟁력을 토대로 경제활성화를 유도하였다. 따라서 독일에 대한 학습은 역사의 흐름이라는 총체적 인식을 전제한 상태에서 세부 내용별 벤치마킹을 시도해야 한다.

최근 독일이 유럽연합, 통일독일, 독일연방의 주도자로서 발휘한 대내외 리더십에 대한 벤치마킹은 동북아 공동체, 남북통일, 지방분권 등을 포괄하는 다층 거버넌스(multi-level governance)의 구현은 물론 정부·정당 간 협력(비례대표제), 정부·기업 간 협력(골디락스), 정부·시민사회 간 협력(보편적 복지) 등과 같은 분야별 협력체제를 촉진할 것이라는 기대를 증폭시키고 있다.

하지만 독일식 모델을 구성하는 다양한 변수들은 상황에 따라 고도의 양면성을 지니고 있다는 점에 유의해야 한다. 통일을 전후해 독일은 안정된 국가(stable state)에서 정체된 국가(static state)로의 전환이라는 시련을 경험한 바 있다. 또한 세계화라는 다목적

경기장이 출현하면서 위기에 내몰린 독일이 블록화라는 전용경기장이 생기며 지역맹주의 위용을 과시한 일에도 주목해야 한다.

결국 그동안 독일이 연출한 반전의 드라마는 우리에게 매력적으로 다가왔음을 부인하기 어렵다. 하지만 그동안 우리 정부와 시장 및 시민사회는 독일드라마에 대한 자기주도 편식을 지속하는 과정에서 균형 잡힌 인식을 결여해 왔다. 따라서 박근혜 대통령도 '시장주의'에 대한 과도한 환상 속에서 국민들을 '냉정하게' 이끌려고 하지 말고 '합의주의' 속에 내재된 '따뜻함'도 배워 오기를 기대해 본다.

CHAPTER
07 일본의 신공공관리와 지방분권 개혁:
고이즈미 정부를 중심으로

I. 서 론

1868년 메이지유신을 계기로 확립된 현대 일본의 전통적인 행정체제는 관료
제의 정책 주도와 강력한 중앙집권으로 요약된다. 물론 1945년 패전 직후 자유민
주주의에 정통한 미국식 행정제도의 이식을 의도한 맥아더 군정의 개혁에 부가
해 1955~93년 동안에 자민당이 주도한 고도성장체제의 유지과정에서도 전통적
인 행정체제의 문제점을 치유하기 위해 다양한 측면의 행정개혁 시도가 이루어
져 왔다. 하지만 이러한 노력만으로 기존 제도의 전면적인 변화를 유도하기에는
역부족이었다.

그러나 1990년대 중반을 전후해 본격화된 세계화의 심화 추세하에서 일본에
유입된 신공공관리는 55년체제의 붕괴와 시너지를 창출하는 방식으로 공공부문
전반의 재편을 촉진하고 있다. 이른바 경쟁과 효율을 중시하는 '관에서 민으로'라
는 신공공관리(NPM: new public management)의 슬로건이 일본의 공공부문을 강타
하면서 중앙정부와 준정부조직은 물론 지방자치단체 전반으로 개혁 노력이 확산
되고 있다.[1)

---

1) 신공공관리적 행정개혁을 반영하는 행정이념의 키워드는 '관에서 민으로'에 부가해 새로운 공
공, 스스로 할 수 있는 것은 스스로, 지역에서 할 수 있는 것은 지역에서, 민간에서 할 수 있는
것은 민간에서 등을 지적할 수 있다(安達智則, 2004). 또한 개혁수단의 키워드로는 행정평가/사
무사업평가/정책평가, 인사에 대한 업적평가/성과주의, 기업식 회계(밸런스시트)/행정코스트계
산서/사업별 행정코스트 계산서, 민자유치(PFI: Private Finance Initiative) 등을 지적할 수 있다

한편 일본에서는 2001년 87대 총리로 취임한 고이즈미가 '새로운 일본'을 표방하면서 강력한 구조개혁을 추진하였다. 특히 경쟁을 중시하는 신공공관리와 병행하여 협력을 중시하는 거버넌스를 동시에 추진한 점이 특징적이다.

이에 본서에서는 한일간 행정개혁 전통 간에 존재하는 유사성과 차별성에 주목하면서 일본의 신공공관리와 지방분권 개혁을 다각도로 검토하고자 한다. 먼저 Ⅱ절에서는 일본 행정개혁의 기원과 전개과정을 단계별로 비교하고, Ⅲ절에서는 고이즈미 정부를 중심으로 신공공관리에 기초한 지방분권개혁의 쟁점을 검토하고자 한다. 그리고 Ⅳ절에서는 최근의 지방분권 추세를 반영하는 대표적 정책수단인 구조개혁특구와 지역재생계획을 소개하고자 한다.

Ⅱ. 일본 행정개혁의 기원과 전개

1. 전후 고도성장기의 행정개혁

메이지유신 이후 정립된 일본의 전통적인 행정체제는 관료제 원칙에 충실했던 독일과 프랑스 행정의 장점들을 벤치마킹하는 방식으로 이루어졌다. 특히 19세기 말 일본의 유신세력들은 서구를 따라잡기 위해 발전과 서구화를 동일시한 상태에서 자연스럽게 정부관료제의 팽창과 정책 주도를 허용하였다. 또한 전통적인 일본의 행정문화는 공무원을 둘러싼 사회 전체의 하부 문화가 아닌 사회 전체를 선도하는 문화로 제도화되었다. 왜냐하면 천황에 대한 충성과 명예에 기초한 정실주의 인사행정이 이루어졌을 뿐만 아니라 전통적인 관존민비 사상으로 관료들이 국민 위에 군림하였기 때문이다.

하지만 전후 일본에 설치된 미군정은 1947년 신헌법 제정을 통해 압축성장과 전쟁수행 과정에서 급속히 팽창한 정부관료제의 과도한 힘을 의회로 전환시키기 위한 개혁을 추진하였다. 하지만 이러한 노력에도 불구하고 일본의 정부관료제는 별다른 영향을 받지 않은 것으로 분석되고 있다. 미국의 점령정책이 간접통치라는 형태를 취했기 때문에 그 집행에 있어 관료들의 협력을 필요로 하였기 때문이다. 일례로 1952년 4월 발효된 샌프란시스코 강화조약을 통해 확인된 미국

(Lane, 1995; Schultz & Maranto, 1998).

의 유화적 태도는 여타 패전국과의 비교를 통해 확연히 구별되며, 이러한 미국의 선택은 공산권 방어기지로서 일본의 지정학적 가치에 기인한다.

한편 신속한 전후복구를 명분으로 산출된 '55년체제'도 관료제의 안정적인 성장에 촉매제 역할을 담당한 것으로 평가된다. '55년체제'란 1955년 이후 일본의 정계가 보수 세력인 자민당과 혁신 세력인 사회당 간의 대결구도로 재편되었음을 의미한다. 이는 외견상 양대 정당체제였지만 실제는 보수세력의 총결집체인 자민당이 압도적 우위를 점하는 일당우위 정당체제였으며, 자민당의 집권은 1955년부터 1993년까지 38년간 이어졌다.[2] 이 기간 동안 자민당은 냉전과 혁신 세력에 대한 위기의식을 활용해 안정적으로 정권을 획득·유지할 수 있었고, 이 과정에서 자민당과 관료제 간의 긴밀한 연계관계가 형성되었다.

따라서 55년체제가 유지되는 과정에서 일본의 관료제는 변화의 주도자 역할을 담당하기 어려운 구조였다. 미국이나 영국과 달리 관료제에 적대적인 기풍이 미약했을 뿐만 아니라 전후 고도성장을 주도한 정부관료제의 선도적 역할을 국민들이 수용하였기 때문이다(이도형·김정렬, 2005). 이러한 이유로 일본에서 고도성장기에 이루어진 행정개혁은 관료제에 대한 비판보다는 행정관리능력의 향상에 초점이 부여되었다.

전후 목격된 일본 행정개혁의 최초 사례는 제1차 임시행정조사회(第1臨調: 1961~64)이다. 제1차 임시행정조사회(第1臨調)는 행정개혁을 위한 미국의 Hoover 위원회를 모방해 만들어졌다. 임시행정조사회는 전직 고위관료를 포함한 7명의 위원들로 구성되었다. 이 위원회는 예산편성 기능을 대장성에서 내각부로 전환하는 것을 권고했지만 받아들여지지는 않았다. 하지만 전체 공무원 크기에 관한 법률(1969년)의 제정을 통해 성별로 1개의 기관을 감축하는 제한적인 성과를 산출하였다(배귀희, 2005).

제2차 임시행정조사회(第 2 臨調: 1981~83)는 1979년 오일쇼크로 촉발된 재정적자의 위기를 해소하기 위해 설립되었다. 이러한 노력의 주요한 성과로는 일본철도(Japan National Railways: JNR)의 민영화를 들 수 있다. 1986년 민영화 이후 일

---

2) '55년체제'의 붕괴 움직임은 1988년 6월 리크루트 사건을 계기로 시작되었고, 정계개편은 1993년 봄 정치부패 근절을 내세운 정치개혁이 불발로 끝나자 1993년 7월 총선으로 이어졌다. 이 총선에서 자민당이 과반수 의석 확보에 실패하였고, 선거 후 8개 당파가 비자민당 연립정권의 수립에 합의함으로써 '55년체제' 성립 이후 최초로 정권교체가 이루어지게 되었다.

본철도는 생산성 향상과 정부부채 감소에 기여한 것으로 평가되고 있다. 그 후 제2차 임시행정조사회의의 권고에 따라 행정개혁추진위원회가 결성되었다. 3차례에 걸친 행정개혁추진위원회는 임시행정조사회의 기본 원칙을 유지했을 뿐만 아니라 지방분권을 새로운 의제로 채택하였다. 물론 당시의 지방분권 노력은 소기의 성과를 산출하지 못한 것으로 평가되지만 이후 계속된 지방분권 노력의 촉매제 역할을 담당하였다. 그리고 2차 행정개혁추진위원회(1987~90)에서는 총리권한의 강화 차원에서 행정조정실을 신설해 성청간 조정기능을 강화하였다. 나아가 3차 행정개혁추진위원회(1990~93)에서도 행정의 국제화를 위해 규제완화에 주력하였다(배귀희, 2005).

2. 1990년대 중반 이후 경기침체기의 행정개혁

일본에서 행정개혁이 본격적으로 추진되기 시작한 것은 자민당 정권붕괴(1993. 8) 현상이 발생하면서부터이다. 이후 일본의 행정개혁은 크게 1993~96년 호소가와 내각의 개혁, 1997~2000년 하시모토 내각의 개혁, 2001~2005년 고이즈미 내각의 개혁 등과 같은 3시기로 구분을 시도할 수 있다(배귀희, 2005).

먼저 1993~96의 행정개혁은 호소가와 내각, 무라야마 내각(1994. 7~1996. 1) 그리고 첫번째 하시모토 내각(1996. 1~1996. 10)에 의해 이루어졌다. 8개 정당이 연합해 출범한 호소가와 내각은 초창기 70%가 넘는 대중적 인기를 바탕으로 선거개혁에 부가해 규제개혁에 주력하였다. 이러한 노력의 일환으로 행정개혁추진본부 안에 1998년에 탈규제위원회(Deregulation Committee)를 설치하였다(배귀희, 2005). 이 위원회의 이름은 1999년에 규제개혁위원회(Regulatory Reform Committee)로 바뀌었다. 또한 무라야마 내각과 첫번째 하시모토 내각의 기간 동안에는 호소가와 내각과는 달리 좀더 분권화된 정책결정구조를 선택하였다. 특히 하시모토 내각의 행정개혁은 기본적으로 중앙성청의 슬림화와 내각기능의 강화를 통한 정치적 리더십의 강화에 있다고 할 수 있다. 그리고 이러한 개혁의 일환으로 기존의 1부(府) 22성(省)청(廳)으로 구성된 중앙성청(中央省廳)의 수를 그 반인 1부(府) 12성(省)청(廳)으로 슬림화하였다. 하지만 성청의 슬림화에도 불구하고 전체 공무원의 수는 그렇게 줄어들지 않았기 때문에 그 효과는 제한적이라는 평가를 받고 있다

(홍진이, 2002).

다음으로 제2차 하시모토내각은 신설된 행정개혁위원회를 중심으로 경제사회 전반의 구조개혁과 병행하여 행정개혁의 주요 의제로 부처의 재편 및 통합, 규제완화, 특수법인의 정리 및 합리화, 지방분권, 규제완화, 국가공무원 제도개혁 등을 설정하였다. 특히 당시의 행정개혁은 기존에 경제사회발전의 선도자 역할을 수행해 온 관료제의 약화와 정치적 리더십을 대표하는 총리의 권한강화에 초점을 부여하였다(홍진이, 2002; 배귀희, 2005). 이를 반영하는 구체적인 사례로는 총리의 발의권을 명시, 총리를 보좌하는 내각관방과 내각부의 조직 강화, 총리실 근무인력의 정예화, 책임소재의 명확화를 위한 심의회의 대폭 축소 등을 들 수 있다. 내각기능의 강화를 목적으로 하는 이와 같은 움직임은 제1차 임시행정조사회(臨時行政調査會) 이래 계속 제기되어 왔다. 일례로 미국이나 프랑스와 같은 내각부의 창설 및 내각보좌관제도의 도입, 그리고 대장성으로부터 주계국(主計局)을 분리하여 총리에 직속시키는 방안 등이 거론되어왔다. 여기에 고령사회를 눈앞에 두고 산적한 문제해결을 위해 강력한 리더십에 대한 희구심리가 확산된 점도 이러한 개혁방향에 힘을 실어준 것으로 보인다.

마지막으로 최근 일본의 행정개혁은 변화를 표방하면서 집권에 성공한 고이즈미(小泉) 내각의 등장 이후에도 계속되고 있다. 특히 고이즈미는 하시모토가 이룩한 총리의 권한강화를 토대로 행정개혁의 실질적 성과 창출에 주력하고 있다. 내각부 산하 행정개혁추진본부와 총무성이 주도하고 있는 신공공관리적 행정개혁의 주요 내용으로는 정책평가제도, 독립행정법인제도, 공무원제도 개혁(파업권 부여와 신분보장 완화), 탄력적인 조직/정원관리, 정보공개와 공공관계(public comment & public relation)의 강화, 총리관저 및 내각기능의 강화, 행정서비스의 질적 향상, 전자정부, 기업회계제도의 도입 등을 지적할 수 있다.

나아가 고이즈미 내각은 신공공관리의 실질적인 제도화를 위해 영미의 신공공관리를 벤치마킹해 공공부문 전반의 구조개혁 기풍을 강화시켰을 뿐만 아니라 내각관방이 새로운 지역발전수단으로 제시한 구조개혁특구와 지역재생계획을 적극적으로 추진하였다. 이 점에서 향후 고이즈미 정부가 추구한 행정개혁의 주된 목표는 삼위일체개혁의 완성, 시장성검증(marketing test)을 활용한 공공부문의 슬림화이다.

III. 고이즈미의 신공공관리와 지방분권 개혁

1. 지방분권 개혁의 논리와 원칙

일본의 지방분권 개혁은 메이지 개혁, 전후 개혁에 이은 제3의 개혁으로 표현될 정도로 중시되고 있다(장은주, 2003). 이는 일본의 행정개혁에서 지방분권이 차지하는 비중이 크다는 점을 시사한다. 일본의 전통적인 행정체제는 국가와 지방자치단체 간의 융합을 요체로 하는 중앙집권적 구조를 특징으로 한다. 따라서 지방분권은 기존의 중앙집권을 초월하는 새로운 발전역량의 모색과 직결된 문제이다. 이에 일본은 1990년대 중반 이후 신공공관리로 대표되는 구조개혁의 기조하에서도 지방분권 개혁을 병행하고 있다.[3]

고이즈미 총리의 취임을 전후해 일본에서 강화된 신공공관리와 지방분권 개혁의 필요성은 다음과 같다. 첫째, 세계화와 지방화 추세에 대한 범정부 차원의 적극적인 대응이다. 둘째, 동경에 집중된 발전역량을 지방으로 확산시켜야 한다는 점이다(장은주, 2003). 셋째, 고령화 사회에 효과적으로 대처하기 위해서는 지방행정체제의 자생력을 강화시켜야 한다는 점이다. 넷째, 기존의 획일적인 마을만들기(마찌즈꾸리: まちづくり)가 아닌 다양화된 가치관에 대응하는 지역발전전략을 수립해야 할 필요성이다.

이러한 일본의 지방분권 개혁을 추동하는 핵심적 원칙으로는 보충성의 원리(doctrine of subsidiarity)를 들 수 있다. 보충성(보완성)의 원리(원칙)란 계서제를 전제로 상이한 수준의 정부 간에 행정권한을 배분함에 있어 가장 밑에 있는 계층에 문제해결의 우선권과 더불어 일정 수준의 권한과 자원이 부여(empowering)되어야 한다는 것이다. 즉, 제일 아래의 행정계층에서 풀 수 없는 문제가 생길 때 그 바로 위 행정계층이 나서야지 필요 이상으로 높은 단계의 기관이 나서서는 안된다는 주장이다. 따라서 이러한 원리가 수용되지 않으면 자발성은 축소되고 자율성 또한 위축될 것이다(이달곤, 2004).

---

3) 일본의 지방분권은 오랜 역사를 지니고 있다. 1980년대 말부터 정부와 전문가 그룹의 문제제기를 중심으로 시작된 지방분권 논의는 1990년대 이후 사회적인 논의로 확대되었다. 1995년 5월 지방분권추진법이 제정되고, 동년 7월부터 총리의 자문기관인 지방분권추진위원회가 활동을 개시하였다. 동 위원회의 권고를 토대로 2000년에는 지방분권일괄법이 제정되었다.

한편 앞서 제시한 보충성의 원리를 반영하는 지방분권 개혁의 구현 사례로는 고이즈미가 주창한 삼위일체개혁을 들 수 있다. "① 국고보조금(부담금)의 삭감, ② 지방교부세(교부금)의 삭감, ③ 세원(稅源)이양" 등을 요체로 하는 삼위일체개혁은 종래 국가가 책임지고 행해 왔던 교육, 의료, 복지 등을 국가적 영역에서 분리하여 지방자치단체가 자율적이고 창의적인 방법으로 해결하도록 유도한다는 구상이다. 일례로 지방자치단체가 특정 서비스 분야별로 수지를 계산해 필요에 따라 요금을 인상하거나 급부를 억제하도록 한다는 것이다.

이를 구현하기 위해 일본의 지자체들은 복지 분야를 중심으로 자치단체 직영 방식에 의존해 온 서비스 공급방식을 비영리단체나 주식회사로 전환시키고 있다. 이에 일본의 대기업들도 공공서비스의 위탁을 위한 비영리단체(NPO: non profit organization) 만들기에 적극 나서고 있다. 따라서 서비스를 위탁하는 곳이 NPO라도 시민의 자주적인 NPO인지 NPO를 가장한 주식회사인지 그 실체를 규명하기 어렵게 되었다.

또한 일본의 지자체들은 공공서비스 공급주체의 다변화와 병행하여 기존에 사회복지사업을 주도해 온 종교법인에 대한 보조금 개혁에도 적극 나서고 있다. 일례로 도쿄도 복지국은 특정한 종교법인으로 공금(보조금)을 지출하는 것이 일본 헌법 89조(신사 등 특정 종교집단에 대한 보조금 지출 금지)에 위배될 수 있다는 인식에 따라 신공공관리의 경쟁 이념을 결합하는 방식으로 종교법인에 의한 복지서비스 제공을 완화하거나, 주식회사나 NPO와의 경쟁구도로 재편하기 위한 정책수단을 강구하고 있다.

결국 '돈은 줄이고 권한은 늘리는' 미국의 신연방주의 정책기조와 유사한 고이즈미 내각의 삼위일체개혁은 우정 개혁, 도로공단 개혁을 잇는 '구조개혁 제3탄'으로 지칭되고 있다(이상훈, 2007). "지방이 할 수 있는 것은 지방에 위임한다"고 하는 것이 효율중시형 지방분권, 즉 '삼위일체개혁'의 주된 지향점이다. 이를 위해 국고보조금이나 지방교부세를 삭감하는 대신에 세원과 관련된 권한은 최대한 부여하였다. 따라서 고이즈미의 대표적인 지방분권 개혁인 구조개혁특구와 지역재생계획은 유관 부처의 반대로 지연되고 있는 삼위일체개혁의 보완기제라는 의미를 부여할 수 있다.[4]

---

4) 원래 중앙정부가 지방정부에 지불하는 '국고보조금(부담금)'에는 노인의료나 의무교육 등 국가

나아가 고이즈미 내각의 개혁기조는 아베와 후꾸다 내각에서도 지속적으로 추진되었다. 왜냐하면 2006년 예산 260조 엔의 3.2배에 달하는 834조 엔의 국가부채를 해소하기 위해서는 복지서비스의 감축이 불가피했기 때문이다. 일례로 가장 방만한 것으로 평가되는 의료보험의 경우 2008년부터 75세 이상 후기고령자 200만 명에 대해 별도의 의료보험제도 가입을 의무화시키는 등 적자해소 대책에 만전을 기하고 있다(중앙일보, 2007. 12. 3자).

2. 지방분권 개혁의 쟁점: 신공공관리와 지방분권의 상호관계

일본에서는 2003년 지방선거 과정을 통해 '관에서 민으로'라는 하나의 거대한 조류가 형성되었다. 일례로 도쿄도 지사선거에서 이시하라는 300만 표를 넘는 득표로 압승을 하였다. 이시하라는 이미 집권 제1기부터 '관에서 민으로'라는 정책기조하에 도립병원의 폐지, 도립복지시설의 통폐합과 민영화 등을 적극적으로 추진하였다. 또한 이보다 앞서 미에현 전 지사였던 기타가와는 Osborne & Gaebler (1992)의 정부재창조(Reinventing Government)라는 책을 '나의 성경책'으로 지칭하면서 벤치마킹에 주력하였다(安達智則, 2004).

그리고 나가노현 다나카 야스오 지사는 투명한 집무실, 정경유착의 근절, 직접민주주의, 의식개혁 등을 중심으로 전방위적인 개혁을 추진하였다. 다음으로 고치현 하시모토 다이지로 지사는 지사실에 설치된 감시카메라를 24시간 인터넷을 통해 생중계하는 한편 간부 직원들의 판공비를 홈페이지에 공개할 정도로 투명행정의 구현에 주력하였다. 또한 돗토리현 가타야마 요시히로 지사는 "의회와의 사전협의는 없다"와 "의원이 청탁하면 공개한다"는 원칙하에 지방의회 개혁을

가 비용을 부담해야 하는 '국고부담금'과 국가가 정책을 유도하기 위해 지출하는 '국고보조금'의 2종류가 있다. 또한 '지방교부세(교부금)'은 지방자치체 간의 재정능력의 차를 메우고, 모든 자치체가 일정한 행정서비스를 확보할 수 있도록 국가가 총무성을 통해서 배분하는 자금이다. 교부세는 보조금과 달리 용도가 한정되지 않으며, 재원규모는 2003년 기준 약 18조 엔으로 보조금 규모인 20조 엔에 비해 약간 적은 편이다. 한편 일본의 정부간 관계를 세수(稅收)에서 본다면, 국세와 지방세의 비율이 6 대 4인 반면에 세출의 비율에서는 중앙 대 지방이 4 대 6으로 역전되고 있다. 이러한 차이를 보완하는 것이 보조금이나 교부세 등이지만, 지방자치단체들은 이와 같은 이전재정을 축소하는 대신에 세원(稅源)이양을 원하고 있다. 하지만 세원이양은 총무성의 의지에도 불구하고 재무성의 반대(보조금의 경우는 유관 부처와 족의원들이 반대)로 지연되고 있다는 점에서 구조개혁특구나 지역재생계획이 과도기적 대안으로 주목받게 된 것이다(이상훈, 2007).

표 7-1	정부재창조 운동에 제시된 10대 원칙과 일본 지자체의 NPM 구현사례

정부재창조 운동의 10가지 원칙	일본 지자체의 NPM 구현사례
1. 촉매제로서 행정(노젓기보다 키잡기)	행정은 코디네이터, 전략기획의 강화
2. 지역사회가 소유하는 행정(권한부여 강화)	로컬거버넌스의 활성화
3. 경쟁하는 행정(경쟁의 활성화 유도)	강제경쟁입찰제, 수의계약 탈피
4. 사명중시의 행정(규제중시 행정의 탈피)	부문별 예산제도, 실적중시형 인사제도
5. 성과중시의 행정(성과지향의 예산체계)	행정평가와 연동한 예산편성
6. 고객중시의 행정(고객만족 중시)	시민을 고객으로 한 '고객만족도' 조사
7. 기업화하는 행정(소비자에서 생산자로)	민자유치의 활성화, 관민협력의 강화
8. 선견지명의 행정(치료에서 예방으로)	복식부기를 활용한 기업식 운영체계
9. 분권화하는 행정(계층제에서 팀워크로)	사무사업평가, 현장참가의 강조
10. 시장지향의 행정(시장개입의 최소화)	민간자율의 중시

주: 일부 구현사례는 일본의 현실을 토대로 원어의 의미를 재해석한 경우가 있음.

07

선도하였다.5)

　이처럼 '관에서 민으로'를 앞세운 신공공관리의 열풍은 1980년대에 지자체의 민영화를 촉진했던 도시경영론(감량경영)과 비교하여 보아도 그 내용이 새로워졌음을 알 수 있다. 일본에서 목격되고 있는 'NPM'의 구체적인 내용은 시정촌 합병6)을 비롯해 복식부기, 행정평가,7) 인사평가, 예산편성, 민자유치(PFI), 지정관리자 제도,8) 구조개혁특구, 지역재생계획 등이다. 이러한 구성은 제3섹터를 비롯

---

5) 여기에 대해서는 KBS 일요스페셜 특파원 보고, 일본을 바꾼다: 개혁지사 3인의 도전(방송일시: 2003년 8월 31일 일요일 저녁 8시)을 참고하기 바람.

6) 시정촌 합병은 적은 규모의 자치단체를 합병하여 지방분권과 지역주권의 실현을 달성하기 위해 일본정부가 강력히 추진하고 있다. 1998년에 3,232개에 달하였던 시정촌 수가 2005년도 말에는 1,822개까지 줄었고, 2006년도에는 1,800개 정도로 줄었다. 나아가 시정촌 합병은 지방공기업과 같은 지자체 투자기관의 경영효율화를 촉진시키는 계기로 작용하고 있다(허훈, 2007).

7) 일본의 지방자치단체들은 사무사업평가를 비롯해 시책평가, 주민의식조사, 활동기준원가계산(ABC: Activity Based Costing), 계층분석법(AHP), 공공시설평가 등을 적극적으로 활용하고 있다(監査法人トーマツ, 2005). 이러한 지자체 행정평가의 주요한 특징으로는 탈정치화 지향, NPM 지향, 공급자 중심의 평가, 컨설턴트의 활용 등을 들 수 있다.

8) 지정관리자제도는 고이즈미 내각이 규제완화를 통한 행재정개혁을 추진하는 가운데 도입한 제

해 단식부기, 민간위탁, 정경관 유착의 온존 등으로 대표되는 1980년대의 임조개
혁이나 도시경영론과는 확연히 구별되는 개혁의 새로운 운영체제(OS)에 비유할
수 있다.9)

특히 1980년대의 행정개혁이 재정위기에 대응하기 위해 사회보장에 대한 요
구를 억제하거나 예산절감을 위한 민간위탁에 주력하였던 반면에 최근의 신공공
관리는 예산회계제도 자체에 대한 전면적인 개혁에 착수하였다. 먼저 도쿄도 산
하 구청, 미에현, 미카다시, 요코하마시 등이 선도적으로 도입한 NPM식 예산편성
방식은 중앙정부의 다년도 예산제도로 진화하는 모습을 보여주고 있다.10) 단년
도 예산편성의 한계를 극복하는 다년도 예산편성은 보조금 개혁에 유리할 뿐만
아니라 사회간접자본 확충에도 기여할 것으로 평가되고 있다.

다음으로 복식부기로 대표되는 기업식 회계제도를 도입한 자치단체는 1999
년 5월 현재 도도부현(都道府県)이 5곳, 시가 13곳으로 집계되었다. 이후 3년간 기
업식 회계의 적용단체는 표준모델을 제시한 총무성의 후원에 힘입어 거의 대부
분의 자치단체로 확산되었다. 참고로 2002년 7월 현재 미도입 단체는 12.9%에 불

도로서 그동안 행정이 수행하여 온 행정재산의 관리를 민간에 개방하는 제도이다. 동 제도는
2003년 6월 일본 지방자치법의 개정 이전에는 지방자치단체 공공시설의 관리위탁제도로 존재하
였고, 위탁관리수행자는 보통지방자치단체가 출자한 공공법인 혹은 공공단체 등으로 정해져 있
었다. 개정 후에 도입된 지정관리자제도는 공공시설의 관리에 민간의 능력을 활용하고자 하였
으며, 주식회사, 사회복지법인 등의 공익법인, 특정비영리활동법인(NPO법인) 등 법인격을 갖고
있지 않은 단체 등에게도 관리를 맡길 수 있게 되었다(岡南 均·永井眞也, 2006: 13).

9) 일본의 제3섹터형 지방공기업이란 지방자치단체가 출자금의 과반을 출자하는 민법 및 상법상의
법인을 말하며, 이외에 소위 지방 3공사라 일컫는 지방주택공급공사, 지방도로공사, 토지개발공
사와 특별법으로 성립하는 지방독립행정법인도 이 범주에 포함시켜 분류할 수 있다. 총무성에
따르면 제3섹터형 지방공기업의 총수는 2006년 3월 현재 9,208개이지만, 설립 후 얼마되지 않아
재무제표를 작성하지 않는 법인과 사업범위가 전국적인 법인 등을 제외하고 당해 연말에 조사
대상이 된 법인의 수는 7,941개이다. 이 중 상법법인은 65.2%가 경상흑자를 내고 있으며, 민법법
인은 62.3%가 실질재산의 증가를 가져왔다. 이를 전체적으로 보면, 흑자법인이 4,921개로서 적
자법인 3,020개보다 많다(허훈, 2007). 하지만 이러한 경영실적은 1980년대 제3 섹터의 전성기에
비해 저조한 수준이다.

10) 도쿄도 산하 足立区의 포괄예산제도는 투자적 경비를 별도의 범주로 하며 부(部) 단위로 예산
을 배분하여 그 범위에서 사무사업을 '자유'로 행하는 예산제도이다. 그 결과 사업변경이나 인
원조정에 대한 판단을 예산재정 부서가 아니라 현업부서에서 주도할 수 있게 되었다. 즉, 일반
회계의 일정비율을 투자적 경비로 전환할 수 있게 되었다. 따라서 足立区의 일반회계규모는 약
2,000억 엔이기 때문에 이 '포괄예산제도'에서 150억 이상, 구성비 5% 상당의 개발경비를 순증
(純增)할 수 있다. 그리고 이러한 사례는 2003년 4월에 중앙정부 대신의 벤치마킹 사례로 부각
되면서 도도부현(都道府県), 정령지정도시, 특별시 등에 상당한 영향력을 행사하고 있다(安達智
則, 2004).

과한 것으로 조사되었다. 나아가 행정평가의 보급은 기업식 회계에 비해 부진한 편이지만 2002년 7월 미쓰비시총합연구소의 조사결과에 따르면 '본격도입' 20.5% 와 '시행단계' 30.2%를 합쳐 50.7%에 달하고 있다(安達智則, 2004).

　　한편 신공공관리의 심화는 단순한 지방분권을 초월하는 문제이다. 기존의 정부간 관계를 초월해 시장화의 추세가 부각됨으로써 중앙정부는 물론 지방자치 단체들의 입지도 축소되고 있기 때문이다. 이 점에서 지방자치의 민주성이 약화 된다는 점을 신공공관리의 주요한 부작용으로 지적할 수 있다. 일례로 민영화 추 세의 강화는 관료제를 천황의 봉사자에서 국민의 봉사자 단계를 지나 거대자본 의 봉사자로 변질시킬 위험성을 지니고 있기 때문이다.

표 7-2　1980년대 '임조행혁'과 'NPM행혁'의 비교

	임조행혁	NPM행혁
정치적 배경	나카소네가 주도한 제2 임조	고이즈미가 주도한 구조개혁과 지방분권
경영화 패턴	관과 민의 합체	기업식 정부, 관민협력, 기업화
민영화 대상	국철, 담배, 전화 등 공기업	국립대학, 재정투융자단체. 우정과 지자체
지자체의 개혁	청소, 학교급식, 시설관리 등 제한된 분야(혁신지자체 중심)	복지, 의료, 교육 등 모든 공공서비스 영역(모든 지자체로 확산)
민영화 방식	제3 섹터(주로 리조트 개발이나 테크 노폴리스 구상)	민자유치(PFI), 지정관리자제도, 독립행정법인 (국립대학), 지방독립행정법인(지방의 공립대학), 구조개혁특구와 지역재생계획
정책수단과 기법	관민코스트비교(현금주의 원칙에 기초 해 단순히 공공과 민간조직 간의 결산 수치비교)	복식부기(발생주의 원칙에 기초해 감가상각비와 퇴직금의 계상), 밸런스시트나 코스트계산서, 행 정평가제도와 사무사업평가, 외부감사, 시·정· 촌 합병
공무원 제도	정원제한 정책	인사제도의 개혁. 국가공무원법 개정, 인사평가 의 다면화와 성과주의 도입
예산과 재정	1980년대 초에 발생한 재정위기에의 대응을 위해 긴축과 절약 강조	투자적 경비, 공공사업 경비 등을 별도로 책정하 는 예산제도개혁(NPM식 예산편성방식으로 지칭 되고 있음)

자료: 安達智則(2004)을 토대로 재구성.

07

일본의 자치단체들은 1970년대의 혁신자치체나 1980년대의 도시경영론에도 불구하고 비교적 높은 수준의 공공성을 유지해 왔다. 일례로 일본 지자체의 경비, 급식, 보육 등의 분야는 그동안 계속된 민간위탁이나 아웃소싱의 열풍에도 불구하고 2001년 본격적인 구조개혁 직전까지만 해도 직영 방식을 유지한 경우가 많았다. 또한 주민에 대한 밀착 서비스를 제공하기 위해 1975년 동경도 산하 보건소를 구 산하로 이관한 일도 풀뿌리 민주주의에 기초한 지방분권의 대표적인 구현사례이다. 결국 아직까지 일본에는 효율성을 중시하는 '관에서 민으로'라는 기조에 부가해 민주성을 중시하는 '시민중시형 공공서비스'의 기풍이 무시못할 정도로 잠재되어 있다. 따라서 초기 도입단계를 지나 앞으로 본격화될 일본의 신공공관리는 영미국가와 구별되는 제도화 패턴을 산출할 것으로 예측된다.

Ⅳ. 지방분권 개혁의 구현사례: 구조개혁특구와 지역재생계획

고이즈미의 집권을 전후해 일본에서는 신공공관리에 기초한 다양한 구조개혁 대안을 본격적으로 추진하였다. 특히 일본 경제가 1990년대 중반 이후 '잃어버린 10년'으로 지칭되는 장기침체를 경험하자 지방분권 개혁의 초점도 효율성 제고와 경제 활성화에 초점이 부여되고 있다. 이에 여기에서는 2002년 12월에 도입한 구조개혁특구와 2003년 10월에 추진한 지역재생계획을 중심으로 새로운 형태의 지방분권 개혁이 지니는 의미를 다각도로 검토하고자 한다.

1. 구조개혁특구

(1) 의 의

일본이 시행하고 있는 구조개혁특구의 핵심은 '규제강도는 전국적으로 통일성을 확보해야 한다'는 사고체계에서 '지역의 특성에 따른 규제강도의 차이를 인정한다'라는 발상의 전환에 기초한다. 물론 일본이 지역을 한정하여 규제완화를 실시한 것이 이러한 특구제도가 처음은 아니다. 일본은 1992년 처음으로 '파이로트(pilot) 자치체 제도'를 도입, 지역을 한정하여 인허가 등의 특례조치를 실험적으로 인정함으로써 규제완화와 지방분권을 동시에 추진한 바 있다(이홍배, 2005). 그러나 중앙성청을 중심으로 '1국 2제도'라는 반대에 직면하였고, 결국 이 제도는 '법률의 제정이나 개정을 필요로 하지 않는 범위에서' 추진한다는 전제조건이 추가되어 이렇다 할 성과없이 1998년 말에 종료되었다. 또한 핀란드를 비롯한 유럽 국가들도 자율화 실험이라는 방식으로 지방분권과 규제완화를 접목하여 소기의 성과를 산출하고 있다.

따라서 2002년에 새로 실시된 구조개혁특구는 과거의 실패를 경험삼아 다음과 같은 세 가지 새로운 방식을 채용한 점이 특징이다. 첫째, 규제완화의 대상 범위를 최대한 확대한 점이다. 이는 일본정부가 사전에 모델사업을 제시하고 지자체가 이에 응하는 종래의 정부 주도형 지역진흥정책[11]과는 전혀 다른 시도이며, 지자체나 민간사업자의 자발적인 참여와 자립을 촉진하는 데 역점을 두고 있다. 둘째, 지방의 자율적인 문제해결능력을 촉진시키기 위해 세금감면이나 보조금 등과 같은 재정지원을 일절 배제한 점을 들 수 있다. 재정지원 수단이 전제될 경우 과거와 같이 보조금 획득을 목적으로 채산성을 무시한 지역진흥에 빠지기 쉽기 때문이다.[12] 셋째, 정책추진의 선도조직으로 내각부 내각관방에 '구조개혁특구 추진실'을 설치하였다는 점이다. 이를 통해 특구 추진을 위한 모든 절차상의 대응 구조를 일원화하고 고이즈미 총리 자신이 본부장을 맡는 '구조개혁추진본부'를 설치함으로써, 특구 도입에 필요한 법안정비 및 지정 지역의 검토 등을 핵심 부서인 내각 주도로 추진하는 체제를 정비하였다(이홍배. 2005).

한편 구조개혁특구 제도는 이전에 채택한 구조개혁의 전략인 정면공격·중앙돌파형(우정 민영화, 특수법인 개혁 등)과 구별되는 일종의 게릴라전적인 전략이라고 할 수 있다. 또한 거시적 수준의 개혁과 비교하여 미시적 수준의 개혁이라고도 규정할 수 있는 특구 제도는 일견 간접적인 접근방법으로 치부될 수 있지만, 지방자치단체에 대한 권한이양을 통해서 개선, 경쟁, 준비, 가속 등과 같은 다

---

11) 일본에서 이루어진 중앙정부의 주도의 대표적 지역진흥정책 사례로는 제3섹터 방식에 초점이 부여된 테크노폴리스법(1983년), 민활법(1986년), 리조트법(1987년) 등을 지적할 수 있다. 이러한 정책들은 어느 특정의 지역을 한정해 그 구역에 대한 규제를 완화하거나 재정지원 조치를 강구해 산업집적을 도모하는 선택과 집중의 전형적인 사례이다.

12) 1980년대 중반 일본의 지방자치단체들은 민간의 자본을 활용한 제3섹터 방식의 리조트 개발 등 대규모 투자사업을 전개하였지만 1990년대 중반 버블붕괴에 따른 심각한 경기침체와 부동산 가격의 폭락이라는 실패를 경험하였다(임정덕·최병호, 1996).

양한 효과를 기대할 수 있다(21世紀政策研究所, 2004b).

부연하면 첫째, 개선이란 현장의 혁신제안을 중심으로 개혁을 추진한다는 점이다. 둘째, 경쟁이란 한 나라의 여러 제도가 촉진하는 지역간 경쟁의 심화를 의미한다. 셋째, 준비란 특구제도가 지역경영 시대의 개막을 준비하는 체제의 트레이닝 기회가 될 수 있다는 의미이다. 넷째, 가속이란 리눅스형 구조개혁으로서 '많이 시도하여, 잘 된 것만을 남긴다'는 것이다.

(2) 구현사례

일본 정부는 구조개혁특구를 크게 9가지의 유형으로 구분하고 있다. 또한 中見利男(2003)은 정부의 유형분류를 부분적으로 통합·수정하는 방식으로 국제물류, 경제·산업·IT, 기술개발·의료, 농업교류·비즈니스, 교육관련, 생활복지 등을 제시하였다. 그리고 구조개혁특구의 싱크탱크를 자임하고 있는 21세기정책연구소도 앞의 사례와 비슷한 수준의 유형화를 제시하고 있다. 하지만 여기에서는 특구의 설립목적에 초점을 부여한 상태에서 기업유치, 과학기술, 행정사회, 지방자치 등과 같은 4가지로 분류하고자 한다. 이때 4개의 특구 유형은 필요에 따라 경제(기업유치와 과학기술) 사회(행정사회와 지방자치)로 대분류가 가능하다(21世紀政策研究所, 2004c).

1) 기업유치: 국제물류, 산업활성화, 산학협력

기업유치를 목적으로 조성되는 특구는 단시일 내에 가시적인 성과를 산출할 수 있다는 점에서 공통점을 지니고 있다. 일본 구조개혁특구추진실의 분류를 원용할 때, 여기에 해당하는 특구는 국제물류, 산업활성화, 산학협력 등이다. 개별특구의 수가 100여 개에 육박하고 있으며, 개별 특구에 여러 개의 규제특례가 부여되는 대규모 복합특구라는 특징을 지니고 있다. 이 점에서 영미에서 보편화된 기업특구(Enterprise Zone)나 동아시아 전반의 경제자유구역과 유사한 형식을 취하고 있다.

일본 21세기정책연구소의 분석결과에 따르면, 규제완화가 기업유치의 결정적 계기가 되었다고 판단되는 특구는 20개를 상회한다(21世紀政策研究所, 2004). 이 중 규제특례 활용빈도가 가장 많은 것은 토지개발공사 조성지의 임대허용이다.

일례로 효고현 카사이시 산업단지의 경우 2001년 분양개시 이래 전혀 팔리지 않았던 것이 임대로 전환하면서 2건의 계약이 체결되었다. 또한 치바현의 국제공항특구에서는 지금까지 제3섹터로 제한하였던 종합보세지역의 운영을 민간기업으로 확대하면서 미국의 물류·부동산 전문기업인 AMB자산회사(캘리포니아주)를 유치할 수 있었다. 그리고 오사카부의 국제교류 특구는 당초 제조업 용지로 규정된 매립지를 상업·업무시설 용지 전환하면서 대규모 복합상가를 유치할 수 있었다.

2) 과학기술: IT, 의료, 환경

첨단 과학기술의 개발을 목적으로 조성되는 특구는 기업유치와는 달리 단시일 내에 가시적인 성과를 산출하기 어렵지만 중장기적 파급효과가 크다는 점에서 공공재적 특징을 지니고 있다. 일본 구조개혁특구추진실의 분류를 원용할 때, 여기에 해당하는 특구는 IT, 의료, 환경 등이며, 개별 특구의 수는 그다지 많지 않지만 규제특례의 개발가능성은 높은 편이다.

여기에 해당하는 사례로는 먼저 국제수산·해양도시 구상을 실현하기 위해 홋카이도 하코다테시가 설치한 Marine·Frontier 과학기술연구특구(외국인 연구자 수용 촉진, 외국인의 입국, 체류신청의 우선처리 등과 같은 규제특례 부여)를 들 수 있다. 다음으로 국제경쟁력이 있는 첨단기술 집적지 구상을 실현하기 위해 미에현이 구축한 기술집적 활용형 산업재생특구(석유콤비나트 시설의 레이아웃 규제의 완화, 임시개청 수수료의 경감, 관세 집무시간외 통관체제의 정비, 가정용 연료전지를 일반용 전기공작물로 규정 등과 같은 규제특례 부여)를 지적할 수 있다.

3) 행정사회: 교육관련, 복지, 행정절차

행정사회 분야의 개선을 목적으로 조성되는 특구는 과학기술 분야와 마찬가지로 단시일 내에 가시적인 성과를 산출하기 어렵지만, 주민들의 생활과 밀접한 관련성을 지니고 있다는 점에서 주민만족도 제고와 직결된 분야라는 특징을 지니고 있다. 여기에 해당하는 특구는 일본 구조개혁특구추진실의 분류를 원용할 때 교육관련, 복지, 행정절차 등이며, 개별 특구의 빈도수는 많지만 규제특례의 종류가 제한적이다.

이의 대표적 사례로는 먼저 초등학교부터 살아있는 영어를 개인별 능력에 맞게 교육하기 위해 군마현 오타시에 설치된 외국어교육특구(교육과정의 탄력적인 운영을 허용)를 들 수 있다. 다음으로 누구나 살기 편안한 지역에서 생활할 수 있는 지역구축을 위해 구마모토현 우시로치역에 설치된 복지공동체특구(지정 통근 개호사업소 등에서 장애아동에 대한 Day-Service 용인, 세단형 등의 일반차량을 사용한 유상운송 허용)를 들 수 있다.

4) 지방자치: 농림어업, 도농교류, 지역활성화

지방자치의 활성화를 목적으로 하는 특구는 낙후지역을 대상으로 한 지역재생계획과 밀접하게 관련되어 있으며, 이 때문에 행정사회 분야와 마찬가지로 지역주민과의 관련성이 높은 특징을 지니고 있다. 일본 구조개혁특구추진실의 분류를 원용할 때 농림어업, 도농교류, 지역경영 등의 특구가 여기에 해당되며, 개별특구의 빈도수와 규제특례의 종류 모두 증가하는 추세에 있다.

여기에는 농림어업 중심의 지역자원을 보전·활용하는 지역활성화 특구 추진 사례들이 다수 목격되고 있다. 이러한 특구에 허용된 주요 특례조치로는 농가민박에서 간단한 소방용 시설 등의 용인, 농가민박에서 탁주제조 용인, 농지임대방식에 의한 주식회사 등의 농업경영 참여 용인, 시민농원 개설자의 범위 확대 등을 들 수 있다. 또한 주민참가형 지역 만들기 계획에 따라 도보를 우선하는 교통규제특례를 승인받아 관광객 유치에 성공한 아이치현 마츠야마시 사례 등을 지적할 수 있다.

2. 지역재생계획

(1) 의 의

일본의 지역재생계획은 구조개혁특구가 배제한 재정금융수단의 활용에 초점을 부여하고 있다는 점에서 구조개혁특구에 대한 보완적 성격을 띠고 있다. 중앙부처의 보조금뿐만 아니라 정부계열 금융기관의 탄력적인 운용이 지역재생계획을 통해 가능해졌기 때문이다.[13] 특히 자생력이 취약한 농어촌 자치단체의 입장에서는 "규제완화"에 부가해 권한이양, 보조금제도의 개선과 금융조치 등이 포함

---

13) 2004년 2월말 채택된 지역재생계획이 담고 있는 구체적인 내용은 다음과 같이 요약할 수 있다. 첫째, 국고보조 시설의 목적외의 이용에 있어서 보조금의 상환과 지방채의 조기상환을 하지 않아도 가능해지게 되었다. 둘째, 도로·하천의 점용허가가 탄력적으로 변경되었다. 셋째, TMO(Town Management Organization: 상점가 활성화를 위한 기관)에 NPO 법인이 참가할 수 있도록 허용한다(대외경제정책연구원, 2004).

된 종합적인 패키지를 원하는 것이 당연하기 때문에 향후 이러한 단체들을 중심으로 특구보다는 지역재생계획을 선택하는 경향이 높아질 가능성도 배제할 수 없다(대외경제정책연구원, 2004).

지역재생계획을 총괄하는 지역재생본부는 지역경제의 활성화와 지역고용의 창조라는 핵심 목표를 달성하기 위해 '지역이 스스로 생각하여 행동하면, 중앙정부는 이를 적극 지원한다'라는 모토하에 지방자치단체 등으로부터 제출된 '지역재생계획'에 각종 지원수단을 결부시키는 방식으로 여러 가지 지역경영프로젝트를 촉진하고 있다. 이러한 지역재생계획에 내재된 최고의 의의는 공공투자나 기업유치 등 외생적 요인에 의존한 지역경제의 발전가능성이 축소되는 새로운 추세하에서 지역주민이나 비영리단체가 중심이 되어 창의적인 아이디어를 지역발전으로 승화시키고 있다는 점이다.

한편 지역진흥 프로젝트의 운영단계에서 직면하게 되는 심각한 과제의 하나가 마케팅기법의 도입이나 지역브랜드의 구축 등과 같은 '지역경영'에 관한 노하우의 부족이다. 재원위양, 권한위양, 의욕·능력의 삼위일체혁명이나 지역재생계획 등 중앙에서 지방으로 지역정책의 주체가 전환되는 지역경영 패러다임의 기조하에서 지역간 경쟁의 성패를 좌우하는 핵심적인 요인은 지역경영전략의 효과성 여부가 될 것이다(日本政策投資銀行地域企劃チーム, 2004).

지역경영전략은 지역브랜드의 형성을 촉진하고 해당 지역의 지명도를 전국으로 확산시키는 계기로 작용하게 된다. 물론 여기에는 기획관리를 담당하는 유능한 인재 3총사, 즉 ① 비전을 그리는 작가(시나리오 라이터), ② 자원을 조달·투입하는 제조가(프로듀서), ③ 다양한 이해관계자를 하나의 목적으로 수렴시키는 코디네이터로서의 현장감독(디렉터) 등이 절대적으로 필요하다.

(2) 구현사례

일본의 지역재생계획은 지역경영 패러다임의 기조하에서 주민이나 비영리단체 등 새로운 사업주체가 중심이 되어 지역자원을 활용하는 특징적인 지역진흥 프로젝트이다. 이에 여기에서는 자치단체별로 매우 다양한 사업들을 5가지 유형으로 분류해 소개하고자 한다.[14]

---

14) 여기서 소개하는 각각의 사례에 대한 자세한 내용은 日本政策投資銀行地域企劃チーム(2004)을

1) 주민참여의 촉진: 공동체의 재생, 지역의 일체감 앙양

현대 일본의 지방도시가 직면한 심각한 문제 중의 하나는 중심시가지의 공동화이다. 도시화의 진전에 따른 거주환경의 악화나 버블경제기에 이루어진 지가 상승의 결과로 거주기능은 물론 사무실, 공공기관 등 기존에 시가지를 구성하던 핵심 요소들이 교외로 이전하게 되었다. 그 결과, 기존의 시가지는 지역의 일체감을 앙양하는 중심지와 공동체로서의 기능을 상실하게 되었다. 따라서 향후 본격적으로 도래할 지방의 시대 또는 지방간 경쟁의 시대에 대비하기 위해서는 공동체를 재생하고 잊혀져가는 지역의 정체성을 확립시키기 위한 다양한 대책이 마련되어야 한다.

이를 반영하는 지역재생 사례로는 도토리현 요나고시의 전원 실버타운 프로젝트를 들 수 있다. 또한 지역을 대표하는 전통마을이나 그 상징인 역사적 건물 등의 보존·재생(예: 니이가타현 무라카미시의 무라카미 마을, 토야먀현 타카오카시와 신미나토시를 묶는 노면전차를 재생한 시민단체활동 등), 지역의 일체감을 앙양하는 주민참가형 이벤트의 창출(예: 홋카이도 하코다테시의 야외극, 나가사키현 사세보시의 마을축제 등), 하나의 지역을 넘어 범지구 차원의 환경문제에 관한 주민참가(예: NPO법인 홋카이도 그린펀드에 의한 시민풍력발전소 설치) 등에 주목할 필요가 있다.

2) 관민 파트너십의 형성: 협동·연대에 의한 시너지의 발휘

지방자치단체, 민간기업, 주민, NPO 등에 이르기까지 지역진흥을 지지하는 다양한 주체간의 협동·연대를 통한 관민 파트너십의 형성은 비록 규모가 작은 단위들이라도 시너지 창출에 의한 효과를 기대할 수 있다. 특히 최근에는 중앙과 지방정부가 직면한 재정상의 제약요인으로 인해 기존에 공공부문이 담당해 온 역할을 주민에 이관하는 PFI(Private Finance Initiative)의 도입은 물론 민간위탁 등을 포함하는 광의의 개념인 관민협력(PPP: Public Private Partnership)의 움직임이 활발해지고 있다.

여기에 해당하는 주요 성공사례로는 우선 공공시설의 관리·운영을 주민과 NPO 등을 포함한 민간부문에 위탁한 사례(예: 카나가와현 요코스카시의 보육원의 민간화, 홋카이도 후라노시의 NPO 주도 연극공연장, 시민참여를 통해 운영하는 시카와현의

참고하기 바람.

민속예술촌 등)를 지적할 수 있다. 또한 지역기업이나 지역에 입지하는 대학을 포함해 보다 광범위한 파트너십을 추구하는 산학관 연대의 구현사례(예: 야마가타현 요네자와시의 비즈니스 네트워크 오피스 설치, 동경도 하치오우지시의 사이버 실크로드 구축 등)에도 주목할 필요가 있다.

3) 지역인재의 확보·육성

지역진흥프로젝트 실현에 가장 중요한 요소가 지역인재의 확보·육성이다. '지역에 자원은 있지만 인재가 없다'라는 지역관계자들의 소리를 자주 듣게 되지만, 실제로 유능한 인재가 풀뿌리 수준에서 착실하게 활동하는 모습이 다른 사람의 눈에 부각되기는 어렵다. 또한 지방자치단체나 기업조직 내에서 인재의 배치 상태가 적재적소가 아닌 경우가 많다. 따라서 지역간 경쟁시대의 승리자가 되기 위해서는 교육관련 기관들을 최대한 활용해 유능한 인재의 발굴·육성에 적극 나서야 한다. 여기에는 지역에 입지한 대학과의 연대구축(예: 시즈오카현 누마즈시가 동해대학에 위성강좌를 개설하여 지역주민에게 학습과 교류의 장을 제공한 산업진흥 프라자, 카가와현 타카마츠시가 카가와대학과 공동으로 개설한 지역 MBA코스 등), 도시민을 중심으로 한 지역 외 인재와의 교류를 통한 지역인재 만들기(예: 쿠마모토현의 고쿠니 마을이 스스로 지역비전을 실천하기 위해 설치한 큐슈관광대학 등) 등이 해당한다.

한편 지역의 장래를 개척하기 위해서는 지속적인 발전을 유도하는 신산업의 창출이 필요하고, 이를 위해서는 지역인재의 육성이 급선무이다. 신산업 육성은 그동안 공공부문으로부터의 지원(보조금, 융자 등)에 의존하는 경우가 많았다. 그러나 최근에는 민간기업의 이업종 교류조직이나 지역에서 개별적으로 기업지원 업무를 수행해 온 공인회계사·세무사 등 전문가들이 단체를 구성하여 기업지원에 중요한 역할을 하는 사례도 목격되고 있다(예: 효우고현 코베시의 지역중소기업 단체가 창출한 일본트러스트펀드(주), 히로시마현 히로시마시의 지역전문가들이 조직한 NPO 법인 히로시마 경제활성화 촉진클럽 등).

4) 지역자원의 내생적 활용: 기존 자원의 재평가·용도전환

공공투자나 기업유치 등 외발적 요인에 의존하는 지역발전이 갈수록 어려워지고 있다. 이러한 현실에서 새로운 지역진흥책으로 주목을 받고 있는 것이 주변에 산재한 지역자원을 부각시켜 그것을 효과적으로 활용하는 자생적 지역진흥전략이다. 여기서 말하는 지역자원에는 역사, 문화, 자연유산, 마을 등은 물론 전통기술이나 산업집적에 이르기까지 유형무형의 모든 자원들이 포함된다. 따라서 전국의 어느 지방도 지역자원이 존재한다고 볼 수 있기 때문에 그것의 효과적인 활용은 극히 범용성이 높은 지역진흥정책이라고 할 수 있다. 특히 최근 들어 일본에서는 지역에 사장된 관광자원을 적극적으로 개발하려는 노력이 강화되고 있다.

그 구체적인 사례로는 국가 차원의 '전통건조물보존지구'에 해당하는 역사적 마을이나 지역의 상징적 건물을 시민의 애정이나 각종 보조금 등을 활용해 보전하고 관광자원으로 사용하는 경우를 들 수 있다. 또한 지금까지 충분히 그 가치가 평가되지 않았던 지역자원이 시대의 변화에 따라 재평가된 사례로는 기존에 단순히 병을 치료하던 온천이 원조지향 시대의 도래와 함께 각광받게 된 야마구치현의 나가토시의 온천특구나 세계적인 관문인 나리타공항에의 접근성을 살려 외국인 승무원이나 경유승객의 유치에 성공한 치바현 사와라시의 도시재생프로젝트 등을 들 수 있다. 더불어 기존 자산의 용도전환에 의한 재활용 방안도 지역의 새로운 사업창출 및 그에 따른 경제적 파급효과가 기대된다(예: 동경 센다야구 간다지구의 소호전환 가수산업, 시마네현 마츠에시가 구 일본은행 지점을 '장'을 테마로 전환해 제조·전시·판매 일체형 시설로 전환한 카라코로 공방 등).

5) 외부인재·외부평가의 활용: 전문가와 미디어를 활용한 가치극대화

지역진흥 프로젝트의 진행과정에 있어서 지역으로 유입된 유능한 인재가 지역발전의 활력으로 작용하는 경우가 많다. 기존에 폐쇄적으로 유지된 마을 공동체에서 유입된 외부인재가 다른 지역에서 익힌 경험이나 네트워크를 활용해 새로운 프로젝트 창출의 핵심 동력으로 작용하는 경우가 많기 때문이다. 이를 반영하는 실례로는 지역에서 초청한 유력 코디네이터에 의하여 세계의 저명한 예술가들과 지역주민의 교류를 실현시킨 니이가타현의 비엔날레, 대학교수의 자문에 자극받아 그동안 관심을 가지지 않았던 마을의 경관보존을 시작한 기후현 사례 등을 지적할 수 있다.

또한 지역진흥 프로젝트의 성공적 추진을 위해서는 지역만들기를 대상으로 이루어지는 각종 수상제도를 적극적으로 활용할 필요가 있다. 권위있는 기관으로부터의 수상경력은 전국적 수준의 지명도 확보와 직결된 문제이기 때문이다. 더불어 TV, 신문, 잡지 등 미디어의 적극적인 활용은 제3자에 의한 외부평가로서 지역주민을 계몽시키는 주요 계기로 활용할 수 있을 뿐만 아니라 관광관련 산업의 경우 상당한 홍보효과를 기대할 수 있다. 여기에 해당하는 사례로는 NHK 지역방송을 활용해 인지도가 높아진 히로시마현의 '꿈의 광장', 외부자본을 활용해 오래된 온천여관 재생한 시즈오카현 이즈시, 와카야마·나라·미에현이 공동으로 추진한 '태야고도'의 세계문화유산 등록, 구조개혁특구 지정을 계기로 관광객이 급증하고 있는 이와테현 토오노시의 '막걸리 특구' 등을 지적할 수 있다.

3. 소결론: 일본의 새로운 지방분권 개혁에 대한 평가와 전망

지금까지 구조개혁의 일환으로 추진되고 있는 일본의 지방분권 개혁을 구조개혁특구와 지역재생전략을 중심으로 살펴보았다. 결론적으로 양 제도는 기본적으로 '지방이 선도하는 일본의 부활전략'이라는 점에서 나름의 역할을 수행하고 있는 것으로 평가된다.

먼저 지역의 활성화를 추구하는 정책대안들은 기본적으로 1980년대 중반 이후 본격화된 지방분권 기조를 계승하고 있다는 점에서 정책의 일관성과 정합성을 확보하고 있다. 비록 관련 제도의 명칭은 변화되었지만 지난 1980~90년대를 풍미한 지역만들기, 일촌일품, 지방창조 등에 신공공관리의 논리를 접맥시켜 부분적으로 변형한 형식을 취하고 있기 때문이다.

다음으로 일본의 구조개혁은 신공공관리의 이상을 점진적으로 채용하고 있다는 점에서 행정의 안정성과 신뢰성 확보에 기여한 것으로 평가된다. 물론 신공공관리에 친숙한 영미의 입장에서 일본의 개혁속도는 답답할 정도로 느린 것으로 보일 수 있다. 하지만 철저하게 현장의 의견을 중시하는 방향으로 이루어지는 개혁방법론은 발생가능한 부작용을 사전에 예방하는 긍정적 효과를 산출할 수 있다(Pollitt & Bouckaert, 2004).

또한 지역경제의 활성화를 위한 핵심적 정책수단인 구조개혁특구와 지역재생전략 간의 시너지를 추구하였다는 점에서 정책추진의 합리성과 효과성을 제고시켰다는 점이다. 일례로 자생적 문제해결능력이 떨어지는 농어촌 지역의 경우 기존에 지정된 특례조치인 보육시설 입원연령의 인하, 농가민박의 탁주제조 용

인, 주식회사의 농지임대 허용, 농지하한면적 완화 등을 통해 알 수 있듯이 구조
개혁특구(규제특례 인정)의 효과가 제한적일 수밖에 없다는 점을 감안해 지역재생
계획(금융재정 지원)을 부가적으로 채택하였기 때문이다.

V. 결 론

일본의 행정체제는 전통적으로 한국의 행정체제와 밀접한 관련성을 맺어 왔
다. 따라서 일본의 행정개혁이 한국의 행정개혁에 미친 영향력도 매우 클 것이라
는 추론이 가능하다. 물론 한국은 IMF 구제금융을 계기로 관료제로 대표되는 전
통적 정부운영방식의 급진적 전환을 추진하였다. 이 과정에서 한국의 행정제도가
일본보다는 영미국가의 행정개혁 흐름에 직결되는 모습이 표출되기도 하였다.

하지만 한국에는 아직도 일본과 유사한 방식으로 제도화된 발전국가의 전통
이 비교적 강하게 잠재되어 있음을 부인하기 어렵다. 특히 한국의 행정개혁을 실
질적으로 주도해 온 행정자치부와 유관 부처의 직업 관료들은 특별위원회나 외
부전문가가 주도하는 행정개혁 방식에 비해 크고 강한 관료제의 전통에 친숙할
뿐만 아니라 점진적 개혁의 미덕에 주목하는 일본식 행정개혁 패턴에 대한 선호
가 내재되어 있다.

이러한 이유로 역대 일본 정부의 행정개혁은 시대별로 한국의 행정개혁에
많은 영향력을 행사한 것으로 분석된다. 이를 반영하는 대표적인 벤치마킹 사례
로는 1963년 경제기획원 신설, 1970년대 국무총리실 산하에 행정조정실(현재 국무
조정실로 확대개편) 설치, 1997년 행정규제기본법의 제정과 규제개혁위원회 설치
등을 지적할 수 있다. 또한 일본의 지방분권 개혁도 한국의 지방자치제도에 직간
접적 영향력을 행사한 것으로 분석된다. 고이즈미가 추진한 구조개혁특구와 지역
재생계획은 한국 노무현 정부에서 지역특화발전특구와 신활력사업이라는 명칭으
로 시행되고 있다. 나아가 우리나라 지방행정구역 개편에 관한 최근의 논의도 일
본의 시·정·촌 합병사례와 유사한 방식으로 진행되고 있다.

그렇다면 한일의 행정개혁에서 발견되는 높은 수준의 유사성은 어디에서 기
인하는가? 여기에 대한 답변으로는 먼저 발전국가로 대표되는 한일 양국의 관료

제 전통이 유사하다는 점이다. 다음으로 1990년대 말을 전후해 한일 양국은 'IMF 구제금융'과 '잃어버린 10년'이라는 경제위기를 경험하는 과정에서 영미의 신공공관리를 적극적으로 수용하는 방식으로 과거와의 단절을 추구하고 있다는 점이다. 또한 한일 양국 간의 밀접한 행정교류는 개혁체제의 거울효과(mirror effect)를 촉진하는 주요 계기로 작용한 것으로 분석된다. 특히 한국의 관료들은 서구의 행정제도를 직수입하는 것보다는 우리보다 경제사회발전의 단계가 높고 역사제도적 특성이 유사한 일본의 간접경험을 참고하는 것이 유용하다는 학습효과에 기인한다.

이 점에서 우리는 최근 일본의 행정개혁이 고이즈미의 노력에도 불구하고 관료제의 선도조직, 자민당의 족의원, 재계의 기업이익연합체 등이 주도해 온 기득권 구조의 반발로 인해 약화된 점에 주목할 필요가 있다. 일례로 총리의 강화된 권한과 국민적 지지에도 불구하고 도로공단과 우정공사 민영화 등과 같은 주요 개혁안이 지연되었다.[15] 또한 지방분권 개혁의 대명사인 삼위일체개혁도 국가재정의 재건이라는 긍정적 취지에도 불구하고 홋카이도 유바리(夕張)시의 사례를 통해 알 수 있듯이 재정력이 취약한 일부 자치단체의 파산위기를 초래한 것으로 분석되고 있다. 따라서 앞으로 일본의 행정개혁에 대한 우리의 벤치마킹은 성공보다는 실패 사례의 교훈을 학습하는 방향으로 전환되어야 한다.

---

15) 고이즈미 정부의 행정개혁은 기득권 세력의 반발에도 불구하고 국민들의 성원에 힘입어 추진력을 확보하였다. 특히 관료출신을 배제한 경제재정자문회의 주도의 구조개혁은 관료주의 타파와 비효율 제거에 기여하였다(중앙일보 2016. 8. 16자).

일본에서 배운 다섯 가지 교훈

(경향신문 2016. 1. 30자. 김정렬 대구대 교수)

얼마 전 한반도를 강타한 강추위를 피해 간사이 지방을 주유하고 돌아왔다. 시한이 다해가는 엔저의 호기에 부가해 저가항공과 전철패스를 활용한 여행인지라 가격 대비 효과(value for money)는 탁월했다. 단지 정비 소홀로 연착한 항공기와 급행전철의 과도한 소음이 안전하고 안락한 여행을 방해한 것이 옥에 티였다.

이번 여행은 우리의 동남지방 부산·울산·경주를 연상시키는 오사카·고베·교토에 주력했다. 간사이와 동남지방은 자연지리는 유사하지만 연계관광을 촉진하는 대중교통망을 비롯해 인문지리는 차이가 확연했다. 우리의 전철망 확충이 수도권에 집중되는 동안 부산 — 울산 — 경주는 네 칸짜리 디젤열차가 하루 10여차례 왕복하는 동해남부선에 머물러 있다. 일본의 지방자치는 우리와 마찬가지로 과도한 중앙집권의 그림자라는 경로 의존에도 불구하고 특색있는 지역발전을 추구해왔다.

마을만들기와 도시재생에 초점을 둔 내생적 발전전략은 6차산업과 지역공동체의 활성화로 나타났다. 일례로 고베를 대표하는 명품 소고기, 개항장 건물, 온천마을, 산악 케이블카 등은 지역경제 활성화의 핵심적 동인이다.

오사카 도심 난바에서 전철패스로 접근이 가능한 고야산은 100여개의 사찰과 수만기의 납골묘를 품고 있었다. 불교 종파, 미망인협회, 해군 항공대 등 다양한 이들이 설립한 사찰들은 템플스테이를 제공하고 있었으며, 순례길에 도열한 가문 납골당과 회사 위령비들은 일본 특유의 공동체 문화를 실감하기에 충분했다. 우리는 근대화의 여정에서 '하얀 가면'에 몰입한 일본의 행태를 꼬집었지만 실상 전통과 문화를 상실한 민족은 누구인가를 자문하게 된다.

일본의 정체성에 기반한 역사 마케팅의 경쟁력은 교토 일원에 산재한 유적을 통해 발견할 수 있다. 메이지유신으로 몰락한 봉건 영주의 거점이었던 니조성, 전통과 현대가 결부된 도시공간의 매력을 발산하는 기온, 일본산 목재 삼나무와 히노끼의 장점을 극대화시킨 건축물인 청수사, 천년고도 교토의 추억을 회상하는 헤이안신궁 등이 국내외 관광객들을 유인하고 있다.

우리의 경주가 지지부진한 월성과 황룡사를 재건하거나 역사와 현대의 대화를 촉진한다면 교토를 넘어서지 않을까 하는 상상력을 자극하는 곳이었다.

자유여행을 통해 체험한 일본의 의식주도 독특했다. 우선 숙소에서 적응하기 어려웠던 온풍기 난방은 온돌의 경쟁력을 재확인하는 계기가 되었다. 또한 오랜 경기침체를 거치며 단품형 밥집과 도시락 구매가 대세로 부상한 일본의 외식문화는 간소하지만 정갈했다. 그리고 소득에 비해 화려하지 않은 외양이나 비굴할 정도로 친절한 점원들의 태도도 인상적이었다. 더불어 일본 노벨상의 산실로 알려진 교토대의 소박한 외관도 '국화와 칼'로 대표되는 그들의 양면성을 보여주는 사례이다.

한편 지방을 넘어서는 우리의 국가발전전략은 자의 반 타의 반 일본의 그것과 유사하다. 식민통치의 유산은 물론 국제분업의 잔재가 남아있기 때문이다.

1930년대 중반 시작된 일본식 발전국가는 정계와 재계의 반대로 기획원의 신설이 지연될 정도로 시민사회와 시장의 기반하에서 진화했다. 여기에 더해 전후 일본에 진주한 미군정은 제국주의의 첨병인 정부관료제와 재벌의 약화를 의도하기도 했다.

반면 기존 제도의 견제가 전무한 상태에서 출범한 한국식 발전국가는 1963년 동반 태동한 경제기획원과 전경련이 '성장연합'을 결성해 독주하는 방식이었다. 경제와 안보의 후원자로서 미국의 개입도 내부적 특수성보다는 외부적 방향성에 주력했다.

결과적으로 중앙 기획, 수출 지향, 재벌 편향 등을 요체로 하는 한국식 발전국가는 제3세계에서 찾아보기 어려운 산업화와 민주화의 병행 발전이라는 성과를 창출했지만 경제·사회 전반에 깊고 넓은 불균형 발전의 후유증을 초래했다. 결자해지 차원에서 경제 민주화를 위해 정부와 재벌의 자성과 분발이 요구되는 대목이다.

07

CHAPTER 08

싱가포르의 재도약과 명품행정의 탄생

I. 서 론

산업화와 민주화의 상승작용을 통해 근대화를 선도한 영미와의 발전격차를 정부주도의 불균형 발전전략으로 따라잡은 발전국가의 원형은 19세기 독일을 비롯한 유럽 각국의 후발국가였다. 이는 발전국가의 원형이 16~17세기 중상주의 기반의 개입적 국정관리에서 출발한 사실을 통해 잘 나타나고 있다. 더불어 각기 20세기 초반과 후반에 유럽에서 정부주도의 고도성장을 이룩한 소련과 아일랜드도 발전국가의 범주에 포함시킬 수 있다.

하지만 20세기 중반 이후 대다수의 유럽국가들은 성장과 분배의 균형을 추구하는 사회민주주의나 공동체주의를 토대로 신조합주의 합의국가를 지향하였다. 따라서 정부가 주도하는 신중상주의 발전국가는 일본은 물론 한국과 싱가포르로 대표되는 동아시아 신흥공업국가, 체제전환국인 중국과 베트남 등을 지칭하는 용어로 새롭게 각인되기 시작하였다.

동아시아 각국은 역사문화적으로 정부친화적인 유교와 개입적인 전제왕권의 전통이 강하다는 특징을 지니고 있다. 이는 다시말해 유럽에 비해 상대적으로 민주주의 전통이 미약한 동아시아에서 효율성을 중시하는 발전국가의 지속성이 강력할 것이라는 가설이 설득력을 지니게 된다. 더불어 효율성을 중시하는 영미식 신자유주의나 자본 세계화와의 융합가능성도 그만큼 커지게 된다.

이러한 문제인식을 토대로 본 연구는 싱가포르 사례에 초점을 부여한 상태에서 발전국가의 진화가능성을 다각도로 검토하는 기회를 마련하고자 한다. 이때 논의의 초점은 세계화와 정보화라는 급격한 변화의 시대를 맞이하여 정부가 선도하는 경제사회발전의 유효성 여부에 초점을 부여하고자 한다. 초기 산업화 단계에서 표출된 정부의 역할을 중심으로 이론화된 동아시아 발전국가론은 권위주의와 노동배제를 요체로 한다. 하지만 변화된 환경에 부응하는 정부의 역할은 창의성과 혁신성이 결정적 변수이다. 또한 정부가 주목하는 정책이슈도 하위정치의 논리를 반영하는 구체적 정책사례나 공공서비스가 주류를 형성하고 있다.

최근 심화된 세계화와 정보화 추세하에서 발전국가의 지속가능성을 입증한 대표적 사례로는 동아시아의 싱가포르와 서유럽의 아일랜드를 들 수 있다(김시윤, 2010; 홍성걸, 2003; 양재진, 2005). 이중에서도 특히 싱가포르는 1997년 동아시아 금융위기와 2008년 미국발 경제위기를 성공리에 극복하였다는 점에서 발전국가의 가치를 대내외에 과시한 바 있다. 즉, 경제사회 발전의 주도자로서 싱가포르 정부는 영미식 신자유주의와 유럽식 공동체주의에 필적하는 동아시아 신중상주의의 보루 역할을 수행하게 된 것이다.[1]

싱가포르 사례분석은 크게 세 가지 쟁점을 중심으로 진행하고자 한다. 먼저 Ⅱ절에서는 창의적 신발전국가의 별칭인 명품행정의 토대로 작용하고 있는 싱가포르의 역사적 맥락과 제도적 기반을 검토하고자 한다. 다음으로 Ⅲ절에서는 경제사회발전의 선도자로서 정부관료제의 우수한 역량에 초점을 부여한 상태에서 동아시아 발전국가의 태동과 진화를 조망하고자 한다. 마지막으로 Ⅳ절에서는 싱가포르 정부가 최근 이룩한 발전성과를 총체적 국가경쟁력을 구성하는 국부(복합리조트 유치, 물산업 육성…), 국질(복지 서비스, 노사정 합의…), 국격(정원도시 조성, 다문화 거버넌스…)을 중심으로 논의하고자 한다.

08

---

1) 사회중심적 시각을 공유하는 신자유주의와 공동체주의에 따르면 국가중심적 시각을 견지하는 발전국가는 시장이나 시민사회의 활성화가 아직 구현되지 못한 상태에서 과도기적으로 존재하는 발전이론이나 모델로 치부되어 왔다.

II. 싱가포르 발전의 역사적 맥락과 제도적 기반

1. 싱가포르 발전의 역사적 맥락

싱가포르는 제2차 세계대전 이후 150년의 영국 식민지배와 3년간의 일본 점령기(1942~1945년)에서 벗어나 영국의 자치령으로 재출발했지만 인종간의 갈등과 이데올로기의 대립으로 인해 독자적인 생존의 가능성을 위협받는 처지였다. 이러한 비관적 상황하에서 1955년 등장한 30대의 리콴유는 인민행동당을 결성하여 청결하고 부유한 일류국가의 비전을 설파하기 시작하였다.

이후 싱가포르가 공산주의자들과의 연합과 말레이시아의 자치령을 경유해 독립국가로 출범한 1965년을 전후해 리콴유는 최고의 목표로 경제발전을 상정한 상태에서 고도성장의 필요조건이자 선결과제인 사회기강과 정치안정에 주력하였다. 이는 노동조합에 대한 강경한 태도나 자주국방에 대한 열망을 통해 잘 나타나고 있다.[2] 참고로 리콴유는 자신의 장남이자 현직 총리인 리셴룽을 비롯해 핵심 각료인 테오치헤안, 조지여 등을 사관생도 시절에 발탁하였다(리콴유 저, 류지호 역, 2000).

싱가포르의 근대화는 영국의 식민통치와 밀접한 관련성을 지니고 있다. 일례로 셈바왕 조선소는 영국 해군기지를 용도변경해 조성한 것이다. 이러한 이유로 1967년 싱가포르 GDP의 17.6%, 총 고용의 20%를 담당해 온 영국 군대가 전략적 중요성이 보다 큰 수에즈 운하로 철수한다는 결정은 싱가포르에게 심각한 충격이자 자립심을 강화시키는 주요 계기로 작용하였다(Wong, 2012: 157).

한편 영국식 통치제도나 정책유산에 대한 싱가포르의 순응적 태도는 취약한 생존환경에 대한 인식의 발로이자 다문화 국가라는 미약한 정체성에 기인한다. 주류세력이자 지배계층인 중국계는 물론 말레이계, 인도계 등은 싱가포르가 어려워지면 언제든지 떠난다고 공언할 정도로 민족적 자긍심과 국민적 의식을 결여

---

2) 1965년 독립을 전후해 싱가포르는 공산주의자들과 말레이 과격파의 도전에 직면하였다. 특히 공산주의자들은 리콴유 세력을 식민지 제국주의와 말레이 봉건주의의 앞잡이로 매도하였다. 이에 싱가포르는 군대 창설을 통해 이러한 도전에 독자적으로 대응하였다. 이에 리콴유 총리는 재무부장관이었던 핵심 참모 고갱쉬를 국방부장관으로 임명해 군대창설에 착수하였고 말레이시아의 견제에도 불구하고 이스라엘의 협조와 영국의 묵인하에 목표를 달성하였다(리콴유 저, 류지호 역, 2000: 81-88).

하고 있기 때문이다.

민족국가의 정체성 미약은 다른 한편으로 민주주의 가치를 약화시키는 주요 계기로 작용하였다. 국민들의 민주화 요구는 경제적 성장을 위해 유보할 수 있다는 실용주의 또는 상대주의 정향이 표출되었다. 일례로 민주주의의 보편성을 부인하는 리콴유 총리의 확고한 태도는 동아시아 금융위기 직후 김대중 대통령과 전개한 '아시아적 가치' 논쟁을 통해서도 재확인이 가능하다.

리콴유의 인민행동당이 주도한 경제제일주의 사고는 결과적으로 정치의 역할을 행정이 대신하는 비정상적 결과를 초래하였다. 즉, 싱가포르에서 행정은 경제발전의 선도자는 물론 사회발전의 보루로 기능해 왔다. 이는 일본과 한국을 비롯해 발전국가 초기에 목격되는 보편적 현상이지만 싱가포르는 세계화와 신자유주의가 득세한 새로운 현실하에서도 정부의 조정자 역할이 유지되고 있다는 점에서 발전국가의 종결자이자 신발전국가의 창시자로 평가할 수 있다.

일본이나 한국의 발전국가는 각기 1973년 석유위기와 1997년 금융위기를 맞이하여 시장친화적 정책정향으로 선회하였다. 물론 정부개입의 각인이나 경로의존 현상이 발생하면서 과도기적 혼란을 경험하기도 했지만 거대한 흐름을 되돌리기는 역부족이었다. 참고로 기업식 정부와 자본편향적 정책을 추구한 이명박 정부나 고이즈미 정부가 대표적인 사례이다. 그리고 싱가포르는 한국이나 일본에 비해 보다 오래전부터 열성적으로 기업식 조직운영이나 기업제일주의 정책정향을 선호해 왔다.[3] 하지만 친자본 노선과 병행하여 노동자들을 포섭하는 연금, 의료, 주택 등에도 주의와 관심을 기울인 점이 인상적이다.

물론 싱가포르에서도 1980년대 중반 발전국가의 전환을 시사하는 징후들이 포착되었다. 정치경제 전반에서 기존 체제의 전환을 요구하는 목소리들이 증가하였기 때문이다. 하지만 싱가포르는 1990년대 후반 IMF의 요구에 굴복해 급진적 구조조정을 단행한 한국과 달리 발전국가의 종식을 추구하기보다 정부주도의 신축적 적응을 추구하는 방식으로 싱가포르의 재도약에 기여하였다.

---

3) 싱가포르는 건국 직후부터 다국적기업을 벤치마킹하는 방식으로 기업식 정부를 표방하였다. 또한 정유를 비롯해 정보통신, 바이오메디컬 등 외국기업들을 유치하기 위해 신속한 절차(규제완화와 전자정부)로 대표되는 다양한 편의장치를 제공하였다.

2. 싱가포르 발전의 제도적 기반

일반적으로 정부는 공적 기관들의 구조와 기능을 의미하지만 거버넌스는 정부가 일을 수행하는 방식을 지칭한다(Kettl, 2002). 따라서 정부는 내부적이고 정태적인 관리의 측면에 주목하는 반면에 거버넌스는 외부적이고 동태적인 정책의 관념과 밀접한 관련성을 지니고 있다. 이때 광의의 제도를 구성하는 정부와 거버넌스는 각기 구제도주의를 반영하는 가시적·정형적 제도와 신제도주의를 반영하는 비가시적·비정형적 제도를 중시한다는 점에서 차이가 있다.

구제도주의는 물론 다양한 분파를 포괄하는 광의의 신제도주의에 따르면 국가나 지역별로 차별화된 거버넌스의 특성을 좌우하는 정부의 정책형성과 집행 및 평가는 환경변화의 영향력을 차단한 상태에서 합리적으로 이루어지는 것이 아니라 경제사회 전반에 내재된 기존 제도의 영향력을 반영하게 된다.

신제도주의 관점과 유사하게 좋은 행정의 안정적인 제도화를 선도해 온 세계은행은 거버넌스를 "한 국가에서 권위가 행사되도록 유도하는 전통과 제도"로 규정한다. 이때 거버넌스 개념에는 "(ⅰ) 정부가 선택되고, 감시되고, 교체되는 과정; (ⅱ) 유용한 정책을 효과적으로 형성하고, 집행하는 정부의 능력; (ⅲ) 국가와 시민 사이의 경제사회적 상호작용을 관리하는 제도적 기구에 대한 이해관계자들의 존중과 준수" 등이 포함된다(Kaufmann, Kraay and Zoido-Lobaton, 1999; Rhodes, 1996).

이러한 거버넌스의 실체적 의미는 정부가 고도성장과 사회복지라는 양대 발전목표를 추구하는 과정에서 이해관계자들과의 상호작용을 촉진하거나 억제하기 위해 채택한 경로, 정책, 제도와 그 결과로 발생한 구조를 의미한다. 특히 역동적 거버넌스는 정부가 채택한 경로, 정책, 제도, 구조가 경제사회 전반에 바람직한 결과를 유도하기 위해 급변하는 환경에 어떻게 적응할 것인지에 관한 것이다(Neo & Chen, 2007: 52).

신제도주의와 유사한 거버넌스 관념의 유용성은 시장과 국가 또는 행위와 구조라는 대립적 개념과 방법을 절충한다는 점이다. 우선 총체적 국가발전을 위해서는 시장기제에 대한 과신을 초월해 단지 시장이 한 부분을 차지하는 제도적 배열이 요구된다. 또한 자본 세계화의 심화는 정부의 역할을 제한하지만, 좋은 거버넌스의 주도자로서 정부의 역할은 변화된 환경하에서도 결코 양보하기 어려운 문제이다. 우리 시대의 좋은 거버넌스란 모두가 참여하고 충분히 합의하는 참발전이나 지속가능발전의 구비조건을 창출하는 것이기 때문이다.

그렇다면 싱가포르의 성공을 견인한 역동적 거버넌스 또는 명품행정의 제도적 기반은 무엇인가? 1965년 건국을 전후해 형성된 싱가포르 공화국의 장기적인 발전목표는 다종족주의·다문화주의·다언어주의·실적주의·실용주의·반부패주의·성장제일주의 등이다.

그리고 재도약 이전에 리콴유가 주도한 싱가포르 고도성장체제의 제도적 특성은 다음과 같이 정리해 볼 수 있다. 첫째, 정치적으로 사회민주의의를 표방하면서 의원내각제를 운영하고 있지만 실질적으로 인민행동당이 권력을 독점하는 권위주의 지향성을 표출하였다. 둘째, 경제적으로 수출지향산업화를 표방하면서 시장경제를 중시하지만 정책정향상 계획합리성에 의존하는 신중상주의 산업정책을 선호하고 있다. 셋째, 사회적으로 다문화를 고려하는 포용적 자세를 견지하지만 결과적으로 효율성이 결부된 자기책임형 복지제도를 채택하고 있다. 넷째 문화적으로 다수인종이자 지배계층인 중국이주민들이 상대적으로 권위적인 유교문화의 계승에 앞장서고 있다. 다섯째, 교육면에서 영어공용을 앞세운 능력 본위의 수월성 교육에 치중하였다. 여섯째, 종교적으로 다양한 인종들이 상이한 종교 간의 조화와 공존을 추구하였다(양승윤 외, 2004: 105).

하지만 앞서 제시한 제도적 요인들은 세계화와 민주화로 대표되는 급격한 환경변화에 직면하여 변화의 징후를 표출시키게 된다. 그러나 뒤이어 Ⅲ절에서 보다 자세히 기술하겠지만 이러한 제도변화가 발전국가 패러다임과의 급격한 단절을 의미하는 것은 아니다.

08

Ⅲ. 싱가포르 스타일 발전국가의 기원과 진화

1. 발전국가의 기원과 전개

정부가 경제사회 전반의 발전을 선도하는 발전국가의 기원은 16~17세기를 풍미한 서유럽 절대국가들의 중상주의 체제로 거슬러 올라간다. 강력한 군주가

경제사회 활동에 개입하거나 규제하는 방식으로 국부를 창출하였기 때문이다. 일례로 대내외 상업활동에 대한 인허가의 반대급부나 관직을 매매하는 방식으로 지대를 추구한 행위가 대표적인 사례이다.

하지만 18~19세기 시장경제와 민주주의를 요체로 하는 자유주의 기풍이 확산되면서 중상주의는 급속히 약화되었다. 즉, 시장과 시민사회의 성장이 국가의 역할을 축소시켰던 것이다. 영국의 명예혁명과 산업혁명, 프랑스 대혁명과 공화국의 출현, 미국의 정당정치와 기업활동 강화 등은 이를 반영하는 대표적 징후임에 분명하다.

하지만 영국, 프랑스, 미국 등이 선도한 초기 근대화의 대열에 동참하지 못한 독일, 소련, 일본 등은 정부주도의 급속한 발전을 표방하였다. 비스마르크의 철혈정책(1862~1871), 스탈린의 경제개발 5개년 계획(1928~1933), 일본의 기획원 신설(1937) 등이 여기에 해당한다. 특히 일본의 발전국가 구상은 군부와 혁신관료들이 연합해 만주국에 경제참모본부를 신설하면서 시작되었다. 이러한 시도는 비스마르크와 스탈린 사례에 자극받은 것으로, 재벌의 반대를 군부가 극복한 1937년에 일본 정부에도 기획원이 신설되었다. 전후 일본의 고도성장체제는 군국주의 청산을 표방한 맥아더 군정하에서 위기에 직면하였지만 센프란시스코 강화조약 체결을 통해 알 수 있듯이 냉전이라는 기회요인을 활용해 자민당과 관료제가 결합한 발전연합인 '55년체제'를 출범시키게 된다.[4]

전후 일본의 고도성장 경험은 동아시아를 대표하는 신흥공업국가인 한국, 대만, 홍콩, 싱가포르 등으로 전파되었다. 나아가 최근에는 동남아시아를 경유해 체제전환국가인 중국과 베트남으로 확산되었다. 특히 베이징 컨센서스를 추구하는 새로운 패권국가 중국의 부상은 신중상주의 발전국가를 미국이 주도하는 신자유주의 경쟁국가와 대입시키는 경쟁구도를 정립한 상태이다.

하지만 동아시아 발전국가들은 시장경제와 민주주의는 물론 자본과 노동, 다국적기업과 토착 중소기업, 중앙과 지방 등과 같은 분야에서 불균형 발전의 부

---

4) 1955년 11월 29일 창당한 자민당은 지난 60년 동안 1993~94년 호소카와·하타 내각의 10개월과 2009~2012년 민주당 정권의 3년 3개월을 제외하고는 집권해 왔다. 이러한 성과는 1965년 건국 이래 인민행동당이 계속 집권하고 있는 싱가포르의 보수편향에 비해 약하지만 제2공화국을 비롯해 김대중과 노무현 정부를 배출한 한국에 비해서는 강한 편이다. 더불어 2016년 현재 동아시아에는 아베를 비롯해 박근혜, 리센룽 등 개인적이나 정치적으로 발전국가에 대한 향수가 강한 보수 성향의 최고지도자들이 집권하고 있다.

작용을 좀처럼 해소하지 못하고 있다는 점에서 제한적이다. 특히 자본 주도의 세계화나 기술이 중시되는 지식경제는 개입과 통제라는 전통적인 정부상을 거부하고 있기 때문이다. 따라서 변화된 환경의 요구에 부응해 보다 창의적이고 연성적인 신발전국가로의 진화가 요구된다.

실제로 발전국가는 새로운 요구에 부응하기 위해 역동적 거버넌스를 표방하는 신발전국가로 진화하고 있다. 초기 산업화 단계에서 발전국가의 전형적인 모습을 표출했던 싱가포르가 1980년대 중반 이후 세계화와 민주화 요구에 부응해 보다 역동적 방식으로 국정을 운영한 일이 대표적 사례이다.

2. 신발전국가의 요건과 특징

1980년대 중반 행태주의 혁명의 와중에서 실종된 국가의 부활이 이루어졌다. 일본의 성공에 자극받아 미국의 네오베버리안 국가론자들이 중심이 되어 발전국가론의 이론화 작업이 본격화된 것이다(Evans, 1995; Wade, 1990). 실제로 1980년대 정점에 달한 일본의 위세는 미국의 불안을 유발하기에 충분했다. 단적인 사례로 당시 일본의 기적을 선도한 전자업체 소니와 파나소닉은 미국의 양대 영화사인 콜롬비아와 유니버셜을 인수하기도 했다.

미국의 불안이 일본에 대한 관심으로 이어지면서 일본식 정책결정패턴이나 기업문화에 대한 검토가 본격화되었다. 이를 반영하는 대표적 사례가 발전국가론을 정립한 Johnson(1982)의 연구이다. 그는 영미의 시장합리성과 구별되는 일본의 계획합리성에 착안해 산업정책의 유용성을 역설하였다. 더불어 산업정책의 성공비결로 '55년체제'로 대표되는 정치적 안정을 전제한 상태에서 각기 정부와 기업을 대표하는 선도조직과 기업이익연합체 간의 협력체제에 주목하였다(Samuels, 1987; 김시윤, 2010: 1191).

일본의 선구적 발전사례를 학습하는 방식으로 확산된 동아시아 발전국가론은 1993년 시작된 일본의 장기침체와 1997년 동아시아 금융위기를 거치면서 퇴조하기 시작한다. 동아시아의 고도성장은 혁신보다는 학습에 기반하기 때문에 생산성 향상보다는 생산요소의 집중에 주력한 구소련의 쇠퇴 경로와 유사할 것이라는 폴 크루구만의 비평이 제기되었다(Krugman, 1995). 또한 외환위기를 계기로 정권교체에 성공한 한국의 김대중은 발전국가의 특수성을 옹호하는 리콴유와의 논쟁을 통해 시장경제와 민주주의 보편성을 역설하였다.

싱가포르의 재도약을 선도한 창의적 신발전국가 또는 명품행정의 진화는 1980년대 후반부터 본격화되었다. 싱가포르 발전국가의 창시자인 리콴유 체제에 대한 변화의 요구가 제기되었기 때문이다. 정치경제 전반에서 구체제에 대한 피로감이 가중되면서 정부의 연성화와 지능화를 요구하는 국민들의 요구가 분출되기 시작하였다.

실제로 1987년 싱가포르 정부는 치안유지의 보루이자 민주주의의 위협으로 작용해 온 국가보안법을 적용해 반체제인사들을 공산주의 활동 혐의로 체포하였다. 여기에 반체제인사를 후원한 미국 외교관들의 내정간섭 논란이 불거지자 미국과의 외교관계가 급냉하였다. 이에 야당과 재야세력은 혼란의 책임을 지고 리콴유가 사임할 것을 촉구하였다(양승윤 외, 2004: 100).

또한 경제적 측면에서 저임금 제조업체들의 엑소더스에 자극받아 싱가포르는 1990년대 이후 산업구조고도화 정책기조하에서 '지역화전략(Regionalisation Strategy)'으로 지칭되는 신산업정책을 추구하였다. 이 정책은 싱가포르가 정부가 동아시아 여러 도시에 산업단지를 건설하고 관리하는 '지역산업단지(regional industrial parks)' 구상이었으며, 이 계획의 목적은 싱가포르 국내경제를 안정적으로 보완하는 외부 수입원을 창출하는 것이었다(김시윤, 2010: 1191).

결국 1990년대 중반 대내외 정치경제가 다소 안정되자 싱가포르는 본격적으로 재도약을 추구하였다. 특히 바이오메디컬, 물, 복합리조트 등 신성장동력의 육성에 주력한 싱가포르의 신발전연합은 '노동이 배제된 조합주의'라는 권위주의적 색체를 탈피해 전문분야별 협력체제를 지향하는 클러스터의 활성화로 나타났다. 일례로 바이오메디컬폴리스의 경우 과거 경쟁력의 원천으로 작용했던 저임금 노동력이나 저금리 신용할당이 아니라 저명한 다국적기업과 해외의 초일류인재를 유치하는 방식으로 국가경쟁력을 배양하였다.

한편 재도약 과정에서 싱가포르 정부는 완화된 산업정책의 논리에 따라 특급 도우미의 역할을 수행하였다. 유능한 인재와 신속한 절차 및 강력한 문화는 명품행정의 이미지를 재정립하고 있다.[5] 특히 적합성과 효과성을 유지하는 좋은

---

5) 싱가포르 정부관료제의 성과를 좌우한 핵심 변수는 문화를 비롯해 사람(변혁적 리더십과 유능

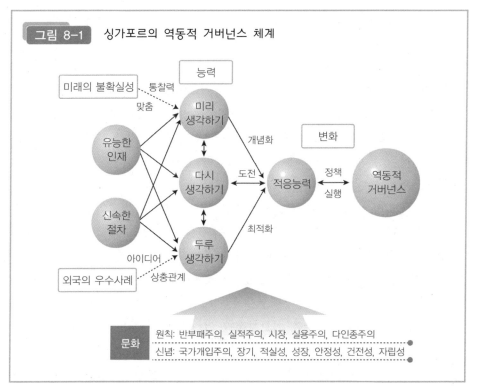

그림 8-1 싱가포르의 역동적 거버넌스 체계

출처: Neo & Chen(2007: 13).

거버넌스는 행정의 역동성을 시사한다. 따라서 정부는 미래의 발전을 예측하고, 지속적으로 학습하며, 제기된 현안에 대한 사고방식을 쇄신할 필요가 있다. 즉, 정부 정책의 성공을 위해 미리 생각하기, 다시 생각하기, 두루 생각하기를 안정적으로 제도화시켜야 한다(Neo & Chen, 2007: 12). 따라서 싱가포르 스타일 명품행정은 정부가 미래를 준비하기 위해서 미리 생각하는 것이고, 새로운 아이디어와 혁신이 기존 정책에 통합되도록 다시 생각하는 것이며, 해외의 우수사례를 국내의 정책요구를 충족시키기 위해 차용하는 것이다.

일반적으로 정부는 기업에 비해 역동적이고 창의적이지 못한 존재로 간주된다. 이를 개선하기 위해 싱가포르 정부는 건국 초기부터 1990년대 중반 영미에서

한 공무원), 절차(규제의 간소화와 업무의 정보화), 역량(다층적 문제해결과 순환적 정책과정) 등을 들 수 있다.

태동한 신공공관리와 유사한 방식으로 기업식 정부의 구현에 주력하였다. 이는
다시말해 동아시아 발전국가와 영미식 신자유주의 간의 선택적 친화력을 시사한
다. 실제로 싱가포르는 정부의 역동성과 창의성을 담보하기 위해 기업들의 전략
기획, 조직인사, 성과평가 등을 적극적으로 벤치마킹하였다.

나아가 싱가포르의 발전을 선도한 공공부문의 우수한 능력은 민간엘리트에
상응하는 충분한 보수제공, 경제성장률과 연계한 성과급 지급, 시험보다는 전문
성을 중시하는 특채제도, 민간부문과의 활발한 인사교류, 부정부패에 대한 무관
용 정책, 중앙공무원교육원을 활용한 사례교육 등에 기인한다.

결국 창의적 신발전국가의 별칭인 명품행정의 출현은 행정의 우수성을 좌우
하는 창의성과 혁신성을 요체로 한다. 특히 최근에는 국내외적으로 유망 수출품
목으로서 우수행정사례의 세계화에 대한 관심이 커지고 있다. 우선 싱가포르는
2006년 통상산업부와 외교부 주도로 싱가포르협력기업(SCE: Singapore Cooperation
Enterprise)을 설립해 자국의 우수행정사례를 해외에 수출하고 있다. 또한 한국의
행정자치부도 2016년부터 주한 외교사절과 외신을 상대로 우수행정사례를 적극
적으로 소개하고 있다. 그리고 서울특별시는 싱가포르와 유사한 공공서비스 해외
진출 전담기구를 설립해 도시철도, 상수도, 지능형 교통망 등의 해외진출을 도모
할 예정이다.

IV. 싱가포르의 재도약과 분야별 구현사례

1. 국부 증진의 사례

싱가포르는 1965년 건국을 전후해 수입대체산업화를 탈피해 외국인투자유치
와 수출지향산업화를 축으로 하는 산업발전전략을 채택하였다.[6] 당시 산업정책
의 초점은 전자부품, 정유화학, 조선, 기계, 금융 등을 집중적으로 육성하는 일에
부여하였다.[7] 이는 다시말해 싱가포르의 경제정책기조가 대외적으로는 홍콩과

---

6) 한국과 시기적으로 유사한 싱가포르의 산업화 단계는 수입대체산업화(1958~1964), 수출지향산
   업화(1965~1979), 수출지향산업화의 심화(1979~1985), 산업구조고도화(1986~현재) 등으로 구
   분이 가능하다(양승윤 외, 2004: 153~161).
7) 산업화 초기 외자유치의 대표적 성공사례로는 금융업을 들 수 있다. 이는 잠들지 않고 계속되

마찬가지로 개방경제체제를 유지하면서도 내부적으로는 정부주도의 개입정책을 병행하였음을 의미한다.

건국 초기에 싱가포르가 외자유치에 주력한 이유는 중개항만이라는 싱가포르의 지리적 유용성이 체감한다는 불안이 고조되었기 때문이다. 이에 싱가포르는 외자유치를 위해서라면 헌신적으로 논스톱 토탈서비스를 제공한다는 인식의 전환을 추구하였다. 여기에는 정부의 선도조직인 경제개발청(EDB: Economic Developemt Board)을 비롯해 통상산업부, 주롱개발공사, 무역개발청, 국가과학기술청 등이 주도적 역할을 수행하였다(Appold, 2001: 2~3).[8] 결국 이러한 노력을 통해 제조업 유치에서 소기의 성과를 거두게 되자, 1998년 국가경쟁력위원회의 주도하에 외자유치의 다음 목표로 서비스산업과 첨단기술산업을 설정하게 되었다.

고용창출에 유리하지만 규제개혁 부담을 수반하는 서비스산업의 유치사례로는 복합리조트를 들 수 있다. 싱가포르는 2006년에 마리나 베이(Marina Bay) 도심과 센토사(Sentosa) 섬 리조트에 카지노를 포함한 두 개의 복합리조트에 각각 50억 싱가포르 달러 이상의 투자를 제안받았다. 하지만 청정국가를 표방해 온 싱가포르에서 카지노를 허용하는 것이 쟁점으로 부상하였다.[9] 이에 리셴룽 총리는 리콴유의 반대에도 불구하고 '도박의 도시'에서 세계적인 '오락과 컨벤션 산업의 허브'로 변신한 라스베가스의 변신에 주목할 것을 제안하였다.

2010년 개장을 목표로 복합리조트 조성사업에 착수하자 싱가포르 정부는 민감한 문제인 인허가 절차를 성공적으로 관리하기 위해 다양한 안전장치를 강구하였다. 주관부서인 싱가포르관광청은 제안요청서 배부, 투자자 자격조사, 심사기준과 가중치 설계, 입찰평가위원회 구성 등을 충실하게 집행하였다. 특히 복합리조트 평가방식은 공정성을 담보하기 위해 국방부가 군사장비의 조달에 활용한

는 금융거래의 속성상 싱가포르가 위치한 지리적 시간대를 전략적으로 홍보한 결과였다. 더불어 동아시아 금융위기 이후에는 테마섹지주회사(Temasek Holdings Ltd)와 싱가포르개발은행을 앞세워 해외진출에도 적극 나서고 있다(박동창, 2007: 18).

8) 다국적기업에 대한 싱가포르 공무원들의 헌신은 유치단계 이후에도 계속 이어졌다. 따라서 양자간에는 경제적 인센티브를 주고받는 일회적인 계약관계를 초월해 신뢰와 신용이 제도화되었다. 일례로 경제개발청 관료들은 기업 활동에 대한 애로청취와 정보제공을 위해 다국적기업의 본부와 지부를 자주 방문하였다(Schein, 1996: 42).

9) 싱가포르에서 카지노 도입에 관한 논의는 1985년경 경제 불황기에 처음으로 제기되었으나 당시 사회적 영향력과 국가 이미지 보호를 이유로 진행되지 않았다. 이후 2002년 경제보고위원회에서 다시 이슈화 되었으나 '내국인 카지노 허용 여부' 때문에 계속 지연되었다(김태형·진보라, 2015: 1078).

분석적계층절차(AHP) 기법을 원용하였다(Neo & Chen, 2007: 234).

한편 클러스터화 구상과 결부된 차세대 첨단기술산업의 육성사례로는 바이오메디컬, 정보통신 등에 부가해 물산업을 들 수 있다.10) 싱가포르는 독립 이후 반세기 동안 말레이시아에 원수를 의존하는 '불안한 현실'을 타개하기 위해 공급원의 다변화를 추구해 왔다. 특히 우리가 주목할 점은 빗물 집수, 중수도 활용, 해수담수화 등과 같은 특정한 정책이 아니라 선도조직인 공공시설청(PUB: Public Utilities Board)이 수자원을 관리하는 '총체적 방식'과 '변혁적 리더십'이다.11)

싱가포르는 수자원을 보존하고 절약하는데 기여하는 누진적 요금체계는 물론 다층적 집수방식, 하수와 우수를 결합한 중수도, 정보통신 기반의 통합관리체계, 안전한 신생수(NEWater)를 앞세운 국민인식의 제고, 클러스터를 활용한 연구개발투자의 활성화, 효과적 법제와 신중한 규제, 유능하고 대응적인 관리인력 등과 같은 수단들이 모범적이다.

하지만 초창기 공공시설청은 효율성과 완결성 모두에서 많은 문제점을 지니고 있었다. 이에 정부는 1995년 당초 공공시설청이 상수도와 더불어 담당하던 전기와 가스를 민영화하는 대신에 2001년 하수도와 저수지 업무를 환경부에서 이관받는 방식으로 규모와 범위 및 밀도의 경제를 구현하였다. 또한 2003년 공공시설청의 혁신을 주도할 리더로 쿠텡체를 임명하였다. 국부펀드인 테마섹과 항만청장을 역임하면서 역량을 인정받은 그는 PUB가 기존에 이룩한 완결성 구현에 더해 고비용 조직의 효율성 개선을 주도하였다(Low, 2012: 95).12)

---

10) 1986년 이후 싱가포르는 전통적 산업보다 혁신주도의 지식경제를 강조하면서 경제구조조정을 추구하였다. 일례로 바이오메디컬 산업의 경우 '혁신'이 다단계로 복잡하게 이루어지기 때문에 "일(Work)-주거(Live)-여가(Play)-학습(Learn)"의 연계가 필요하다. 이에 싱가포르는 2001년 이래 '원노스(One-North)'로 지칭되는 복합산업단지를 구축해 왔다.

11) 우리나라의 물 관리는 지난 반세기 동안 적어도 양적 측면에서 소기의 성과를 창출해 왔다. 다목적 댐의 건설과 상하수도 보급률의 확대는 이를 반영하는 대표적 사례이다. 하지만 양적 성장세에 부합하는 질적 고도화 노력은 상대적으로 부진한 실정이다. 이는 기본적으로 복잡한 수자원 문제에 대처하는 총체적 관리역량의 미흡에 기인한 결과로 평가할 수 있다.

12) 싱가포르 정부는 고위 행정직에 엘리트 공무원을 특채한 이후에 다국적기업 파견근무와 주기적인 교육기회를 부여하는 방식으로 리더십을 강화시켰다. 특히 특정한 분야에서 성과를 이룩한 리더를 새로 제기된 현안 분야에 재배치하는 방식으로 문제해결을 의도하였다.

2. 국질 제고의 사례

싱가포르는 150년간 지속된 영국 식민지 시절에 학습한 복지제도를 건국초기 자국의 실용주의 정책기조에 맞추어 개량하였다. 또한 대다수 동아시아 국가들과 마찬가지로 건국초기 강력했던 공산주의 기풍이 토지개혁이나 복지강화에 기여한 측면이 있다. 하지만 세계화가 초래한 경제위기에 직면할 때마다 기업부담 완화를 표방하면서 복지축소를 단행해 왔다.

이를 반영하는 대표적 사례가 중앙적립기금(Central Provident Fund)이다. 이 제도는 정부가 관리하는 국민강제저축제도로서 국민이 저축을 통해 스스로 노후소득을 보장하는 연금제도로 출발했는데, 이후 정부가 적립기금의 일부를 국민들의 주택구입비, 의료비, 교육비 지출에 활용하도록 허용하면서, 하나의 사회보험 패키지이자 복지재정의 원천으로 작용해 왔다.

1955년 단일기금으로 출범한 중앙적립기금의 분담률은 근로자가 20%, 고용주가 20%씩 분담해 근로자 임금총액의 40%에 달했다. 그리고 중앙적립기금은 보통(ordinary)계정에 30%, 의료(medisave)계정에 6~8%, 특별(special)계정에 4%씩 배분하도록 설계되었다(이도형·김정렬, 2013: 210). 이때 보통계정은 주택구입, 승인된 투자, 보험구입 및 고등교육비 지불에 사용되고, 의료계정은 의료비 지출을 충당하며, 특수계정은 퇴직이나 사고에 대비한 지출계정이다.

이처럼 계정분화와 수급범위 모두에서 생산적 복지정책으로 진화를 거듭하던 중앙적립기금은 세계화가 초래한 무한경쟁 구도에서 위축되기 시작하였다. 우선 중앙적립기금의 분담률은 1985년 50%로 정점을 찍은 이후에 지속적으로 하락해 2007년 이후 34.5%를 유지하고 있다(최옥금·성혜영·조영은, 2013). 또한 1984년 추가된 의료계정은 질병에 대한 자기책임의무를 강화하도록 유도하는 방식으로 운영되고 있다. 그리고 기금운영의 불투명성과 사회보장기능의 약화로 인해 논란이 증폭되고 있다.

싱가포르가 자랑하는 또다른 복지제도는 주거안정대책이다. 1960년 주택개발청 설립을 계기로 본격화된 아파트 건설사업은 양과 질 모두에서 성공적이었다. 이점은 국민의 85%가 공공주택에서 살고 있고, 그 중 90% 이상이 공공주택 소유자라는 수치를 통해 확인할 수 있다. 이밖에 공공주택정책의 성공을 입증하는 또다른 사례로는 1997년 제3의 길을 표방하면서 집권한 신노동당의 토니블레어가 자신의 선거공약팀을 싱가포르에 파견하여 벤치마킹을 시도한 일을 들 수 있다. 나아가 최근에는 공동주택의 건설과 관리 노하우를 중국과 동남아에 수출하는 성과를 창출하기도 했다. 이에 자극받아 박원순 서울시장도 서울시가 경쟁력을 확보하고 있는 지하철, 상수도, 지능형교통망 등을 대상으로 해외진출을 모색하고 있다. 하지만 아직은 상업적 수출보다는 공적개발원조와 연계한 협업 수준을 탈피하지 못하고 있다.

1950년대 적대적 노사관계의 폐해를 경험한 싱가포르는 1959년 인민행동당 집권을 계기로 노동조합 약화, 단체교섭 축소, 노사중재법원 설치 등 급진적 노동개혁에 착수하였다. 이를 계기로 싱가포르는 '장기적 편익을 위한 단기적 희생(sacrifice short-term gains for long-term benefits)'을 추구해 왔다(Wong, 2012: 156). 이러한 노사정 관계는 '노동이 배제된 조합주의'라는 한계에도 불구하고 저임금, 양질의 노동력을 외국자본에 제공한다는 목표에 충실히 부응해 왔다.13)

건국을 전후해 비공산주의와 친국가를 표방하면서 대표성을 확보한 전국노동조합총회(NTUC: National Trade Union Congress)는 기존에 보여준 '파업제로' 노선의 연장선상에서 1997년 동아시아 금융위기가 발생하자 임금 삭감과 노동유연성 강화 및 중앙적립기금 사용자 부담금 축소에 적극적으로 부응하였다. 더불어 싱가포르 정부가 2006년 사회통합과 산업평화 및 구조적 실업 문제에 선제적으로 대응하기 위해 근로연계복지를 표방하자 NTUC가 적극적으로 협력하기도 했다.14)

하지만 안정적 노사관계를 앞세워 외자유치, 경제성장, 소득증대로 이어지는 선순환을 구현한 싱가포르지만 진정한 국민통합과 균형발전에 부응한 것으로 보

---

13) 싱가포르는 국내자본의 육성에 주력한 여타 동아시아 발전국가와 달리 다국적기업과 국유기업 (government linked companies)에 의존하는 발전전략을 채택하였다(김시윤, 2010: 1198). 싱가포르는 내수시장의 한계로 인해 자생적인 국내자본 형성이 지연되었을 뿐만 아니라 국유기업의 과대성장도 토착 중소기업의 성장을 억제하였다. 결과적으로 싱가포르 정부는 국내의 노동과 자본에 대한 대내적 국가자율성을 토대로 외국자본에 대한 역동적 국가능력을 확보하는 일에 주력해 왔다.

14) 싱가포르의 최상위 노동자단체인 NTUC는 61개의 제휴 노조, 1개의 택시 연합, 12개의 사회적 기업, 4개의 유관 단체 등을 포괄하고 있다. 싱가포르의 노조가입율은 20% 수준으로 약 555,000 명이 NTUC 회원으로 가입해 있다. 그리고 몇몇의 NTUC 중앙위원회 위원들은 각료와 의원을 겸직하기도 한다. 한편 최상위 경영자단체로는 NTUC의 협상파트너인 싱가포르경영자총협회 (SNEF: Singapore National Employers Federation)를 비롯해 싱가포르기업연맹(Singapore Business Federation), 상공회의소(chambers of commerce), 무역협회(trade association) 등이 있다(Wong, 2012: 159~160).

기는 어렵다. 비정상적 노사관계를 비롯해 엘리트와 대중, 상류층과 하류층, 관료와 민간인, 토착인과 이민자 등 다양한 계층들 사이의 간극과 골이 넓어지고 깊어졌기 때문이다. 더욱이 최근에는 세계에서 유례를 찾기 힘든 인구증가정책이 추진되면서 이민자 차별문제가 새로운 쟁점으로 부상하고 있다(신윤환, "리콴유가 남긴 유산과 과제", 조선일보 2015. 3. 24자).

3. 국격 향상의 사례

국경을 넘어선 자본의 이동이 빈번한 세계화 시대를 맞이하여 국가의 평판이나 매력이 지니는 중요성이 커지고 있다. 다시말해 국가의 품격 향상은 해당 국가에 대한 존경심은 물론 방문, 이민, 투자가 증가함을 의미한다. 특히 후자의 경우 공적개발원조 확대나 소수자 배려와 같은 헌신적 청지기 이미지를 초월해 경제적 이익창출과 직결된 문제로 간주되고 있다.

싱가포르는 아시아에서 가장 경쟁력 있는 도시로 꼽혀 왔다. 외국인들에게 물가는 비싸지만 안전이나 환경 등 생활 여건이나 공공서비스의 수준은 세계 최고를 자랑한다. 여기에는 1980년대 중반부터 성장 위주의 발전패러다임을 자제하는 대신에 지역주민 중심으로 지속가능발전을 추진한 전략이 주효했다(히리민, "싱가포르 살기 좋은 도시로 바뀐 비결은 주민참여", 한겨레신문 2015. 10. 21자).

이처럼 건국 이후 지난 반세기 동안 싱가포르가 고도성장 과정에서 표출한 명암은 국내외적으로 뜨거운 논쟁을 유발했다. IMF 금융위기 직후 김대중 대통령과 리콴유 총리 사이에 민주주의의 보편성 여부를 둘러싸고 제기된 '아시아적 가치' 논쟁이나 박근혜 대통령의 '리콴유 장례식 조문'을 계기로 산업화와 민주화라는 상반된 시선이 다시 부각되었다.

싱가포르의 밝은 측면에 주목한 진영에서는 일본이 시작한 동아시아 발전국가 모델에 동참하고 진화시킨 지도자들의 리더십이나 영미식 효율성으로 무장한 실용주의 정책기조에 착안해 왔다. 특히 과감한 규제개혁, 경쟁적 교육제도, 자기책임형 복지제도 등 싱가포르가 고안한 기업친화적 정책수단들은 기업인단체나 보수정당의 구미에 부응하는 메뉴들이다.

반면에 싱가포르의 그늘에 착안한 진영에서는 고도성장의 화려한 유혹에 현

08

혹되어 아직도 민주주의의 본질에 제대로 부응하지 못하고 있는 그들의 선택과 성취를 도시국가 수준의 변칙사례로 평가절하한다. 특히 개발독재의 연장선상에서 아직도 유지되고 있는 폐쇄적 지배연합이나 우편향 세계화 및 다층적 격차구조의 심화 현상은 시민단체나 진보정당의 질타를 받고 있다.

싱가포르는 앞서 제시한 거시 정치적 논의에 부가해 미시 정치적 견지에서 도시국가의 매력을 증진하는 일에도 주력해 왔다. 우선 재도약 이전 리콴유 총리가 캄보디아 수도 프놈펜을 벤치마킹해 정원국가의 개념을 정립하자 국가공원청은 어떤 식물이 싱가포르의 열대성 기후에서 잘 자라는지 많은 국가의 식물을 수입해 실험하였다. 국가공원청은 이후 "정원 도시"에서 "정원속의 도시"로 개념을 확장했고, 정원 속에 도시가 있는 것처럼 상상하도록 싱가포르의 모든 공원들을 연결하는 공원 커넥터 구상을 통해 싱가포르 섬의 변신을 추진했다(Neo & Chen, 2007: 43). 그리고 최근에는 관광객이나 투자자들의 편의 제고를 위해 도심혼잡 문제에도 적극적으로 대처하였다. 특히 통행료 자동부과시스템의 도입과 상황적응적 보완을 통해 복잡한 교통문제 해결에 적극 대응하였다. 더불어 도시재개발국(URA: Urban Regeneration Authority)의 주도하에 도시문화유산의 정비는 물론 스카이 라인이나 보행자 편의시설을 개선하는 일에도 유의하고 있다(건축도시공간연구소, 2010).

나아가 다문화 국가 싱가포르의 화합과 통합을 유도하기 위해 특정한 종교에 대한 몰입을 탈피하는 세속국가를 표방하였다. 이러한 사실은 싱가포르 도심에 산재한 사원들이 종교의 경연장을 연상케 한 정도로 이국적이라는 점에서도 잘 나타나고 있다. 하지만 종교가 다른 민족별로 거주 지역은 물론 아파트 단지까지 차별화되는 문제상황을 타개하기 위해 정부는 신규 공동주택 배정시에 인종간의 혼합을 유도하고 있다. 또한 소수종족 출신의 지도자를 국가의 상징인 대통령으로 옹립하고, 소수인종권익위원회를 두어 모든 법률이 이곳을 거쳐 가게 하였다. 하지만 이러한 노력에도 불구하고 싱가포르가 전체 인구의 3/4을 점유한 중국인 이민자들이 주도하는 패권국가라는 점을 정면으로 부인하기는 어렵다(양승윤 외, 2004: 26).

싱가포르는 유교적 권위주의에 입각해 사회적 오염의 척결을 중시해 왔다. 일례로 지하철 내에서 먹는 것이 금지되어 있고, 공해를 배출할 수밖에 없는 자가용 승용차를 소유하는 것에 대해서도 대단히 무거운 비용을 부담하도록 강력하게 규제하고 있다. 이는 싱가포르가 사회규범에 따르는 것, 즉 집단 동조성을 강조하는 보수적 사회임을 시사한다(원철희, 1996). 더욱이 동아시아 금융위기의 원인 규명과 후속 대책을 마련하는 과정에서 영미가 주도하는 자본 세계화 기조에 반발하기도 했다. 물론 이러한 모습들이 기독교나 이슬람 근본주의를 연상시키는 유교근본주의로 해석하기는 다소 무리가 있지만 발전국가에 대한 집착으로 파악하기에는 충분한 근거가 있다.

V. 결 론

싱가포르의 초기 도약은 우리의 고도성장기와 흡사하다. 하지만 1990년대 이후 본격화된 싱가포르의 재도약은 세계화와 정보화라는 환경에 역동적으로 대응한 결과이다. 이를 반영하는 대표적 사례가 고부가가치 산업인 물산업클러스터 구축이나 고용창출효과가 큰 복합리조트의 유치였다.

상수도를 포함하는 물과 카지노를 연계한 복합리조트에 내재된 발전가능성은 이후를 대비하는 어느 나라나 충분히 생각할 수 있는 문제였다. 하지만 미리 생각하기를 통해 경쟁국가보다 먼저 정책의제로 채택하고, 다시 생각하기를 통해 치밀한 보완대책을 마련하고, 두루 생각하기를 통해 국내외 유사사례를 학습하는 방식으로 명품행정을 구현한 일이 흔들리는 정부관료제를 목도하고 있는 우리의 부러움을 사고 있다.

나아가 싱가포르의 성공은 1인당 GDP와 같은 국부는 물론 공공서비스 품질과 대외적 매력으로 대표되는 국질과 국격에서도 일정 수준의 성과를 창출하였다. 특히 효율지상주의 정책수단의 채택에도 불구하고 결과적으로 세계가 부러워하는 삶의 질과 국가 매력도를 창출한 일은 그동안 이룩한 산업화와 민주화 성과에도 불구하고 좀처럼 균형잡힌 참발전의 경로를 모색하지 못하고 있는 한국호가 착안할 벤치마킹의 포인트다.

싱가포르는 1965년 건국 이후 반세기 동안 안정적 성장세를 유지해 왔다. 특히 우리나라와 마찬가지로 산업화 초기의 압축성장은 물론 1997년 동아시아 외환위기와 2008년 미국발 금융위기의 충격을 조기에 극복한 경제재도약 성과가 인상적이다. 또한 유교적 전통과 산업화 유산이라는 기본적 토대를 구축한 상태에서 세계화와 정보화 추세에도 적극 부응하는 카멜레온 전략으로 주목을 받고 있다.

이러한 재도약 성과의 이면에는 정부의 역동적 거버넌스 능력이 크게 작용한 것으로 평가되고 있다. 싱가포르는 초기 도약단계에서 민주주의라는 정치의 결핍을 보완하는 차선으로 행정을 선택하였다. 그리고 최근에는 정부의 정당성을 부인하는 세계화와 시장화 기조에도 불구하고 정부가 주도하는 역동적 거버넌스 역량을 진화시켜 왔다. 이는 깨끗하고 창의적인 싱가포르 정부에 대한 벤치마킹이 개발도상국가는 물론 영국과 같은 선진국도 예외가 아니라는 사실을 통해 잘 나타나고 있다.

이처럼 적극적인 행정의 재발견은 과도한 엘리트주의 논란에도 불구하고 싱가포르에서 공공성의 위기를 치유하는 주요 계기로 작용해 왔다. 성장을 중시하는 시장 논리에 압도되어 분배를 중시하는 정치 논리가 취약해진 싱가포르이지만 관료의 능력과 실용적 문화를 결합하는 방식으로 주택, 연금, 의료, 물, 공원, 다문화 등 세계가 주목하는 우수 분배정책사례들을 창출해 왔다.

하지만 싱가포르에 앞서 국민형성과 민주주의를 구현한 저력의 한국이지만 세계에 자랑할 분배정책사례를 찾아보기는 어렵다. 따라서 경제재도약에 급급한 기존의 방식을 탈피해 고용안정, 공공성 중시, 소수자 배려, 지역대표성 강화 등 정치정상화를 선도하는 우리 국회와 정부의 분발이 요구되는 대목이다. 경제는 물론 정치와 행정이 모두 살아야 국민이 행복해지기 때문이다.[15]

그동안 국내에서는 싱가포르의 발전을 진영논리로 해석해 왔다. 싱가포르의 밝은 측면에 주목한 보수 진영은 리콴유의 리더십이나 과감한 규제완화, 경쟁적 교육제도, 자기책임형 복지제도 등과 같은 실용주의 정책에 착안한다. 반면에 싱가포르의 그늘을 포착한 진보 진영은 경제성장에 몰입하며 민주주의를 경시한

---

15) 우리는 싱가포르가 자랑하는 행정의 경쟁력이 한국적 현실에서 적용하기 어려운 엘리트 행정체제에 기반하고 있다는 점에 유의해야 한다. 싱가포르가 신속한 결정을 내리는 것은 민주주의가 중시하는 갈등과 협력의 가치를 간과했기 때문이라는 비판도 얼마든지 가능하다. 또한 싱가포르의 정책실패 사례를 찾아보기 어려운 일도 폐쇄적인 엘리트 행정에 시민사회가 접근하지 어렵기 때문이라는 가정도 설득력이 있다.

그들의 성취를 도시국가 수준의 변칙사례로 간주한다.

이에 본고는 경제와 정치의 중재를 자임하면서 행정을 중심으로 싱가포르의 재발견을 추구하였다. 하지만 정치와 행정의 협력관계를 배제한 상태에서 진화한 싱가포르 행정의 모범사례들은 한국에 직접적으로 적용하거나 세계적 유행을 기대하기도 다소 무리가 있다. 그러나 이러한 한계에도 불구하고 무한경쟁의 성패를 좌우할 핵심 변수인 한국 행정의 재창조와 세계화 노력은 싱가포르의 교훈을 넘어 계속되어야 한다.

읽기와 토론 8

중국 공무원은 부패개혁 중

(LA중앙일보 2016. 5. 23자. 최형규 중국전문기자)

중국 공무원 권력은 천하무적이다. 부서 간 견제 시스템이 없어 무소불위의 힘을 발휘한다. 여기에 비판 언론도 없으니 금상첨화(錦上添花)다. 한데 공무원의 보수는 세계 최저 수준이다. 권력과 수입 사이에 부패가 끼어들기 쉬운 구조다. 이런 중국 공직사회가 시진핑(習近平) 국가주석이 주도하는 '반(反)부패' 폭풍을 맞고 있다. 부패 권력을 대민 서비스 권력으로 바꾸려는 개혁의 일환이다.

중국인 천(陳)모가 2012년 기자에게 털어놓은 얘기다. "몇 년 전 아버지를 도와 허베이(河北)성 탕산(唐山)에서 아파트 1000여 가구를 짓고 있었다. 착공 1주일도 안 돼 관할 파출소 공안 한 명이 찾아와 봉투를 내밀었다. 안에는 파출소 직원들이 한 달간 쓴 각종 영수증이 가득했다."

왜 이런 수퍼 갑질이 가능할까. 공무원들의 현장 권력 때문이다. 지방정부의 경우 수천 개씩의 주요 인허가권을 쥐고 있다. 여기에 예산 집행과 감독은 기본이고 처벌권까지 행사한다. 서방 국가와 달리 삼권분립이 안 돼 정부 부처 간 견제도 없다. 오죽하면 중국인들 사이에 힘 있는 공무원 권력은 살인만 빼고 뭐든 가능하다는 말이 돌까.

권한은 막강한데 보수는 지나치게 낮다. 2015년 1월 중국 정부가 이례적으로 시진핑 국가주석의 연봉을 공개했는데 13만6620위안(약 2400만원)에 불과했다. 중국 공무원

월급은 기본급과 각종 수당 및 보너스 등으로 구성된다. 일반 공무원의 경우 60세에 퇴직하면 퇴직 당시 월급의 80%를 평생 연금으로 지급받지만 월급이 워낙 적어 여유 있는 노후생활은 어렵다고 하소연한다.

중국 공무원들은 보수가 적다는 이유로 판공비, 즉 삼공비(三公費)를 펑펑 썼다. 삼공비란 해외출장비와 차량지원비·접대비를 뜻한다. 시 주석 취임(2013년 3월) 전 중국 공무원들의 해외 출장이 잦고 외부인 접대를 호화롭게 한 이유다.

공직 부패가 만연하자 시 주석은 2013년 초 "호랑이(고위직 부패)든 파리(하위직 부패)든 다 때려잡는다"며 대대적인 반부패 드라이브를 걸었다. 지금도 지방공무원들의 아침 인사는 "이바서우(一把手·일인자) 안녕한가"이다.

반부패는 당 기율위원회가 주도하고 있다. 국가 위에 군림하는 당의 규율을 들이대 청렴한 공직 기풍을 만들겠다는 것이다. 스인훙(時殷弘) 런민(人民)대 교수는 "기율위는 감시와 감독은 물론 처벌권까지 갖고 있다는 점에서 서방 정당의 기율위와 다르다."

중국 공무원 조직 편제는 권력만큼이나 방대하다. 크게 조직과 부문의 책임자를 뜻하는 영도(領導) 직무와 일반 직원인 비영도(非領導) 직무로 나뉜다. 직급은 1급에서 27급까지 세분된다. 행정 단위 부서는 무려 800만 개나 된다.

공무원의 신분은 확실하게 보장된다. 공무원법은 부패 등 범죄행위나 해당(害黨) 행위가 아니고는 해직이나 파면할 수 없도록 규정하고 있다. 후진타오(胡錦濤) 전 주석이 2003년 취임 후 공직자의 철밥통을 깨기 위해 직책을 받지 못한 무능력자 퇴출제도를 도입했다. 1년간 시행했는데 700만 명의 공무원 중 퇴출자가 10명도 안 돼 이를 폐지했다.

교육은 공무원 경쟁력 제고의 핵심 동력이다. 국가 최고 지도부인 당 정치국이 매월 외부 강사를 초청해 집단 학습을 하며 솔선수범하고 있다. 부패가 심각한데도 국가 리더십이 흔들리지 않는 것은 다양한 재교육을 통해 공직사회를 끊임없이 정화하고 경쟁력을 키우기 때문이라는 분석도 있다.

국가행정학원은 행정 능력 제고를 담당한다. 공공행정학과 행정법학, 지도과학 등 10개 과목이 개설돼 있다. 성과 각 부처 지도자 과정, 청과 국 단위 간부 과정, 기업 경영자 과정, 청년 간부 과정, 해외 공무원 연수 과정, 석·박사 과정 등이 있다. 기수마다 800여 명이 입교해 교육을 받는다.

국방대학은 엘리트 군 지휘관 양성이 목표다. 베이징의 경우 기수마다 2000여 명의 중·고급 장교가 교육을 받는다. 군사이론과 국방연구 등 10개 과목을 가르친다.

이 밖에도 간부들에겐 과즈(掛職)라는 순환근무제를 통해 현장업무를 숙지하고 단련하는 과정을 거친다. 특히 국가 지도부는 다양한 지방 행정 경험이 거의 필수다.

중국의 국가개혁에 맞춰 한국인들의 공무원 대처법도 달라져야 한다는 목소리가 높다. 뇌물 제공은 물론이고 고가의 선물이나 접대는 절대 금물이다. 왕위카이(汪玉凱) 국가행정학원 교수는 "시 주석의 공무원 개혁은 그들의 제왕적 권력을 대(對)인민 서비스 권력으로 환원시키는 작업이다. 어렵지만 반드시 가야 하는 길"이라고 분석했다.

CHAPTER 09 우리나라 역대 정부의 행정개혁: 신공공관리의 진화단계별 비교

I. 서 론

1948년 현대 국가의 성립 이후 50년간 계속된 한국 행정의 진화과정은 발전국가의 제도화와 직결된 문제이다. 일반적으로 발전국가(중진국형 행정국가)란 낙후된 경제사회 현실을 타개하기 위해 정부의 주도적 역할을 인정한다는 의미로 이해되고 있다. 이 점에서 발전국가는 성장과 분배라는 상반된 지향점에도 불구하고 복지국가(선진국형 행정국가)와 유사한 특성을 지니고 있다.[1] 이는 다시 말해 행정국가의 기풍이 유지되는 과정에서는 경제사회 전반에 대한 정부의 개입과 정부 자체의 성장이 지속됨을 의미한다.

유교적 왕조국가와 일본의 식민통치로 대표되는 역사문화적 유산의 토대하에서 국가성립 이래 다양한 진화과정을 경험해 온 한국의 현대 정부는 영미국가의 약한 관료제와 구별되는 대륙국가의 강한 관료제로 분류해 볼 수 있다(Colin, 1999). 특히 선진국형 행정국가에 비해 상대적으로 작은 규모에도 불구하고 경제사회 전반에 확고한 자율성을 행사하였다는 점에서 고도로 개입적인 동아시아 발전국가의 전형으로 평가되고 있다. 이러한 한국형 발전국가의 진화경로는 크게

---

1) 선진국형, 중진국형과 구별되는 후진국형 행정국가는 지대국가로 개념화를 시도할 수 있다. 이 때 지대국가란 지속적 선두유지 또는 선두 따라잡기 방식의 국가발전 목표를 간과한 채 특정 개인이나 계급의 이해관계에 치중하는 지대추구와 부정부패로 국가경쟁력을 훼손한다는 의미를 지니고 있다. 일례로 남미와 아프리카 및 남서아시아 지역에 위치한 대부분의 저발전 국가들을 지대국가의 범주에 포함시킬 수 있다.

형성기에 해당하는 제3공화국, 확산기에 해당하는 제4공화국과 제5공화국, 조정기로 분류되는 제6공화국 1기(노태우 정부)로 구분을 시도할 수 있다.

이는 다시 말해 관리적 세계화의 필요성과 문민정부의 정체성 확립을 표방한 김영삼 정부의 등장으로 인해 발전국가를 대치하는 새로운 정부상을 모색하기 위한 노력들이 본격적으로 시작되었음을 시사한다. 이에 본 연구는 김영삼 정부의 집권 기간을 신공공관리적 행정개혁의 형성기로 규정하고자 한다. 또한 IMF 구제금융체제의 신속한 탈피와 실질적 정권교체에 따른 집권기반의 공고화를 추구한 김대중 정부의 집권 시기는 신공공관리의 확산기에 해당한다. 나아가 계층 간 타협의 중요성을 간과하는 시장경쟁의 부작용과 중도혁신을 지향하는 새로운 정책이념의 확립에 주목한 노무현 정부의 행정개혁은 신공공관리의 조정기로 구분을 시도할 수 있다.

한국형 신공공관리의 진화단계에 관한 본 연구의 구분은 미국은 물론 전후 계속된 사회민주주의 복지국가의 대안을 모색하기 위해 신공공관리에 주목한 영국의 행정개혁 단계와도 밀접한 관련성을 지니고 있다.[2] 먼저 1970년대 중반 좌파가 주도하는 구체제의 영향력하에서 가장 먼저 복지국가의 방향 전환을 모색한 노동당 히스 정부는 김영삼 정부에 비견될 수 있다. 또한 외환위기로 촉발된 국가적 위기상황을 타개하기 위해 자의반 타의반으로 신공공관리의 전면적 수용이라는 도박성 행정개혁을 추진한 김대중 정부는 1979년 집권한 대처 정부의 모험지향적 개혁과 유사하다. 더불어 제3의 길 노선을 표방한 블레어의 개혁선택은 노무현 정부와 유사하다.

09

---

2) 1776년 국가성립 이래 미국 행정은 다소간의 부침에도 불구하고 20세기 중반까지 지속적인 성장세를 유지해 왔다. 하지만 1960년대 중반 이후 정부지출의 급격한 팽창과 비효율적 관리에 대한 반성의 목소리가 커지기 시작하면서 성장중심에서 긴축기조로의 전환을 추구하였다. 나아가 1990년대 중반 이후에는 작은 정부의 정당성과 현실성에 대한 회의론적 견해가 확산되면서 질적, 과정적 측면에 초점이 부여된 조정기를 경험하고 있다(Schultz & Maranto, 1998).

II. 발전국가의 행정개혁: 관료제 행정의 공고화를 위한 노력

1. 발전국가의 기원과 행정제도의 특성

한국에서 현대적 의미의 국가건설은 1948년 8월 15일 초대 이승만 정부의 수립 이후 본격화되었다. 일본과 마찬가지로 미군정을 경험한 대한민국의 신정부는 미국의 후원과 지도하에서 자유민주주의 정치체제와 작은정부의 논리를 반영하는 영미식 행정제도의 제도화를 시작하였다. 하지만 한국전쟁을 전후해 새로운 국가건설 작업이 사실상 중단되었다는 점에서 본격적인 제도개선은 1950년대 중반 이후에 가서야 본격화되었다.

1950년대는 아시아-아프리카 지역을 중심으로 신생독립국가의 설립이 붐을 이루었던 시기이다. 이른바 체제경쟁의 일환으로 시작된 미국의 제3세계 포섭전략에 따라 수출용 학문으로 고안된 발전행정의 논리와 미국식의 행정제도가 도입된 것이다.3) 하지만 1963년 박정희 정부의 출범 이후 본격화된 한국식 발전행정의 모습은 미국식 행정의 특성보다는 대륙식 행정, 즉 강한 국가를 지향하는 제도화 과정을 거치게 된다. 이는 다시 말해 한국식 발전행정의 제도화가 미국식 원리와 일본식 관행간의 상호작용을 통해 이루어졌음을 시사한다.

발전국가로 대표되는 관료제 행정의 모습은 시장과 시민사회의 미성숙을 보완하는 정부의 적극적 개입지향성, 과대성장국가의 유산을 반영하는 억압적이고 권위주의적 행정체제, 군사정부의 속성을 대변하는 명령지시적 행정문화, 정치보다는 행정을 우선시하는 기술관료엘리트주의, 유교적 왕조국가의 전통을 반영하는 제왕적 통치자, 가치체계의 미분화를 반영하는 정적 인간주의 등이 당시 발전국가를 대표하는 관료제 행정의 제도적 특성으로 나타났다.4)

---

3) 한국 발전행정 연구의 창시자인 이한빈(1966)은 발전을 '사회변동에의 대응능력 증진'으로 정의하고, 발전을 위한 행정능력으로서 창의와 쇄신을 강조하며, 기존의 관리적 행정이론인 POSDCORB를 발전행정의 동태적 입장에서 재고찰했다(이도형, 2006 재인용).

4) 고도로 개입적인 강한 국가의 논리를 반영하는 적극적 산업정책의 역사적 기원은 절대국가 시대를 풍미한 중상주의적 국가개입정책(보호무역과 지대추구)으로 거슬러 올라간다. 하지만 산업정책으로 대표되는 적극정부의 현대적 기원은 19세기 말 후발성의 논리에 기초해 따라잡기(catch-up) 방식의 산업화를 추구한 독일과 일본의 독특한 경제관리양식에 기인하는 바가 크다(Chang, 1993).

한편 행정국가의 논리를 반영하는 전통적인 정부상의 특징은 다음과 같이 정리해 볼 수 있다. 먼저 구조의 측면에서 기존의 정부는 계층제를 전제로 한다. 관료제의 합리성을 지탱해 온 핵심적 제도기반으로서 계층제는 시장과 네트워크의 가능성에 주목하는 거버넌스 양식과 구별된다. 다음으로 과정의 측면에서 기존의 정부는 주요한 동의확보의 기제로 합법적 권력이나 권위에 기초한 규제를 상정한다. 이는 정책대상 집단의 동의를 확보하기 위해 타협이나 설득을 중시하는 뉴거버넌스의 조정방식과는 구별되는 특징이다. 또한 정부에 대한 전통적인 관점은 국가중심주의, 제도적인 고립과 동질성, 국가주권과 우월성, 헌법적 배열 상태의 중시 등과 같은 네 가지 일반적 특징으로 대표된다(Pierre & Peters, 2000: 79~83).

결과적으로 한국의 발전국가, 즉 관료제 행정 속에 내재된 효율지상주의 사고는 단시일 내에 한국경제의 고도성장을 유도한 핵심적 동인의 하나로 평가되고 있다. 하지만 발전국가는 1980년대 중반 이후 그동안의 성과에도 불구하고 이론적, 현실적 측면 모두에서 심각한 도전에 직면하게 된다. 먼저 이론적 측면에서 정부개입을 중시하는 발전이론과 좌파이론의 퇴조, 거버넌스의 다원화, 미국식 발전행정 이론의 무비판적 수용과 모방에 대한 비판 등에 주목할 필요가 있다(이도형, 2006). 다음으로 현실적 측면에서 국가역할의 축소를 강조하는 신자유주의 세계화의 확산, 군사정부로 대표되는 권위주의 정권의 몰락, 발전단계의 도약에 따른 고도성장세의 둔화 등이 발전국가의 약화를 초래한 주요 원인이다.

특히 최근에는 세계화 추세하에서 신공공관리가 발전국가로 대표되는 관료제 행정의 역할을 급속히 대체하고 있다. 이와 관련하여 Hughes(2003)는 신공공관리의 확산이 촉발시킨 전통적 관료제 행정의 이상 징후와 관련하여 "① 관료제는 모든 면에서 유용하지 않을 뿐만 아니라 다소의 부작용을 유발하고 있다. ② 단일의 최선책에 대한 지나친 몰입은 집행의 경직성을 유발한다는 점에서 유연한 관리의 미덕이 각광받고 있다. ③ 관료제에 의한 직접공급이 공공재나 공공서비스를 제공하는 유일한 방법이 아니라는 점에서 보조금, 계약 등 대안적 방안을 강구할 필요가 있다. ④ 정치와 행정 간의 관계에 대한 이분법적 사고는 현실에 그대로 적용하기에 무리가 있다. ⑤ 현실의 관료들은 공익의 수호자보다 사익의 추구자인 경우가 많다. ⑥ 고용시장의 유연화 추세를 감안할 때 생애직 직업공무원제의 효용성은 체감하고 있다, ⑦ 상관의 지시를 맹목적으로 준수하는 관료상을 초월해 자신의 행위로 초래된 결과에 책임을 지는 태도가 중시되고 있다"는 점 등에 주목하였다. 나아가 그는 지원과 관리에 주목하는 공공행정(public administration)에서 성과와 자율을 중시하는 공공관리(public management)로의 패러다임 변화를 지적하였다.

2. 관료제 행정의 공고화를 위한 역대 정부의 행정개혁

1948년 건국 이후 1997년 IMF 경제위기 직전까지 50년간 계속된 역대 정부의 행정개혁은 대체로 발전국가 논리를 지탱하는 관료제 행정의 공고화를 위한 개혁으로 규정해 볼 수 있다. 따라서 여기에서는 이승만 정부에서 노태우 정부까지 역대 정부의 행정개혁을 간략하게 정리하는 분석기회를 마련하고자 한다.[5]

제1공화국의 행정개혁은 당시 이승만 정부의 반공노선을 통해 알 수 있듯이 자유민주주의 제도를 확립하는 일에 초점이 부여되었다. 물론 식민통치와 한국전쟁을 거치는 과정에서 과대성장한 경찰과 군대조직은 정권의 개혁이념과는 배치되는 것이었다. 또한 미국식 행정체제를 모방해 기구개편과 인력조정을 추진하였지만 국가의 기본적 제도를 정비하는 수준에 그친 것으로 평가되고 있다. 나아가 정권 후반기부터 강조되기 시작한 소극적 능률성은 이후 정부들의 개혁방향에 주요한 기준을 제시한 것으로 볼 수 있다.

제2공화국의 행정개혁은 장면 정부의 짧은 집권기간을 통해 알 수 있듯이 개혁의 목표는 이상적이었지만 현실적인 성과창출에는 역부족이었다. 물론 민주주의의 구현을 위해 내각책임제와 지방자치제 및 합의제 방식(공안위원회, 감찰위원회 등)을 채택한 일은 향후 군사정부의 집권기를 통해 단절된 민주주의 전통을 다시 부활시키는 이정표의 역할을 수행하였다는 점에서 긍정적으로 평가될 수 있다.

---

5) 이시원·김찬동(2004)은 한국의 행정개혁과 미국의 행정개혁 전통 간에 유사성을 전제한 상태에서 한국 행정개혁의 거버넌스적 전환을 크게 4가지로 구분한다. 즉 이승만 정부에 의한 자유주의적 전통에 입각한 거버넌스, 박정희 정부에 의한 월슨주의적 거버넌스 전통이 주가 된 거버넌스, 김영삼·김대중 정부에 의한 신자유주의적 전통에 입각한 거버넌스, 노무현 정부에 의한 신사회주의적 전통이 강하게 엿보이는 거버넌스이다.

제3공화국과 제4공화국을 주도한 박정희 정부는 이전 정부들의 실패를 교훈 삼아 민주성보다는 적극적 능률성과 합목적성에 초점을 부여하는 행정개혁을 추진하였다. 조국근대화와 빈곤추방이라는 정권 차원의 목표달성을 위한 충실한 도구로서 행정의 역할에 주목하였던 것이다. 따라서 가치함축적인 정치보다는 상대적으로 가치중립적인 행정의 성장세가 가속화될 수 있었다. 일례로 집권 초기에 기존의 부흥부를 모태로 설립된 경제기획원을 비롯한 부처 조직의 분화와 신설이 여기에 해당한다. 또한 실적관료제의 정립, 회계질서의 정립 등 관료제의 주도권 확보를 위한 토대를 강화시켰다. 결국 이러한 추세를 감안할 때 능률성에 초점이 부여된 전통적 관료제의 성향을 전반적으로 바꾸어 보려는 행정개혁 시도는 대체로 미진한 편이었다.

제5공화국을 출범시킨 전두환 정부는 기본적으로 박정희 정부의 정책노선을 계승하였다는 점에서 행정제도상의 전면적인 방향전환을 기대하기는 어려웠다. 다만 1970년대 말 오일쇼크로 촉발된 중화학 분야의 과잉 중복투자 문제를 해결하는 과정에서 시장에 대한 무분별한 개입을 조정하기 위한 행정개혁이 이루어졌다. 이 점은 경제기획원의 정책기조가 중앙기획에서 자유시장을 중시하는 방향으로 전환되었다는 사실을 통해 잘 나타나고 있다. 또한 과거 정권 말기의 권력투쟁을 교훈삼아 비서실의 축소개혁, 부처로의 권한위임과 분권화를 통한 행정부 전체의 효율 향상이란 관점에서 개혁이 추진되었다. 나아가 관료제의 조직개편이란 관점에서는 대국대과주의에 의해 국이나 과의 수를 대폭 감축하였고, 지방자치단체도 대폭적인 감축개혁을 하였다(정정길, 2003: 387).

제6공화국은 권위주의 통치체제에 반대하는 국민들의 여망을 담은 대통령 직선제 개헌을 통해 출범하였다는 사실을 통해 알 수 있듯이 정치민주화와 밀접한 관련성을 지니고 있다. 하지만 제6공화국 1기에 해당하는 노태우 정부의 행정개혁은 제도적 견지에서 과거와 동일성을 유지하였다는 점에서 전두환 정부와의 차별성을 확보하는 일에 실패한 것으로 보여진다. 물론 직선 대통령이라는 나름의 정통성을 토대로 구체제와의 단절을 추구하였지만 어디까지나 통치권 강화 차원의 상징적 조치로 제한되었다. 이는 다시 말해 대통령의 의지에도 불구하고 집권세력의 전면적 교체가 배제된 상태에서 과거의 유산을 완전히 탈색시키는 일에는 역부족이었다. 그러나 행정개혁위원회 활동을 통해 광범위한 개혁의제를 수집하는 등 이후 정부들의 신공공관리적 행정개혁을 위한 제도기반 모델을 제공하였다는 점에서 패러다임 전환의 가교 역할을 수행한 것으로 평가된다.[6)]

Ⅲ. 신공공관리적 행정개혁의 진화단계 분석: 김영삼과 김대중 및 노무현 정부

1993년 출범한 김영삼 정부는 WTO체제의 출범과 OECD 가입에 따른 외부의 개혁압력, 1990년대 초 경기침체에 따른 내부의 개혁압력 및 문민정부 출범에 따라 관료제를 개편해야 할 정치적 필요성 등의 측면에서 신공공관리를 핵심적 개혁수단으로 채택하게 된다. 특히 과거 군사정부하에서 국민에 대한 봉사보다는 정권에 대한 충성을 중시하는 기형적 존재로 전락해버린 관료제의 정상화를 위해 신공공관리가 요구되었던 것이다.

이 점은 이전 정부인 노태우 정부가 민주화와 개방화라는 시대적 요구에도 불구하고 안정적 통치기반 강화를 위한 핵심적 도구였던 관료제와의 밀월관계를 청산하지 못한 일과 대비되는 현상이다. 즉, 노태우 정부는 관료제 행정에서 신공공관리로 나아가는 과도기에 해당되지만, 집권 당시의 평온했던 대내외 환경과 군사정부의 연장이라는 자신감의 한계로 인해 발전국가 패러다임을 부정하는 급진적인 행정개혁을 추진하기에는 다소 무리가 있었다.

결국 정부운영 방식의 패러다임 교체기에 해당하는 노태우 정부와 김영삼 정부는 권위주의적 군사정부와 자유주의적 문민정부, 성장기의 정부운영과 긴축기의 정부운영, 현상유지적 국정기조와 현상타파적 국정기조, 외부적 개혁압력의 존재 여부 등의 측면에서 신공관리적 행정개혁의 강도 차이를 노정한 것으로 규정할 수 있다.

---

6) 신공공관리적 행정개혁과 관련하여 노태우 정부가 창출한 주요 업적으로는 과도한 행정규제의 개선, 한국통신과 한국전력의 민영화, 정부 부처조직의 개편(본부제도 폐지, 경제기획원 축소, 정보사찰 기능의 축소, 비상기획 기능의 축소, 위임전결제도 확대, 공무원에 대한 동기부여 강화, 정보공개법과 행정절차법의 제정 등), 자치권의 이양 등을 지적할 수 있다(김병섭·박상희, 2005). 물론 노태우 정부의 행정개혁은 자문기구였던 행정개혁위원회의 태생적 한계, 발전국가의 영향력을 반영하는 정부 내외의 강력한 저항과 대통령 리더십의 한계로 본격적인 성과 창출에는 미흡하였지만 신공공관리의 필요성을 환기시켰다는 점에서 의미가 있다.

1. 신공공관리적 행정개혁의 형성기: 김영삼 정부

(1) 행정개혁의 목표와 계기

1993년 2월에 출범한 김영삼 정부의 행정개혁은 세계화와 민주화 추세하에서 발전국가 기조를 대치하는 작지만 강한 정부를 표방하였다는 점에서 기본적으로 신자유주의와 신공공관리 명제에 부응한 것으로 평가된다. 또한 김영삼 정부가 표방한 자유주의적·변화지향적 정책정향은 공직사회의 지배가치 변화와 경쟁분위기 확산에 크게 기여하였다.

신공공관리에 대한 김영삼 정부의 열망은 이전의 군사정부들과 구별되는 문민정부의 정통성 확립과도 밀접한 관련성을 지니고 있다. 일례로 군사정부가 관료제의 통제수단으로 양성한 유신사무관들의 대폭적인 공직퇴출은 관료제의 역할변화에 대한 정권 차원의 의지와 자신감을 표현한 것으로 평가된다. 또한 정권 출범을 전후해 발생한 경기침체도 국가경쟁력 제고 차원에서 정부가 모범을 보여야 한다는 내부적인 개혁압력을 강화시키는 주요 계기로 작용하였다. 일례로 정부의 정책역량을 신경제 구현에 주력하는 과정에서 정부의 역할과 범위도 시장친화적인 방향으로 조정할 필요성이 제기되었던 것이다.

(2) 행정개혁안의 채택과 집행

김영삼 정부의 행정개혁안은 기본적으로 지난 30년간 발전국가 패러다임의 지속과정에서 기형적으로 제도화된 공직사회의 분위기 쇄신에 초점을 부여하였다. 물론 김영삼 정부도 집권 초기에는 과거 정부에서 중시되었던 구조개혁, 즉 정부조직 개편에 치중하는 한계를 표출하였다. 이 점은 집권 초기에 이루어진 행정개혁이 노태우 정부시절 행정개혁위원회가 조직구조 개편을 중심으로 작성한 보고서를 원용하였다는 사실을 통해 잘 나타나고 있다.

그러나 정부조직 개편의 주된 목표로 지속적인 경제성장과 국가경쟁력 강화를 설정한 점과 과감한 부처통폐합으로 공직사회의 경쟁분위기를 확산시킨 점은 신공공관리의 이상에 부합하는 조치로 평가된다.[7] 특히 1994년 12월 3일에 단행

---

7) 김영삼 정부 출범 이후의 정부조직 개편은 크게 4단계로 대별된다. 1차 개편(1993. 3)은 청소년부·문화부 통합, 동력자원부 폐지 및 상공자원부 신설로 요약되며, 2차 개편(1994. 1~11)은 28개 부처의 자율적인 기구·인력감축으로 대표된다. 한편 3차 개편(1993. 12)은 본문에서 제시한

된 조직개편안은 단순히 양적 감축을 초월해 정부운영의 질적 도약을 의도한 것
으로 평가된다. 부연하면 첫째, 세계화와 개방화 및 자율화 시대를 맞이하여 정
부개입적 산업정책 논리를 지탱해 온 경제계획 기능의 약화와 규제 위주인 금융
지도 기능의 변화요구 및 재정중시형 경제정책의 필요성에 부응하기 위해 경제
기획원과 재무부 양 조직을 축소·통합해 '재정경제원'으로 재편하였다.

둘째, 공정거래위원회와 한국은행의 기능강화는 시장경제 논리에 기초한 새
로운 경제관리 기조의 출현을 의미한다. 시장기제의 정상적인 작동을 훼손하는
무리한 정책추진과정에서 발생한 과거의 정책실패를 재연시키지 않겠다는 정부
의 강력한 의지가 반영된 것으로 평가할 수 있기 때문이다.

셋째, 물류·교통 분야에서 날로 증대되는 사회비용을 최소화하고 투자재원
의 효율적 배분과 사업운영의 효율적인 연계체제를 구축하기 위해 건설부와 교
통부를 '건설교통부'로 통합시켰다. 건설교통부의 출범은 당시 수출산업의 국제경
쟁력 약화를 초래한 도로, 공항, 항만 등 사회간접자본의 효율적 관리를 획기적
으로 촉진한다는 점에서 의미를 지닌다.

넷째, 산업정책 부처의 개편과 관련하여 정보화시대에 대비하기 위해 체신
부·상공자원부·과학기술처 등으로 분산되어 있던 정보통신산업정책의 효율적
추진을 위해 관련 업무를 체신부로 통합·이관해 '정보통신부'로 개편했다. 더불
어 통상산업부와 과학기술처의 기능정비와 중소기업청의 신설, 농림수산부의 기
능조정 등도 경제활성화를 위한 정부의 정책의지와 직결된 문제이다.

한편 김영삼 정부는 정부조직개편과 병행하여 명령지시적 행정으로 대표되
는 관료제 과잉의 문제점을 해소하기 위해 행정쇄신위원회와 경제행정규제완화
위원회를 설치하여 행정품질과 직결된 다양한 조치들을 추진하였다.[8] 당시 과정
과 행태개혁의 주요한 내역으로는 예산과정의 전문성과 자율성 제고, 제안제도
활성화, 공직분류와 보수체계 정비, 예산절약에 대한 인센티브제 실시, 파견근무
제, 실적평가제 등을 지적할 수 있다.

특히 김영삼 정부의 규제개혁은 이후 제시될 김대중 정부의 규제개혁 성과

바와 같다. 마지막으로 4차 개편(1996. 6~8)은 해양수산부와 중소기업청의 발족으로 요약된다.
8) 행정쇄신위원회는 대통령 자문기구로서 박동서 위원장을 비롯하여 대학교수, 경제연구소 대표,
언론, 시민단체대표 등으로 구성되어 김영삼 정부 5년 동안 실질적인 심의결정기구로서 소기의
역할을 수행한 것으로 평가되고 있다(최대용, 2005).

와 비교하여 기업인들의 만족도가 높았다는 점에서 소기의 성과를 달성한 것으로 평가된다(전경련, 1999). 물론 이러한 주관적인 만족도 수치의 차이는 발전국가의 규제과잉을 해소하는 과정에서 상대적으로 앞선 초기 단계의 규제개혁이 유리하다는 점과 현재 진행되는 규제개혁에 대한 분발을 촉구하는 의견이 개입되어 있다는 점에 유의할 필요가 있다.

하지만 김영삼 정부의 규제개혁은 추진체제의 측면에서 다소의 문제점이 있었다. 먼저 행정쇄신위원회와 경제행정규제완화위원회 간에 경제행정 관련 사항을 다루는 데는 업무의 중복과 역할의 구분이 모호하였다. 또한 한시적인 특별위원회 방식의 규제개혁이 이벤트성 행사로 전락할 우려가 크다는 문제점이 지적되었다. 이에 당시 정부는 기존의 다원화된 추진체계를 통합하는 방식으로 규제개혁위원회의 제도화를 추구하였다. 이러한 제도설계는 회원국의 행정제도 설계에 깊숙이 관여해 온 OECD의 권고와도 밀접한 관련성을 지니고 있다. 나아가 1997년 말 행정규제기본법의 제정으로 신설된 규제개혁위원회는 1998년 이후 김대중 정부의 시장친화적 개혁에 핵심적 제도기반으로 작용하게 된다.

더불어 김영삼 정부 시기에는 4대 지방선거를 통해 지방자치제가 전면적으로 실시되었다. 이것은 그동안 억압되었던 지방자치에 대한 국민들의 열망을 반영하고 지방자치와 분권화의 제도적 기반을 마련하였다는 의미가 있다(김병섭·박상희, 2005). 나아가 통치자금수수 거부, 금융실명제 실시, 군사문화 청산 등을 통해 알 수 있듯이 정부-기업관계나 정부-시민사회 관계의 측면에서 과거와 구별되는 모습과 경향이 나타나기 시작하였다.

(3) 행정개혁의 성과와 함의

김영삼 정부는 세계화의 확산이라는 새로운 환경변화에 적극적으로 대항하기 위해 신자유주의적 정책기조를 표방하면서 대규모 부처통폐합과 국정 전반의 민주화를 시도하였지만 공직사회 전반의 실질적인 변화를 유도할 만한 행정개혁의 계기와 동력이 다소 약했던 것으로 평가해 볼 수 있다. 즉, 실질적인 정부감축보다는 개혁의 분위기를 이어가기 위한 상징적 조치의 성격이 강했던 것이다.

일례로 김영삼 정부의 정규규모에 대한 김근세·권순정(1997)의 실증분석 결과에 따르면 1992~96년간 인력과 조직에서는 다소의 감축효과가 있었지만 예산과 법령은 증가하여 실질적 감축효과가 미흡한 것으로 나타났다. 그리고 작은정부론의 중요한 속성에 해당하는 생산기관, 규제기관, 집행기관의 감축과 중앙관리기관의 강화를 가져오지 못한 것으로 평가되었다.

또한 정부와 시민사회 관계의 재정립 측면에서 행정쇄신위원회의 규제개선은 물론 행정절차법과 정보공개법을 제정하여 행정에 대한 국민의 통제와 감시를 강화하였다. 그리고 행정심판법을 개정하고 민원처리사무기본법을 제정하여 국민들의 민원처리의 고충을 해결하려 하였다(이시원·김찬동, 2004). 하지만 이러한 조치들도 과거 발전국가의 지속과정에서 체질화된 행정 전반의 권위주의적 속성을 완전히 탈피하기에는 역부족이었다.

2. 신공공관리적 행정개혁의 확산기: 김대중 정부

(1) 행정개혁의 목표와 계기

김대중 정부의 행정개혁 목표는 작은 정부, 봉사하는 정부, 위기관리 정부 등을 통해 알 수 있듯이 김영삼 정부가 시도하였던 신공공관리의 연장선상에 위치하고 있다. 이러한 사실은 김대중 정부의 행정개혁이 단순히 작은 정부를 초월해 정부운영 전반의 질적 개선을 추구하였다는 점에서 잘 나타나고 있다. 하지만 우리는 정책이념의 측면에서 김대중 정부는 효율편향적인 신공공관리와 다소간의 괴리가 있다는 사실에 유의할 필요가 있다.[9]

1998년 2월 출범한 김대중 정부의 행정개혁은 IMF 경제위기와 밀접한 관련성을 지니고 있다. 외환위기로 촉발된 국가부도의 위협을 극복하기 위해 국제기구와 선진각국으로부터 구제금융을 차입하는 조건으로 공공부문 전반의 개혁을 약속해야 했기 때문이다. 이 점에서 김대중 정부의 행정개혁은 신공공관리를 본격적으로 확산시키는 계기로 작용하게 된다.

하지만 대외적 압력과 더불어 대내적으로 여야 간의 실질적 정권교체에 따

---

9) 김대중 정부는 정부개혁의 목표로 (1) 고객우선의 성과주의, (2) 기업가적 정부운영, (3) 유연하고 투명한 행정, (4) 조직원의 창의성 극대화를 설정하고, 이러한 목표를 달성하기 위해 ① 정부역할의 재정립, ② 정부부문의 경쟁촉진, ③ 책임경영기관의 도입, ④ 정보기술의 활용 극대화, ⑤ 능력중심의 경쟁촉진적 인사보수제도 확립, ⑥ 권한과 책임의 하부이양, ⑦ 지방으로의 대폭적 권한 이양, ⑧ 성과에 바탕을 둔 예산운용, ⑨ 투명한 행정, ⑩ 새로운 조직문화의 창출이라는 '10대 추진전략'을 수립하였다(재정경제부, 1998: 117~118; 박희봉·김상묵, 1998 재인용).

른 집권기반의 재정비와 경제위기를 초래한 국정 전반의 비효율성을 근본적으로 제거한다는 목표도 중요한 정부혁신의 요인으로 지적될 수 있다. 이 점은 김대중 정부의 행정개혁이 외견상 대외적·경제적 요인에 초점이 부여되어 있지만 일정 수준 이상의 대내적·정치적 요인이 작용하였음을 가늠해 볼 수 있다.

(2) 행정개혁안의 채택과 집행

김대중 정부의 행정개혁안은 정부 내부의 효율적 관리문제로 제한되었던 과거의 행정개혁 패턴을 탈피해 공공부문 전반으로 그 적용범위를 확대하였다는 점에서 특징을 지니고 있다. 또한 집권 초기에 집중된 신공공관리의 범위와 심도는 도박성 행정개혁이라는 대내외의 평가를 통해 알 수 있듯이 적어도 한국의 전통적인 역사제도적 특성을 고려할 때 급진적인 성격을 지니고 있다.

먼저 김대중 정부는 정부감축을 위해 1998년 1~2월에 가동한 정부조직개편심의위원회의 시안을 토대로 정식 출범 이전에 단행되었다. 당시 제1차 개혁의 특징은 대통령 직속기관으로 기획예산위원회, 여성특별위원회, 중소기업특별위원회가 신설되었으며, 국무총리 직속기관인 금융감독위원회가 신설되었다. 재정경제부와 예산청의 분리, 내무부와 총무처를 통한 행정자치부 신설, 외교통상부와 산업자원부의 기능조정, 식품의약품안전청 확대개편, 부총리제 폐지, 공보처·정무장관·민주평통자문회의 사무처 폐지 등의 조치가 이루어졌다.

다음으로 1999년 5월에 단행된 제2차 개혁은 제1차 개혁으로 신설된 기획예산위원회가 주도하였는데, 제2차 개혁은 책임운영기관, 개방형직위제와 목표관리제 도입, 고객헌장제도 등 관리과정과 행정운영 등 소위 소프트웨어의 개선에 초점을 맞추었다(남궁근, 2000; 박희봉, 2000). 특히 제2차 개혁은 민간컨설팅회사들이 주축이 되어 실시한 경영진단을 토대로 경영진단조정위원회에서 시안을 마련하였다는 점에서 행정개혁사에서 새로운 시도로 평가된다(오석홍, 1999). 물론 이러한 시도들은 공직사회 내부의 반발과 결부되면서 개혁안 자체가 형식주의화하는 결과를 초래하였지만 향후 노무현 정부의 행정개혁 전략선택을 규정하는 주요 기반으로 작용하였다는 점에서 그 의미를 부여할 수 있다.

특히 제2차 개혁에서는 신공공관리에 기초해 시장친화적인 개혁을 다양한 각도에서 추진하였다. 우선 민영화와 관련하여 중앙수준에서 국정교과서의 민영

표 9-1		김대중 정부의 신공공관리적 행정개혁안
작은 정부	정부규모축소 통폐합	• 17부 4처 15청 45개 중앙행정기관의 150개 실국, 관, 과 중 6실, 20개국, 30여 개관, 100여 개과 조직통폐합, 지방정부의 조직통폐합 • 공무원 10% 감축, 총정원관리제, 정년제도개선, 명예퇴직
	민영화	• 공기업민영화, 정부업무의 민간위탁, 제3 섹터, 책임운영기관
	규제완화	• 11,125건의 규제 중 5,326건(47.9%) 폐지, 2,441건(21.9%) 개선 모두 69.8% 정비
기업형 정부	인사행정부문	• MBO 도입, 성과급, 연봉제, 개방형임용제
	재무행정부문	• 복식부기회계, 성과주의예산제도, 발생주의회계
	기 타	• 행정서비스헌장, 고객만족도조사

자료: 허철행(2000).

화를 추진하였으며, 지방수준에서는 청소, 공영주차장, 하수처리장 등과 같은 공공서비스 관리업무의 민간위탁과 공단위탁이 활성화되었다. 그리고 김영삼 정부 말기에 통과된 행정규제기본법을 토대로 1998~99년간 등록규제의 절반을 철폐하는 가시적인 성과를 산출하기도 하였다. 이러한 사실은 적어도 양적인 측면에서 신공공관리의 본격적인 제도화가 이루어지고 있음을 시사한다.

하지만 정권의 중반부를 지나면서 신공공관리의 확산을 추구하는 행정개혁의 방향과 속도가 다소 변질되는 징후도 나타나기 시작하였다. 이 점은 2001년 1월 이루어진 제3 차 개혁으로 경제부총리와 교육부총리, 여성부가 부활 또는 신설된 사실을 통해 설명될 수 있다. 그러나 단순히 작은 정부의 실패가 행정개혁의 실패를 의미하는 것은 아니다. 민주와 인권을 중시한 김대중 정부의 기본적 성향을 감안할 때 외환위기 종결 이후 부각된 사회안전망의 정비 등과 같은 새로운 행정수요에 부응한 일은 불가피한 정책선택이었기 때문이다.

한편 김대중 정부는 신공공관리에 부가해 뉴거버넌스를 반영하는 정부간 관계의 측면에서 다양한 기능조정을 추진하였다. 15개 부처 454개 중앙사무를 지방자치단체로 이양하고 도시지역 1,655개 동사무소와 14개 시군의 31개 읍·면사무소를 주민자치센터로 전환하였다. 지방자치단체 기능 중 그 기능이 중복되거나 필요성이 낮은 부분은 과감히 정비하고, 행정수요가 증가한 부분에 대해서는 기능을 보강하였다. 특히 지방재정지원제도를 개선하여 자치단체의 자율성 강화 측면에서도 소기의 성과를 이룩하였다(김태룡, 2001; 김병섭·박상희, 2005). 나아가 김대중 정부는 노사정위원회로 대표되는 계급타협, 시민단체 양적 성장으로 대표되는 자율화 등에 있어서도 분권화와 마찬가지로 관주도의 한계를 노정하였지만 과거 역대 정부에서 찾아보기 어려운 새로운 시도라는 점에서 의미를 부여할 수 있다.

나아가 김대중 정부의 행정개혁 집행전략은 개혁의 깊이와 속도라는 측면에서 이전과 비교하여 다소 급진적이고 포괄적인 특성을 지니고 있다. 이는 IMF 구제금융을 통해 알 수 있듯이 김대중 정부가 직면했던 개혁압력이 상대적으로 크게 부각되었기 때문에 발생한 현상으로 보인다. 그러나 과거 정부의 보편적인 행정개혁 집행전략인 하향식을 탈피하기 위한 노력이 부분적으로 이루어졌다.

(3) 행정개혁의 성과와 함의

김대중 정부는 출범 이래 양적, 질적 측면 모두에서 신공공관리의 확산에 크게 기여한 것으로 분석된다. 특히 김대중 정부가 추진한 행정개혁(공공개혁)은 여타 분야의 개혁인 기업개혁(재벌개혁), 금융개혁, 노동개혁 등과 연계효과를 발휘하는 과정에서 발전국가의 결정적 약화를 초래하였음을 부인하기 어렵다. 이 점에서 다소간의 혼란과 문제점에도 불구하고 김대중 정부의 위기관리 능력과 공직사회 인식전환이 지니는 의미를 과소평가하기 어렵다.

이처럼 김대중 정부는 관료제에 의한 행정국가화 현상과 경제계획적인 개입에 대해 행정의 규모 축소와 신자유주의적인 행정개혁의 전통을 수입하였다고 할 수 있다(이시원·김찬동, 2004). 그러나 김대중 정부가 채택한 영미식 행정개혁의 전통이 오랫동안 한국의 행정현장에서 통용된 발전국가의 기풍을 완전히 대치한 것으로 평가하기는 어렵다. 이 점은 정권 후반부로 가면서 김대중 정부의 국정운영방식에 대한 관료사회의 발발과 저항이 가속화되었다는 사실을 통해 잘 나타나고 있다.

또한 공공개혁을 선도하기 위해 작은 정부를 표방하면서 14만 300명을 감축하였음에도 불구하고 그다지 성공적이지 못한 것으로 평가되고 있다. 인력감축의 주된 대상이 정치적 이해관계가 적은 하위직과 기능직을 중심으로 이루어졌기 때문이다(김근세, 2004). 특히 공직을 떠난 이들이 대부분 신설된 지방공기업이나 민간위탁 업체로 자리를 옮겼기 때문에 오히려 단기적인 인력감소의 이면에는 법령과 예산의 증가현상이 발생하였다. 나아가 집권 말기에는 폐지되었던 기관이 부활하거나 새로운 기관이 신설되는 경향도 발생하였다.

더불어 김대중 정부가 추진한 분권화, 계급타협, 자율화 등은 비록 중앙정부가 주도하는 전통적 집행방식의 한계를 반복하였지만 노무현 정부의 정책선택을 유도하는 가교의 역할을 담당하였다는 점에서 일정 수준의 의미가 있는 것으로 평가된다.

3. 신공공관리적 행정개혁의 조정기: 노무현 정부

(1) 행정개혁의 목표와 계기

참여정부를 표방한 노무현 정부는 IMF 경기위기를 전후해 심화된 시장편향적이고 보수적인 기존의 이념지형을 탈피하기 위해 새로운 국정운영의 기조로 중도혁신 노선을 표방하였다. 이러한 정책기조는 새로운 국정원리로 제시된 원칙과 신뢰, 공정과 투명, 대화와 타협, 분권과 자율 등을 통해 잘 나타나고 있다. 이 점에서 노무현 정부의 국정운영 방식은 제3의 길 노선을 표방하면서 집권에 성공한 영국 신노동당의 중도혁신 노선을 연상케 한다.

이는 다시 말해 김영삼 정부와 김대중 정부의 집권기를 통해 확대일로에 있었던 신공공관리적 행정개혁에 대한 속도조절의 필요성을 의미한다. 즉, 기본적으로 김대중 정부가 추구한 신공공관리적 행정개혁 기조를 계승하면서도 새로운 개혁이념으로 정부간 관계 측면의 분권화, 정부-기업관계를 반영하는 계급타협, 정부-시민사회관계를 반영하는 자율화 등과 같은 뉴거버넌스의 가능성에 주목하였던 것이다.[10]

한편 노무현 정부의 정부혁신 비전은 "투명하고 일 잘하는 정부"이다. 그리

---

10) 조정기란 기존에 유지된 신공공관리적 행정개혁의 기조를 계승하면서도 참여와 협력이라는 새로운 요구를 적극 반영한다는 의미이다. 즉, 노무현 정부가 노정한 분배지향적 정책정향에도 불구하고 이전 정부와의 차별성보다는 연속성의 측면이 강하기 때문에 신공공관리 노선의 속도조절 이상의 의미를 부여하기는 어렵다.

고 새로운 비전에 부응하는 정부혁신의 구체적 목표는 효율, 봉사, 투명, 분권, 참여의 5개이다. 나아가 이를 구현하기 위한 핵심적 수단으로는 성과중심의 행정시스템 구축, 행정서비스 전달체계 개선, 행정의 개방성 강화, 시민사회와 협치 강화, 공직부패에 대한 체계적 대응, 정부기능과 조직의 재설계, 고객지향적 민원제도 개선, 행정행위의 투명성 제고, 공익활동 적극 지원, 공직윤리의식 함양 등을 설정하였다.

(2) 행정개혁안의 채택과 집행

신공공관리와 뉴거버넌스 간의 절충을 추구한 노무현 정부의 행정개혁은 기본적으로 양적 측면의 정부감축보다는 질적 측면의 기능재배분에 초점이 부여되어 있다. 또한 행정개혁 추진체계의 측면에서 지방분권정부혁신위원회라는 대통령 직속위원회를 중심으로 종합적이고 체계적인 혁신 노력을 전개하였다는 점이 특징으로 제시될 수 있다. 특히 정권 초기부터 정부혁신 분야별로 구체적인 일정표를 마련한 점을 긍정적으로 평가할 수 있다.

먼저 효율적인 정부의 구현과 직결된 정부감축 노력은 노무현 정부의 국정운영 기조가 이전 정부들과 달리 양극화 해소 차원의 복지기능 강화에 초점을 부여하였다는 점에서 인위적인 축소노력을 발견하기는 어려웠다. 일례로 여성부의 신설은 참여정부가 강조하는 사회적 약자들에 대한 정책적 지원 강화와 직결된 문제이다. 그리고 종합적인 문제해결능력을 배양하기 위해 청와대와 행정부처의 사이에 각종위원회를 설치·운영한 점을 특징으로 지적할 수 있다. 더불어 내각의 자율적인 조정능력을 제고하기 위해 책임총리제, 부총리급 확대, 각 부처 고위직의 확대 등의 조치가 이루어졌다. 그러나 신공공관리에 기초한 작은 정부의 구현과 직결된 민영화와 규제개혁은 김대중 정부가 마련한 일정과 시스템을 유지·보완하는 차원에서 접근하였다는 점에서 가시적인 성과를 창출하기 어려웠다.

다음으로 노무현 정부는 인위적인 정부감축보다는 기능재조정과 일하는 방식의 개선을 통해 공직사회 전반의 경쟁력 강화를 추구하였다. 이를 반영하는 대표적 사례로는 BSC로 대표되는 성과평가의 강화, 팀제로 대표되는 결재단계의 축소, 전자정부로 대표되는 레드테이프의 제거, 공직윤리의 강화를 통한 투명성 제고, 지식관리로 대표되는 혁신마인드의 배양, 기록관리의 강화 등을 지적할 수 있다.11) 결국 노무현 정부의 신공공관리적 행정개혁은 양적 감축보다는 질적 개선에 주력하였다는 점에서 영국 블레어 정부에 부가해 미국 클린턴 정부의 행정개혁과 유사한 것으로 평가해 볼 수 있다.12)

하지만 뉴거버넌스를 반영하는 노무현 정부의 집권공약을 구체화시키기 위한 정부혁신 노력은 앞서 기술한 신공공관리 측면의 혁신 노력들과 비교하여 상대적으로 활발하게 이루어졌다. 크게 분권화, 계급타협, 자율화로 대표되는 뉴거버넌스 구현사례들을 논점별로 기술하면 다음과 같다.

첫째, 정부간 관계의 측면에서 노무현 정부는 민주주의 제도화와 직결된 분권화를 위해 행정중심복합도시, 공공기관 이전과 연계한 혁신도시, 지방의 산업거점을 강화하기 위한 기업도시 등과 같은 대규모 국책사업은 물론 지방자치단체의 자치권 강화를 위한 제도개선을 다양한 형태로 추진하였다. 일례로 국고보조금제도의 정비와 지방양여금제도의 폐지, 지방재정 평가와 주민감사제도 시행, 국가균형발전 특별회계 신설과 법정교부세율 인상, 특별지방행정기관의 기능 조정, 자치경찰제의 실시 준비, 특별지방자치단체의 기능 확대, 지역특화발전특구제의 도입 등과 같이 수십 가지에 달하는 분권화 과제들을 추진하였다는 점에서 중장기적으로 상당한 파급효과가 기대된다.

둘째, 정부–기업관계의 측면에서 노무현 정부는 경제위기의 극복대안으로 제시된 재벌체제의 완화를 위해 출자총액제한제, 상호지급보증금지, 상속증여세의 완전포괄주의 등을 추구하였다. 또한 공정하고 효율적인 시장을 확립하기 위해 증권시장의 관리감독강화, 증권시장통합, 회계제도개혁, 부실기업의 조속처리, 공익소송제, 카르텔일괄정리법 등을 제시하였다(이시원·김찬동, 2004). 나아가 노무현 정부의 노동편향성을 우려하는 기업들의 불안심리를 잠재우기 위해 노사관계에 대한 직접적 개입을 자제하였다.

---

11) 이상의 자세한 내용에 대해서는 정부혁신지방분권위원회(2005)가 발간한 참여정부의 혁신 백서 (혁신과 분권, 행정개혁, 인사개혁, 지방분권, 재정세제개혁, 전자정부, 기록관리혁신과 같은 7권으로 구성)를 참조하기 바람.

12) 클린턴이 주도한 1990년대 중반 미국의 행정개혁은 고객중심, 감축관리, 규제완화 등을 통한 탈관료제를 주된 개혁방향으로 삼고 있다. 특히 클린턴 정부의 행정개혁은 지식정보사회의 출현에 부응하는 새로운 정부상을 제시했을 뿐만 아니라 공공관리 측면에서 다양한 성과를 산출한 것으로 평가된다(Kettl, 2000; Barzelay, 2001). 나아가 정부평가법(GPRA: Government Performance and Results Act)의 제정, 정보기술의 적극적인 활용, 과감한 권한이양을 통한 분권화의 구현 등은 블레어 정부는 물론 노무현 정부의 집중적인 벤치마킹 사례였다(Driver & Martell, 1998).

셋째, 정부—시민사회관계의 측면에서 시민단체의 자율화를 촉진하기 위해 다양한 정책대안을 마련하였다. 우선 정부의 핵심 요직에 시민운동 출신자들을 대거 등용하여 시민단체에 대한 정부의 협력의지를 천명하였다. 또한 비영리민간 단체지원법을 제정해 아직 제도화 수준이 미약한 우리나라 시민단체들의 자생적 활동능력을 조장하였다. 나아가 정부의 혁신지향적·분배지향적 정책대안에 대한 기득권 세력의 반발을 약화시키는 대항기제로 시민단체를 적극 활용하였다.

(3) 행정개혁의 성과와 함의

높은 수준의 보수편향성을 노정해 온 한국의 정치경제체제하에서 상대적으로 혁신지향적인 노무현 정부의 정부정책은 정권의 낮은 인기도에도 불구하고 분권화, 계급타협, 시민참여 등과 같은 몇몇의 영역에서 의미있는 성과를 산출하였다. 특히 중도혁신으로 수렴하는 참여지향적 정부운영기조는 향후 주요 정책을 둘러싼 이념논쟁에서 기준점 역할을 할 수 있을 것으로 기대된다.

또한 정부의 규모를 둘러싼 최근의 논쟁은 복지확대 또는 참여지향과 같은 새로운 행정수요를 전제한 상태에서 의미를 지니기 어렵다. 발전국가의 시대를 넘어 당연히 도래해야 할 복지국가의 대세를 더 이상 회피하기는 어렵기 때문이다. 2차대전 이후 4반세기 동안이나 사회민주주의 복지국가를 유지한 영국의 경험을 통해 알 수 있듯이 이러한 추세는 정권차원의 노선차이를 넘어서는 문제이다. 따라서 이제 막 복지확대의 문턱을 넘어선 한국적 현실에서 신공공관리를 앞세운 작은정부 논리는 설득력을 지니기 어렵다.

이 점은 발전국가의 기풍이 잠재되어 있는 한국적인 행정문화와 풍토하에서 행정개혁의 핵심적 기반으로 등장한 신공공관리가 과연 실효성이 있는가에 대한 뿌리깊은 의문과도 직결된 문제이다. 일례로 김대중 정부 이래 규제완화, 책임운영기관, 자치권 이양 등 분권화와 자율화를 지향하는 개혁조치들이 추진되었지만 그 실효성 논쟁은 계속되고 있다.

Ⅳ. 신공공관리의 진화단계별 비교분석: 행정개혁 추진과정과 성과

1. 정권별 행정개혁 추진과정 비교: 단계별 특성 차이를 중심으로

앞서 제시된 진화단계별 분석결과에 따르면 1990년대 중반 이후 우리나라는 발전국가로 대표되는 관료제 행정의 효용성 약화를 보완하기 위한 대안으로 신공공관리적 행정개혁을 추진해 왔다. 크게 형성기와 확산기 및 조정기로 구분된 신공공관리의 단계별 진화과정은 비록 개혁강도의 차이가 존재하고 있지만 궁극적으로 신공공관리의 제도화를 추구하는 연속적 진화과정으로 평가된다.

하지만 발전국가의 논리 속에 내재된 한국의 전통적 행정문화는 신공공관리의 성공적인 제도화에 장애요인으로 작용하고 있다. 이는 다시 말해 발전국가를 주도해 온 정부관료제의 핵심 관료들과 행정문화가 온존한 상태에서 단시일 내에 개혁목표를 달성하기 어렵다는 점을 시사한다. 사실 행위자의 전략적 선택을 반영하는 새로운 제도화에는 적어도 과거를 대표하는 세대의 퇴장에 필요한 20~30년의 시간이 필요하다. 따라서 한국의 신공공관리가 제대로 작동하기 위해서는 보다 많은 시간과 노력이 필요하다.

일반적으로 행정개혁은 새로운 정권의 출범 초기에 집중되는 경향이 있다. 새로운 비전과 목표를 달성하기 위해서는 그에 적합한 행정체제의 재설계가 수반되어야 하기 때문이다. 이 점에서 신공공관리적 행정개혁을 추구한 한국의 역대 정부들도 예외가 아니다. 하지만 행정개혁의 강도와 직결된 개혁의 압력에는 정도의 차이가 있다. IMF 구제금융과 실질적 정권교체와 결부된 김대중 정부, 세계화의 파고와 문민정부의 출범과 결부된 김영삼 정부, 시장편향적이고 보수지향적인 기존 체제의 변화를 추구한 노무현 정부 순으로 개혁압력이 강했기 때문이다.

한편 각 정부별로 상이한 개혁압력은 행정개혁안의 채택과 집행과도 밀접한 관련성을 지니고 있다. 개혁압력이 강할수록 행정개혁안의 폭과 범위가 확대되었을 뿐만 아니라 하향식(top-down) 집행전략이 선호되었기 때문이다. 사실 발전전략과 통치기반의 측면에서 일관성이 유지된 역대 군사정부들의 행정개혁 강도와 비교하여 김대중과 김영삼 및 노무현 정부는 단순히 행정개혁이나 혁신을 초월하는 행정혁명의 단계에 근접한 것으로 평가해 볼 수 있다. 이 점은 한국의 행정체제가 적어도 외견상 단시일 내에 영미국가와 유사한 방식으로 재편되었다는 사실을 통해 잘 나타나고 있다. 더불어 신속한 변화를 추구한 한국의 행정개혁은 집행전략의 측면에서 특별위원회(김영삼 정부)나 핵심부처(김대중 정부)가 주도하는 하향식을 특징으로 하였다. 다만 노무현 정부의 경우 직접적인 개혁압력이 약했던 관계로 가시적인 구조개편이나 하향식 집행전략이 상대적으로 완화된 것으로 평가된다.

우리나라 역대 정부들이 산출한 행정개혁 전략은 그것이 관료제 행정의 공고화 또는 기업식 정부로의 변화 여부에 관계없이 중장기적인 결과(outcome)보다는 단기적인 산출(output)에 초점을 부여해 온 것으로 보인다. 이를 반영하는 대표적인 사례가 가시적이고 단기적인 성과창출에 유리한 정부부처 개편에 대한 집착이다. 물론 앞서 지적한 바와 같이 정부부처 개편은 신정부의 정책의지를 구현하는 데 필요한 하나의 조건임에 분명하다. 하지만 일반 국민들이 정부부처 개편을 행정개혁의 충분조건으로 오인하도록 유도한 책임까지 회피하기는 어렵다.

김대중 정부와 김영삼 정부는 정부구조 변화에 부가해 중장기적 성과와 직결된 행정과정이나 행정행태 변화를 유도하는 다양한 개혁수단들을 도입하였다.

09

표 9-2 신공공관리적 행정개혁의 진화단계별 특성 비교

	형성기(김영삼 정부)	확산기(김대중 정부)	조정기(노무현 정부)
개혁의 주요 목표	효율과 투명 중시	효율 위주의 균형추구	효율과 참여의 조화
개혁의 추진계기	세계화, 문민정부 (정치경제적 요인의 조화)	IMF 위기, 정권교체 (경제적 요인에 초점)	이념조정, 세대교체 (정치적 요인에 초점)
채택수단의 범위	구조개혁 편향성 탈피 (수단의 범위가 제한적)	구조와 과정개혁의 병행 (수단의 범위가 포괄적)	과정중심 개혁의 확산 (수단의 범위가 전략적)
집행과정의 특성	깊이 낮고, 속도 중간 (하향식 집행전략)	깊이 높고, 속도 빠름 (하향식과 상향식의 절충)	깊이 중간, 속도 느림 (상향식 집행전략)
개혁의 주요 성과	상징적, 단기적 효과 (제한적인 목표 달성)	실질적, 중기적 효과 (포괄적인 목표 달성)	상징적, 장기적 효과 (제한적인 목표 달성)
개혁의 주요 함의	민주행정의 원리 확산	공공개혁과의 연계	실질적 제도화에 주력

그러나 책임운영기관, 성과평가, 개방형임용, 공무원윤리강령 등은 실질적인 제
도화가 지연되고 있다(박희봉, 2000; 남궁근, 2000). 이 점에서 구조에 초점이 부여
된 요란한 개혁보다는 상대적으로 과정이나 행태에 집중하는 조용한 개혁을 선
택한 노무현 정부의 개혁전략이 앞으로도 상당기간 지속되어야 한다.

2. 정권별 행정개혁 추진성과 비교: 주요 선진국과의 간접비교

행정개혁의 성과는 크게 단기적인 산출과 중장기적인 결과로 구분된다. 하
지만 비교대상 3개 정권의 집권기간이 총 15년에 불과한 한국의 신공공관리적 행
정개혁이 산출한 성과를 정권별, 장단기별로 구분해 구체적으로 입증하기는 어렵
다. 일반적으로 행정개혁이 실질적 효과를 산출하기까지는 10년 내외의 시차가
필요하기 때문이다. 따라서 여기에서는 앞서 제시된 질적 분석의 보완 차원에서
주요 선진국과의 비교를 통해 함의를 도출하고자 한다.

첫째, 효율성의 측면에서 비교대상 3개 정부는 조직개편, 민영화 등과 같은
수단들을 활용하였지만 가시적인 성과산출에 미흡하였다. 또한 양극화 심화 등
최근 들어 급증하고 있는 복지수요에 탄력적으로 대응하기 위해서는 앞으로도
상당기간 동안 공공부문의 개입비중을 축소하기는 어려울 것으로 예측된다. 이
점은 총고용 대비 공공부문 고용비율이 선진각국과 달리 하향안정세를 유지하고
있다는 사실을 통해 잘 나타나고 있다.

둘째, 봉사성의 측면에서 비교대상 3개 정부는 이전 정부들에 비해 의미있는
성과를 산출한 것으로 평가된다. 우선 김영삼 정부 이래 계속된 규제개혁은 국민
이나 기업들의 기대수준에는 미달하였지만 OECD가 수행한 개별국 심사에서 긍
정적 평가를 받은 바 있다. 또한 민원편의와 직결된 전자정부의 경우 UN의 '세계
전자정부 준비수준 보고서(UN Global E-Government Readiness Report)'에서 5위를
기록할 정도로 그 성과를 인정받고 있다.

셋째, 투명성의 측면에서 비교대상 3개 정부는 정보공개제도, 공직윤리의식,
부패방지체계 등과 같은 제도적 장치를 도입하였음에도 불구하고 실질적인 제도
화가 지연되고 있다. 이는 다시 말해 투명성 관련 제도와 의식 모두에서 아직 선
진국과의 격차가 존재하고 있음을 의미한다. 하지만 일본과 독일 및 네덜란드의

사례를 통해 알 수 있듯이 높은 수준의 국가개입에도 불구하고 사회 전반의 투명성 의식 여하에 따라서는 반부패라는 정책목표에 효과적으로 부응할 수 있다는 점에 유의할 필요가 있다.

넷째, 분권화의 측면에서 비교대상 3개 정부는 지방자치의 수준을 단계적으로 확대시켜 왔다. 하지만 외견상의 성과에도 불구하고 발전국가 시대에 제도화된 중앙집권적인 발전전략의 영향력을 탈피하지 못하고 있다. 이 점은 외생적인 수도권 분산정책이나 자생적인 지역개발정책 모두 그 추진일정이 지연되고 있다는 사실을 통해 잘 나타나고 있다. 또한 국가별 지방인력 비중 비교에서도 인상적인 개선의 추이를 발견하기 어려웠다.

다섯째, 최근 들어 우리나라에서도 일종의 사회자본인 거버넌스 역량이 지속적이고 안정적인 국가경쟁력 확보와 직결된 문제라는 인식이 확산되고 있다. 이는 다시 말해 일국의 국정운영에 경제단체나 노동조합이 협력할 경우 국정안정과 경제발전에 기여할 수 있다는 것이다. 이 점에서 안정적 노사관계를 유도하는 정부의 적극적·중립적 노력이 요구된다. 또한 기업의 GDP 대비 임금비율의 개선도 부진한 편이다.

09

V. 결 론

지금까지 제시된 한국형 신공공관리의 진화단계별 비교분석은 정부의 미래상과 직결된 거버넌스 논의로 수렴된다. 기존 제도의 지속성과 경로의존을 중시하는 역사제도주의 인식논리에 따르면 과거의 유산으로 치부되고 있는 발전국가도 현재진행형의 의미를 지닌다. 이는 신공공관리를 추구한 김영삼과 김대중 및 노무현 정부의 노력이 결코 순탄치 않았다는 사실을 재확인시켜 주는 것이다.

다시 말해 한국 행정에 내재된 발전국가적 속성, 즉 관료제의 높은 자율성과 현상유지 편향성은 신공공관리의 성공적인 제도화에 장애요인으로 작용해 왔다. 앞서 제시된 정권별 비교분석을 통해 알 수 있듯이 매 정권의 집권 초기 권력의 위세에 눌려 잠재된 신공공관리적 행정개혁에 대한 반발이 집권 중반부를 지나면서 반복적·조직적으로 표출되었던 사실을 통해 잘 나타나고 있다.

한편 거시적 견지에서 발전국가의 미래를 모색하는 주요한 견해는 크게 세 가지로 압축된다. 즉, 신공공관리의 성공적인 제도화를 의미하는 경쟁국가와 발전국가를 부분적으로 수정한 신발전국가 및 앞서 제시된 두 가지 시각을 절충하는 경쟁력 조합주의 등이 여기에 해당한다(양재진, 2005; Painter, 2005). 이 중 우리의 발전전략이 중장기적으로 어디를 지향할 것인지를 지금의 시점에서 속단하기는 어렵다. 다만 거시적 수준의 발전전략도 미시적 수준의 행정개혁과 마찬가지로 모델 간의 절충이 강조되는 수렴화 추세가 확산될 것이라는 점에 유의할 필요가 있다.

앞서 지적한 바와 같이 상대적으로 혁신적인 김대중 정부와 노무현 정부의 집권과정을 통해 나타난 바와 같이 성장촉진과 복지확대라는 두 가지 상반된 국가발전 목표를 절충하는 방식으로 국가경쟁력을 확보하기는 결코 어느 대안도 용이하지 않기 때문이다. 또한 향후 상대적으로 보수적이고 시장친화적인 새로운 정권의 출현을 가정하더라도 발전국가의 유산이 잠재된 상태에서 전략적 선택의 문제는 계속 남게 될 것이다.

결국 김영삼 정부 이래 계속된 한국형 신공공관리의 진화경로는 추진전략의 측면에서 서구와 유사하지만 실질적인 제도화의 측면에서 보다 많은 시간과 노력이 요구된다. 상대적으로 강력했던 발전국가와 관료제 행정의 영향력이 온존하고 있기 때문이다. 또한 복지서비스의 확대가 요구되는 한국적 특성을 감안할 때 신공공관리의 제도화는 서구의 보편적 특성과 구별되는 다분히 한국적 특색을 가미한 특징적 발전경로를 모색하게 될 것이다.

읽기와 토론 9

우리나라의 최근 행정개혁 동향

행정자치부와 인사혁신처, 법제처 등 정부혁신 관련 3개 부처가 표명한 정부혁신의 방향 설정은 틀린 내용이 하나도 없다. 그러나 문제를 해결하기 위한 중요한 해법은 도외시한 채 늘 하던 그저 그런 내용을 재탕했다는 걸 알게 되면서 또 한 번 실망을 하게된다. 혁신이란 기존의 일처리 방식이나 구조, 기능을 무조건 바꾼다고 해서 되는 게 아니다. 문제를 찾아내고 그 원인을 정확하게 진단해야 한다.

우선 소관 업무와 관련해 국민적 관심사에 대한 입장과 해법이 누락돼 있다. 국민의 관심사는 항상 지역균형발전, 지방자치단체의 재정건전성 확보, 행정정보의 투명한 공개, 공무원의 부정부패 일소 등이었고 최근에는 공무원연금 개혁, 공무원 채용 방식과 퇴직관리의 혁신 등이 부각되고 있다. 특히 행자부는 정부가 지역균형발전을 외치면서도 수도권 규제완화라는 이름으로 수도권 집중 개발 정책을 폄으로써 지역균형발전 정책을 형해화시켰다는 책임을 회피하기 어렵다(진재구, "무조건 고치는 것이 정부혁신은 아니다", 서울신문 2015. 1. 27자).

우리나라가 가난해 정부 주도로 경제·사회발전계획을 수립해 추진하던 1980년대까지는 무대의 위치가 객석보다 높았다. 1990년대에 들어와서는 어느덧 무대와 객석의 높이가 비슷해져 무대의 작품과 공연 내용이 훨씬 잘 보이고 관객의 목소리도 경청하게 됐다. 이어서 민주화·개방화·정보화·선진화 세대의 지속적인 국가 발전을 통해 2000년대부터는 객석이 무대보다 높아졌다. 인터넷 시대의 관객들은 이제 무대 위 모든 상황을 자세히 보고 알 수 있게 된 것이다.

이처럼 무대 위치는 극장 설립 당시와 별로 달라지지 않았지만 객석이 계속 업그레이드되면서 정부의 지위는 상대적으로 변했다. 따라서 극장 구성원 전체의 인식에도 변화가 생겨 공직 사회에 대한 개혁 조치는 불가피했다. 공직 연기자에게 연공급 대신 일반 연기자의 출연료와 같이 역할의 중요도와 크기에 따라 차등 지급하는 직무성과급제도, 객석의 민간 경력자에게 필기시험 없이 역량평가 등을 거쳐 배역을 바로 부여하는 개방형제도 등이 정부3.0 시대의 산물이다(김명식, "정부3.0 시대의 공직자", 서울신문 2015. 1. 20자).

이명박 대통령은 당선 직후 가진 내외신 기자회견을 통해 "건국과 산업화·민주화를 넘어 선진화로 가야 한다"며 경제의 선진화와 삶의 질 선진화가 함께 가는 신발전체제의 제도화를 표방하였다(중앙일보 2007. 12. 21자). 하지만 임기 종료 이후 이명박 정부는 대기업 친화적인 경제정책, 예산낭비적인 해외자원개발, 환경파괴적인 4대강 사업, 부동산 투기를 조장한 뉴타운 개발 등으로 논란을 유발하였다.

노무현 정부 시절 혁신의 전도사를 자임했던 오영교 행정자치부 장관은 변화관리 시스템 구축과 실행에 주력하였다. 당시 행정자치부의 혁신은 업무관리 과정과 고객관리 과정을 융합시킨 시스템 '하모니'를 통해 이루어졌다. 민원이 접수되면 시스템은 처리과정을 초단위로 기록한다. 민원인은 그 과정을 실시간으로 확인할 수 있고, 모든 업무는 자동적으로 BSC 평가 시스템에 평가실적으로 들어간다. 장관의 최종 결재로 모든 처리가 끝난 후에는 민원인의 고객만족도 등을 조사한 결과가 업무처리에 대한 평가로서 반영된다(오영교, 2006).

행정개혁의 사례별 쟁점분석

CHAPTER 10 정부관료제의 본질과 기업적 거버넌스의 한계

Ⅰ. 서 론

오늘날 '변화'(change)라는 말에는 긍정적인 뜻만 있는 것처럼 보인다. 변화에 적응하지 못한다거나, 변화에 따르는 다양한 기회를 잡지 못했다는 표현은 '무능력'과 동일한 의미로 사용되는 경향이 있다. '변화'와 '개혁'이 오늘날의 질서이고, 이에 동의하지 않는 사람들은 '걸림돌'로 치부된다. 이것은 공공관리 분야에서도 마찬가지이다. 법적 통제, 계층제적 조직형태, 절차의 준수 등을 강조하는 정부관료제는 시대착오적인 조직형태로 간주되고, 변화와 혁신을 강조하는 신축적 기업조직으로 전환해야만 생존할 수 있는 것으로 인식된다(Kanter, 1990).

기업적 거버넌스가 확산된 배경에는 反관료적 정서(anti-bureaucratic sentiment)가 작용하고 있다. 이들은 관료제를 본래 비윤리적인 것으로 간주하거나(MacIntyre, 1981), 관료적 윤리(bureaucratic ethics)라는 용어를 상호 모순적인 단어의 조합으로 인식하는 경향이 있다(du Gay, 2000). 특히, 신공공관리론(New Public Management)에 기초한 기업적 거버넌스(entrepreneurial governance)가 확산되면서 反관료적 정서가 기정사실처럼 인식되는 것도 사실이다(Moe, 1994).

관료제에 대한 비판은 정당한 이유에서 제기되는 경우도 있지만, 잘못된 정보와 정보의 부재에서 비롯되는 경우도 없지 않다(Bozeman, 2000). 이런 점에서 관료제가 실패하였다면 그것은 어떤 맥락에서 발생하는 것인지, 정부관료제를 대체해서 기업적 거버넌스를 적용할 때 발생되는 문제점과 한계 등은 무엇인지를 살펴볼 필요가 있다.

본서에서는 기업적 거버넌스의 관점에서 제기되고 있는 관료제 비판의 논거와 한계점을 고찰하고, 이러한 담론이 행정에 미치는 영향과 함의에 대해서 논의하고자 한다. 이러한 연구는 관료제에 대한 이해의 증진은 물론, 기업적 거버넌스에 기초한 행정개혁의 성공을 위해서도 긴요한 작업이 될 것으로 생각된다. 왜냐하면 정부관료제가 비효율적이라는 가정이 타당하지 않다면, 이러한 가정에 기초한 행정개혁은 무의미한 작업이 될 것이고, 정부관료제가 비효율적이라고 할 경우에도 기업적 거버넌스가 정부관료제의 대안이 될 수 있는가 하는 점은 매우 중요한 문제이기 때문이다.

본고의 구성은 다음과 같다. 먼저 정부재창조(reinventing), 국가성과점검(National Performance Review), Next Steps에 의한 책임운영기관(agency) 등과 같은 기업적 거버넌스의 기본관점을 살펴보고, 정부관료제와 비교되는 기업적 거버넌스의 특징을 논의한다. 다음으로 기업적 거버넌스의 적용상의 한계와 정치윤리적 영향을 분석하고, 그에 대한 제언을 제시한다.1)

II. 정부관료제의 본질과 기업적 거버넌스의 대두

1. 기업적 거버넌스의 대두

관료제가 대두된 것은 20세기 초반 당파적 정실주의(partisan patronage)의 폐해를 극복하기 위한 진보적 개혁(Progressive Reform)에 뿌리를 두고 있다.2) 당시의

---

1) 기업적 거버넌스(entrepreneurial governance)는 전통적인 정부의 통제방식 대신에 민간의 관리 기법을 정부와 공공부문에 도입하려는 시도로 정의되는데(Rhodes, 1996), 여기서의 주된 정책적 관심은 크게 두 가지로 구분할 수 있다. 하나는 공공부문 내에 상업적 방식과 민간의 관리구조를 도입하는 데 있어서 어떤 문제가 제기될 수 있는가 하는 것이고, 다른 하나는 어떻게 하위조직에게 자율권을 부여하면서 동시에 포괄적인 정책방향과 목표를 준수시킬 수 있는가 하는 점이다.

2) 관료제(bureaucracy)라는 말은 프랑스어인 「bureau」 단어에서 유래한 것으로, '많은 칸막이가 달린 책상'을 의미한다. Oxford 사전에 따르면, 관료제라는 말은 1848년에 Thomas Carlyle이 '관료제라는 대륙적 성가심(continental nuisance)'이라고 하여 처음으로 사용한 것으로 밝히고 있는데, 이것은 이미 그 당시에도 관료제가 영국사람들의 정서에 매우 부합하지 않는 것이었음을 시사한다.

개혁가들은 민주적 책임성(democratic accountability)을 확보하기 위해서 관료들이 가진 권한을 몰개인적으로 집행하는 데 많은 관심을 기울였다. 이러한 노력은 실 적주의 원칙이 내포된 보편적 규정을 일관되게 적용함으로써 관료들이 공익을 위해서 유능하게 행동할 수 있을 뿐 아니라, 당시에 정치와 행정을 지배했던 기 계적 정당정치(party machine)의 위력을 줄일 수 있는 것으로 기대되었다(Barzelay, 1992; Bozeman, 2000).

　행정 및 예산과정이 안정되고, 대공황으로 새로운 문제가 대두되자 관료제 가 가진 정치적 의미는 축소되고, 정부의 효율적 운영을 위한 관리개혁이 강조되 었다. 이에 따라 관료제는 효율성을 추구하는 것으로 간주되었고, 효율적인 정부 가 곧 바람직한 정부를 의미하였다. 위대한 사회(Great Society)와 레이거니즘 (Reaganism) 그리고 체제분석, MBO, ZBB 등과 같은 관리개혁을 위한 일련의 노력 이 사라진 이후에도 관료제의 위력은 전혀 감소되지 않았다. 여기에는 정부관료 제를 통해서 국가발전을 도모할 수 있다는 인식이 작용하고 있었다.

　그러나 1980년대와 1990년대에 들어서는 세계경제를 통제하는 것이 불가능 하며, 이를 극복하기 위해서는 개인과 조직 및 국가도 경쟁적이어야 하는 것으로 인식되었다(Hirst & Thompson, 1996; Krugman, 1996). 이에 따라 1980년대에 들어와 서 정부관료제의 핵심요소에 대해 개혁을 요구하는 다양한 문제제기가 이루어져 왔다. 이러한 노력은 정부재창조(reinventing), 국가성과점검(NPR), Next Steps에 의 한 책임운영기관 등과 같은 다양한 명칭과 형태로 나타났는데, 이와 같은 일련의 문제제기와 처방들을 신공공관리론(NPM) 또는 기업적 거버넌스(entrepreneurial governance)라고 부른다(du Gay, 2000).

2. 기업적 거버넌스의 기본관점

　기업적 거버넌스의 기본적인 관점은 조직과 환경 간의 관계에서 설정된다.[3] 여기서는 과거에 당연시되던 조직적 및 개인적 행동들이 환경변화로 인해서 부

---

3) 환경의 요구에 대한 조직의 적합성을 강조한다는 점에서 기업적 거버넌스는 조직이론의 부적응 모형(maladaptation model)과 유사한 것으로 볼 수 있다. 그러나 부적응모형이 환경변화에 따른 조직구조를 설계하는 데 관심을 기울이는 것과 달리 기업적 거버넌스론자들은 조직형태와 함께 개인의 기업가적 역할을 강조하는 점에서는 약간의 차이가 있는 것으로 볼 수 있다.

적합한 것으로 변화될 수 있으며, 이와 동시에 새로운 형태의 행동이 나타난다고 본다. 급변하는 환경에서는 자기의 행동을 신속하고 지속적으로 변화시키고, 학습을 통하여 보다 기업적으로 변화하는 조직만이 살아남을 수 있다는 것이 기업적 거버넌스의 기본적인 입장이다. 따라서 기업적 거버넌스의 우선적인 목표는 몰개인적(impersonal), 절차적, 계층적 및 기술적 관료제를 신축적, 분권적 및 기업적 조직으로 전환시키는 것이다.

이처럼 정부관료제를 전환하는 데 있어서 가장 핵심적인 특징은 재화와 서비스를 생산·공급하는 제도적 형태로서 상업적 기업(commercial enterprise)을 선호하고, 이러한 상업적 기업에 핵심적인 역할을 부여한다는 점이다. 그러나 기업적 거버넌스에 있어서 보다 중요한 것은 단순히 기업적 조직형태를 채택하는 것이 아니라, 구성원들에게 창의력(initiative), 모험감수(risk-taking), 자신감(self-reliance), 자신의 행동에 대한 책임의 수용능력 등과 같은 기업적 특성을 내면화시키는 것이다(Burchell, 1993).

구성원들에게 기업적 특성을 극대화시키기 위한 전략으로는 자율화(autonomization)와 책임화(responsibilizaton)가 선호된다. 이것은 어떤 기능이나 활동을 개인이나 집단에게 배분하고, 그 결과에 대한 책임을 지도록 하는 것을 말하는데, 이의 전형적인 형태는 계약화(contractualization)와 기업화(corporatization)이다.4) 이처럼 개인이 특정한 활동에 참여하는 데 따른 위험과 비용을 부담하게 됨에 따라서 다른 사람에게 의존하기보다는 자기 자신의 자원을 구축하는 데 많은 노력을 경주하게 된다. 이런 점에서 Peters(1994)는 '기업화'된다는 것은 책임감을 가지고 조직 내에서 자기 자신의 쇼(show)를 운영하는 데 대한 책임을 지는 것이라고 설명한다. 따라서 기업적 거버넌스는 조직구조를 기업형태로 변화시킬 뿐 아니라, 조직의 구성원들을 스스로 기업가(entrepreneur)로 전환시키게 된다(Gordon, 1991).

이러한 기업적 거버넌스의 전략이 성공적으로 이루어지려면, 조직의 모든

---

4) 계약화(contractualization)는 어떤 기능이나 활동을 특정한 관리단위(개인이나 집단)에게 할당하고, 그러한 활동을 할당받은 개인이나 집단이 성과에 대해서 책임을 지는 것을 말한다. 구체적으로는 관리권한의 분권화와 고용조건의 변화(정규직 → 계약직, 표준임금 → 성과급)를 통해서 현실화되는데, 영국의 Next Steps이 채택하고 있는 책임운영기관이 계약화의 전형적인 형태라고 할 수 있다.

구성원들이 자기성취적 충동(self-fulfilling impulses)에 몰입되어 있어야 한다. 이를 위해서 관리구조의 수평화를 통한 형평성 강화, 소규모 작업집단을 통한 내부경쟁의 촉진, 개인의 책임성과 자기관리를 유도하기 위한 동료점검(peer review)과 평정체계(appraisal scheme) 등이 요구되며, 구성원들에게는 자기실현의 기술을 훈련시킬 필요가 있다. 아울러 관리자들은 자기 부하들이 기업화된 개인(businessed person)의 지위를 획득함으로써 개인의 자유와 성취를 이루도록 유도할 책임이 있다.

3. 정부관료제와 기업적 거버넌스의 비교

기업적 거버넌스의 특징은 정부관료제와의 비교를 통해서 보다 명확하게 알 수 있다. 관료제는 규범적 관점에서 많은 비판을 받고 있지만, 기술적 관점에서는 가장 합리적인 조직형태로 인식되고 있다. Weber(1946)는 관료제를 경제발전을 위한 선행요건이자 우수한 조직화 방법으로서, 조직합리성을 위한 초석으로 간주한다. 관료적 행정이 우월성을 가지는 주된 원천은 기술적 지식에 있으며, '관료제의 병리에 대해서 불만을 가진 사람들이 아무리 많더라도 다른 조건이 동일하다면 기술적 관점에서는 관료행정이 가장 합리적'이라는 것이 Weber의 주장이다. 이와 달리 기업적 거버넌스를 주장하는 사람들은 오늘날의 불확실한 환경에서 생존하기 위해서는 보다 신축적이고 대응적인 기업조직으로 전환되어야 한다고 주장한다. 정부관료제에서는 공정성과 형평성 같은 시민에 대한 책임성이 중요하기 때문에 규정이나 절차를 준수하는 것이 매우 중요하다고 본다. 이에 반해서 기업적 거버넌스를 주장하는 사람들은 경제적 효율성이 1차적 기준이 되어야 하며(Bozeman, 1987), 오늘날과 같이 급변하는 환경에서 규정과 절차에 얽매이는 정부관료제는 생존 자체가 불가능하다고 인식한다(Peters, 1994).

정부관료제에서는 조직목표의 달성을 위한 조정(coordination)의 필요성 때문에 불가피하게 통제가 이루어질 수밖에 없으며, 이러한 통제가 정당하게 이루어지기 위해서는 법률이나 규정에 의한 권위가 인정되어야 한다고 본다. 반면에 기업적 거버넌스에서는 정부관료제가 이익집단과 소수의 압력단체들의 이익에 봉사하고, 관료적 형식주의(red tape)를 야기하며, 공익의 달성이라는 미명하에 관료

| 표 10-1 | 정부관료제와 기업적 거버넌스의 비교 | |

구 분	정부관료제	기업적 거버넌스
기본형태	Weber의 관료제	민간기업조직
적용환경	안정적 환경	불확실한 환경
핵심가치	공정성, 형평성, 정의	효율성
행위주체	관료	시민(고객)
합리성의 원천	전문성(technical knowledge)	참여(participation)
관료의 역할	종복(servants)	기업가(entrepreneur)
책무성	의회와 장관에 대한 책임	시민에 대한 대응성
활동목표	비용의 정당화	가치의 전달
통제근거	법규	계약
통제유형	경성적 통제	연성적 통제

자신의 권력을 극대화시키는 데 매몰되어 있는 것으로 간주한다(Kettl, 2000). 또한 기업적 거버넌스에서는 관료제적 통제방식으로는 조직의 경쟁력 확보에 필요한 창의력과 종업원의 헌신(commitment)을 이끌어 낼 수 없기 때문에 자율권을 부여하거나 유인체제를 통해 자율적으로 규범에 준수하도록 유도하는 것이 중요하다고 본다(du Gay, 2000). 정부관료제에서는 장관책임의 원칙(doctrine of ministerial responsibility)에 따라 관료가 수행하는 업무와 결과에 대한 책임이 모두 장관에게 귀속되는 것으로 간주하는 데 반해서(O'Toole, 1990; Colin, 1999), 기업적 거버넌스에서는 자율권을 부여받은 관료가 자기의 업무와 성과에 대해서 직접 책임을 지는 것으로 본다. 따라서 정부관료제에 있어서는 관료가 공익의 봉사자(servants)인 데 비해서 기업적 거버넌스는 기업가(entrepreneur)로 인식된다.

또한 정부관료제에서는 공공재원의 사용을 정당화하는 데 집중하였으나, 기업적 거버넌스에서는 단순한 비용정당화의 차원을 넘어서 시민이 중요시하는 가치를 전달하는 것이 더욱 중요하다고 본다. 이러한 논지에서 정부관료제에서는 전문성을 가진 관료가 공익을 규정하는 것으로 인식하고 있으나, 기업적 거버넌스에서는 이러한 전문적 기준이 시민의 요구와 일치하지 않는 경우가 많으므로 공익을 규정하는 데 시민참여(citizen participation)가 활성화되어야 한다고 주장한다(Barzelay, 1992).

Ⅲ. 기업적 거버넌스의 적용 한계와 정책적 함의

정부재창조(reinventing), 국가성과점검(NPR), Next Steps에 의한 책임운영기관 등과 같은 기업적 거버넌스는 많은 성과를 거둔 것으로 평가된다. 예컨대, 구매행정을 개선하여 예산을 절감하였다거나, 관리개혁을 통하여 인력을 감축한 것 등이 이러한 성과라고 할 수 있다.[5] 특히, 고객서비스 제안을 통하여 관료중심적 사고를 시민중심으로 전환한 점과 투입이나 절차가 아니라 결과(results)와 성과(performance)를 우선적인 기준으로 부각시킨 점은 기업적 거버넌스의 공로라고 할 수 있다(OECD, 1998). 그러나 기업적 거버넌스를 행정개혁에 적용하는 과정에서 많은 한계점이 발견되었는데, 이러한 문제점과 정책적 함의를 정리하면 다음과 같다.

1. 보편과학적(universal science) 성격

기업적 거버넌스의 기본적인 논지는 급변하는 환경에서 자기의 행동을 신속하고 지속적으로 변화시키고, 학습을 통하여 보다 기업적으로 변화하는 조직만이 살아남을 수 있다는 것이다. 이와 같은 조직과 환경 간의 관계는 조직형태에 상관없이 모든 조직에 해당되는 것으로 간주된다. 따라서 병원이나 교회, 은행 등 조직의 외형상의 차이에도 불구하고 환경변화에 신속하고 적절하게 대응할 수 있는 유사한 규범과 행동기법을 개발해야 한다는 점을 강조한다. 모든 조직이 그 형태에 상관없이 관료적 보호막(bureaucratic guarantees)을 걷어내고 신축적인 기업으로 전환하지 않으면 생존 자체가 불가능하다는 Kanter(1990)의 주장은 이러한 특성을 단적으로 보여준다.

이처럼 조직형태와 무관하게 유사한 규범과 행동양식을 개발하는 데 관심을 가지기 때문에 유일 최선의(one best way) 관리적 행동을 탐색하거나, 보편 과학적인 방법으로 관리적 행동에 접근하는 경향이 있다. 이는 정치행정 이원론에 기초

---

5) 대처정부에 의한 행정개혁으로 인해서 1979~1995년 사이에 공무원 숫자가 732,000명에서 524,000명으로 감축된 것으로 평가되고 있다(Colin, 1999).

한 20세기 초의 과학적 관리론(scientific management)과 매우 유사하다. 이러한 접근방법은 이해하기가 쉽고 의사소통이 용이하다는 장점이 있지만, 그러한 연구결과를 통해서 도출된 관리적 함의는 매우 의심스러운 것에 불과하다는 것이 역사의 교훈이다(Elcock, 1995; Self, 1997).

보편적 관리원칙이 존재한다는 점을 인정할 경우에도 문제는 존재한다. 왜냐하면, 조직이 추구하는 가치는 구체적인 맥락에 따라서 달라지는데, 이러한 맥락을 무시한 채 보편적 원칙들이 적용될 수는 없기 때문이다. 관리업무의 본질과 관리방법의 적합성은 조직의 목표와 관리자가 지지하는 가치에 비추어서만 규정될 수 있고, 공공조직의 관리자는 임명권을 가진 정치인이나 시민과의 관계에 의해서 결정된다. 이런 의미에서 Rohr(1988)는 관리(management)라는 것을 보편적 과학이 아니라, 통치(regime)의 함수로 파악해야 한다고 주장한다.

2. 지배가치(regime value)의 상이성과 우선순위

기업적 거버넌스에서는 경제적 효율성을 최고의 가치로 설정하고, 시장화의 논리에 따라 공공관료제의 행동양식을 기업화하는 데 주력해왔다. 관료들이 자기가 활용할 수 있는 자원을 효율적이고 경제적으로 활용할 책임성을 가져야 한다는 점에는 의문의 여지가 없다(Tribe, 1971). 모든 관료들은 자기가 담당하는 특정 서비스의 비용에 적극적인 관심을 기울여야 하고, 국가와 납세자들에게 그 비용에 해당하는 가치를 모두 제공하고 있는지를 스스로 자문해 보아야 한다. 이런 점에서 모든 관료들은 자원을 경제적으로 활용하기 위해서 최선의 성과가 예상되는 관리방법을 사용해야 한다.

관료들이 민주주의 정치의 규범성과 요건을 편의에 따라서 무시하고 관리라는 임무에만 집중한다면, 적어도 단기적으로는 교육이나 운송과 같은 공공서비스를 어떻게 관리할 것인가의 문제는 단순할 수 있다. 그러나 공공조직과 민간조직의 지배가치(regime value)에는 본질적으로 많은 차이가 있다. 공공조직의 지배가치는 주로 정치적으로 부여되기 때문에 민간기업과 달리 자원을 효율적으로 이용한다고 해서 책임을 완수하는 것은 아니다. 관료들은 경쟁적이고 비교할 수 없는 요구를 받게 되며, 이처럼 경쟁적인 가치를 조정하기 위해서 재량권과 윤리적 판단이 요구된다. 공공분야에서 추구하는 가치는 상충적인(trade-off) 경우가 있기 때문에 어떤 가치를 지나치게 강조하면 다른 가치들이 훼손될 수 있다.6) 이러한 맥락에서 Stone(1983)은 경제적 효율성을 기준으로 정부와 공공부문을 평가하는 것은 공동체의 유대감과 사회적 문제에 대한 시민들의 관심을 왜곡시킬 수 있으며, 궁극적으로 책임성, 형평성, 시민권 등과 같이 '좋은 사회'를 만드는 데 필수적인 행정의 다른 가치들을 부차적인 것으로 만들 수 있다고 지적한다.

이에 대해 경제적 효율성이 유일한 가치는 아니지만, 다른 가치보다 우선적인 가치라는 주장이 가능하다. 예컨대, Waldegrave(1993)는 28%의 시민들이 정치적 책임성을 행정에 대한 판단기준으로 지적한 데 비해서 비용과 서비스의 질을 지적한 시민은 54%에 달하였다는 여론조사를 토대로 경제적 효율성에 우선순위를 두는 것이 타당하다는 점을 시사하였다. 이에 대해서 du Gay(2000)는 정부가 공공서비스를 효율적으로 공급하는 것은 기본적인 역할이라는 점을 인정하면서도 경제적 효율성이 정부가 추구해야 할 다른 가치들보다 우선해야 하는지에 대해서 반론을 제기한다.

그에 따르면, 정부는 단순히 고객에게 서비스를 전달하는 존재가 아니라, 규제권과 법적 강제력을 기초로 통치하는(governing) 존재이다. 따라서 정부의 책임성은 고객(customer)이 아니라 시민(citizen)에 대한 것이어야 하며, 이를 위해서는 정치적 책임성에 관한 정확하고도 일관된 틀(framework)이 우선되어야 한다고 주장한다. 시민들이 행정활동의 경제성에 관한 정보를 얻는 것이 나쁜 일은 아니지만, 시민들이 경제적 정보만을 얻어야 한다는 주장에는 설득력이 없다. 이러한 맥락에서 볼 때, 시민들이 정부관료제에 대해서 더 많이 알게 되고, 현재 유행하고 있는 새로운 관리방법이 초래할 결과들에 대해서 더 많은 정보를 가지게 되면, 다른 가치를 무시한 채 효율성만을 강조하는 개혁에 대해서 시민들이 반대할 수도 있음에 유념할 필요가 있다(du Gay, 2000).

---

6) 공공관료제와 행정에는 거의 항상 가치충돌이 발생하기 때문에 하나의 가치(예, 효율성)가 극대화되면, 다른 가치(예, 공정성)가 희생될 수밖에 없다. 이런 점에서 Bozeman(2000)은 관료제를 균형을 이루는 활동으로 파악하고, 행정개혁에는 가치균형이 요구된다고 주장한다. 특히, Antonsen & Jorgensen(1997)과 Fredrickson(1996)은 공공관료제의 요체를 가치극대화(maximizing)가 아니라, 다중적이고 갈등적인 가치들을 최적화(optimizing)시키는 데 있는 것으로 파악한다.

3. 관료의 책임의식(ethos of responsibility) 저해

정치인과 관료들이 당면하는 문제들은 상호 갈등을 일으키거나, 경쟁적인 가치들이 내포된 경우가 많다. 이런 점에서 Weber(1978)는 정치인과 관료들은 상호 갈등을 일으키는 경쟁적인 가치를 실현하는 과정에서 야기될 잠재적 결과를 고려할 수 있는 훈련된 능력, 즉 책임의식(ethos of responsibility)을 갖추어야 한다고 주장한다. 그러나 기업적 거버넌스에서는 이와 같은 관료의 책임의식을 저해시키는 경향이 있는데, 이러한 문제점은 다음의 두 가지 측면에서 찾아볼 수 있다.

첫째는 개념적 혼란으로 인한 것이다. 미국의 정부재창조(reinventing) 운동은 효율적인 정부를 '더 적은 비용으로 더 잘 작동되는 정부'(works better but costs less)로 규정하며(Osborne & Gaebler, 1992), '더 적은 비용으로 더 많은 성과'(value for money)를 얻어내는 것이 행정개혁을 시도하는 모든 정부의 실질적인 목표라고 할 수 있다(Hoggett, 1996; OECD, 1998). 이러한 개혁목표에는 경제성(economy)과 효과성(effectiveness)의 두 가지 개념적 요소가 내포되어 있다. 따라서 기업적 거버넌스론자들이 강조하는 효율적인 정부란, 경제적이고 동시에 효과적인 정부를 의미하는 하는 것이라고 할 수 있다. 이러한 주장에는 경제성과 효율성 및 효과성이 하나의 방향으로 움직인다거나, 서로에게 기여할 것이라는 가정이 전제되어 있다. 그러나 각각의 개념은 일정한 조직적 맥락에서 각자의 독특한 논거를 가지고 있으며, 상호 대체될 수 있는 것이 아니다. 가령, 수용할 수 없을 정도의 작업조건을 일시적으로 감수시킴으로써 단기적으로는 효율성을 제고시킬 수 있지만, 장기적인 효과성은 낮아질 수 있다.[7] 이러한 문제점에도 불구하고 기업적 거버넌스론자들은 경제성과 효율성 및 효과성과 같은 용어들이 상이한 논거를 가지고 있고, 그러한 논거가 상황에 따라서 달라질 수 있다는 점을 간과하고 있다. 이 경우, 관료들로 하여금 어떤 가치를 추구하는 데 아무런 비용도 발생하지 않는다는 잘못된 인식을 조장함으로써 관료의 책임의식을 저해할 수 있는 것이다.

둘째는 정부의 설계는 비용과 편익의 상이한 묶음 가운데 어떤 것을 선택하는 것이며, 어떤 문제의 개선은 다른 문제의 희생을 통해서 이루어진다는 것을

---

7) IMF 이후 경제회복을 위하여 이루어진 김대중 정부의 공무원 정원감축, 정년단축, 연금지급기준 강화 등의 조치가 이러한 예에 해당될 수 있을 것이다.

인식하지 못하는 경우이다(Jordan, 1994). 영국의 Next Steps은 본래 정치적 의미보다는 재정적 의미에서 별도의 책임을 지는 기관을 설립하도록 설계된 것이다 (Doig & Wilson, 1998; du Gay, 2000). 해당 기관에 대한 평가의 목표와 기준은 재정적인 것이고, 시장성 검증(market testing)을 통해 민간조직의 효율성과 비교되었다 (Freedland, 1996). 이런 점에서 Next Steps을 주장한 사람들이 기존의 법적 질서나 관행 등을 개혁하려는 의도를 가지고 있지 않았음은 분명하다. 그러나 실제로는 정책적 사안과 관리적 사안이 명확하게 분리되지 않고, 이 때문에 책임성 회피의 문제가 야기되는 등 전통적인 장관책임의 원칙을 변질시키는 결과가 초래되었다. 이것은 Next Steps을 지지한 사람들이 재정적 책임성이라는 가치를 추구하면서 장관책임의 원칙과 관련된 정치적 및 헌법적 함의를 간과하였음을 반증하는 것으로, 정치인과 관료의 책임의식을 훼손시킨 것으로 볼 수 있다.

4. 기업화 논리의 분절성과 책임회피

정부관료제에 대한 기업적 거버넌스의 비판적 논거 가운데 하나는 정치인과 관료의 역할이 상당히 모호해서 정책목표의 달성, 효율적이고 효과적인 관리, 민주적 책임성 등에 부정적인 영향을 미친다는 것이다. 이러한 인식하에 공공선택론(public choice)은 관료의 재량권에 대해서 적극적인 공세를 취하는 동시에 관리적 관점에서 관료들을 보다 대응적으로 만들기 위한 노력을 병행해 왔다.[8] 민간관리의 유형을 활용한 이러한 접근방법들은 경쟁시장에서 활동하는 민간기업을 모방하고자 하였다(Corby, 1993; du Gay, 1994b; Pollitt, 1990).

이러한 기법들은 정책(policy)과 관리(management)를 정치인과 관료에게 분담시키는 탈정치화(depoliticization)의 논리에 기초하고 있다(Moe, 1994; O'Toole & Chapman, 1994; Plowden, 1994; Pollitt, 1995).[9] 책임성에 관한 이들의 주장은, 탈정치

---

8) 공공선택론(public choice)과 관리론(managerialism)은 모두 신공공관리론을 선도하는 주요한 이론이지만, 정치인과 관료간의 관계에 있어서 전자는 정치적 통제의 강화를 주장하는 반면에 후자는 탈정치화를 강조한다는 점에서 상이한 입장을 취하고 있다. 그러나 이러한 접근방법들이 서로의 접근방법을 활용하고 있다는 점은 매우 흥미롭다. 공공선택론자들은 정치적 통제를 강화하기 위한 수단으로 관리론자들이 주장하는 조치들을 지지하고, 관리론자들은 공공관료제가 민간기업과 유사하게 구조화되어야 한다고 주장하는 논거로 관료의 예산극대화 성향과 같은 공공선택론의 통제논리를 인용하고 있는 것이다(Campbell, 1993).

9) 정책문제는 합법적으로 선출된 정치인들이 결정하는 것이 민주주의의 원리에 부합하며, 대표성

화가 정치적 책임성을 투명화시킴으로써 책임성을 확보하는 데 도움이 된다는 것이다(Goldsworthy, 1991; Butler, 1994). 그러나 책임운영기관(agency)에 관한 영국의 경험을 보면, 다음과 같은 몇 가지 문제점이 나타나고 있다.

첫째는 기업적 거버넌스에서 강조하는 기업화 논리의 분절성과 그로 인한 책임성 문제이다. 기업화 논리의 핵심은 관료 개인이나 부서의 업무와 활동에 대한 자율화와 책임화 전략에 있다. 여기에는 개인이나 부서의 업무가 분리되어야 하고, 성과에 대한 책임은 자율권이 보장된 업무에 한정되어야 한다는 가정이 전제되어 있다. 그러나 본질적으로 정부의 활동은 분리되어 운영되는 것이 아니라, 다른 사람들과의 유기적인 연계 속에서 이루어진다. 이처럼 개인의 책임범위가 명확하게 구분되지 않는다는 것은 그에 대한 책임을 요구하기가 곤란하다는 것을 의미한다. 요컨대, 정부관료제에 기업화 전략을 적용하기 위해서는 정부기능의 분절성이 요구되는 반면에 정부활동은 통합적인 성격을 가지고 있기 때문에 성과에 대한 책임성을 확보하기 어려운 것이다. 이러한 문제점에도 불구하고 기업화 전략을 고수할 경우에는 정부관료제가 스스로 해결할 수 없는 문제에 지속적으로 매달려야 하는 또 다른 문제점이 발생하게 된다(Kettl, 2000).

책임성에 관한 두 번째 문제는 정치인과 관료 간의 관계에 있어서 책임소재의 모호성과 그로 인한 책임회피의 가능성 문제이다.[10] 이것은 정책(policy)과 관리(management)의 구분이 명확하지 않은 데 근본적인 원인이 있다. 탈정치화의 논리는 정책과 관리의 이분법에 기초하고 있으나, 관료들은 정책집행뿐만 아니라 정책형성에도 빈번하게 관여하는 것이 현실이다. 여기에는 몇 가지 이유가 있다. 새로운 정책은 대개 기존의 정책을 토대로 나타나기 때문에 기존 정책에 관여했던 사람들의 조언이나 자문 등이 필요할 수밖에 없다. 보다 근본적으로 관료의 개입 여부에 상관없이 장관이 해당 부처의 모든 행위에 대해서 어차피 책임을 져

없는 관료들이 정책을 결정하는 것은 '관료제에 의한 지배'를 의미하므로 정책결정에서 관료들은 배제되어야 한다는 것이다. 다른 한편으로 공공관리는 전문성에 기초하여 경제적, 효율적 및 효과적인 방법으로 이루어져야 하는데, 정치인들은 이러한 훈련을 받은 관리자가 아니고, 전문성도 없기 때문에 공공관리에 관여하지 않아야 하는 것으로 간주된다.

10) 메이저 정부의 내무장관(Home Secretary)인 Michael Howard가 내부소요, 탈옥, 그로 인한 정부의 혼란 등을 이유로 교도행정의 책임자인 Derek Lewis를 해고하자, Lewis는 Howard 장관이 일상적인 운영에 부적절하게 개입했음을 이유로 장관의 책임론을 제기하였다. 이러한 논란은 장관책임의 원칙에 의해서 운영되던 영국행정에 커다란 파장을 야기한 사건으로 남아 있다(Colin, 1999).

야 하기 때문에 장관의 입장에서는 관료들이 가진 실질적인 지식을 이용하는 것이 유리한 경우가 많다. 또한 법에 의거하여 자기가 가진 정책결정권을 관료에게 위임할 수도 있다.

따라서 인식상으로는 민주주의 정치체제 내에서 정치인과 행정가들이 독특하고도 상호 대체할 수 없는 성격과 역할이 존재하지만, 현실적으로 정책과 관리를 명확하게 구분하는 것은 불가능하다. 이런 점에서 기업적 거버넌스에서 주장하는 탈정치화의 논리에 내재된 정치-행정 이분법은 장관과 공무원의 역할을 구분하는 토대가 되기 어렵다(du Gay, 2000). 이와 같이 정책과 관리를 명확하게 구분하기 어려울 때, 어떤 사안이 정책적인 것인지, 아니면 관리적 사안인지를 실질적으로 결정하는 것은 장관 자신이다(Colin, 1999). 장관은 정치적 압력에 매우 민감하기 때문에 정치적 책임과 비난을 회피하기 위해서 책임운영기관의 책임자에게 책임을 떠넘기려는 유인이 존재하게 된다.[11] 이 경우, 기업적 거버넌스의 주장과 달리 정책에 대한 책임성을 확보하는 것이 오히려 더욱 어려워지는 문제점이 발생한다.

5. 탈정치화의 모순과 정치적 중립성

영국의 경우, 장관책임의 원칙에 따라 각 부처의 업무와 결과에 대한 책임은 모두 장관에게 귀속되었으며, 이 원칙은 정치적 중립성(political neutrality), 익명성(anonymity) 및 행정의 지속성(permanence)과 같은 영국행정을 유지하는 기반이 되었다(O'Toole, 1990; Colin, 1999). 이러한 전통 때문에 영국의 관료들은 장관의 정치적 이해관계나 이익집단의 압력 그리고 정책실패에 대한 비난의 책임에서 벗어나 국가 전체의 봉사자(servants)로서 보다 솔직하고 객관적인 조언을 할 수 있었다.[12]

그러나 탈정치화의 논리에 따라 책임운영기관이 도입된 이후에 관료의 역할에도 많은 변화가 나타났는데, 이러한 변화는 세 가지 측면에서 발견된다.

---

11) 실제로 사회보장부(Department of Social Security) 산하의 아동지원단(Child Support Agency)이 문제가 되자, 국무장관은 의회에서 그것이 자기의 책임이 아니라고 대답하였다(Colin, 1999).

12) Colin(1999)은 근대 행정의 주요 기능을 정책문제에 관하여 장관에게 조언하는 기능, 장관의 이름으로 의사결정을 하는 기능, 정부자원을 관리하는 기능, 정부부처의 일상적인 업무를 수행하는 기능의 네 가지 기능을 들고 있는데, 이 가운데 적어도 앞의 두 가지는 관료의 정치적 역할과 직접적으로 관련된다.

첫째, 책임운영기관이 설립됨에 따라 공식적으로는 정책과 관리가 분리되었지만, 현실적으로 관료들이 정책결정에 개입하는 것은 불가피했다. 따라서 실제로는 관료들이 정치인의 역할과 관리자의 역할을 동시에 수행해야 할 경우가 발생하게 되었다(Lewis, 1997). 또한 장관이 정치적 책임을 회피하기 위해서 자신들을 희생양으로 삼을 수 있다는 것은 관료들 스스로도 충분히 예측할 수 있었기 때문에(O'Toole & Chapman, 1994; O'Tool, 1998) 관료들이 외부의 압력과 비난 등에 대해 정치적으로 더욱 민감해지는 것은 당연하다.

둘째, 자율화와 책임화 전략에 따라 자율권을 부여받은 관료들에게는 관리적 책임성이 더 많이 요구되었다. 관료들은 이제 운영적 사안에 대해서 직접 책임져야 하기 때문에 장관과 별도로 이러한 문제에 대한 대중의 질문에 응답하거나 의회에 증거를 제출해야 할 것으로 기대되었다. 이에 따라 관료들이 고유한 권한을 가진 정치적 인물로 전환되고, 관료의 정치화가 강화될 가능성은 더욱 커졌다.

셋째, 관료의 정치화에 관한 문제는 임용과정에서도 나타난다. 영국의 행정개혁을 주도한 대처 총리는 역대 총리들보다 고위직 임명에 직접 개입하는 경우가 많았고(Colin, 1999), 자기와 정치성향이 유사한 사람들을 고위직에 임명함으로써 행정을 '정치화'하고 있다는 비판을 받았다(du Gay, 2000). 예컨대, 대처정부의 고위관료 출신인 Ian Bancroft는 아부하는 사람들이 정상적인 사람들보다 더 많이 승진하는 것을 '정치화'로 표현하고, 이러한 관료들은 장관이 '반드시 알아야 할' 사항보다는 '듣고 싶어하는' 사항만을 전달할 위험성이 있다는 점을 지적하였다(Hennessy, 1995; du Gay, 2000). 요컨대, 기업적 거버넌스에서는 책임성 제고를 위해서 정치인과 관료의 역할을 분리하는 탈정치화의 논리를 강조하였지만, 실제로는 관료들을 더욱 정치화하는 결과가 되었던 것이다.

IV. 관료제에 대한 재인식: 기업적 거버넌스를 넘어서

관료제에 대한 다양한 비판과 개혁조치에도 불구하고 관료제의 대안이 뚜렷하게 부각되지 않고 있는데, 이러한 현상은 관료제가 핵심적인 관리도구임을 반증하는 것으로 인식될 수 있다. 이런 점에서 관료제의 본질적인 요소들을 유지하는 가운데 관료들의 행동을 전환할 수 있는 방법을 모색할 필요가 있다. 여기서는 관료제의 역할을 재인식하고, 관료적 기풍(ethos)을 정립할 필요성에 주목하고자 한다.

1. 정부제도로서의 관료제의 역할

정부의 활동 가운데 기업적 활동이 많이 증가하였다는 점과 환경변화로 인해서 새로운 관리기법이 필요해졌다는 점은 분명하다. 그러나 이런 이유로 민간기업에는 없는 행정기능의 중요성이 간과되어서는 안된다. 사실 관료로서의 역할 가운데 도저히 회피할 수 없는 것은 국가이익(interest of state)에 봉사하는 것이다 (Chapman, 1993; Minson, 1997; Rohr, 1979). 따라서 정부관료제를 중립적 관리수단 (neutral instruments of management)으로 간주하는 것은 타당하지 않으며, 오히려 정부제도(institution of government)로 인식되어야 한다. 왜냐하면 정부관료제를 공익과 직접 관련시킬 수 있는 것은 관료제가 국가권력의 수단으로 인식되고 평가될 때뿐이기 때문이다(Hennessy, 1995).

정부관료제를 중립적 관리수단으로 간주하는 배경에는 몇 가지 가정이 전제되어 있다. 이들은 대응적 정부(responsive government)를 구축하는 것이 정부개혁에 대한 민주적 및 정치적 책무로 인식하는 경향이 있다(Parker, 1993). 여기에는 선거를 통해서 헌법상의 정당한 통치권을 가지고 있는지의 여부를 알 수 있고, 국가이익이나 공익은 정당하게 선출된 정부의 이익과 동일하다는 관념이 전제되어 있다. 따라서 정부관료제의 공익에 관한 역할은 정치적 책임자 대신에 행정활동을 효율적이고 경제적이며 효과적으로 전달하는 관리적 업무에 있다는 것이다.

이런 주장에는 국민에 의한 선거를 최우선 기준으로 파악하는 선거우선주의 (supremacy for popular election)의 가정이 내재되어 있고, 이것은 다시 선거가 국민의 의사를 나타내기 때문이라는 점에 근거한다. 그러나 선거를 통해서 선출된 의회나 대통령은 헌법에 의해서 창조된 존재에 불과하며, 헌법을 초월해서는 아무런 의미도 갖지 못한다. 헌법은 국민의 근본의지를 나타낸 것이기 때문에 선거가 국민의 뜻을 나타낸다는 것도 헌법의 범위 내에서만 인정된다. 따라서 선거보다 우선하는 것은 헌법이며, 선거라는 것은 누군가에게 권력을 부여하는 것이 아니라, 특정한 권력이 부여되어 있는 어떤 직위에 누구를 위치시킬 것인가를 결정하는 데 불과하다(Rohr, 1995). 마찬가지로 정부제도로서의 관료제는 그 헌법적 역할과 질서를 구성하는 일부라는 사실로부터 정당성을 부여받는다. 판사와 행정가들이 선거를 통해서 선출되지 않았다는 이유로 헌법적 지위가 약화되는 것은 아니다. 선거라는 것은 직책 부여에 관하여 헌법에서 규정한 여러 가지 방식 가운데 하나일 뿐이기 때문이다(Rohr, 1986).

이러한 관점에서 볼 때, 국익이나 공익이라는 관념이 존재한다면, 그것을 단순히 정당하게 선출된 정부의 이익이라는 관점에서 파악해서는 안된다. 관료에게는 정치적 책임자에 대한 충성, 공익에 대한 민감성, 성실성, 정부에 대한 조언 등과 같은 다양한 책임성이 요구되는데, 이를 위해서는 정부의 헌법적 질서와 과정 및 구조 등을 이해할 필요가 있다. Parker(1993)는 대의민주주의 정부의 통합성과 독립성을 유지하기 위해서 관료들이 할 수 있는 모든 것을 해야 할 책임이 있다고 주장하는데, 이것은 관료들이 국익이나 공익에 대한 책임이 있다는 것을 의미한다. 이런 점에서 정부관료제의 역할은 단순히 효율적 관리를 위한 중립적 수단이 아니라, 헌법에 기초한 윤리－정치적인(ethico－political) 것으로 인식할 필요가 있다(Dunleavy & Hood, 1994; du Gay, 2000).

2. 관료적 기풍(bureaucratic ethos)의 재정립

정부관료제가 정부제도로서 국가이익에 봉사하는 것이라면, 관리적 관점에서 행정개혁을 추구하는 데에는 일정한 한계가 있을 수밖에 없다. 여기서 제기되는 문제점은, 관료의 역할을 국가이성(reason of state), 또는 공익의 관념과 어떻게 일치시킬 수 있는가 하는 점이다. 물론, 관료들이 정치적인 환경에서 업무를 수행하고, 정치적 내용과 함의를 가진 업무를 수행한다고 해서 반드시 객관성이나 중립성을 침해하는 것은 아니다. 그러나 정부제도로서 관료제의 역할에는 정치적인 특성이 포함될 수밖에 없고, 관료의 활동이 모두 공익을 위한 것으로 보기는 어렵다. 이런 맥락에서 Weber(1994)는 관료들로 하여금 자기의 의무를 지키도록 하는 윤리규율(ethical discipline)이 존재하지 않으면, 모든 정부기구는 해체될 것이라고 주장한다.

이런 점에서 관료적 기풍의 중요성에 대해서는 논란의 여지가 없지만, 이와 관련하여 정부관료제와 민간기업이 가진 지배가치(regime value)의 차이에 유념할 필요가 있다. 관리주의자들은 오늘날과 같은 외부적 환경에서 조직의 생존과 번영에 필수적인 행동양식과 습관을 육성할 수 없기 때문에 관료제는 도덕적으로 실패할 수밖에 없다고 본다.13) 그러나 정부 내에 상업적 풍조가 만연함에 따라 공익과 외부적 책임성이 약화되고(Doig & Wilson, 1998), 민간기업가들이 가진 기법과 능력은 과도하게 평가되는 반면에 행정이나 정치의 본질은 과소평가되는 경향이 나타나고 있다(Greenway, 1995).14) 또 내부시장(internal market)이나 책임운영기관의 도입으로 각각의 기관들이 고유한 서비스 조건과 계급 및 채용절차 등에 대한 자율성을 가지게 되어 실질적 의미에서의 정부관료제가 해체되고(du Gay, 2000), 정부부처간 분열주의(balkanisation)의 확산으로 국가적인 공동목적을 위해 자유롭게 협조하려는 분위기가 사라지는 결과가 초래되고 있다는 비판마저 제기되고 있다(Colin, 1999).15)

이러한 논란은 개인의 행동규범과 태도에 관한 환경적 특수성(milieu-specificity)의 문제, 즉 관료와 기업가의 윤리적 삶이나 행동영역의 상이성에 관한 문제를 제기한다. 이에 대해 Weber(1978)는 관료와 기업가의 윤리적 삶의 영역은 상호 되돌릴 수 없는 것(irreducible)으로 본다. 이러한 근거에서 Weber는 관료와 기업가의 행동을 지배하는 기풍은 대체될 수 없으므로 관료와 기업가의 책임성에 관해서 상이한 규약(protocol)을 적용해야 한다고 주장한다. 이처럼 관료와 기업가의 행동을 지배하는 기풍이 상호 대체될 수 없는 것이라면, 민간기업을 모방하여 관료제를 변화시킨다고 해서 어떤 효과를 기대할 수 있는가? 하는 의문이 제기된다. 이와 관련, Self(1997)는 정부와 공공관료제에 시장지향적 유인체제나

---

13) 이것을 기업적 도덕성(entrepreneurial morality)이라고 한다.

14) 책임운영기관이 설립된 이후, TV 임대사업과 고속도로사업을 운영하던 Derek Lewis를 왕립교도소(Her Majesty's Prison Service)의 책임자로 영입하였는데, 비판론자들은 Lewis가 교도소를 운영하는 데 전문성이 있다고 인정할 수 있는지에 대해서 의문을 제기하였다.

15) 관료제를 본질적으로 비윤리적인 조직형태로 간주하는 사회이론이나 철학적 관점에 대해서도 반론이 제기되고 있다. 예컨대, 개인의 양심의 문제에 적용되는 도덕적 및 윤리적 기준을 관청조직에 적용하는 것이 항상 바람직한 것은 아니라거나(Rohr, 1989), 정부관료제가 그 자체의 윤리적 및 도덕적 정당성을 가지고 있다는 주장이 그것이다(Dwvedi & Olowu, 1988; Rohr, 1988).

경쟁장치 등을 도입하더라도 관료제의 본질과 과업조건의 차이 때문에 오도된 결과가 도출될 수 있음을 지적하고 있다.

이런 점을 고려할 때, 핵심적인 문제는 정치적 환경 속에서 관료적 행정이 더 적합한 것인지, 아니면 기업적 유형이 더욱 적합한 것인지의 여부이다. 이러한 논의를 위해서는 관료적 기풍과 기업적 기풍에 각각의 장점과 단점이 있다는 것을 인정하는 것이 합리적이며(Jordan, 1994), 새로운 관리기법이 본질적으로 우월하다고 가정하는 것은 타당하지 않다. 사실, 관리주의자들은 정부관료제와 기업조직의 기풍을 설명하고 분석하는 것이 아니라, 기업적 관점에서 정부관료제를 개념화하는 경향이 있다. 이것은 기업적 관점에서 설정된 목표를 달성하지 못했다는 점을 근거로 정부관료제를 '실패한 패러다임'으로 규정하는 데에서 단적으로 드러난다.

정부관료제가 가진 많은 역기능(dysfunction)과 병리(pathology)에도 불구하고 관료제가 발전해 온 이유는 공정성, 정의, 형평성 등과 같은 기본적 가치를 추구하는 데 강점이 있기 때문이다(Rhodes, 1994). 민간기업에게는 이러한 가치들이 필수적인 요소가 아니지만,[16] 민주적 정부체제에서는 매우 핵심적인 요소가 된다. 따라서 정부관료제를 대체하여 기업적 관리형태가 더 많이 채택될수록 형평성과 공정성과 같은 기본적 가치가 훼손될 가능성은 더욱 증가한다는 것을 인식할 필요가 있다(Chapman, 1991). 정부관료제가 추구하는 이러한 가치를 고려할 때, 정부관료제를 비효율적인 조직형태로 간주하는 기업적 거버넌스의 주장은 근시안적인 것일 수도 있다. 왜냐하면, 서구 민주주의 국가들이 단순한 비용의 저렴성 때문에 민주주의 정부형태를 채택한 것이 아닌 것처럼, 관료제도 단순한 비용의 문제를 넘어서 관료제가 내포한 다양한 특성을 고려하여 채택할 필요가 있기 때문이다.

V. 결 론

관료제가 가진 많은 문제점에도 불구하고 관료제가 존재하지 않는 세상을

---

16) 기업조직에 이러한 요소들이 존재하지 않는다는 것을 의미하는 것은 아니다.

상상할 수 없을 정도로 관료제의 영향은 오히려 확대되어 왔다. 그러나 최근에 신공공관리론(NPM)이 확산되면서 反관료적 정서(anti-bureaucratic sentiment)가 기정사실로 인식되거나, 관료제를 타파하고 새로운 거버넌스를 모색하는 것이 시대적 과제가 되고 있다. 여기서 중요한 점은 기존 제도가 가진 핵심가치를 식별하고, 이러한 핵심가치를 새로운 환경변화에 접목시켜 나가는 것이다.

기업적 거버넌스가 주장하는 것처럼 정부와 공공관료제가 어떤 목적을 달성하지 못해서 실패하는 것은 아니다. Osborne & Gaebler(1992)는 규정과 규제 및 형식주의와 같은 관료제의 특징이 기업적 활동에 장애가 된다고 비판하지만, 이러한 특징은 기업적 활동을 방해하기 위한 것이 아니라, 행정문제를 성실하고 신뢰성 있게 처리하기 위해서 지불되는 비용으로 간주되어야 한다(du Gay, 1994a; Jordan, 1994). 아울러 공공관료제와 기업조직 사이에는 헌법이나 정치과정에 관련된 많은 차이점이 존재한다는 점도 인정되어야 한다.

정부와 공공관료제를 기업조직처럼 운영함으로써 어떤 개선을 도모할 수 있다는 생각만큼 비현실적인 관념도 없다. 기업적으로 운영함으로써 비용절감이나 효율성을 도모할 수는 있지만, 그것이 더 좋은 정부로 간주될 수는 없기 때문이다(Bozeman, 2000). 이런 점에서 전통적으로 내려오던 고급의 행동기준과 관료제의 본질적인 요소들을 유지하는 가운데 관료들의 행동을 새로운 환경에 맞도록 전환시키는 수 있는 방법을 모색하는 것이 매우 중요하다. 이를 위해서는 관료제의 역할을 정부제도로서 재인식하고, 이에 걸맞는 관료적 기풍을 정립할 필요성이 있다.

10

읽기와 토론 10

일선 대민행정의 우수 혁신사례

일본 지방자치의 대표적인 혁신사례로는 이즈모시 이와쿠니 데쓴도(岩國哲人)시장의 스토리를 들 수 있다. 1991년 이즈모(出雲) 시청은 일본 최우수기업으로 선정돼 화제가 됐다. 지방자치단체로서는 처음으로 소니, 도요타, 시세이도, 인텐도, 기린맥주 등 일본을 대표하는 대기업들과 함께 '베스트 기업 9'으로 선정되고 최우수 마케팅 상을 수상하였다(이와쿠니 데쓴도 저, 정재길 역, 1992). 이후 이즈모시는 국내외를 망라한 벤치마킹 대상으로 급부상하였고 1993년 "마누라 자식 빼고 다 바꿔라" "놀아도 좋으니 남 뒷다리만 잡지 마라" "불량은 암이다" 등을 표방하면서 변화경영을 중시한 삼성전자 이건희 회장 일행이 방문하기도 했다.[17]

당시 이즈모 시는 시마네현(島根縣)에 있는 인구 8만의 중소도시에 불과했다. 메릴린치의 부사장 출신으로 쇠락하는 시의 부흥을 위해 시장으로 초빙된 이와쿠니는 '행정은 최대의 서비스 산업이다'는 슬로건을 내세웠다. 시민들의 진정에 대해서는 '검토', '전향적으로 생각해 보겠다'는 어정쩡한 답변은 하지 못하도록 한 것이다. 이밖에 그는 '신나게 쉬고 신나게 일하자', '주말에도 행정서비스를 제공한다', '관혼상제는 참석하지 않는다' 등을 제안하는 방식으로 시청 직원들을 일본 최강의 공무원 집단으로 만들었다(김은희, "1989년 일본 이즈모市, 2014년 대한민국 제주도", 헤드라인 제주 2014. 3. 24자).

1991년 지방의회에 뒤이어 1995년 부활한 우리나라 민선 자치단체의 성공사례로는 전남 장성군을 들 수 있다. 민선 군수 취임 후 닷새 만에 김흥식 군수는 복잡한 결재 라인을 축소하기 위해 팀제를 도입하였다. 또한 무사안일주의와 적당주의, 복지부동, 보신주의로 대표되는 행정문화를 개선하기 위해 지식행정을 표방하면서 공무원 의식개조를 추구하였다. 그가 기업 경영의 경험을 살려 가장 강화한 분야가 기획과 홍보, 그리고 교육 기능이었다.

---

17) 1987년 그룹 회장으로 취임했으나 좀체 모습을 드러내지 않던 이건희 회장은 1993년 경영 전면에 나서면서 그해 임직원들을 해외로 불러 500시간 넘게 토론하는 강행군을 벌였다. 당시 6월7일부터 독일 프랑크푸르트 캠핀스키호텔에서 쏟아낸 이 회장의 질타는 신경영을 상징하는 말로 지금도 회자되고 있다. 세계적 베스트셀러 '히든 챔피언'의 저자 헤르만 지몬 독일 지몬-쿠퍼 앤드파트너스 설립자는 "삼성은 신경영을 표방한 지난 20년 동안 경이로운 진보를 보여줬다"고 평가했다(한국경제 2013. 6. 5자).

장성군민들에게 높게만 느껴지던 관공서의 문턱은 사라져 갔다. 군청이 1998년에 제정한 '민원인 10대 권리장전'이 변화를 체감할 수 있는 대표적 사례이다. 법으로 풀지 못하는 거야 어쩔 수 없겠지만, 사람이 할 수 있는 일은 최선을 다해 도와주더군요. 저로서는 행정에 전혀 불만이 없습니다. 이러한 경험이 계기가 되어 장성군에 공장을 지은 한 중소기업 사장은 투자유치 홍보대사를 자임하고 나섰다(양병무, 2005).

행정구청을 폐지한 부천발 행정체제 개편은 행정의 효율화와 함께 무엇보다 주민편의 증진에 초점을 부여하고 있다. 그렇다면 부천시 행정체제 개편으로 주민 입장에서는 무엇이 어떻게 좋아질까? 첫째, 당연히 행정처리 단계가 줄어들게 된다. 둘째, 주민생활과 직결되는 생활·복지 민원들이 지금보다 훨씬 더 빨리 처리된다. 셋째, 구(區) 청사는 시민공간으로 활용하게 된다. 넷째, 기존 3개에서 10개의 생활권역별로 주민편의시설이 조성되어 쾌적한 주거환경을 누릴 수 있게 된다.

부천시의 행정체제 개편에 언론은 물론 각 지자체, 학계에서도 많은 관심을 보이고 있다. 기존의 틀을 벗고 새로운 옷으로 갈아입는 '혁신(革新)'에는 다소 진통과 혼란이 따를 수 있다. 남은 기간 주도면밀한 준비와 완벽한 로드맵을 통해 부천발 행정개혁을 성공적으로 이루어냄으로써 타 지자체의 행정개혁 신호탄이 될 수 있길 기대해본다(김만수, "부천發 행정체제 개혁, 위민 행정의 본보기", 경인일보 2016. 4. 18.자).

10

CHAPTER 11 레드테이프에 관한 공·사 관리자의 인식과 영향요인

I. 서 론

1990년대 이후 이루어지고 있는 행정개혁의 목적은 정부 및 공공조직에 내재된 레드테이프를 제거하고, 성과를 개선하는 데 있다(Gore, 1993).[1] 이를 위해 행정개혁론자들은 공공부문에 시장의 논리와 민간의 경영기법을 도입해야 한다고 주장하는데(Barzelay, 1992), 이러한 논지에는 두 가지 의미가 내포되어 있다. 하나는 공공조직이 민간기업에 비해서 레드테이프 수준이 높다는 것이고, 다른 하나는 신자유주의에 기초한 행정개혁을 통해서 공공조직의 레드테이프 수준을 낮추고 성과를 개선할 수 있다는 것이다.

이러한 논지에 대해 두 가지 문제점이 제기될 수 있다. 하나는 실제로 공공조직의 레드테이프가 민간기업에 비해서 높은가 하는 점인데, 이에 관한 기존의 연구들은 혼합된 결과를 보여주고 있다. 대부분의 학자들은 정부조직이 민간기업보다 레드테이프의 수준이 더 높으며(Baldwin, 1990; Bozeman et al., 1992; Bretchneider, 1990; Lan & Rainey, 1992), 관료들이 레드테이프를 양산하고 있다고 주장해왔다(Downs, 1967; Niskanen, 1971; Meyer, 1979). 이와 달리 공공조직과 민간조직의 레드테이프에 실질적인 차이가 없거나(McKelvey, 1982; Hass et al., 1966; Pugh et al., 1969), 오히려 공공조직이 민간조직보다 레드테이프가 더 적다는 주장도 존재한

---

1) 미국의 NPR(National Performance Review)보고서인 From Red Tape to Results(1993)에는 행정개혁의 목적이 레드테이프의 제거에 있음을 명시하고 있다.

다(Buchanan, 1975). 이러한 사실은 공공조직과 민간기업의 레드테이프 수준에 관한 실증적인 연구의 필요성을 제기하는 것이다.[2]

행정개혁의 목적이 성과개선에 있음을 고려할 때, 보다 핵심적인 문제는 행정개혁을 통해서 공공조직의 레드테이프가 감소하였는가 하는 점이다. 이를 확인하기 위해서는 행정개혁을 전후한 레드테이프의 수준을 비교함으로써 행정개혁에 따른 레드테이프의 변화를 파악할 필요가 있다. 그러나 행정개혁 이전의 레드테이프에 관한 자료가 부재하기 때문에 행정개혁을 전후한 레드테이프의 변화를 비교하여 그 효과를 검증하는 데에는 한계가 있다. 이런 점에서 공공조직과 민간기업의 레드테이프 수준을 비교하는 것은 의미 있는 작업이 될 수 있다. 왜냐하면, 기업적 거버넌스를 강조하는 행정개혁이 공공조직의 레드테이프를 제거하는 데 유효하다면, 공공조직과 민간기업의 레드테이프 수준이 매우 근접할 것으로 추론할 수 있기 때문이다.

이러한 관점에서 볼 때, 공공조직과 민간기업의 레드테이프에 관한 본 연구는 레드테이프 자체에 대한 이해의 증진은 물론, 행정개혁의 유효성 제고를 위해서도 긴요한 작업이 될 것으로 보인다. 왜냐하면 공공조직의 레드테이프가 더 높다는 가정이 타당하지 않다면, 이러한 가정에 기초한 정부개혁은 무의미한 작업이 될 것이기 때문이다. 설사, 정부조직의 레드테이프 수준이 더 높다고 하더라도 현재 이루어지고 있는 정부개혁이 레드테이프를 완화하는데 유효한지를 확인하는 것은 여전히 중요한 문제로 남는다.

이에 본고에서는 공공조직과 민간기업의 레드테이프 수준을 비교하고, 조직형태(공공조직 혹은 민간기업)가 레드테이프에 미치는 영향을 실증적으로 검증하고자 한다. 이를 위해 공공조직과 민간기업의 관리자를 대상으로 레드테이프에 관한 설문조사를 실시하고, 이를 토대로 공공조직과 민간기업의 레드테이프 수준에 관한 실증분석을 실시하였다. 논의의 순서는 다음과 같다. 먼저, 레드테이프의 개

---

2) 공공조직과 민간기업의 레드테이프에 관한 실증연구는 Buchanan(1975)의 연구에서 비롯된 것으로 알려져 있으며, 그 후 Baldwin(1990)은 공공관리자들이 민간관리자들보다 더 많은 제약을 받고 있다는 기존의 논의와 Buchanan의 연구결과와의 불일치를 확인하기 위해서 실증분석을 시도하였다. 공공조직과 민간기업의 레드테이프를 비교한 국내연구로는 김병섭(1996)의 연구가 유일하다. 그러나 Buchanan(1975)과 마찬가지로 김병섭(1996)도 공식화(formalization) 척도로 레드테이프를 측정하였기 때문에 공식화와 레드테이프를 분리하는 최근의 경향에 비추어 새로운 연구의 필요성이 제기된다.

념과 의의를 간략하게 설명하고, 선행연구를 통하여 레드테이프의 영향요인을 도
출한다. 다음으로 설문조사 결과를 토대로 공공조직과 민간기업의 레드테이프 수
준을 비교하고, 이러한 차이가 조직형태의 차이에서 비롯된 것인지를 검증한다.
특히, 여기에서는 레드테이프의 영향요인으로서 조직형태의 중요성을 파악함으
로써 공공조직의 레드테이프를 완화할 수 있는 정책적 시사점을 모색해 보고자
한다.

II. 이론적 논의

1. 레드테이프의 개념

레드테이프(red tape)라는 말은 17세기 영국에서 정부문서를 붉은 끈으로 묶
던 관행에서 유래되었으나(Goodsell, 1994), 최근에는 불신받는 정부 혹은 관료적
병리를 총칭하는 용어로 사용되고 있다(Chandler & Plano, 1982; Bozeman, 2000). 다
시 말해서 레드테이프라는 말은 관료적 비효율성, 지체, 문서주의(paperwork), 무
능, 성가신 규정들, 규제, 과잉통제, 경직성, 타성, 비대응성 등과 관련되는 것이다.
많은 학자들은 규칙이나 절차와 관련하여 레드테이프를 정의하고 있지만,
구체적인 내용에는 차이가 있다. 가령, Chandler & Plano(1982)는 조직 내에 존재
하는 '규칙과 절차 자체'를 레드테이프로 규정한다.[3] 반면에 Knott & Miller(1987),
Bozeman et. al.(1992) 등은 업무지체, 책임전가, 서류과다 등과 같이 규정과 절차
로 인한 '결과적 상태'를 레드테이프로 정의한다. 이들이 레드테이프를 객관적 실
체로 인식하는 데 반해서 Rosenfeld(1984), Wilson(1989), Baldwin(1990), Pandey &
Kingsley(2000) 등은 규정이나 절차로 인한 제약에 관한 관리자의 인식(perceptions)
을 통해서 레드테이프를 파악하고 있다.
한편, 레드테이프의 내포적 의미에 관해서도 논란이 있다. 몇몇 논자들은 레
드테이프의 긍정적 효과를 강조하기도 하지만,[4] 레드테이프를 부정적 개념으로

---

3) 이러한 주장은 모든 규정이나 절차를 레드테이프로 규정하는 결과가 되어 규정이나 절차와 구
  분하여 레드테이프를 이해하기 어렵고, 무엇을 어떻게 개혁해야 할 것인지도 알기 어렵다는 점
  에 한계가 있다.
4) 레드테이프의 긍정적 측면을 강조한 대표적인 논자는 Kaufman(1977)이다. 그는 어떤 사람에게

인식하는 것이 보통이다. 가령, Buchanan(1975)은 레드테이프를 과도한 구조적 제약(excessive structural constraints)으로 파악하고, Rosenfeld(1984)는 공식적인 의사결정이나 정책에 비해 과도하고, 실질적이지 못하며, 무의미하다고 인식되거나, 의사결정 및 집행과 관련이 없는 지침, 절차, 양식, 정부개입 등의 총합으로 정의한다. 또한 Baldwin(1990)은 레드테이프를 조직의 자율성에 대한 제약으로 정의하고, 법, 규정, 규제, 절차뿐만 아니라 미디어, 여론, 정당, 이익집단, 관료 등도 레드테이프를 야기하는 원인으로 본다.5) 여기서는 Rainey et al.(1995)와 Bozeman(2000)의 정의에 따라서 레드테이프를 '현재 시행되고 있는 규정(rules), 규제(regulations), 절차(procedures)로서 순응해야 할 부담이 따르지만, 해당 규정이 의도하고 있는 정당한 목표나 기능의 달성과는 무관한 것'으로 정의한다.6) 따라서 레드테이프는 관료적 병리(bureaucratic pathology)로 이해되는데, 이처럼 레드테이프를 관료적 병리로 파악할 경우에는 '어떻게(how?) 레드테이프를 근절할 수 있는가?' 하는 문제가 핵심적인 과제가 된다(Bozeman, 2000).7)

2. 레드테이프의 영향요인

(1) 조직형태

공적 소유권(public ownership)이 레드테이프의 본래적 원인인가? 아니면 레드테이프는 공적 소유권과 단순한 관련성을 가질 뿐이고, 다른 요인이 레드테이프

레드테이프에 해당하는 것이 다른 사람에게는 절차적 보호장치(procedural protection)가 될 수 있다고 하는데, 이러한 논지는 Thompson(1975), Benveniste(1987), Goodsell(1994) 등의 주장에서도 발견된다. 한편, Landau(1969)는 레드테이프를 중복성(redundancy)의 관점에서 긍정적 효과를 주장한다. 즉, 단기적으로는 과도해 보이는 규칙이나 절차 등이 장기적으로는 중복성으로 작용하여 유리한 결과가 될 수 있다는 것이다.

5) Baldwin(1990)은 법, 규정, 규제, 절차에서 비롯된 자율성의 제약을 공식적 레드테이프(formal red tape)로 파악하고, 미디어, 여론, 정당, 이익집단, 관료 등에 의한 자율성의 제약을 비공식적 레드테이프(informal red tape)로 분류한다.

6) 이러한 정의에 따르면, 규정이나 절차에 의해 야기된 낭비나 무능은 레드테이프지만, 낭비나 무능 자체는 레드테이프가 아니다. 또 현재 사문화되어 있거나 순응의 부담이 따르지 않는 규정도 레드테이프가 아니다. 끝으로 레드테이프는 '정당한'(legitimate) 목적을 위해서 고안된 규정에만 해당되며, 정당하지 않은 규정은 레드테이프의 대상이 아니다.

7) 이와 달리 레드테이프를 긍정적 개념 혹은 정부활동을 위한 필요악으로 간주할 경우에는 '용인할 수 있는 레드테이프의 적정 수준은 무엇인가?'하는 점이 주요 관심사항이 된다. 요컨대, 레드테이프의 개념을 어떻게 설정하는가에 따라서 관심의 초점이 달라지는 것이다.

를 야기하는 것인가?

공공조직이 민간기업과 구분되는 가장 뚜렷한 특징은 합법적인 강제력을 행사한다는 점이다. 이러한 권력남용을 방지하기 위해서 공공조직은 민간조직보다 규정과 절차가 더 많이 요구되며(Kaufman, 1977), 규정을 준수하는 데 따르는 순응부담(compliance burden)도 더 크다. 물론 권력남용으로부터 시민을 보호하기 위한 규정이나 규제 및 절차들이 레드테이프는 아니지만, 그러한 규정 등이 당초의 목적에 부응하지 못하면 레드테이프가 된다. 일반적으로 절차적 보호장치들은 해당 기관의 본연의 업무와 관련된 목표를 반영하지는 않기 때문에 제대로 점검되지 않는 경향이 있다(Bozeman, 2000). 따라서 선행연구에서 지적하는 것처럼, 공공조직이 민간기업보다 각종의 규정이나 절차가 더 많다면, 유명무실한 규정과 절차도 더 많을 것으로 추론할 수 있다. 요컨대, 공공조직이 민간기업에 비해서 레드테이프가 더 많다고 단정할 수는 없지만, 공공조직에 레드테이프가 더 많을 가능성은 충분하다.

이와 달리 공공부문과 민간부문 내에도 다양한 조직형태가 존재할 수 있기 때문에 공공부문이 민간부문에 비해서 레드테이프 수준이 더 높다거나 더 낮다고 일률적으로 말할 수 없다는 주장도 있다(Bozeman et al., 1992; Bozeman, 2000). 공공부문 내에도 연구소나 시험소 등은 일반 행정기관과 다를 것이고, 민간부문 내에서도 영리적 기업과 비영리적 학교 등은 레드테이프의 수준에 차이가 있을 수 있다는 것이다(김근세·최도림, 1996; 김병섭, 1996; du Gay, 2000). 이런 관점에서 보면, 레드테이프의 수준은 개별조직의 특성에 따라서 달라진다.

(2) 목표요인

목표의 모호성(goal ambiguity)이 관리자에게 심리적인 영향을 미쳐서 불안하게 만들고, 이러한 심리적 문제들이 레드테이프를 포함한 각종 병리적 행동을 가져온다(Thompson, 1961; 김병섭, 1996; Bozeman, 2000). 즉, 목표가 모호하기 때문에 관료들은 사소한 데 관심을 갖거나, 통제할 수 없는 것을 통제하려고 하거나, 산출이 아닌 과정이나 절차를 안전한 변론수단으로 강조함으로써 레드테이프가 발생한다는 것이다.[8] 목표모호성에 관한 Thompson의 주장은 경험적으로 지지되지

---

8) Thompson이 지적하는 병리적 행동으로는 계량적 기준에 맹종하는 경향, 과도한 냉정함, 변화에

만, 공공조직과 민간기업의 목표모호성 수준에 관해서는 논란이 존재한다.

일반적으로 공공조직이 민간기업에 비해서 목표의 모호성이 더 높은 것으로 인식되지만(Thompson, 1961; Rainey et al., 1995; Bozeman, 2000), 이와 달리 공공조직과 민간기업의 목표모호성에 차이가 없다는 연구들도 존재한다(Rainey, 1983; Lan & Rainey, 1992; Baldwin, 1987; Coursey & Bozeman, 1990; Bozeman & Kingsley, 1998). 특히, 공공관리자와 민간관리자에 관한 Rainey et al.(1995)의 연구에 따르면, 목표의 모호성은 민간부문인지 공공부문인지의 여부가 아니라, 레드테이프 및 공식화와의 관련성이 더 높은 것으로 나타났다. 이러한 관점에서 볼 때, 목표모호성이 레드테이프를 유발한다고 하더라도 공공조직과 민간기업의 레드테이프에 차이가 있는지를 실증적으로 확인할 필요가 있다.

(3) 조직규모

조직규모가 증가할수록 일관성과 표준화를 위해 공식화(formalization)의 필요성이 증가하며(Hall, 1991), 이 때문에 조직규모에 따라서 레드테이프가 달라진다는 것이다(Rainey et al., 1995). 물론, 공식화와 레드테이프는 상호 구별되는 개념이기 때문에 조직규모가 증가함에 따라서 공식화 수준이 높아진다고 하더라도 레드테이프 수준이 반드시 높아진다고 보기는 어렵다.[9] 그러나 정당한 규정이나 절차가 레드테이프로 변질될 가능성은 항상 존재하기 때문에 규정이나 절차가 많을수록 레드테이프가 증가할 가능성도 크다. 다시 말해서 규정이나 절차가 많을수록 규정이나 절차가 잘못 적용될 가능성도 증가하는 것이다. 일반적으로, 조직에 영향을 미치는 규정이 많을수록 처음부터 레드테이프가 되거나, 레드테이프로 변질될 가능성도 증가한다.[10]

(4) 외부적 통제

레드테이프는 외부통제의 정도와 이해관계자의 다양성에 따라 달라진다

대한 저항, 직권의 고수 등을 들 수 있다.

9) 공식화(formalization)는 규정, 절차, 지침 등이 성문화된 정도로 정의되고(Pugh, et al., 1968), 레드테이프(red tape)는 '현재 시행되고 있는 규정이나 절차로서 순응의 부담이 따르지만, 해당 규정이 의도하고 있는 정당한 목표나 기능의 달성과는 무관한 것'을 의미한다.

10) Bozeman(2000)은 전자를 규칙발생적 레드테이프(rule-inception red tape)로 지칭하고, 후자를 규칙진화적 레드테이프(rule-evolved red tape)라고 부른다.

(Buchanan, 1975; Bozeman, 2000). 일반적으로 자기가 직접 개발하였거나 개발과정
에 참여해서 만든 규정이나 절차 등은 비교적 잘 준수되는 경향이 있다. 이에 비
해서 외부에서 부과된 규정들은 잘못 이해되거나, 불쾌하게 생각되어 결과적으로
레드테이프로 변질될 가능성이 크다. 따라서 조직이 집행해야 할 규정이나 절차
를 개발하는 관련 조직이나 이해관계자가 많을수록 레드테이프는 증가한다. 외부
통제의 정도가 높을수록 집행을 담당하는 조직의 입장에서는 해당 규정에 대한
애착이 약화되고, 재량권이 증가하는 만큼 규정이나 절차가 잘못 활용될 가능성
도 높아지기 때문이다.

특히, 공공조직이 민간기업과 구분되는 점은 공권력에 기초하여 사회 전체
적 관점에서 활동한다는 데 있다. 따라서 공공조직의 경우에는 민간기업에 비해
서 상대적으로 높은 사회적 책임성이 요구된다(Wamsley & Zald, 1983; Rainey, 1997).
또한 공공조직은 이해관계 집단이 다양하고, 그 영향의 정도와 범위가 크고 넓기
때문에 자원이나 활동 등에 대해 민간기업보다 더 많은 정치적 및 관료적 통제를
받는다. 즉, 민간기업은 법과 규제기관의 규제사항만 준수하면 되지만, 공공조직
은 목적, 방법 및 운영영역까지도 다양한 통제를 받는다는 것이다. 이런 점에서
공공조직과 민간기업은 공식적 및 법적 환경과 정부의 통제양태(mode of control)
가 상이하다는 것이 일반적인 인식이다. 레드테이프가 외부통제의 영향을 받고,
공공조직과 민간기업에 대한 통제의 수준과 양태가 다르다면, 레드테이프의 수준
에도 차이가 발생하게 된다.

(5) 신뢰요인

정부나 관료에 대한 신뢰수준이 레드테이프에 영향을 미친다는 것이다. 이
점에 관해서 Kaufman(1977)은 "만일 관료들을 더욱 신뢰하였다면, 상세한 지침이
나 처방을 가지고 관료의 재량권을 제약하려는 생각도 덜 하게 되었을 것"이라고
설명한다. 말하자면, 정부활동에 대한 요구사항이나 관료에 대한 견제장치를 감
소시킨다면, 레드테이프도 많이 사라질 것이라는 것이다. 이러한 관점에서 보면,
레드테이프는 정치문화의 산물이자, 시민들의 요구와 통치체제에서 비롯되는 기
대의 산물이다. 이런 점에서 볼 때, 공공조직은 민간기업보다 레드테이프가 높을
것으로 예상된다(Behn, 1995). 왜냐하면 현재 세계적으로 신자유주의에 기초한 규

제완화와 민영화 및 시장화가 확산되는 배경에는 공공조직에 대한 불신과 민간 부문 및 시장의 우월성이 작용하고 있기 때문이다(김정렬·한인섭, 2003).

(6) 응답자 특성

레드테이프의 정의에서 살펴본 것처럼, 레드테이프를 객관적 실체로 파악하는 경우도 있지만, 응답자의 인식을 통해서 규정하는 경우도 있다(Buchanan, 1975; Bozeman & Scott, 1996; Rosenfeld, 1984; Baldwin, 1990; Pandey & Kingsley, 2000). 이처럼 레드테이프가 응답자의 주관적 인식에 따라서 달라진다면, 학력이나 나이 또는 성별과 같은 응답자의 사회경제적 특성에 따라서 레드테이프의 수준이 달라질 수 있다(김병섭, 1996).

III. 조사설계

1. 조사대상

본 연구는 공공조직과 민간기업의 종사자를 대상으로 관련 변수에 관한 설문조사를 실시하였다. 공공조직의 경우에는 정부투자기관, 정부산하기관, 지방공기업으로 나누어 표본을 추출하였으며, 민간조직의 경우에는 철강, 섬유, 유통 등 다양한 업종의 기업에서 추출하였다.

자료수집은 2005년 5월부터 시작하여 동년 8월까지 약 4개월 정도의 수집기간이 소요되었다. 표본의 수는 총 212명으로, 이 가운데 공공조직 종사자가 69.8%인 148명(정부투자기관 52명, 정부산하기관 78명, 지방공기업 18명)이고, 민간조직 종사자는 30.2%인 64명이다. 조직규모 별로는 인력규모가 4명인 조직부터 20,000명에 달하는 조직까지 매우 다양한 것으로 나타났다. 구체적으로, 100명 이하의 조직이 7개(3.6%)이고, 100명~500명 이하의 조직이 101개(52.3%), 500명~1,000명 이하의 조직이 39개(20.2%)이고 1,000명 이상의 조직이 46개(23.83%)를 차지하고 있다. 연령별로는 20대 9명(4.4%), 30대 94명(46.1%), 40대 97명(47.5%), 50대 4명(2.0%) 등으로 나타나 30, 40대의 비중이 매우 높았다. 학력별로는 대학원 이상이 46명(22.7%)이고, 대졸 이상이 157명(77.3%)로 응답자 모두 대졸 이상인 것

표 11-1　조사대상의 통계적 특성

구 분		빈도(%)	구 분		빈도(%)
조직형태	공공조직	148(69.8)	조직규모	100명 이하	7(3.6)
	정부투자기관	52(25.9)		100명~500명	101(52.3)
	정부산하기관	78(38.8)		500명~1000명	39(20.2)
	지방공기업	18(9.0)		1,000명 이상	46(23.8)
				합 계	193(100.0)
	민간기업	64(30.2)	연 령	20세~30세 미만	9(4.4)
	철강	3(1.5)		30세~40세 미만	94(46.1)
	섬유	1(0.5)		40세~50세 미만	97(47.5)
	화학	5(2.5)		50세~60세 미만	4(2.0)
	운수	1(0.5)		합 계	204(100.0)
	제약	2(1.0)			
	금융	3(1.5)	학 력	대졸 이상	157(77.3)
	가스	1(0.5)		대학원 이상	46(22.7)
	서비스	8(4.0)		합 계	203(100.0)
	전자	7(3.5)			
	정보통신	3(1.5)	성 별	남 자	191(93.6)
	무역	1(0.5)		여 자	13(6.4)
	반도체	1(0.5)			
	제조	6(3.0)			
	교육	2(1.0)			
	유통	5(2.5)			
	기타	3(1.5)			
	식품	1(0.5)			
	합 계	212(100.0)		합 계	204(100.0)

으로 나타났다. 성별로는 남자가 191명으로 93.6%, 여자가 13명으로 6.4%로 나타났다.

2. 변수의 정의와 측정방법

레드테이프를 연구하는 데 있어서 제기되는 문제점은 적정하고도 유용한 척도(scale)를 개발하는 일이다. 레드테이프에 관한 기존의 연구들은 레드테이프에 관한 인식에 기초하여 측정하는 것이 일반적이기 때문에 본 연구에서도 이러한 방법을 준용하였다.[11] 본 연구에서는 김근세·최도림(1996)과 Pandey & Scott (2002)의 연구를 원용하여 레드테이프의 유형을 일반적인 레드테이프, 인사상의 레드테이프, 행정지체와 관련된 레드테이프로 구분하였다. 일반적 레드테이프는 조직의 전반적인 효과성에 관한 것으로, 규정과 절차의 부정적 측면에 관한 관리 자들의 인식에 토대를 두고 있다. 여기서는 레드테이프의 일반적 정의와 Rainey et al.(1995) 및 김근세·최도림(1996) 등의 연구를 반영하여 규정과 절차의 정도, 귀찮고 성가신 규정과 절차의 정도, 기안에서 최종 결재에 이르는 절차의 수와 복잡성 등으로 측정하였다.

인사상의 레드테이프는 레드테이프를 '조직구성원들이 일상적인 업무처리 과정에서 당면하는 제약'으로 파악하는 Buchanan(1975)과 Baldwin(1990)의 정의를 반영한 것이다. 여기서는 Rainey et al.(1995), Pandey & Kingsley(2000) 등의 연구 를 원용하여 규정에 의한 면직의 제약, 규정에 의한 승진의 제약, 규정에 의한 보 상의 제약 등으로 인사상의 레드테이프를 측정하였다. 행정적 지체에 관한 레드 테이프는 핵심업무의 수행시간으로 측정한 Bozeman et al.(1992)의 연구를 반영하 여 정규직 충원에 걸리는 시간, 100만원 이상 물품 및 장비의 구입에 걸리는 시 간, 신규사업의 구상에서부터 착수에 이르는 시간 등으로 측정하였다.[12]

목표의 모호성은 Rainey et al.(1995)과 김병섭(1996)의 연구를 반영하여 조직 목표의 명시 정도, 임무에 대한 조직구성원의 인지도, 목표에 대한 구성원의 설 명 가능성 등으로 측정하였으며, 신뢰수준은 조직구성원에 대한 최고경영층의 신 뢰 정도, 조직에 대한 자부심, 업무만족도, 업무몰입도 등으로 설문을 구성하였 다. 또한 통제요인은 Rainey et al.(1995)이 사용한 외부의 공공조직에 의한 통제의 정도, 정치인이나 공무원에 의한 영향의 정도 등으로 측정하였는데, 이것은 공식

11) 이것은 설문조사를 통해 손쉽게 수집할 수 있는 항목만으로 측정하거나, 내용적으로는 레드테 이프에 관한 인식(perception)과 실재(reality)가 일치하지 않을 수 있음을 의미한다. 이러한 문제 점은 인식에 토대를 둔 연구에서 언제든지 제기될 수 있는 것으로서, 이런 점에서 본 연구도 내 재적 한계를 갖는다.

12) 이 방법은 업무수행을 위한 정상적인 소요시간과 레드테이프로 인해 지체된 시간을 구분하기 어렵다는 이유로 비판을 받는다(Pandey & Scott, 2002). 그러나 행정적 지체는 레드테이프의 전 형으로 인식되어 왔고, 본 연구는 정상적 소요시간과 구분하여 레드테이프로 인한 지체를 산정 하는 데 초점이 있는 것이 아니라, 공공조직과 민간조직을 비교하는 데 그치기 때문에 별다른 문제는 없는 것으로 판단하였다.

표 11-2 측정변수와 설문문항

범 주	측정변수	설문문항	입력변수
종속변수	일반적인 레드테이프	• 규정과 절차의 정도	v1
		• 귀찮은 규칙이나 절차의 정도	v2
		• 최종결재까지의 절차적 복잡성	v3
	인사상의 레드테이프	• 규정에 의한 면직의 제약	v4
		• 규정에 의한 승진의 제약	v5
		• 규정에 의한 경제적 보상의 제약	v6
	행정지체 레드테이프	• 정규직 충원에 걸리는 시간	v7
		• 물품 및 장비구입 시간	v8
		• 신규사업 착수의 소요시간	v9
독립변수	목표요인	• 조직목표의 명시화 정도	v10
		• 조직구성원의 조직임무 인지도	v11
		• 조직목표의 설명 가능성	v12
	신뢰요인	• 최고경영층의 신뢰수준	v13
		• 조직에 대한 자부심	v14
		• 업무몰입도	v15
		• 업무만족도	v16~v18
	통제요인	• 외부 조직에 의한 통제의 정도	v19
		• 정치인이나 공무원의 영향 정도	v20
	계 층 제	• 최고관리자부터 말단까지 계층의 수	v21
	공 식 화	• 규정이나 절차 등의 문서화 정도	v22
	조직규모	• 종업원 수	
	조직형태	• 공공조직＝0, 민간기업＝1	
	인구통계학적 특성	• 연령, 성별, 학력	

적인 규정이나 절차 이외에 정당이나 이익집단 및 관료 등에 의해 레드테이프가 발생할 수 있다는 Baldwin(1990)과 Bozeman(2000)의 논의를 반영한 것이다.

한편, 레드테이프에 관한 기존의 연구들이 레드테이프를 계층제나 공식화와 동일한 개념으로 인식하거나, 적어도 상당한 관련성이 있는 것으로 알려져 있어 이들을 변수로 추가하였다. 계층제는 최고관리자부터 말단에 이르는 계층의 수로 측정하였으며, 공식화는 개념적 정의에 따라 규정이나 절차 가운데 문서화의 비율로 측정하였다. 이 밖에 조직규모와 응답자에 따라서 레드테이프에 관한 인식이 달라질 수 있다는 기존의 논의(Rainey et al., 1995; 김병섭, 1996)에 따라 종업원 수와 인구통계학적 특성을 독립변수로 설정하였다. 아울러 레드테이프에 관한 공공조직과 민간기업의 차이가 조직형태에서 비롯된 것인지를 파악하기 위하여 조직형태를 더미변수로 설정하였다. 이제까지의 논의를 정리하면 [표 11-2]와 같다.

한편, 위에서 사용된 척도의 신뢰성은 Cronbach's Alpha값을 통해서 측정하였는데, 그 결과는 [표 11-3]과 같다.

표 11-3 변수별 신뢰성 분석결과

변수명	일반적 레드테이프	인사상의 레드테이프	행정지체 레드테이프	목표요인	신뢰요인	통제요인
Cronbach's Alpha	.583	.639	.632	.886	.866	.831

IV. 분석결과

1. 공공조직과 민간기업의 레드테이프 비교

본 연구에서는 레드테이프의 유형을 일반적 레드테이프, 인사상의 레드테이프, 행정지체와 관련된 레드테이프로 구분하고, 공공조직과 민간기업의 레드테이프를 총괄적 수준과 유형별로 나누어 비교하였다.

(1) 총괄 분석결과

공공조직과 민간기업의 레드테이프를 총괄적으로 비교한 결과는 다음과 같다. 이 표를 보면, 공공조직과 민간기업 모두 레드테이프가 평균을 상회하는 것으로 나타났는데, 이는 조직형태와 상관없이 레드테이프가 상당히 높은 수준임을 보여준다. 공공조직과 민간기업은 모두 인사상의 레드테이프가 가장 높은 것으로

표 11-4 공공조직과 민간기업의 레드테이프 비교

구 분	조직형태	평 균	T-값	유의수준	평균차이 (I-J)
일반적 레드테이프	공공조직(I) 민간조직(J)	3.263 3.104	1.588	0.114	0.159
인사상 레드테이프	공공조직(I) 민간조직(J)	3.660 3.183	3.878	0.000	0.477
행정지체 레드테이프	공공조직(I) 민간조직(J)	3.395 3.043	2.947	0.004	0.352

나타났는데, 특히 공공조직은 인사상의 레드테이프가 5점 만점에 3.660으로 매우 심각한 것으로 밝혀졌다.

공공조직과 민간기업 사이에서는 레드테이프의 유형에 상관없이 공공조직이 민간기업보다 더 높은 것으로 나타났다. 이 가운데 일반적인 레드테이프에 관한 차이는 유의하지 않았으나, 인사상의 레드테이프와 행정지체 레드테이프에 관한 공공조직과 민간기업의 차이는 Rainey et al.(1995)의 연구와 마찬가지로 유의성이 높은 것으로 나타났다($p < .001$).

(2) 유형별 분석결과

1) 일반적 레드테이프

분석결과를 보면, 최종 결재에 이르기까지의 절차의 수와 복잡성에 있어서는 공공조직이 민간기업에 비해서 압도적으로 높았으며, 통계적으로도 유의한 것으로 나타났다($p < .001$). 이에 비해서 귀찮고 성가신 규칙이나 절차는 공공조직이 민간조직보다 많은 것으로 나타났지만 통계적인 유의성은 없었다. 반면에 일반적인 규정과 절차의 정도는 민간기업이 공공조직보다 더 높았으나, 통계적으로 유의하지 않아 의미있는 결과로 보기는 어렵다.

표 11-5 일반적 레드테이프에 관한 동일성 검증결과

측정항목	조직형태	평균	T-값	유의수준	평균차이 (I-J)
규정과 절차의 정도	공공조직(I) 민간조직(J)	3.429 3.508	-0.643	.522	-0.079
귀찮은 규칙이나 절차의 정도	공공조직(I) 민간조직(J)	3.095 3.000	0.694	.488	0.095
최종결재까지의 절차적 복잡성	공공조직(I) 민간조직(J)	3.277 2.787	3.312	.001	0.490

2) 인사상의 레드테이프

인사상의 레드테이프는 모든 영역에서 유의한 차이가 있는 것으로 나타났다. 먼저, 규정으로 인한 승진의 제약은 공공조직(3.209)이 민간기업(2.873)보다 훨씬 높았으며, 통계적으로 유의한 것으로 나타났다($p < .043$). 또한 규정으로 인한 면직의 제약도 공공조직(3.858)이 민간기업(3.460)보다 유의한 차이를 나타내었으며($p < .014$), 규정으로 인한 보상의 제약도 앞의 항목들보다 훨씬 더 큰 차이를 나타내었다. 이러한 관점에서 볼 때, 공공조직은 민간기업에 비해서 인사상의 레드테이프가 더 많은 것으로 볼 수 있다.

표 11-6 인사상의 레드테이프에 관한 동일성 검증결과

측정항목	조직형태	평균	T-값	유의수준	평균차이 (I-J)
규정으로 의한 승진의 제약	공공조직(I) 민간조직(J)	3.209 2.873	2.039	.043	0.336
규정으로 인한 면직의 제약	공공조직(I) 민간조직(J)	3.858 3.460	2.469	.014	0.398
규정으로 인한 보상의 제약	공공조직(I) 민간조직(J)	3.912 3.242	4.114	.000	0.670

3) 행정지체에 관한 레드테이프

정규직원을 기준으로 한 충원의 소요시간은 공공조직(3.548)이 민간기업 (2.968)보다 매우 더딘 것으로 나타났으며, 이러한 차이는 통계적으로도 유의하였 다($p < .000$). 마찬가지로 물품 및 장비의 구입에 있어서도 공공조직(3.108)이 민간 기업(2.758)에 비해서 더 많은 시간이 소요되는 것으로 나타났다. 신규사업의 착 수에 있어서는 공공조직이 민간기업보다 소요시간이 더 걸리는 것으로 나타났으 나, 통계적인 유의성은 없었다.

표 11-7 행정지체 레드테이프에 관한 동일성 검증결과

측정문항	조직형태	평균	T-값	유의수준	평균차이 (I-J)
정규직원 충원의 소요시간	공공조직(I)	3.548	3.670	.000	0.580
	민간조직(J)	2.968			
물품 및 장비구입의 소요시간	공공조직(I)	3.108	2.231	.027	0.350
	민간조직(J)	2.758			
신규사업 착수의 소요시간	공공조직(I)	3.527	0.728	.468	0.124
	민간조직(J)	3.403			

2. 레드테이프의 영향요인

앞에서 제시된 레드테이프의 차이가 조직형태에서 비롯되는 것인지를 확인 하기 위해서 일반적 레드테이프, 인사상의 레드테이프, 행정지체 레드테이프 등 유형별 레드테이프를 종속변수로 하고, 조직형태를 비롯한 각종의 영향요인을 독 립변수로 하는 다중회귀분석을 실시하였다. 다중회귀모형에 관한 분산분석 결과 는 $p < .01$수준에서 모두 유의한 것으로 나타나 모형의 설정은 비교적 합리적으 로 이루어진 것으로 볼 수 있다.

분석결과를 보면, 조직형태($\beta = .349$)는 $p < .001$수준에서 일반적 레드테이프 에 통계적으로 유의한 영향을 미쳤으나, 인사상의 레드테이프와 행정지체에 관한 레드테이프에는 유의한 영향을 미치지 않은 것으로 나타났다.

구체적으로 보면, 일반적인 레드테이프에는 조직형태($\beta = .349$), 조직규모($\beta =$

| 표 11-8 | 레드테이프의 원인에 관한 다중회귀분석 결과 |

구 분	일반적 레드테이프		인사상 레드테이프		행정지체 레드테이프	
	Beta	T-값	Beta	T-값	Beta	T-값
조직형태	0.349**	3.371	−0.055	−0.571	0.045	0.420
조직규모	0.153*	2.238	0.193**	3.074	0.087	1.195
목표요인	−0.177*	−2.387	−0.256**	−3.721	−0.154	−1.918
신뢰요인	−0.148*	−1.980	0.045	0.649	−0.142	−1.747
통제요인	0.518**	5.088	0.404**	4.304	0.302**	2.893
계층수	−0.036	−0.541	0.038	0.622	−0.042	−0.602
공식화	0.205**	2.982	0.083	1.323	0.238**	3.312
성 별	0.090	1.328	0.095	1.498	0.090	1.227
연 령	−0.074	−1.036	0.106	1.588	−0.018	−0.232
학 력	−0.015	−0.222	0.147*	2.441	0.132	1.919
R^2	0.313		0.399		0.289	
F	7.468**		11.208**		6.218**	

.153), 목표요인($\beta = -.177$), 신뢰요인($\beta = -.148$), 공식화 정도($\beta = .205$)에 의해서 통계적으로 유의한 영향을 미치는 것으로 나타났다. 이 가운데 조직형태의 영향이 가장 큰 것으로 나타나 일반적인 레드테이프에 관한 한 조직형태의 차이가 매우 중요한 요소라고 할 수 있다. 반면에 인사상의 레드테이프에 대해서는 조직규모($\beta = .193$)와 목표요인($\beta = -.256$) 및 통제요인($\beta = .404$)이 $p < .001$수준에서 유의한 영향을 미쳤으며, 응답자의 특성 중에서는 학력($\beta = .147$)이 유의한 변수인 것으로 나타났다. 행정지체 레드테이프에 관해서는 통제요인($\beta = .302$)과 공식화($\beta = .238$) 요인만이 유의미한 영향을 미친 것으로 나타났으며, 조직형태를 비롯한 다른 요인들은 행정지체 레드테이프에 영향을 미치지 않는 것으로 나타나 외부통제와 공식화가 레드테이프에 영향을 미친다는 기존의 주장(Bozeman, 2000)을 지지하는 것으로 나타났다.

3. 분석결과에 대한 논의

공공조직과 민간기업의 레드테이프에 관한 실증분석을 토대로 연구의 함의
와 레드테이프의 감축을 위한 정책적 시사점을 정리하면 다음과 같다.

먼저, 모든 유형에 있어서 공공조직의 레드테이프가 민간기업보다 더 높은
것으로 나타났다. 이러한 결과는 공공조직의 레드테이프를 제거하기 위해서 민간
기업적 운영방식을 도입해야 한다는 정부개혁론자들이 주장을 지지하는 것으로
보인다. 또한 김병섭(1996)의 연구에서 행정조직의 레드테이프가 20점 만점에
16.65점인 데 비해서 민간기업은 14.78점으로 양자 간의 차이가 9.35점에 달했다.
이에 비해서 본 연구에서는 공공조직의 레드테이프는 5점 만점에 3.26점이고, 민
간기업은 3.10점으로 그 차이가 0.16점으로 나타났다.[13]

김병섭(1996)의 연구와 본 연구는 모두 5점 척도로 측정되었지만, 점수의 산출
방식이 다르기 때문에 연구결과를 비교하는 데 어려움이 있다. 이러한 난점을 해결
하기 위해서 여기서는 김병섭(1996)의 연구와 본 연구의 결과를 100점 만점으로 환산
하여 비교하였다. 그 결과, 김병섭(1996)의 연구에서 조사한 행정조직의 레드테이프
는 83.25점인데 비해서 민간기업은 73.90점으로 양자 간의 차이는 9.35점이었다. 이
에 비해서 본 연구에서는 공공조직의 레드테이프는 65.26점이고, 민간기업은 62.08
점으로 그 차이가 3.18점에 불과하였다. 이런한 관점에서 볼 때, 정부개혁의 진행기
간 동안 공공부문의 레드테이프 수준이 상당히 완화된 것으로 평가될 수 있다.[14] 그

---

13) 본 연구주제 가운데 하나는 레드테이프의 제거에 관한 효과성을 확인하는 것인데, 검증을 위한
   선행연구와 자료의 부족으로 여기서는 김병섭(1996)의 연구와 단순 비교하는 데 그쳤다. 최근에
   이루어지고 있는 신자유주의적 행정개혁 노력이 김대중 정부에서 본격화된 것으로 볼 때, 김병
   섭의 연구는 행정개혁 이전의 레드테이프 수준을 보여주는 유일한 실증연구라고 할 수 있다.
   그러나 김병섭의 연구는 자치단체와 민간기업을 비교한 데 비해서 본 연구는 정부투자기관 등
   과 민간기업을 비교의 대상으로 하였다는 점에서 직접적인 비교에는 한계가 있다. 또 김병섭의
   연구가 레드테이프를 단일 개념으로 측정한 데 비해서 본 연구는 일반적 레드테이프와 인사상
   의 레드테이프 및 행정지체 레드테이프로 구분하여 측정하였기 때문에 설문문항에도 차이가 있
   다. 다만, 김병섭의 레드테이프 개념과 본 연구에서 제시된 일반적 레드테이프 개념이 유사하
   고, 양자 모두 Likert 5점 척도와 T-test를 사용하고 있다는 점에서 비교의 가능성을 발견할 수
   있다. 특히, 본 연구는 행정개혁의 효과성을 검증하려는 것이 아니라, 단순히 신자유주의적 행
   정개혁을 전후한 레드테이프 수준을 비교하는 데 그치기 때문에 비교의 엄밀성은 상대적으로
   덜 요구된다고 볼 수 있다. 그럼에도 불구하고 측정대상과 설문문항에 차이를 감안하여 비교
   결과를 해석함에 있어서 신중을 기할 필요가 있다.
14) 백분율에 의한 환산방식 이외에 민간기업을 기준으로 상대적인 비교를 할 경우에도 레드테이프
   가 감소된 것으로 나타났다. 즉, 두 연구에서 나타난 민간기업의 레드테이프 수준을 동일한 것

표 11-9   행정개혁을 전후한 레드테이프의 변화

구 분	김병섭(1996)	2007	개혁의 효과
행정조직	16.65(83.25)	3.26(65.26)	(17.99)
민간기업	14.78(73.90)	3.10(62.08)	(11.82)
차 이	1.87(9.35)	0.16(3.18)	(6.17)

주: 괄호 안은 100점 만점으로 환산된 점수임.

럼에도 불구하고 공공조직의 레드테이프는 평균치를 상회하고 있어 여전히 높은 것으로 판단되는데, 이런 점에서 레드테이프의 제거를 위한 노력을 지속적으로 전개할 필요가 있다.

일반적 레드테이프의 경우, 공공조직과 민간기업은 규정과 절차의 수준 면에서는 유의한 차이가 없었으나, 최종 결재까지의 절차의 수나 복잡성 측면에서는 공공조직이 민간기업보다 훨씬 높은 것으로 나타났다. 이는 규정이나 절차의 절대적 비중보다는 그러한 규정이나 절차가 효과적으로 연계되지 못하여 비효율적으로 운영되고 있기 때문으로 생각된다. 이런 점에서 공공조직에 대한 업무재설계(business process reengineering, BPR)를 실질적으로 실시할 필요가 있다.15) 이러한 노력은 행정지체에 관한 레드테이프를 감축시키는 데에도 유효할 것으로 기대된다.

공공조직과 민간기업 사이에 가장 뚜렷한 차이를 나타낸 것은 인사상의 레드테이프였는데, 이는 공공조직의 경우에 구성원의 임금이나 인사 등에 관한 각종의 법령 등이 구조적 제약으로 작용하기 때문이다(Moe, 1984). 이런 점에서 고위공무원단, 개방직 제도, 직위공모제, 공무원 퇴출제 등 공공부문의 인사의 경직성을 극복하려는 노력들은 상당한 의미를 가진다고 볼 수 있다. 그러나 이러한

으로 가정할 경우, 레드테이프에 관한 공공조직의 기대수준은 69.93점이나, 실제는 65.26점으로 조사되어 레드테이프 수준이 낮아진 것이다. 자료의 부족으로 이러한 변화의 원인이 행정개혁에서 비롯된 것이라는 점을 확증할 수는 없지만, 현재로서는 가장 그럴듯한 해석이라고 볼 수 있다. 이에 관해서는 향후 실증연구가 축적되면 좀더 정밀한 비교연구가 이루어질 수 있을 것으로 기대된다.

15) 일부 공공조직의 경우 BPR을 실시하였으나, 연구결과를 업무개선에 적용하지는 못한 것으로 알려져 있다. 이의 가장 큰 이유는 연구결과의 적용에 따른 조직적 반발 때문인데, 이러한 점들은 공공조직의 업무프로세스가 얼마나 비효율적인지를 단적으로 보여주는 것이라고 하겠다.

요소들을 지나치게 강조할 경우에는 직업공무원제의 제도적 안정성을 훼손시킬 우려도 제기된다. 이와 같은 괴리는 관련 제도의 운영에 관한 상호신뢰를 통해서만 해결될 수 있다. 따라서 신축적 인사제도의 도입에 따른 공공부문 내부의 반감이나 저항을 완화하기 위해서는 구성원의 동의를 확보할 수 있는 합리적인 기준을 마련하고, 조직 내부에 협의와 상호신뢰의 문화를 구축하려는 노력이 선행되어야 할 것이다.

레드테이프에 대한 영향요인에 관한 회귀분석 결과, 조직형태(공공조직과 민간기업)가 레드테이프에 미치는 영향은 혼합적인 것으로 나타났다. 즉, 조직형태는 일반적 레드테이프에 통계적으로 유의한 영향을 미쳤으나($p < .001$), 인사상의 레드테이프와 행정지체 레드테이프에 대한 영향은 유의하지 않은 것으로 나타난 것이다. 이러한 결과는 조직형태의 차이가 그렇게 중요한 것은 아니라는 기존의 연구결과를 지지하는 것으로 볼 수 있다(Rainey et al., 1995).

구체적으로 일반적인 레드테이프는 조직형태, 조직규모, 목표요인, 신뢰요인, 공식화 정도에 의해서 영향을 받는 것으로 나타났는데, 이러한 결과는 레드테이프의 영향요인에 관한 기존의 논지와 일치한다. 특히, 조직규모가 커질수록 일반적인 레드테이프가 증가한다는 사실은 공공조직의 비대화에 대한 우려가 합리적인 근거를 가지고 있음을 의미하는 것으로, 향후 정부조직의 개편에 중요한 시사점을 제공하는 것으로 볼 수 있다. 또한 목표요인과 신뢰요인이 일반적 레드테이프에 負(−)의 영향을 미친 것도 목표의 모호성과 사회적 신뢰를 강조하는 Thompson(1961)과 Kaufman(1977)의 주장을 지지하는 것으로 볼 수 있다. 따라서 공공조직의 레드테이프를 개선하기 위해서는 목표의 명확성을 높이고, 공공조직에 대한 신뢰를 제고할 수 있는 방안을 모색할 필요가 있다. 이런 점에서 최근 공공조직에서 이루어지고 있는 성과관리(performance management) 노력은 목표의 명확성을 높이는 데 기여할 수 있을 것으로 보인다.[16]

인사상의 레드테이프는 조직규모와 목표요인, 통제요인 및 학력에 의해서 영

---

16) 이 점에서 '성과관리'가 아니라 '성과평가'만을 과도하게 강조하는 최근의 경향은 지양되어야 한다. 왜냐하면, '평가'를 강화하면 피평가자의 왜곡된 행동을 유발할 수 있는데, 이런 경우에는 목표가 왜곡되어 오히려 레드테이프가 증가될 수 있기 때문이다. 평가의 실효성을 제고하기 위해서 보상을 강조하는 경향이 있지만, 보상이 증가할수록 이러한 왜곡효과(perverse effects)도 증가하게 되어 레드테이프도 커지게 된다.

향을 받는 것으로 나타났는데, 이는 조직규모가 클수록, 그리고 목표가 모호하고 외부적 통제가 증가할수록 레드테이프가 증가한다는 Baldwin(1990)과 Bozeman (2000) 등의 논지를 지지하는 것으로 볼 수 있다. 특히, 공공조직의 경우에 합법적 강제력을 행사하고, 공적 자원에 의해서 운영된다는 점에서 외부적 통제를 받는 것은 당연하다. 그러나 외부통제가 불가피하다고 해서 레드테이프를 감소할 수 없는 것은 아니다. 외부통제가 레드테이프를 야기하는 이유는 외부에서 부과된 규정들을 잘못 이해되거나, 불쾌하게 생각하여 결과적으로 훼손시킬 가능성이 크기 때문이다(Bozeman, 2000). 말하자면, 외부통제의 여부가 아니라, 규정에 대한 애착이나 소유의식(ownership of rules)이 더욱 중요하다는 것이다. 따라서 공공조직에 대한 외부통제가 이루어지더라도 규정이나 절차의 결정조직과 집행조직 사이에, 그리고 공공조직과 시민 사이에 의사소통이 효과적으로 이루어진다면 레드테이프는 약화될 수 있다. 이런 점에서 환경과의 개방성을 높이고, 공공조직의 의사결정과정이나 운영과정에 대한 투명성을 강화하려는 노력이 긴요하다고 하겠다. 끝으로 학력이 높을수록 인사상의 레드테이프가 많은 것으로 인식하고 있었는데, 이러한 결과는 선행연구에서 언급되지 않은 것으로 향후 이의 원인에 관한 추가적인 연구가 이루어져야 할 것으로 생각된다.

V. 결 론

본고는 행정개혁의 목적 가운데 하나가 공공조직에 내재된 레드테이프를 제거하는 데 있다는 점에 주목하고, 공공조직이 민간기업에 비해서 레드테이프 수준이 높은지, 그리고 행정개혁을 통해서 공공조직의 레드테이프 수준이 낮아졌는지의 여부를 실증적으로 검증하고자 하였다.

분석결과, 공공조직이 민간기업에 비해서 레드테이프의 수준이 높다는 것을 확인할 수 있었는데, 이러한 결과는 민간기업적 운영방식의 도입을 주장하는 행정개혁론자들이 주장을 지지하는 것으로 해석될 수 있다. 또한 행정개혁 이전의 상태와의 단순 비교를 통하여 공공조직의 레드테이프가 상당히 개선되었음을 알수 있었는데, 이런 점에서 레드테이프의 제거를 위한 행정개혁 노력은 상당한 성

과를 거둔 것으로 평가될 수 있다. 이러한 연구결과는 레드테이프에 관한 이해는
물론, 행정개혁의 수단들을 재검토하고 개혁의 효과성을 제고하는 데에도 도움이
될 것으로 보인다.

　　공공조직과 민간기업의 레드테이프 수준은 상당히 근접하였으나, 공공조직
의 레드테이프가 평균 이상으로 여전히 높은 상태라는 점에 주목할 필요가 있다.
이러한 차이는 공공조직과 민간기업의 제도적 차이에서 비롯된 본질적인 것일
수도 있지만(Kaufman, 1977; Bruce et al., 1985; Bozeman, 2000), 행정개혁을 통해서 제
거해야 할 대상일 수도 있다. 이러한 사실은 행정개혁과 레드테이프에 관한 학문
적 관심과 연구가 지속되어야 한다는 점을 보여주는 것이다.

읽기와 토론 11

'규제개혁'이 불러오는 것들

(경향신문 2014. 4. 7자. 김정렬 대구대 교수)

　　규제개혁이란 정부 규제의 신설과 폐지, 강화와 완화로 대표되는 생명주기와 규제 강
도를 조절하는 행정개혁의 대표적 분야다. 이는 행정개혁의 또 다른 분야인 복지개혁이
정부 서비스의 신설과 폐지, 확대와 축소를 결정하는 방식과 유사하다. 이 점에서 현대
정부의 핵심 사명인 규제와 서비스의 적정화를 도모하기 위해서는 고도의 중립성과 전
문성을 보유한 관료들이 일반 국민(서민)들의 눈높이에 맞추어 개혁을 추진하는 것이 바
람직하다.

　　하지만 현대 행정의 역사를 돌이켜보면 국내외를 막론하고 규제개혁과 복지개혁에
심각한 수준의 이념적 편향성이 자리해 왔음을 발견할 수 있다. 현대 자본주의 국가를
대표하는 미국의 경우 남북전쟁을 전후해 본격화된 산업화의 부작용인 독과점, 노동착
취, 환경오염 등을 치유하기 위해 규제를 신설·강화하는 과정에서 정부관료제의 발전이
본격화됐다.

　　건국 이래 자유주의 기풍이 강했던 미국은 20세기 개막 이후 규제 기능의 강화에 부
가해 복지서비스를 확대하는 방식으로 '방임적 입법국가'에서 '개입적 행정국가'로 이행

했다. 참고로 20세기 중반 연이어 미국을 강타한 대공황과 2차 세계대전 및 민권운동은 복지 확대를 촉진하는 주요 계기로 작용했다. 하지만 1970년대 중반 오일쇼크를 계기로 규제와 복지를 동반 감축하는 '작은 정부'에 대한 관심이 급격히 증가했다. 이 점은 한국 정부가 외환위기에 직면해 자의반 타의반으로 '신중상주의 발전국가'의 전통을 포기하고 '신자유주의 경쟁국가'의 대열에 본격적으로 동참한 일을 연상시킨다.

대처와 레이건이 시작한 신자유주의 기풍의 확산은 한·미의 정권교체나 환경변화에 따라 부침이 있었지만 세계화라는 훈풍을 타고 지속적으로 유지·강화되고 있다. 이 점은 분배지향적인 '국민행복'보다 성장지향적인 '창조경제'를 중시하는 방향으로 정책의 우선순위를 변경한 박근혜 정부의 사례를 통해서도 잘 나타나고 있다.

최근 동시다발적으로 촉발된 민영화와 탈규제 논란은 경제위기와 대선기간을 지내며 잠재된 우경화 추세가 향후 본격화할 것임을 예고한다. 민영화가 아니라 '비정상의 정상화'이고 탈규제가 아니라 '나쁜 규제의 개혁'이라는 수사를 동원하고 있지만 '비정상'과 '나쁜'이라는 가치함축적 언어 속에는 공기업과 규제관료에 대한 오해와 반감이 자리잡고 있다.

박근혜 정부의 규제 개혁 드라이브는 정부관료제의 고유한 사명인 규제관리 기능의 위축과 혼선을 초래할 개연성이 있다. 행정규제기본법에 의해 등록된 1만5000개의 단위규제는 모두 좋은 규제다. 단지 환경이나 유행의 변화 또는 순환에 따라 부분적으로 정당성이 약화된 규제가 존재할 따름이다. 다시 말해 특정한 이해관계자의 구미에 맞지 않는다고 해서 나쁜 규제가 아니라는 것이다.

규제개혁을 둘러싼 이념적·정치적 대립구도의 심화는 일선 관료들의 소신있는 대응을 위축시킬 뿐만 아니라 야당이나 시민사회에 대한 설득도 어렵게 한다. 더불어 이러한 갈등은 일자리 창출이나 경기 활성화를 원하는 '경제적 서민'과 안전한 사회나 자녀의 보호를 원하는 '사회적 서민' 간의 갈등까지 조장한다는 점에서 문제의 심각성을 발견할 수 있다.

이 점에서 박근혜 정부가 우리 경제사회 전반의 침체된 분위기 쇄신 차원에서 제기한 탈규제 이벤트는 이 정도에서 그치는 것이 바람직하다. 경제협력개발기구(OECD) 규제개혁평가단이 인정했듯이 세계 최고 수준의 규제 개혁 인프라를 이미 구축한 상황에서 대통령이 주도하는 정치적 열정보다는 장관 책임에 기반한 관료적 냉정에 따라 조용한 문제 해결을 추구하는 것이 유리하기 때문이다.

CHAPTER 12 행정서비스 민간위탁의 한계와 과제: 중앙정부 사례를 중심으로

I. 서 론

여기의 논의는 민간위탁이 확산되고 있는 현실에서 민간위탁의 효과적 추진을 위한 조건과 정부의 관리능력을 탐색하고, 이에 대한 개선방안을 제시하는 데 목적이 있다.

민간위탁(contracting-out)은 탈국유화와 더불어 광의의 민간화(시장화) 수단을 지탱하는 양대 기둥으로서, 관료제의 독점과 비효율을 타파하는 핵심적 행정개혁의 수단으로 활용된다. 민영화의 전형적인 형태는 탈국유화(divesture)라고 할 수 있지만,[1] 이런저런 이유로 완전민영화를 실시하기 곤란한 경우에 민간위탁은 이에 대한 대안이 될 수 있다.[2] 정부관료제의 영향력이 강한 유럽의 대륙국가나 동아시아 발전국가에서 민간위탁이 각광받고 있는 것도 탈국유화와 같은 급진적 개혁수단을 채택하기가 용이하지 않기 때문이라고 볼 수 있다.

민간위탁에 관한 연구의 필요성은 변화하는 행정환경의 새로운 추세에 부응하는 준비작업이라는 점에서 찾아볼 수 있다. 최근 들어 국민들의 환경행정에 대

---

[1] 민영화의 동인으로는 이윤동기의 부재로 인한 비효율성의 제거, 과잉공식성(over-formality)의 완화, 관리과정에 대한 정치적 및 관료적 간섭의 배제, 국가소유권의 매각을 통한 재정적자의 해소 등을 지적할 수 있다.

[2] Heim(1995)은 민영화가 부적절한 조건으로 1) 해당 공공서비스가 집합재(collective goods)이거나, 2) 서비스 공급자 사이에 경쟁이 존재하지 않을 때, 3) 형평성이 중요한 가치일 때, 4) 시민에 대한 대응성(responsiveness)이 요구될 때 등을 제시하고 있다.

한 요구가 지속적으로 팽창하는 반면에 공무원 인력증원 등 정부조직 확대에는 비판적인 시각 존재한다. 특히, 참여정부는 행정권한의 지방이양, 민간위탁 활성화 등을 주요 혁신과제로 선정하고 있다는 점에서 민간위탁의 활성화를 위한 행정기능의 검토작업은 시의성이 높은 것으로 평가될 수 있다.

그러나 민간위탁이 새로운 행정환경의 변화추세에 부응하는 만능의 해결책은 아니다. 정부는 민간위탁을 통해서 정부개혁과 감축 및 조세부담의 완화 등을 도모하겠다는 점을 강조하면서 민간위탁에 관한 계약관리나 책임성을 쉽게 확보할 수 있는 것처럼 가정하는 경향이 있다(Wallin, 1997; Johnson & Romzek, 1999). 그러나 실제에 있어서 민간위탁이 급속하게 확산됨에 따라 공공성에 대해 심각한 도전이 제기되고 있을 뿐 아니라, 감시 및 조정비용의 증가로 인해 민간위탁의 효율성마저 상쇄되는 경우도 있다.

특히, 우리나라의 경우에 민간위탁 대상사무의 선정기준과 원칙이 명확하게 정립되지 않아 체계적인 관리가 이루어지지 않을 뿐 아니라, 위탁사무에 대한 계약관리 및 성과점검 등 사후관리의 소홀로 행정서비스의 질이 저하될 수 있다는 우려가 제기된 바 있다(박중훈, 2000; 황혜신, 2005). 이러한 점들은 민간위탁이 본래의 취지대로 운영되어 당초 기대했던 효과들을 누리고 있는가? 정부가 민간위탁을 건전하게 추진하거나 계약을 관리할 능력을 가지고 있는가? 등의 근본적인 문제점을 제기한다.

행정서비스의 민간위탁에 관한 기존의 연구들은 크게 민간위탁의 효과를 평가하거나(박경효, 1992; 조선일·정순관, 2001), 민간위탁의 성공요건을 탐색하는 연구(박중훈, 2000; 박순애, 2002; 김순양·고수정, 2004; 황혜신, 2005)로 분류할 수 있다. 그러나 이러한 논의들은 대개 특정 행정기능에 대한 사례분석의 형태로 이루어져 왔으며, 행정기능에 대한 포괄적인 실태조사를 토대로 이루어진 연구는 드물다. 이에 본 연구에서는 정부부처의 행정서비스 민간위탁에 관한 실태를 조사하고, 이를 토대로 현행 민간위탁 제도의 한계점과 개선과제를 제시하고자 한다. 이를 위해 본 연구에서는 먼저 민간위탁에 관한 기존의 논의를 정리하여 실태분석을 위한 분석모형을 정립하고, 조사표를 통하여 정부부처의 민간위탁 실태를 조사한다. 다음으로 실태조사에서 나타난 민간위탁 제도의 한계점을 도출하고, 이러한 한계점이 노정된 근본적인 원인을 분석하여 민간위탁의 활성화를 위한 대안과 과제를 제시하고자 한다.

Ⅱ. 이론적 논의

1. 민간위탁의 개념과 논거

민간위탁(contracting-out)이란 국가 또는 지방자치단체가 최종적인 관리와 비용부담에 관한 책임을 보유하면서 자신의 행정서비스를 민간의 법인·단체 또는 개인에게 맡겨 그의 명의와 책임하에 당해 업무를 수행하도록 하는 것을 말한다(Aktan, 1995; Welch & Bretschneider, 1999). 정부기능은 민간 영리조직과 비영리조직은 물론 정부기관이나 하위기관(지방자치단체와 산하단체)에 의해서 수행될 수 있지만, 민간위탁은 정부가 민간기업이나 비영리단체에게 특정한 서비스의 생산을 위탁하고 그에 대한 비용을 지불하는 형태로 운영된다.3) 따라서 정부는 민간기업이나 비영리단체로부터 공공서비스를 구매하지만, 서비스의 질이나 수준 등에 관한 책임성(accountability)은 정부에 귀착된다(Deakin & Walsh, 1996).

민간위탁에 관한 이론적 논거는 다음과 같다(Tinnenbrun, 1996; Meeyoung, 2004). 첫째는 재산권 이론(property right)이다. 민간기업은 이윤동기로 인해서 효율적으로 운영되는 데 비해서 공공조직은 공적소유권에 의한 이윤동기의 부재와 과잉생산을 조장하는 유인구조 때문에 비효율적일 수밖에 없다는 것이다. 따라서 민간기업이 더 많이 관여할수록 공공재의 공급은 더욱 효율화될 수 있는 것으로 간주된다. 둘째는 경제이론(economy theory)이다. 여기서는 효율화를 촉진시키는 핵심적인 요소로서 소유권의 여부가 아니라, 경쟁(competition)을 강조한다. 이러한 관점에 따르면, 공공부문이든 민간부문이든 독점이 존재하는 곳에는 비효율성이 발생하므로 경쟁조장적 장치를 마련하는 것이 핵심적인 과제가 된다. 셋째는 기능적합성 접근방법(functional matching approach)이다. 여기서는 민간기업과 비영

---

3) 「행정권한의 위임 및 위탁에 관한 규정」에서는 행정기관의 보조기관이나 하급행정기관이나 지방자치단체에 대한 '위임', 다른 행정기관에 대한 '위탁'과는 별개로 지방자치단체가 아닌 법인·단체 또는 그 기관이나 개인에게 맡겨 그의 명의와 책임하에 행사하도록 하는 것을 '민간위탁'으로 규정하고 있다. 이처럼 민간위탁을 '위임'이나 '위탁'과 구분하여 규정하고 있음에 비추어 볼 때, 행정기관의 보조기관이나 하급행정기관, 다른 행정기관 혹은 지방자치단체의 장은 민간위탁의 대상기관에 포함되지 않는 것으로 볼 수 있다.

리조직 및 정부조직은 가장 효율적이고 효과적으로 수행할 수 있는 저마다의 기능이 있다는 점을 강조한다. 이들은 소유권이나 경쟁과 같은 획일적 기준을 적용하는데 반대하고, 업무와 기능에 따라 요구되는 가치(책임성, 효율성, 공정성 등)가 다르므로 상황에 따라 적합한 기준을 적용해야 한다고 주장한다. 예컨대, 경찰권이 남용될 경우에는 개인의 생명이나 자유를 손상시킬 수 있으므로 정부가 경찰기능을 수행하는 것이 바람직하고, 의료 및 간호서비스는 자발성과 헌신이 강조되는 비영리조직에 적합하며, 건설이나 제조업은 민간기업이 효율적으로 운영할 수 있다는 것이다. 이러한 관점에 따르면, 효율성이 강조되는 기능일수록 민간위탁이 바람직한 것으로 간주된다.

민간위탁의 효과로는 업무효율화, 비용절감, 민간의 전문성과 기술의 확보, 서비스 향상, 민간의 참여기회 확대 등이 거론된다(한국지방행정연구원, 2000). 이와 달리 민간위탁의 단점으로는 계약체결과정에서의 부패가능성, 민간계약자의 계약불이행이나 파산 등에 따른 서비스 공급 중단가능성, 경쟁의 조장 및 계약내용의 감시를 위한 비용의 소요, 저임금 인력의 고용에 따른 서비스의 질 저하, 공무원의 고용승계 혹은 해고에 따른 실업문제, 정치적 반대 등이 지적된다(DeHoog, 1984; Donahue, 1989; Johnson & Douglas, 1991; Aktan, 1995). 따라서 민간위탁의 성과를 제고하기 위해서는 민간위탁의 성공을 위한 제반 조건이나 영향요인에 관한 검토가 요구된다.

2. 민간위탁의 요건과 영향요인

민간위탁은 정부가 민간의 효율성을 활용하기 위한 장치로 간주되며, 이를 위한 가장 우선적인 요건은 경쟁가능성(contestability)이다. 공공서비스의 민간위탁을 정당화하는 지적 전통 가운데 가장 중요한 것은 공공선택이론인데, 여기서는 비효율적인 관료제를 개혁할 수 있는 방법으로 퇴출메커니즘(exit mechanism)을 강조한다.[4] 이를 통해서 공무원들로 하여금 시장과 유사한 압력을 느끼도록 하자는 것이다(Tibout, 1956; Tullock, 1965; Niskanen, 1971). 이의 전형적인 형태는 계약

---

4) 민간위탁에 관한 이론적 논의는 공공선택론에서만 비롯된 것은 아니며, 이 밖에 TQM(Total Quality Management)이나 최근의 Reengineering 등과 같은 관리이론이나 조직이론의 영향도 많이 받았다.

제도인데, 계약은 민간공급자들 사이에 경쟁을 유도함으로써 효율성을 제고할 수 있는 제도적 장치로 인식된다(Schlesinger et al., 1986). 요컨대, 계약에 관한 시장모형(market model of contracting)의 요지는 시장이 효율적으로 작동하기 위한 전제조건이 많기는 하지만, 시장메커니즘이 관료제보다 더욱 효율적이고 양질의 공공서비스를 제공한다는 것이다(Donahue, 1989; Burke & Goddard, 1990; Kettl, 1993).

이에 대한 반론도 존재한다. 특히, 사회적 서비스의 경우에는 적절한 공급자를 충분히 확보하기 어렵기 때문에 시장모형의 실행가능성에 의문이 제기되어 왔다. 이처럼 경쟁을 활용할 수 없는 경우에는 민간위탁을 하더라도 독점적 성격을 배제하기 어려우며, 이 경우 시장이전에 따르는 경제적 편익은 극히 제한될 수밖에 없다. Deakin & Walsh(1996)는 분권적 공급경제가 점차 조직화되고 있다는 많은 증거를 제시하고 있다. 전형적인 예는 대규모 민간기업들이 계약과정에서 독점에 가까운 특권을 획득함으로써 선택권을 제약하는 경우이다. 이러한 점들은 경쟁과 계약을 통해서 행정서비스의 질적 개선과 효율성 제고가 이루어질 것이라는 주장에 의문을 제기한다.

공공서비스 가운데 어떤 서비스를 정부가 직접 생산할 것인지 혹은 민간위탁에 의해서 공급할 것인지의 여부는 재화와 서비스의 특성에 달려 있다(Johnson & Romzek, 1999). 민간위탁에 의해서 공급되는 재화와 서비스는 그 편익이 사적으로 귀속되는 특성을 가진다. 이와 달리 공공적 특성이 더 강한 사회적 서비스는 정부가 직접 공급하는데, 이는 해당 서비스에 정(+)의 외부성이 존재하여 민간공급자가 생산할 때보다 더 큰 편익이 발생하기 때문이다. 따라서 배분되는 편익의 사적 특성이 감소될수록 민간위탁을 관리하는 것은 더욱 어려워진다.

계약을 관리하는 정부의 입장에서는 계약의 성과와 책임성이 중요하기 때문에 민간위탁을 성공적으로 추진하기 위해서는 민간위탁자들의 성과를 파악할 수 있는 장치를 마련해야 한다. 특히, 경쟁이 존재하지 않을 때는 시장원리에 의한 통제가 작동되기 어렵기 때문에 책임성 확보장치에 대해서 더 많은 관심을 기울여야 한다. 이런 점에서 민간위탁을 효과적으로 추진하기 위한 요건으로 강조되어야 할 것은 관리적 요소이다(Johnston & Romzek, 1999; Romzek & Johnston, 2002; Meeyoung, 2004). 영국을 비롯한 선진국 행정개혁에 있어서 가장 전형적인 것은 민영화이지만, 순수한 복지사업과 같이 완전 민영화가 불가능한 경우가 존재하기 마련이다. 이런 경우에는 재정통제의 강화, 성과기준의 활용 등과 같은 관료조직 내부의 개혁 프로그램을 추진하는 것이 일반적인데(Cusins, 1987; Politt, 1990), 이러한 개혁은 민간위탁을 위한 전제조건이라고 볼 수도 있다. 왜냐하면, 민간위탁이나 계약방식은 경영이나 재정통제를 강화시킬 뿐 아니라, 계약이나 시장을 폭넓게 활용할 수 있도록 공공조직 전체를 재구조화시키는 것이기 때문이다(Kirkpatrick & Lucio, 1996).

정부조직의 재구조화라는 관점에서 볼 때, 민간위탁에 관해서는 크게 두 가지 문제점이 제기될 수 있다. 하나는 계약의 비효율성에 관한 것이고, 다른 하나는 책임성에 관한 것이다. 계약의 비효율성 문제는 이론적 논지처럼 실제로 공공서비스의 효율성과 질이 개선될 것인지의 여부에 관한 것이다. 외부적인 점검활동을 통해서 계약자들을 세밀하게 점검하는 데에는 명백한 한계가 존재하며(DeHoog, 1990; Milward, 1996; Bardach & Lesser, 1996; Dicke & Ott, 1997), 감시체제의 결함 때문에 계약을 적절하게 점검하지 못하는 사례도 많이 발견되고 있다(Kettl, 1993; Milward, 1996). 또한 담당직원의 전문성 부족과 계약관리 능력의 한계도 계약의 효율성을 확보하기 어려운 요인으로 작용하고 있다. 이로 인해 계약상황에서 발생할 수 있는 문제점으로는 포획의 문제,[5] 거래비용의 증가에 따른 위탁효과의 상쇄, 계약의 부적절성으로 인한 역효과,[6] 책임과 효과의 상충관계(trade-off)[7] 등이 거론된다(Johnson & Romzek, 1999). 이 밖에 공공서비스에 관한 계약내용을 경직적으로 규정하거나(Kirkpatrick & Lucio, 1996), 위탁자와 수탁자가 계약내용을 상이하게 해석함으로써 공공서비스의 성과와 질을 악화시키는 경우도 있을 수 있다(Bennett & Ferlie, 1996).

민간위탁의 책임성 문제는 민간수탁자가 계약에 명시된 대로 공공서비스가 생산 또는 공급되는지의 여부에 관한 것이다(Johnson & Romzek, 1996). 민간위탁을 지지하는 사람들은 계약(contracts)이 계층제(hierarchy)보다 책임관계가 명확하기

---

5) 이는 정부가 계약내용의 준수 여부에 관한 정보를 민간수탁자에게 의존하는 현상으로, 민간수탁자의 이기적 행동과 정부의 불완전한 정보 등에 의해서 발생되는 전형적인 주인-대리인 문제이다.
6) 민간수탁자들이 부담해야 할 책임을 의식하여 행동할 수 있도록 책임관계가 잘 설정되어 있지 못함으로써 민간위탁의 효과성을 제약하거나 역효과를 미치는 것을 말하는데, 이러한 역효과로는 형식주의를 들 수 있다.
7) 이것은 계약의 책임성 확보를 위한 규제장치들이 민간의 신축성과 자율성 및 재량권을 약화시킴으로써 정부보다 우월하다고 판단되던 민간조직의 특징들이 약화되는 것을 말한다.

때문에 책임성 확보에도 유리하다고 주장한다. 그러나 계약이 내용상으로 상호 연결되어 있다면, 수탁자는 자기의 책임을 다른 계약자의 실수 때문이라고 주장할 수 있기 때문에 책임성의 분배문제가 그렇게 명확하다고 볼 수 없다.[8] 조직에 미치는 계약의 영향이 클수록 이러한 문제의 중요성은 더욱 증가하게 된다.

이에 대해 민간위탁을 주장하는 사람들은 계약조건을 구체적으로 명시하고, 계약에 따라서 성과를 점검함으로써 책임성을 확보할 수 있다고 주장한다. 그러나 민간위탁에 관한 정책결정과 기준설정에는 어느 정도의 모호성과 비공식성이 존재하기 마련이므로 계약내용에 계약조건을 모두 명시하는 데에는 한계가 있을 수밖에 없다. 그럼에도 불구하고 민간위탁은 계약에 의해 공식적으로 운영될 수밖에 없기 때문에 운영과정에서 비공식성을 활용하기가 어렵다. 물론 계약내용에 비공식성이나 변동가능성 및 협상할 수 있는 항목 등을 포함시킬 수 있지만, 이런 유형의 계약은 전통적 의미의 조직과 실질적인 차이가 없어진다(Deakin & Walsh, 1996). 요컨대, 서비스가 복잡해질수록 민간위탁에 관한 시장이 전통적 조직과 유사해지는 모순적 상황이 발생하는 것이다.

Ⅲ. 연구모형과 연구방법

1. 연구모형

앞에서 논의한 내용들을 정리하면, 민간위탁의 성과는 환경적 요인, 공공서비스 자체의 특성, 관리적 요인 등에 의해서 영향을 받는 것으로 볼 수 있으며, 이러한 변수들 간의 관계를 도식화하면 다음의 [그림 12-1]과 같이 나타낼 수 있다.

민간위탁에 관한 시장모형(market model of contracting)에 따르면, 민간위탁의 성공을 위해서는 경쟁적 조건이나 경쟁적 시장을 조성하는 것이 관건으로 본다. 경쟁(competition)이란 복수의 참여자들이 가장 그럴듯한 서비스나 산출물을 제공함으로써 소비자들의 관심을 사려는 노력으로 정의된다. 따라서 민간위탁에 있어서의 경쟁가능성은 대체재나 대체적 공급자의 유무, 계약방식, 수탁기관의 유형

---

8) 이를 고전적 하위계약의 문제(classical sub-contracting problem)라고 한다.

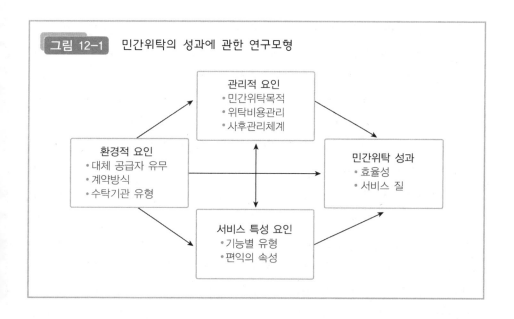

그림 12-1 민간위탁의 성과에 관한 연구모형

등에 의해서 달라진다. 민간위탁 대상기능이나 서비스에 대한 대체재나 대체적 공급자가 많을수록 경쟁가능성이 증가하는 것은 논의의 여지가 없다. 또한 법정계약이나 수의계약방식 등은 진입장벽으로 작용하여 경쟁입찰방식에 비해서 경쟁가능성을 낮추는 직접적인 요인이 된다. 마찬가지로 수탁기관이 민간기관인지 혹은 정부와 관련성을 가진 기관인지의 여부에 따라 정부에 대한 접근가능성에 차이가 있기 때문에 수탁기관의 유형에 따라서 경쟁가능성도 달라지게 된다.

민간위탁의 성과에 영향을 미치는 또 다른 요인은 위탁대상이 되는 공공서비스의 특성이다. 민간위탁에 관한 기능적합적 접근방법(functional matching approach)에서는 위탁대상이 되는 서비스의 기능이나 편익의 속성에 따라서 민간위탁의 성과가 달라지는 것으로 인식한다. 이들은 책임성과 공정성 등이 강조되는 서비스는 정부가 직접 생산하고, 효율성이 강조되는 서비스를 대상으로 민간위탁을 실시하는 것이 바람직하다고 주장한다. 이러한 논지에 따르면, 재화나 서비스가 가진 기능별 유형이나 편익의 속성은 민간위탁의 성과에 중요한 영향을 미칠 수 있다.

한편, 최근 들어 민간위탁과 관련하여 주목받는 것은 관리적 요인인데, 여기서는 특히 민간위탁의 목적, 비용부담방식, 예산집행유형, 사후관리방식 등에 초점을 두었다. 가령, 민간위탁의 목적은 효율성 개선과 서비스의 질 향상으로 대별할 수 있는데, 후자에 비해서 전자의 경우에는 측정과 평가에 관한 논란이 상대적으로 작기 때문에 점검과 관리가 용이한 경향이 있다. 또한 위탁비용의 부담방식도 민간위탁의 관리체계와 성과에 영향을 미칠 수 있다. 민간위탁은 사전적으로 체결된 계약내용에 따라서 수행되며, 이에 따른 위탁비용은 위탁자인 정부가 부담하는 것이 원칙이다. 그러나 위탁업무의 수행과정에서 발생될 수 있는 모든 사항을 계약내용에 반영하는 것은 불가능하기 때문에 위탁내용과 위탁비용 사이에 불일치가 발생할 수 있다. 이 경우, 위탁내용과 위탁비용 및 사후관리방식 사이에 상호관계가 존재할 수 있음을 시사한다. 아울러 예산집행유형을 통하여 민간위탁의 성과를 파악할 수도 있다. 민간위탁은 비용절감을 통하여 효율성을 개선하는 데 장점이 있는데, 이런 경우에는 총비용 가운데 경상비용이 감소될 것으로 기대된다. 반면에 민간수탁자와의 타성적 관계가 형성될 경우에는 간접부문 (overhead)의 증가로 오히려 효율성이 악화될 수 있는데, 이런 경우에는 오히려 경상비용의 비중이 증가할 것으로 예상된다. 끝으로 민간위탁의 문제점으로 부패가능성, 계약의 비효율성과 책임성 확보의 곤란, 계약불이행에 따른 서비스 공급의 중단, 계약내용의 감시문제 등이 지적되고 있는데, 이러한 논의들은 사후관리방식이 민간위탁의 성과에 중요한 영향요인임을 보여준다. 특히, OECD(1977)는 민간위탁의 성공을 위한 사후관리체계에 있어서 계약의 설계와 구체화, 계약관리 및 감독, 계약의 성과평가 등이 중요한 것으로 강조하고 있다. 이제까지의 논의에 따르면, 민간위탁의 목적, 위탁비용의 부담방식, 예산집행유형, 사후관리방식 등은 민간위탁의 성과에 영향을 미치는 중요한 요인이라고 할 수 있다. 이러한 요인들은 계약이나 시장을 활용할 수 있는 공공조직 내부의 재구조화 수준과 관련된 것으로, 민간위탁의 관리실태와 한계에 관한 중요한 시사점을 제공해 줄 것으로 기대된다.

2. 연구방법

우리나라의 경우, 행정서비스의 민간위탁은 정부조직법과 「행정권한의 위임 및 위탁에 관한 규정」에 의해서 이루어지고 있다.9) 이에 본 연구에서는 2006년

---

9) 정부조직법 제6조 제3항에서는 「조사·검사·검정·관리업무 등 국민의 권리·의무와 직접 관계

표 12-1	조사대상 개요			(단위: 개)
연 번	부처별	조사표 작성	위탁사무 수	비 고
	계	120	131	
1	과학기술부	14	14	
2	관세청	6	6	
3	교육인적자원부	9	13	
4	국가보훈처	7	10	
5	국방부	2	2	
6	노동부	36	36	
7	문화관광부	4	4	
8	문화재청	1	1	
9	산림청	1	1	
10	소방방재청	4	4	
11	식품의약안전청	2	2	
12	여성가족부	4	4	
13	조달청	1	1	
14	중소기업청	10	10	
15	특허청	9	9	
16	환경부	10	14	

12

현재 동 규정의 적용을 받아 민간에 위탁중인 모든 국가사무를 연구대상으로 선정하였다. 이러한 방법에 의해 조사대상으로 선정된 행정사무는 16개 부처 총 131개 사무이며, 구체적인 내용은 [표 12-1]과 같다.10)

실태조사를 위해 앞에서의 이론적 논지와 「행정권한의 위임 및 위탁에 관한 규정」 등의 내용을 반영하여 조사표를 구성하였는데, 그 내용은 다음의 [표

되지 아니하는 사무」를 민간에 위탁할 수 있도록 규정하고 있으며, 이를 근거로 「행정권한의 위임 및 위탁에 관한 규정」 제11조 제1항에서는 ① 단순사실행위인 행정작용, ② 공익성보다 능률성이 현저히 요청되는 사무, ③ 특수한 전문지식 및 기술을 요한 사무, ④ 기타 국민생활과 직결된 단순행정사무를 민간위탁의 대상사무로 예시하고 있다. 이러한 내용은 공익과 관련되는 독자적인 재량적 판단이 필요하지 않거나, 국민의 권리·의무에 대하여 규제적인 효과를 가져오는 사무가 아닌 단순한 사실행위, 민간에 맡겨 처리하더라도 객관성이 확보되는 경제적 능률성이 중시되는 사무, 그리고 민간의 전문지식이나 기술을 활용할 필요가 있는 기술적 사무 등을 의미하는 것으로 판단된다.

10) 조사항목에 따라 위탁사무 수에 차이가 있는 것은 조사항목의 특성에 따라 복수응답을 허용하였기 때문이다.

표 12-2 측정변수의 구성내용

요인	변수	세부조사항목
환경적 요인	대체재 및 대체공급자 유무	대상기능 및 수탁기능의 시장성 (완전독점, 독과점, 제한경쟁, 완전경쟁)
	계약방식	계약의 경쟁가능성(법정위탁, 지정고시, 경쟁계약, 대행계약)
	수탁기관 유형	산하단체, 민간협회/단체, 민간기업
서비스 특성 요인	기능별 유형	평가/공시, 정보관리, 검사/승인, 시험관리, 보상/지원, 신고/등록, 심의/추천, 제작/공급, 확인/조사, 교육/훈련
	편익의 속성	효율성, 전문성, 공공성
관리적 요인	민간위탁 목적	서비스 질 개선(품질향상, 공급확대, 전문성 제고) 효율성 개선(인력절감, 비용절감, 업무효율화)
	위탁비용관리	유형별 예산집행내역(사업비, 경상비, 보상/지원금 등) 비용부담주체(위탁기관, 수탁기관, 사용자부담)
	사후관리방식	정기보고, 지도/감독, 정기감사, 체계미흡
민간위탁의 성과	효율성	비용절감 효율성 개선(인력절감, 전문성 강화, 업무량 감소)
	서비스 질	서비스 질 향상, 속도향상, 공급량 확대, 수혜범위 확대, 접근성 개선

12-2]와 같다. 이를 토대로 민간위탁의 주무부서인 행정자치부의 도움을 받아 각 중앙부처의 담당자를 대상으로 2006. 6~8월까지 2개월에 걸쳐서 조사하였다.

IV. 행정서비스 민간위탁 실태분석

1. 환경적 요인

(1) 대체재 및 대체적 공급자의 유무

민간위탁의 성공적 조건 가운데 가장 중요한 요소는 경쟁가능성이다. 독점적 환경에서는 공공조직이든 민간공급자든 간에 성과향상이나 비용절감을 위한 유인을 갖지 못하며, 이러한 형태의 민간위탁은 정부독점을 민간독점으로 이전하는 데 불과하다는 것이 경제이론의 논지이다. 따라서 민간위탁의 효과를 제고하기 위해서는 경쟁을 허용함으로써 독점을 줄이는 데 초점을 두어야 한다. 경쟁은 둘 혹은 그 이상의 참여자들이 가장 그럴듯한 서비스나 산출물을 제공함으로써 소비자들의 관심을 사려는 노력으로 정의되며, 민간위탁의 성공을 위해서는 경쟁적 조건이나 경쟁적 시장을 조성하는 것이 중요한 관건이라고 할 수 있다.

조사결과를 보면, 총 131건의 응답 가운데 9개(6.9%) 사무만이 경쟁적인 것으로 조사되었으며, 나머지 122개 사무는 완전독점 71개(54.2%), 독과점 28개(21.4%), 제한경쟁 23개(17.6%) 등으로 나타났다. 이러한 결과는 현행 행정사무의 민간위탁에 있어서 경쟁가능성이 매우 취약하다는 것을 보여준다.

표 12-3 대체적 공급가능성 (단위: 개, %)

구 분	위탁사무 수	구성비
계	131	100.0
완전독점	71	54.2
독과점	28	21.4
제한경쟁	23	17.6
완전경쟁	9	6.9

(2) 계약방식

행정사무의 민간위탁 방식은 「행정권한의 위임 및 위탁에 관한 규정」에 따라 법정위탁, 지정/고시, 업무대행계약 등으로 구분하였다. 조사결과, 전체 138개 위탁사무 가운데 경쟁에 의해 계약이 이루어지는 사무는 11개(8.0%)에 불과하고, 나머지 127개 사무는 법정위탁 85개(61.6%), 지정/고시 16개(11.6%), 업무대행계약 18개(13.0%), 기타 8개(5.8%) 등으로 나타났다.

표 12-4	계약방식별 위탁현황	(단위: 개, %)
계약방식별	위탁사무 수	구성비
계	138	100.0
법정위탁	85	61.6
지정/고시	16	11.6
경쟁계약	11	8.0
업무대행계약	18	13.0
기타	8	5.8

특히, 전체 138건의 응답 가운데 법령에서 수탁기관을 직접 규정하고 있는 법정위탁과 지정/고시방식이 각각 85개(61.6%)와 16개(11.6%)로 전체의 73.2%를 차지하고 있었다. 계약방식 가운데 업무대행계약과 기타 방식이 각각 18개(13.0%)와 8개(5.8%) 사무로 나타났는데, 이의 주된 내용은 수의계약 방식으로 경쟁에 의한 민간위탁과는 배치되는 경우이다. 이러한 점에 비추어 볼 때, 계약방식을 통한 경쟁가능성을 기대하기는 매우 어려운 것으로 보인다.

(3) 수탁기관의 유형

「행정권한의 위임 및 위탁에 관한 규정」은 민간위탁을 법률에 규정된 행정기관의 사무 중 일부를 지방자치단체가 아닌 법인·단체 또는 그 기관이나 개인에게 맡겨 그의 명의와 책임하에 행사하도록 규정하고 있다. 이러한 규정에 따라 본 연구에서는 행정서비스의 수탁기관을 산하단체, 민간협회/단체, 민간기업 3가지로 크게 구분하였다.[11] 조사결과를 보면, 순수하게 민간기업에게 위탁한 사무

---

11) 산하단체란 정부가 공공 목적을 달성하기 위해 특정사업을 독점적으로 수행하거나, 공공목적을 위해 공공의 기금을 조성/관리/운영하거나, 시험/검사 등을 수행하는 각종 연구원 및 전문성/공익성을 갖는 사무를 수행하기 위한 위원회 등을 말한다. 이러한 산하기관들은 모두 정부가 필요로 하는 기능을 수행하기 위해 법령 등에 근거하여 정부에 의해 직접 설립된 공기업이나 특수법인의 성격을 지니고 있으며, 그 운영에 있어서도 정부의 예산지원을 받는 경우가 많다. 민간협회/단체는 정부의 출연 또는 예산지원 없이 민간사업자들에 의해 설립되고 운영되고 있는 단체로서, 각각 해당 업종이나 사업자들을 유일하게 대표하면서 법령에 기반을 두고 정부업무를 위탁받아 소속 사업자들을 관리하는 기능을 대행하는 경우가 많다. 끝으로 민간기업은 산하단체와 민간협회/단체를 제외한 순수 민간기업을 말한다.

표 12-5	수탁기관의 유형별 현황		(단위: 개, %)
수탁기관 유형	위탁사무 수	구성비	
계	142	100.0	
산하단체	78	54.9	
민간협회/단체	52	36.6	
민간기업	12	8.5	

는 142개 가운데 12개(8.5%)로 매우 미미하였으며,12) 대부분의 민간위탁 사무들은 정부의 산하단체 또는 사업자 단체인 민간협회에 위탁되어 있는 것으로 나타났다.

2. 서비스 특성요인

먼저, 행정서비스의 특성을 파악하기 위해서 위탁대상 행정서비스의 기능별 유형을 분석하였다. 기능별 유형분석의 기준은 「행정권한의 위임 및 위탁에 관한 규정」에 따라 평가/공시, 정보관리, 검사/승인, 시험관리, 보상/지원, 신고/등록, 심의/추천, 제작/공급, 확인/조사, 교육/훈련의 10가지로 구분하였다.

조사결과를 보면, 교육/훈련 기능과 정보관리 기능이 28개(14.6%)와 26개(13.5%) 사무로 가장 많은 것으로 조사되었고,13) 보상/지원 기능과 확인/조사 기능도 각각 22개(11.5%) 사무로 비교적 높은 비중을 차지하고 있다.14) 이 밖에 신

---

12) 복수응답을 허용하고 있음을 감안하면 실제 민간기업에 위탁하고 있는 사업은 더욱 드문 것으로 볼 수 있다.

13) 교육/훈련 기능은 방사성 동위원소 등 면허자 보수교육, 국가유공자 정신교육, 제대군인 사회복귀 지원교육, 중앙건강가정지원센터 운영, 제품환경 규제 기반 구축사업, 사이버 국제특허 아카데미, GMP 실시상황 평가 및 교육, KGPS 실시상황 평가 및 교육, 관세사 실무수습, 중소기업 핵심직무능력 향상 지원사업, 민간기관 위탁훈련, 대한상의 위탁훈련, 중소기업 학습조직화 지원사업, 국내 및 국제기능올림픽대회사업, 한국노동교육원 운영, 방화관리자 등 교육, 국방정보화 교육 등이고, 정보관리 기능에는 대학의 수익용 기본재산 보유현황 보고 접수, 차세대 핵심환경기술개발사업, 국가환경산업·기술정보시스템 운영, 환경영향평가 대행실적의 보고, 방사선작업종사자의 피폭기록 및 보고의 관리, 공공구매 종합정보망 운영, 특허정보 무료서비스, 출원·등록심판 등 상담업무, 고용보험시스템 구축 운영, 산업재해 통계 유지·관리 등의 사무가 포함되었다.

14) 보상/지원 기능은 지역신문발전기금 관리·운영, 환경개선자금 융자지원, 과학영재 육성사업, 전국 여성 과학기술인 지원센터 설치 운영, 국가과학기술 장학사업, 해외고급인력 도입 지원사업

표 12-6	민간위탁 대상사무의 기능유형별 현황	(단위: 개, %)
기능유형별	위탁사무 수	구성비
계	192	100.0
평가/공시	18	9.4
정보관리	26	13.5
검사/승인	16	8.3
시험관리	12	6.3
보상/지원	22	11.5
신고/등록	21	10.9
심의/추천	10	5.2
제작/공급	17	8.9
확인/조사	22	11.5
교육/훈련	28	14.6

고/등록 21개(10.9%), 평가/공시 18개(9.4%), 제작/공급 17개(8.9%), 검사/승인 16개 (8.3%) 등으로 나타났고, 시험관리 기능과 심의/추천 기능이 각각 12개(6.3%)와 10 개(5.2%)로 가장 적은 것으로 조사되었다.[15]

등이고, 확인/조사 기능에는 산지보전, 국립공원관리, 폐기물 부담금제도 운영, 생산자책임 재활용 제도 운영, 여성과학기술인력 활용실태 조사, 조합의 결산 등의 보고, 시장정비사업 등에 대한 자문 및 상담, 선행기술 조사, 국제특허분류 부여, 고용평등상담실 업무위탁, 적극적 고용개선조치에 관한 연구·조사, 안전·보건 평가업무, 역학조사의 실시업무, 건강관리수첩의 교부업무, 유해·위험방지계획서의 접수·심사 및 확인 등이 해당되었다.

15) 신고/등록 기능에는 외국박사학위 신고 수리, 사립대학 교원임면 보고 접수, 저작권 등록 등, 정기간행물 납본에 관한 업무, 사서자격증 발급, 화학물질 유해성 심사 등, 기술사 사무소 개설·등록, 기업부설 연구소 신고, 엔지니어링 활동주체 신고 수리, 방사성 동위원소 등 수출입 신고, 일시적 사용 장소의 변경신고, 보세운송업자 등록, 보세사 등록·교육, 관세사 등록, 고용·산재보험의 적용·징수 등이 포함되었다. 평가/공시 기능에는 에코라벨링 제도 운영, 환경기술평가, 건설폐기물처리업자의 용역이행능력 평가 및 공시, 보육시설 평가인증, 싱글 PPM 품질혁신 인증, 창투회사 운영현황 보고 및 공시제도 운영, 적극적 고용개선조치 이행실적 평가 등의 업무가 포함되었다. 제작/공급 기능은 교육통계, 국립묘지 시설·조경 관리, 발명인의 전당 운영, 무역통계 교부, 감시장비 유지보수, 자율적 안전보건 경영체제 운영기법 연구·보급, 청사관리 용역, 식당운영사업, 청소업무 등이다. 검사/승인 기능은 교과용도서 검·인정 사무, 원자력 안전규제, 중소기업 우수제품마크 인증제도, 유해·위험 기계·기구의 각종 검사 및 성능검정 등의 업무를 말한다. 시험관리 기능은 전문요원 편입대상자 선발시험, 대학수학능력 시험, 경영·기술지도사 자격관리, 국가기술자격검정사업 등 각종 자격시험이나 면허시험을 대행하는 기능을 말한다. 심의/추천 기능은 신기술 마크(KT마크) 제도 운영, 중소기업제품 홍보사업, 인적자원개발 우수기관 인증, 능력개발 훈련시설·장비 대부사업, 기술상의 지침 또는 작업환경 표준의 제·개정안의 작성을 위한 기술제정위원회의 구성·운영 등이다.

이러한 결과를 편익의 속성에 따라 재분류하면, 물품/용역/시설 등에 대한 사용/성능/규제/품질/성과 등의 검사, 검정, 인증 및 승인업무, 사업체/사무소/시설업/자격면허/경력 등에 대한 신고수리와 사무소 등의 개설, 지정, 변경, 취소 및 등록업무, 중소기업/국가유공자/장애인/생활보호대상자 등에 대한 피해보상/고용촉진/재활사업/개발사업의 조장 및 지원업무, 고용보험/산재보험 등 공공적 성격의 기금을 조성/운영/관리업무 등은 정부에 귀속된 특성화된 기능으로 분류할 수 있다. 이에 비해서 수출입/실적/물질/시설/기술/통계 등의 사실 확인 및 조사업무와 연구사업/시공기술능력/사업능력의 평가 및 공시업무, 그리고 수출입/전문적 지식과 기술을 요하는 사항에 대한 심의와 추천기능 등은 민간의 특수한 전문지식과 기술을 필요로 하는 영역으로 분류할 수 있다. 끝으로 행정기관 내부 또는 국민에게 제공되는 시설물 관리/사업관리/물품/용역 서비스의 제작 및 공급 업무, 각종 자격/면허시험의 대행업무, 각종 보수교육/실무수습/연수 등 교육훈련 업무, 통계/정보관리에 필요한 H/W와 S/W의 관리업무 등은 민간의 효율성이 발휘될 수 있는 사업적 성격의 영역으로 볼 수 있다.

이러한 기준에 따라 민간위탁 행정서비스의 기능별 유형을 재분류하면, 정부에 귀속되어 공공성이 강조되는 위탁사무와 민간의 효율성을 제고할 수 있는 사무가 192개 사무 가운데 각각 71개로 전체 위탁사무의 37.0%를 차지하고 있는 것으로 분석된다. 이에 비해서 민간기업의 위탁비중은 8.5%에 불과한 것으로 나타났는데, 이는 현재의 민간위탁 제도하에서는 민간기업의 역량이 충분히 활용되지 못하고 있음을 보여준다.

표 12-7 위탁대상 사무의 기능별 재분류 (단위: 개, %)

구 분	공공성 > 효율성	전문성	효율성 > 공공성
192(100%)	71(37.0%)	50(26.0%)	71(37.0%)
유형별 위탁사무	검사/승인 16 신고/등록 21 보상/지원 22 시험관리 12	확인/조사 22 평가/공시 18 심의/추천 10	제작/공급 17 교육훈련 28 정보관리 26

3. 관리적 요인

(1) 민간위탁의 목적

본 연구에서는 민간위탁의 목적을 서비스 질 향상, 서비스 공급 확대, 인력절감, 비용절감, 업무효율화, 전문성 활용 등으로 구분하여 조사하였다. 유형별 응답결과를 보면, 전문성 활용이 총 107개(29.6%) 사무로 가장 많은 비중을 차지하였고, 업무효율화가 97개(26.9%), 서비스 질 향상이 74개(20.5%), 인력절감이 47개(13.0%), 서비스 공급확대가 18개(5.0%), 비용절감이 15개(4.2%), 기타 3개(0.8%) 사무로 나타났다.

민간위탁의 근본적인 취지가 경쟁을 통하여 양질의 서비스를 보다 효율적으로 제공하는 데 있다는 점을 고려하면, 민간위탁의 목적은 효율성 향상과 서비스의 질적 개선이라는 두 가지로 범주화할 수 있다. 이에 따라 위의 조사결과를 재분류하면 서비스 질 향상, 서비스 공급 확대, 전문성 활용 등 서비스의 질적 개선을 위한 목적이 199개로 전체의 55.1%를 차지하고 있으며, 인력절감, 비용절감, 업무효율화 등 효율성 개선을 위한 목적이 159개(44.1%) 사무로 분류할 수 있다. 이러한 결과를 보면, 정부 부처들은 행정사무를 위탁함에 있어서 비용절감이나 효율성 개선보다는 양질의 서비스를 제공하는 데 더 많은 관심을 기울이고 있는

표 12-8 민간위탁의 목적   (단위: 개, %)

구 분		위탁사무 수	구성비	
			항목별	범주별
계		361	100.0	100.0
서비스 질 개선	질 향상	74	20.5	55.1
	공급 확대	18	5.0	
	전문성 활용	107	29.6	
효율성 개선	인력절감	47	13.0	44.1
	비용절감	15	4.2	
	업무효율화	97	26.9	
기 타		3	0.8	0.8

것으로 볼 수 있다.

(2) 위탁비용 관리

본 연구에 의하면, 17개 부처 131개 위탁사무에 대한 예산집행액은 9,110억
원으로 조사되었다. 이를 구체적으로 살펴보면, 총 9,110억원의 예산 가운데 경상
경비가 3,161억원(34.7%), 사업비가 5,200억원(57.1%), 보상 및 지원금이 717억원
(7.9%), 기타 32억원(0.4%) 등으로 구분된다. 이 중 보상 및 지원금이 보상/지원 기
능에 초점을 둔 위탁사무의 사업비에 해당된다고 보면, 사업비와 경상경비의 비
중은 각각 65.0%와 34.7%를 차지하는 것으로 볼 수 있다.

표 12-9 위탁사무에 대한 예산집행 유형 (단위: 천원)

예산유형	예산집행액	구성비
계	911,080,638	100.0
경상경비	316,120,359	34.7
사업비	519,996,883	57.1
보상/지원금	71,754,396	7.9
기 타	3,209,000	0.4

한편, 위탁사무에 대한 비용부담은 크게 위탁기관이 부담하는 경우, 수탁기
관이 부담하는 경우, 위탁기관과 수탁기관이 분담하는 경우, 서비스의 이용자가
부담하는 경우 등으로 구분할 수 있다. 조사결과를 보면, 전체 136개 위탁사무 중
위탁기관이 부담하는 사무가 64개(47.1%), 수탁기관이 부담하는 사무가 38개
(27.9%), 사용자가 부담하는 사무가 32개(23.5%), 기타 분담 등의 방식에 의해서 조
달하는 사무가 2개(1.5%)로 나타났다.

표 12-10	위탁비용 부담방식	(단위: 개, %)
부담주체	위탁사무 수	구성비
계	136	100.0
위탁기관	64	47.1
수탁기관	38	27.9
사용자부담	32	23.5
기타(분담)	2	1.5

(3) 사후관리체계

위탁사무에 대한 사후관리는 정기보고에 의하는 경우가 79개(39.5%), 사무, 지도감독을 하는 사무가 82개(41.0%), 정기감사를 하는 사무가 33개(16.5%), 기타가 5개(2.5%)로 나타났다. 이러한 결과는 대부분 민간위탁 사무들이 소관부서가 일반적인 업무감독 차원에서 관리하거나 정부의 감사 또는 행정관리 체계를 통한 감독을 받고 있음을 보여준다. 이런 점에서 볼 때, 계약의 설계와 구체화나 계약관리 등 민간위탁의 관리를 위한 담당기구의 적극적인 역할은 기대하기 어려울 것으로 보인다.

표 12-11	위탁사무에 대한 사후관리방식	(단위: 개, %)
구 분	위탁사무 수	구성비
계	200	100.0
정기보고	79	39.5
지도감독	82	41.0
정기감사	33	16.5
기 타	5	2.5
체계미흡	1	0.5

4. 민간위탁의 효과

본 연구에서는 민간위탁의 효과를 효율성 개선효과와 서비스 개선효과로 구분하되, 효율성 개선효과는 다시 비용절감 효과와 업무개선 효과로 세분하였다.

(1) 효율성 개선효과

민간위탁에 의한 효율성 개선효과 가운데 가장 전형적인 것은 민간위탁에 따른 비용절감 효과이다. 조사결과를 보면, 전체 34개의 위탁사무 가운데 비용이 절감된 경우가 8개(23.5%) 사무, 별다른 차이가 없는 경우가 23개(67.6%) 사무, 오히려 비용이 증가한 경우가 3개(8.8%) 사무로 나타났다.[16)]

표 12-12 위탁비용 절감효과   (단위: 개, %)

구 분	위탁사무 수	구성비
계	34	100.0
비용 감소	8	23.5
비용 증가	3	8.8
변화 없음	23	67.6

한편, 민간위탁의 경제적 효과를 모두 계량화할 수 있는 것은 아니기 때문에 민간위탁의 효과를 효율성 향상의 측면에서 살펴볼 필요가 있다. 이런 점을 감안하여 본 연구에서는 민간위탁에 따른 효율성 개선효과를 인력절감 효과, 전문성 강화 효과, 업무량 감소 효과 등으로 구분하여 조사하였는데, 그 결과는 [표 12-13]과 같다.

---

16) 조사결과, 정부부처 전체적으로 38,451백만원의 비용이 절감된 것으로 분석되었다. 그러나 비용 절감 금액을 누락시킨 정부부처가 많고, 총액을 기준으로 할 경우에는 비용절감 효과가 부처별로 상쇄되어 민간위탁에 따른 비용절감 효과를 파악하는 데 한계가 있어 본 연구에서는 위탁사무 수를 중심으로 논의를 전개하였다.

표 12-13	업무효율성 개선효과	(단위: 개, %)
구 분	위탁사무수	구성비
계	198	100.0
인력절감	49	24.7
전문성 강화	107	54.0
업무량 감소	41	20.7
기 타	1	0.5

이 표를 보면, 전체 198개의 위탁사무 가운데 전문성이 강화된 경우가 107개 (54.0%) 사무로 나타났고, 인력이 절감된 경우가 49개(24.7%) 사무, 업무량이 감소된 경우가 41개(20.7%) 사무, 기타 1개(0.5%) 사무 등으로 조사되었다. 이런 결과는 민간위탁의 실시목적으로 '전문성 활용'이 가장 많은 비중을 차지했던 앞의 분석 결과와 상응하는 것이라고 할 수 있다.

(2) 서비스 개선효과

행정서비스에 대한 민간위탁이 주로 비용절감을 목적으로 추진되지만, 이러한 목적은 서비스의 질을 침해하지 않는 범위에서 이루어져야 한다. 왜냐하면, 공공서비스의 질을 희생하여 비용절감을 도모하는 것은 실질적인 개선효과로 볼 수 없을 뿐 아니라, 궁극적으로 해당 서비스를 수혜할 수 있는 국민의 권리를 감소시키는 부정적 결과를 초래하기 때문이다. 이러한 관점에서 본 연구에서는 민간위탁에 따른 서비스 개선효과를 서비스의 질적 개선, 속도 향상, 공급량 확대, 수혜범위의 확대, 접근성 개선 등으로 구분하여 살펴보았다.

조사결과를 보면, 서비스의 질적 향상이 이루어진 경우가 92개 사무로 전체 243개 사무의 37.9%를 차지하였고, 접근성이 개선된 경우가 40개(16.5%) 사무, 수혜범위가 확대된 경우가 39개(16.0%) 사무, 처리속도가 향상된 경우가 37개(15.2%) 사무, 공급량이 확대된 경우가 35개(14.4%) 사무 등으로 나타났다. 이러한 결과는 민간위탁을 통해서 행정서비스의 질이 크게 향상된 것으로 평가될 수 있다.

표 12-14	서비스 개선효과	(단위: 건)
구 분	위탁사무 수	구성비
계	243	100.0
서비스질 향상	92	37.9
속도 향상	37	15.2
공급량 확대	35	14.4
수혜범위 확대	39	16.0
접근성 개선	40	16.5

V. 행정서비스 민간위탁의 한계

본 연구는 행정서비스의 민간위탁에 관한 포괄적인 실태조사를 실시하고, 이를 토대로 민간위탁 제도의 한계점과 개선과제를 제시하는 데 초점이 있다. 실태조사를 통해서 나타난 행정서비스 민간위탁의 한계와 문제점은 다음과 같이 정리할 수 있다.

1. 민간위탁의 논지와 민간위탁 대상사무의 괴리

민간위탁은 정부가 독점적으로 사무를 수행하는 것보다 경쟁에 의해 민간부문의 효율성을 활용함으로써 비용절감 그리고 행정서비스의 질을 향상시키는 것이기 때문에 이러한 취지에 부응하기 위해서는 민간기업의 수탁비중이 높을 것으로 기대된다. 그러나 [표 12-5]를 보면, 순수 민간기업에 대한 위탁은 142개 사무 중 12개(8.5%)로 매우 미미하였으며, 나머지 사무들은 모두 산하단체나 민간협회 등에 위탁하고 있는 것으로 조사되었다. 산하단체나 사업자단체 등은 정부의 직접적인 지휘 감독을 받거나, 법령에 의해 정부의 규제를 강하게 받기 때문에 경쟁에 의한 비용절감 및 서비스의 질적 개선을 기대하기는 어렵다.

이러한 문제점은 민간위탁의 이론적 취지와「행정권한의 위임 및 위탁에 관한 규정」의 적용을 받는 민간위탁 대상사무의 특성 사이에 괴리에서 비롯된다.

민간위탁의 성공적 요건 가운데 핵심요소는 경쟁가능성(contestability)인데, 민간위탁 대상사무가 경쟁적인 경우는 전체 131개 사무 가운데 24.5%인 32개 사무에 불과하고(제한경쟁 23개, 완전경쟁 9개 사무), 나머지 99개 사무(75.6%)는 독점 및 독과점적인 사무로 조사되었다. 말하자면, 현행 법령에 규정된 민간위탁 대상사무들이 대체재와 대체공급자를 확보하기 어려운 사무들로 구성되어 있기 때문에 경쟁가능성을 제고하기는 불가능하다는 것이다. 이러한 문제점을 개선하기 위해서는 법령에 규정된 민간위탁의 대상사무를 민간위탁의 이론적 논지에 적합한 사무들로 재구성할 필요가 있다.

2. 경쟁제한적 위탁방식

순수 민간기업에 의한 민간위탁이 취약한 원인은 대부분의 행정사무가 법령에 의해서 법정위탁 혹은 지정위탁 방식으로 위탁되고 있기 때문이다. [표 12-6]에 제시된 기능유형별 분석결과를 보면, 효율성이 공공성보다 부각될 수 있는 기능이 71건(37.0%)에 달하는 것으로 나타났는데, 이는 현행 체제하에서도 경쟁을 통하여 민간의 활력을 활용할 가능성이 충분하다는 것을 시사한다. 그러나 계약방식에 관한 조사결과, 경쟁에 의해 계약이 이루어지는 경우는 전체 138개 사무 가운데 11개(8.0%)에 불과하고, 법정위탁 85개(61.6%), 지정/고시 16개(11.6%), 업무대행계약 18개(13.0%), 기타 8개(5.8%) 등으로 나타났다. 따라서 경쟁을 통한 위탁사무의 비중이 매우 낮은 것으로 조사되었다. 법정위탁과 지정/고시 방식 등은 법령에 의해서 수탁기관을 사전적으로 제한하는 것으로, 민간기업의 참여비율을 낮추는 직접적인 원인이 된다. 이러한 계약방식은 법령으로 수탁기관을 제한함으로써 경쟁가능성을 사전적으로 제약하기 때문에 경쟁을 통한 효율성 개선에 기여하기 어렵다. 그럼에도 불구하고 경쟁제한적인 계약방식이 만연하는 것은 후술하는 민간위탁에 대한 정부 부처의 소극적 태도 혹은 경쟁보다는 협력을 조장하려는 경향 등에 근본적인 원인이 있는 것으로 볼 수 있다.

3. 정부의 선택권(choice) 행사의 제약성

일반적으로 민간위탁에 있어서 경쟁의 부재는 대개 민간수탁자들의 담합 (cartel)에서 비롯된 것으로 알려져 있다(Bennett & Ferlie, 1996). 그러나 앞에서 살펴본 것처럼, 경쟁적인 사무가 131개 가운데 9개(6.9%)에 불과하다는 사실은 현행 민간위탁 대상사무에 대한 대체재나 대체적 공급자가 존재하지 않는다는 것을 의미한다. 이런 경우, 정부가 수탁자 선정에 관한 실질적인 선택권(choice)을 행사하는 것은 사실상 불가능하다.

현재의 관리체제하에서는 대체재가 존재하더라도 정부가 수탁자 선정에 관한 선택권을 행사하기 어려울 것으로 보인다. 정부가 선택권을 행사하기 위해서는 계약의 설계와 사후관리 노력이 요구되며, 여기에는 상당한 거래비용이 소요된다. 본 연구결과를 보면, 민간위탁에 관한 관리방식은 정기보고와 지도·감독 및 정기감사 등이 대부분으로, 소관부서가 일반적인 업무감독 차원에서 위탁사무를 관리하거나 정부의 감사 또는 행정관리 체계에 의해 감독하고 있는 수준에 불과한 것으로 나타났다. 관리체계가 취약할수록 정부가 선택권을 행사하기 위해서 감수해야 할 거래비용은 증가할 수밖에 없다. 특히, 민간위탁의 실시 목적으로 행정서비스의 질적 개선을 지적한 응답이 55.1%로 효율성 개선(44.1%)보다 높이 나타났는데, 이런 경우에는 거래비용이 더욱 증가하게 된다. 왜냐하면 서비스의 질적 개선을 위한 민간위탁은 복잡하고 전문적인 업무가 대부분이어서 정부가 선택권을 행사하기 위해서 수행해야 할 관리업무가 더 복잡하기 때문이다. 이처럼 거래비용이 증가한다면, 정부가 수탁기관에 대한 선택권을 행사할 가능성은 작아진다. 이러한 사실은 정부가 경쟁(competition)이 아니라, 서비스 공급자와의 협력(cooperation)을 확보하는 데 더 많은 관심을 기울일 것이라는 점을 보여준다.

4. 관리체계의 취약성과 정부 의존성의 심화

민간위탁의 성공을 위한 관리적 요인은 크게 계약의 설계와 구체화 능력, 계약관리 및 감독능력, 계약의 성과 및 평가능력으로 세분할 수 있다(OECD, 1997). 그러나 앞에서 살펴본 것처럼, 현행 민간위탁을 위한 관리체계는 소관부처에 의한 일상적인 지도 감독의 차원에 불과한 것으로 나타났다. 이러한 관리체계의 취약성은 수탁기관의 특성과 관련되어 있다. 기존의 연구들은 행정서비스의 특성에 맞는 민간 수탁자를 합리적으로 선정하고(Prager, 1994; Donahue, 1989; Cohen, 2001), 계약을 효과적으로 관리하기 위한 정부의 감시 및 관리능력을 강조해왔다(OECD, 1997; Wallin, 1997; Johnson & Romzek, 1999; Meeyoung, 2004).

그러나 앞에서 지적한 것처럼, 행정서비스의 수탁기관들은 대개 산하단체나 관련 협회/단체 등으로 구성되어 있으며, 이들은 정부의 직접적인 통제나 규제를 받는다. 따라서 위탁자로서의 정부는 민간위탁에 관한 정기보고와 지도·감독만으로도 수탁기관들을 충분히 통제할 수 있기 때문에 계약설계나 계약관리의 합리화를 위해 정보를 수집하거나 관리능력을 개발해야 할 필요성을 느끼기 어렵다. 특히, 민간위탁이 이루어진 이후에도 행정서비스에 대한 궁극적인 책임은 여전히 정부에게 있기 때문에(OECD, 1997; Meeyoung, 2004) 정부는 민간위탁의 부작용에 대한 사회적 비판에 민감하게 반응할 수밖에 없다. 이런 경우, 정부는 수탁기관을 감시·감독하는 것이 아니라, 오히려 수탁기관을 옹호하는 행태를 나타낼 수도 있다. 요컨대, 정부가 자기의 통제범위 안에 있는 산하단체 등을 수탁기관으로 선정함으로써 민간위탁에 필요한 일련의 관리노력을 회피할 수 있으며, 이에 따라 정부의 관리능력은 더욱 취약해지고 기존 공급자들에 대한 정부의 의존성은 더욱 심화된다는 것이다.

5. 위탁비용의 과잉 및 비용전가 가능성

앞에서의 분석결과를 보면, 사업비(보상 및 지원금 포함)와 경상비의 비중은 각각 65.0%와 34.7%를 차지하는 것으로 나타났다. 이미 지적한 것처럼, 경쟁의 부재로 인해 기존 공급자에 대한 정부의 의존성이 심화되어 있고, 민간위탁에 관한 계약설계나 계약관리, 계약의 성과점검 및 평가능력도 취약한 실정이다. 이러한 점들은 산하단체 등에 지불되는 위탁비용이 성과와 무관한 방법으로 지불되거나, 필요 이상으로 과다하게 지급됐을 가능성이 있음을 시사한다. 경쟁의 부재와 정부 의존성의 심화 등으로 인해 동일한 수탁기관에 장기적·고정적으로 위탁할 경우에는 정부와 수탁기관 사이에 타성적 관계가 형성될 수 있다. 이러한 점은 민간위탁의 실질적인 필요성 때문이 아니라, 수탁기관인 산하단체 등에 대한 지원수단으로 민간위탁제도가 활용될 수 있는 가능성을 보여준다. 이런 경우, 위탁비용이 과다하게 지불될 가능성은 더욱 커진다.

또 다른 문제는 비용전가의 가능성이다. 위탁사무에 대한 비용은 위탁기관이 부담하는 것이 원칙인데, 조사결과를 보면 수탁기관이 위탁비용을 부담하거나 사용자 부담에 의하는 경우, 혹은 분담하는 경우도 있는 것으로 나타났다. 수탁기관이 비용을 부담하거나 사용자 부담에 의해 위탁비용을 충당할 경우에는 위탁비용의 산정에 관한 논란이 제기될 수 있다. 이런 경우, 수탁기관은 다른 사업이나 재원을 통해서 위탁비용을 충당할 가능성이 있다. 가령, 수탁기관이 A사업에 사용자 부담의 원칙을 적용하고, 여기서 마련된 재원을 B사무의 위탁비용으로 충당한다면, 정부가 A사업에 필요 이상의 사용자 부담을 허가함으로써 B사업의 위탁비용을 A사업에 전가시키는 결과가 될 수 있다.

이러한 비용전가의 문제는 산하단체 중심의 위탁관행과 매우 밀접한 관계가 있다. 예컨대, 시급한 사회문제가 대두될 경우, 이러한 문제들은 예견할 수 있는 것이 아니기 때문에 정부가 문제해결에 필요한 예산 등의 자원을 미리 확보하기가 어렵다. 이 경우, 정부는 유사한 행정기능을 수행하는 산하단체로 하여금 관련 업무를 수행하도록 하고, 관련 비용은 차년도 예산이나 다른 사업에서 충당하는 등의 방법을 활용함으로써 비용불일치 혹은 비용전가의 문제가 발생하게 된다. 정부가 이러한 문제해결 방법을 민간기업에 적용하기는 어렵기 때문에 이러한 유형의 행정기능들은 산하단체에 위탁되는 결과가 되는 것이다. 이러한 결과는 산하단체에게도 유리한 결과가 되기 때문에 정부와 산하단체는 동일한 이해관계를 가지게 되며, 이에 따라 정부와 수탁기관 간에 위탁비용 부담의 원칙이 사라지게 되어 비용전가의 문제가 야기되는 것이다.

6. 소비자 이익의 침해 가능성

끝으로 지적되어야 할 점은 소비자 이익의 침해 가능성이다. 본 연구에 따르면, 민간협회나 단체에 위탁된 행정사무들은 52개(36.6%)에 달하는 것으로 나타났는데, 이는 현행 「행정권한의 위임 및 위탁에 관한 규정」에서 이러한 사무를 공

공단체가 아닌 사업자 단체에 위탁하도록 규정하고 있기 때문이다. 이처럼 행정
사무에 대한 법정위탁을 허용하는 취지는 해당 사업자 단체의 전문성과 자율적
책임을 활용하기 위한 것으로 이해되지만, 이러한 장점은 경쟁의 제한과 소비자
이익의 희생하에 이루어지는 것이다. 왜냐하면, 소비자의 편익은 민간공급자들의
경쟁을 통해서 극대화될 수 있는데, 법령에 의해 행정서비스의 공급권을 보장하
는 것은 진입장벽으로 작용하기 때문이다. 사업자 단체의 입장에서는 소비자들에
게 양질의 서비스를 보다 효율적으로 공급하기 위해 경쟁하기보다는 법령을 근
거로 정부와의 협의를 통해서 경쟁을 완화하는 것이 더욱 유리한 결과가 된다.
요컨대, 사업자단체에 대한 법정위탁은 경쟁을 제한함으로써 소비자의 이익을 침
해할 가능성이 있다는 것이다.

VI. 민간위탁의 활성화를 위한 정책과제

1. 법적/구조적 흠결의 제거

　　민간위탁의 활성화를 위해서는 먼저 행정서비스 민간위탁에 관한 기본법과
각 정부부처가 소관하는 법령 사이의 법체계상의 구조적 흠결을 제거할 필요가
있다. 현재 민간위탁을 실시하는 정부부처들은 법률에 근거하여 민간위탁에 관한
사항을 추진하고 있다. 이에 비해서 행정서비스의 민간위탁에 관한 사항을 총괄
하고 있는 행정자치부는 「행정권한의 위임 및 위탁에 관한 규정」을 기본법령으
로 하여 민간위탁 업무를 총괄하고 있다. 따라서 민간위탁의 주관부처인 행정자
치부는 대통령령으로 상위법을 규제해야 하는 법체계상의 한계에 봉착하고 있는
것이다. 이러한 문제점을 개선하기 위해서는 「행정권한의 위임 및 위탁에 관한
규정」의 상위법으로서 민간위탁에 관한 기본법을 마련할 필요가 있다.

　　이와 함께 민간위탁의 주관부처도 전환할 필요가 있다. 민간위탁의 대상이
되는 행정사무는 모든 정부부처에 걸쳐 있기 때문에 법체계의 재정비 과정은 물
론이고 법체계가 정비되어 법령을 시행하는 과정에서도 부처간 입장이나 갈등이
야기될 수 있다. 이런 경우, 행정자치부가 총괄부서로서 다른 정부부처가 관할하
는 사항까지 조정하는 데에는 많은 어려움이 예상된다. 따라서 민간위탁의 효과

성을 제고하기 위해서는 법체계를 재정비하는 동시에 주무부처를 행정자치부에서 총리실로 이관하는 방안도 검토할 필요가 있다.

2. 민간위탁 대상사업과 수탁기관 선정방식의 합리화

앞에서 살펴본 것처럼, 현행 민간위탁 대상사무들은 독점 및 독과점적인 것이 대부분이고, 위탁방법도 법정위탁이나 지정/고시 등으로 제한되어 있어서 경쟁을 통하여 효율성을 제고하는 것이 현실적으로 불가능한 경우가 많다. 이러한 문제점을 개선하기 위해서는 민간위탁의 이론적 취지와 각 대상사업의 특성을 반영하여 위탁방법이나 관리방법 등의 체계화를 도모할 필요가 있다. 가령, 경쟁적인 행정사무들에 대해서는 경쟁입찰방식 등의 도입을 의무화하여 경쟁가능성(contestability)을 제고하거나, 더 나아가 민간기업에 대해 우선권을 부여하는 방안도 검토할 수 있을 것이다. 또한 사업자단체 등에 대한 법정위탁도 해당 행정사무에 대한 기술적 변화나 위탁방식의 전환 등을 통해서 개방성을 제고할 수 있는 방안을 모색할 필요가 있다.

이와 달리 대상사무의 독과점적 특성으로 인해 경쟁가능성을 확보하기 어려운 경우에는 기술보유의 정도, 책임능력과 공신력, 성실성이나 전통과 같은 평판(reputation) 등을 고려하여 수탁기관을 선정하는 것이 합리적일 수도 있다. 문제는 이런 경우에 사실상 산하단체 등에 대한 지원을 위한 방편으로 민간위탁을 이용할 우려가 있다는 것이다. 따라서 독점적 행정사무의 경우에는 수탁기관의 선정에 관한 세부기준을 명확하게 설정하고, 이러한 요건을 충족시키기 어려울 때에는 민간위탁의 적용대상에서 배제하여 민간위탁이 다른 명분으로 이용되지 않도록 해야 할 것이다. 특히, 법정위탁이나 지정/고시방식과 같은 경쟁제한적 규정들은 사업특성을 강조하는 소관부처의 입장을 반영한 것이므로 각 부처로 하여금 법정위탁이나 지정/고시방식의 채택사유를 스스로 입증하도록 할 필요가 있다. 아울러 주무부처인 행정자치부는 이러한 사유를 재점검하여 법정위탁 등의 필요성이 상실 또는 약화된 사무에 대해서는 관련 부처와의 협의하에 관련 규정을 합리적으로 개정해 나가야 할 것이다.

12

3. 위탁사무의 위임가능성에 대한 검토

민간위탁에 관한 정부의 관리능력을 개선하기 위해서는 민간기업이나 비영리조직 이외에 지방자치단체와의 협력방안을 모색할 필요가 있다. 가령, 기능별 유형 가운데 검사/승인, 신고/등록, 보상/지원, 시험관리 등의 업무는 정책결정보다는 정책집행적 성격이 강하기 때문에 중앙정부가 직접 수행하기에는 적합하지 않은 것으로 볼 수 있다. 이러한 업무들을 민간기업 등에 위탁하는 것이 불가능한 것은 아니지만, 국민들의 의식 수준과 시장의 발달 정도 등을 고려할 때 이와 같은 업무들이 국민의 권리와 의무에 많은 영향을 미치는 것으로 인식될 수 있다. 이러한 설명은 정부부처가 이러한 업무들을 산하단체 등에 위탁하는 논거가 될 수 있지만, 이 가운데 신고/등록이나 보상/지원 등의 업무들은 반드시 전문성이나 통일성이 요구되는 것은 아니기 때문에 산하단체에 위탁해야 할 당위성을 찾기는 어렵다.

이 점에서 이러한 사무들을 모두 산하단체에 위탁하는 것은 외견상의 유사성을 이유로 다양한 형태의 관리방식(위임 및 위탁)에 대한 실질적인 검토가 이루어지지 않았을 가능성이 있음을 시사한다. 이러한 문제점을 개선하기 위해서는 민간위탁 대상사무들을 기능이나 업무프로세스에 따라 세분화하고, 이러한 세부기능에 따라 적정 수탁기관을 선정하도록 유도할 필요가 있다. 이때, 정부부문의 과부하(overload)가 정부의 무능력을 초래하며, 이러한 짐덜기(loadshedding) 노력이 정부의 관리역량을 강화할 수 있다는 점을 인식하여 산하기관에 위탁하기에 앞서서 자치단체에 우선적으로 위임할 수 있는 가능성을 검토할 필요가 있다. 이를 위해 정부부처가 산하단체에 위탁하고자 할 때에는 소관부처가 지방자치단체에 위임하는 방안보다 산하단체에 위탁하는 방안의 타당성을 입증하도록 엄격한 기준을 마련하는 것도 하나의 대안이 될 수 있다.

4. 위탁방법과 계약기간의 다양화

민간위탁의 경쟁가능성을 제고하기 위한 대안으로 복수위탁 및 경합위탁방식의 도입을 검토할 필요가 있다. 또 법정위탁이나 지정/고시 등이 필요한 경우에도 단일기관에 관련 업무를 위탁하여 독점을 허용할 것이 아니라, 동일한 업무를 복수의 기관에게 위탁하는 중복위탁 혹은 경합위탁을 조장할 필요가 있다.17) 이러한 방식을 적용할 만한 행정서비스로는 검사/승인, 제작/공급, 교육/훈련 등을 들 수 있으며, 이 경우 수탁기관의 다양화를 도모함으로써 제한된 범위에서나마 경쟁을 촉진시키는 효과를 기대할 수 있을 것이다. 아울러 일단 산하기관에 위탁된 사무는 고정적이고 장기적으로 위탁하는 것이 관행이 되어 있는데, 이런 경우에는 수탁기관의 교체가능성이 없어 경쟁을 기대하기 어렵다. 따라서 계약방식을 다원화하는 동시에 계약기간의 신축성을 제고하는 방안을 병용할 필요가 있다.18)

이와 함께 경영계약(management contracts)에 의한 위탁방식도 활성화시킬 필요가 있다. 민간위탁사무의 수탁자를 선정하고자 할 경우에는 인력과 기구, 재정적 부담능력, 시설과 장비, 기술보유의 정도, 책임능력과 공신력, 지역간 균형분포 등을 고려하여 수탁기관을 선정하도록 규정되어 있다.19) 이러한 요건 가운데 기술보유 정도, 책임능력과 공신력 등은 유능한 수탁자를 선별하기 위한 요건이지만, 시설과 장비 등은 유능성의 판단기준이 되기 어렵다. 왜냐하면 시설과 장비 등 자본적 지출에 대한 요구는 재정력이 취약한 민간기업에게 진입장벽으로 작용할 뿐 아니라, 기존 수탁자가 이미 투자한 자산특정성(assets specificity)을 재계약에 악용하게 하거나, 위탁비용을 상승시키려는 기회주의적 행동의 원인이 될 수 있기 때문이다. 이런 경우에는 시설·장비를 정부가 직접 보유하고, 운영만 민간에 위탁하는 경영계약방식을 활용할 필요가 있다. 경영계약방식은 민간위탁에 대한 진입장벽을 낮춤으로써 경쟁을 조장할 수 있을 뿐 아니라, 정부 스스로가 언제라도 서비스를 공급할 수 있는 능력을 갖춤으로써 서비스 중단상황에 대비

---

17) 민간위탁에 있어서 계약의 범위와 기간은 경쟁가능성과 긴밀하게 관련된다. 예컨대, 위탁계약의 범위가 매우 작고 기간이 짧을 경우에는 민간기업의 참여욕구가 약화될 수 있고, 계약범위가 매우 크고 기간이 너무 길 경우에는 참여대상을 일정규모 이상의 기업으로 제한하는 결과가 될 수 있다. 따라서 다양한 서비스들을 하나의 활동으로 적절하게 통합시키거나, 하나의 활동을 여러 수탁자에게 분리하여 위탁하는 것은 경쟁을 조장할 수 있는 방법이 될 수 있다. 이러한 논의에 관해서는 OECD(1997) 및 Lane(2001)을 참조.

18) 민간수탁자의 입장에서는 입찰과정에 참여하는 데에는 상당한 시간과 자원이 소요되므로 이러한 과정을 간소화시킴으로써 더 많은 민간기업들이 참여하도록 조장하는 것도 경쟁가능성을 제고할 수 있는 방법이 된다.

19) 「행정권한의 위임 및 위탁에 관한 규정」 제12조 제1항.

할 수 있는 장점도 기대할 수 있다.

5. 사전타당성 검토의 의무화

행정사무에 대한 민간위탁을 시행하기에 앞서서 민간위탁에 대한 사전타당성 조사를 의무화시킬 필요가 있다. 이미 관련 기능을 수행하는 산하단체 등에 추가적으로 행정사무를 위탁할 경우에는 통합관리에 따른 시너지 효과나 비용절감 효과 등을 기대할 수 있다. 그러나 앞에서의 분석결과를 보면, 위탁비용의 많은 부분이 경상비로 집행되고 있어 통합운영에 따른 비용절감 효과보다는 법정위탁의 독점성으로 인해 간접부문(overhead)의 증가와 같은 부정적 효과가 더 클 가능성을 배제하기 어렵다. 이러한 사실은 민간위탁에 따른 긍정적 효과와 부정적 효과가 상쇄될 수 있음을 의미하므로 민간위탁의 실질적인 효과를 파악하기 위해서는 민간위탁을 실시하기 이전에 타당성 조사를 실시할 필요가 있다.

우리나라의 경우, 현재 「행정권한의 위임 및 위탁에 관한 규정」 제11조 제2항에서 '민간위탁의 필요성 및 타당성 등을 정기적·종합적으로 판단'하도록 규정하고 있다. 그러나 본 연구에 따르면, 각 정부부처들은 주로 수의계약이나 업무대행계약의 형태로 대부분의 행정서비스들을 산하단체 등에 위탁하는 것으로 나타났다. 이러한 현상은 정부부처들이 제11조 제3항의 규정을 활용하여 실질적으로 타당성 등을 조사하는 것이 아니라, 오히려 '민간위탁'이라는 명분하에 산하기관에 민간위탁 대상업무를 몰아주고 있음을 보여주는 것이다. 이러한 문제점을 개선하기 위해서는 행정사무를 위탁하기 이전에 관련 정부부처로 하여금 민간위탁에 관한 타당성을 조사하도록 의무화하고, 총괄부처에서 이에 대한 관리감독을 실시해야 할 것이다. 아울러 사전타당성 조사를 의무화할 때에는 수의계약의 당위성, 기존 수탁기관의 기능과 신규 이관사무의 기능적 일치성 혹은 기능재조정의 필요성, 통합/분리운영의 효과 등 사전타당성 조사의 대상과 범위 등을 적시해야 할 것이다.[20]

---

20) 워싱턴주는 민간위탁을 위해서 서비스 정의, 필요요건 분석, 직무명세서와 품질보증계획의 개발 등의 절차를 규정하고 있다. 서비스의 정의에는 사업의 문제점과 서비스 명세서, 현재 서비스 제공비용, 바람직한 목표, 성공요건 등이 포함되며, 사업의 필요요건에는 직무분석, 성과분석 및 검증계획 등이 포함된다. 이러한 과정을 통해서 위탁사무에 대한 직무명세서와 품질보증계획을 개발하도록 하고 있는 것이다(Washington State, 2005).

6. 성과중심적(performance-based) 관리방식의 확립

본 연구에서 나타난 민간위탁에 관한 사후관리방식의 문제점은 정기보고와 지도·감독 및 정기감사 등 일반적인 행정관리 차원에서 위탁관리가 이루어지고 있다는 점이다. 이 때문에 계약설계와 구체화, 계약관리 등 민간위탁의 관리를 위한 담당기구의 적극적인 역할을 기대하기 어려울 뿐 아니라, 계약의 합리적 설계를 위한 정보수집 및 관리능력의 개발 필요성도 매우 취약한 실정이다. 이의 원인은 수탁기관들이 대개 정부의 직접적인 통제를 받는 산하단체나 관련 협회/단체 등으로 구성되어 있어 민간위탁의 관리체계를 정립할 필요성이 크지 않았기 때문이다. 그러나 위탁방식 및 수탁기관을 다양화하고, 경쟁을 촉진함으로써 민간위탁의 효과성을 제고하기 위해서는 보다 전향적인 관리방식의 개선이 요구된다.

이와 같은 관점에서 민간위탁의 성공을 위해서는 여러 가지 관리능력 가운데 특히 계약의 성과에 대한 점검 및 평가기능을 강화해야 한다. 관리도구로서의 성과측정제도는 수탁기관의 성과와 비용효과성에 영향을 미친다. 따라서 정부는 수탁기관으로 하여금 정기적으로 특정한 성과자료를 제출하도록 하고, 이들 자료에 기초하여 위탁의 성과를 평가해야 한다. 행정서비스의 종류에 따라 성과측정 정도의 차이는 있지만 서비스 계약 이전에 서비스 분야별로 성과단위를 결정하고, 그에 따른 단위비용을 계산하여 성과에 따른 지불방법을 마련하여 민간위탁의 책임성을 확보할 수 있도록 해야 할 것이다(Meeyoung, 2004).

또한 수탁기관에 지불되는 위탁비용이 과다해질 우려가 있음을 고려하면, 합리적인 성과측정체제를 마련하여 계약의 성과와 위탁비용을 연계시키는 방안을 마련하는 것도 매우 긴요한 과제이다.[21] 아울러 수탁기관이나 사용자 부담에 의해서 비용을 충당할 경우에 발생할 수 있는 사업간 혹은 이용자 간의 비용전가

---

21) 가령, 호주는 풀타임으로 고용된 실업자의 수에 따라서 실업자를 관리하는 수탁기관에게 성과급을 지급한다. 이 성과급은 두 단계로 이루어져 있는데, 첫 단계에서는 수탁기관과 해당 실업자가 작업에 복귀하기로 한 전략에 합의할 경우에 지급되며, 두 번째 단계에서는 실업자가 13주 이상 연속으로 고용되거나, 풀타임 교육을 받을 경우에 지급한다. 또한 터키는 계약에 명시된 서비스 수준과 질이 제대로 이루어지고 있는지를 점검하고, 수탁자의 성과가 계약내용과 일치하지 않을 경우에는 처음 두 번의 경우에는 경고와 벌금을 부과하고, 세 번째에는 계약을 파기하고 수탁금을 돌려주지 않도록 하고 있다(OECD, 1997).

문제를 방지하기 위해서는 수탁기관이 지불하는 위탁비용의 원천을 밝히고, 관련 사업이나 재원의 운용을 합리화시키는 것도 중요하다. 이와 함께 위탁사무 및 수탁자에 대한 지도·감독방법도 행정공무원의 내부적 방법에만 의존할 것이 아니라, 시민의 직접적인 평가와 시민단체 그리고 서비스의 성격에 따라서는 전문가에 의한 심층적인 평가의 방법도 적극적으로 활용할 필요가 있다.

Ⅶ. 결 론

본 연구에서는 중앙정부가 수행하는 위탁사무를 대상으로 현행 민간위탁 제도의 한계점과 개선과제를 제시하고자 하였다. 이를 위해 정부조직법과 「행정권한의 위임 및 위탁에 관한 규정」의 적용을 받아 민간에 위탁중인 16개 부처 총 131개 사무를 대상으로 위탁사무의 특성, 환경적 특성, 관리체계와 관리방식, 민간위탁의 효과 등을 조사하였다.

조사결과, 현행 민간위탁 제도는 산하기관을 중심으로 이루어지고 있고, 순수 민간기업에 대한 민간위탁은 매우 취약하여 경쟁을 통한 효율성 개선을 기대하기 어렵다는 데 근본적인 문제가 있었다. 이러한 문제점은 대체재나 대체적 공급자의 제약과 같은 행정서비스의 특성에 기인한 경우도 있었지만, 정부가 경쟁보다는 수탁자와의 협력이나 안정성을 확보하는 데 더 많은 관심을 기울이는 데에서 비롯된 측면이 많았다.

본 연구는 이러한 문제점을 개선하기 위한 제도적 과제로서 민간위탁에 관한 기본법령과 관련 법령 간의 법령체계 재정비, 부처간 갈등조정을 위한 주무부처의 총리실 이관방안, 민간위탁 대상사업과 수탁기관 선정방식의 합리화, 위탁사무의 위임사무로의 전환 등을 제시하였다. 또한 민간위탁의 효과를 제고하기 위하여 복수위탁이나 경합위탁 혹은 경영계약 등 경쟁 조장방안, 민간위탁에 대한 사전타당성 제도의 내실화 방안, 성과관리제도의 도입방안 등을 제안하였다. 아울러 민간수탁자에 대한 사후관리방법으로 지도·감독 등 행정 내부적인 방법뿐 아니라, 시민의 직접적인 평가와 시민단체 그리고 전문가에 의한 심층적인 평가의 방법도 적극적으로 활용할 필요가 있음을 주장하였다.

　본 연구의 의의는 다음과 같이 정리할 수 있다. 먼저, 행정서비스의 민간위탁에 관한 이론적 논의를 진전시키는 데 기여할 수 있다는 점이다. 민간위탁에 관한 기존의 논의들은 대개 논단형식이나 특정 행정기능에 대한 사례분석의 형태로 이루어지는 경향이 있다. 이 경우, 연구대상에 따라 연구결과가 달라지게 되어 민간위탁에 관한 논의의 일반화 가능성을 확보하기 어려운 문제점이 있다. 이에 비해서 본 연구는 16개 중앙부처가 실시하고 있는 위탁사무에 대한 실태조사를 토대로 논의를 전개함으로써 이러한 문제점을 극복하고자 하였다. 따라서 본 연구에서 제시된 연구결과들은 민간위탁에 관한 기존의 논의들을 진전시키는 데 기여할 것으로 생각된다.

　본 연구는 민간위탁에 관한 실무에도 기여할 수 있을 것으로 생각된다. 민간위탁에 관한 기존의 연구들은 민간위탁의 성과평가를 토대로 민간위탁 제도의 도입을 주장하거나, 민간위탁의 성공요건을 제시하는 데 중점을 두어 왔다. 그러나 이러한 논의들은 대개 규범적 성격을 탈피하지 못하여 실무적으로 적용하는 데에는 어려움이 있었다. 이에 비해서 본 연구는 민간위탁에 관한 실태조사에 기초하여 한국에 있어서 민간위탁 제도의 한계점과 개선과제를 도출하고 있다. 특히, 본 연구에서는 경쟁가능성을 제고할 수 있는 다양한 방안을 제시하였는데, 여기서 제시된 논의들은 현행 민간위탁 제도의 현실적합성을 제고하는 데 기여할 수 있을 것으로 기대된다.

12

읽기와 토론 12

수도권 신도시의 부침과 협치

(경향신문 2016. 5. 6자. 김정렬 대구대 교수)

한국의 수도권 신도시들은 서울특별시의 발전역량을 강화하고 보완하기 위해 출현하였다. 따라서 우리는 지난 반세기 동안 목격한 수도권 신도시들의 부침을 통해 향후 도시거버넌스의 경로를 가늠해 볼 수 있다. 서울이라는 중심을 둘러싼 주변 신도시들은 개발연대의 고도성장기를 통해 종속적 갑을관계를 유지했지만 '시민행복'과 '도시재생'이 부각된 지속가능발전의 시대를 맞이하여 협치에 기반을 둔 전방위 협력관계의 제도화를 요구받고 있다.

수도권 신도시의 기원은 1960년대 중반 이후 급증한 서울의 인구와 공장을 분산 수용하기 위해 경기도 광주군 성남출장소를 개청하면서 시작되었다. 하지만 당시 공영개발의 원칙을 도외시한 정부와 서울시의 투기방치형 도시개발사업 추진은 이주민들의 집단적 항의를 유발한 1971년 8월 '광주대단지 사건'으로 귀결되었다.

초기 이주민들의 불만은 1970년대 중반 이후 산업화와 도시화의 심화 단계에서 부동산 투기와 거품의 편익을 정부와 주민이 공유하면서 수면 아래로 가라앉았다. 하지만 1990년대 중반 분당이라는 중산층 신도시가 출현하자 본도심(수정구·중원구)과 신도심의 갈등이라는 내부적 조정 문제가 제기되었다.

이에 성남시는 호화청사 논란 속에서 단행한 시청 이전은 물론 향후 추진할 지방공기업 재배치에서 권역 간 균형발전의 이상을 실현하는 일에 유의하고 있다. 물론 최근에는 무상복지 3종 세트(청년배당·무상공공 산후조리원·무상교복)를 앞세운 이재명 시장의 친서민정책이 새로운 갈등의 소재로 부상하였지만 주거와 산업이 공존하는 판교신도시(판교테크노밸리)가 분출한 부동산 열풍이 내부적 갈등 확산의 방파제 역할을 수행하고 있다.

이러한 성남의 발전 경험은 비록 정도의 차이는 있지만 청계산 넘어 과천도 예외가 아니다. 행정신도시라는 특수성을 앞세워 안양이라는 본도심과 분리된 과천은 1982년부터 주요 경제부처와 문화체육시설들이 들어서자 경제사회 전반에서 고속성장세를 구가하였다. 자연지리적으로 유사한 의정부시가 수도권 북부에 위치한 군사도시라는 위협에 함몰된 반면, 과천시는 강남에 인접한 행정신도시라는 기회를 활용해 친환경 명품도시로 도약했다.

하지만 과천에 자리했던 경제부처들이 2013년을 전후해 세종특별자치시로 이전하면서 위기의 그림자가 드리우기 시작하였다. 경제부처를 대신해 산하단체들이 과천으로 이주해 왔지만 지역경제는 좀처럼 살아나지 못하고 있다. 경제권력에 버금가는 국방권력의 핵심인 방위사업청의 과천 이전을 요구하는 목소리가 커진 일이 이를 입증하는 사례이다.

과천시는 아파트 재건축 주기의 집중과 경마 레저세 배분을 둘러싼 논란으로 가중된 재정위기도 경험하고 있다. 전성기의 과천시는 양호한 재정능력을 앞세워 전국 최고 수준의 공공서비스와 전국 최저 수준의 공공요금을 자랑했다. 하지만 이제는 가장 고통스럽다는 부자의 긴축을 감내해야 한다.

2014년 지방선거에서 쟁점으로 부상한 과천의 재정위기는 2010년 7월 단체장 취임 직후에 지불유예를 선언했던 성남과 비교해도 간단한 문제가 아니다. 하지만 구조조정에 임하는 과천시의 정책방향은 그 진정성이 의문시된다. 협치라는 수평적 협력과 공존의 시대를 맞이해 고통분담의 강도를 공공부문 먹이사슬의 최하단에 위치한 지방공기업에 가중시켰기 때문이다. 과천시시설관리공단의 경쟁력이 과천시청에 비해 떨어지지 않는 상태에서 자기책임하에 사업을 수행하는 '공사'와 달리 시청의 공공서비스 대행기관에 불과한 '공단'의 적자를 문제 삼아 인력 감축과 보수 삭감을 일방적으로 통보한 조치는 누가 보아도 과도한 벌에 해당한다.

12

CHAPTER
13 평가자의 직업윤리: 선진 각국의 평가윤리 사례분석

I. 서 론

본 연구는 선진 각국이 채택하고 있는 평가윤리의 원칙과 표준(ethical principles and standards for evaluation)에 관한 주요 내용과 특징 및 한계를 살펴보고, 이를 바탕으로 한국적 실정에 맞는 시사점을 도출하는데 목적이 있다.

우리나라의 경우, 「정부업무평가기본법」을 비롯한 각종 법령을 통해서 정부 및 공공부문에 성과평가(performance evaluation)가 확산되어 왔으며, 이에 따라 정부업무평가에 대한 외부전문가들의 참여범위와 빈도 및 역할도 강화되고 있다. 그러나 이처럼 외부전문가들이 정부업무와 공공기관의 평가과정에 활발하게 참여하는 만큼 이에 상응하여 평가자들의 윤리가 작동하는지에 대해서는 의문이 있다(송희준, 2006).

평가윤리의 중요성이 더욱 강조되어야 할 근본적인 이유는 평가의 본질적인 속성에서 기인한다. 기존의 평가연구들은 평가방법이나 평가지표의 개발 등과 같은 기술적인 문제에 치중해 온 경향이 있다. 그러나 '평가'(evaluation)라는 단어에 가치(value)라는 말이 내포되어 있는데서 알 수 있는 것처럼, 평가는 가치판단과 관련될 수밖에 없다. 또 평가대상인 정책은 중립적인 것이 아니라, 정치적 협상의 산물이다. 평가는 그 본성상 정책의 문제점과 정당성 등에 관한 정치적 함축성에 관심을 가지며, 정책결정의 환류를 통해서 정치적 장(場)에 들어오게 된다

(Weiss, 1987: 47~48). 따라서 평가는 불가피하게 정치적 안건으로 다루어지고, 정치적 주장을 위한 수단이 된다(Guba & Lincoln, 1987: 216). 이러한 점들은 평가의 본질이 기술적이고 관리적인 것이 아니라, 정치적이라는 점을 의미한다. 따라서 실제의 상황에서 평가자들은 정치적 이해관계와 관련된 딜레마에 다양하게 당면할 수 있기 때문에 무엇이 옳고 그른지에 관해서 지침이 될 수 있는 평가윤리강령이나 윤리원칙이 요구된다(Russ-Eft & Preskill. 2009: 123).

평가윤리의 필요성은 실증조사 결과들을 통해서도 확인되고 있다. Blazer가 미국, 호주, 캐나다, 영국, 스웨덴의 평가전문가들을 대상으로 실시한 설문조사 결과에 따르면, 평가과정에서 윤리에 대한 고려가 절대적으로 필요하다고 밝힌 것으로 나타났다(Berends, 2007: 40). 또 호주평가협회(AES) 산하의 윤리위원회가 인터넷 설문조사 방식을 통하여 조사한 바에 따르면, 대부분의 응답자들은 평가과정에서 윤리적 난제와 딜레마에 당면한 경험이 있다고 보고했다(Turner, 2003). 이러한 점들은 평가에 있어서 윤리문제가 매우 핵심적인 과제로 대두되고 있음을 보여준다.

그러나 송희준(2006)과 홍준현(2004) 및 문태현(1995) 등의 연구를 제외하면, 평가윤리에 관한 국내의 연구는 매우 미흡한 실정이다. 이에 본 연구에서는 미국, 영국, 프랑스, 캐나다, 호주 등이 채택하고 있는 평가윤리원칙과 평가표준을 살펴보고, 이를 바탕으로 평가윤리의 제고를 위한 개선과제를 도출하고자 한다. 논의의 순서는 다음과 같다. 먼저, 평가윤리의 의의와 역할에 관한 이론적 논의를 제시하고, 제3절에서는 미국, 영국, 프랑스, 캐나다, 호주 등이 채택하고 있는 평가윤리원칙과 평가표준의 내용을 소개한다. 제4절에서는 외국사례를 바탕으로 평가윤리원칙과 평가표준의 특징과 한계를 살펴보고, 마지막으로 우리나라의 평가윤리에 관한 시사점과 개선방안을 제시한다.

II. 평가윤리에 관한 이론적 논의

1. 평가윤리의 의의

윤리(ethics)는 인간이 어떤 사회적 집단을 이루고 사는데 있어서 서로 약속되고 공인된 행동기준이며, 그 집단에 속하는 모든 구성원들에 대하여 그것을 당위적으로 준수할 것을 요구하는 사회적 규범을 말한다. 일반적으로 윤리는 '무엇이 옳고 그른가를 규명하기 위하여 이성을 사용하는 과정'으로 정의되며, 이의 기본적인 개념은 '해를 끼치지 않는다'(do no harm)는 것이다. 이러한 윤리는 두 가지 측면으로 구분해서 볼 수 있다. 하나는 모든 사람들에게 적용되어야 하는 도덕적 행동의 기본적 원칙(fundamental principle of moral behavior)에 관한 것이고, 다른 하나는 특정한 직업에 종사하는 사람들에게 적용되는 행위원칙(principle of conduct)이다(Newman & Brown, 1996: 20). 전자가 일반윤리에 해당된다면, 후자는 직업윤리에 관한 것이라고 할 수 있다.

한편, 평가윤리의 중요성을 언급한 문헌들은 종종 발견되지만, 평가윤리(evaluation ethics)가 무엇인지에 대해 정의한 경우는 많지 않다. 후술하는 것처럼, 각국의 평가협회들은 평가윤리를 구체적으로 정의하지 않은 채 지침(guidelines), 원칙(principles), 표준(standards), 강령(codes), 규범(norms) 등과 같이 다양한 용어들을 사용하고 있는 실정이다.[1] 본 연구와 관련해서는 문태현(1995: 89)의 논의를 참고할 만한데, 그는 정책윤리를 "올바른 정책이 갖추어야 할 원리나 기준 및 올바른 정책결정 절차"로 정의하였다. 이를 원용하면, 평가윤리는 '올바른 평가가 갖추어야 할 원리나 표준'을 의미하는 것으로, 캐나다재무위원회(Treasury Board of Canada Secretariat, TBCS, 2006: 15)의 정의와 일치한다.[2]

일반적으로 윤리는 인간에 관한 관계적 개념으로 이해된다. 이에 따라 Simons(2011)는 윤리를 개인적 차원(personal)과 공동체 차원(community) 및 직업적 차원(professional)으로 구분한다. 이와 유사하게 송희준(2006)은 정책평가자의 역할을 과학기술자, 고객옹호자 및 쟁점옹호자로 구분하고, 각각의 역할에 필요한 평

---

1) Simons(2011)에 따르면, 원칙(principles)은 어떤 행동을 유도하기 위한 윤리적 교훈을 구체화한 일반적인 진술(general statements)로서 규범적이고 바람직한 행동을 희구하고, 표준(standards)은 다른 사람들이 따라야 할 구체적인 진술(specific statements)로서 규범적이고 모범적인 행동을 나타낸다. 평가표준은 평가자와 고객들이 효과적으로 의사를 교환하고, 평가를 통해 충족되어야 할 기준(criteria)에 관해서 상호간에 명확하게 이해하도록 해준다. 평가표준은 평가자나 이해관계자들이 자기들에게 맞추어 평가결과를 부당하게 왜곡시킬 수 있는 가능성을 제거해준다는 점에서 평가윤리와 관련되는데, 이런 점에서 평가표준이 평가윤리원칙보다 협의의 개념이라고 할 수 있다.

2) TBCS(2006)는 윤리(ethics)를 '올바른 행동에 대한 원칙(principles)이나 표준(standards)'으로 정의한다.

가윤리로서 분석적 정직성, 고객책임성, 선 사회구현을 제시한다. 또한 홍준현 (2004)은 정책윤리를 정책가 자신과 관련된 윤리, 고객과 관련된 윤리, 동료 및 직업과 관련된 윤리, 일반국민과 관련된 윤리로 구분하고 있다. 송희준(2006)의 고객책임성을 직업적 차원으로 이해하고, 홍준현(2004)이 직업적 차원의 윤리를 고객 및 동료에 대한 윤리로 세분화한 것으로 보면, 윤리적 차원에 관한 논의들은 차이가 크지 않은 것으로 볼 수 있다.

2. 평가윤리의 기능과 역할

평가윤리를 이해하기 위해서는 평가윤리가 수행하는 기능과 역할을 살펴볼 필요가 있는데, 이는 다음과 같이 정리할 수 있다.

먼저, 평가윤리는 평가자와 피평가자를 포함한 이해관계자들과 공익을 보호하는 역할을 할 수 있다. 직업윤리강령을 개발하는 주된 이유 가운데 하나는 전문가에 비해서 상대적으로 열악한 위치에 있는 의뢰인을 보호하기 위한 것이다 (Welfel, 2006). 이를 평가자와 피평가자의 관계에 원용하면, 평가윤리는 평가의 의뢰자나 피평가기관에 대한 평가자의 의무를 명확하게 함으로써 의뢰인과 피평가자의 이익을 보호하는 것으로 이해된다. 또 평가윤리를 통해서 평가에 관한 사회적 정의와 형평성을 확보하고, 평가과정과 평가결과의 보고과정에서 발생할 수 있는 피해를 최소화하는데 관심을 기울인다.

둘째, 평가윤리는 윤리적 평가문화를 구축하는데 기여할 수 있다. 평가의 본질적인 속성은 중립적인 것이 아니라 정치적이다. 따라서 평가를 수행하는 과정에서 평가자들은 윤리적 딜레마 상황에 당면할 수 있다.[3] 이러한 문제들은 평가자 자신은 물론, 평가자와 상호작용하는 사람들의 윤리적 행동에 관한 의사결정과 관련되어 있다. 이런 경우, 평가윤리는 무엇이 옳고 그른지에 관해서 지침을 제공함으로써 평가자들이 윤리문제들에 좀 더 효과적으로 대처할 수 있도록 도와준다. 평가윤리가 구체적인 상황에서 '무엇을 어떻게 해야 한다'고 알려주는 것은 아니지만, 평가과정에서 평가자들이 준수해야 할 사항이 무엇인지를 알려줌으

---

3) Morris & Cohn(1993)이 미국 평가협회 회원 450명을 대상으로 실시한 실증조사에 따르면, 응답자 가운데 65%가 평가과정에서 윤리적 문제를 경험한 적이 있는 것으로 응답하였으며, 평가경험이 많을수록 윤리문제에 대한 경험도 많은 것으로 나타났다.

로써 윤리적 평가문화를 구축하는데 기여할 수 있다.

셋째, 전문직업으로서 평가(evaluation as profession)의 위상을 강화시키는데 도움이 될 수 있다(Simons, 2011: 7).[4] 윤리강령(code of ethics)이나 행동강령(code of conduct), 혹은 윤리적 표준(ethical standards)의 존재 여부가 전문직을 구성하는 중요한 구성요소라는 점은 대체로 인정되고 있다(TBCS, 2006: 5). 평가윤리는 평가분야의 직업윤리로서 평가자들의 비윤리적 행위를 방지하고, 구성원들에게 윤리교육을 실시함으로써 평가자 집단에 대한 평판을 높여준다. 미국이나 캐나다 등이 평가협회를 구성하고 평가윤리와 평가표준을 개발해 온 배경에는 평가영역의 발전에 따라 평가분야도 점점 직업적 범주의 특징을 띠게 되었다는 점이 작용하고 있다(Morris, 2008: 7).

끝으로, 바람직한 평가관행을 촉진시키고, 평가관리(management of evaluation)를 강화하는데 도움이 될 수 있다. 평가윤리의 원칙이나 표준들은 평가과정에서 당면하는 실제적인 문제들을 해결하기 위한 일반적인 원칙을 제공함으로써 평가자들이 가장 좋은 방법으로 평가할 수 있도록 도움을 준다. 또한 평가에 방향성을 제공하고, 평가자와 이해관계자들의 의사소통과 협력을 촉진시켜 준다. 이를 통해 평가에 대한 고객의 신뢰성(credibility)을 제고하고, 유해하거나 부패한 관행으로부터 고객과 사회를 보호한다. 나아가 평가표준은 평가가 올바로 수행되었는지를 점검할 수 있는 객관적인 기준이 되므로 이를 통해 평가에 대한 책임성(accountability)을 제고할 수 있다. 궁극적으로 불공정 행위 등에 대한 논란을 판단할 수 있는 기초를 제공하고, 평가에 관한 연구를 유도하는 개념적 틀이나 논리를 제공함으로써 평가제도의 발전에 기여할 수 있다.

Ⅲ. 각국의 평가윤리 원칙과 평가표준

직업표준과 윤리규범은 국제적으로 많이 개발되어 왔다. 일반적으로 평가표준을 출발점으로 활용하여 자국의 문화적 맥락이나 국가적 가치를 반영하여 자

---

4) 평가가 별도의 '직업'인지에 대해서는 추가적 논의가 필요하지만, 평가윤리가 평가자들의 평가업무 수행과 관련된 윤리기준이라는 점에서 직업윤리의 성격을 가진다고 볼 수 있다. 이는 일반인들에게는 별다른 문제가 되지 않는 행동들이 평가자에게는 허용되지 않는다는 것을 의미한다.

체적인 원칙과 표준을 개발하여 운영하는 것이 보통이다. 아래에서는 외국에서 채택하고 있는 평가윤리의 원칙과 평가표준의 주요 내용을 살펴보기로 한다.

1. 미 국

미국의 경우에 평가윤리와 관련하여 중요하게 적용되는 지침은 두 가지이다. 하나는 미국평가협회(American Evaluation Association, AEA)의 「평가자를 위한 지도원칙」(Guiding Principles for Evaluators)이고, 다른 하나는 교육평가표준합동위원회(Joint Committee on Standards for Educational Evaluation, JCSEE)가 개발한 「프로그램 평가표준」(Program Evaluation Standards)이다.

1) 「평가자를 위한 지도원칙」(Guiding Principles for Evaluators)

미국평가협회는 1986년에 평가네트워크(Evaluation Network)와 평가연구회(Evaluation Research Society)가 통합하여 창설되었다. 미국평가협회는 1994년에 평가에 관한 다섯 가지의 기본적인 원칙에 합의하였는데, 이를 수립한 목적은 평가 실무에 대한 지침의 제공, 고객과 일반대중에 대한 평가원칙에 관한 정보 제공, 평가의 전문직업화와 전문직업인으로서 평가자의 사회화를 위한 것이었다(AEA, 2004). 미국평가협회가 채택한 다섯 가지 원칙은 체계적 탐색, 역량, 청렴성/정직성, 인간존중, 공익에 대한 책임 등이다.

첫째, 체계적 탐색(systematic inquiry)은 자료를 근거로 체계적으로 탐색을 수행해야 한다는 것이다.

둘째, 역량(competence)은 평가를 통해서 이해관계자에게 유용한 성과를 제공해야 한다는 것이다.

셋째, 청렴성/정직성(integrity/honesty)은 평가자가 정직하고 성실하게 행동해야 할 뿐 아니라, 전체 평가과정에서 성실성과 정직성을 유지하도록 노력해야 한다는 것을 말한다.

넷째, 인간존중(Respect for People)은 평가에 있어서 응답자와 프로그램 참여자, 고객 및 다른 이해관계자의 안전성과 존엄성 및 가치(self-worth)를 존중해야 한다는 것이다.

13

다섯째, 공익과 공공복지에 대한 책임(Responsibilities for General and Public Welfare)은 평가와 관련하여 일반대중의 이익이나 공익 및 가치를 고려해야 한다는 것이다.

표 13-1 미국평가협회(AEA)의 평가자를 위한 지도원칙

평가원칙	세부내용
1. 체계적 탐색	1. 평가정보의 정확성과 신뢰성 확보를 위해 고도의 기술적 기준의 적용 2. 평가문제 해결을 위한 접근방법의 장단점에 관해 이해관계자와 협의 3. 비판이 가능하도록 평가방법, 평가결과와 평가한계를 정확·자세하게 공표
2. 역량	1. 평가에 필요한 학식, 능력, 기술, 경험 등의 보유 2. 다양한 가치의 인식 및 해석을 위한 문화적 역량의 보유 3. 교육/역량의 범위 내에서 평가를 수행하고, 한계를 넘어서는 평가는 거절 4. 평가자의 역량의 지속적인 유지 개선
3. 성실성/정직성	1. 평가비용, 임무, 한계, 예상결과, 자료용도 등에 관한 고객과의 협의 2. 평가자로서의 역할과 이해관계가 상충될 경우에 사전에 공표 3. 처음에 계획했던 평가계획과의 변화내용의 기록 및 변화 이유의 보고 4. 평가자와 고객 및 다른 이해관계자의 이해관계와 가치를 공개 5. 평가절차·자료·실적 등을 올바로 반영하고, 타인의 오용을 방지·수정 6. 오도된 평가정보나 평가결과가 초래될 경우에는 문제발생과 이유를 전달 7. 평가자들은 평가에 필요한 모든 재정적 지원의 원천 공개
4. 인간존중	1. 평가결과에 영향을 미치는 맥락적 요소들(예, 지리적 위치, 시기, 정치적 및 사회적 풍토, 경제여건 등)에 대한 이해 2. 현존 직업윤리, 표준, 위험·위해 등에 관한 규제, 평가부담 등의 준수 3. 고객이나 이해관계자의 불필요한 손해의 최소화 및 이익의 극대화 4. 평가결과를 전달할 때 이해관계자들의 존엄성과 자존심 존중 5. 사회적 형평성을 고려하여 사람들이 평가의 편익을 받도록 배려 6. 문화, 종교, 성별, 장애, 연령, 민족 등 참여자간 차이의 이해 및 존중
5. 공익에 대한 책임성	1. 평가기획 및 평가결과 보고시, 모든 이해관계자들의 관점과 이익의 반영 2. 운영실적과 산출결과는 물론, 가정이나 함의 및 잠재적 부작용의 고려 3. 평가정보에 대한 이해관계자들의 접근성 제고 및 적극적인 정보의 배포 4. 고객의 니즈와 여타의 니즈 사이에 균형 유지 5. 공익 달성의 의무

자료: www.eval.org

2) 「프로그램 평가표준」(Program Evaluation Standards)

교육평가표준합동위원회(JCSEE)의 「프로그램 평가표준」은 교육프로그램이나 자료의 설계, 채택 및 비판을 지도하기 위한 목적으로 개발되었다(JCSEE, 1994).[5] 이 표준은 교육프로그램을 대상으로 작성되었지만, 교육영역에만 적용되는 것은 아니다. 실제로 '교육'이라는 용어가 30개의 표준 가운데 어디에서도 나타나지 않는다. 따라서 프로그램 평가윤리는 교육분야 이외의 여타 평가윤리에 관한 논의에서 나타나며, 앞에서 설명한 미국평가협회의 「평가자를 위한 지도원칙」에 비해 매우 구체적이기 때문에 평가자들에게 유용성이 높은 것으로 평가된다(Morris, 2008: 13).[6]

프로그램 평가표준은 유용성, 실행가능성, 적합성, 정확성 및 책임성의 네 가지 범주로 구분되며, 각각의 범주는 평가의 중요한 속성을 반영하고 있다.

첫째, 유용성(utility)은 평가가 수요자에게 유용하고 적합하게 활용된 정도를 의미한다. 이는 8개의 세부표준으로 구성되는데, 여기에는 평가자의 신뢰성, 이해관계자에 대한 존중, 평가목적의 명확화, 평가의 기초가 되는 개인적 및 문화적 가치의 명료화, 평가정보의 적정성, 평가과정과 산출물의 적응성, 의도하지 않았던 부정적 결과나 오용의 방지 등이 포함된다.

둘째, 실행가능성(feasibility)은 평가의 효과성과 효율성을 제고하기 위한 것으로, 이를 위해서는 프로젝트 관리전략의 효과성, 실용적 절차의 활용, 문화적 및 정치적 이해관계 등의 고려, 자원의 효율적 활용 등이 요구된다.

셋째, 적합성(propriety)은 평가가 적정하고, 공정하며, 합법적이며 정당한지에 관한 것이다. 여기에는 이해관계자와 공동체의 요구에 대한 반응성, 평가계약의 공식적 합의, 참여자와 이해관계자의 존엄성과 법적 권리를 고려한 평가설계 및 평가수행, 이해관계의 명확성과 공정성, 투명성과 공개성, 평가와 관련된 이해갈등의 회피 등이 포함된다.

---

5) 교육평가표준합동위원회(JCSEE)는 1975년에 12개의 직업조직들이 연구와 평가연구를 함께 수행하기 위해서 구성되었다. 이 위원회는 많은 연구자와 평가자의 검토와 비평 및 공청회 등을 거쳐서 1981년에 30개의 표준을 명시한 평가표준을 발간하였다. 이어 1994년과 2008년 두 차례의 수정을 거쳤는데, 본 연구에서는 2008년의 제3차 개정안을 중심으로 논의한다.

6) JCSEE의 평가표준은 미국은 물론 캐나다와 호주 및 뉴질랜드 등에서도 중복적으로 채택하고 있는데, 이점은 JCSEE의 평가표준이 체계적이고 관련 분야에서 존중되고 있음을 보여준다.

넷째, 정확성(accuracy)은 평가가 신뢰할 만하고, 정확하며, 진실된 것으로 믿을 만한 정도를 의미하는 것으로, 이를 위해서는 평가결과나 결정의 정당성, 평가정보의 일관성, 해석의 타당성, 정보수집, 점검, 검증 및 저장의 체계성, 평가설계와 분석의 정확성, 평가논리의 명확성과 무오류성, 의사소통을 통한 오해나 왜곡의 방지 등이 요구된다. 마지막 원칙은 평가책임성(evaluation accountability)으로, 이는 평가에 관한 사항들을 적절하게 기록하고, 평가과정과 평가결과의 향상 및 책임성에 초점을 두고 메타평가적 관점을 적용하는 것이다.

2. 캐 나 다

캐나다평가협회(Canadian Evaluation Society, CES)는 「윤리적 행동을 위한 지침」(guidelines for ethical conduct)을 운영하고 있다. 이 지침이 강조하는 윤리원칙은 역량, 성실성 및 책임성의 세 가지로, 이의 주요 내용은 다음과 같다(www.evaluation-canada.ca).

먼저 역량(competence)은 평가자는 고객에게 서비스를 제공함에 있어서 유능해야 한다는 것으로, 이를 위해 평가자는 평가에 알맞은 체계적인 방법을 적용해야 하고, 평가에 적합한 내용적 지식을 보유하고 제공해야 한다.

다음으로 성실성(integrity)은 고객과의 관계에 관한 것으로, 평가와 관련된 자기의 지식수준을 정확하게 나타내야 하고, 평가를 수행하기에 앞서서 혹은 이해관계의 갈등이 발생한 시점에서 고객에게 이해관계의 상충(conflict of interest)을 선언해야 한다. 또한 평가자는 모든 이해관계자들의 문화적 및 사회적 환경에 민감해야 하고, 이러한 환경에 적합한 방법으로 평가를 수행해야 한다. 끝으로, 비밀엄수, 사생활보호, 의사소통 및 평가결과의 소유권 등에 관해서 고객들과 협의해야 한다고 규정하고 있다.

책임성(accountability)은 평가자가 평가의 산출물과 성과에 대해서 책임을 져야 한다는 것이다. 이를 위해 평가자는 평가전략과 평가방법의 선택과 관련하여 고객들이 의사결정을 원활하게 할 수 있도록 고객들에게 정보를 제공해야 할 책임을 진다. 또한 평가자는 평가를 통해서 발견한 사실, 한계 및 권고사항 등을 명확하고 정확하며 공정하게 제시해야 한다. 아울러 평가자는 지출에 대해 설명하고,

표 13-2 캐나다평가협회(CES)의 윤리적 행동을 위한 지침

윤리기준	세부내용
1. 역량	1. 평가에 맞는 체계적인 방법을 적용할 것 2. 평가에 맞는 지식과 내용을 보유할 것 3. 자기의 방법론 및 기능을 향상시키기 위해 지속적으로 노력할 것
2. 성실성	1. 기능과 지식의 수준을 정확하게 설명할 것 2. 이해관계 상충이 발생할 때 고객에게 공지할 것 3. 이해관계자들의 문화적 및 사회적 환경을 이해하고, 이에 적합한 방법으로 평가할 것 4. 비밀엄수, 사생활보호, 의사소통 및 평가결과의 소유권 등에 관해 고객과 협의할 것
3. 책임성	1. 고객이 적절한 평가전략과 평가방법을 선택할 수 있도록 정보를 제공할 것 2. 평가를 통해 발견한 사실, 한계 및 권고사항 등을 명확하고 정확하며 공정하게 문서나 구두로 전달할 것 3. 지출에 대해 설명하고, 고객들이 비용에 비해 좋은 서비스를 받을 수 있도록 재정적 의사결정에 책임을 질 것 4. 평가의 종결에 대해서 책임을 질 것

자료: www.evaluationcanada.ca

13

고객들이 좋은 서비스를 받을 수 있도록 재정적 의사결정에 책임을 져야 한다.

3. 영 국

1994년에 설립된 영국평가협회(UK Evaluation Society, UKES)는 평가윤리에 관한 원칙이나 방침을 명확하게 제시하지 않고 있다. 다만, 2003년에 평가활동에 관한 수범사례를 구축하기 위하여 「모범적 평가를 위한 지침」(Guidelines for good practice in evaluation)을 개발하고, 이를 통해 「평가자를 위한 지침」(guidelines for evaluators)을 제시하고 있다.[7]

영국평가협회는 평가자들에게 평가의 목적과 방법 및 의도된 산출물과 산출결과를 밝히고, 기대하지 않았던 효과에 주의해야 하며, 목적의 변화에 대응해야

---

7) 영국평가협회의 「모범적 평가를 위한 지침」은 네 개의 절로 구분되며, 각각의 절은 평가자 자신과 평가주관부처, 평가참여자 및 자체평가와 관련된 사람들에 관한 내용으로 구성되어 있다. 이 가운데 본 연구목적과 관련된 내용은 「평가자를 위한 지침」이므로 여기서는 이를 중심으로 논의한다.

한다는 점을 강조한다. 또 평가과정에서 평가의 접근방법과 실제의 행동이 변경
될 수 있다는 점을 평가책임기관에게 미리 알려주고, 평가의 진행과정에서 발생
하는 변화된 사항들을 대화를 통해 알려주도록 권고하고 있다. 평가를 위한 계약
과 관련하여 외부의 지원이나 중재를 계약에 포함시키는 것이 유용한지를 검토
하고, 계약에 합의하기 전에 평가책임기관과 사전에 토론을 실시하며, 계약의 합
의사항을 준수하고, 평가의 설계와 실행의 요건에 중대한 변화가 있을 때에는 평
가책임기관과 협의할 것을 제안하고 있다. 아울러 평가품질을 제고하기 위해 경
과보고서(progress reports)를 통해서 다른 사람들에게 평가의 품질을 알려주고, 계
약에 합의된 품질확보절차를 준수할 것을 강조하고 있다. 이밖에 평가에 참여하
는 사람들의 지위와 경력 등에 유해한 영향을 미치지 않도록 노력하고, 평가설계
부터 평가수행에 이르는 모든 과정이 투명하고 목적에 부합하게 진행되도록 노
력해야 한다는 점을 제시하고 있다.

이와 함께 영국평가협회는 평가자들이 증빙자료를 적절하고 폭넓게 활용
하여 증빙자료에 따라 평가결론을 도출하고, 평가과정에서 자료보호법(Data
Protection Act)을 위반하지 않도록 자료를 안전하게 저장할 수 있는 절차를 마련하
도록 하고 있다. 또 다른 사람의 지적재산권이나 작업결과를 침해하지 않도록 하
고, 평가방법과 평가를 통해서 발견된 사실들, 자료 및 출판물 등에 대한 판권에
대해서는 계약을 통해서 합의하는 것이 바람직함을 밝히고 있다. 나아가 평가를
통해서 발견될 사실들을 기록하고 소통해야 하며, 평가의 활용도를 극대화하기
위해서 평가를 시작할 때부터 평가결과의 공표에 관해서 평가책임기관과 합의하
는 것이 바람직하다는 점을 강조한다.

또한 실제로 평가를 수행함에 있어서 평가자들은 공공영역의 학습을 증진시
키기 위한 평가목적에 성실하게 임해야 하고, 달성가능성과 평가자의 능력에 관
해서 현실성을 가져야 하며, 평가과정의 청렴성을 훼손할 우려가 발생할 경우에
는 평가계약을 거절하거나 종결할 것을 권고하고 있다. 나아가 특정한 맥락에서
평가에 관해서 알아야 할 대중의 권리를 인식하고, 평가과정과 평가결과의 공표
과정에서 모든 사람들을 형평성 있게 처우해야 한다는 점을 강조하고 있다.

| 표 13-3 | 영국평가협회(UKES)의 평가자를 위한 지침(guidelines for evaluators) |

1. 평가목적, 방법, 의도된 산출물과 산출결과를 밝히고, 기대하지 않았던 효과에 주의할 것
2. 평가의 접근방법과 실재가 변경될 수 있다는 점을 평가책임기관에 조언하고, 평가가
   종결될 때까지 발생하는 변화와 진전상황들을 알려줄 것
3. 외부지원이나 중재를 계약에 끼워 넣는 것이 도움이 될 것인지 고려할 것
4. 계약에 합의하기 전에 평가책임기관과 사전적인 토론을 할 것
5. 계약의 합의사항을 준수하고, 평가설계와 실행요건에 변화가 있을 때는 협의할 것
6. 경과보고서(progress reports)를 통해 평가품질을 제시하고, 품질확보 절차를 준수할 것
7. 참여자의 지위와 경력 등에 영향을 미칠 수 있는 유해한 영향을 최소화할 것
8. 평가설계와 평가수행이 투명하고 목적에 부합한다는 점을 제시할 것

이와 함께 평가자는,
1. 증빙자료를 적절하고 폭넓게 활용하고, 증빙자료에 따라 평가결론을 도출할 것
2. 자료보호법의 한계 안에서 평가를 하고, 자료의 안전한 저장절차를 마련할 것
3. 지적재산권이나 다른 사람의 작업을 인정할 것
4. 평가방법, 발견된 사실들, 자료 및 출판물 등에 대한 판권계약에 합의할 것
5. 평가를 통해 발견된 사실들을 기록하고 소통할 것
6. 평가활용도를 극대화하기 위해 평가결과의 공표에 관해서 평가책임기관에 동의할 것

실제로 평가자들은
1. 평가과정과 공공영역의 학습을 증진하기 위한 평가목적에 성실하게 임할 것
2. 달성가능성과 평가자의 능력에 관해서 현실성을 가질 것
3. 평가과정의 성실성을 훼손할 우려가 있을 때는 평가계약을 거절하거나 종결할 것
4. 평가에 관해 알아야 할 대중의 권리에 대해서 주장할 준비를 할 것
5. 평가과정과 평가결과의 공표과정에서 모든 사람들을 형평성 있게 대우할 것

자료: www.evaluation.org.uk

13

4. 프 랑 스

프랑스평가협회(French Evaluation Society, SFE)는 1999년에 창설되었으며, 평가
방법과 윤리적 원칙 및 품질표준의 개발을 주도하고 있다. 2003년 10월에 프랑스
평가협회의 총회에서 채택된 「평가지도원칙에 관한 강령」(Charter of Evaluation
Guiding Principles for Public Policies and Programmes)은 프랑스평가협회 회원들이 공
유하고 있는 가치를 표현한 것이다. 이 강령에 규정된 지도원칙(guiding principles)

은 다원성, 독립성, 역량, 인간 존중, 투명성, 조언가능성 및 책임성의 일곱 가지 원칙으로 구성된다(www.sfe-asso.fr).[8]

먼저, 다원성(pluralism)은 평가의 실행과정이 공공관리(public management), 민주주의 및 과학적 논의와 같은 상이한 논거에 의해서 영향을 받는다는 점을 전제로, 평가대상이 되는 정책이나 프로그램에 관한 다양한 관점들을 균형적으로 고려해야 한다는 것이다.

독립성(distance)은 평가가 불편부당하게(impartially) 수행되어야 하며,[9] 이를 위해 평가자는 상대방에게 이해관계의 상충(conflict of interest)이 발생할 수 있음을 알려주어야 한다. 또한 독립성은 평가과정이 프로그램 관리와 의사결정과정과 독립적으로 수행된다는 것을 의미하기도 하는데, 이는 정책결정자의 선택의 자유를 보호하는 역할을 수행한다.

평가의 설계, 평가의 관리와 의뢰(commission), 자료수집과 방법론 선택, 사실의 해석 등에는 특별한 역량이 필요하다. 따라서 역량(competence)은 평가에 참여하는 사람들은 전문적 기법들을 구축하고 부단히 갱신해야 할 것을 요구한다.

인간존중(respecting the integrity of individual)은 평가의 영향을 받는 모든 사람들의 권리(rights)와 고결성(integrity) 및 안전(safety)을 존중해야 한다는 것을 말한다. 이런 점에서 평가자는 당사자의 동의없이 자기들이 수집한 정보와 의견의 출처를 공개해서는 안 된다.

투명성(transparency)은 평가에서 발견된 사실들(평가결과)을 제시할 때 평가대상, 목적, 의도했던 관련자들, 물어봤던 질문들, 사용된 방법들과 방법론적 한계, 주장들, 그리고 이러한 사실들에 이르게 된 기준들(criteria)을 명확하게 기술해야 한다는 것을 말한다. 평가에서 발견된 사실들(평가결과)은 공표되어야 하며, 평가결과의 공표방법은 평가를 시작할 때 미리 결정해 두어야 한다.

조언가능성(advisibility)은 2006년의 개정안을 통해 신설된 내용으로, 이는 평가의 촉진과 민주적 보고, 공공지출의 효율성, 조직학습 등 이 헌장의 서문에서

---

8) 2003년에 채택된 프랑스평가협회의 「프로그램평가 지도원칙에 관한 강령」(Charter of Evaluation Guiding Principles for Public Policies and Programmes)은 2006년에 개정되었다. 이를 통해 기존의 여섯 가지 원칙에 조언가능성(principle of advisibility)을 추가하여 일곱 가지 원칙으로 확대하고 다원성의 내용을 다소 변경하였으나, 나머지 내용은 차이가 없다(www.sfe-asso.fr).

9) independence라는 용어가 2006년에 principle of distance로 변경되었으나, 그 내용이 개정 이전과 동일하고 내용적 적절성 등을 고려하여 여기서는 '독립성'이라는 용어를 사용하였다.

표 13-4	프랑스평가협회(SFE)의 평가지도원칙
지도원칙	세부내용
1. 다원주의	• 평가활동에 관하여 표명된 정당한 모든 관점들을 균형적으로 고려해야 하므로 다양한 이해관계자들을 참여시킬 것
2. 독립성	• 평가는 불편부당해야 하므로 이해관계의 상충가능성을 고지할 것 • 평가과정은 프로그램 관리와 의사결정과정과 독립적으로 수행할 것
3. 역량	• 평가설계, 평가관리와 의뢰, 자료수집과 방법론 선택, 사실 해석 등에는 특별한 역량이 필요하므로 전문기법들을 구축하고 부단히 갱신할 것
4. 인간 존중	• 평가의 영향을 받는 사람들의 권리, 고결성, 안전을 존중할 것 • 당사자의 동의 없이 수집한 정보와 의견의 출처를 공개하지 않을 것
5. 투명성	• 평가대상, 평가목적, 관련자들, 질문들, 사용된 방법들과 방법론적 한계, 주장들, 그리고 적용된 기준들을 명확하게 기술할 것 • 평가결과를 공표할 것
6. 책임성	• 평가를 시작할 때, 관련자들의 책임성을 미리 할당할 것 • 평가의 책임성을 평가의 기능별로 명확하게 배분할 것 • 평가에 필요한 자원이나 정보를 이용할 수 있을 것 • 평가의 참여자들은 이 헌장이 설정한 지침을 원만하게 집행할 것

자료: www.sfe-asso.fr

언급된 목표와 관련된 결과를 산출할 가능성이 있을 때에만 평가를 하기로 결정하고 설계해야 한다는 것을 말한다.

책임성(responsibility)을 확보하기 위해 평가를 시작할 때 관련된 행위자들 사이에 책임성을 어떻게 할당할 것인지를 결정해야 하며, 이러한 책임성은 평가의 각 기능별(예, 정의, 관리과정, 연구 및 분석, 사실 및 권고안의 작성, 평가결과의 배포 등)로 명확하게 배분되도록 해야 한다. 이를 위해 평가과정에 관여하는 개인이나 조직들은 평가를 수행하기 위해서 필요로 하는 적합한 자원이나 정보를 이용할 수 있어야 한다.

5. 호 주

호주평가협회(Australisian Evaluation Society, AES)는 1년 이상 회원들과의 협의

과정을 거쳐서 1997년에 이사회의 승인을 받아 「윤리적 평가를 위한 지침」
(Guidelines for the Ethical Conduct of Evaluations)을 채택하였다.[10] 2000년 11월에는
평가윤리지침과 「호주평가협회 윤리강령」(AES Code of Ethics)을 통합하여 모든 회
원들에게 적용하고 있다. 즉, 호주평가협회는 2000년에 윤리강령을 채택하고, 이
강령의 제1항에서 회원들이 평가를 위임, 수행 및 보고할 때, 평가윤리지침의 윤
리적 원칙과 절차를 준수하도록 규정하고 있는 것이다.

　　호주평가협회가 평가윤리에 관한 지침을 마련한 목적은 이론적으로나 실무
적으로 평가의 윤리성을 향상시키고, 평가과정에서 나타나는 윤리적 문제를 해결
하는데 도움을 주며, 일반조직이나 단체들이 자체적인 평가매뉴얼과 지침을 개발
하기 위한 준거를 제시하는데 있다(www.aes.asn.au). 호주평가협회의 평가윤리지
침은 평가의 주된 과정을 준비단계, 수행단계 및 보고단계로 구분하고, 각 단계
별로 윤리원칙을 준수하기 위한 절차들을 제시하고 있다.

　　준비단계에서 준수해야 할 윤리원칙은 윤리적 위험을 가늠하고, 평가로 인
해서 영향을 받는 사람들에 대한 위험을 감소시킬 수 있는 방법을 알아내는 것이
다. 이를 위한 지침으로 서면보고, 평가한계와 상이한 이해관계의 파악, 계약절
차, 여건변화에 대한 조언, 잠재적 위험이나 해악의 탐색, 역량 확보, 잠재적 이해
갈등의 공개, 공정한 경쟁, 공개성과 공정성 등을 제시하고 있다.

　　평가의 수행단계에서 준수해야 할 윤리원칙은 평가에 영향을 받거나 기여하
는 사람들의 권리와 사생활, 존엄성 등을 존중하면서 건전하고 완전한 정보에 바
탕을 두고 평가를 수행해야 한다는 것이다. 이를 위한 지침으로 호주평가협회는
차이와 불공평성에 대한 고려, 평가목적과 평가의뢰자의 확인, 동의의 확보, 평가
의 엄밀성, 한계의 인정, 비밀엄수, 문제상황의 보고, 부정행위에의 대응 등을 제
시하고 있다.

　　마지막 단계인 보고단계(reporting the results of an evaluation)에서 준수해야 할
윤리원칙은 평가결과를 공정하고 균형 있게 보고해야 한다는 것이다. 이를 위해
호주평가협회는 명확성과 간명성, 공정성과 포괄성, 출처와 인용, 평가자 의견을
반영한 보고서 작성, 보고서의 충실성 등을 제시하고 있다.

---

10) 호주평가협회(AES)는 Joint Committee의 평가표준, 미국평가협회(AEA)의 평가자를 위한 지침 및
　　캐나다평가협회(CES)의 윤리적 행동지침 등을 보완적으로 적용하고 있다(www.aes.asn.au).

표 13-5 호주평가협회(AES)의 윤리적 평가를 위한 지침

단계	원칙	지침	주요내용
평가수임/ 준비단계	윤리적 위험의 인지/최소화	서면보고	• 평가목적, 대상 등에 대한 사전 설명 • 이해관계자 및 잠재적 영향 사정
		평가한계와 이해관계 파악	• 평가의 방법론적 및 윤리적 한계 파악 • 평가한계로 인한 영향
		계약장치	• 위임기관과 평가자 간 합의된 계약절차 • 상세 계약조건의 적시
		여건변경에 대한 조치	• 환경변화 등에 따른 재협상 가능성
		잠재적 위험 및 유해성 파악	• 고객과 대상집단 등에 미칠 유해성 판단
		역량 확보	• 지식, 능력, 기술 및 경험의 보유 • 평가역량의 공개 및 부적합 평가의 사절
		잠재적 이해갈등 공개	• 이해갈등을 야기하는 역할과 관계 공개 • 이해갈등의 명시
		공정한 경쟁	• 평가수임을 위한 경쟁의 공정성
		공개성과 공정성	• 평가자 선정제안의 공개적/공정한 처리 • 자료소유권, 지적재산권 등의 존중
평가의 수행단계	인간존중 평가정보의 건전성 및 완전성	차이와 불공평성에 대한 고려	• 사회경제적 차이로 인한 영향의 고려
		평가목적의 확인	• 평가목적 및 평가위임자의 정체성 인식
		동의의 확보	• 정보제공자의 동의 확보 • 평가참여의 위험과 편익 고지
		평가의 엄밀성	• 평가설계, 자료, 분석의 엄밀성 확보
		한계의 인정	• 평가자의 역량한계를 위임자에게 고지
		비밀보장	• 평가결과나 발견된 사실에 대한 비밀엄수
		보고의무	• 비예측 문제 발견시 평가위임자에게 보고
		부정행위에 대한 조치	• 부정행위 피해자의 피해방지 및 최소화 • 법이나 윤리강령에 따른 고발의무 • 정보제공자와의 합의 준수 의무
평가결과 보고단계	평가결과 보고의 공정성과 균형성	명확성과 간명성	• 고객 이해를 위해 명확하고 간명한 보고
		공정성과 포괄성	• 발견된 사실과 평가결과를 모두 보고 • 증거제시 및 증거에 따른 공정한 해석
		출처와 인용제시	• 평가적 판단 원천의 공개
		평가자의 독립성	• 평가자 의견에 따라 최종보고서 작성 • 평가자 동의 없이 보고서 수정 금지
		보고서의 충실성	• 평가정보 배포시 평가결과 훼손 금지

자료: www.aes.asn.au

13

Ⅳ. 평가윤리 원칙 및 평가표준의 특징과 한계

1. 특 징

앞에서 살펴본 미국, 영국, 프랑스, 캐나다 및 호주가 채택하고 있는 평가윤리에 관한 원칙과 평가표준과 관련된 주요한 특징들을 정리하면 다음과 같다.

첫째, 평가윤리원칙과 평가표준을 수립한 배경과 목적은 평가품질과 평가의 유용성을 제고하기 위한 것이다. 미국의 경우, 존슨대통령의「빈곤과의 전쟁」에 따라서 수많은 정부프로그램을 평가했는데, 평가비용에 비해 평가의 품질이나 유용성은 낮았다. 이에 대한 반성으로 20세기 후반에 들어서 실무자들 사이에서 평가자의 행동에 관한 규약이 필요하다는 인식이 대두되어 1981년에 The Program Evaluation Standards for Evaluations of Educational Programs, Projects and Materials를 개발하였고, 1994년에 이를 개정하여「프로그램 평가표준」을 수립하였으며, 미국평가협회의 창설을 계기로「평가자를 위한 지도원칙」을 마련한 것이다. 캐나다가 교육평가표준합동위원회(JCSEE)의 평가표준 개발을 지원하고 자체적인 윤리지침을 마련한 것이나, 영국이 평가활동에 관한 수범사례를 수집하여 평가지침을 수립한 것도 이와 동일한 맥락이라고 할 수 있다.

둘째, 평가윤리원칙과 평가표준의 정립과 확산을 위한 활동은 각국의 평가협회를 중심으로 이루어지고 있다는 점이다.「평가자를 위한 지도원칙」이 수립된 것은 평가연구회(ERS)와 평가네트워크(Evaluation Network)를 합병하여 미국평가협회가 창설된 이후이며, 캐나다의「윤리적 행동을 위한 지침」을 채택한 것도 캐나다평가협회이다. 영국과 프랑스 및 호주 등의 경우에도 전문가들이 평가협회를 설립하고, 이들을 중심으로 평가윤리나 평가지침 등을 마련하였다. 이처럼 선진 각국이 평가협회를 설립하고, 이를 중심으로 평가윤리를 정착 및 확산시키고자 노력하는 현상은 '평가'가 전문직업적 활동영역으로 전환되는 사회적 변화를 반영한 것으로 볼 수 있다. 각국이 평가협회를 설립하게 된 것은 그만큼 평가업무에 종사하는 실무자와 연구자가 증가하였다는 점을 의미한다. 왜냐하면, '평가'가 지속적이고 전문적인 활동이 아니라면 평가윤리원칙과 평가표준을 수립할 필요성이 없었을 것이기 때문이다.

셋째, 각국이 채택하고 있는 평가윤리의 원칙이나 표준들은 Kitchener(1984)의 윤리원칙들이 잘 반영된 평가분야의 직업윤리로 이해되고 있다는 점이다.[11] 미국과 캐나다 및 프랑스가 채택하고 있는 성실성과 정직성은 Kitchener(1984)의 성실성(fidelity) 원칙과 부합하며, 호주는 공정성과 균형성의 세부내용에서 정직성을 규정하고 있다. 미국과 호주의 인간존중과 프랑스의 다원주의와 독립성의 원칙은 자율성 존중의 원칙과 일치하며, 공익에 대한 책임성은 미국과 프랑스 및 캐나다가 공통적으로 채택하고 있다. 또한 호주는 윤리적 위험의 최소화 원칙을 명시하고 있고, 미국은 인간존중 원칙의 세부내용으로 고객이나 이해관계자의 피해최소화와 이익극대화에 관한 사항을 규정하고 있다. 프랑스와 캐나다는 이에 관한 명시적인 원칙을 규정하고 있지 않지만, 각국이 채택하고 있는 평가윤리의 원칙들이 궁극적으로 비유해성(nonmaleficence)과 수혜성(beneficence)과 관련된 것으로 볼 수 있다. 영국의 「평가자를 위한 지침」도 미국이나 프랑스 등과 유사하다. 그러나 영국은 평가윤리의 일반적 원칙을 명시적으로 규정하지 않은 채 평가에 필요한 사항들을 나열하는데 그치고 있다는 점에서 미국이나 프랑스 등과 차이가 있다. 반면에 영국은 평가자와 평가책임기관, 평가참여자 등이 준수해야 할 지침을 구분해서 제공한다는 점에 장점이 있다.

넷째, 각국이 채택하고 있는 평가윤리의 원칙과 평가표준은 개인적 차원과 직업적 차원 및 공동체 차원을 포괄하고 있음을 알 수 있다. 미국과 캐나다 등이 채택하고 있는 체계적 탐색이나 역량 및 실행가능성 등의 원칙은 개인적 차원에 해당된다고 볼 수 있고, 성실성/정직성, 독립성, 책임성 및 유용성 등은 이해관계자 등과의 관계에 관한 것으로 직업적 차원으로 분류될 수 있다. 또한 인간존중이나 공익에 대한 책임성 등은 공동체 차원의 윤리원칙이라고 할 수 있다.[12] 이런 점들은 평가윤리 원칙과 평가표준이 평가분야의 직업윤리로 기능하고 있으며,

---

11) Kitchener(1984)는 인적 서비스를 수행하는 전문직의 윤리원칙으로 자율성 존중(respect for autonomy), 비유해성(nonmaleficence), 수혜성(beneficence), 정의(justice), 성실성(fidelity) 등을 제시하는데, 이러한 원칙들은 평가분야에도 적용될 수 있다.

12) 이러한 구분이 항상 명확한 것은 아니다. 가령, JCSEE 평가표준의 적합성 기준에는 공식적 합의(formal agreement)와 인권존중(human right and respect)에 관한 내용이 동시에 포함되어 있어 직업적 차원과 공동체 차원으로 명확하게 구분하기 어렵다. 이러한 문제는 각국이 설정한 평가윤리의 원칙과 표준이 포괄적이어서 세부적인 내용이 중첩되기 때문으로 보인다. 더욱 근본적으로 각각의 차원들이 상호 연계되어 있어 경계를 명확하게 구분하기 어렵기 때문이라고 생각된다.

표 13-7 평가윤리원칙 및 평가표준의 차원별 구분

구 분	윤리원칙	평가표준
개인적 차원	체계적 탐색, 역량, 평가정보의 건전성과 완전성	실행가능성
직업적 차원	성실성/정직성, 독립성, 책임성, 결과보고의 공정성과 균형성	유용성, 적합성, 책임성
공동체 차원	인간존중, 공익에 대한 책임성	적합성

이는 평가분야가 하나의 전문직업으로 전환되고 있음을 시사하는 것으로 이해될 수 있다.

끝으로, 평가윤리의 정립을 위한 각국의 노력은 각국의 문화적 차이를 반영하고 있으며, 수렴과 발산의 과정을 거치면서 지속적으로 진행되는 과정에 있다는 점이다. 미국과 캐나다 및 호주의 평가협회는 자체적인 평가윤리원칙을 채택하고 있을 뿐 아니라, 이와 함께 교육평가표준합동위원회(JCSEE)가 개발한 「프로그램 평가표준」을 적용하고 있다. 이는 JCSEE의 평가표준이 가장 먼저 개발되었

표 13-8 외국 평가윤리 및 평가표준의 주요 내용 비교

구 분	미국	프랑스	캐나다	호주
원칙/기준	1. 체계적 탐색 2. 역량 3. 성실성/정직성 4. 인간존중 5. 공익에 대한 책임성	1. 다원주의 2. 독립성 3. 역량 4. 개인의 성실성 존중 5. 투명성 6. 책임성	1. 역량 2. 성실성 3. 책임성	1. 윤리적 위험의 인지 및 최소화 2. 인간존중, 정보의 건전성과 완전성 3. 결과보고의 공정성과 균형성
평가표준	1. 유용성 2. 실행가능성 3. 적합성 4. 정확성 5. 책임성		1. 유용성 2. 실행가능성 3. 적합성 4. 정확성 5. 책임성	1. 유용성 2. 실행가능성 3. 적합성 4. 정확성 5. 책임성

을 뿐 아니라, 평가를 위한 체계적 틀을 잘 갖추고 있어 각국의 평가협회에서 인정받고 있음을 보여준다. 그러나 영국과 프랑스는 JCSEE의 평가표준을 명시적으로 채택하지 않고 있는데, 이 점은 미국을 비롯한 북미국가와 유럽국가의 차이를 반영한 것으로 보인다. JCSEE의 평가표준을 채택한 국가들도 평가윤리에 관한 별도의 원칙을 채택하고 있는데, 이는 각국의 고유한 문화적 특성과 가치를 반영하기 위한 노력으로 이해된다. 이를 위해 선진 각국들은 평가윤리의 원칙과 표준들을 지속적으로 개정하고 있는데, 이는 선진 각국의 평가윤리 정립 노력이 여전히 진행중인 과정에 있음을 시사한다.

2. 한 계

평가과정에 윤리문제가 존재하고 있음에도 불구하고 평가자를 비롯한 이해관계자들의 윤리의식이 미흡하다는 사실은 평가윤리의 원칙과 평가표준의 당위성을 지지하는 근거가 된다. 그러나 앞에서 살펴본 각국의 평가윤리 원칙과 평가표준들은 몇 가지 한계를 내포하고 있는데, 이를 부연하면 다음과 같다.

첫째, 적용상의 한계이다. 평가윤리에 관한 원칙과 표준이라는 것들은 본질적으로 일반적이고 추상적이다. 따라서 이들은 문제해결을 위한 원칙을 제공할 수 있지만, 평가자가 당면하는 복잡하고 미묘한 구체적인 상황에서 완전히 적용할 수 있는 것은 아니다. 가령, 특정한 상황에서 평가윤리의 원칙이나 표준들을 적응시킬 때, 어떤 원칙이나 표준을 적용해야 할 것인지 명확하지 않을 수 있다. 또 두 가지 이상의 원칙이나 표준에 해당될 때에는 어떤 원칙이나 표준을 우선적으로 적용해야 하는지가 모호한 상황이 발생할 수도 있다. 「평가자를 위한 지도원칙」이나 「평가표준」 등은 일반적인 원칙에 불과할 뿐 아니라, 우선순위가 존재하지도 않기 때문에 구체적인 상황에 적용하는데 한계가 존재할 수밖에 없다.

둘째, 적용의 일관성 문제이다. 평가윤리원칙과 평가표준들이 평가자에 따라서 상이하게 적용될 수 있다는 것이다. 예컨대, 평가자들이 인간존중이나 공익에 대한 책임성과 같은 평가원칙을 일관성 있게 적용할 것으로 기대하는 것은 불가능하다. 또 동일한 상황에 부합하는 평가윤리원칙과 표준이 무엇인지에 대한 평가자들의 합의를 도출하는 것도 매우 어렵다. 왜냐하면 평가윤리원칙과 평가표준에 관한 합의된 기준이 없어 구체적인 상황에서 평가자는 자기의 지식과 경험 및 가치에 의존할 수밖에 없기 때문이다(AEA, 2004). 이런 경우, 평가윤리의 원칙이나 평가표준을 적용함에 있어서 일관성을 확보하기 어려운 문제가 발생한다.

셋째, 윤리적 행위와 비윤리적 행위의 모호성에 관한 문제이다. 평가윤리원칙과 표준만으로는 윤리적 행위와 비윤리적 행위를 구분하기가 어렵다는 것이다. 가령, 평가윤리의 원칙과 표준만 준수하면 평가윤리가 준수되는가? 이와 반대로 평가윤리원칙과 표준에 위반되는 것은 모두 비윤리적 행위에 해당되는가에 관한 의문이 제기된다. 평가윤리원칙과 평가표준이 평가와 관련된 윤리문제를 모두 포괄하는 것은 아니다. 또 평가윤리원칙과 평가표준에는 순수하게 윤리적인 내용과 방법론적인 내용이 혼재되어 있어 기술적 결함이 있는 평가는 모두 비윤리적이라고 말하기도 어려운 것이다.[13]

넷째, 실효성 확보에 관한 문제이다. 이는 평가자들이 평가윤리원칙이나 평가표준을 준수한다는 것을 보장할 수 없다는 것이다. 이런 문제점은 평가윤리원칙이나 평가표준에도 불구하고 평가자들이 자기의 개인적인 경험이나 가치를 더욱 우선시할 경우에 발생하게 된다. 이는 평가윤리원칙이나 평가표준 만으로는 평가윤리를 확보할 수 없으며, 평가윤리를 확보하기 위한 추가적인 노력이 필요하다는 점을 의미한다.

V. 결 론

우리나라의 경우, 정부업무 및 각종 정책에 대한 평가가 일상적으로 이루어지고 있음에도 불구하고 평가윤리에 관한 민감성은 높지 않은 것으로 보인다. 본 연구는 한국적 상황에서 평가윤리의 제고를 위한 시사점을 제시해주는데, 이를 정리하면 다음과 같다.

먼저, 평가윤리에 대한 인식을 제고하기 위하여 평가윤리원칙이나 평가표준

---

13) 이와 관련해서 Smith(2002)는 무능력과 무경험 및 비윤리적 행위를 구별할 것을 제안하는데, 무능(incompetence)은 바람직한 평가가 무엇인지(what)를 모르는 것이고, 무경험(inexperience)은 바람직한 평가가 무엇인지 알고 있지만 그 달성방법(how)을 모르는 것이며, 비윤리적 행위(unethical)는 바람직한 평가와 그 달성방법을 알면서도 그것을 준수하지 않는 것이라고 한다.

을 제도화할 필요가 있다. 미국을 비롯한 선진국들이 평가윤리에 관한 원칙이나 표준을 도입하게 된 배경은 평가의 품질이나 유용성이 낮다는 인식에서 출발한다. 특히, 평가자를 비롯한 평가참여자들이 '평가윤리'를 평가품질과 평가의 유용성을 제고하기 위한 핵심적인 요인으로 인식하고 있다는 점에 주목할 필요가 있다.

우리나라의 경우, 성과평가가 범정부적으로 확산됨에 따라서 정부업무의 평가과정에 민간컨설팅 조직이나 외부전문가들의 참여가 폭넓게 확대되어 왔다. 그러나 외부평가자의 참여가 확대된 만큼 평가윤리가 확보되어 있는지에 대해서는 의문이 있다(송희준, 2006). 가령, 평가자의 전공분야와 평가분야가 일치하지 않거나, 평가자료를 이해하는데 충분한 시간과 노력을 기울이지 않는 경우가 발생할 수 있다. 또 피평가자와의 의사소통을 소홀히 하거나, 자료분석 및 해석에 있어서 합리적인 근거를 제시하지 않은 채 평가자의 개인적인 의견을 지나치게 강조할 수도 있다. 나아가 평가자가 부적절한 영향력을 행사하거나, 다른 사람의 역할과 이익을 침해하거나, 고객이 아니라 평가자 개인의 이익을 추구할 가능성을 배제하기 어렵다.

이런 점을 감안하여 「정부업무평가기본법」 제7조에는 정부업무평가의 원칙으로 평가의 자율성과 독립성, 평가방법의 객관성과 전문성, 평가결과의 신뢰성과 공정성, 평가에의 참여보장, 평가결과의 공개성과 투명성 등을 규정하고 있고, 동법 제25조에서는 평가제도의 운영실태에 대한 확인·점검을 통하여 필요한 조치를 취할 수 있도록 명시하고 있다. 그러나 실제로 평가품질이나 평가의 유용성을 점검하려는 노력은 미흡하며, 평가윤리의 실태를 확인하려는 노력은 더욱 발견하기 어렵다. 학문적으로도 일부 학자들이 '평가를 위한 평가', 혹은 '성과급 지급을 위한 평가'에 불과하다는 비판을 제기한 경우가 있지만(배용수, 2006), 단편적으로 언급하는데 그치고 있다. 최근 들어 메타평가에 관한 연구들(신열·박충훈, 2009; 김인자·전진석, 2009; 라휘문·최덕묵, 2010; 윤상오, 2011)이 평가품질 등에 관심을 가지는 것은 긍정적이지만, '사후적' 성격으로 인해서 평가윤리를 제고하는데 근본적인 한계가 있다.

요컨대, 정부와 공공기관은 물론 각종 정부정책과 사업 등에 대한 평가가 일상화되어 있지만, 평가윤리에 대한 인식과 개선노력은 매우 미흡한 것이다. 이런 문제점을 개선하기 위해서는 평가윤리에 관한 학문적 및 실무적 논의를 활성화하고, 한국적 상황에 맞는 평가윤리의 원칙을 정립할 필요가 있다. 또 평가윤리에 관한 실태조사를 통하여 평가과정에서 발생하는 윤리문제를 지속적으로 발굴하고, 이를 평가참여자와 이해관계자들에게 학습시킴으로써 평가윤리에 대한 민감성(sensitivity)을 제고시킬 필요가 있다.[14]

둘째, 평가윤리원칙이나 평가표준의 실효성 제고방안을 마련할 필요가 있다. 앞에서의 사례분석 결과를 보면, 선진국의 평가윤리 원칙이나 평가표준들은 몇 가지 한계를 가지고 있으며, 이 가운데 가장 핵심적인 것은 평가윤리원칙의 실효성에 관한 것이다. 이는 평가자들로 하여금 평가윤리의 원칙이나 평가표준을 어떻게 준수시킬 것인가 하는 점이다.

이에 관해서는 의사나 변호사와 같은 전문직 단체들을 참조할 필요가 있다. 전문직 단체들은 전문지식이나 기술과 함께 전문가의 윤리의식을 핵심적인 요소로 간주한다(Cheetham & Chievers, 1996). 전문가의 본래적 역할과 기능에서 벗어나지 않고 고객에 대한 의무와 책임을 다하기 위해서 직업윤리(professional ethics)를 발전시켜 온 것이다. 이를 위해 전문직 단체들은 윤리강령에 관한 가치나 원칙, 윤리강령이나 윤리지침, 회원의 자격요건으로서 윤리교육 및 훈련, 지속적인 재교육과정, 윤리자문역(ethics counsellor)의 확보, 소식지 등을 통한 윤리정보의 배포, 공개장치(disclosure mechanism), 강제장치(enforcement mechanism) 등을 활용하고 있다(TBCS, 2006: 22).

이와 같은 전문직 단체의 윤리정책은 평가분야에도 적용될 수 있다. 의사나 변호사와 같은 전문직 종사자들의 특징은 전문지식을 바탕으로 독립적으로 업무를 수행한다는 점에 있으며, 이는 평가자들도 마찬가지이다. 전문직 종사자들이 직무수행과정에서 갈등에 당면하는 것처럼 평가자들도 평가과정에서 법과 정책, 과거의 평가관행, 개인적 신념 등에 의해서 영향을 받는다. 특히, 평가수요가 주로 정부와 공공부문에서 발생하는 상황에서 정치적 및 관료적 압력으로부터 평가자 자신을 보호하고, 평가자로서 공공에 대한 책임과 의무를 확보하기 위해서

---

14) Welfel & Kitchener(1992: 179)는 '어떤 상황에 대한 도덕적 차원의 인식 능력'을 도덕적 민감성(moral sensitivity)으로 설명하는데, 평가윤리의 민감성은 이를 원용한 것이다. Newman & Brown (1996: 89)은 평가윤리에 관한 실태조사에서 "평가와 윤리가 무슨 관계가 있는가?"라고 응답하는 사람들을 일관되게 발견하였다고 보고하였는데, 이는 평가윤리의 민감성이 높지 않다는 점을 보여준다.

는 평가윤리에 대한 인식을 제고할 필요가 있다.

　주목해야 할 점은 전문직 단체들의 경우, 윤리강령이나 윤리지침 등은 윤리정책(ethical program)의 일부에 불과하다는 것이다. 이는 「정부업무평가기본법」에서와 같이 평가원칙을 제시하는 것만으로는 충분하지 않다는 것을 의미한다. 공공기관 경영평가를 주관하는 기획재정부와 같이 평가자의 윤리에 관한 사항을 운영하는 경우도 있다. 그러나 이는 평가참여자의 합의가 아니라, 정부의 필요에 따른 윤리요건(ethical requirement)에 불과하다는 점에서 실효성에 의문이 있다. 평가윤리의 실효성을 제고하기 위해서는 평가윤리강령이나 지침 등을 명확하게 설정해야 할 뿐 아니라, 평가윤리에 관한 교육과 훈련, 평가윤리와 관련된 정보의 제공, 사후검증을 위한 메타평가의 제도화, 윤리위반 사례에 대한 공개장치, 윤리원칙을 준수하지 않을 경우의 강제조치 등을 마련할 필요가 있다.

　끝으로, 관료적 및 정치적 개입으로부터 평가의 독립성을 확보하기 위한 방안을 마련하는 것이 긴요하다. 우리나라의 경우 평가를 수행하는 평가자는 주로 대학교수나 회계사 등이지만, 이들을 선발 및 조직화하는 실무조직은 정부부처의 공무원이거나 정부의 지도감독을 받는 준정부기관이다. 이들은 평가업무를 하나의 직업적 영역으로 인식하지 않을 뿐 아니라, 평가윤리에 관한 인식도 높지 않다. 심지어 평가를 엄정하게 관리해야 할 정부와 준정부기관이 스스로 평가윤리를 훼손하는 경우도 발견된다. 이런 문제는 주로 평가결과에 영향을 미치기 위해서 평가자에게 암시를 주거나 압력을 행사하는 방식으로 이루어질 수 있다.[15] 가령, 정치적 임용이 관행화된 실정에서 정부와 자치단체장은 산하기관의 장을 임명하거나 해임하기 위한 목적으로 평가결과에 영향을 미치려고 할 수 있다. 또 대통령이나 자치단체장의 공약사업이라는 이유로 우호적으로 평가하도록 압력을 행사할 수도 있다. 나아가 평가결과를 교묘하게 변경시켜서 발표하거나, 아예 평가결과를 공표하지 않은 채 은폐할 수도 있다. 특히, 우리나라의 경우에 대부분

---

15) MacKay & O'Neill(1992)에 따르면, 이런 상황은 혼합적 딜레마로 분류될 수 있다. 혼합적 딜레마(mixed dilemma)는 외부적 요인 때문에 윤리원칙을 준수하기 어려운 상황을 지칭하는 것으로, 둘 이상의 윤리원칙 사이에 갈등이 존재하는 순수한 윤리적 딜레마(ethical dilemma)와 구분된다. 윤리적 딜레마 상황에서는 평가자가 상호 갈등적인 윤리원칙 사이에서 무엇(what)을 해야 할지가 명확하지 않다. 이와 달리 혼합적 딜레마 상황은 평가자가 윤리적으로 무엇이 옳은지를 분명하게 알 수 있지만, 개인적인 손해 때문에 어떻게(how) 해야 할지가 문제가 된다는 점에서 다르다.

의 평가수요가 정부 및 공공부문에서 발생되고, 평가와 관련된 의사결정은 정부의 주도아래 이루어지는 경향이 있다. 이런 점들은 관료적 및 정치적 개입을 방지하여 평가의 독립성을 확보하는 것이 매우 중요한 과제임을 시사한다.

이런 점에서 평가의 전문직업화(professionalization)를 통하여 민간의 역할을 강화하는 방안을 적극 검토할 필요가 있다.16) 외국의 사례를 보면, 평가협회를 구성하여 이를 중심으로 직업윤리의 일환으로 평가윤리를 정립해 나가고 있다.17) 가령, 미국과 영국 및 캐나다와 호주 등의 평가협회는 모두 윤리강령이나 윤리지침을 명시하고 있으며, 윤리정보에 관한 소식지와 저널을 발간하여 배포하는 것으로 조사되었다. 그러나 캐나다평가협회는 윤리교육과 훈련을 실시하고 있으며, 미국과 호주의 평가협회는 웹이나 전화 등을 통해 윤리자문을 실시하기도 한다(TBCS, 2006). 이들은 의사협회나 변호사협회와 같은 전문직업적 단체를 지향하며, 평가윤리원칙이나 평가표준을 포함한 평가윤리정책은 평가의 전문직업화를 추구하는 직업윤리의 차원으로 간주하고 있는 것이다.

외국의 평가협회들이 전문직업화의 일환으로 평가윤리를 정립하고자 노력하는 근본적인 배경은 평가업무를 수행하는 상설조직과 평가업무에 종사하는 사람들이 증가한 데 있다. 우리나라의 경우, 「정부업무평가기본법」을 비롯한 각종 법령을 통해서 평가의 제도화가 되어 있을 뿐 아니라, 감사연구원과 조세연구원(공공기관정책연구센터) 및 지방공기업평가원 등과 같이 평가를 전문적으로 연구하거나 수행하는 상설조직들이 증가하고 있다.18) 이러한 조직들은 평가업무를 주요기능으로 설정하고 있을 뿐 아니라, 여기서 근무하는 사람들은 평가연구와 평가실무에 종사하고 있다. 또 정부와 공공기관을 비롯한 피평가기관들도 평가업무를 전담하는 부서를 설치하거나 인력을 배치하고 있는데, 이는 평가업무가 상시업무로 전환되고 있음을 보여주는 것이다. 이런 점들은 우리나라도 평가의 전

16) 이는 평가윤리원칙이나 평가표준을 포함한 평가윤리정책을 누가, 그리고 어떻게 조직화할 것인가에 관한 것으로, 평가윤리의 실효성 확보와 직접적으로 관련된 문제이기도 하다.
17) 국가마다 평가윤리정책의 세부내용에 차이가 있고, 전문직 단체의 평가윤리정책을 부분적으로 채택하고 있으며, 공개장치를 운영하는 평가협회는 한 나라도 없는 것으로 나타났다(TBCS, 2006). 이런 점들은 외국의 평가협회들이 평가윤리를 평가분야의 직업윤리로 정착시켜 나가는 과정에 있기 때문으로 생각된다.
18) 이외에도 평가업무에 종사하는 상설기구가 더 존재할 수 있다. 가령, 한국산업기술진흥원은 「산업기술단지 지원에 관한 특례법」과 「지역산업지원사업 공통운영요령」을 근거로 지역테크노파크에 대한 경영평가를 전담하고 있다.

문직업화를 추구할 만한 여건이 성숙되고 있음을 보여주는 증거가 될 수 있다. 따라서 평가에 관심을 가진 교수와 연구자, 그리고 평가관련 조직의 종사자 등을 중심으로 외국의 평가협회와 같은 전문직 단체를 구성하는 방안을 검토할 필요가 있다.[19)]

　일반적으로 전문가(professional)는 과학 또는 고도의 지식을 바탕으로 개개 의뢰인의 구체적인 요구에 응하여 업무활동을 행함으로써 사회 전체의 이익에 기여하는 직업으로 정의된다. 윤리적 측면에서 이들은 일반적인 성실의무 이상의 직업윤리 원칙에 구속되며, 때로는 공공성을 의뢰인의 이익보다 우선하는 공공적 책임이 요구된다(김두형, 2008). 따라서 평가의 전문직업화를 위해서는 무엇보다도 평가와 관련된 윤리의식과 직업적 책임의식이 수반되어야 한다. 이것은 상설조직에서 평가업무를 전담하는 사람들뿐만 아니라, 교수와 연구자 등 평가참여자뿐 아니라 평가와 관련된 모든 이해관계자들에게 요구되는 것이다. 평가품질을 제고하기 위해서는 평가결과에 대한 수용성과 평가결과를 적극적으로 활용하려는 노력이 긴요한데, 평가윤리나 평가에 대한 책임성이 확보되지 않는다면 평가의 유효성이 약화될 것이기 때문이다. 따라서 평가가 확산될수록, 그리고 평가의 제도화와 유효성 제고를 위해서는 평가자의 책임의식이나 윤리의식이 요청되며, 이를 위해서는 궁극적으로 평가의 전문직업화를 위한 노력이 긴요하다고 하겠다.

13

---

19) 외국 평가협회와 유사한 조직으로 정책분석평가학회와 정책분석평가사협회 등을 생각할 수 있다. 그러나 외국의 평가협회가 전문직업적 단체의 성격을 띠는데 비해서 정책분석평가학회는 학술단체에 해당된다는 점에서 다르다. 또 정책분석평가사협회 등은 관련 종사자들의 참여도가 낮아 평가공동체의 대표성을 인정하기 어렵고, 전문직업적 단체로서의 공적책임성과 역할을 기대할 수 없다는 점에서 한계가 있다.

인사혁신과 성과평가의 주요한 쟁점

오영호 한국공학한림원 회장은 미래인사포럼 발제문을 통해 "한국의 공직사회 혁신은 일방적인 외압보다 내재적·외재적 동기를 부여해 교육훈련과 공직사회 풍토를 함께 변화시켜야 한다"면서 "공직가치 변화는 사람의 가치를 변화시키는 시간과 인내가 요구되는 험난한 여정"이라고 진단한다. 이 외에 그는 한국 공직사회의 혁신 방안으로 공직가치 재정립과 공직문화 혁신, 고객 중심의 공직사회, 미래 수요에 대비하는 공직사회, 사회 갈등의 완충자로서의 공직사회 등을 제시하였다(한국고시 2016. 3. 31자).

2014년 말 인사혁신처 출범하고 삼성에서 인사를 담당하던 이근면 처장이 임명되자 분야별 전문가 양성방안, 특별승진제 도입, 민관 쌍방 인적자원 개방, 공직자 가치상 재정립 등과 같은 급진적 혁신이 추진되고 있다. 하지만 동시에 인사행정의 급격한 변화를 우려하는 목소리도 커지고 있다(서울의소리 2015. 3. 12자).

하지만 이러한 우려에도 불구하고 2016년 6월 국가공무원법 개정안은 직무성과평가제를 토대로 특별승급 또는 저성과자 조치방안을 도입하였다. 또한 공무원이 준수할 공직가치로 애국심, 책임성, 청렴성 등을 명시했다. 인사혁신처는 당초 개정안을 입법예고하면서 애국심, 민주성, 청렴성, 도덕성, 책임성, 투명성, 공정성, 공익성, 다양성 등 9개 공직가치를 담았다. 하지만 개정안에는 3가지 가치만 적시함으로써 보수편향성을 노정한 것으로 보인다.

황서종 인사혁신처 차장은 국내외 인사혁신 사례를 원용해 공무원 교육의 선진화 방안에 착안할 것을 제안하였다. 조선의 개혁 군주로 평가받는 정조는 작인지화(作人之化·인재 양성을 통해 변화와 발전을 도모함)를 실천한 왕이었다. 조정의 개혁을 위해서는 이를 공감할 인재가 필요하다고 생각해 규장각을 설치하고 당파, 신분을 초월해 중용했다. 나아가 선발된 인재를 진정한 인재로 변화시키려면 끊임없는 학문의 정진이 필수적이라 여겨 초계문신(抄啓文臣) 제도를 실시했다. 그 결과 다산 정약용, 초정 박제가 등 신분(서얼)을 넘어 학문과 과학기술 발전에 족적을 남긴 인물들이 배출됐다.

글로벌 경쟁 시대를 맞이하여 각국은 변화와 혁신을 위한 인재 양성에 박차를 가하고 있다. 프랑스는 국립행정학교(ENA)에서 대졸자, 공무원, 전문가 등 100여명을 선발해 2년 이상 교육시키며 최고의 공직자를 배출한다. 싱가포르 역시 우수한 고교생을 국가장 학생으로 선발해 공무원대학에서 공직 가치와 직무능력 등을 함양시키고, 핵심 인력으로 만드는 핵심공무원단제도를 운영하고 있다. 따라서 우리 정부도 선발된 인재를 세계 최고의 공무원으로 육성하는 전략을 마련해야 한다(황서종, "조선 초계문신 제도와 국가 인재원", 서울신문 2015. 1. 1자).

박근혜 정부는 2016년 공공기관 성과연봉제 추진에 주력하고 있다. 하지만 이러한 정부의 제안에 대해 공공기관 노동조합은 성과관리 확산이 근로조건을 악화시키고, 개인별로 부서별로 평가하기 때문에 협조 체계가 완전히 붕괴돼서 행정서비스 질도 하락할 것이라고 우려한다. 이러한 문제상황에 대한 KDI 국제정책대학원 박진 교수의 해법을 소개하면 다음과 같다.

공공부문의 성과 측정이 어려운 것은 사실이다. 하위 직급일수록 더 어렵다. 역량과 노력은 계량화가 어려워 상사가 멋대로 평가한다는 우려가 있지만 이는 다면평가로 해결하면 된다. 다면평가 시 친소관계에 따른 평가 가능성이 있지만 이는 특이 평가자를 제외하면 풀린다. 정부의 소통 역시 중요하다. 먼저 성과연봉제가 저성과자 퇴출과 무관하다는 점을 분명히 해야 한다. 성과연봉제만 도입되면 저성과자 퇴출제의 필요성은 크게 떨어진다. 퇴출제는 실익에 비해 논란이 큰 사안이니 연봉제의 성공을 위해 정부가 유연성을 발휘했으면 한다(박진, "성과연봉제는 꼭 성공해야 한다", 동아일보 2016. 6. 13자).

13

행정개혁의 방향과 진로

CHAPTER

14 한국 행정학의 미래를 찾아서

I. 서 론

해방 이후 한국 행정학은 반세기 동안 국내외적으로 유례를 찾아보기 어려울 정도로 압축성장을 이룩하였다. 이러한 발전성과를 견인한 역사적 기반으로는 조선왕조 500년을 지탱한 유교스타일 합의 통치(민주성), 일본의 식민통치에 체화된 유럽스타일 관료제 행정(합법성), 한국전쟁 이후 공적개발원조의 일환으로 유입된 미국스타일 공공관리(효율성) 등이 크게 작용한 것으로 분석된다.[1]

하지만 개발연대를 통해 극대화된 한국 행정학의 비상도 고도성장의 신화가 종말을 고하기 시작한 1997년 말 IMF 금융위기를 계기로 이상 징후가 표출되었다. 경제사회 전반에 불어닥친 구조조정의 파고하에서 공공부문도 예외가 아니었기 때문이다. 이후 한국 행정학은 현실 행정의 애로와 전공자들의 가중된 취업난 속에서 퇴행적인 모습을 표출시키게 된다.

발전 이후 한국 행정학은 아직 자신의 정체와 미래의 진로를 제대로 확립하지 못하고 있다. 물론 세계화와 시장화로 촉발된 행정학의 위기는 비록 정도의

---

1) 종합학문으로서 행정학의 접근방법은 크게 관리적 접근(경영학 중심), 정치적 접근(정치학 중심), 법적 접근(법학 중심)으로 구분된다(Rosenbloom & Kravchuk, 2005: 14). 이때 공공성의 구현을 위해 경합하는 세 가지 접근방법들은 각기 효율성, 민주성, 합법성을 추구하는 것으로 간주된다. 또한 거버넌스는 세 가지 접근방법들을 통합하는 유용한 인식수단이라는 의미를 부여할 수 있다. 나아가 우리는 한국 행정의 역사속에서 다양한 행정가치들이 혼재된 잠재력을 발견할 수 있다.

차이는 있지만 미국, 일본, 유럽 등 선진국 모두가 직면한 공통의 과제이다. 이른바 신뢰성, 규범성, 자신감 등의 위기가 현대 행정학 전반의 언저리를 배회하고 있는 것이다(Haque, 1996; Stillman, 2009; 김현구 편, 2013). 따라서 여기에서는 한국 행정학의 학문적 성격에 대한 자기주도적 성찰을 통해 미래를 개척하는 기회를 마련하고자 한다.

사회과학의 한 분과로서 행정학은 사회현상의 일부인 행정현상을 연구하는 학문이다. 이때 연구대상으로 행정현상은 인간(심리), 조직(제도), 사회(환경) 등이다. 또한 연구대상에 접근하는 연구자의 방법은 미시와 거시 및 중범위로 구분된다.

이러한 행정학의 성격은 규범성(철학성)과 처방성(기법성), 과학성(객관성)과 예술성(창의성), 종합학문성(학제성)과 전문직업성(실용성) 등과 같이 대비적 매칭(matching) 방식을 통해 보다 체계적인 논의와 설명이 가능하다. 이때 각각의 성격에 내재된 행정학의 강점과 약점들은 비록 상대적 강도차이가 존재하지만 행정학의 부흥 또는 위기를 좌우하는 변인으로 작용해 왔다.

1950년대 중반 냉전체제라는 특수한 상황 하에서 미국의 지도와 후원을 기반으로 활성화된 한국의 행정학은 1960년대 초반 이후 고도성장 과정에서 부흥의 기회를 포착하였다. 당시 권력자들이 정치학이나 법학보다 행정학을 선호한 주요 원인으로는 현장을 중시하는 처방성, 상황변화에 적응하는 예술성, 엘리트 기술관료의 전문직업성 등에 기인한다. 이는 다시말해 최근 부각된 한국 행정학의 위기가 그동안 상대적 약점으로 지목된 규범성, 과학성, 종합학문성 등과 보다 밀접한 관련성을 지니고 있음을 시사한다.

이에 본 연구는 규범성, 과학성, 종합학문성 등에 기인하는 한국 행정학 위기의 원인은 이론과 현실, 종단과 횡단이 결합되어 발생한 현상으로 간주하고자 한다. 따라서 한국 행정학 위기의 초점은 가치, 이론, 통섭이라는 키워드에 부여하고자 한다. 이때 각각의 키워드를 반영하는 위기의 원인으로는 시장의 확산을 반영하는 공공성의 약화와 행정학 가치체계의 혼란, 이론적 깊이의 부족과 학문적 사대주의 경향, 인접 학문에 필적하는 행정학의 현실적 인기와 경쟁력 하락 등을 들 수 있다.[2]

---

2) 미국에 편향된 한국 행정학은 논리실증주의와 효율지상주의를 추구해 왔다는 점에서 상대적으로 변화와 혁신에 둔감한 편이다. 전통적으로 보수적인 자유주의 기풍이 강력했던 미국에서는 혁신적인 민주주의 기풍이 미약했을 뿐만 아니라 20세기 중반에는 냉전에 기인하는 메카시즘

또한 본고는 한국 행정학의 위기를 극복하는 주체를 한국 행정학 학문공동체의 능동적·선도적 역할에 부여하고자 한다. 따라서 학자들을 중심으로 이루어지는 문제의 해결방안은 일반적인 교수업적평가의 대분류 기준을 원용해 크게 교육과 연구 및 봉사로 구분하고자 한다. 이때 교육(강의와 학위배출), 연구(학술논문과 저서), 봉사(산학협력과 취업촉진)라는 평가기준은 각기 가치, 이론, 통섭이라는 키워드와 높은 수준의 친화력을 지니고 있다.

II. 행정학 가치체계와 공직가치 교육의 재편

1. 행정가치의 재정립 방안 모색

행정이 추구하는 가치는 궁극적 목적에 해당하는 본질적 가치와 궁극적 목적을 달성하기 위한 2차적 목적에 해당하는 수단적 가치로 구분을 시도할 수 있다. 이때 본질적 가치로는 공익, 정의, 복지, 자유, 형평, 평등 등을 들 수 있고, 수단적 가치로는 합리성, 효과성, 능률성, 경제성, 민주성, 합법성, 투명성, 중립성, 가외성 등과 같은 행정이념을 들 수 있다(이종수·윤영진·곽채기·이재원 외, 2014: 107; 오석홍, 2013: 155-158; 박석희 외, 2010: 480; 백승기, 2010: 85-89; Peters & Pierre, 2005; Starling, 2002).[3]

하지만 앞서 제시한 행정가치의 분류체계는 유형 구분의 근거인 본질과 수단의 의미가 불명확할 뿐만 아니라 나열식의 한계를 좀처럼 탈피하지 못하고 있다. 더불어 개념 간 의미의 중복이나 용어의 오남용으로 인해 사회과학 연구의 핵심인 다양한 비교연구의 가능성도 제약하고 있다. 이에 본 연구는 본질적 행정가치를 공공성으로 단일화시키는 한편 다양한 행정이념의 체계적 유형화를 시도하고자 한다.

일반적으로 공무원들은 '개인적인 것을 초월해 사회일반과 관련되는' 공익을

광풍으로 인해 현실의 가치논쟁을 회피하는 행태주의 연구경향이 부각되었다. 이러한 미국의 행정현실과 연구방법은 분단체제 하에서 관료제의 주도와 가치중립적 연구를 선호한 한국도 예외가 아니었다.

3) 행정이념이란 행정의 모든 과정에 기본적인 지침을 제공해주는 가치로서 공무원이 따르고 모든 행정활동에 반영되도록 노력해야 할 규범이자 지도원리이다(유민봉, 2014: 132; 정정길, 2003: 193).

정책결정에서 준용하는 가장 중요하고 핵심적인 가치로 인식해 왔다(유민봉, 2014: 130). 하지만 자유나 평등과 같은 헌법적 가치와 마찬가지로 과정과 실체를 포괄하는 모호한 개념으로서 공익의 의미는 '공공'에 기인하는 바가 크다는 점에서 구체적 의미이자 활용빈도가 급증한 공공성을 최고의 행정가치로 설정하는 것이 바람직하다.

공공문제를 다루는 행정에 부여된 최고의 사명은 공공성을 구현하는 일이다. 하지만 우리는 공공성이 공익과 마찬가지로 다양한 도전과 오해에 직면해 왔음을 발견할 수 있다. 특히 공공성이라는 본질적 행정가치를 수단적 행정가치 또는 단편적 행정활동으로 몰아가려는 일각의 시도는 공공성 위기이자 행정학 위기의 심화와 직결된 문제이다.

이에 본고는 '국민의 행복과 공동체의 안위를 최고의 목표로 상정'하는 공공성을 본질적 행정가치로 규정하였다.[4] 더불어 유사개념인 공익, 공공선, 공동체, 공권력, 공공부문 등도 공공성 개념에 병렬적으로 포함된 것으로 간주하고자 한다. 이러한 주장은 공공성이 공개성, 공익성, 보편성, 권위성 등과 같은 특징을 지닌다는 견해를 통해 재확인이 가능하다(유민봉, 2014: 115-121).

공공성의 범주를 설정하기 위한 기존의 학설은 누가 공공성을 주도하는가에 초점을 부여하는 주체설, 국가의 생존과 직결된 주요 기능인가의 여부를 판단하는 구조기능설, 정부개입이 필요한 분야를 탐색하는 시장실패설, 공공과 민간의 구별보다는 정치적 권위의 존재여부에 착안한 정치적 권위설 등으로 구분된다(백완기, 2007: 5-6).[5]

더불어 이를 종합하는 공공성의 범주를 순차적으로 재구성하면 다음과 같다. 우선 가장 협소한 공적 활동의 주체인 정부에서 출발해 기능적으로 정부를 대리해 공공서비스를 전달하는 준정부조직(공기업과 산하단체)과 문제해결기제로서 다수의 참여와 합의를 중시하는 시민사회를 경유해 공적 권위를 대리할 경우

---

4) 공공은 어원적으로 사익을 넘어 타인의 이익을 고려하는 성숙(maturity), 공동(common), 배려(care with) 등이 담겨 있다(이종수, 2010: 61). 따라서 규제와 서비스라는 행정활동의 전반에서 공공성은 누구나 차별없이 접근가능하고(접근), 다수의 이익인 공익을 추구하며(이익), 보편적 서비스를 제공하고(서비스), 정부주도의 권위를 확보(주체)해야 한다(유민봉, 2014: 115-129).

5) 백완기(2007: 6-8)는 공공성의 발생계기와 구성요소로 무임승차자(free-rider)를 배제하기 어려운 재화나 용역의 생산활동, 국가나 공동체의 존립에 필요한 재화나 용역, 시장의 원리로 문제가 풀어지지 않는 경우, 대규모적인 업무, 국민생활에 필수적인 서비스, 토지와 같이 재생산이나 확장이 불가능한 재화, 빈번한 자연재해의 발생, 자율적 질서가 미약한 사회 등을 제시하였다.

에는 시장까지도 광의의 공공성 개념에 포함시키는 것이 가능하다.

그리고 공익의 학설을 원용해 실체와 과정을 포괄하는 공공성의 접근방법을 정부, 시장, 시민사회에 초점을 부여해 구분할 수 있다(Haque, 1996; 김정렬·한인섭, 2009: 22-26). 하지만 특정한 주체의 활동은 긍정과 부정이 혼재되어 있다는 점에서 공공성의 본질을 왜곡할 우려가 있다. 이에 하버마스와 같은 비판이론가들은 결과보다 과정에 주목하는 상호인식적·비판적 접근방법을 제안하였다.

일례로 공공선택이론에서는 이기적 개인들의 합리적 선택이 사회전제적으로 바람직한 결과를 초래하는 것으로 간주하지만 우리는 각자도생(各自圖生)의 위험성을 도처에서 발견할 수 있다.[6] 하지만 역으로 대중의 정제되지 않은 집단적 요구에 휘둘리는 포퓰리즘(Populism)의 폐해도 경계해야 한다. 따라서 우리는 이기적 개인과 집단적 대중을 절충하는 정부의 거버넌스(Governance) 역량에 주목할 필요가 있다.

한편 본질적 가치인 공공성의 구현 또는 공익을 추구하는 과정에서는 행정이념으로 지칭되는 수단적 가치들이 갈등하거나 협력하게 된다. 또한 수단적 가치들은 각기 고유한 역사성과 차별성을 지니고 있지만 체계적인 유형화를 배제한 상태에서 그 의미와 역할을 제대로 파악하기 어렵다.[7] 이에 다양한 행정이념들을 현대 행정의 핵심 키워드인 성과, 소통, 원칙에 기초해 유형화를 시도하고자 한다.

먼저 성과를 반영하는 행정이념으로는 광의의 효율성(생산성; productivity)으로 범주화가 가능한 경제성, 능률성, 효과성, 합리성 등을 들 수 있다.

다음으로 소통을 반영하는 행정이념으로는 광의의 민주성(democracy)으로 범주화가 가능한 대응성, 대표성, 투명성, 보편성 등을 들 수 있다.

그리고 원칙을 반영하는 행정이념으로는 광의의 합법성(legitimacy)으로 범주화가 가능한 책임성, 중립성, 지속성, 적정성 등을 들 수 있다.

---

6) 공유지의 비극은 각자도생의 파국적 결과를 대표하는 사례이다. 이에 근대 시민사회는 공멸을 예방하기 위해 인간이 타인과 타협하고 양보하는 공공성이라는 시스템을 고안하게 된 것이다 (정성희, "세월호 1년, 각자도생 바보들의 행진", 동아일보, 2015. 4. 15자).

7) 행정가치의 분류체계는 메타 가치(공공성), 중범위 가치(행정이념의 유형화), 부분 가치(구체적 행정이념)라는 의미를 부여할 수 있다.

표 14-1 행정가치의 체계와 특성

본질적 행정가치	수단적 행정가치인 행정이념의 유형화	개별적 행정이념	의미와 특성
공공성 (공익)	효율성 (성과: 관리적 접근)	경제성 능률성 효과성 합리성	투입(비용)을 최대한 절약 투입(비용)과 산출(생산)의 비율 정부가 설정한 목표의 달성도 목표달성에 필요한 대안의 치밀한 선택
	민주성 (소통: 정치적 접근)	대응성 대표성 투명성 보편성	국민의 요구에 대한 신속한 반응도 사회의 이질적 요소를 균형있게 반영 행정과정이나 결과의 투명한 공개 중시 핵심 공공서비스 제공시 사각지대 제거
	합법성 (원칙: 법적 접근)	책임성 중립성 지속성 적정성	관료에게 부과된 도덕적·법률적 규범 경합하는 가치 간의 균형성 확보 일관성 확보를 통한 정부신뢰도 제고 과도한 행태 지양과 중복적 대비 강화

이러한 분류체계상 부연설명이 필요한 몇몇의 행정이념을 간략하게 소개하면 다음과 같다.

첫째, 합리성이란 Weber의 표현을 빌리자면 자연과학의 방법론을 사회과학연구에 도입한 과학철학의 핵심적 모토이다. 하지만 연구자의 인지적 한계와 연구대상의 불확실성으로 인해 객관성 확보가 어려운 사회과학 연구에서 이론형성과 직결된 인과관계를 발견하기 위해서는 치밀한 방법과 전략이 요구된다. 이에 Simon은 행태주의 방법론에 기초해 가치를 중립화(배제)시키는 논리실증주의 방법론을 주창하였다. 나아가 초기 행정학 연구에서 합리성(과학성)에 대한 관심은 공공관리론의 실용성(기술성)과 보완과 경쟁관계를 형성하는 방식으로 행정학의 외연과 품격을 제고시켰다.

둘째, 대표성이란 효율성을 중시한 신공공관리 열풍하에서 소외되었던 민주성 측면의 평가기준도 균형있게 반영해야 한다는 의미이다. 일례로 영국에서 대처 총리의 집권을 계기로 효율성을 반영하는 3Es(Economy, Efficiency, Effectiveness)가 중시되었지만 블레어의 신노동당이 출범하면서 형평(Equality), 생태(Ecology),

공감(Empathy) 등을 포괄하는 윤리(Ethics)의 'E'를 추가할 것을 제안하였다. 또한 공무원의 충원과정에서 대표관료제를 구현해야 한다는 의미는 지역, 인종, 젠더(gender) 등의 균형을 확보하기 위해 적극적인 해결방안인 약자우대조치(affirmative action)가 필요하다는 것이다.

셋째, 중립성이란 효율성과 민주성과 같이 상반된 행정이념 간의 조화로운 절충을 추구해야 한다는 의미이다. 정부가 계급적 이해관계를 탈피해야 한다는 국가자율성 개념을 연상시키는 중립성은 최근 갈등관리의 중재자로서 정부의 새로운 역할상과도 밀접한 관련성을 지니고 있다. 따라서 정부는 19세기 중반 프랑스의 보나파르트 체제처럼 자본가와 노동자 간의 임시적 합의라는 소극적 의미를 초월해 20세기 중반 서유럽의 사회협약 체결을 주도한 정부의 적극적 중재 노력에 착안할 필요가 있다. 이때 정부는 소극적으로 기존 질서에 안주하는 것이 아니라 변화관리자로서 적극적으로 미래를 개척한다.

2. 공직가치 교육의 강화

공직자에 부여된 최고의 사명은 '국민에게 헌신'하는 것이다. 하지만 우리는 국가주의(신중상주의)와 신공공관리(신자유주의)가 득세하는 과정에서 국민보다는 국가에 헌신하거나 주인인 시민을 고객으로 치부하는 왜곡된 행정현실과 자주 직면해 왔다. 따라서 공직자에 대한 교육은 편협한 애국 논리나 단기적 효율 관념을 초월해 공공성의 본질을 진지하게 성찰하는 기본으로 돌아가야 한다.

이러한 취지에 부합하는 공직자상은 시민들의 여망에 부응하는 능동적 업무수행을 통해 자신의 존재가치를 발견할 수 있어야 한다. 부연하면, 공직자들이 정부의 목적달성을 위한 도구적 존재를 초월해 공적 자아를 배양하도록 유도하기 위해서는 흡사 우리 역사상의 청백리를 연상시키는 윤리와 행동을 추구해야 한다(이도형, 2014). 또한 장관으로 대표되는 정무직 또는 고위직 관료들은 부하 직원들을 위해 소신있게 책임지고 물러나는 방식으로 '영혼이 없는 관료'라는 부정적 편견을 극복해야 한다.

이를 반영하는 구체적 실행대안으로는 교직을 이수해야 교사자격증의 취득이 가능하고 교원임용시험의 응시자격이 부여되는 것처럼 소정의 공직가치 과정을 이수해야 공무원 시험에 응시할 자격을 부여하는 방안을 검토할 필요가 있다. 이때 고졸자나 이미 졸업한 대졸자들의 공무원시험 응시기회를 제한한다는 문제제기를 피하기 위해서는 각종 사회교육기관이나 사이버 강좌를 활용한 수강기회를 확대하거나 자율선택을 전제한 상태에서 과정이수자들에게 가산점을 부여하는 방안도 차선으로 고려할 수 있다.

더불어 단기적으로 공무원 면접을 강화해 공공봉사 동기가 강한 사람을 우대하는 방안도 고려할 수 있다. 심층면접을 통해 공공봉사 동기나 경험의 진실성을 검증하거나 상황판단검사를 통해 응시자의 내재적 성향을 파악하는 방안도 고려할 수 있다(노종호, 2015: 191).

그리고 이미 공직에 진출한 공직자들을 대상으로 한 공직가치 재교육도 적극 검토해야 한다. 공직가치 교육이 기존의 협소한 반부패 교육을 초월해 공직자들의 공공마인드를 강화시키는 방향으로 전환해야 하기 때문이다. 나아가 시장이나 시민사회를 포괄하는 범국가 차원의 공공성 회복운동도 전개할 필요가 있다.

한편 공직가치 과정의 설계는 이론과 실습을 병행하는 것이 바람직하다. 일례로 공직자들의 자원봉사 기회를 준강제적으로 확대하는 방식으로 공직의 가치와 의미를 느끼게 하자는 것이다. 직접적인 체험을 통해 공공마인드를 함양시키는 방식으로 공직자들의 만족도는 물론 공직에 대한 동기가 강화될 것이기 때문이다. 나아가 토론수업이나 역전수업(Flipped Learning)을 통해 간접체험의 기회를 부여하는 것도 유용한 방법이다.

이러한 공직가치 과정의 설계작업은 한국행정학회를 비롯해 유관학회들이 공동으로 특별위원회를 구성해 추진하는 것이 정부에 대한 교섭력이나 대외적인 신뢰도 제고 차원에서 유리할 것이다. 참고로 여기에서는 콘텐츠 발굴 차원에서 몇 가지 아이디어를 제안하고자 한다.

먼저 공직가치 과정에 포함이 가능한 과목으로는 행정학개론, 행정윤리와 책임, 행정인턴, 자원봉사 등을 우선적으로 고려할 수 있다. 참고로 행정가치나 공직윤리에 대한 관심은 비교적 최근에 부각되었다. 미국의 경우 소극적 행정의 폐해에 대한 신행정학의 문제제기가 주요 계기로 작용했으며, 한국에서는 공직자들의 부정부패나 국가자율성 약화에 대한 국민적 공분이 크게 작용하였다. 이러한 이유로 공직윤리와 책임은 상대적으로 적극적인 가치나 철학의 문제를 본격적으로 다루고 있다(테리 쿠퍼 저·행정사상과 방법론 연구회 역, 2013: 381). 더불어 공직자들이 행정현장에서 직접 경험하였거나 행정학자들의 참여관찰 방식으로 행정현장의 윤리나 가치 문제를 정면으로 다룬 서적도 희귀한 편이다(이수태, 2013: 7).

다음으로 공공가치 교육에서 활용가능한 교육내용으로는 우선 행정이념의 우선순위와 상호관계 변화를 사례나 토론중심으로 학습하는 일이다. 효율성, 민주성, 합법성으로 대표되는 행정이념의 상대적 중요성은 시대적 요구나 지역적 특성과 밀접한 관련성을 지니고 있다. 먼저 절대왕권의 폭정을 경험한 유럽 각국은 18세기 중반 이후 민주성에 대한 열망이 부각되었다. 하지만 정당이 주도한 엽관주의 행정의 부작용을 경험한 영미에서는 19세기 후반 독일식 관료제를 수입하는 방식으로 합법성(중립성)에 대한 요구에 부응하였다. 더불어 20세기 이후 전세계로 확산된 자본주의의 심화는 효율성의 기풍을 기업은 물론 정부로 확산시키는 주요 계기로 작용하였다.

또한 행정이념은 이론적 측면에서 행정이론의 계보와도 밀접한 관련성을 지니고 있다. 일례로 미국의 경우 20세기 전반에는 효율성을 중시하는 공공관리론과 행정행태론이 부상하였다. 반면에 대공황, 양차대전, 민권운동 등이 부각된 20세기 중반에는 민주성을 중시하는 비교발전행정론과 신행정학이 부상하였다. 나아가 20세기 후반에는 이전의 전통을 신공공관리와 신공공서비스가 계승하고 있다. 나아가 최근에는 거버넌스 기반하에서 상대적으로 중립적이고 균형잡힌 이론들이 각광받고 있다.

더불어 우리는 종단적 측면의 우선순위 변화와 병행하여 횡단적 측면의 상호관계 변화에도 주목할 필요가 있다. 우선 각기 효율성, 민주성, 합법성 등으로 범주화되는 개별적 행정이념들은 적어도 유형화된 진영 내부에서 보완적 협력관계를 형성하고 있다. 반면에 효율성과 민주성은 대립적 갈등관계를 대표하는 사례이다. 더불어 효율성과 합법성, 민주성과 합법성도 비록 상대적 강도는 덜하지만 다수의 갈등요인들이 잠재되어 있다. 그러나 현실의 행정역량 강화라는 측면에서 앞서 제시한 효율성, 민주성, 합법성은 통합적으로 활용하는 것이 바람직하다.

한편 정부의 바람직한 역할을 보수와 진보라는 대비적인 관점에서 이해하는 일도 중요하다. 최근 국내외적으로 정부개입의 강도를 둘러싼 보수와 진보 간의

대립이 격화되고 있다. 참고로 가치프레임을 둘러싼 보수와 진보 간의 경쟁구도
에서 진보는 배려나 공평에 집중하는 반면에 우파는 비례적 공평은 물론 자유,
애국, 권위, 순결 등을 부각시키는 방식으로 다수의 가난한 사람들을 세력화시키
는 일에 성공했다(조너선 하이트 저·왕수민 역, 2014).

　　나아가 공공성의 대비적 접근방법인 집단주의와 자유주의를 비교하는 것도
유용한 교육내용이다. 공동체를 중시하는 집단주의 계열의 이론으로는 마르크스
주의, 공동체주의, 시민권이론 등이 포함된다. 반면에 개인의 합리적 선택을 중시
하는 자유주의 계열의 이론으로는 공리주의, 자유적 평등주의, 자유지상주의 등
이 포함된다(Will Kymlicka 저, 장동진 외 역, 2006: ix - xii).8) 나아가 현대 행정학에서
는 정통행정이론과 공공선택이론이 집단주의(개입)와 자유주의(방임)를 계승하고
있다.

Ⅲ. 한국적 행정이론의 개발과 활용을 극대화

1. 한국적 행정이론의 개발가능성 검토

　　후발 응용학문인 행정학은 인문학은 물론 여타 사회과학에 비해 이론적 깊
이와 다양성이 덜한 편이다. 따라서 이러한 문제상황을 타개하기 위해서는 행정
학의 시계와 방법을 확대시켜야 한다.

　　먼저 현대 행정학의 시계는 일차적으로 20세기를 전후한 미국의 굴기에 맞
추어진 상태이고, 보다 확장해야 30년전쟁 이후 국민국가가 태동한 17세기 중반
유럽으로 거슬러 올라간다. 이는 미국에 편향된 정통행정이론의 시작이 공공관리
론이고 유럽 행정학은 절대국가의 유지에 초점이 부여된 독일의 관방학과 프랑
스의 경찰학 이라는 것이다.

　　현대 행정학을 대표하는 메타이론으로 부각된 과학적관리법이나 인간관계론
은 보편성과 특수성에 관한 고민을 결여한 상태에서 인접 사회과학에서 차용한

---

8) 공동체를 중시하는 집단주의 전통은 고대 그리스의 유기체적 국가론에 근거를 두고 있다. 이는
　정부를 정치적 과정에 참여하는 개인들의 집합체로 파악하는 자유주의 이론들과 구별되는 특징
　이다. 또한 개인의 합리적 선택을 중시하는 자유주의 계열도 공공성의 개입가능성을 완전히 배
　제하는 것은 아니라는 점에서 절충의 가능성을 발견할 수 있다.

개념이다. 따라서 다른 시대나 지역에 적용가능한 이론이라고 보기는 어렵다. 더불어 행정학의 심장부에 해당하는 관료제 이념형도 합리성을 중시하고 있지만 오리엔탈리즘이라는 인종주의적 편견이 내재되어 있다.

　　따라서 우리는 거시와 미시 및 중범위로 대분류가 가능한 행정학의 다양한 접근방법들을 적소에 맞게 선택해야 한다. 하지만 우리는 현대 행정학의 역사에서 자신이 선호하는 분석도구에 맞추어 연구대상을 제한하는 편협한 행태를 자주 목격하였다.

표 14-2　행정학의 역사와 체계

1) 행정학의 역사: 동양과 서양 간의 비교를 중심으로
　(1) 동양의 행정학: 중국(왕조정치, 제자백가)과 한국(붕당정치, 실학)
　(2) 서양의 행정학: 유럽(독일의 관방학과 프랑스의 경찰학)과 영미(행정학)
　(3) 기타: 세계를 호령한 제국의 행정, 사람을 중시한 산촌과 도서국가의 행정
2) 행정학의 체계: 방법과 이론의 유형화
　(1) 연구방법 기준: 거시, 중범위, 미시
　(2) 연구결과 기준: 메타 이론, 중범위 이론, 부분 이론
　(3) 기타: 다양한 기준을 반영한 행정학의 접근방법과 패러다임 변화

14

　　행정학의 태생적 한계이자 학문적 특성을 감안할 때 메타 이론의 개발은 결코 용이한 과제가 아니다. 하지만 행정현상의 시계를 인류문명이 출현한 시기까지 확대하는 한편 상이한 문명 간의 다층적 비교를 수행한다면 기회의 창이 열릴 수 있다. 일례로 동양을 대표하는 공자·맹자의 행정학과 서양을 대표하는 구교·신교의 행정학을 입체적으로 비교한다면 우리가 모르는 새로운 규칙성에 다가설 수 있을 것이다.

　　행정학 학문공동체는 메타 이론에 대한 지속적인 열망과 병행하여 현실적합성과 응용가능성이 높은 중범위 이론의 개발에도 유의해야 한다. 특히 기존의 부분 이론들을 결합하거나 메타 이론을 분해하는 방식으로 중범위 이론의 확대라는 요구에 적극적으로 부응해야 한다.

　　현대 행정학 이론을 본격적으로 창출한 핵심 도구로서 과학적 방법에 대한 관심은 비교적 최근의 일이다. 이점은 미국을 중심으로 태동한 현대 행정학이 기

술성에 초점을 부여한 사실을 통해 잘 나타나고 있다(Starling, 2002; Stillman, 2009). 따라서 우리는 과학성을 표방하면서 공공관리론이 제시한 원칙들을 검증되지 않은 격언에 불과하다고 혹평한 행정행태론의 신조를 간과하지 말아야 한다.

자연과학에서 일반화된 관찰과 검증을 행정연구에 적용하는 방식으로 이론적 순수성을 강화할 수 있다는 것이 행정행태론의 핵심적 논거이다. 물론 행정현상은 인간적 요소와 정치적 가치가 결부된다는 점에서 자연과학 수준의 엄밀성과 객관성을 확보하기는 어렵다. 그러나 우리는 행정행태론의 고집스러운 노력이 현대 행정학의 이론성 빈곤을 해소하는 계기로 작용했다는 점을 부인하기 어렵다. 이에 백완기(1978)는 실천성에 과도하게 몰입해 온 한국행정학계의 풍토를 우려하면서 과학성에 대한 지속적인 관심을 제안하였다. 또한 박종민(2008)은 자료에 근거한 추론, 외국이론의 검증과 수정, 새로운 설명의 제시 등이 충분히 이루어지지 못하였다는 점을 적시하고 있다.

참고로 Simon의 행정행태론에 대한 비판은 대공황과 같은 격변기를 맞이하여 정치적 가치의 필요성을 절감한 Waldo의 행정국가론에 의해 이루어졌다. 즉, 과학적 엄밀성을 강조할수록 현실적 적합성은 떨어진다는 것이 정치·행정일원론자들의 주장이다. 따라서 우리는 Simon의 가치중립설과 Waldo의 가치함축설을 비교하는 방식으로 논쟁의 본질에 부응할 수 있다.

이론성 강화 측면에서 한국행정학계에 부과된 최고의 과제는 한국 고유의 행정이론을 개발하는 것이다. 한국행정학계는 유례를 찾아보기 어려울 정도로 외연을 확대했지만 내실을 확보한 것은 아니다. 따라서 딜레마 이론이나 시차 이론과 같이 독창적인 이론개발 노력이 보다 강화되어야 한다(이종수·윤영진·곽채기·이재원 외, 2014: 102-103). 더불어 단순히 한국인 학자가 개발한 것이 아니라 시·공간적으로 한국적 맥락을 반영하는 것이 바람직하다.

더불어 비록 이론의 독창성은 약한 편이지만 거버넌스와 사회자본과 같이 한국적 현실을 대상으로 다양한 수준의 응용연구를 집중적으로 수행하는 일도 바람직하다. 이러한 노력을 통해 관련 이론의 토착화를 유도할 수 있을 뿐만 아니라 원산지로의 역수출도 기대할 수 있기 때문이다. 또한 행정능력(정정길, 2003), 행정철학(이도형, 2012), 차원(황윤원, 2010), 시간(임도빈, 2014) 등에 초점을 부여한 상태에서 행정학 개론서의 체계화를 시도한 일도 고무적이다. 이러한 창의적 노력가 지속되는 과정에서 행정이론의 도약가능성이 높아질 것이기 때문이다.

2. 한국적 행정이론의 활용가능성 모색

행정학의 활성화를 유도하기 위해서는 새로운 이론의 개발과 병행하여 학문 후속세대를 위한 교육에도 많은 관심을 기울여야 한다. 따라서 기존에 개발된 이론들을 체계적으로 배열한 개론서나 각론서가 출간되어야 한다.

하지만 기존에 출간된 행정학 교과서들은 공무원 시험에 초점이 부여된 준수험서들이 주류를 형성하고 있다는 점에서 수록내용의 표준화에는 성공하였지만 학생들의 흥미나 후속 이론을 자극하는 창의적 내용이나 선도적 체계는 약한 편이다.

일례로 폐쇄체계 관념에 익숙한 정통행정이론과는 달리 1980년대 이후 등장한 대안행정이론들은 개방체계 시각에서 보다 거시적이고 상호작용적인 정치경제학의 형식을 취하고 있다. 하지만 본격적으로 통섭을 지향하는 새로운 추세에 부응하는 한국 행정학 교과서들은 출간은 지연되고 있다.

14

표 14-3 현대 행정학의 형성과 발전

1) 정통행정이론: 주류 행정학의 범주에 편입된 이론
  (1) 공공관리론(법적·제도적 접근 또는 구제도주의 접근)
  (2) 행정국가론과 행정행태론(가치함축론과 가치중립론적 접근)
  (3) 비교발전행정론과 신행정학(생태론과 현상학적 접근)
  (4) 관리과학론과 공공정책론(체제론적 접근)
  (5) 종합: 정통행정이론(근대관료행정론)의 체계와 통합의 정당성 검토
2) 대안행정이론: 최근의 혁신적 정치경제이론을 중심으로
  (1) 정부실패론과 공공선택론(정통경제학적 접근)
  (2) 국가주의와 사회민주주의(정치경제학적 접근)
  (3) 신공공관리(신제도경제학적 접근)
  (4) 거버넌스(신제도정치경제학적 접근)
  (5) 종합: 대안행정이론의 출현을 기대하며(탈근대행정론, 신공공서비스론)

앞서 제시한 표에서 제시한 행정이론체계 시안은 이론과 이론 간의 비교와 융합에 초점을 부여한 것이다. 구제도주의와 신제도주의, 가치함축론과 가치중립론, 수출용 행정이론과 내수용 행정이론, 정통경제학과 정치경제학, 신제도경제학과 신제도정치경제학, 근대 관료제 행정과 탈근대 자율 행정 등을 입체적으로 이해하도록 유도해야 새로운 조합의 탄생이 촉진될 수 있다는 것이다.

더불어 이러한 요구에 보다 효과적으로 부응하기 위해서는 인접 사회과학에서 차용한 이론이나 용어의 재구성도 요구된다. 일례로 최근 사회과학 전반에서 각광받고 있는 신제도주의 계열의 다양한 분파들은 용어의 혼란이 심한 편이다. 정형적·가시적인 기존 제도의 개념(구제도주의)에서 출발해 신제도주의를 표방하면서 제도 개념의 외연을 확대한 역사적 제도주의, 합리적 선택 제도주의, 사회적 제도주의라는 명칭은 다분히 정치학에 편향된 용어이다(Hall & Taylor, 1996). 따라서 새로운 제도라는 의미와 행정학의 융복합 의지를 결합해 신제도정치경제학, 신제도경제학, 신제도조직학 등으로 정정해 호칭하는 것이 바람직하다.

또한 포스트 모더니티 행정이론은 관료제를 비롯해 근대를 합리화시키는데 주력한 "메타 설화에 대한 회의"를 의미한다. 즉, 근대성의 산물인 합리화, 산업화, 도시화, 기술혁신 등은 물론 그 기반이 되는 가치인 직업, 자유민주주의, 휴머니즘, 평등주의, 중립성, 합리성, 관료제 등에 정면으로 도전했을 뿐만 아니라 대안적 가치인 정치적 자결과 자유, 관용, 자율, 개인주의 등을 중시하였다(김세균 외, 2003: 35). 따라서 인접 학문의 원어 사용에 집착하기 보다는 탈근대행정론 정도로 규정하는 것이 바람직하다.

나아가 이론 교육과 병행하여 사례교육에 대한 인식의 전환도 요구된다. 이론만으로 복잡한 행정현실을 이해하기 어려운 상태에서 기존에 개발된 사례교재들을 대학에서 적극 활용하는 것이 바람직하다. 일례로 중앙공무원교육이 개발한 행정사례교재를 대학 강의의 보조교재로 활용하는 것도 요구된다.

한편 최근 한국 사회에서 심화된 대학 간 격차구조의 심화를 고려해 학교의 수준에 부합하는 신축적 교육과정의 설계가 요구된다. 일부 지방사립대학의 경우 공무원시험이나 공공기관 진출을 기대하기 어려운 상황으로 내몰리고 있다. 따라서 가능성이 희박한 시험대비용 교육과정을 구축하기 보다는 실무교육이나 인성교육을 강화하는 방안을 적극 검토해야 한다.

  반면에 수도권 소재 상위대학이나 지방 거점국립대학의 경우 대학원 교육의 활성화를 유도하는 방식으로 전문 행정대학원 체제를 준비해야 한다. 향후 상위직급 공무원시험에 학위소지자 특채의 비중이 늘어날 것이기 때문에 이를 대비하는 전문 인력의 양성도 필요하기 때문이다.

Ⅳ. 한국 행정학의 융복합과 현장대응역량 강화

1. 한국 행정학의 융복합 역량 강화방안

  한국 행정학이 네트워크를 중시하는 미래 지식정보사회에서 계속 경쟁력을 유지하기 위해서는 이론과 현실을 망라한 융복합 역량을 구비하는 것이 바람직하다.

  우선 이론적 측면의 융복합 역량 강화를 위해서는 통섭이라는 키워드가 주는 의미를 보다 분명하게 직시해야 한다. 종합학문으로서 행정학은 그동안 경영학, 정치학, 법학 등에 대한 벤치마킹을 통해 외연을 확대하는 일에 성공하였다. 이는 미국을 중심으로 발전한 현대 행정학이 전문대학원 방식을 채택한 일과 무관하지 않다. 즉, 대학원에서 행정학을 채택하는 전공자들은 법학대학원(law school)이나 경영대학원(business school)과 마찬가지로 학부에서 이수한 다양한 전공을 행정하과 연계하는 전략을 구사하였다.

  하지만 학부 중심의 행정학 교육이 광범위하게 이루어지고 있는 한국에서는 융복합을 중시하는 통섭에 대한 관심이 약한 편이다. 행정학의 왜곡된 정체성을 중시하는 편협한 동업자 논리와 기득권에 안주하는 교수편의주의가 결합되면서 각급 대학의 행정학 교육과정에 단편적이고 기술적인 교과목들이 양산되고 있다. 심지어 최근에는 각급 대학이 비용절감 차원에서 전공 설강과목의 학점을 제한하자 동종교배된 행정학과 소속 교수들이 담당하기 어려운 헌법, 행정법, 재정학, 정치경제학, 회계원리 등의 교과목들이 점차 약화되고 있다.

  따라서 이러한 애로를 타개하는 방안으로는 행정학과 교양트렉의 고안이나 연계전공의 신설을 들 수 있다. 우선 행정학 교양트렉의 고안이란 제한된 전공학점만으로 해결하기 어려운 학생들의 연계 역량을 강화하기 위해 사회과학이나 인문과학 과목을 중심으로 필수 이수과목들을 선정하여 권고하는 방식이다. 또한 연계전공의 신설이란 고등학교 사회 과목이자 9급 공무원시험의 선택과목으로 각광받기 시작한 사회를 구성(정치, 경제, 법, 사회문화 각 5문항씩 총 20문항을 출제)하는 학과들이 사회과학 융복합 부전공을 신설하는 방안이다.9) 이는 기술성과 처방성에 함몰되기 쉬운 행정학 전공자들에게 통섭적이고 인문학적 소양을 증진시키는 계기로 작용할 수 있다.

다음으로 현실적 측면의 융복합 역량 강화를 위해서는 산학협력이라는 시대의 요구에 선제적으로 대응할 수 있어야 한다. 하지만 학부 수준에서 실무능력에 초점이 부여된 전문성 교육을 기대하기 어려운 행정학과의 현실에서 직접적이고 전면적으로 산학협력의 출구를 찾기는 용이한 일이 아니다. 이에 본 연구는 행정학과의 특성을 고려하는 산학협력 방안으로 특채를 궁극적 목표상태로 설정하는 인턴제도와 현장견학 및 학과특성화에 주목하고자 한다.

우선 인턴제도의 현실화를 위해서는 한국행정학회를 비롯해 유관 학회들의 적극적 의지와 헌신적 희생이 전제되어야 한다. 일례로 정부나 공공기관에 대한 학회의 지원요청이 기존에는 학술대회 지원이나 연구용역 수주에 우선순위를 부여해 왔다면 앞으로는 학생들의 취업기회 확대에 유의할 필요가 있다는 것이다. 공적 봉사동기를 중시하는 행정학과에서 교수들의 이타적 행동은 학생이나 공직자들의 인식을 개선하는 계기로 작용할 것이다.10)

또한 직간접적인 현장실습이나 봉사활동이 학생들의 취업동기를 유발하는 최고의 방안이라는 점에서 학과주도로 다양한 참여기회를 마련해 제공하는 것이

---

9) 행정학과 학생들이 9급 공무원시험 필수과목인 국어, 영어, 한국 등에 부가해 선택과목 풀에서 행정학개론과 사회를 선택할 경우 일반행정 직결에서 여타 직렬로의 전환이 용이하다는 장점을 지니고 있다. 또한 표준점수를 적용하는 선택과목의 특성상 고등학교 졸업자들이 대거 몰리는 사회 과목에서 기존의 행정법보다 상대적 우위를 점하기 유리하다는 분석도 있다. 나아가 사회과학의 강화는 7급이나 5급 공무원시험은 물론 상식이나 적성검사를 시험과목으로 부과하는 공공기관 취업에 대한 대응력을 제고한다는 의미도 동시에 지니고 있다. 이러한 견지에서 행정학과 교수들이 전공이라는 울타리를 초월해 '사회과학의 이해', '사회과학 방법론', '정치경제학' 등과 같은 계열교양 과목을 개발하는 것이 바람직하다. 이러한 노력은 신규 행정학 박사학위 소지자의 강의기회를 확충한다는 의미도 담고 있다.

10) 미국의 대통령 행정인턴십이나 우리나라의 공기업 인턴제도의 경우 실제 취업으로 이어지는 경우가 많다는 점에서 적극적으로 기회의 확충이 요구된다. 일례로 정부나 공공기관 인턴의 자격을 관련 과목이나 프로그램 이수자로 제한하는 방식으로 제도운영과 관련된 공정성 시비를 극복할 수 있을 것이다.

바람직하다. 참고로 이러한 현장활동의 범주에는 각종 공공서비스 공급시설 견학, 공직박람회 참여 등을 우선적으로 고려할 수 있다.

더불어 학과특성화란 전국의 행정학과들이 대학내 유관학과 또는 지역별 행정학과들과의 공조 방식으로 특정 전문분야의 행정에 특화하자는 것이다. 일례로 특정 대학의 행정학과가 환경행정, 국방행정 등에 특화하기 위해서는 소속 대학의 환경공학과, 군사학과 등과 융복합 교육과정을 구축하는 것이 바람직하다. 또한 특정 지역의 행정학과들이 과학기술, 공공안전, 정부조달 등과 같은 단일의 특화분야를 선정해 교육과 연구 모두에서 교류·협력하는 거버넌스 체제의 구축도 유용한 방안이다.

2. 한국 행정학의 현장대응역량 강화방안

한국행정학 발전은 개발연대의 고도성장이라는 현실의 행정수요와 밀접한 관련이 있다. 당시는 전문성을 지닌 행정학자와 행정공무원에 대한 수요가 풍부했을 뿐만 아니라 공직으로의 진입도 상대적으로 용이했다. 특히 계급제를 중시하는 한국적 행정풍토 하에서 순환보직하는 일반행정가에 대한 수요와 인기가 높은 편이었다.

그리고 전문적 대학교육을 받지 않은 상태에서 공직에 입문한 공무원들의 재교육 수요도 풍부했다. 이점은 1990년대 후반까지 산업대학이나 일반대학의 야간강좌 및 행정대학원과 같은 특수대학원들이 재교육 특수를 만끽한 사실을 통해서도 잘 나타나고 있다. 그러나 지금은 부동산이나 사회복지 분야로 대학원 수요가 전이된 상태이다.

우리나라에서 행정학에 대한 수요가 감소하게 된 주요 계기는 IMF금융위기였다. 이를 계기로 한국행정의 성장 신화는 실질적으로 종말을 고하게 되었고 행정개혁 대안으로 급부상한 민간위탁은 기능직과 고용직 하위공무원들을 민간근로자 신분으로 전환시켰다. 특히 2000년대 이후 본격화된 행정의 경영화 추세와 병행하여 공공서비스 담당인력이 대거 확충되면서 공직사회로의 진입은 사회복지나 공공안전(경찰, 소방, 교정 등)을 중심으로 전환되기 시작하였다. 그리고 학부제와 연계한 지방대학 행정학과의 구조조정도 본격화되었다.

우리나라의 공직자 충원은 공채의 비중이 큰 편이다. 이는 과거제도의 전통과 평등주의 사고가 결합하는 방식으로 고시라는 실적주의 임용방식이 단시일내에 정착한 일과 무관하지 않다. 실적주의 임용방식은 유능한 인재를 객관적인 방식으로 채용한다는 점에서 효율성과 합법성의 구현에 부응해 왔지만 민주성의 측면에서 문제가 있다. 지방화 이후에도 좀처럼 개선되지 못하고 있는 공무원들의 대응성이나 공직사회 내부의 보수편향과 파벌문화가 대표성을 훼손하고 있기 때문이다.

공채에 대한 과도한 몰입은 신규자들의 전문성을 약화시키는 주요 원인으로 작용하고 있다. 단적인 사례로 공무원 시험의 열기가 높아지면서 행정학과 교육과정의 정상적인 운영은 갈수록 어려워지고 있다.11) 100대1에 육박하는 살인적인 공무원시험 경쟁률은 '전직급의 고시화'를 조장하고 있는 것이다. 이러한 상황에서 취업률을 중시하는 방향으로 학과선호패턴이 변화하면서 행정학과는 전문대학과 지방사립대학을 중심으로 급속히 약화되고 있다.

특히 당면과제인 공채시험 합격자 수를 늘리기 위해 각급 대학의 행정학과는 진입 이후의 전문성까지 배려하는 교육과정을 운영하는 일에 애로를 경험하고 있다. 행정학이나 행정법 능력보다는 영어, 국어, 한국사 등이 시험의 당락을 좌우하는 현실에서 행정학과의 정당성이 갈수록 약화되고 있는 것이다.

따라서 전문성에 초점이 부여된 한국 행정학의 현장대응역량 강화는 공무원시험제도의 개편과 직결된 문제이다. 이를 위한 구체적 방안으로는 우선 수능시험의 논리를 원용해 영어, 국어, 한국사를 순차적으로 자격시험으로 대치하도록 건의하는 방안을 들 수 있다. 반면에 자격시험의 빈자리를 행정학 관련 직무나 인성 과목으로 보완하는 대책을 마련해야 한다. 일례로 행정윤리나 인성검사(봉사실적과 연계)를 신규 과목으로 제안할 수 있을 것이다.

그리고 공직의 대표성 확보차원에서 봉사동기를 자극하거나 약자를 배려하는 조치를 마련하도록 분위기를 조성해 나가야 한다. 자원봉사 활동이나 인턴 근

---

11) 각급 대학의 행정학과는 공무원 시험에 유리한 방향으로 학과 명칭의 변경과 커리큘럼의 조정 및 객관식 대비용 강의를 시작하였고 이는 행정학의 실용성을 약화시키는 주요 계기로 작용하고 있다. 일례로 상대적으로 공직진출이 용이한 경찰행정학이나 사회복지학과로의 전향, 공직수험영어 관련 교육의 강화, 한국행정사를 한국사 수험 용도로 대체, 행정법을 제외한 법학 교육의 전반적 약화, 정부회계나 정보처리 자격증을 대비하는 실무 교육의 약화 등이 대표적인 사례이다.

무경험에 가산점을 부여하거나 다양한 대학입시전형과 마찬가지로 특화된 별도의 전형으로 발전시키는 방안도 고려할 수 있다. 일례로 경찰행정학 유관 전공자 특별채용방식을 벤치마킹해 행정학 유관 전공을 일정학점 이상 이수한 학생들을 대상으로 전공 위주의 특별채용시험을 도입하는 방안도 유용하다.

한편 행정학과 교과과정 자체의 현장대응능력 강화를 위해서는 공무원 시험 유망 직렬에 해당하는 학과들과 연계전공을 신설하는 방안이다. 일례로 공공안전행정, 사회복지행정, 교육행정, 환경행정, 농림행정, 과학기술행정 등을 유망 분야로 지목할 수 있다.

기술성 측면에서 행정학의 문제해결능력 강화를 위해서는 행정기법에 대한 교육도 정상화되어야 한다. 여기에는 조사설계나 컴퓨터 활용능력과 같은 기본적 소양은 물론 관리분석, 전산회계 등을 반영하는 구체적 기법의 활용도 포함된다. 참고로 행정학에서 통계적·수학적 모델링을 중시하는 관리과학의 주요한 기법으로는 의사결정수, 선형계획, 비용편익분석, 공정관리기법, 동적계획법 등을 들 수 있다(황윤원, 2010: 215). 더불어 최근에는 정보기술의 발전과 더불어 다양한 응용 프로그램들이 출현하면서 정보체계의 관점에서 관련 기법을 연구하거나 교육하는 사례도 자주 목격되고 있다.

나아가 계획(목표설정, 정책결정, 기획) – 실행(조직화, 동작화) – 평가(통제, 환류)로 구분되는 행정과정에서 단계별 특성이나 수요에 부합하는 기법의 활용도 중시되고 있다. 일례로 전략기획, 정책변화(조직진단), 성과평가는 각각의 단계를 대표하는 실용적 기법으로 확고한 자리를 구축한 상태이다. 더불어 세계화와 정보화 시대를 맞이하여 여전히 정부주도의 유용성을 입증하는 방식으로 신발전국가의 모델사례로 급부상한 싱가포르 사례를 통해 알 수 있듯이 새로운 행정기법을 구비한 유능한 공무원들은 변화된 환경이 요구하는 거버넌스 능력인 "ⅰ) 미리 생각하기(thinking ahead) – 국내외의 불확실한 환경변화에 부응해 미래의 국가발전에 영향을 미치는 신호를 빨리 인식하는 능력; ⅱ) 다시 생각하기(thinking again) – 행정의 품질제고를 위해 현재의 정책이나 조직들을 수정하거나 조정하려는 의지와 능력; ⅲ) 두루 생각하기(thinking across) – 내부적인 성과평가와 병행하여 외부적인 우수 사례를 접목시키는 방식으로 환류정보의 도출과 제공" 등을 행정과정의 전단계에서 구현하는 방식으로 국가경쟁력의 강화에 기여할 수 있다(Neo & Chen, 2007).

V. 결 론

본 연구는 한국행정학계가 직면한 생존의 위기를 해소하기 위해서는 행정학의 본질과 성격에 부합하는 미래지향적 대응이 필요하다는 문제제기에서 출발하였다. 특히 공공성의 약화와 가치체계의 혼란, 이론적 깊이의 부족과 학문적 사대주의 경향, 행정학의 인기와 경쟁력 하락 등은 더 이상 방치하기 어려운 수준에 도달하였다는 것이 한국 행정학 공동체 전반의 우려와 인식이다.

이에 본고는 행정학의 학문적 위기를 가중시킨 대표적 문제영역인 가치·이론·통섭에 초점을 부여한 상태에서 발전대안을 모색하였다. 이를 반영하는 본 연구의 주요한 지향점을 쟁점별로 소개하면 다음과 같다.

먼저 규범성 측면에서 공공성의 약화를 해소하기 위해서는 행정가치의 구현과 직결된 철학적·인문학적 소양을 배양해야 한다. 우리가 선진국의 잠재력을 주체적이고 창의적인 국민들의 역량을 통해 발견할 수 있듯이, 향후 행정학의 잠재력은 가치판단의 기반 강화와 직결된 문제이다. 따라서 한국행정학계가 주도하는 행정가치의 체계화 노력과 병행하여 교육과 실무 전반으로 공공마인드를 확산시켜야 한다.

다음으로 과학성 측면에서 한국적 행정이론의 활성화를 유도하기 위해서는 한국적 맥락에 부합하는 이론의 개발에 많은 노력을 기울여야 한다. 한국 행정학은 지난 60년 동안 미국의 후원과 현장의 수요를 결합하는 방식으로 양적 팽창을 이룩하였지만 질적 측면에서 한계를 표출하였다. 특히 미국에 편향된 학문적 사대주의 경향은 한국 행정학의 정상적인 발전을 제약하고 있다. 더불어 학문 후속세대에 대한 행정학 교육체계의 정비도 이루어져야 한다.

또한 종합학문성 측면에서 인접 사회과학을 압도하는 행정학의 경쟁력 강화방안을 다각도로 모색해야 한다. 최근 행정학은 학문성립의 계기로 작용했던 경영학, 정치학, 법학은 물론 후발 실용학문인 복지행정학, 경찰행정학, 보건행정학 등과의 경쟁에서 우위를 확보하지 못하고 있다. 따라서 융복합과 현장대응 역량을 강화시키는 방향으로 통섭의 길을 찾아 나서야 한다.

결국 지금까지 제시한 한국 행정학의 위기는 비록 정도의 차이는 있지만 변화에 둔감했던 행정학 공동체 모두의 책임이다. 따라서 우리 행정학계는 공범자로서의 집단반성과 더불어 철저한 자기반성을 병행해야 한다. 이러한 성찰의 토대하에서 과거의 영광에 필적하는 미래의 블루오션을 개척할 수 있기 때문이다.

물론 본 연구의 문제제기는 성찰이 아니라 자학이라는 반론에 직면할 수 있다. 교육과 연구 및 봉사를 포괄하는 행정학의 정체성 위기는 태생적인 문제일 뿐만 아니라 최근 학문공동체가 직면한 위기는 행정학을 초월해 인문사회과학 또는 지방대학 전반의 문제이기 때문이다. 따라서 향후 행정학의 미래를 모색하는 논의는 쟁점별 구체성을 확보하는 것이 바람직하다.

읽기와 토론 14

원자력 발전을 바라보는 상반된 시선

네가와트(Negawatts) 개념을 제안한 환경학자 에머리 로빈스는 에너지를 효율적으로 쓰고 절약하면 경제적 이익과 환경적 효과를 창출한다고 했다. 절전을 상징하는 네가(−)와트는 석탄, 석유, 천연가스, 우라늄에 이어 제5의 연료인 셈이다. 그가 이 단어를 생각하게 된 계기도 흥미롭다. 미국 콜로라도주 공공시설의 전력사용량 보고서에서 메가와트(Megawatts·100만W)가 네가와트로 잘못 표기된 오타를 발견한 순간 버려지는 에너지에 관심이 많던 그는 이 단어의 활용을 학회에 제안했다.

우리나라는 에너지의 97%를 수입해 쓰고 있다. 그럼에도 다른 나라에 비해 상대적으로 저렴한 전기요금의 혜택을 누리는 것은 원자력 발전이 그만큼 저비용인 탓이다. 원자력이 '얼마나 안전해야 충분히 안전한가' 하는 문제를 놓고 사회 각계에서 논란이 뜨겁다. 각 분야에서 자신이 처한 상황에 따라 의견이 분분하지만 원자력 발전으로 인해 값싸게 전기를 이용하고 있는 것만은 분명하다(김병희, "원자력과 하인 10명", 서울신문 2016. 5. 13자).

미세먼지 대책이 계속 겉도는 또 다른 이유가 있다. 에너지 문제와 연계해서 다루고 있지 않기 때문이다. 미세먼지의 상당 부분이 화석연료 사용에 의해서 발생한다. 하지만 미세먼지 대책을 세우고 실행하는 환경부는 석탄화력발전소와 자동차 정책에서 밀려나 있다. 산업부는 전기가 남아돌아도 꾸역꾸역 석탄발전소를 지어대고, 자동차 대기업의 로비로부터 벗어나지 못해서 경유차 생산을 줄이지 못하고 있다. 오히려 예측보다 낮은 수요 증가율을 만회하기 위해서 전기요금을 낮출 기회만 엿보고 있고, 자동차 연료에 붙는 환경에너지교통세의 대부분은 자동차 도로를 확대하는 데 여전히 사용되고 있다.

녹색당은 핵위험과 기후변화, 에너지 불의(不義)를 해결하기 위해서 에너지전환을 주장하고 있다. 에너지 효율을 높이고 절약하며 재생에너지를 확대해 핵발전과 석탄화력 발전소를 대체하자는 정책이다. 자동차 교통량 자체를 줄이고 대중교통과 자전거, 도보 이용을 확대하자는 것이다. 이러한 정책은 미세먼지도 줄여줄 것이다. 마음껏 숨쉴 수 있는 공기를 되돌려줄 것이다(한재각, "미세먼지 대책은 '에너지전환'이다", 경향신문 2016. 5. 21자).

기나긴 논의 끝에 우리나라의 고준위 방사성폐기물 관리를 위한 중장기 로드맵이 나왔다. 그러나 본격적인 기본계획 실행을 위해서는 고도화된 기술과 전문 인력도 중요하지만, 무엇보다 투명성이 핵심이다. 우선 정보의 투명성이다. 세상에 완벽한 기술은 없다는 전제하에 정보를 투명하게 공개한다는 확고한 원칙을 가져야 한다. 다음으로 절차의 투명성이다. 현재 경주에 마련된 중저준위 방폐장 부지선정 과정은 물론 안면도, 굴업도, 부안 사태의 가장 큰 교훈은 정부와 일부 관계자에 의한 일방적 사업추진은 결코 성공할 수 없다는 점이다. 그리고 가장 중요한 것은 소통의 투명성이다. 기본계획의 토대를 이룬 공론화 과정에는 국민의 다양한 목소리, 국내외 원자력 전문가의 신중한 판단, 각계의 소중한 제언 등이 담겨 있음을 잊지 말아야 한다(정근모, "고준위 방폐물 관리, 투명성이 생명이다", 서울신문 2016. 5. 27.자).

후쿠시마 원전사고 이후 일본의 원안위는 2012년 9월 원자력규제위원회로 바뀌었다. 그간 일본 원안위의 행태가 바로 후쿠시마 원전사고를 낳은 구조적인 문제로 지적됐기 때문이다. 일본은 원안위가 원자력규제위로 바뀌면서 다음과 같은 점이 달라졌다. 첫째, 원자력규제위는 독립행정기관으로 거듭났다. 둘째, 원자력규제위는 위원의 자격으로 원전 진흥 경력자는 원천적으로 배제했다. 셋째, 지방엔 원자력규제사무소를 두고 전문인력을 배치했다. 넷째, 일본 원자력규제위의 경우 의사결정에 관한 회의는 인터넷 생중계를 하며 공개하는 것을 원칙으로 하고 있다. 일본의 원안위를 보고 만든 우리 원안위도, 이제 원자력규제위로 조직을 탈바꿈해야 할 때이다(김해창, "원안위, 이젠 '원자력 규제 위원회'로", 경향신문 2016. 5. 7.자).

CHAPTER
15 전환기 행정개혁의 쟁점과 대안

Ⅰ. 서 론

세계화와 정보화로 대표되는 변화와 붕괴의 시대를 맞이하여 우리 정부도 행정개혁을 앞세운 새로운 준비에 부심하고 있다. 이제 이 세상에서 변하지 않는 유일한 진리는 모든 것이 변한다는 사실 뿐이라는 피터 드러커(P. F. Drucker)의 지적이 시사하듯이 변화의 시대에는 변화로 대응하는 것이 가장 효과적인 생존전략이기 때문이다.

세계화와 정보화가 우리 정부에 요구하는 도전과제에는 경제력 강화와 직결된 국부 신장은 물론 국민생활의 질 개선을 도모하는 국질 제고 및 세계 각국과의 경쟁과 협력을 병행하는 국격 완비가 포함되어 있다.[1] 따라서 전환기를 맞이한 우리나라의 국가발전전략을 성공적으로 관리하기 위해서는 균형발전의 선도자 역할을 담당해야 하는 정부의 자기혁신이 선행되어야 한다.

총체적 발전력 강화를 위한 선결요건으로서 행정개혁의 추진방향에 대해서는 그동안 다양한 논의와 실험들이 제시되어 왔다. 일례로 1990년대 중반 이후 세계 각국은 정부의 경쟁력 제고 차원에서 신공공관리와 거버넌스를 구현하기 위해 다양한 노력을 경주하고 있다(Kettl, 2000, Hughes, 2003).

이를 반영하는 전환기 행정개혁의 쟁점과 대안은 크게 비전과 목표, 체제와

---

1) 전환기의 발전전략을 대표하는 국부 신장, 국질 제고, 국격 완비 등에 관한 제세한 내용에 관해서는 이도형·김정렬(2007)의 제3편 세계화 시대 한국의 국가발전전략을 참조하기 바람.

전략 및 수단과 기법으로 구분을 시도할 수 있다. 따라서 이러한 세 가지 분야의
핵심 쟁점들에 대한 입체적 논의를 통해 우리는 미래 정부에 부과된 선결과제와
문제해결방법을 가늠해 볼 수 있다.[2]

먼저 행정개혁의 비전과 목표에 관한 논의는 보수와 진보를 포괄하는 다양
한 개혁의제들 간의 균형에 초점을 부여한 상태에서 유능한 정부, 간소한 정부,
똑똑한 정부, 깨끗한 정부, 겸손한 정부가 주는 의미를 규명하고자 한다.

다음으로 행정개혁의 추진체제와 전략에 관한 논의에서는 대내외 환경의 새
로운 요구에 대한 대응력의 제고 차원에서 변화관리의 내재화와 대화적 접근방
법이 지니는 중요성에 주목하고자 한다.[3]

마지막으로 행정개혁의 수단과 기법에 관한 논의에서는 구체적인 정책아이
디어의 창안보다는 파급효과가 높은 개혁의 기반 정비가 지니는 중요성에 주목
하고자 한다.

Ⅱ. 행정개혁의 비전과 목표

1. 유능한 정부: 과업지향성과 실용주의

유능한 정부란 과업지향과 실용주의를 표방하는 일 잘하는 정부이다. 세계
화와 정보화의 도전에 직면하여 총체적 발전력을 제고하기 위해서는 정부가 주
도적으로 새로운 국가발전의 비전과 목표를 제시해야 한다. 그리고 과업지향 정
부를 촉진하기 위해서는 전략기획 사고와 국가지도자의 변혁적 리더십이 전제되
어야 한다.[4] 이를 반영하는 전략적 개혁이란 명확한 비전을 설정하고, 지지기반

---

2) Bowornwathana(1997)는 행정개혁의 새로운 추진방향과 관련하여 "정부는 무엇을 해야 하는가?
(what should government do?), 정부는 어떻게 일해야 하는가?(how should government do?), 정
부는 누가 통제해야 하는가?(who should control government?), 정부의 활동을 통해서 이익을 보
는 사람은 누구인가?(who benefits from government?)" 등의 네 가지 질문의 유의할 것을 강조하
였다. 이는 정부의 규모와 능력을 적정화, 다양한 개혁수단의 활용, 운영상의 책임성 확보, 결과
의 공정성 확보 등이 행정개혁의 주요한 과제임을 의미하는 것이다.
3) 공공관리와 정책을 둘러싼 주요한 환경변화 요인으로는 소비자로서의 대중과 소비자선택의 강조,
공공서비스 전문가의 일반관리자로의 대체, 공사구분의 모호성, 노령화 등 인구통계학적 변화, 성
과관리의 도입, 정보기술의 진전, 시민의 의식 제고, 민간화 추세의 심화 등을 지적할 수 있다.
4) 변혁적 리더십이란 조직구성원들의 동기를 진단, 그들의 욕구를 충족시키고 그들을 가치있게

(constituency)을 구축하며, 영향(outcomes)을 확산시키기 위한 전술(tactics)을 기획하고, 비전과 영향에 대해서 이해관계자나 대중들과 소통하는 것을 요체로 한다(OECD, 2000).

또한 유능한 정부에는 소모적인 이념논쟁을 초월하는 실용주의 관점이 내재되어 있다. 따라서 정부의 규모(大小)와 능력(强弱)을 초월해 가시적인 성과를 창출하는 일에 주력해야 한다.[5]

치열한 경쟁사회에서 능력의 차이를 반영하는 유능과 무능은 개인은 물론 국가에게도 최고의 덕목임에 분명하다. 이때 유능한 정부를 반영하는 대표적 성공사례로는 네덜란드, 덴마크, 오스트리아, 스위스 등과 같은 서유럽 강소국은 물론 싱가포르, 대만과 같은 아시아의 강소국들을 들 수 있다. 또한 과업지향적 리더십의 구현사례로는 실사구시 리더십을 실천한 싱가포르의 리센룽 총리나 중국의 부패통제를 선도한 시진핑 주석을 들 수 있다.

2. 간소한 정부: 민간화와 규제개혁

간소한 정부란 민간화와 규제개혁을 활용해 민간부문의 활력을 유도하는 정부이다. 공공부문의 자기희생을 전제로 하는 간소한 정부는 작은 정부의 완화된 개념이다. 즉, 민간화에는 민영화의 부작용 해소를 위한 민간위탁의 활성화가, 그리고 규제개혁에는 탈규제 편향성을 탈피하는 재규제와의 조화가 담겨 있다.[6]

만듦으로써 조직을 성공으로 이끄는 지도상을 추구한다. 이때 변혁적 리더의 요건으로는 상식과 용기, 신뢰성, 광범한 업무지식, 혁신관리에 관한 지식, 조직내 협동능력, 고도의 경험과 직관, 창의성, 자기확신과 겸양의 균형, 촉진과 설계 및 코칭기술, 열정과 유머, 배려심, 감동유도 등을 지적할 수 있다. 나아가 혁신리더의 역할로는 진단을 통한 목표제시, 촉진자, 설계자, 프로젝트 관리자, 교육자, 마케터, 고취자, 조정자, 감독자 등을 들 수 있다(이종수, 2005).

5) 행정개혁의 비전을 제시함에 있어 가장 기본적인 고려사항은 정부의 규모(大小)와 능력(强弱)이다. 하지만 정부의 규모는 각국의 발전단계나 정치적 이념에 따라 편차가 심한 논쟁적인 개념이다. 따라서 인접 국가와의 상대비교(공무원, 재정, 행정기관 등)를 통해 크고 작다는 소모적인 논쟁을 벌이는 모습은 탈피해야 한다. 이에 여기에서는 정부의 대소와 강약을 신축적으로 조절하는 유능한 정부에 주목하였다. 일반적으로 강한 정부와 약한 정부의 구분은 계급적 이해관계의 극복 수준을 의미하는 국가자율성(state autonomy) 개념에서 유래한다. 하지만 다층적 이해관계를 특징으로 하는 현대 국가에서 국가자율성은 합리적인 문제해결능력에 초점이 부여된 국가능력(state capacity) 개념에 자리를 양보하고 있다(Fukuyama, 2004).

6) 민영화는 단순히 정부의 소유권을 기업으로 이전하는 사유화 방식을 초월해야 한다. 따라서 소유권 이전에 부가해 경쟁의 효과를 극대화시키기 위해서는 해당 분야에 대한 신규진입규제의 완화를 통해 독과점의 온존가능성을 제거하여야 한다. 또한 민영화의 준비단계에서부터 예상되

유능한 정부에 관한 앞서의 논의를 통해 제시한 바와 같이 절대적인 정부의 규모에 대한 과도한 집착은 바람직한 태도가 아니다. 하지만 공공서비스의 수요자인 시민들에 대한 철저한 수요조사를 토대로 감축과 재편방향을 결정하는 것은 바람직하다. 더불어 유사 업무에 대한 관할권 논쟁이나 책임 회피를 일삼는 부처나 기관들을 대상으로 한 통폐합도 고려할 필요가 있다.

또한 공공과 민간이 상생하는 방향으로 역할을 재정립해야 한다. 따라서 정부는 새로운 사명완수에 주력하는 대신에 민간과의 차별성 확보가 어려운 공기업, 산하단체 등 준시장 영역은 과감히 털어내야 한다.[7] 하지만 공공성이 중시되는 지방자치단체의 기초서비스나 사업운영 분야들은 민간화 방식보다는 책임운영기관이나 지방공기업으로 전환하는 것이 바람직하다. 더불어 덩어리 규제의 개혁에 대한 지속적인 관심과 더불어 경제자유구역, 지역특화발전특구 등을 통해 시도되고 있는 규제권한의 차등적 부여도 확대시켜 나가야 한다.

3. 똑똑한 정부: 지식행정과 성과관리

똑똑한 정부란 지식행정과 성과관리를 통해 문제해결능력을 향상시키는 정부이다. 지식정보사회의 속도경쟁에 효과적으로 대처하기 위해서는 정부의 창의성과 학습능력이 강화되어야 한다. 산업사회의 공무원들에게 안정적 관리자의 역할이 요구되었던 반면에 지식정보사회의 공무원들은 변화관리자의 역할을 요구받고 있기 때문이다.

아날로그 시대의 정책결정은 주로 자신의 경험과 직관에 의존하는 방식에 의존해 왔다. 하지만 대용량 데이터베이스와 초고속 네트워크 및 프로그램화된 분석도구를 구비한 디지털 시대의 정책결정은 구체성과 명확성을 요체로 하는 알고리즘 방식으로 전환되어야 한다. 또한 조직구성원 각자의 고립된 문제해결방식을 탈피해 조직구성원 모두가 유관 정보를 공유하는 방식으로 결과의 합리성

는 부작용을 해소하기 위해 재규제를 준비하여야 한다.

7) 공공부문의 성장이 민간부문의 위축을 초래하는 제로섬 상황을 회피하기 위해 정부는 시대가 요구하는 새로운 사명에 충실할 필요가 있다. 일례로 정부는 국부의 원천인 과학기술과 교육투자, 국질의 원천인 사회복지와 고용안정, 국격의 원천인 국제협력과 대외홍보 등에 주력할 필요가 있다.

을 증진시켜야 한다.[8]

한편 국가발전에 공무원들의 자발적인 동참을 촉진하기 위해서는 자신의 노력만큼 인센티브를 부여하는 성과관리의 강화가 요구된다.[9] 이 점에서 우리는 BSC(Balanced Score Card) 등 기존의 성과관리체계가 공무원 최대의 인센티브인 승진과 괴리되어 있다는 점에 주목할 필요가 있다. 나아가 1~3급 고위공무원으로 한정된 직급파괴를 중간간부와 하위직급까지 확대하는 방안을 고려하여야 한다.[10] 공무원들의 계급의식이 온존한 상태에서 기업형 팀제를 행정 일선으로 확대한다는 정부의 구상은 공염불에 불과하기 때문이다.

똑똑한 정부는 행정개혁의 공정성 확보가 지니는 중요성에도 유의해야 한다. 행정개혁의 결과는 시민은 물론 조직구성원들에게 유리할 수도 있고, 불이익을 가져올 수도 있기 때문이다. 일례로 인재유출의 방지와 사기앙양을 위한 급여제도가 상하위직간의 임금격차를 확대시킨다거나, 노동문제의 해결을 위해서 설치한 노동부가 오히려 노사문제의 집권화를 가져온다거나, 규정이나 규제의 변화로 인해서 여성이나 다른 기업의 진입을 조장하거나 저해하는 경우도 있을 수 있다.

15

---

8) 행정자치부는 2007년 3월 15일 천안에서 개최한 2007 혁신 컨퍼런스에서 정부혁신 우수사례로 전자정부(행자부), 나라장터(나라장터), 홈택스서비스(국세청) 등을 발표하였다. 나아가 기존의 성과를 토대로 중앙정부간, 중앙과 지방간, 지자체 상호간 정보 및 지식을 공유·확산하여 행정의 효율성을 높여야 한다는 점을 강조하였다, 더불어 2006년 유엔 공공행정상을 받은 정부혁신지수(GII)의 독일 수출과 혁신협력방안 등을 중점 논의하였다.

9) OECD정부혁신아시아센터(2006)는 행정개혁 패러다임의 새로운 동향과 관련하여 투명하고 접근 가능한 개방형 정부, 성과주의 관리방식의 도입, 책임과 통제시스템의 현대화, 정부기능의 재편 및 조직 재구성, 공무원의 조직화와 동기부여, 시장형 메커니즘의 적극적 활용 등과 같은 6가지를 강조하고 있다.

10) 1978년 미국 카터 정부의 공무원개혁법(Civil Service Reform Act)으로 탄생된 SES(Senior Executive Service) 제도에 기인하는 고위공무원단 제도는 미국, 영국, 호주 등 다수의 국가에서 상위직 공무원을 중하위직 공무원과 구분하여 고위공무원의 역량강화를 통한 정부효율성 제고를 위해 시행하고 있다. 우리나라에서 2006년 7월부터 시행중인 고위공무원단 제도는 신분중심에서 일 중심, 연공서열에서 성과중심, 폐쇄적인 공직구조에서 개방적인 공직구조, 계급에 따른 보수체계에서 업무에서 성과에 따른 보수체계로의 변화를 통해 고위공무원의 성과와 역량향상을 꾀하며, 국가의 목적에 부합하는 새로운 방식으로 관리함으로서 범정부적 차원에서 개방과 경쟁을 확대하고 성과책임을 강화함으로써 정부의 경쟁력을 높이고자 하는 것이다.

4. 깨끗한 정부: 부패방지와 윤리행정

깨끗한 정부란 부패방지와 윤리행정을 통해 공직을 투명성을 제고하는 정부이다. 이는 현대 정부의 근본적인 위기인 정부에 대한 국민들의 불신해소와 직결된 문제이다. 따라서 크게 행태적 측면의 불감증과 제도적 측면의 폐쇄성 및 환경적 측면의 분위기로 요약되는 부패유발 요인을 해소하기 위해서는 처벌의 확실성 제고, 정보공개와 내부고발의 활성화, 시민단체나 공무원 노조가 주도하는 반부패운동의 강화 등과 같은 종합대책을 추진해야 한다.

한편 공직자 개개인의 윤리의식을 확산시키기 위해서는 공무원 윤리규정의 강화와 병행하여 전문직업주의(professionalism)의 기풍을 확립하여야 한다. 정실주의나 엽관주의의 폐해를 극복하기 위해 도입한 실적주의와 직업공무원제에 안주하는 방식으로는 실질적인 문제해결을 기대하기 어렵기 때문이다. 따라서 공무원 사회의 자율적인 문제해결능력을 조장하는 방식으로 대처하여야 한다.

내부통제와 외부통제 간의 상대적 유효성 논쟁이 시사하듯이 고도로 전문화된 현대 행정에서 의회와 시민단체가 주도한 외부통제는 문제의 내면에 접근하기 어렵다. 이 점은 조직구성원의 양심과 소신에 기인하는 내부고발이 부패문제 해결의 주요한 전기를 마련해 왔다는 사실을 통해서도 잘 나타나고 있다. 따라서 당당한 공무원의 비중과 역할을 증대시키기 위한 정부 차원의 노력이 요구된다.11)

더불어 시민에 대한 정부관료제의 책임성 강화를 위해서는 관료들의 재량적 권한이 어떻게 사용되는지를 시민들이 통제할 수 있도록 해야 한다. 따라서 책임성이라는 것은 시민들이 어떤 권리를 가진다는 것을 의미하는데, 그러한 권리에는 깨끗하고 정직한 정부에 대한 권리, 양질의 서비스를 받을 권리, 관료적 결정과 지배에 대해서 의문을 제기하고 시정을 요구할 수 있는 권리, 공무원들이 하는 일에 대해서 알 권리, 지방수준에서 스스로를 통치할 수 있는 권리, 부적합한

---

11) Denhardt(1991: 19~20)는 공공관리자가 갖추어야 할 능력 3가지를 들고 있다(H형 인재의 3가지 구성요소와 일치함). 첫째, 개념적 기술(conceptual skill)은 조직의 모든 부분과 제 기능이 어떻게 작동되고 결합되는지를 전체적으로 볼 수 있는 능력, 환경변화 맥락과 조직을 연결시켜 볼 수 있는 능력 등 공공관리 지식과 가치구성을 위한 통합적 사고력을 말한다. 둘째, 기법적 기술(technical skill)은 목표달성을 위한 효율적 과정과 기법들을 이해하고 또 이를 신속히 습득할 수 있는 능력, 예컨대 예산편성 및 재무관리, 인사관리기법의 숙련도 등을 뜻한다. 셋째, 인간관계 기술(human relation skill)은 조직구성원으로서 효과적으로 일할 수 있는 능력 혹은 타인들을 협력하게 만드는 능력을 일컫는다(이도형, 2006 재인용).

공무원을 퇴출시킬 수 있는 권리 등이 포함된다(Bowornwathana, 1997).

5. 겸손한 정부: 탈권위와 거버넌스

겸손한 정부란 탈권위와 거버넌스를 통해 국민들의 주인의식과 만족도를 제고하는 정부이다. 1987년 6월항쟁과 실질적 정권교체는 권위주의 전통을 약화시키는 주요 계기로 작용해 왔지만, 아직까지 그 체감도는 저조한 편이다. 따라서 민원부서의 공무원들에 초점이 부여된 제한적 수준의 시민만족 행정을 탈피해 탈권위주의 기풍을 공직사회 전반으로 확대시켜야 한다.

나아가 이에 대한 대안으로는 충원경로의 다양화를 이룩하는 방식으로 지역, 성, 학력, 연령, 고시와 비고시, 정규직과 비정규직 등을 고려하는 대표관료제를 이룩해야 한다. 또한 협의, 학습, 참여 등을 활용해 조직민주주의를 촉진하는 방식으로 공직사회 전반의 탈권위주의 기풍을 확산시켜야 한다.

한편 공공과 민간 간의 협력을 중시하는 거버넌스(governance)의 구현경로는 다양하다. 부연하면 먼저 정부간 관계를 반영하는 지방분권과 국제협력의 강화를 들 수 있다. 일례로 아일랜드, 스위스, 핀란드 등과 같은 강소국을 통해 알 수 있듯이 준독립적인 거점도시들이 경쟁하는 지방중심의 경제활성화는 국가경쟁력의 향상과 직결된 문제이다.

다음으로 정부-기업간 관계의 측면에서 노사정 합의기구의 제도화나 기업 이익연합체의 활성화가 지니는 중요성에 주목할 필요가 있다. 이해관계를 달리하는 집단이나 계층 간의 타협과 협력을 촉진함으로써 급격한 환경변화나 외부적 위기요인을 흡수할 수 있기 때문이다.

그리고 정부-시민사회간 관계의 측면에서 자원봉사를 공공서비스 집행에 활용하는 복지혼합이나 시민사회가 주도하는 공적 역할의 확대를 추구해야 한다. 국민생활의 질과 직결된 사회복지를 철지난 유행쯤으로 치부하는 보수편향적 사고로는 양극화로 대표되는 세계화의 부작용을 치유하기 어렵기 때문이다. 또한 환경보호, 평생교육, 지역재생 등을 중심으로 이루어지고 있는 시민단체 주도의 공적문제 해결은 재정난 시대를 맞이한 행정의 효율성 제고는 물론 국가 전반의 민주성 강화에도 기여하게 될 것이다.

15

6. 소 결 론

앞서 제시된 5가지 비전과 목표는 현재 우리가 직면한 행정개혁에 대한 요구들을 종합하는 방식으로 구성하였다. 이 중 유능과 간소는 상대적으로 보수적인 시각에 친숙한 반면에 깨끗과 겸손은 진보적인 시각에 가까운 편이다. 그리고 똑똑은 비교적 중립적인 지대에 위치하고 있다.

하지만 각각의 비전과 목표를 설명하는 과정에서 강조한 바와 같이 새로운 정부의 비전과 목표는 전체적으로 중용을 지향해야 할 뿐만 아니라 특정한 비전과 목표 내에서도 높은 수준의 절제와 균형이 중시되어야 한다. 과한 것보다는 조금 모자란 것이 새로운 문제유발을 예방하는 첩경이기 때문이다.

표 15-1　전환기 행정개혁의 비전과 목표

유능한 정부	간소한 정부	똑똑한 정부	깨끗한 정부	겸손한 정부
• 과업지향성 • 실용주의	• 민간화 • 규제개혁	• 지식행정 • 성과관리	• 부패방지 • 윤리행정	• 탈권위 • 거버넌스

Ⅲ. 행정개혁 추진체제와 전략의 재정비[12)

1. 행정개혁 추진체제의 재구조화

우리나라를 비롯해 선진각국의 행정개혁 추진체제는 크게 특별위원회 주도형(외부전문가 중심)과 기존부처 주도형(직업공무원 중심)으로 구분된다. 또한 우리나라의 기존 규제개혁 시스템을 통해 알 수 있듯이 위원회와 부처 간의 실질적

---

12) 노무현 정부에서 행정자치부와 건설교통부 장관을 지낸 이용섭(2006)은 정부혁신의 성공을 위한 10가지 전략으로 열정적인 리더를 찾아라, 위기를 혁신의 기회로 활용하라, 강력한 혁신추진팀을 구성하라, 비전을 새로이 정립하라, 인사 혁신을 통해 신뢰를 확보하라, 의사소통을 원활히 하여 저항을 극복하라, 단기적 성과를 창출하라, 혁신 성과를 평가해서 보상하라, 정교하고 신속한 변화관리를 해라, 변화를 정착시켜라 등을 제시하였다. 또한 2005년 5월 7일 서울에서 개최된 정부혁신세계포럼에서 UN 사무차장 오캄포는 거버넌스 혁신의 6가지 방향으로 지식의 적극적인 활용, 조직구조의 적극적인 활용, 시민사회·민간부문 등과의 파트너십 모색, 자원 동원의 대안 모색, 자원 조달의 창의적인 대안 모색, 결과에 대한 정확한 평가 등을 강조하였다.

업무분담을 통해 행정개혁을 추진하는 혼합형 방식도 있다.

또한 앞서 제시한 바와 같이 시스템에 의한 개혁에 부가하여 리더십에 의한 개혁을 들 수 있다. 이때 리더십에 의한 개혁이란 대통령이 주도하는 방식으로 실질적으로 청와대의 행정개혁 관련 수석이 주도권을 행사하게 된다(윤성식, 2002). 일례로 노무현 정부하에서는 청와대 참여혁신수석이 행정개혁 관련 업무를 총괄하였다.

하지만 행정개혁 추진체제와 관련된 다양한 아이디어들이 현실화될 경우 추진체제의 중복에 다른 혼란과 비효율성이 문제점으로 지적될 수 있다. 따라서 조용하지만 내실있는 개혁을 위해서는 관련 기구들의 통폐합과 기능조정이 이루어져야 한다. 이 점에서 노무현 정부가 기존에 기획예산처와 행정자치부로 이원화된 행정개혁 관련 기능을 행정자치부로 일원화시킨 것은 긍정적인 조치로 평가된다. 나아가 이종수(2005)는 청와대 직속의 정부혁신지방분권위원회, 국무총리실의 규제개혁위원회, 행정자치부의 정부혁신본부, 중앙공무원교육원 등 다양한 혁신관련 기구를 정부혁신원으로 통합하자는 아이디어를 제시하고 있다.

대통령을 축으로 한 강한 청와대에 대한 현실적 요구가 존재하는 우리나라에서 적어도 단기적으로 시스템에 의한 행정개혁이 위력을 발휘하기는 어렵다. 따라서 행정개혁 관련 기구의 통폐합은 기존의 준실무형 정부혁신지방분권위원회를 순수자문형 조직으로 축소하는 대신에 청와대의 행정개혁 전담 수석이 자문과 집행기관 간의 연결고리 역할을 담당하도록 하는 것이 바람직하다. 혁신을 주도하는 리더의 분신은 권력의 핵심부와 직결될 수 있어야 하기 때문이다.

그러나 공공부문과 민간부문 간의 경계선 조정과 관련된 규제개혁 기능은 경제사회를 대표하는 다양한 이해관계자들의 활발한 참여가 요구된다는 점에서 기존의 위원회 방식을 유지하는 것이 바람직하다. 더불어 규제개혁위원회에 대한 지원기능을 담당하는 국무조정실 규제조정실 산하에 외부 전문가들을 특채하는 방식으로 전문성을 제고하는 것이 바람직하다. 나아가 중장기적으로 청와대-국무총리실-부처 간의 조정 차원에서 행정개혁의 기능조정 대안을 마련할 필요가 있다.

한편 새로 마련된 행정개혁안의 집행과정에서 실효성을 확보하기 위해서는 조직, 예산, 인사 등을 활용한 인센티브가 요구된다. 따라서 조직에 관한 인센티

브를 행사하는 행정자치부에 부가해 예산과 인사를 총괄하는 기획재정부나 인사
혁신처가 행정개혁 업무에 적극 협조하여야 한다. 더불어 회계검사와 직무감찰을
수행하는 감사원의 지원 역할에도 주목할 필요가 있다.

2. 행정개혁 추진전략의 재정비

성공적인 개혁추진을 위해서는 국민의 요구를 미리 예측하여 개혁을 추진하
는 "전략적 개혁" 방식을 도입해야 한다. 일례로 영국이나 네덜란드에서는 민간
의 마케팅 기법을 도입해 새로운 개혁이나 정책을 추진함에 있어 공청회는 물론
시민들로 구성된 대규모 패널을 활용해 다양한 형태의 요구 및 선호조사를 수행
하고 있다. 이러한 과정을 통해 다양한 개혁목표 간의 우선순위를 조정할 경우
실패가능성을 축소할 수 있다. 이 점에서 행정개혁의 전 과정에 전략기획적 사고
를 적극적으로 활용하는 것도 유용한 방법일 수 있다.

다음으로 개혁의 비전과 목표에 대한 조직 내외의 광범위한 의사소통을 통
해 공감대를 확산시켜야 한다. 조직구성원들의 자발적인 개혁참여는 물론 시민단
체나 언론 및 정치권의 지지가 확보되지 못한 상태에서 이루어지는 행정개혁의
성공적인 추진을 기대하기 어렵기 때문이다. 나아가 행정개혁의 궁극적인 목표는
조직문화를 변화시키는 것이기 때문에 조직구성원들의 현상유지 편향적인 유전
자를 바꾸는 일에 적극 나서야 한다.[13]

한편 개혁의 포괄성과 지속성을 유지하기 위해서는 개혁의 피로감을 예방할
수 있어야 한다. 이때 개혁의 피로를 극복하는 유용한 방법으로는 공무원 개개인
의 자존심과 주인의식을 고취시키는 한편 개혁에 저항하는 공무원들에게 적절한
인센티브를 부여할 수 있어야 한다. 더불어 개혁을 적극적으로 옹호할 리더들을

---

13) OECD는 최근 들어 신공공관리의 전세계적 확산과 관련하여 각국의 고유한 역사제도적 특성이
지니는 중요성을 강조하고 있다. 일례로 OECD 공공관리국 부국장인 Alex Matheson는 국내 강
연을 통해 규제나 구조를 바꾼다고 행동이나 태도가 바뀌는 것이 아니므로 혁신적인 마인드를
형성하는 것이 중요하다고 강조하였다. 또한 문화 행동이나 가치관 변화는 시간을 필요로 한다
는 점을 인식해야 하고 최고관리자의 관심도 중요하다. 그리고 정부는 집단성(collectivity: 정책
조정, 법률조정, 공명정대, 통일된 공무원 제도 등)과 적응성(adaptivity: 성과, 경쟁, 차별된 구
조, 맞춤 서비스 등)을 균형있게 조화시켜 근본적인 목표가 무엇인지를 명확히 해야 한다. 나아
가 모든 사항을 계약(contract)과 규정(rule)으로 규제할 수 없다. 결국 사회와 정부가 복잡 다변
해지기 때문에 사회적 통제(social control)가 중요해지고 있다.

꾸준히 양성하는 것이 바람직하다. 일례로 독일에서는 리더십 향상을 위한 내부 훈련 프로그램을 개발하여 모든 공무원들이 3년 동안 최소 15일의 심층훈련을 받 도록 의무화하고 있다.

그리고 상향식 개혁과 하향식 개혁 간의 균형을 확보할 수 있어야 한다. 개 혁에는 공무원의 적극적이고 자발적인 참여가 필요한 개혁이 있고, 공무원의 자 발적인 협조와 참여를 기대하기 매우 어려운 개혁이 있다. 일례로 민영화, 조직 개편, 순환보직의 폐지 같은 전략적이고 거시적인 성격을 가진 개혁은 최근의 조 직민주화 추세에도 불구하고 하향식 개혁이 불가피하다(윤성식, 2002).

한편 이종수(2005)는 행정개혁의 정치적 성격에 주목하면서 행정개혁이 왜, 누구를 위해 추진되었는지를 파악할 것을 주문하고 있다. 더불어 행정개혁의 성 패를 좌우하는 핵심적 요소로 강력한 정치적 의지가 지니는 중요성을 강조하였 다. 일례로 우리는 역대 정부의 행정개혁을 통해 집권 초기의 열정이 바로 식어 버리는 사례를 자주 목격해 왔기 때문이다. 나아가 성공적 개혁 추진을 위해서는 총괄평가에 부가해 주기적으로 개혁의 성과를 평가하고 평가결과를 보상과 연결 시키는 전략이 중요하다는 점을 강조하였다.

3. 참여적·상시적 혁신추진체제의 구축과 활용

행정개혁이 정권 초기의 일회성 이벤트를 탈피해 지속적으로 성과를 산출하 기 위해서는 우선 개혁의 방향을 설정하고 다양한 혁신프로그램을 실행하는 일 차적 혁신체제의 구축이 요구된다. 노무현 정부에서 추진했던 것처럼 전향적인 혁신의 로드맵을 설정하고 각 영역별 혁신(인사, 재정, 조직 등)과 함께 단기적인 혁신 프로그램과 부처 단위의 부분적인 혁신 프로그램을 함께 추진하는 방식은 정부 내외의 관심을 유도하는 데 용이하다. 또한 주기적으로 시행하는 혁신성과 평가도 공무원들이 동참하는 분위기 확산에 기여할 수 있다.14) 하지만 이러한 혁

---

14) 행정자치부(2006)는 지방자치단체 행정혁신의 단계를 5단계(내재화 단계), 4단계(조직내 확산), 3단계(업무개선), 2단계(혁신점화), 1단계(도입) 등으로 구분한 상태에서 매년 혁신 평가를 진행 하고 있다. 참고로 2006년도 평가 결과에 따르면 단계별 자치단체 수는 5단계 6개(서울 중랑구, 서울 영등포구, 천안시, 전주시, 영암군, 구미시), 4단계 106개(수원시 등), 3단계 108개(충주시 등), 2단계 10개(대구서구, 인천연수구, 여주군, 순천시, 보성군, 경산시, 청송군, 영덕군, 칠곡군, 울릉군), 1단계 0개 등으로 나타났다. 이러한 성과 차이는 주로 시스템 부재, 소극적인 태도, 정

신은 주로 하향식(top-down) 문제해결방법에 의존하게 되고 변화관리적 성격보다는 인식된 문제를 해결하기 위한 변화유발적 성격이 강한 한계를 지니고 있다.

다음으로 이차적 혁신체제의 구축은 일차적 혁신체제를 안정화시키고 상시화시켜 지속적으로 혁신을 추진하는 전략이다. 즉, 지속적인 혁신체제는 혁신의 루틴화를 방지하고 혁신의 참신성을 지속적으로 제고하는 가운데 현실성을 높이게 된다. 따라서 저항이나 혁신피로감과 같은 혁신의 부정적 요소들을 적극적으로 관리할 수 있는 조직의 변화관리 역량을 중시한다. 또한 운영 과정에서 혁신비전에 대한 적극적인 커뮤니케이션과 상향식(bottom-up) 문제해결 방법을 추구한다. 나아가 상시적 혁신체제의 항상성을 유지하기 위해서는 포괄적 평가체계의 일환으로 혁신지식관리시스템(Innovation Knowledge Management System)과 혁신컨설팅기능(innovation consulting)을 강화하는 것이 바람직하다.

한편 앞서 제시한 참여적·상시적 혁신체제의 구현과정은 "문제인식 → 자료수집 → 계획 → 저항요인 파악 → 실행 → 문제파악 → 자료수집 → 선순환 → 실행계획 → 실행 → 평가 → 선순환" 등으로 이루어진다. 부연하면 초기 단계에서는 문제해결을 위한 대안검토와 로드맵 준비를 위한 기본 연구에 주력하게 된다. 다음으로 구체적 실행을 준비과정에서는 이해관계자에 대한 의견수렴을 통해 혁신실행에 따른 문제점과 장애요인을 파악한다. 그리고 실행 이후에는 평가결과를 피드백하는 방식으로 새로운 실행계획을 수립하는 선순환을 유도하여야 한다.[15]

4. 정부의 미래에 대한 준비능력 강화

최근 들어 행정을 둘러싼 외부환경은 급변하고 있다. 따라서 미래의 불확실성과 복잡성에 대한 준비를 강화하는 방식으로 정부의 경쟁력을 확보할 수 있어야 한다. 일례로 불과 얼마 전까지만 해도 전략적 사고와 변화관리 역량은 최고

보공유 미정착, 위험회피 성향 등에 기인하는 것으로 나타났다. 따라서 이러한 혁신장애요인을 극복하기 위해서는 먼저 전문가 컨설팅, 자체평가, 여론조사, 직원설문조사, 벤치마킹 등과 같은 혁신장애의 진단방법을 활용해야 한다. 또한 혁신마인드 부재, 인센티브 결여, 혁신피로감과 냉소주의, 시스템 부재 등에 대한 대책을 마련하여야 한다. 나아가 각각의 혁신장애 해소대책들은 상황적 적합성을 확보할 수 있어야 한다.

15) 여기에서 제시된 아이디어는 고려대학교 정부학연구소가 2005년 행정자치부에 제출한 정부혁신 주관연구기관 선정계획서를 원용하는 방식으로 작성하였다.

관리자의 전유물로 인식되었다. 하지만 앞으로는 모든 계층의 관리자들에게 전략기획, 변화관리, 창의행정, 정책분석 등과 같은 미래지향적 분석기법들의 활용능력이 요구될 것이다.16)

한편 이를 반영하는 미래 정부의 변화 추이를 개괄적으로 조망하면 다음과 같다(행정자치부, 2001; Doherty & Horne, 2002). 첫째, 강제경쟁입찰제의 적용범위가 확대됨으로써 공공관리자들은 정부 내외의 조직단위들과 경쟁을 하는 가운데 협력을 해야 할 것으로 보인다. 둘째, 지방공공서비스는 중앙정부가 설정한 공식적 기준에 따른 성과평가와 지역주민들의 지속적인 비판에 직면할 것으로 보인다. 더불어 국가 전반의 공공서비스 역량에 관한 국제적 비교가 강화될 것이다. 셋째, 계층간 빈부격차의 확대로 인해 기초적 공공서비스에 대한 국민(주민)들의 요구가 증가하는 반면에 예산제약은 더욱 극심해질 것이다. 따라서 공공관리자들은 재무관리 능력과 계량화 능력(ability to quantify)을 증진시켜야 할 것이다. 넷째, 거버넌스 패러다임의 확산이 시사하듯이 공공관리자들은 정부 내외의 다양한 이해관계자들과 네트워크를 형성해야 할 필요성이 커지게 될 것이다. 따라서 공공관리자들은 공개성과 외부감시가 중시되는 근무여건 속에서 업무를 수행하게 될 것이다. 다섯째, 가족, 집단 등과 같은 전통적인 공동체의 약화로 인해 각종 범죄가 증가할 것으로 보인다. 따라서 사회서비스, 교육서비스, 경찰서비스 등이 증가할 것으로 보인다. 여섯째, 모호하고 불확실한 정보를 이해하거나 첨예한 이해관계 갈등을 조정하기 위한 정보처리 및 갈등관리 능력이 점차 중요해질 것이다. 일곱째, 강화된 고용정책에도 불구하고 실업이 확대될 것으로 보인다. 따라서 고용창출을 위한 창의적인 행정활동에 대한 요구가 증가할 것이다. 여덟째, 공무원이라는 직업이 앞으로도 계속 안정적일 것인가에 대한 불확실성으로 인해서 공무원들을 대상으로 한 재교육이나 자기학습이 강화될 것이다. 아홉째, 조직가치

---

16) OECD의 PUMA(Public Management Service)는 1999년 9월 14~15일에 "미래의 정부(Government of the Future)"에 관한 심포지움을 개최하였는데, 이 심포지움에서 도출된 주요 내용은 다음과 같다. 첫째, 행정개혁의 필요성은 다양한 환경의 요구에 부가하여 사회와의 관계유지(government needs to keep up with society)와 정부에 대한 신뢰의 재구축(re-establish trust in government)에 초점이 부여되어 있다. 둘째, 행정개혁의 주요한 교훈은 개혁조건의 구축, 개혁의 지지계층 구축을 위한 의사소통, 행태변화를 통한 변화지향적 조직문화의 창조가 지니는 중요성을 인식하는 것이다. 셋째, 행정개혁의 지속성 확보를 위해서는 개혁피로의 완화, 개혁추진팀의 신설이나 유인체계의 강화와 같은 핵심성공요소의 중시, 사회 내의 변화에 끊임없이 적응할 수 있는 제도형성 등에 주목해야 한다(OECD, 2000).

의 중요성에 부응하기 위해 조직문화에 대한 이해와 변화전략이 각광받게 될 것
이다.

5. 소 결 론

누가 어떻게 행정개혁을 주도하는 것이 바람직할 것인가에 대해서는 그동안
다양한 논의와 실험들이 제시되어 왔다. 하지만 행정개혁과 같이 고도로 정치적
이고 불확실한 환경하에서 이루어지는 문제해결은 최적의 대안에 연연하는 결정
론의 위험을 탈피해 상황론의 미덕을 극대화시키는 방향으로 이루어져야 한다.

따라서 행정개혁의 체제와 전략은 최고통치권자의 의지나 선호보다는 정치,
행정, 법제, 민의 등과 같은 다양한 이해관계를 충분히 수렴하는 방식으로 이루
어져야 한다. 특히 그동안 우리나라의 역대 정부가 다양한 체제와 전략을 실험해
왔다는 점에서 기존 방식을 최대한 존중하는 것이 바람직하다. 단 행정개혁의 추
진전략과 관련하여 타이밍이나 강온 전략의 적절한 배합에 주력할 필요가 있다.

Ⅳ. 행정개혁 수단과 기법의 다변화[17)]

1. 선진적 관리기술의 적극적 벤치마킹

기업식 정부를 표방하고 있는 최근의 행정개혁 추세를 감안할 때 전략기획,
팀제, TQM, 6시그마 등과 같은 기업의 선진적인 관리기법에 대한 벤치마킹은 다
소간의 부작용에도 불구하고 앞으로도 계속 강화될 것이다. 물론 공공부문과 민
간부분 간의 차이로 인해 기업의 관리기술을 직접적으로 도입하기 어려운 경우

17) 노무현 정부는 행정개혁의 10대 아젠다로 성과중심의 행정시스템 구축, 정부기능과 조직의 재
설계, 행정서비스 전달체계 개선, 고객지향적 민원제도 개선, 행정의 개방성 강화, 행정행위의
투명성 제고, 시민사회와 협치 강화, 공익활동의 적극적 지원, 공직부패에 대한 체계적 대응, 공
직윤리의식 함양 등을 설정하였다. 또한 신강순(2002)은 오랜 공직경험을 토대로 행정개혁의 10
대 과제로 무분별한 순환보직의 지양, 고위공무원단 제도 실시, 공무원 교육훈련 내실화, 바람
직한 정부조직 개편, 감사원을 활용한 내부통제 강화, 책임운영기관 확대, 지방자치계층 축소,
지방자치 부패방지대책, 공기업과 산하단체의 경영혁신, 전자정부의 과감한 추진 등을 지목하
였다.

표 15-2	관리의 우수성 제고를 위한 10계명
• Stick to Knitting 　자기의 강점에 전념	• Vision 　명쾌한 방향과 비전을 제시하는 관리자
• Stay close to the Customer 　고객수요에 대한 대응	• Hands-on 　일상적 업무에 몰입된 관리자
• Productivity through people 　구성원의 감정과 관점의 중시	• Bias for action 　새로운 사고에 대한 행동 실천
• Autonomy and entrepreneurship 　창의성, 위험감수, 권한부여의 중시	• Simple structure and lean staffing 　관리부문의 최소화, 분권화, 신축성
• Value driven 　가치지향적 강력한 문화	• Loose/tight control mechanism 　엄격한 재정통제 및 명쾌한 성과목표 강조

자료: Peters & Watermann(1982); Doherty & Horne(2002) 재인용.

도 있다. 하지만 최근 들어 양 부문 간의 경계선이 계속 약화되고 있다는 점에서 부분적 수정보완을 전제로 한 벤치마킹에는 무리가 없을 것으로 보인다.

특히 치열한 시장경쟁에서 생존한 기업들의 성공비결을 학습하는 일은 우리 정부의 경쟁력 향상에 크게 기여할 것이다. 일례로 Peters & Watermann(1982)은 미국의 43개 성공기업(best-run company)에 대한 분석을 토대로 강력한 리더십, 가치의 공유, 명확한 비전, 조직몰입, 조직문화의 변화 등을 '우수한 관리를 위한 10계명'으로 제시하였다.

하지만 신공공관리적 행정개혁이 중시하는 기업식 정부의 이상은 효율성과 경제성에 초점이 부여되어 있다는 점에서 불가피하게 정부의 전통적인 가치인 합법성이나 민주성을 약화시키는 결과를 초래하게 된다. 따라서 민간부문의 관리기법을 적용함에 있어 합법성과 민주성을 반영하는 보완장치들을 마련하는 일에도 유의하여야 한다. 일례로 공공서비스의 민영화를 추진하면서 서비스의 질을 유지하기 위해 안전, 요금 등에 관련된 재규제 대안을 병행하여 부과하는 방식이 여기에 해당한다.

한편 공공서비스의 민간화를 추진하는 과정에서 시민주도의 토론과 참여를 보장하는 방안도 유용할 수 있다. 이때 토론과 참여란 공공서비스에 관한 의사결정에 시민들이 참여하는 것을 의미하며, 이러한 과정에서 공공서비스 공급자들의 책임성과 성실성을 확보할 수 있다. 나아가 각국의 시민단체가 주도적으로 참여하는 국제적 네트워크의 구축을 통해 공공성 확보노력을 강화하는 것도 유용한 방안일 수 있다.

더불어 미국의 행정개혁이 추구해 온 주요 목적이 ① 관료제를 대통령을 후원하기 위한 원천(sources)으로 활용하고, ② 정치적 중립성의 토대하에서 법과 정책을 합리적이고 효율적으로 집행하도록 촉진하며, ③ 관료제에 대한 대통령의 정치적 통제권을 강화하여, ④ 미국적 민주주의(Madisonian democracy)와 미국 정치가 추구하는 헌법상의 목적에 관료조직을 조화시키는 데 있다는 점에도 주목할 필요가 있다(Schultz & Maranto, 1998). 실제로 미국의 행정개혁에서 위의 네 가지 목적들은 어느 시대나 중요한 것으로 강조되어 왔다.[18]

2. 변화관리의 선도자인 공무원의 역량 강화

정부를 둘러싼 대내외 환경변화에 효과적으로 대처하기 위해서는 관료제 차원의 대응과 병행하여 공무원 개개인의 역량을 강화시켜야 한다. 최근 들어 공무원들은 시민의 지식 증대, 공공서비스에 대한 높은 기대, 무한경쟁에 살아남을 수 있는 정책대응능력 제고 등과 같은 새로운 요구에 직면해 있다.

이러한 도전에 직면하여 많은 국가들은 새로운 기술과 기법을 도입하는 동시에 공직사회를 개혁하고 구조적으로 변화시키는 데 박차를 가하고 있다. 그러나 이에 대해 많은 학자들은 새로운 기술의 도입을 통해 얻을 수 있는 행정의 효율성 증대 효과는 20%에 불과하고, 나머지 80%는 동기부여, 리더십, 관리기법의 개선을 통해 얻을 수 있다고 주장한다. 따라서 공직구조를 유연화·탄력화하고, 구조조정을 실시하는 동시에 공무원의 근무환경, 보수구조, 퇴직대비책 등과 같은 인력자원관리전략(HRMS)을 동시에 병행해야 할 뿐 아니라, 공무원 스스로도

---

18) 1787년 Madison의 주도하에 제정된 미국헌법의 주요 목표는 "① 개인의 자유 보장, ② 선거를 통해서 선출되는 공화정과 책임있는 정부의 촉진, ③ 사익을 추구하는 집단이나 분파에 의해 공익 또는 다른 사람들의 이익이나 자유가 침해되지 못하도록 제한하는 것" 등이다. 이러한 목표를 확보하기 위해서 헌법에는 새로운 정부의 구성에 관한 몇 가지 원칙들이 포함되었다. 그 가운데 중요한 것은 권력분립과 견제와 균형의 원칙인데, 이들은 모두 서로 다른 정부부처 간의 정치적 권력을 제한하는 중요한 장치로 간주되어 왔다(Schultz & Maranto, 1998).

공익실현의 책임자이자 민간부문 갈등의 조정자로서의 역할을 충분히 인식할 필요가 있다.[19]

일부 학자들은 도덕적 대리인(moral agent)으로서의 공무원의 역할을 강조한다. 정부실패를 강조하는 공공선택이론의 영향으로 전세계적으로 민영화의 바람이 불고 있지만, 민영화는 공공서비스 공급의 안정성과 부패 가능성 측면에서 심각한 문제를 야기하고 있으며, 행정비용의 일방적인 절감은 행정의 위기를 불러오고 있다. 이에 공무원 윤리를 확보하여 공익의 수호자 및 진정한 국민의 대리인으로서의 공무원이 행정의 주축이 되어야 한다는 원칙하에 맹목적인 행정의 경영화·민영화 추세에 대한 재검토의 필요성이 제기되고 있다.

더불어 이를 반영하는 구체적 문제해결방안으로는 먼저 "세계화된 정보사회"에서 행정발전의 핵심적 요소인 공무원 교육훈련 방식을 재편해야 한다는 점이다. 교육훈련은 항상 사회적 변화 및 요구에 부합되어야 하며, 따라서 공무원 교육훈련 역시 급속히 발전·변화하는 지식·기술의 습득에 중점을 두어야 한다. 이 점에서 정보통신기술의 발전으로 도입된 원격교육은 탄력적인 교육시간, 높은 지리적 접근성뿐만 아니라 필요할 때 필요한 내용을 교육받을 수 있고, 강사와 피교육자 간의 수직적 상호작용 및 피교육자간 수평적 상호작용이 가능하다는 큰 장점이 있다. 일례로 스페인 국립행정원(INAP)에서는 대학과 연계하여 "정보통신시스템관리 석사과정"(DISTIC-AD Master's)을 원격교육으로 취득할 수 있도록 하여 공무원들의 큰 관심을 끌고 있다.

3. 성과지향적 조직관리 기풍의 강화

전통적으로 우리나라의 행정은 조직과 인사 및 예산을 담당하는 중앙부처가 관련 자원들을 독점적으로 행사하는 통제중심의 관리방식을 채택해 왔다.[20] 따

---

19) 2001년 그리스의 아테네에서 개최된 국제행정학회의 제25차 정기총회에서는 "21세기의 공공관리와 행정: 새로운 경향과 기술(Governance and Administration in the 21st Century: new trends and new techniques)"이라는 주제하에 세계화 추세와 합법성의 재음미, 새로운 정보 및 관리 기술, 공무원의 지위와 위상의 변화, 거버넌스와 시민사회 등을 집중적으로 논의하였다(행정자치부, 2001).

20) 우리나라의 기존 조직·예산관리의 문제점은 다음과 같다. 첫째, 지나치게 경직적이어서 정부조직운영의 효과성이 낮았다. 둘째, 각 기관이나 공무원 개개인의 성과관리에 대한 동기부여가 미흡하였다. 셋째, 직무의 중요성이나 난이도와 같은 정보들을 활용하여 성과에 기반을 둔 보수체

라서 각 기관들은 자신의 고유한 환경적 특성에 적합한 다양한 행정수요에 탄력적으로 대응하지 못했다. 하지만 최근 들어 자율과 책임을 중시하는 성과지향적 관리방식이 확산되면서 권한부여의 폭과 범위가 확대되고 있다.

자율을 부여하되 성과를 평가하여 책임을 묻는다는 것이 신공공관리가 추구하는 관리기법의 핵심이다. 책임(accountability)은 단순히 외부의 성과를 보고하고 외부에서 아무런 조치도 취하지 못하는 것이 아니라 성과평가의 결과에 따라 이익과 불이익을 주는 방식으로 책임을 지는 개념이고, 자율은 무엇을 목표로 해야하는가를 지시하지만 어떻게 하는가(일하는 방법)에 대해서는 간섭하지 않는 것을 말한다(윤성식, 2002).

한편 효율성과 책임성 간의 조화를 추구하는 영국의 Best Value의 원칙에도 주목할 필요가 있다. 신공공관리를 반영하는 성과관리의 일반적 원칙은 3E, 즉 경제성, 효율성, 효과성이다. 그러나 영국의 성과관리체계인 Best Value 프로그램은 이러한 세 개의 E만으로는 공공부문의 성과를 충분히 측정할 수 없다는 인식하에 형평성(Equality), 감정이입(Empathy), 생태(Ecology) 등을 포괄하는 개념인 윤리(Ethic)의 'E'를 추가하였다. 이 점에서 Best Value는 성과관리의 이해관계자 모

표 15-3 영국 Best Value 프로그램의 설계 원리

- 효율성뿐만 아니라, 서비스의 질(quality), 효과성의 측면도 포함되어야 한다.
- 성과지표는 다른 형태의 서비스 제공자에게도 적용할 수 있는 것이어야 한다.
- 기획과정(planning process)이란 지역공동체에 대한 책임을 강화하는 과정이어야 한다.
- 성과지표들은 관리자가 통제할 수 있는 것들과 관련이 있는 것이어야 한다.
- 감사자들은 Best Value의 가치가 달성되었는지 공개적으로 보고하여야 한다.
- Best Value의 가치가 달성되지 않았을 경우, 정부의 개입에 대한 규정이 포함되어야 한다.
- 성과지표는 다양한 이해관계자들의 요구를 반영하여야 한다.
- 경쟁은 충분조건이 아니다.

자료: Doherty & Horne(2002).

계의 확립은 물론 예산의 절감 등을 이루지 못하였다. 넷째, 부처의 자율성 부여와 그를 통한 책임성 확보가 불가능했기에 기관의 생산성은 물론 정부조직 전체의 효과성 제고를 이루지 못했다. 다섯째, 각 기관들은 조직·인력·예산에 관한 운용권한을 행사할 수가 없었기에 조직의 역량을 제고시키는데 제약을 받아 왔다. 마지막으로, 최근까지 정원관리방식 및 보수결정방식의 변화 등을 통해 조직의 목표 달성 및 성과의 획기적인 제고를 이끌어낼 수가 없었다(조직관리혁신포럼, 2006: 21).

델(Stakeholder Model of Performance Management)로 지칭되고 있다.

4. 정부 조직구조의 적정화를 통한 신축성과 대응성 제고

정부 조직구조의 재설계(restructuring)에 대한 관심은 환경변화에 대한 조직의 대응력 제고와 직결된 문제이다. 이를 반영하는 구체적 대안으로는 먼저 다운사이징(downsizing)의 논리를 반영하는 중앙정부의 부처 통폐합이나 지방자치단체의 합병을 지적할 수 있다. 하지만 일본의 사례를 통해 알 수 있듯이 상징적 효과에 그친 중앙부처 통폐합이나 자치단체의 도산위기를 초래한 삼위일체개혁(보조금 축소, 교부세 삭감, 세원 이양)의 부작용에 대한 인식이 확산되면서 조직구조의 적정화(rightsizing)를 중시하는 방향으로 관심이 전환되고 있다.

다음으로 관료제 조직구조의 대표적 병리현상인 수직적 계층구조를 완화시키는 기업형 팀제의 도입을 지적할 수 있다. 팀제는 당초 치열한 경쟁환경에 직면한 기업조직이 사업부제를 강화하기 위한 목적으로 도입하였지만 최근에는 우리나라 정부조직에서도 중시되고 있다. 하지만 계층제적 조직문화가 온존한 우리 정부의 현실을 고려할 때 실질적인 제도화에는 다소의 시일이 소요될 것으로 전망된다. 하지만 팀제는 성과지향적 조직문화를 구축한다는 행정개혁의 목표와 직결된 문제라는 점에서 전면적인 후퇴를 주장하기에는 무리가 있다.

또한 규제행정에서 서비스행정으로의 패러다임 변화도 정부조직 개편의 핵심적 이슈이다. 공공서비스의 안정적 공급은 정부규제의 적정선 유지와 더불어 현대 정부에게 부과된 핵심적 과제로 인식되고 있다. 물론 이 점에서 우리나라도 예외가 아니다. 과거 한국 경제의 고도성장기를 전후해서는 지속적인 성장세를 유지하기 위한 행정규제의 강도 결정 문제에 실무 관료나 학자들의 관심이 집중되었다.[21] 하지만 1990년대 이후 정부운영의 기조가 성장에서 긴축으로 전환되기 시작하면서 상대적으로 행정규제보다는 공공서비스의 가능성에 대한 인식이 확산되고 있다. 따라서 국민 위에 군림하는 자원배분자 및 규제자의 역할을 탈피

---

21) 1980년대 중반 국내 사회과학계 전반에서 활발하게 이루어진 국가론 논쟁과 이의 연장선상에서 1990년대 초 산업발전전략의 조정 문제를 중심으로 진행된 산업정책의 유효성 논의 및 1990년대 중반 행정규제 강도의 적정화를 모색하기 위한 관련 연구자들의 활발한 문제제기는 우리나라의 행정규제 관련 연구의 활성화를 대표하는 사례들이다.

해 정부의 역할과 기능을 서비스 행정역량을 강화시키는 방향으로 재편해야 한다.

5. 규제개혁을 활용한 레드테이프의 제거와 경제사회활성화 유도

규제개혁의 활성화는 일차적으로 행정과정의 재설계(reengineering)를 유도하는 방식으로 관료제 행정의 고질적 병폐인 레드테이프(red-tape)의 제거에 기여한다.[22] 이 점은 행정기관 간의 내부거래를 조장하는 기존의 행정 내부규제를 정비하지 못한 상태에서 정부의 경쟁력 강화를 기대하기 어렵다는 위기의식을 반영한다. 또한 중앙과 지방 간의 계층제적 사고에 기초한 내부통제 장치들도 규제개혁 차원에서 새롭게 접근할 필요가 있다. 나아가 불필요한 행정절차를 간소화시키는 방식으로 행정 내부의 효율성 제고는 물론 국민이나 기업들에 대한 대응성을 강화시켜야 한다.[23]

한편 규제개혁은 기본적으로 행정과정의 재설계에 기여한다는 점에서 전자정부와도 밀접한 관련성을 지니고 있다. 과정개선을 위한 정보기술의 도입과 활용은 기존의 조직구조에 적합한 정보체계를 개발한다는 소극적인 차원이 아니라, 정보기술을 활용하여 관료제의 병리현상을 청산하고, 투명하고 단선적인 새로운 조직문화를 형성하는 적극적인 개념으로 인식되고 있기 때문이다.

일반적으로 정부가 담당하는 규제업무의 비중이 크면 클수록 민간부문의 자율성과 창의력에 의존하는 국가발전전략의 구현은 어려워지게 된다. 이에 김대중 정부는 IMF 경제위기의 해소 차원에서 경제사회규제 전반에 대한 철폐작업을 비

---

22) 행정과정의 개선과 관련된 초기의 관점은 급진적인 혁신을 강조하였으나, 최근에는 혁신적 변화와 함께 지속적인 개선(continuous improvement)을 중시하는 방향으로 전환되고 있다. 이때 효과적인 과정개선을 위한 리엔지니어링의 주요한 원칙은 다음과 같다(서진완, 1999). 첫째, 리엔지니어링의 제약요인을 제거하고 이를 성공으로 이끌려는 최고관리계층의 적극적인 지원과 참여이다. 둘째, 리엔지니어링의 원칙을 수용할 수 있는 조직문화이다. 셋째, 기능보다는 기능 내에 존재하는 업무과정에 대한 초점이다. 넷째, 고객의 요구에 기초한 리엔지니어링 대상 업무의 선정이다. 다섯째, 일선관리자에 의한 리엔지니어링 프로젝트의 관리이다.

23) 행정자치부는 2007년 지방행정혁신 우수사례로 지적·증명·호적·자동차등록 통합창구 운영(서울 서대문구), One Click! 급수민원서비스를 모두가 쉽고 편하게!(경기 화성시), 비즈니스 365일 24시간 업무지원시스템 구축(광주 서구), 시민고객 감동실현을 위한 신(新)민원서비스 「다산프로젝트」(서울특별시), 고객중심의 신속하고 투명한 민원시스템 구축(대전 서구), 농공단지조성 업무프로세스 혁신으로 지역경제 활성화(경남 함양군), 시민에게 찾아가는 '현장민원 VJ 특공대' 운영(대구광역시), 심포니(Symphony)와 함께 창의적이고 경쟁력있는 조직 만들기(부산광역시), 하수처리장 개방형 공동시스템 구축(전남 영암군) 등을 선정하였다.

교적 과감하게 추진해 왔다.[24] 하지만 노무현 정부의 경우 민영화와 탈규제로 촉발된 부작용의 치유 차원에서 재규제에 우선순위를 부여해 왔다.

따라서 새로운 규제개혁의 방향은 탈규제와 재규제의 조화라는 기본 원칙에 충실해야 한다. 하지만 국민이나 기업들의 규제개혁 체감도가 약한 분야를 대상으로 한 전략적 접근의 필요성을 제기해 볼 수 있다. 특히 경제활성화와 직결된 경제규제의 경우 단위규제에 주목하는 기존의 개혁방식을 탈피해 덩어리 규제에 초점을 부여하는 포괄적 접근이 요구된다.[25]

6. 전자정부를 활용한 대내외 파급효과의 극대화

전자정부(electronic government)란 정보통신기반에 기초하여 행정서비스를 능률적이고 효과적으로 창출·제공하는 미래지향적 정부를 의미한다. 전자정부는 행정기관의 입장에서 행정서비스 전달비용의 절감은 물론 행정의 투명성과 신뢰성 제고에 기여한다. 또한 국민들에게는 민원인의 편의 제고와 행정서비스에 대한 접근성을 제고한다.

이러한 전자정부의 주요한 구현사례로는 다운사이징을 통한 조직의 간소화와 분권화, 인트라넷을 활용한 중간층 제거, 전자문서의 표준화를 통한 종이없는 사무실 구현, 전사적 자원관리를 활용한 행정비용 절감, 지식관리시스템을 활용한 가치창조업무 확대, 전자적 정보공개를 통한 공유문화 확립, 인증기반의 강화를 통한 행정처리의 신뢰성 제고, 통합데이터베이스를 활용한 거래비용 축소, PDA를 활용한 이동행정의 활성화 등을 지적할 수 있다.

나아가 전자정부의 구현은 국가 전반의 지식정보화를 촉진하는 계기로 작용할 수 있다. 예컨대 네덜란드는 전 국토를 디지털 통신망으로 무장된 유럽의 삼각주로 만들자는 목표 아래 1999년 디지털 델타 계획을 발표했다. 아일랜드도 자국을 전자와 물류의 세계적 중심지, 즉 글로벌 콜 센터로 전환시킨다는 계획 아

---

24) 불량규제의 양산으로 대표되는 우리나라 정부규제의 주요한 문제점으로는 규제 건수의 과다, 적용범위와 내용의 포괄성, 법령에 근거하지 않은 규제와 행정간섭의 빈발, 불투명한 절차와 기준, 집행권자의 재량권 과다, 규제준수의 현실적 불가능성, 사전규제와 원천금지 방식 중심의 운영, 중복규제의 과다 등을 지적할 수 있다.

25) 우리나라의 규제개혁 수단과 방법에 대해서는 1997년 말에 제정된 행정규제기본법이나 규제개혁위원회 홈페이지(www.rrc.go.kr)를 참고하기 바람.

래 글로벌 크로싱 프로젝트를 추진하고 있다. 싱가포르도 Sinapore One, ICT 21, 맨 파워 21 등 다양한 전략을 구사하며 아시아의 두뇌 중심으로서의 위상을 꿈꾼다(이도형, 2005).

더불어 새로운 지식정보기술은 정부의 기능과 성과를 보다 면밀히 평가하는 과정에서 나타날지도 모르는 공직 내부의 저항과 인력·자원의 부족을 해결할 대안으로 등장하고 있다. 부연하면 먼저 국민들에게 보다 나은 서비스를 제공함에 있어서 걸림돌로 작용하는 정부간·정부와 민간간·사회집단 간의 다양한 이해상충을 조정하기 위한 새로운 관리기법의 도입을 가능케 한다. 다음으로 정부의 효율성 증대, 절차 간소화, 부패 척결 등 21세기 새로운 정부의 형태로 각광받고 있는 전자정부의 조속한 구현을 위해 정보·통신기술의 발전은 필수적인 요소라 할 것이다.

그러나 급격한 기술발전의 속도에 정부가 신속히 대응하는 것은 매우 어려운 문제이며, 새로운 기술의 맹목적인 도입은 바람직하지 않다는 지적에도 유의할 필요가 있다. 특히 신기술 도입에 따른 비용효과분석이나 도입에 따른 부작용의 해소대책이 마련되지 못한다면 전자정부의 정당성이 약화될 우려도 크다. 더불어 전자행정의 정확한 성과측정방법 개발, 공무원들의 거부감·불안감 해소 등 조직 내부의 장애요소를 극복하는 일에도 유의해야 한다(행정자치부, 2001).

7. 시민만족을 위한 행정서비스의 질적 개선

공공부문의 개혁은 정부에 대한 시민의 불신에서 비롯되었으며, 이것은 정부가 운영하는 사업의 효율성과 효과성이 기대에 미치지 못한다는 인식을 반영하고 있다. 따라서 공공서비스가 시민들의 요구에 대응적이어야 하며, 그 성과에 대해서 시민들에게 보다 직접적으로 책임을 져야 한다는 인식이 확산되고 있다. 따라서 고객지향성이 정부운영의 핵심적인 요소가 되고 있는데, 이를 위한 공공부문의 개혁 과제들을 제시하면 다음과 같다(한인섭, 2000).

첫째, 더 나은 성과와 책임성을 제고하기 위하여 정부가 제공하고자 하는 서비스의 기준(standards of service)을 설정하는 방법이다. 예컨대 영국의 시민헌장(Citizen's Charter)이나, 벨기에와 프랑스 및 포르투갈 등이 채택하고 있는 백서

(high-profile documents) 등이 여기에 해당된다고 할 수 있다.

둘째, 행정법(administrative law)을 실질적인 방향으로 개선하는 방식이다. 예컨대, 시민이나 기업에 영향을 미친 정부의 결정에 대해서 소명(statement of reason)을 요구할 수 있는 권리를 부여하거나, 시민의 요청에 대해서 공공기관이 아무런 답신이 없을 때 "NO"로 해석하던 것을 "YES"를 의미하는 것으로 규정한 것이 이러한 예에 해당될 수 있다.

셋째, One-stop shop이나 First-stop shop을 통해서 서로 다른 기관들이 제공하는 관련 서비스를 통합적으로 공급하거나 적어도 한꺼번에 접근할 수 있도록 하는 것이다. 일례로 특정 기관이 독점해 온 기반행정정보 데이터베이스를 유관 기관들이 공동활용하거나 최근 행정자치부가 다양한 주민생활서비스의 통합제공을 위해 도입한 주민센터 방식이 이를 반영하는 대표적 사례이다.

넷째, 서비스 공급을 경쟁에 노출시켜서 효율성과 질적 향상 및 선택권을 높이려는 노력이다. 이것은 내부시장과 외부시장(internal and external markets)을 개발하여 자원배분을 개선하고 중앙부처의 통제완화와 권한위임을 지원하기 위한 것이다. 이를 위한 구체적인 방안으로 사용자 부담금(user charging), 구매권 제도(vouchers), 재산권 판매(sales of property rights) 민간위탁(contracting-out)이 확대되는 경향이 있다.[26]

그리고 최근에는 구매자와 공급자를 분리(purchaser-provider split)한다는 구상에 대한 관심이 높아지고 있다. 이러한 구상은 경쟁, 선택 및 보다 대응적인 공공서비스를 촉진하려는 의식적인 노력의 일부라고 할 수 있다. 이러한 노력은 특히 사회적 서비스의 공급에 대한 전통적 접근방법의 불만과 비용을 통제하거나 고객의 수요에 효과적으로 대응하도록 유도함에 있어 적절한 유인을 창출하지 못했다는 인식을 반영하고 있다.

나아가 시민참여의 확대가 지니는 중요성에도 주목할 필요가 있다. 일례로

---

26) 수익자 부담의 원칙은 이제까지 정부의 내부문제에 해당되었던 공유서비스(common service)에 대해서도 적용되고 있다. 이것은 정부가 공유서비스를 개별 기관에 할당하거나 해당 서비스에 대한 각 기관의 수요와 기준을 결정하는 것이 아니라, 각각의 기관들이 자기들의 예산을 가장 효과적으로 지출하고 그러한 결정에 대해서 책임을 진다는 관점에서 자기들이 필요로 하는 것을 스스로 결정할 수 있도록 변화시키고자 한 것이다. 경험적 연구결과에 따르면 가격신호(price signals) 때문에 이런 서비스에 대한 수요가 줄어든 것으로 나타나고 있는데, 이것은 이제까지 중앙정부에 의한 통제가 '낭비의 방지'라는 목적을 달성하는 데 있어서 효과적이지 않았다는 것을 의미한다(한인섭, 2000).

교사나 학부모 및 시민들로 구성된 지역위원회에 교육정책에 관한 권한을 이양하는 것을 들 수 있는데, 이것은 시민과 근접한 곳에서 자원의 배분과 의사결정이 이루어질수록 서비스의 질과 결과가 좋아진다는 인식에 토대를 두고 있다. 이것은 정책결정이 공공서비스의 이용자나 수혜자와 근접한 곳에서 이루어지도록 함으로써 효율성과 효과성을 제고하기 위한 것이지만, 다른 한편으로는 시민참여를 통하여 시민들의 기대와 그것을 관리하는 정부의 능력 사이에 존재하는 이른바 민주적 결함(democratic deficit)을 감소시킴으로써 민주주의의 질을 향상시키기 위한 것이기도 하다(OECD, 1998).

8. 거버넌스 확산을 위한 기반강화

미래의 정부는 중앙정부가 독점적으로 주도권을 행사하는 집권과 통제방식을 탈피해 정부 내외의 다양한 행위자들이 협력해 국정을 운영하는 거버넌스의 확산을 추구하게 될 것이다. 즉, 과거를 대표하는 "Government(정부)" 패러다임이 일종의 수직적·일방적 개념이라면 "Governance(거버넌스)" 패러다임은 수평적이고도 협력적인 개념이다. 특히 거버넌스의 초점은 "Transparency"(투명), "Accountability"(책임), "Participation"(참여), "Equity"(공평)를 통한 민간부문(시민사회와 기업)과의 긴밀한 협력에 초점이 부여되어 있다(행정자치부, 2001).

세계 각국의 정부는 행정국가의 시대로 지칭되는 20세기를 통해 경제사회발전의 선도자 역할을 수행해 왔지만 21세기에는 파트너십을 중시하는 방향으로 자신의 역할을 전환하고 있다. 이 점에서 정부 내외의 다양한 행위자들과의 협력해 국정을 운영하는 거버넌스의 구현사례는 매우 다양하다. 일례로 정부간 관계 측면에서 중앙정부는 국제협력과 지방분권 및 지방정부간 협력을 조장해야 하고, 지방정부는 로컬거버넌스(local governance)의 촉진을 위해 시민단체들과 긴밀히 협력해 나가야 한다.

하지만 거버넌스가 표방하는 웅대한 포부에도 불구하고 그 내실을 기하는 것이 무엇보다 중요하다는 점에 유의할 필요가 있다. 현대 행정을 선도해 온 미국에서도 20세기 초 진보주의 개혁(Progressive Reform)이 시작된 이래 행정개혁은 거의 상시적인 현상이 되어 왔다. 특히 1990년대에는 신공공관리를 대표하는 Osborne &

Gabler(1992)의 정부재창조(Reinventing Government)라는 책이 미국의 공직사회 전반에 행정개혁의 기풍을 강화시키는 주요 계기로 작용하였다.

하지만 이러한 노력에도 불구하고 얼마 지나지 않아서 행정개혁의 비판론자들이 하나둘씩 나타나기 시작하더니 급기야 봇물을 이루게 되었다. 어떤 이들은 정부재창조(Reinvention)라는 것이 장미빛 약속만 늘어놓을 뿐이고 실속은 없을 것이라고 주장했다. 또한 불확실성과 혼란을 나타내는 잡다한 아이디어와 충동적인 것들을 모아놓은 것에 불과하다고 혹평하기도 한다(Carroll, 1996). 그리고 미국의 신공공관리적 행정개혁은 민간부문의 전략과 기법을 채택하도록 함으로써 기본적인 헌법적 토대와 행정의 적법절차 원칙을 위협했다(Moe & Guilmore, 1995). 더불어 행정개혁이라는 것은 관료제에 대한 극심한 공격을 통해서 궁극적으로 전문성을 가진 행정을 훼손시키게 될 것(Kearney & Hays, 1998: 39)이라는 비판을 제기하였다. 나아가 행정개혁의 가정과 원칙들은 상호 모순적이고, 단순해서 과거에 유행했던 행정개혁과 마찬가지로 실패하게 될 것이다.

9. 자치경영을 통한 실질적 지방분권의 강화

전통적으로 우리나라의 지방자치는 민주성의 구현에 초점을 부여해 왔다. 권위주의 정부의 등장과 더불어 단절된 지방자치의 전통을 회복하는 일에 최고의 우선순위가 부여되었기 때문이다. 하지만 이러한 지방분권의 기조는 최근 들어 효율성을 중시하는 방향으로 급격히 전환되고 있다. 그리고 이러한 추세는 미국의 신연방주의나 일본의 삼위일체개혁을 통해 알 수 있듯이 전세계적 현상으로 간주되고 있다.

재정난의 시대를 맞이하여 우리 지방자치단체들도 손쉽게 거두어 써버리는 전통적 행정상을 탈피하기 위해 노력하고 있다. 다시 말해 예산의 가치(value for money)에 대한 재인식을 토대로 자치경영 패러다임으로 요약되는 재정수입의 다각화를 위해 부심하고 있다. 그리고 이를 반영하는 구체적 수단과 관련하여 복식부기의 도입이나 원가계산의 강화가 지니는 중요성에 주목할 필요가 있다.

지방에서 불고 있는 최근의 경영화 논의는 산출과 성과를 중시하며, 이를 위한 전략개념으로 기업가적 마인드의 고양과 공공서비스 공급체계의 다원화를 추

구하는 것으로 요약된다. 나아가 신공공관리의 이상 구현과 직결된 경영화 논의
는 궁극적으로 로컬거버넌스의 활성화를 선도하는 촉매제 역할을 담당할 것으로
보인다.

따라서 자치단체 경영사업의 전도사로서 지방자치단체장은 "기회포착과 제
도형성능력, 인재발굴, 지구력, 공정한 보상체계의 확립, 거시적 안목, 관료제와
의회와의 원만한 관계, 실현가능성의 추구" 등과 같은 변혁적 리더십의 덕목들을
내면화시키는 일에 주력해야 한다.

나아가 단체장이 발휘하는 기업가적 리더십을 조직 전반으로 확산시키기 위
해서는 "서비스 제공자들 간의 경쟁 활용, 시민들에 대한 권한부여, 산출에의 초
점, 목표와 사명의 중시, 고객중심적 사고, 예방조치의 강화, 재정수입원의 다각
화, 참여관리의 확대, 시장기제의 적극적 활용, 문제해결 지향적 사고" 등과 같은
기업가적 정부의 10대 원칙을 준수해야 한다(Osborne & Gabler, 1992).

10. 공기업과 공공기관 개혁의 지속적인 추진

준정부조직으로 지칭되는 공기업과 공공기관의 개혁을 위해서는 민영화에
대한 환상을 자제하는 냉철한 판단이 요구된다. 국가 전반의 경기침체와 고용불
안이 가중되고 있는 우리의 현실에서 정부나 지방자치단체에 대한 규모 축소가
어려운 것과 마찬가지로 준정부부문도 공공성에 존립의 근거를 두고 있기 때문
이다. 그럼에도 불구하고 준정부부문의 높은 인건비 비중을 고려할 때 중장기적
으로 인력조정대책은 강구되어야 한다.

이러한 이유로 최근 들어 준정부조직 개혁의 초점은 인력보다는 예산을 긴
축하는 방향으로 이루어지고 있다. 일례로 준정부조직의 높은 인건비 비중을 줄
이기 위해 기타경비를 감축하는 공기업이나 산하단체의 자구노력이 여기에 해당
한다. 또한 정부가 소유한 공기업의 지분을 부분적으로 매각하거나 공기업이 소
유한 기금을 민영화하려는 최근의 시도에도 주목할 필요가 있다. 참고로 우정민
영화에 실패한 일본의 경우도 우리나라와 유사한 패턴을 나타내고 있다.[27]

---

27) 일본의 현청산하 지방공기업이 직면한 주요 문제점으로는 낙관적 경영계획, 관료적 경영자세,
　　독립채산제의 결여, 경영능력과 무관한 최고경영자의 선임, 임직원의 원가의식결여, 인센티브가
　　기능하지 않는 경영조직 등이다. 한편 이를 반영하는 아오모리현의 경영개혁은 공사 등 법인의

이 점에서 신공공관리로 대표되는 시장의 경쟁논리를 수용함에 있어서는 다음과 같은 전제들에 대한 검토가 요구된다(김정렬·한인섭, 2003). 첫째, 민간부문이 공공부문보다 효율적인지에 대한 확인이다. 이와 관련하여 Moe(1987)는 공공서비스의 공급에 관한 결정기준은 주권자인 시민의 권리와 관련된 것인지의 여부가 되어야 한다고 주장한다. 또한 동기, 유인, 수입원, 공공관계 등 많은 부분에서 차이가 나는 두 영역을 동일한 방식으로 비교하는 것도 무리가 있다. 둘째, 시장논리의 기본 가정인 경쟁에 대한 재검토가 필요하다. 시장의 논리 속에는 이미 경쟁이 갖는 우월성을 인정하고 있다. 하지만 현재 우리가 인식하는 경쟁은 정부에 의해 관리되거나 규제된 경쟁에 불과하다(DeLeon & Denhardt, 2000). 또한 자본주의의 내재적 속성인 소득격차 때문에 경쟁이 제한적일 수밖에 없다는 점이다. 셋째, 행정책임이나 윤리에 대한 재검토가 필요하다. 고객(customer)은 자기가 선호하는 상품(공공서비스)을 구입하는 데에만 관심을 기울일 뿐 해당 기업(정부)의 장래를 위해서 시간과 노력을 소비하지 않는다(Schachter, 1995). 이에 비해서 시민은 정부의 고객이 아니라 주권자이자 소비자이기 때문에 단순히 공공서비스를 소비하는 고객과 달리 보다 적극적으로 정부의 의제를 설정하는 역할을 담당한다는 것이다.

결국 준정부조직에 대한 급진적인 개혁이 어려운 현실에서 새로운 변화의 초점은 공공성과 수익성의 조화에 초점을 부여한 상태에서 자율적인 경영합리화를 조장하여야 한다. 이를 위해서는 전문성을 갖춘 유능한 관리자를 확보해 운영상의 자율성을 최대한 부여하여야 한다. 물론 자율성 부여와 병행하여 책임성 확보 차원에서 정부가 주도하는 성과평가에도 주목할 필요가 있다.

11. 소 결 론

지금까지 제시한 행정개혁의 수단과 기법들은 상대적으로 파급효과가 크게 나타날 것으로 기대되는 중립적이고 조장적인 방법으로서의 의미를 지니고 있다. 따라서 문제해결을 위한 구체적인 내용보다는 과정상의 논리에 초점이 부여되어

통폐합 및 축소, 경영계획에 기초한 경영활동의 수행, 경영기본이념에 기초한 경영활동, 임직원의 적정화 및 인센티브가 기능하는 경영조직의 편성, 급여체계의 적정화, 동종 또는 이종 간의 인사교류 실시, 경영정보 공시 등에 초점을 부여하였다(허훈, 2007).

있음을 부인하기 어렵다. 이는 다시 말해 앞서 제시된 수단과 기법들이 추진전략
상의 우선순위와 직결된 문제는 아니라는 점이다.

따라서 행정개혁의 실무자들은 각각의 수단과 기법이 주는 응용가능성을 확
장하는 일에 주력해야 한다. 일례로 특정한 수준을 전제한 상대에서 소개한 수단
과 기법이라도 다른 차원에 적용할 여지가 있다는 점이다. 이 점에서 행정개혁의
실무자들은 자기 조직의 특성에 안주하는 자세를 탈피해 중앙정부와 지방자치단
체, 공기업과 산하단체, 민간기업과 비영리단체 등을 대상으로 한 전방위 벤치마
킹에 적극 나서야 한다.

V. 결 론

본서는 전환기 발전전략의 새로운 추이에 부응하는 행정개혁의 쟁점과 대안
을 비전과 목표, 체제와 전략 및 수단과 기법으로 구분한 상태에서 다각도로 제
시하였다. 특히 각각의 행정개혁 쟁점들에 대한 대안을 제시함에 있어서는 행정
개혁에 내재된 내부 특성들은 물론 외부 환경의 요구를 중시하는 상황론적 접근
에 주목하였다.

한편 현상유지를 선호하는 공공부문의 관리자들을 대상으로 한 행정개혁은
변화에 대한 저항이 심하다는 점에서 대화적 접근을 적극적으로 활용해야 한다.
변화에 대한 저항의 이면에는 나름의 합리성이 존재하기 때문에 특정한 개혁대
안의 당위성을 충분히 설득할 수 있는 시간과 노력이 전제되어야 한다. 관료사회
의 생존논리에 포획당하지 않기 위해 취임 초기에 속전속결로 밀어붙이기식 개
혁을 해야 한다는 주장은 구시대의 유산에 불과하다.

또한 행정개혁이 수반하는 손해와 이익을 적절하게 조절하지 못하는 제로섬
방식의 개혁전략은 조직구성원들의 자발적인 동참을 기대하기 어렵다. 다시 말해
특정한 개혁대안의 과실에만 급급하는 성급한 개혁추진 방식으로는 중장기적 효
과를 기대하기 어렵다. 따라서 행정개혁의 블루오션을 창출하는 일에 최고의 우
선순위를 부여해야 한다.

선진국의 경험을 통해 알 수 있듯이 규제개혁, 전자정부, 부패통제, 거버넌

스 등과 같은 대다수의 행정개혁 대안들은 시행에서 효과발생까지 상당히 오랜 기간의 시차를 수반한다. 하지만 임기가 제한된 행정개혁의 주도자들은 단시일 내에 가시적인 성과가 창출되기를 기대한다. 따라서 행정개혁이 수반하는 정치적 유혹을 최대한 자제할 수 있어야 한다.

특히 작은정부에 대한 과도한 집착은 행정개혁에 대한 불신조장과 직결된 문제이다. 국내외 사례를 통해 알 수 있듯이 공무원 정원 감축이 현실적으로 불가능한 상태에서 이루어지는 대외홍보용 조직개편은 득보다 실이 많기 때문이다. 따라서 기존의 유휴 인력과 조직을 새로운 분야로 전환배치한다는 전제하에 성과관리의 원칙을 철저하게 준수하는 조직인력 개편의 기준과 청사진을 제시하는 것이 바람직하다.

읽기와 토론 15

공공마인드 강화가 국가발전의 지름길

(경향신문 2014. 11. 22자. 김정렬 대구대 교수)

최근 총체적 위기에 빠진 한국호를 재건하기 위해 '국가혁신'이라는 모토 아래 다양한 과제들이 추진되고 있다. 단적인 사례로 세월호 침몰은 한국의 국가경쟁력이 위험수위에 도달했음을 알려주는 적신호이다. 여기에 더해 우리의 자랑인 국가대표 재벌들이 '원거리 사냥'보다는 '안마당 가축'에 눈독을 들이고 있는 상황에서 그다지 어렵지 않게 체제변화의 당위성을 발견할 수 있다.

하지만 박근혜 정부가 국가혁신을 위해 준비한 다양한 처방전과 복용법은 최근 목격한 단기적 기대와 부분적 효과에도 불구하고 중장기적으로 바람직한 결과를 창출할 것으로 기대하기는 어렵다. 당초 집권 세력이 제안한 '국가개조'라는 개념에는 일본의 군국주의나 과거 개발연대를 연상시키는 정부주도의 하향식 중앙기획 논리가 내재되어 있다. 이에 진보 진영은 일본의 혁신지자체나 노무현 정부가 표방했던 상향식 '생활정치'나 '정부혁신' 방식에 주목할 것을 제안하여 '혁신'이라는 명칭의 변경이 이루어졌다.

개조와 혁신은 혁명과 진화가 그러하듯이 강약의 차이에도 불구하고 모두 변화를 지향한다는 점에서 보수와 진보를 떠나 기본적 공감대를 형성하고 있다. 더불어 체제변화에 대한 최근의 관심은 정부 주도와 민간 주도, 급진적 변화와 점진적 변화 등과 같은 방법론의 차이에도 불구하고 총체적 국가경쟁력의 강화를 지향한다는 점에서 긍정적이다.

그렇다면 우리가 지향해야 할 총체적 국가경쟁력이란 무엇인가? 시민들이 장을 보면서 크고 알차고 매끈한 양파를 골라잡듯이 우리가 살고 싶어하는 나라는 노르웨이나 싱가포르와 같이 국부, 국질, 국격이 균형을 이루는 나라이다. 여기서 양파 고르기를 보다 보편적인 파이 만들기에 비유하자면 키우기, 나누기, 다듬기라는 삼박자가 하모니를 형성하는 것이 바람직하다.

시장의 확산이 초래한 공공성의 위기 시대를 맞이하여 키우기, 나누기, 다듬기로 구분되는 파이 만들기의 전 과정은 '공공성'을 통해 재정의가 가능하다.

따라서 공공파이 만들기의 주도자인 정부와 기업 및 시민단체가 공공마인드를 함양하는 일은 미래 한국의 경쟁력을 좌우하는 첩경이다.

다수가 참여하고 모두가 상생하는 공공파이(public pie)란 시장이 주도해 온 기존의 경제학적 또는 국부편향적 파이 개념을 초월해 공공성에 기반을 두고 다양한 이해관계자들이 참여하는 협력적 거버넌스 방식으로 국부, 국질, 국격 간의 균형을 추구한다.

우리 스타일의 파이 만들기 순서와 관련하여 기존에는 파이 키우기에 우선순위를 부여해 왔다. 하지만 압축성장을 통해 국부가 증진된 상황에서 국민행복, 국가안전, 사회통합, 국가품격 등이 시급한 과제로 부상하였음을 계속 외면하기는 어렵다. 더불어 파이 키우기 역시 고도성장이나 창조경제와 차별화된 지속가능발전과 상생경제를 추구해야 한다.

결국 이러한 국가발전 목표에 부응하기 위해서는 무너진 국정의 활력을 충전하는 국가혁신의 논리와 방향을 제대로 잡아야 한다.

특히 대내외 환경변화의 추이를 보다 신속하고 정확하게 포착해 국민이 공감하고 만족하는 정책을 창안하기 위해서는 주관 부처는 물론 조정과 지휘 기능을 수행하는 청와대나 총리실의 기획과 소통 역량을 보강하는 일에 주력해야 한다.

부록: 행정개혁 관련 국제기구 및 유관부처 홈페이지

1. 국제기구

http://www.un.org/United Nations(UN) (국제연합)

http://www.oecd.org/Organization for Economic Co-operation and Development (OECD) 경제협력개발기구

http://www.worldbank.org/World Bank(IBRD) 세계은행

http://www.imf.org/International Monetary Fund(IMF) 국제통화기금

http://www.aseansec.org/Association of Southeast Asian Nations(ASEAN) 동남아시아 국가연합

http://www.nato.int/North Atlantic Treaty Organization(NATO) 북대서양조약기구

http://www.wto.org/World Trade Organization(WTO) 세계무역기구

http://www.apec.org/Asia-Pacific Economic Cooperation(APEC) 아시아태평양경제협력체

http://www.europa.eu.int/European Union(EU) 유럽연합

http://www.europarl.europa.eu/European Parliament(EP) 유럽연합의회

2. 주요 국가의 행정개혁 유관부처

http://www.whitehouse.gov/The White House (미국 대통령)

http://www.whitehouse.gov/vicepresident/The Vice President (미국 부통령)

http://www.omb.gov/Office of Management and Budget (미국 관리예산처)

http://www.pm.gov.uk/or www.number-10.gov.uk/Prime Minister's Office (영국 총리실)

http://www.homeoffice.gov.uk/Home Office (영국 내무부)

http://www.communities.gov.uk/Department for Communities and Local Government (영국 공동체 및 지방자치부)

http://www.bundeskanzlerin.de/Federal Chancellor (독일 연방총리실)

http://www.bmi.bund.de/Federal Ministry of the Interior (독일 연방내무부)

http://www.service-public.fr/Public Service (프랑스 행정서비스)

http://www.elysee.fr/Presidency of the French Republic (프랑스 대통령)

http://www.premier-ministre.gouv.fr/Prime Minister and Government (프랑스 총리실)

http://www.kantei.go.jp/Prime Minster of Japan and His Cabinet (일본 총리관저)

http://www.cao.go.jp/Cabinet Office, Government of Japan (일본 내각부)

http://www.nippon-net.ne.jp/NIPPON-Net (일본 지방자치단체 검색지도)

http://www.istana.gov.sg/Office of the President of the Republic of Singapore (싱가포르 대통령실)

http://www.cabinet.gov.sg/The Cabinet (싱가포르 내각)

http://www.pmo.gov.sg/Prime Minister's Office (PMO) (싱가포르 내각사무처)

http://www.president.go.kr/The President (한국 대통령)

http://www.bai.go.kr/The Board of Audit And Inspection of Korea (한국 감사원)

http://www.mpm.go.kr/Ministry of Personnel Management (한국 인사혁신처)

http://pm.go.kr/Office of the Prime Minister (한국 국무총리실)

http://www.mpb.go.kr/Ministry of Planning and Budget (한국 기획재정부)

http://www.moleg.go.kr/Ministry of Government Legislation (한국 법제처)

http://www.mogaha.go.kr/Ministry of Government Administration Home Affairs (한국 행정자치부)

참고문헌

1. 동양문헌

강요식. (2014). 공직자 노트 3.0: 창조경제시대 공직자 뉴 리더십. 미다스북스.

건축도시공간연구소. (2010). 도시재개발국(URA)을 통한 싱가포르의 체계적 도시계획 및 관리. AURI BRIEF. 27.

국정홍보비서관실. (2007). 참여정부 4년 평가와 선진한국 전략. 청와대.

권자경. (2005). 지방정부의 전략기획체제 구축에 관한 연구: 서울시 사례를 중심으로. 한국행정학회 동계학술대회.

길종백·하민철. (2007). 참여정부의 정부혁신과 국가경쟁력. 한국행정학회·한국정책 학회 공동 하계학술대회.

김광웅 외. (1987). 발전행정론. 법문사.

김규일. (1995). 정책분석가의 윤리문제. 한국정책학회보. 4(2): 161-184.

김근세. (2004). 김대중행정부의 정부규모에 관한 실증 분석. 행정논총. 43(1): 33-62.

김근세·권순정. (1997). 작은정부?: 김영삼행정부의 정부규모에 대한 실증적 분석. 한국 행정학보. 31(3): 275-293.

김근세·최도림. (1996). 공공조직의 레드테입에 관한 시론적 분석: 정부출연연구기관을 중심으로. 한국행정학회 동계학술대회.

김기홍. (1999). 한국인의 직업윤리에 관한 연구. 한국직업능력개발원.

김두형. (2008). 전문자격사의 업무상 특성과 직업윤리. 계간 세무사. 겨울호: 16-25.

김번웅. (2002). 시장은 좋고 정부는 나쁜가. 한국행정연구원. 행정포커스. 07/08.

김병섭. (1996). 행정조직의 레드테이프: 민간조직과의 비교. 한국행정학보. 30(3).

김병섭·박상희. (2005). 한국의 정부개혁: 성과, 문제, 그리고 과제. 한국행정학회 하계 학술대회.

김성준·김용운. (2003). 지방자치단체의 전략기획-선택인가 필수인가: 미국 지방정부 의 교훈. 한국행정연구. 12(4): 189-218.

김세균 외. (2003). 정치학. 인간사랑.

김순양·고수정. (2004). 지방 공공서비스의 민간위탁(contracting-out)과정 비교·분석. 한국사회와 행정연구. 15(1).

김승열. (2000). 정부업무 민간위탁의 한계와 공정성 확보방안. 법제논단.

김시윤. (2010). 발전국가의 탄력성과 지속성: 싱가포르의 사례. 한국행정논집. 22(4): 1187-1204.

김정렬. (2000). 정부의 미래와 거버넌스: 신공공관리와 정책네트워크. 한국행정학보. 34(1).

김정렬. (2001). 영국 블레어 정부의 거버넌스. 한국행정학보. 35(3).

김정렬. (2006). 발전국가의 위기와 행정개혁의 진로: 한국형 신공공관리의 진화단계별 비교 분석. 한국행정연구. 15(2): 95-125.

김정렬·한인섭. (2003). 행정학 위기의 실상과 대책. 한국행정학보. 37(4).

김종관·변상우. (2003). 조직변화에 대한 저항원인과 관리방안에 관한 연구. 기업경영 연구. 10(1): 101-119.

김준기·조홍일·송하중. (1999). 정부업무의 외부위탁비용에 관한 연구: 계약이론의 관점에서. 한국행정학보. 33(4).

김태룡. (2000). 한국 행정학에 있어서 기업가적 패러다임의 도입실태와 문제. 한국사회와 행정연구. 11(1).

김태룡. (2001). 한국지방정부의 행정개혁에 대한 평가. 한국행정학보. 35(4): 239-260.

김태형·진보라. (2015). 싱가포르 복합리조트정책의 입법과정 분석: 체제론적 접근. 제78차 (사)한국관광학회 국제학술대회.

김판석. (1994). 관리혁신과 행태변화를 통한 새로운 행정개혁의 방향 모색. 한국행정학 보. 28(3).

김현구 편. (2013). 한국행정의 한국화론: 보편성과 특수성의 조화. 법문사.

나태준·김성준·김용운. (2004). 새 술을 헌 포대에?: 서울시의 전략기획도입에 관한 연구. 한국정책학회보. 13(3): 63-88.

남궁근. (2000). 개방형직위제도 시행의 중간평가. 행정논총. 38(2): 23-31.

남궁근 외. (2006). 스칸디나비아 국가의 거버넌스와 개혁. 한울아카데미.

노종호. (2015). 최고의 공무원을 뽑는 최선의 방법. 이창길·최진욱·문명재 외. 대한민국 정부를 바꿔라. 올림.

대외경제정책연구원. (2004). 일본의 지역경제 활성화 추진에 관한 연구. 재정경제부 특구운영 2과에 납품한 용역보고서.

리콴유 저, 류지호 역. (2000). 내가 걸어온 일류국가의 길. 문학사상사.

문태현. (1995). 정책윤리의 논거: 공리주의, 의무론, 의사소통적 접근. 한국정책학회보. 4(1): 87-110.

미겔 앙헬 캄포도니코 저, 송병선·김용호 역. (2015). 세상에서 가장 가난한 대통령 무히카. 21세기북스.

박경효. (1992). 공공서비스 생산의 민간화에 대한 평가. 한국행정학보. 25(4).

박동창. (2007). 싱가포르의 금융산업 관련 국가발전전략이 주는 시사점. 금융포커스. 16(11): 18-21.

박석희 외. (2010). 행정학 강의. 형설출판사.

박순애. (2002). 복지시설 민간위탁관리의 문제점과 개선방안: 서울시 청소년수련관의 민간위탁과정을 중심으로. 한국정책학회보. 11(4).

박종구·최윤정. (2005). 정보통신기술이 레드테이프에 미치는 영향. 정부학연구. 11(2).

박종민. (2008). 한국행정학 50년: 행정이론을 위한 비판적 성찰. 한국행정학회 하계학술대회.

박중훈. (2000). 민간위탁의 전제조건과 우리나라에서의 민간위탁 실태. 한국행정학회 춘계학술대회.

박중훈. (2001). 민원서비스에 대한 고객만족도 조사. 한국행정연구. 10(1): 40-66.

박천오·박희봉·김근세. (2003). 한국 책임운영기관의 선정기준 및 확대적용에 관한 연구. 한국행정학보. 37(2).

박흥식. (1991). 레드테이프: 세 가지 전통적 가설의 테스트. 중앙행정논집. 5(2).

박희봉. (2000). 책임운영기관제도 도입상 문제점과 발전방향. 한국정책학회보. 10(2): 167-187.

박희봉·김상묵. (1998). 외국 행정개혁과 김대중 정부의 행정개혁 비교 연구. 한국행정학보. 32(4): 19-35.

배귀희. (2005). 한국의 행정개혁과 일본의 행정개혁의 비교: Terry Moe이론을 중심으로. 한국행정학회 추계학술대회.

백승기. (2010). 행정학원론. 도서출판 대명.

백완기. (1978). 한국행정학의 학문성 정립문제: 과학주의의 입장에서. 한국정치학회보. 12: 73-91.

백완기. (2007). 행정학. 박영사.

서진완. (1999). 전자정부를 향한 정부혁신과 추진전략. 행정논총. 서울대학교 행정대
　　학원.

송희준. (2006). 정책평가윤리에 대한 통합적 접근방법. 행정논총. 44(4): 405-427.

안태환. (2001). 계획이론 연구. 대구대학교 출판부.

양기용. (2000). 신공공관리이론의 비판적 고찰과 적용방안: 책임운영기관과 책임경영
　　제를 중심으로. 지방정부연구. 4(1).

양병무. (2005). 주식회사 장성군. 21세기북스.

양승윤 외. (2004). 싱가포르. 한국외국어대학교 출판부.

양재진. (2005). 발전이후 발전주의론: 한국 발전국가의 성장, 위기, 그리고 미래. 한국
　　행정학보. 39(1): 1-8.

양현모. (2006). 독일정부론. 대영문화사.

오석홍. (1999). 행정개혁론. 박영사.

오석홍. (2013). 행정학. 박영사.

오영교. (2006). 행복한 대한민국을 위한 유쾌한 혁신. 더난출판사.

옥동석. (2000). 재정운용의 현안과제와 개선방향. 비봉출판사.

원철희. (1996). 싱가포르의 성공. 정음사.

유민봉. (2014). 한국행정학. 박영사.

육현표. (1998). 조직변화와 저항에 관한 사례연구. 고려대학교 석사학위논문.

윤성식. (2002). 정부개혁의 비전과 전략. 열린책들.

윤성식. (2005). 정부혁신의 논리와 과제. 한국행정학회 2005년도 하계공동학술대회.

은재호. (2005). 참여정부 정부혁신의 보편성과 독자성: 해외 정부혁신 사례와의 비교.
　　한국행정연구원.

이달곤. (2004). 지방정부론. 박영사.

이도형. (1999). 발전행정론. 충주대학교 출판부.

이도형. (2006). 비교, 발전, 국제행정연구 50년사의 개관과 전망. 한국행정학회.

이도형. (2006). 행정학의 샘물. 선학사.

이도형. (2014). 인사행정의 근본으로 돌아가기: 공적 자아 찾기를 중심으로. 정부학연
　　구. 20(3): 3-33.

이도형·김정렬. (2013). 비교발전행정론: 세계 각국의 발전경험 비교와 한국의 발전전
　　략. 박영사.

이명석. (2001). 신공공관리론, 신거버넌스론 그리고 김대중 정부의 행정개혁. 한국행정

학회 동계학술대회.

이보규. (2016). 잘나가는 공무원은 어떻게 다른가: 행정의 달인이 밝히는 공무원의 세계. 행복에너지.

이상훈. (2007). 고이즈미 정권기의 행정개혁. 일본연구논총. 24.

이수태. (2013). 영원한 공직: 공직의 잃어버린 정체성을 찾아서. 바오출판사.

이승종. (2005). 노무현정부의 지방분권정책평가. 행정논총. 43(2).

이시원·김찬동. (2004). 행정전통과 행정개혁: 영미행정전통을 통한 한국행정개혁의 분석. 한국행정학회 동계학술대회 발표논문.

이영균. (2002). 행정윤리의 본질과 관점. 한국정책과학학회보. 6(3): 113-137.

이와쿠니 데쓴도 저, 정재길 역. (1992). 지방의 도전. 삶과꿈.

이용섭. (2006). 대한민국 희망에너지 혁신. 세경사.

이종수. (2005). 정부혁신의 메커니즘과 전략. 대영문화사.

이종수. (2010). 새 미래의 행정. 대영문화사.

이종수·윤영진 외. (2005). 새행정학. 대영문화사.

이종수·윤영진·곽채기·이재원 외. (2014). 새행정학2.0. 대영문화사.

이한빈. (1966). 발전형 시관론. 행정논총. 4(2).

이홍배. (2005). 일본 구조개혁특구의 특징과 시사점. 자치행정. 3월호.

임도빈. (2000). 신공공관리론과 베버 관료제 이론의 비교. 행정논총. 38(1).

임도빈. (2000). 행정개혁의 추진체계. 한국행정학회 추계힉술대회.

임도빈. (2014). 행정학: 시간의 관점에서. 박영사.

임정덕·최병호. (1996). 지방화시대의 지역산업정책: 패러다임 변화속의 지역의 역할과 기능. 비봉출판사.

장은주. (2003). 동북아시대 정부역할의 제고: 한국과 일본의 지방분권화개혁. 한국행정학회 추계학술대회.

재정경제부. (2003). 지역특화발전특구 자료집.

전경련. (1999). 규제개혁 내실화를 위한 과제. 조사자료연구. ECO 99-27.

전종섭. (1995). 행정개혁은 왜 실패하는가?. 행정문제논집. 13: 17-32.

정무권·한상일. (2003). 한국 공공부문의 규모, 특징 그리고 국제비교. 한국행정학회 동계학술대회.

정부혁신지방분권위원회. (2003). 행정개혁 로드맵.

정부혁신지방분권위원회. (2005). 참여정부의 혁신과 분권.

정부혁신지방분권위원회. (2005). 행정개혁 백서(1-7).

정부혁신지방분권위원회. (2007). 참여정부의 정부혁신: 이론적 접근.

정용덕. (2003). 미국의 국가이념과 행정개혁. 행정논총. 41(4): 1-22.

정재하. (2005). 공공부문의 범위와 고용변화 분석. 한국노동연구원.

정정길. (2003). 행정학의 새로운 이해. 대명출판사.

정정길 외. (2007). 작은정부론. 부키.

조너선 하이트 저, 왕수민 역. (2014). 바른 마음: 나의 옳음과 그들의 옳음은 왜 다른가. 웅진지식하우스.

조선일·정순관. (2001). 지방공공서비스 민간위탁제도 운영의 효율성 평가: 광양시 생활폐기물수거 사례를 중심으로. 한국행정논집. 13(4).

조직관리혁신포럼. (2006). 총액인건비제 매뉴얼. 행정자치부·중앙인사위원회·기획예산처·농림부·노동부·조달청·통계청·특허청 공동참여.

지역특화발전특구위원회 보고. (2005). 지역특화발전특구제도의 이해.

지역특화발전특구위원회 보고자료. (2005). 지역특구 제도 운영 및 사후관리방안.

총무처 직무분석기획단 편. (1997). 신정부혁신론: OECD 국가를 중심으로. 동명사.

최대용. (2005). 규제개혁의 조직화와 운영규칙에 관한 연구: 행정쇄신위원회와 규제개혁위원회 사례를 중심으로. 규제연구. 4(2).

최병대 외. (1999). 시민평가제 도입방안에 관한 연구. 서울시정개발연구원보고서.

최신융·강제상·김선엽·임영제. (2005). 행정기획론. 박영사.

최영훈. (2003). 정보기술, 레드테이프 그리고 부패의 관계성: 업무분야를 중심으로 한 탐색적 고찰. 한국부패학회보. 8(1).

최옥금·성혜영·조영은. (2013). 동아시아 국가의 연금제도 비교. 국민연금연구원.

최종원. (1995). 합리성과 정책연구. 한국정책학회보. 4(2): 131-180.

테리 쿠퍼 저, 행정사상과 방법론 연구회 역. (2013). 공직윤리: 책임있는 행정인. 조명문화사.

하상복. (2009). 광기의 시대, 소통의 이성: 푸코 & 하버마스. 김영사.

한국지방행정연구원. (2000). 지방자치단체 민간위탁의 개선방안.

한부영·신현기. (2002). 독일행정론. 백산자료원.

행정안전부. (2009). 아름다운 프로, 대한민국 공무원 NO.1.

행정자치부. (2001). 국제행정학회의 제25차 정기총회 결과보고서.

행정자치부. (2006). 국민과 함께 한 정부혁신 3년: 참여정부 3년 정부혁신 성과보고서.

허철행. (2000). 김대중 정부 신자유주의 정부혁신의 비판적 재검토. 한국행정학회 춘계 학술대회 발표논문.

허훈. (2007). 일본 지방공기업의 경영혁신. 지방공기업학회 동계학술대회 발표논문.

홍성걸. (2003). 정보화시대에서의 국가역할과 경제발전: 아일랜드와 한국 발전국가의 비교. 한국정치학회보. 37(3): 357-380.

홍준현. (2004). 정책분석가의 윤리인식 및 실태에 관한 연구. 한국정책과학학회보. 8(3): 150-160.

홍진이. (2002). 일본의 행정개혁과 고령사회. 한국행정학회 동계학술대회 발표논문.

황윤원. (2010). 큐브 행정학. 형설출판사.

황혜신. (2005). 계약관리능력이 민간위탁 성과에 미치는 영향: 주인-대리인 이론의 적용. 한국행정논집. 17(1).

SBS 스페셜 제작팀 저. (2013). 리더의 조건. 북하우스.

監査法人トーマツ[編]. (2005). Q&A행정평가의 도입과 실천.

岡南 均·永井眞也. (2006). 指定管理者制度の現狀と問題點. 日本地方自治研究學會. 地方自治研究. 21(2): 12-26.

關滿博·西澤正樹. (1995). 地域産業時代の 政策. 東京: 新評論.

構造改革特區推進本部. http://www.kantei.go.jp/jp/singi/kouzou2/index.html.

西尾 勝. (2007). 地方分權改革. 東京大學出版會.

安達智則. (2004). 자치체 '구조개혁' 비판: 'NPM행혁'에서 시민의 자치체로. 旬報社.

日本 首相官邸. http://www.kantei.go.jp.

日本政策投資銀行地域企劃チーム. (2004). 實踐 地域再生の 經營戰略: 全國 62の ケース學ぶ"地域經營". 社團法人 金融財政事情研究會.

中見利男. (2003). 構造改革特區を事業チャンスに生かす方法. 中經出版社.

地域再生計劃本部. http://www.kantei.go.jp/jp/singi/tiikisaisei/index.html.

21世紀政策研究所. (2004a). 構造改革特区 制度に おける 評価 システムの 課題. http://www.21ppi.org.

21世紀政策研究所. (2004b). 構造改革特区の 可能性. http://www.21ppi.org.

21世紀政策研究所. (2004c). 企業誘致に向けた地方自治体の取組み-見え始めた構造改革特区制度の成果. http://www.21ppi.org.

2. 서양문헌

Abueva, J. (1970). Administrative Reform and Culture. In Lee Hahn-been & A. Samontr(eds.). *Administrative Reform in Asia*. Manila: EROPA.

Allison, Michael & Kaye Jude. (1997). *Strategic Planning for Nonprofit Organizations: A Practical Guide and Workbook*. WILEY.

America Evaluation Association. (2004). *Guiding Principles for Evaluators*. www.eval.org.

Antonsen M. & T. Beck Jorgensen. (1997). The 'Publicness' of Public Organization. Public Administration, 75(2).

Appold, S. (2001). Singapore's Industrial Policy In A New Era. http://www.unc.edu/~appolds/research/progress/AppoldPDI1.pdf.

Australasian Evaluation Society. (2010). *Guidelines for Ethical Conduct of Evaluations*. www.aes.asn.au

Baldwin, J. N. (1987). Public versus Private: Not That Different, Not That Consequential. *Public Personnel Management*, 6(2).

Baldwin, J. N. (1990). Perceptions of Public Versus Private Sector Personnel and Informal Red Tape: Their Impact on Motivation. *American Review of Public Administration*, 20.

Barzelay, Michael. (1992). *Breaking through Bureaucracy*. University. of California Press. Oxford, England.

Barzelay, Michael. (2001). *The New Public Management: Improving Research and Policy Dialogue*. University of California Press.

Behn, R. (1995). The Big Questions of Public Management. Public *Administration Review*, 55(4).

Bekke, Hans A. G. M. & van der Meer, Frits M. (2000). *Civil Service System in Western Europe: Civil Service Systems in Comparative Perspective*. Edward Elgar(Cheltenham UK: Northampton, MA. USA).

Bekke, Hans A. G. M., James L. Perry & Theo A. J. Toonen. (1996). *Civil Service Systems: In Comparative Perspective*. Indiana University Press.

Bennett, Chris. & Evan Ferlie. (1996). Contracting in Theory and in Practice: Some Evidence from the NHS. *Public Administration*, 74(Spring).

Benvensite, G. (1987). *Professionalizing the Organization: Reducing Bureaucracy to Enhance Effectiveness*. San Francisco, CA: Jossey–Bass.

Berends., L. (2007). Ethical Decision–making in Evaluation. *Evaluation Journal of Australasia*, 7(2): 40–45.

Bowlby, J. (1981). *Attachment, Separation and Loss*. I , II and III. Penguin.

Bowornwathana, Bidhya. (1997). Transforming Bureaucracies for the 21st Century: The New Democratic Governance Paradigm. *Public Administration Quarterly*. 21.

Bozeman, B. & G. Kingsley. (1998). Risk Culture in Pubic and Private Organizations. *Public Administration Review*, 58(2).

Bozeman, B. & Scott, P. (1996). Bureaucratic Red Tape and Formalization: Untangling Conceptual Knots. *American Review of Public Administration*, 26(1).

Bozeman, B. (2000). *Bureaucracy and Red Tape*. Prentice–Hall, Inc. New Jersey.

Bozeman, B., Reed, P. & Scott, P. (1992). Red Tape and Task Delays in Public and Private Organizations. *Administration and Society*, 24.

Bozeman, Barry. (1987). *All Organizations Are Public: Bridging Public and Private Organizational Theories*. San francisco: Jossey–Bass Publishers.

Bozeman, Barry. (2000). *Bureaucracy and Red Tape*. Prentice–Hall, Inc. New Jersey.

Bretschneider, Stuart. (1990). Management Information Systems in Public and Private Organizations: An Empirical Test. Public *Administration Review*, 50.

Brown, K. & Coulter, P. B. (1983). Subjective and Objective Measures of Police Service Delivery. *Public Administration Review*, 43(1): 50–58.

Bruce, W., Blackburn, J. W. & Spelsberg, M. (1985). Bureaucratic Responsiveness: An Empirical Study. *Public Personnel Management*, 14(1).

Buchanan, B. (1975). Red Tape and the Service Ethic: Some Unexpected Differences Between Public and Private Managers. *Administration and Society*, 6.

Buchanan, D. & Boddy, D. (1993). *The Expertise of the Change Agent: Public Performance and Backstage Activity*. Prentice Hall.

Bundesministerium des Innern. (2004). Initiative Bürokratieabbau. www.staat–modern.de.

Bundesministerium des Innern. (2004). Modernisierung der Bundesverwaltung. www.staat–modern.de.

Bundesministerium des Innern. (2004). Strategien zur Modernisierung der Bundesverwaltung. www.staat-modern.de.

Bundesministerium des Innern. (2006). Zukunftorientierte Verwaltung durch Innovationen.

Burchell, G. (1993). Liberal Government and Techniques of the Self. *Economy & Society*, 22(3).

Burke, C. & A., Goddard. (1990). Internal Markets-the Road to Efficiency?, *Public Administration*, 68(3): 389-396.

Butler, R. (1994). Reinventing British Government. *Public Administration*, 72.

Caiden, Gerald, E. (1982). Public Administration, 2nd ed. Pacific Palisades, Calif.: Palisades Pub.

Campbell, C. (1993). Public Service and Democratic Accountability. in R. A. Chapman (ed.). *Ethics in Public Service*. Edinburgh: edinburgh University Press.

Canadian Evaluation Society. *Guidelines for Ethical Conduct*. www.evaluationcanada.ca.

Chandler, Ralph C. & Plano, Jack C. (1982). *The Public Administration Dictionary*. New York: John Wiley.

Chang, Ha-Joon. (1993). The Political Economy of Industrial Policy in Korea. *Cambridge Journal of Economics*, 17.

Chapman, R. A. (1991). Concepts and Issues in Public Sector Reform: the Experience of the United Kingdom in the 1980's. Public *Policy & Administration*, 6(2).

Chapman, R. A. (1993). Reasons of State and the Public Interest, in R. A. Chapman (ed.). *Ethics in Public Service*. Edinburgh: edinburgh University Press.

Checkland, P. (1981). *Systems Thinking and Systems Practice*. John Wily & Sons.

Cheetham, G., & Chievers, G. (1996). Towards a holistic model of professional competence. *Journal of European Industrial Training*, 20(5): 20-30.

Chris Bennett & Ewan Ferlie. (1996). Contracting in Theory and in Practice: Some Evidence From the NHS. *Public Administration*, 74(Spring): 9-32.

Colin, Pilkington. (1999). T*he Civil Service in Britain Today*. Manchester University Press. Manchester and New York.

Considene, Mark & Lewis, Jenny M. (1999). Governance at Ground Level: The Frontline Bureaucrat in the Age of Markets and Networks. *Public Administration Review*, 59(6).

Corby, S. (1993). How Big a Step is Next Steps? Industrial Relations Developments in the Civil Service Executive Agencies. *Human Resource Management Journal*, 4(2).

Coskun Can Aktan. (1995). An Introduction to the Theory of Privatization. *The Journal of Social, Political and Economic Studies*, 20(2): 187–217.

Coursey, David & Barry Bozeman. (1990). Decision Making in Public and Private Organization: A Test of Alternative Concepts of Publicness. *Public Administration Review*, 50.

Cullen, Ronald B. & Cushman, Donald P. (2000). *Transition to Competitive Government*. State University of New York.

Cusins, C. (1987). *Controlling Social Welfare*, London: Sage.

Darlene Russ–Eft & Hallie Preskill. (2009). *Evaluation in Organizations–A Systematic Approach to Enhancing Learning, Performance, and Change*. Basic Books: New York.

Dawkins, R. (1997). *The Selfish Gene*. Macmillian.

DeHoog, Ruth H. (1990). Competition, Negotiation, or Cooperation: Three Models for Service Contracting. *Administration and Society*, 16.

Derlien, H. (1995). Public Administration in Germany: Political and Societal Relations. In J. Pierre, (ed). *Bureaucracy in the Modern State: An Introduction to Comparative Public Administration*. Vermont: Edward Elgar Pub.

Die Bundesregierung. (1999). Moderner Staat–Moderner Verwaltung: das Programm der Bundesregierung.

Doherty, Tony L. & Horne, Terry. (2002). *Managing Public Services: Implementing Changes–A Thoughtful Approach to the Practice of Management*. Routledge. London and New York.

Doig, A. & Wilson, J. (1998). What Price New Public Management? *The Political Quarterly*, 69(3).

Donahue, John. (1989). *The Privatization Decision*. New York: Basic Books.

Donald F Kettl. (2002). *The Transformation of Governance*. Baltimore, Maryland: Johns.

Downs, A. (1967). *Inside Bureaucracy*. Boston: Little Brown.

Driver, Stephen & Martell, Luke. (1998). *New Labour: Politics after Thatcherism*. London: The Polity Press.

du Gay, Paul. (1994a). Making up Managers: Bureaucracy, Enterprise and the Liberal Art of Separation. *British Journal of Sociology*, 45(4).

du Gay, Paul. (1994b). Colossal Immodesties and Hopeful Monsters: Pluralism and Organizational Conduct. *Organization*, 1(1).

du Gay, Paul. (2000). *In Praise of Bureaucracy*. Sage Publications.

Dunleavy, P and Hood, C. (1994). From Old Public Administration to New Public Management. *Public Money and Management*, 14(3): 9-16.

Dwvedi, O. P. & Olowu, D. (1988). Bureaucratic Morality: an Introduction. *International Political Science Review*, 9(3).

Elcock, H. (1995). The fallacies of Management. *Public Policy & Administration*, 10(1).

Ellwein, T., und J. Hesse. 1988. *Das Regierungssystem der Bundesrepublik Deutschland*. Opladen.

Eric Welch & Stuart Bretschneider. (1999). Contracting In Can Government Be a Business?, in H. George Frederickson & Jocelyn M. Johnston (eds.), *Public Management Reform and Innovation*. The University of Alabama Press.

Evans, Peter. B. (1995). *Embedded Autonomy: States and Industrial Transformation*. Princeton: Princeton University Press.

Federal Ministry of the Interior. (1999). Modern State-Modern Administration: The Programme launched by the Federal Government. www.staat-modern.de.

Federal Ministry of the Interior. (2002). Modern State-Modern Administration: Progress Report 2002. www.staat-modern.de.

Federal Ministry of the Interior. (2004). Modernizing the Federal Administration.

Federal Ministry of the Interior. (2005). Progress Report 2005 of the Government Programme "Modern State-Modern Administration" in the field of Modern Administrative Management. www.staat-modern.de.

Federal Ministry of the Interior. (2006). eGovernment 2.0. www.staat-modern.de.

Feiock, Richard, James Clingermayer, & Carl Dasse. (2003). Sector Choices for Public Service Deliverly-The transaction Cost Implications of Executive Turnover. *Public Management Review*, 5(2).

Fredrickson. H. George. (1996). Comparing the Reinventing Government with the New Public Administration. *Public Administration Review*, 56(3).

Freedland, M. (1996). The Rule against Delegation and the Carltona Doctrine in an

Agency Context. *Public Law*, Spring.

French Evaluation Society. *Charter of Evaluation Guiding Principles for Public Policies and Programmes.* www.sfe-asso.fr

Gemmell, Norman. (1993) The Public Sector: Definition and Measurement Issues. in *The Growth of the Public Sector: Theories and International Evidence.* Edward Elgar.

Goetz, Klaus H. (2000). The Development and Current Features of the German Civil Service System. in Hans A. G. M. Bekke & Frits M. van der Meer(eds). *Civil Service System in Western Europe: Civil Service Systems in Comparative Perspective.* Edward Elgar(Cheltenham UK: Northampton, MA. USA).

Goldsworthy, D. (1991). *Setting Up Next Steps.* London: HMSO.

Goodsel, Charles T. (1993). Did NPR Reinvent Government Reform?. *Public Manager*, 22.

Goodsell, C. (1994). *The Case for Bureaucracy: A Public Administration Polemic*, 3rd ed. Chatham, NJ: Chatham House.

Gordon, C. (1991). Governmental Rationality: an Introduction. in G. Burchell, C. Gordon and P. Miller (eds). *The Foucault Effect.* Brington: Harvester Wheatsheaf.

Gore, A. (1993). *From Red Tape to Results: Creating A Government that Works Better and Costs Less.* Washington, DC: US Government Printing Office.

Greenway, J. (1995). Having the Bun and the Halfpenny: Can Old Public Service Survive in the New Whitehall?. *Public Administration*, 73.

Guba, E. G. & Y. S. Lincoln. (1987). The Countenances of Fourth-Generation Evaluation: Description, Judgement and Negotiation. in *The Politics of Program Evaluation*, ed. by D. J. Palumbo. Newbury Park. Calif: Sage.

Gussman, T. K. (2005). *Improving the Professionalism of Evaluation.* Treasury Board Secretariat's the Center of Excellence in Evaluation.

Gwen Keith. (2003). The Canadian Evaluation Society(CES) Experience in Developing Standards for Evaluation & Ethical Issues. Paper presented in The 5th European Conference on the Evaluation of Structural Funds in Budapest, Hungary. Workshop 6: Developing STANDARDS for Evaluation & Ethical Issues.

Haas, J. Eugene, Richard H. Hall, & Norman J. Johnson. (1966). Toward an Empirically Derived Taxonomy of Organizations. In R. V. Bowers, ed., *Studies of Behavior in Organizations.* Athens. GA: University of Georgia Press.

Hage, Jerald, & Michael Aiken. (1969). Routine Technology, Social Structure, and Organizational Goals. *Administrative Science Quarterly*, 14(September).

Hall, Peter A. & Rosemary C. R. Taylor. (1996). Political Science and the Three New Institutionalism. *Political Studies*, 44: 936-957.

Hall, R. H. (1991). *Organizations: Structures, Processes and Outcomes*. Englewood Cliffs, NJ: Prentice-Hall.

Haque, M. Shamsul. (2001). The Diminishing Publicness of Public Service under the Current Mode of Governance. *Public Administration Review*, 61(1).

Heim, Joseph. (1995). Urban Service Delivery Option. *Paper Presented at the Annual Meeting of the American Society for Public Administration*. San Antonio: Texas.

Hennessy, P. (1995). *The Hidden Wiring*. London: Victor Gollancz.

Hesse, J. J. (1997). Rebuilding the State: Public Sector Reform in Central and Eastern Europe. in J. E. Lane (ed.). *Public Sector Reform: Rationale, Trends and Problems*. London: Sage.

Hirst, P. & Thompson, G. (1996). *Globalization in Question*. Cambridge: Polity Press.

Hoggett, Paul. (1996). New Modes of Control in the Public Service, *Public Administration*, 74(Spring).

Houle, Cyril. (1980). *Continuing Learning in the Professions*. San Francisco: Jossey-Bass.

Hughes, Owen E. (2003). *Public Management & Administration: An Introduction*. Palgrave Macmillan.

Ian Kirkpatrick & Miguel Martinez Lucio. (1996). Introduction: The Contract State and The Future of Public Management, *Public Administration*, Vol. 74, Spring.

Johnson, C. (1982). *MITI and the Japanese Miracle*. Stanford: Stanford University Press.

Johnson, G. N. (1992) Managing Strategic Change, Culture and Action. *Journal do Long Range Planning*, 25(Fed.): 23-38

Johnson, Jocelyn M. & Babara S. Romzek. (1999). Contracting and Accountability in State Medicaid Reform: Rhetoric, Theories, and Reality. *Public Administration Review*, 59(5).

Joint Committee on Standards for Educational Evaluation. (1994). *The Program Evaluation Standards*. Thousand Oaks, Calif., Sage Publications, 2nd ed.

Jordan, G. (1994). Re-inventing Government: But Will It Work? *Public Administration*, 72.

Jung, C. (1953). *The Integration of Personality*. Farrah & Ruckhart.

Kanter, R. (1990). *When Giants Learn to Dance*. London: Urwin Hyman.

Kaufman, H. (1977). *Red Tape: Its Origins, Uses & Abuses*. Washington, DC: Brookings Institutions.

Kaufmann, Daniel, Aart Kraay and Pablo Zoido−Lobaton (1999). Governance Matters. Policy Research Working Paper 2196, World Bank Institute, October.

Kettl, Donald F. (1993). *Sharing Powers: Public Governance and Private Markets*. Washington, DC: The Brookings Institution.

Kettl, Donald F. (2000). *The Global Public Management Revolution: A Report on the Transformation of Governance*. Brookings Institution Press. Washington D. C.

Kitchener, K. S. (1984). Intuition, Critical Evaluation and Ethical Principles: The Foundation for Ethical Decisions in Counselling Psychology. *The Counselling Psychologist*, 12(3): 43−55.

Knott, Jack H. & Miller, Gary J. (1987). *Reforming Bureaucracy: The Politics of Institutional Choice*. Prentice−Hall: Englewood Cliffs, NJ.

König, K., und N. Füchtner. (1998). *Schlanker Staat−Verwaltungsmodernisierung im Bund*. Speyer: Forschungsinst. für öffentliche Verwaltung.

Kotter, J. P and Schlesinger, L. A. (1979). *Choosing Strategies for Change. Harvard Business Review*, March−April, 106−114

Krugman, P. (1996). *Pop Internationalism*. Cambridge, MA: MIT Press.

Krugman, Paul. (1995). The Myth of Asia's Miracle. *Foreign Affairs*. November/December: 62~78.

Lan, Zhiyong & Hal G. Rainey. (1992). Goals, Rules, and Effectiveness in Public, Private, and Hybrid Organizations: More Evidence on Frequent Assertions About Differences. *Journal of Public Administration Research and Theory*, 2(January).

Lane, Jan−Erik. (1995). The Public Sector: Concepts, Models and Approaches second ed. London: Sage Publications.

Lane, Jan−Erik. (2001). From Long−Term to Short−Term Contracting. *Public Administration*, 79(1).

Laudau, M. (1969). Redundancy, Rationality and the Problem of Duplication and Overlap. *Public Administration Review*, 29.

Lewin, K. (1951). *Field Theory in Social Science*. New York: Harper & Row.

Lewis, D. (1997). *Hidden Agendas: Politics, Law and Disorder*. London: Hamish Hamilton.

Low, James. (2012). Sustaining the value of water. In June Gwee. (ed). *Case Studies in Public Governance: Building institutions in Singapore*. New York: Routledge.

MacIntyre, A. (1981). *After Virtue*. London: Duckworth.

MacKay, E. & O'Neill, P. (1992). What Create the Dilemma in Ethical Dilemmas?: Examples from Psychological Practice. *Ethics and Behavio*r, 2: 227–244.

Marsh, D., & R., Rhodesk. (1993). Implementing Thatcherism: Policy Changes in the 1980's, *Paliamentary Affairs*, 45(1).

McKelvey, Bill, 1982. *Organizational Systematics*. Berkeley: University of California Press.

Meeyoung Lamothe. (2004). Issues of Contract Implementation and Management: The Case of Performance Contracting in Florida Human Services. *International Review of Public Administration*, 8(2).

Merit Systems Protection Board. (1998). *The Changing Federal Workforce: Employee Perspective*. GPO.

Meyer, Marshall W. (1979). *Change in Public Bureaucracies*. London: Cambridge University Press.

Michael Morris ed. (2008). *Evaluation Ethics for Best Practices–Cases and Commentaries*. The Guilford Press: New York.

Milward, H. Brinton. (1996). The Changing Character of the Public Sector. in James L. Perry, ed. *Handbook of Public Administration*, 2ed. San Francisco: Jossey–Bass.

Minson, J. (1997). Ethics in State Service. in B. Hindess & M. Dean (eds). *Governing Australia*. Sydney: Cambridge University Press.

Moe, R. (1994). The Re–inventing Government Exercise: Misinterpreting the Problem, Misjudging the Consequences. *Public Administration Review*, 54(2).

Morgan, P. (1995). *Privatization and the Welfare State*, Aldershot: Dartmouth.

Morris, M. & Cohn, R. (1993). Program Evaluators and Ethical Challenges: A National Survey. *Evaluation Review*, 17(6): 621–642.

Mosher, F. C. (1989). *Democracy and the Public Services*. 2nd ed. N.Y.: Greenwood Press.

Naschold, Frieder. (1995). *Ergebnissteuerung, Wettbewerb, Qualitaetspolitik.* Berlin: Ed. Sigma.

Neo, Boon Siong & Chen, Geraldine. (2007). D*ynamic Governance: Embedding Culture. Capabilities and Change in Singapore.* World Scientific Pub Co Inc.

Newman, D. L. & Brown, R. D. (1996). A*pplied Ethics for Program Evaluation.* Thousand Oaks, CA: Sage.

Nicholas Deakin & Kieron Walsh. (1996). The Enabling State: The Role of Market and Contracts. *Public Administration*, 74(Spring): 33-48.

Niskanen, William A., (1971). *Bureaucracy and Representative Government.* Hawthorne, NY: Aldine.

Niskanen, William. (1971). *Bureaucracy and Representative Government.* Chicago: Aldine/Atherton.

Nutt, Paul C. & R. W Backoff. (1992). *Strategic Management of Public and Third Sector Organizations.* California: Jossey-Bass.

O'Toole, B. (1990). T. H. Green and the Ethics of Senior Officials in British Central Government. *Public Administration*, 68.

O'Toole, B. (1998). We Walk by Faith not by Sight: the Ethic of Public Service. in M. Hunt and B. O'Toole (eds). *Reform, Ethics and Leadership in Public Service.* Aldershot: Ashgate.

O'Toole, B. & Chapman, R. A. (1994). Parliamentary Accountability. in B. O'Toole & G. Jordan (eds) *Next Steps: Improving Management in Government.* Aldershot: Dartmouth.

OECD. (1997). *Measuring Public Employment in OECD Countrie*s. Paris.

OECD. (1997). Best Practice Guidelines for Contracting Out Government Services. *PUMA Policy Brief*, 2(February).

OECD. (1998). *Public Management Reform and Economic and Social Development.*

OECD. (2000). *Government of the Future.*

OECD. (2002). *Distributed Public Governance.* Paris.

OECD. (2002). Synthesis of Reform Experiences in Nine OECD Countries: Change Management Government of the Future: Getting From Here to There. Public Management Service. Public Management Committee.

Osborne, D. & Gaebler, T. (1992). *Reinventing Government: How the Entrepreneurial Spirit is Transforming the Public Sector.* New York: Addison-Wesley.

Osborne, D. & Plastrik, P. (1998). 「정부개혁의 다섯가지 전략」, 최창현(역). 삼성경제연구소; *Banishing Bureaucracy.* Addison Wesley Longman, INC, 1997.

Ott, Attiat F. & Hartley, Keith. (1991). *Privatization and Economic Efficiency: A Comparative Analysis of Developed and Developing Countries.* USA: E. Elgar Pub.

Pack, Janet Rothenberg. (1987). Privatization of Public Sector Services in Theory and Practice. *Journal of Policy Analysis and Management,* 6(4).

Painter, Martin. (2005). Transforming the Administrative State: Reform in Hong Kong and the Future of the Developmental State. *Public Administration Review,* 65(3): 335-346.

Pallot, June. (1999). Central State Government Reform: Report on the New Zealand, report prepared for the Central State Government Reforms Project. (Berlin).

Pandey, Sanjay K. & Kingsley, G. (2000). Examining Red Tape in Public and Private Organizations: Alternative Explanations from a Social Psychological Model. *Journal of Public Administration Research and Theory,* 10(4).

Pandey, Sanjay K. & Patrick G. Scott. (2002). Red Tape: A Review and Assessment of Concepts and Measures. *Journal of Public Administration Research and Theory,* October.

Parker, R. (1993). *The Administrative Vocation.* Sydney: Hale & Iremonger.

Perrow, Charles. (1986). Complex Organizations: A Critical Essay. 3rd Edition. NY: Random House.

Peters, B. Guy & Jon Pierre. (2005). *Handbook of Public Administration.* SAGE Publications.

Peters, T. (1994). *The Pursuit of Wow! Every Person's Guide to Topsy-Turvy Times.* New York: Random House.

Pierre, John. & Peters, B. Guy. (2000). *Governance, Politics and the State.* New York: St. Martin's Press.

Pierre, Jon. (2006). Ticking Bombs, Institutional Inertia, and Policy Change: Swedish administrative reform in international perspective. The International Conference for the 50th Anniversary of KAPA.

Plowden, F. (1994). Public Interests the Public Services Serve: Efficiency and Other Values. Australian Journal of Public Administration, 53(3).

Pollitt, C. (1990). *Managerialism and the Public Service: the Anglo−American Experience.* Oxford: Blackwell.

Pollitt, C. (1995). Justification by Works or by Faith? Evaluating the New Public Management. *Evaluation: the International Journal of Theory, Research & Practice,* 1(2).

Pollitt, Christopher & Bouckaert, Geert. (2000, 2004). *Public Management Reform: a Comparative Analysis.* Oxford University Press.

Prager, Jonas. (1994). Contracting Out Government Services: Lessons from the Private Sector. *Pubic Administration Review,* 54(2).

Pugh, D. S., Hickson, D. J., Hinings, C. R. & Turner, C. (1969). The Context of Organization Structures. *Administrative Science Quarterly,* 14(1).

Rainey, H. G. (1997). *Understanding and Managing Public Organizations,* 2nd ed. San Francisco: Jossey−Bass.

Rainey, H. G., Pandey, S. & Bozeman, B. (1995). Research Note: Public and Private Organizations. *Public Administration Review,* 36.

Rhodes, R. A. W. (1994). The Hollowing out of the State: the Changing Nature of Public Service in Britain. *Political Quarterly,* 65(2).

Rhodes, R. A. W. (1996). The New Governance: Governing without Government. *Political Studies,* 44(4): 652−667.

Rohr, J. (1979). *Ethics for Bureaucrats.* New York: Marcel Dekker.

Rohr, J. (1986). To Run a Constitution: the Legitimacy of the Administrative State. Lawrence, KS: University of Kansas Press.

Rohr, J. (1988). Bureaucratic Morality in the United States. *International Political Science Review,* 9(3).

Rohr, J. (1989). Reason of State as Political Morality: a Benign View. in N. Dale Wright (ed) *Papers on the Ethics of Administratio*n. Provo, UT: Brigham Young University.

Rohr, J. (1995). *Founding Republics in France and America: a Study in Constitutional Governance.* Lawrence, KS: University of Kansas Press.

Romzek, B. S. & Johnston, Jocelyn M. (2002). Effective Contract Implementation &

Management: A Preliminary Model. *Journal of Public Administration and Research and Theory*, 12(3).

Rosenbloom, David H. & Robert S. Kravchuk. (2005). *Public Administration: Understanding Management, Politics, And Law*. In The Public Sector. The McGraw-Hill Companies.

Rosenfeld, R. A. (1984). An Expansion and Application of Kaufman's Model of Red Tape: The Case of Community Development Block Grants. *The Western Political Quarterly*, 37.

Samuels, R. J. (1987). *The Business of the Japanese State*. N.Y: Cornell University Press.

Savas, E. S. (1987). *Privatization: The Key to Better Government. Chatham*, NJ: Chatham House Publishers.

Schein, E. C. (1996). *Strategic Pragmatism: The Culture of Singapore's Economic Development Board*. Cambridge: MIT Press.

Schlesinger, Mark, Robert Dorward & Richard Pulice. (1986). Competitive Bidding and States' Purchase of Services: The Case of Mental Health Care in Massachusetts. *Journal of Policy Analysis and Management*, 5(2).

Schultz, David A. & Maranto, Robert. (1998). *The Politics of Civil Service Reform*. New York: Peter Lang Publishing.

Self, P. (1997). What's Happened to Administrative Theories? *Public Policy & Administration*, 12(1).

Siedntopf, H. (1982). Introduction: Performance and Administrative Reform. In H. Siedntopf & G. E. Caiden(eds.), *Strategies for Administrative Reform*. D.C. Heath and Company.

Simons., Helen (2011). *Standards & Ethics in Evaluation*. University of Southampton, NESE, Trento, Italy.

Smith, N. L. (2002). An Analysis of Ethical Challenges in Evaluation. *American Journal of Evaluation*, 23(2): 199-206.

Starling, Grover. (2002). *Managing The Public Sector*. Harcourt College Publishers.

Statistisches Bundesamt. (2006). Einführung des Standardkosten-Modells Methodenhandbuch der Bundesregierung

Steven Cohen. (2001). A Strategic Framework for Devolving Responsibility and Functions from Government to the Private Sector. *Public Administration Review*, 61(4).

Stiffman, A. R., Brown, E., Striley, C. W., Ostmann, E., & Chowa, G. (2005). Cultural and Ethical Issues concerning Research on American Indian Youth. *Ethics and Behavior*, 15(1): 1-14.

Stillman, Richard J. (2009). *Public Administration: Concepts and Cases*. Houghton Mifflin Company.

Stone, Clarence N. (1983). Whither the Welfare State? Professionalization, Bureaucracy, and the Market Alternative. *Ethics*, 93.

Stufflebeam, D. M. (2003). Professional Standards and Principles for Evaluation. in T. Kellaghan & D. L. Stufflebeam (eds.). *International Handbook of Educational Evaluation: Part One. Perspective*. Dordrecht, The Netherlands: Kluwer Academic.

Thompson, V. (1961). *Modern Organization*. New York: Quandrangle Books.

Thompson, V. (1975). *Without Sympathy or Enthusiasm: The Problem of Administrative Compassion*. University, AL: University of Alabama Press.

Tiebout, C. M., (1956). A Pure Theory of Local Expenditure, *Journal of Political Economy*, 64: 416-424.

Timmins, Graham. (2000). Germany. in J. A. Chandler(ed). *Comparative Public Administration*. Routledge.

Tinnenbrun, Jacek. (1996). *Private and Public Enterprise, In Search of the Economic Rationale for Privatization*. Janus Publishing Company. London.

Treasury Board of Canada Secretariat. (2006). *Professional Ethics and Standards for the Evaluation Community in the Government of Canada*.

Tribe, F. (1971). Efficiency in the Public Services in R. A. Chapman & A. Dunsire (eds) *Style in Administration*. London: Allen & Unwin.

Tsui-Auch, L. S. (2004). Bureaucratic Rationality and Nodal Agency in a Developmental State. *International Sociology*, 19(4): 451~477.

Tullock, Gordon. (1965). *The Politics of Bureaucracy*. Washington, DC: Public Affairs Press.

Turner, D. (2003). Evaluation Ethics and Quality: Results of a Survey of Australasian Evaluation Society Members. Retrieved September 2. 2006. from www.aes.asn.au/ about/ethics_summary.pdf.

United Kingdom Evaluation Society. *Guidelines for Evaluators*. www.evaluation.org.uk

Vanfleet, D. D. (1991). *Contemporary Management*(2nd). Houghton Mifflin.

Wade, Robert. (1990). *Governing the Market: Economic Theory and the Role of Government in East Asian Industrialization*. Princeton: Princeton University Press.

Waldegrave, W. (1993). The Reality of Reform and Accountability in Today's Public Service. Public Finance Foundation/BDO Consulting Inaugural lecture, 5 July.

Wallin, Bruce.(1997). The Need for a Privatization Process: Lessons from Development and Implementation. Public *Administration Review*, 57(1).

Wamsley, G. L. & Mayer N. Zald. (1983). The Political Economy of Public Organization. in James L. Perry and Kenneth L. Kraemer, (eds.). *Public Management: Public and Private Perspective*. Mayfield Publishing Company.

Washington State. (2005). *Competitive Contracting Manual*. Washington State Department of General Administration.

Weber, M. (1946). *From Max Weber: Essays in Sociology*. (ed) H. H. Gerth & C. W. Mills. New York: Oxford University Press.

Weber, M. (1978). *Economy & Society, 2 vols*. Los Angeles: University of California Press.

Weber, M. (1994). The Profession and Vocation of Politics, in P. Lassman and R. Speirs (eds). *Weber: Political Writings*. Cambridge: Cambridge University Press.

Weiss, C. H. (1987). Where Politics and Evaluation Research Meet. in *The Politics of Program Evaluation*, ed. by D. J. Palumbo. Newbury Park, Calif: Sage.

Welfel, E. R. & Kitchener, K. S. (1992). Introduction to the Special Section: Ethics Education-an Agenda for the 90's. *Professional Psychology: Research and Practice*, 23(3): 179-181.

Welfel, E. R. (2006). *Ethics in counseling and psychotherapy: Standards, research, and emerging issues* (3rd ed.). Belmont, CA: Thomson Brooks/Cole.

Will Kymlicka 저, 장동진 외 역. (2006). 현대 정치철학의 이해: 자유주의, 마르크스주의, 공동체주의, 시민권이론, 다문화주의, 페미니즘. 동명사.

Williamson, O. E. (1975). *Markets and Hierarchies*. New York: Free Press.

Wilson, James Q. (1989). *Bureaucracy*. New York: Basic Books.

Wollmann, Hellmut. (1997). Modernization of the Public Sector and Public Administration in the Federal Republic of Germany: (Mostly) A Story of Fragmented Incrementalism.

in Michio Muramatsu & Frieder Naschold(eds.). *State and Administration in Japan and Germany*. Walter de Gruyter.

Wong, Gabriel. (2012). Managing industrial relations though tripartism. In June Gwee. (ed). *Case Studies in Public Governance: Building institutions in Singapore*. New York: Routledge.

Yamamura, Kozo & Streeck, Wolfgang. (2003). *The End of Diversity?: Prospects for German and Japanese Capitalis*m. Cornell University Press.

Zifcack, A. (1996). *Civil Service Reform in Whiteball and Canberra*. Oxford University Press.

Zülka, Jochen. (2005). Standardkosten−Modell: erstes Deutsches Handbuch für das Messen und Reduzieren administrativer Belastungen für Unternehmen und Betriebe in Deutschland. NordWest Consult.

찾아보기

공저자 약력

김 정 렬
고려대학교 행정학 박사
규제개혁위원회 전문위원
지방공기업평가원 책임전문위원
행정자치부 정책자문위원, 지방공기업 경영평가위원
「공공파이만들기」, 「참발전이야기」, 「비교발전행정론」 등 저서 외 논문 다수
현재 대구대학교 도시행정학과 교수

연락처: jykim@daegu.ac.kr

한 인 섭
서울대학교 행정학 박사
현대사회연구소 연구원
지방공기업평가원 수석전문위원
행정자치부 인력운영단 자문위원, 공공기관 경영평가위원
「공공병원의 성과비교」 등 저서 외 논문 다수
현재 조선대학교 행정복지학부 교수

연락처: hanis@chosun.ac.kr

개정판
행정개혁론 — 차세대 정부의 도전과 변화 —

초판발행	2008년 2월 29일
개정판인쇄	2016년 8월 25일
개정판발행	2016년 9월 10일

공저자	김정렬 · 한인섭
펴낸이	안종만

편 집	한두희
기획/마케팅	박세기
표지디자인	권효진
제 작	우인도 · 고철민

펴낸곳	(주) **박영사**
	서울특별시 종로구 새문안로3길 36, 1601
	등록 1959. 3. 11. 제300-1959-1호(倫)
전 화	02)733-6771
f a x	02)736-4818
e-mail	pys@pybook.co.kr
homepage	www.pybook.co.kr
ISBN	979-11-303-0353-6 93350

정 가   25,000원